中国人民公安大学法学教材

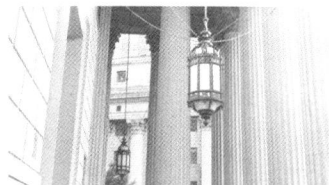

环境与资源法学

HUANJING YU ZIYUAN FAXUE

邢 捷 刘 琳/主 编

中国政法大学出版社

2024 · 北京

图书在版编目（CIP）数据

环境与资源法学/邢捷，刘琳主编.—北京：中国政法大学出版社，2024.9
ISBN 978-7-5764-1437-0

Ⅰ.①环… Ⅱ.①邢… ②刘… Ⅲ.①环境保护法－法学－中国②自然资源保护法－法学－中国 Ⅳ.①D922.601

中国国家版本馆 CIP 数据核字(2024)第 068141 号

出　版　者	中国政法大学出版社
地　　　址	北京市海淀区西土城路 25 号
邮寄地址	北京 100088 信箱 8034 分箱　邮编 100088
网　　　址	http://www.cuplpress.com（网络实名：中国政法大学出版社）
电　　　话	010-58908285(总编室) 58908433 （编辑部） 58908334(邮购部)
承　　　印	固安华明印业有限公司
开　　　本	720mm×960mm　1/16
印　　　张	37
字　　　数	605 千字
版　　　次	2024 年 9 月第 1 版
印　　　次	2024 年 9 月第 1 次印刷
定　　　价	149.00 元

编写说明

　　随着我国生态文明建设的深入，全社会生态环境保护意识的提高，以及环境与资源保护法律法规的不断完善，环境与资源法学成为法学教育和法律实践的重要领域。为适应这一发展，我们组织编写了这本环境与资源法学教材。本教材在编写过程中注重追踪生态环境保护领域最新立法和研究成果，为学生提供全面、系统、最新的环境法知识。具体体现了以下三个特点：一是在编写中依据最新立法，充分关注和参考了最新研究领域和成果，力求内容的时效性和准确性；二是注重理论与实践相结合。在介绍环境与资源法基本原理和制度之前，以实践案例加以带入，引发思考。帮助学生理解法律条文在实际操作中的应用；三是突出公安特色。本教材在环境与资源法一般性理论基础上，针对公安院校学生突出了环境资源保护与公安执法的关联性内容，为公安院校学生提供有针对性的法律知识和理论及实践指导。

　　本书既适用于普通高等院校法学专业学生学习，更可作为公安院校法学及相关专业教学使用。

编者

本书写作分工

本书撰稿分工如下（按姓氏笔画排序）：

王一彧，法学博士，湖北警官学院法律系讲师，主要研究方向：环境与资源法、民法，出版专著《检察机关环境公益诉权研究》，参与翻译英文专著《印度环境司法：国家绿色法庭》，在《中国政法大学学报》等核心期刊发表多篇论文。撰写本教材第一编第三、四章。

王萌，法学博士，北京航空航天大学法学博士后，在《中国人口·资源与环境》《吉首大学学报》等 CSSCI 期刊发表论文 5 篇，其中一篇被中国人民大学复印报刊资料转载，参与省部级以上课题 6 项，曾获得中国博士后科学基金第 73 批面上资助，浙江省第十三届"挑战杯"一等奖等。撰写本教材第一编第五章。

皮里阳，法学博士，河南大学法学院副教授、硕士生导师，主持国家社科基金、教育部人文社科基金、河南省法学研究课题等多个科研项目，在《清华法治论衡》等核心期刊上发表多篇学术论文。撰写本教材第二编第二至四章。

邢捷，法学博士，中国人民公安大学法学院教授、博士生导师，中国人民公安大学国家生态安全法治研究中心主任，主要研究方向：警察法、环境法，著有《现代环境警察制度研究》，在《环境保护》《中国人民公安大学学报（社会科学版）》等核心期刊发表多篇论文，主持国家社科基金项目及多项省部级课题。撰写本教材第一编第二章，第二编第五至八章，第五编第二、三章。

刘琳，法学博士，中国人民公安大学法学院讲师、硕士生导师，中国人民公安大学国家生态安全法治研究中心副主任，主要研究方向：环境法，著有《环境法律责任承担方式的新发展》，在《中国软科学》等核心期刊发表多篇论文，主持、参与多项课题，撰写本教材第一编第一、六章，第二编第一章，第三编第二、三章。

杜寅，法学博士，宁波大学法学院副教授、硕士生导师，宁波立法研究院副院长，主要研究方向为：环境法基础理论、法学方法论与立法学。学术兼职包括：中国法学会环境与资源保护法学研究会理事，浙江省法学会环境资源保护法学研究会常务理事。主持国家社科青年项目、教育部社科项目、浙江省社科重点项目，主持市厅级项目十余项；在《法制与社会发展》《中国高校社会科学》《武汉大学学报（哲学社会科学版）》《中国地质大学学报（社会科学版）》等学术期刊发表论文十数篇，数篇被《新华文摘》《人大复印资料》全文转载；数项科研成果获中央领导、省部级领导肯定批示。撰写本教材第三编第一、四章。

吴宇，法学博士，环境科学博士后，武汉大学环境法研究所副教授、硕士生导师，先后前往荷兰马斯特里赫特大学法学院、美国芝加哥大学法学院访问学习。出版专著两部，在《法商研究》《现代法学》等核心期刊发表论文20多篇，主要研究方向：环境司法、固体废物管理、流域管理和法经济学。撰写本教材第六编。

张弛，法学博士，中国人民公安大学法学院讲师、硕士研究生导师，民商法教研室副主任，兼任中国政法大学财税法研究中心研究员、中国法学会经济法学研究会会员、中国法学会财税法学研究会会员。主要从事经济法学方向的教学和研究，在《南昌大学学报（人文社会科学版）》《西北民族大学学报（哲学社会科学版）》《人民公安报（理论版）》等刊物发表多篇论文，参与民政部、财政部、国家税务总局等多项研究课题，曾获北京市优秀本科毕业论文指导教师称号。撰写本教材第四编。

张润，法学博士，中国人民公安大学法学院副教授、硕士生导师，最高人民法院中国应用法学研究所博士后。兼任中国人民公安大学纠纷解决智能化研究中心主任、公安执法国家级实验教学示范中心（中国人民公安大学）副主任，入选北京市法学会百名法学青年英才培养计划，在《现代法学》《新华文摘》《公安学研究》《人民公安报（理论版）》等核心刊物发表20余篇，主持中国法学会、国家民委、科技部、中国博士后科学基金面上资助等省部级项目5项，出版著作教材6部。撰写本教材第五编第一章。

全书由邢捷、刘琳统稿。

目 录
Contents

第一编　环境与资源法的基本理论

第二编　环境污染防治法

第三编　自然生态保护法

第四编　绿色低碳发展法

第五编　生态安全法治与环境警察

第六编　国际环境法

第一编

环境与资源法的基本理论

第一章 环境与资源法导论

【内容提要】

本章通过介绍"环境""环境问题""环境保护"三个关键词的概念与发展历史来介绍环境与资源法的逻辑起点，正是在环境中发现了环境问题的存在，于是需要持续开展环境保护工作，环境保护工作又需要法治保障，于是有了环境与资源法。环境法作为一个新兴的部门法，学界多年来一直在寻找其权利基础，因此本章还介绍了环境权的形成与发展。

【重点了解与掌握】

1. 环境的概念；
2. 环境问题的概念与类型；
3. 环境保护的意义；
4. 环境权的发展。

【引导案例（材料）】

2017 年，当时的环境保护部会同国土资源部、住房和城乡建设部、交通运输部、水利部、农业部、国家卫生和计划生育委员会、国家统计局、国家林业局、中国地震局、中国气象局、国家能源局和国家海洋局等主管部门共同编制完成并发布了《2016 中国环境状况公报》。公报显示，2016 年，全国 338 个地级及以上城市中，有 84 个城市环境空气质量达标，占全部城市数的 24.9%；254 个城市环境空气质量超标，占 75.1%。338 个地级及以上城市平均优良天数比例为 78.8%，比 2015 年上升 2.1 个百分点；平均超标天数比例为 21.2%。新环境空气质量标准第一阶段实施监测的 74 个城市平均优良天数比例为 74.2%，比 2015 年上升 3.0 个百分点；平均超标天数比例为 25.8%；细颗粒物（PM2.5）平均浓度比 2015 年下降 9.1%。474 个城市（区、县）开展了降水监测，降水 pH 年均值低于 5.6 的酸雨城市比例为 19.8%，酸雨频率平均为 12.7%，酸雨类型总体仍为硫酸型，酸雨污染主要分布在长江以南-云贵高原以东地区。全国地表水 1940 个评价、考核、排名断面中，Ⅰ类、Ⅱ类、Ⅲ类、Ⅳ类、Ⅴ类和劣Ⅴ类水质断面分别占 2.4%、37.5%、27.9%、16.8%、6.9% 和 8.6%。以地下水含水系统为单元，潜水为主的浅层地下水和承压水为主的中深层地下水为对象的 6124 个地下水水质监测点中，水质为优良级、良好级、较好级、较差级和极差级的监测点分别占 10.1%、25.4%、4.4%、45.4% 和 14.7%。338 个地级及以上城市 897 个在用集中式生活饮用水水源监测断面（点位）中，有 811 个全年均达标，占 90.4%。春季和夏季，符合第一类海水水质标准的海域面积均占中国管辖海域面积的 95%。近岸海域 417 个点位中，一类、二类、三类、四类和劣四类分别占 32.4%、41.0%、10.3%、3.1% 和 13.2%。[1]

【引导问题】

1. 以上材料体现了我国环境的什么特征？
2. 以上材料可能体现了我国哪些环境问题？

第一节　环境与环境问题

一、环境

（一）环境的概念

1. 一般意义的"环境"

"环境"是一个被广泛使用的词语，不同学科都对环境做了不完全相同的定义。一般意义上的环境是指围绕某个中心事物的外部空间、条件和状况。不同事物有着不同的环境，也就是说，一般意义下的环境是一个相对的、动态的概

---

〔1〕 参见环境保护部：《环境保护部发布〈2016 中国环境状况公报〉》，载中华人民共和国中央人民政府网，https://www.gov.cn/xinwen/2017-06/06/content_5200281.htm，最后访问日期：2023 年 11 月 3 日。

念，包括物质环境与非物质环境，外延广泛。

2. 环境科学的"环境"

18世纪，物理学中已使用了环境这一概念，它是指物体运动时通过的物质空间的场所。19世纪，地理学家也使用了"地理环境"的概念，"地理环境"是指围绕人类的自然现象的总和。之后，生物学家在研究生物与其周围大气、水、土壤等外部条件时也使用了环境这一概念。

直至今日，环境已是环境科学的一个重要概念。环境科学中的环境是指，围绕着人群的空间，以及其中可以直接、间接影响人类生存和发展的各种天然的和经过人工改造过的自然因素的总和，包括自然因素的各种物质、现象和过程及在人类历史中的社会、经济成分。[1]因环境科学是以人类为视角的科学研究，因此其所指称的环境又被称为人类环境。首次提出"人类环境"这一概念的是《联合国人类环境宣言》（以下简称《人类环境宣言》），其于1972年6月5日至16日在斯德哥尔摩举行的联合国人类环境会议中通过。《人类环境宣言》又根据环境要素的形成原因不同将人类环境细分为自然环境和人工环境两大类。自然环境是指对人类生存和发展产生直接或间接影响的各种天然形成的物质和能量的总体，如大气、水、土壤、矿藏、野生动植物等自然物质，阳光、风、电磁力、潮汐等能量，以及气象、气候等自然现象。人工环境则是指在自然环境的基础上经过人类劳动改造或加工而创造出来的环境，例如城市、乡村、人文遗迹、国家公园、自然保护区、风景名胜区等。

3. 环境法中的"环境"

某种程度上，环境法中环境的内涵及外延借鉴参考了环境科学对环境的定义，但环境法规定的环境范围与环境科学中的环境范围并不相同，环境法中环境的外延小于环境科学中环境的外延，如果某个环境要素在生态系统中具有不可替代的功能与作用，则其会成为环境法的客体。《中华人民共和国环境保护法》（以下简称《环境保护法》）第2条规定："本法所称环境，是指影响人类生存和发展的各种天然的和经过人工改造的自然因素的总体，包括大气、水、海洋、土地、矿藏、森林、草原、湿地、野生生物、自然遗迹、人文遗迹、自然保护区、风景名胜区、城市和乡村等。"这也成为环境法中环境概念的通说。1979年颁布的《中华人民共和国环境保护法（试行）》（以下简称《环境保护

---

〔1〕 参见《中国大百科全书》编辑部编：《中国大百科全书 环境科学》，中国大百科全书出版社2002年版，第134页。

法（试行）》）第 3 条规定："本法所称环境是指：大气、水、土地、矿藏、森林、草原、野生动物、野生植物、水生生物、名胜古迹、风景游览区、温泉、疗养区、自然保护区、生活居住区等。"与其相比，1989 年和 2014 年的《环境保护法》对环境的定义都更为科学，揭示了法律意义上环境的本质属性是人类赖以生存和发展的各种自然因素的总体，所列举的 15 种环境因素要科学得多，其范围也较广。[1]我国环境法对环境的定义体现出三层含义：一是将环境的外延限制在自然环境之中，不包括经济环境、社会环境这些更为抽象的概念。二是这种自然环境不仅包括天然形成的环境，也包括经过人工改造的自然环境。正因为包括了经过人工改造的自然环境，才更需要环境法对其进行规范。三是环境法中环境的外延是动态发展的，随着科学技术水平的进步，环境的外延范围不断发展着，甚至包括了外太空环境。

环境法中所称的环境依据不同分类标准，可以分为不同的类型。依据组成环境的物质与人类活动的关系，可将环境分为自然环境和人工环境；依据环境的经济功能，可将环境分为农业环境、工业环境、交通环境、生产环境、生活环境、旅游环境；依据环境对人类生存的意义，可将环境分为生活环境和生态环境，这也是《中华人民共和国宪法》[2]（以下简称《宪法》）所规定的分类方法；依据环境的不同要素，可将环境分为大气环境、水环境、海洋环境、土壤环境、生物环境、地质环境等，我国各环境保护单行立法多采用这种分类方法；依据环境范围的不同，可将环境分为城市环境、区域环境、流域环境、国内环境和全球环境等。

不同国家环境法对环境定义的表述方式不一样，大体上有以下三种类型：（1）演绎式，即通过抽象归纳来给环境下一个定义，单一采用这种方式的国家较少，例如 1991 年《保加利亚环境保护法》规定："环境是指相互关联并影响生态平衡、生活质量、人体健康、文化与历史遗产和景观的自然与人工因素的综合体"。2002 年颁布的《俄罗斯联邦环境保护法》第 1 条规定："环境是自然环境要素、自然客体和自然人文客体以及人文客体的总和。"（2）列举式（枚举式），即不抽象归纳而是列举环境的具体要素或类型来对环境作出一个定义。美国 1969 年《国家环境政策法》规定"国家各种主要的自然、人为或改造过的环境状况与情况，包括但不限于，空气和水——包括海域、港湾、河口和淡水；

---

〔1〕 参见金鉴明等：《〈环境保护法〉述评》，中国环境科学出版社 1992 年版，第 3 页。

〔2〕 《宪法》第 26 条第 1 款："国家保护和改善生活环境和生态环境，防治污染和其他公害。"

陆地环境——森林、湿地、山脉、城市、郊区和农村环境。"英国1990年《环境保护法》第1条规定："环境由下列媒体或其中之一所组成，即空气、水和土地，空气包括室内空气、地上或地下的自然或人工建筑内的空气。"（3）混合式，即结合了演绎式和列举式两种方法来给环境下一个定义。我国《环境保护法》采用的就是混合式。实践证明，这也是最为科学的定义模式，既概括性地归纳出了环境的根本内涵，也举例说明了环境的外延范围。

（二）环境的相关概念

环境法作为一个新兴的年轻部门法，其很多关键概念仍有讨论空间，环境法的发展中还出现了自然资源、生态系统、生态环境等与环境相关的概念。

1. 自然资源

自然资源是指自然界中资财的来源，主要是指在自然界中可以为人类带来财富的自然条件和自然要素，如土地、水、矿藏、森林、草原、野生动植物、阳光、空气等。[1]《宪法》第9条第1款规定："矿藏、水流、森林、山岭、草原、荒地、滩涂等自然资源，都属于国家所有，即全民所有；由法律规定属于集体所有的森林和山岭、草原、荒地、滩涂除外。"明显的是，自然资源的外延与经济水平、科学技术水平等外部条件有着明显的关联，受到其影响。

理论上来说，自然资源与环境是两个密切相关的概念，但在环境法中，不论是在理论中，还是在立法、执法实践中都会看到环境包括自然资源的这一思维习惯。例如，《环境保护法》第10条第2款规定："县级以上人民政府有关部门和军队环境保护部门，依照有关法律的规定对资源保护和污染防治等环境保护工作实施监督管理。"同一种自然要素既有可能被称为"环境"，也可能被称为"自然资源"。以水为例，既有将水主要看作环境要素的《中华人民共和国水污染防治法》（以下简称《水污染防治法》），也有将水主要看作自然资源的《中华人民共和国水法》（以下简称《水法》）。就目前人们的认识水平和思维定式而言，就同一种自然要素，如果是从经济和实用的角度考虑，会将其称为自然资源，但如果从生态效用的角度出发，则会称为环境。[2]

2. 生态系统

生态系统是指在一定时间和空间内，生物与其生存环境以及生物与生物之间相互作用，彼此通过物质循环、能量流动和信息交换，形成的不可分割的自

---

〔1〕　参见张梓太主编：《自然资源法学》，北京大学出版社2007年版，第1页。

〔2〕　参见张梓太主编：《自然资源法学》，北京大学出版社2007年版，第6页。

然整体。[1]从环境科学与生态学的立场来看，环境与生态系统是两个有所区别又密切相关的概念，生态系统的各个要素与环境要素存在着大面积的重合但二者侧重点不同，生态系统强调的是由动物群落、环境条件等共同组成的动态平衡系统，在结构上包括了生产者、消费者、分解者、无生命物质四大部分；相较而言，环境是以人类为中心的。环境法中也经常会出现生态系统这一概念，尤其是司法实践中对生态系统功能的评估。

3. 生态、生态环境

生态仍是生态学中的一个科学概念，是指一切生物的生存状态以及它们之间和它们与环境之间的环环相扣的关系。[2]而生态环境则是近年来的一种用语习惯，对其没有明确的、统一的定义。除了前文提到的《宪法》第26条中使用了"生态环境"的说法之外，2018年3月第十三届全国人民代表大会第一次会议批准了国务院机构改革方案，不再保留环境保护部，改为组建生态环境部。2018年，全国人大常委会通过了《全国人民代表大会常务委员会关于全面加强生态环境保护依法推动打好污染防治攻坚战的决议》。2020年，国务院办公厅发布了《国务院办公厅关于生态环境保护综合行政执法有关事项的通知》。目前，生态环境已成为我国环境保护立法与相关政策文件中经常使用的词语。绝大多数情况下，环境法中提到的生态与生态环境都可等同于环境，生态、环境、资源被称为三位一体，是指虽然是三个不同的词语，但实质都是在表达整个生态系统的内涵，是整个生态系统的不同侧面。生态与生态环境的用语习惯集中反映了环境法与环境伦理中所强调倡导的生态整体主义与生态中心主义，而不是人类中心主义。

（三）环境与人类

人类是环境的产物，依赖于环境。环境早于人类存在了几十亿年，人类只是环境在简单到复杂、低级到高级的漫长演化过程中被缔造的一种高级生物。毫不夸张地说，人类的生存、发展都依赖于环境，环境这一根本条件决定了人类发展的大趋势。因此，人类不能自以为是大自然的主人，可以主宰一切环境、支配一切环境。

人类是环境的改造者，环境又反作用于人类。人类是生命演化到高阶段的

---

〔1〕 参见《中国大百科全书》编辑部编：《中国大百科全书 环境科学》，中国大百科全书出版社2002年版，第328页。

〔2〕 参见蔡守秋主编：《环境资源法教程》，高等教育出版社2010年版，第7页。

产物，不像普通动物一样被动地依赖环境而生存，人类能够能动地利用和改造环境。这期间，就存在着人类——环境的相互作用、相互制约的复杂关系。人类对环境的改造既有积极的，可以创造出更为便利高效、优美舒适的环境；也有消极的，可能造成环境污染、生态破坏等问题。但不论是哪一种效果的改造，都会反作用于人类自身，囿于科学技术水平的限制，这种反作用力往往是难以预判的、难以制止的。

人类必须遵循科学规律，维持人与环境之间的系统平衡。在人类文明史中出现了不同的人类环境观。人类环境观是指，人们对自然界的看法、观点、观念的综合，是建立在一定生产力之上，并反作用于生产力的一种社会意识形式。[1]人类环境观经历了畏惧自然、崇拜自然，无视自然、主宰自然，重视自然、与自然和谐相处的三个阶段。人类环境观出现了人类中心主义与生态中心主义两大种不同导向的价值观。不同的人类环境观体现了不同的文明程度，本编第二章也将重点论述我国生态文明的发展史。

二、环境问题

（一）环境问题的概念与分类

环境问题是指，人类活动或自然原因使环境条件发生不利于人类的变化，以致影响人类的生产和生活，给人类带来灾害的现象。[2]按照环境问题的产生原因，可将环境问题分为原生环境问题和次生环境问题。

原生环境问题，也被称为第一环境问题，是指火山爆发、地震、海啸、洪水泛滥等自然原因引起的环境问题。这类环境问题是在人类存在之前就已经存在的，人类存在后也有可能发生、但无法预见预防的。

次生环境问题，也被称为第二环境问题，是指人为原因引起的环境问题。次生环境问题也是环境法学所研究的环境问题。原生环境问题与次生环境问题可能会相互作用、相互转化。根据影响后果的不同，次生环境问题又可被分为环境污染与生态破坏。环境污染是指人类活动所引起的环境质量下降而有害于人类及其他生物正常生存和发展的现象。其中，又可以按照环境要素将环境污染分为大气污染、水污染、土壤污染等；可以按照污染物的性质将环境污染分为生物污染、化学污染和物理污染；按照污染物的形态将环境污染分为废气污

---

〔1〕 参见吕忠梅：《环境法学》，法律出版社 2008 年版，第 16 页。
〔2〕 参见韩德培主编：《环境保护法教程》，法律出版社 2018 年版，第 3 页。

染、废水污染、固体废物污染、噪声污染、辐射污染等。生态破坏是指人类不合理开发、利用自然环境，过量地向环境索取物质和能量，使得自然环境的恢复和增殖能力受到破坏的现象。例如，水土流失、草原退化、水源枯竭、物种灭绝等。另外仍需说明的是，环境污染与生态破坏并不是泾渭分明、毫无关联的两种类型，环境污染和生态破坏可能互为因果关系。严重的环境污染可能也会导致生态破坏，生态破坏必然会降低环境的自净能力，加剧污染程度。

（二）环境问题的成因

关于环境问题的成因，出现了"人口说""富裕说""需求说""进取意识说""教育说""利润说""宗教说""技术说""政客说""社会制度说"等，众说纷纭。归纳起来，主要有以下成因：

人口压力等客观因素。如前所述，人类的生存与发展是依赖于环境的。世界人口在有公元纪年以来的第一个 1000 年里，只有 3 亿人；而在第二个 1000 年里，就猛增至约 60 亿人。[1]人口数量史无前例的增长必然带来人类活动的不断扩大，也必然带来对自然资源与环境要素的巨大需求。所以回顾人类历史，人口的猛增，往往也伴随着环境问题的频发。

市场失灵。从经济学的角度来看，市场失灵也是环境问题的又一个成因。环境具有公众性、非排他性的特点，市场已无法正确地界定环境的产权、无法正确地评估环境的价值，也就无法正确地分配环境资源，导致在利用环境时发生了外部性问题。外部性问题是指，个人（包括自然人与法人）经济活动对他人造成了影响而又未将这些影响计入市场交易的成本与价格中，而向市场之外的其他人所强加了成本或效益。[2]

政策失误。市场的失灵亟需政府对其加以干预、控制和调节。但在政府组织管理国家行政事务的过程中实施的各项政策也可能会对环境造成各种影响。工业革命之后，西方各个国家都将追求经济高速增长作为了首要任务，以此制定的各项政策也就忽略了发展经济过程中对环境的损害。除此之外，地方保护主义也会对环境造成危害，一些发达国家、地区通过污染转嫁等方式牺牲其他国家地区环境来换取经济效益，确实导致了环境问题的出现。

科学不确定性。人类的发展也是一个不断认识世界的过程，囿于当前科学

---

〔1〕 参见陈泉生主编：《环境法学》，厦门大学出版社 2008 年版，第 37 页。

〔2〕 参见张百灵：《外部性理论的环境法应用：前提、反思与展望》，载《华中科技大学学报（社会科学版）》2015 年第 2 期。

技术认识水平的限制，可能无法准确判断某一行为是否会对环境造成不良影响以及会造成什么不良影响，甚至会出现原本是提高生产效率的工艺、技术却带来明显的长久危害。这种不确定性就会导致决策风险的升高，导致决策于未知之中，会促使经济功利主义者忽略对环境利益的考虑，更容易造成决策者为追求当前经济利益而忽视长远环境利益的结果。[1]

（三）环境问题的演变

环境问题的演变历程可以划分为环境问题的萌芽时期、环境问题的地域爆发时期、环境问题的国际化时期以及环境问题的全球化时期。

环境问题的萌芽时期（18世纪60年代之前）。在18世纪西方工业革命之前，人类社会经历了原始社会、奴隶社会和封建社会，当时人类改造环境的能力有限，向环境排放的污染物不至于明显超出环境的自净能力，尚未对环境造成明显的危害后果。但这并不代表着此时期没有任何环境问题的出现，局部区域出现了乱砍滥伐、水土流失、土地荒漠化、土壤盐化等问题。

环境问题的地域爆发时期（18世纪60年代至20世纪60年代）。自工业革命以来，随着工业技术水平的快速提升，人类生产生活能力也得到了极大改善，人类越来越多、越来越频繁地向环境索取资源、向环境排放污染物，环境问题开始频频出现。此时期的环境问题往往带有明显的地域性，表现为在各国工业区、开发区出现大量的环境问题，包括比利时马斯河谷烟雾事件、美国洛杉矶光化学烟雾事件、英国伦敦烟雾事件，等等。

环境问题的国际化时期（20世纪60年代至80年代）。第二次世界大战之后，世界进入了一个相对稳定和平的发展时期，各个国家、地区都在全力发展经济，国家与国家之间的贸易往来也更为频繁，出现了污染物跨越地域的排放与扩散、自然资源跨越地区的输入输出，导致环境问题不再只是区域内的、地域内的小范围问题，而突破了国家边界向国际化方向演变。1972年联合国在瑞典斯德哥尔摩召开了第一次人类环境会议，广泛研讨和总结了有关保护环境、解决环境问题的理论、历史、现实问题，提出了相应对策与措施，各国也开始加强国际环境合作。

环境问题的全球化时期（20世纪80年代至今）。随着第三次科技革命在原子能、电子计算机、空间技术和生物工程等方面的快速发展，20世纪80年代之后，世界进入了明显的经济一体化、全球化的阶段，人类利用自然能力的不断

---

〔1〕参见汪劲：《环境法学》，北京大学出版社2018年版，第9页。

提升，导致环境承载能力与净化能力不堪重负。此时期，既往的环境问题也未得到完全清除，又面临了新一轮环境问题的出现，形成了污染物的长期积累并对生态环境造成了功能性损害，导致环境问题向全球化方向演变，环境问题突出表现为全球气候变化、臭氧层破坏、生物多样性破坏、海洋污染、危险废物越境转移、人类共同遗产破坏等。

总之，环境问题的演变是呈指数增长方式发展的。环境问题具有边缘性的特征，主要表现为它既是经济和科学技术问题，又是政治和社会问题；既是国内问题，又是国际问题；既是法律问题，又是哲学、道德和国民素质问题。因此环境问题必须综合治理。[1]当今世界所严重关切的现代环境问题主要是酸雨、臭氧层破坏、全球性气候变化、生物多样性锐减、有毒化学品污染及越境转移、土壤退化加速、淡水资源的枯竭与污染、污染导致的海洋生态危机、森林面积急剧减少、突发性环境污染事故及大规模生态破坏等。[2]

（四）我国的环境状况与环境问题

我国是一个地大物博、资源丰富的国家，但总体来说我国是资源总量的大国、人均占有量的小国，也是一个环境特点突出、环境问题明显的国家。

2022 年 4 月 18 日，第十三届全国人民代表大会常务委员会第三十四次会议公布了《国务院关于 2021 年度环境状况和环境保护目标完成情况的报告》。2021 年，全国生态环境质量明显改善，环境安全形势趋于稳定，但生态环境稳中向好的基础还不稳固。

环境空气状况。全国空气质量持续向好。地级及以上城市空气质量优良天数比率为 87.5%，同比上升 0.5 个百分点；细颗粒物（$PM_{2.5}$）平均浓度为 30 微克/立方米，同比下降 9.1%；连续两年实现 $PM_{2.5}$ 和臭氧（O_3）浓度双下降；空气质量达标城市达 218 个，同比增加 12 个。重点区域空气质量明显改善。京津冀及周边地区、长三角地区、汾渭平原 $PM_{2.5}$ 平均浓度同比分别下降 18.9%、11.4%、16.0%，改善幅度总体高于全国平均水平。大气环境治理仍需持续发力。还有 29.8% 的城市 $PM_{2.5}$ 平均浓度超标，区域性重污染天气过程仍时有发生。

水环境状况。全国地表水环境质量稳步改善。地表水Ⅰ-Ⅲ类水质断面比例为 84.9%，与 2020 年相比上升 1.5 个百分点；劣Ⅴ类水质断面比例为 1.2%。

---

〔1〕 参见周珂等主编：《环境法》，中国人民大学出版社 2021 年版，第 9 页。
〔2〕 参见吕忠梅：《环境法学》，法律出版社 2008 年版，第 5 页。

重点流域水质持续改善。长江流域、珠江流域等水质持续为优，黄河流域水质明显改善，淮河流域、辽河流域水质由轻度污染改善为良好。地下水水质状况总体较好。全国地下水Ⅰ-Ⅳ类水质点位比例为79.4%。水生态环境改善成效还不稳固。少数地区消除劣Ⅴ类断面难度较大，部分重点湖泊蓝藻水华居高不下，污染源周边和地下水型饮用水水源保护区存在污染风险，水生态系统失衡等问题亟待解决。

海洋环境状况。我国管辖海域海水水质整体持续向好，夏季符合一类标准的海域面积占97.7%，同比上升0.9个百分点。全国近岸海域水质优良（一、二类）比例为81.3%，同比上升3.9个百分点；劣四类水质面积比例为9.6%，同比上升0.2个百分点。辽东湾、渤海湾、长江口等近岸海域污染较为严重，主要超标指标为无机氮和活性磷酸盐。

土壤环境状况。全国土壤环境风险得到基本管控，土壤污染加重趋势得到初步遏制。重点建设用地安全利用得到有效保障。农用地土壤环境状况总体稳定，影响农用地土壤环境质量的主要污染物是重金属。

生态系统状况。全国自然生态状况总体稳定，生态质量指数（EQI）值为59.8，生态质量综合评价为"二类"，与2020年相比无明显变化。局部区域生态退化等问题还较为严重，生态系统质量和稳定性有待提升。

声环境状况。全国城市声环境质量总体向好，功能区声环境质量昼间、夜间总达标率分别为95.4%、82.9%，同比分别上升0.8个百分点、2.8个百分点。但交通干线两侧区域夜间达标率仅为66.3%。

核与辐射安全状况。全国核与辐射安全态势总体平稳，未发生国际核与放射事件分级表2级及以上事件，放射源辐射事故年发生率低于1起/万枚。全国辐射环境质量和重点核设施周围辐射环境水平总体良好。

环境风险状况。全国环境安全形势趋于稳定，全年共发生各类突发环境事件199起，同比下降4.3%，所有事件均得到妥善处置。但因安全生产事故等引发的次生突发环境事件多发频发的态势未发生根本改变。[1]

---

〔1〕 参见《国务院关于2021年度环境状况和环境保护目标完成情况的报告》，载中国人大网，http://www.npc.gov.cn/npc/c30834/202204/7235ffaa4b1547a3860e7196c80b003a.shtml，最后访问日期：2022年5月11日。

第二节　环境保护

环境保护，是指保护和改善生活环境和生态环境，合理地开发利用自然资源，防治环境污染和其他公害，使环境符合人类的生存和发展。[1]环境保护必须采用多种管理手段，是一项综合性的国民经济管理工作。环境保护工作的内涵并非一开始就十分确定，不论在全球范围内，还是在我国都经历了一个发展并逐步深化的过程。

一、全球环境保护的发展历程

全球环境保护的发展历程基本上与环境问题的演变历程是相对应的，随着环境问题演变所凸显出的不同特征，人类对环境保护内涵与内容的认知也发生着变化与发展。

（一）环境保护的朴素发展时期（18 世纪 60 年代之前）

在人类文明的初级阶段，人类的环境保护思维与工作还处于一种朴素的萌芽阶段。随着生产力的发展，人类在猎捕、渔猎、耕种、养殖过程中产生了畏惧自然、崇尚自然的思想，都约定俗成地倾向选择更为和谐的生产方式。虽然很难分辨当时的一些措施更多是出于保护环境的朴素意识而为，还是主要为了保障人类基本生存所做的选择，但我们可以得出一个结论：当时朴素的自然观已带有了一些现代环境保护思想的色彩，并对后代人产生了影响。

以我国为例，1975 年 12 月，我国考古工作者在湖北省云梦县发掘了两座战国到秦代的古墓，在第 11 号墓出土的大量秦简中发现了一部《田律》。除了前代规定的春季不准乱砍滥伐外，《田律》中还有多条环保规定，其中有两条很新鲜：一是，规定不得堵塞河道，即所谓"雍堤水"；二是，不是夏季不准焚烧草木灰当肥料，即所谓"不夏月，毋敢夜草为灰"。特别是"毋敢夜草为灰"这一条，对保护大气很有作用，可以避免大气污染，减少雾霾天气。除此之外，在我国古代中，如果行为不环保或违反环保法，都要受到处罚。西周时期周文王的"伐崇令"规定"有不如令者，死无赦"，意思是，如果有人敢不遵从禁令，一律处死，且不得说情赦免。齐国的惩治条款比"伐崇令"更为严厉，《管子·地数》中说："有动封山者，罪死而不赦。有犯令者，左足入、左足断；右

---

〔1〕 参见韩德培主编：《环境保护法教程》，法律出版社 2018 年版，第 8 页。

足入，右足断。"即破坏封山行为是死罪，不得赦免；有违犯禁令的，左脚踏进，砍掉左脚；右脚踏进，砍掉右脚。

（二）环境保护的缓慢发展时期（18 世纪 60 年代至 20 世纪 60 年代）

这个时期频发的环境问题，让人类开始意识到环境保护的重要性。然而囿于发展生产生活能力的强大需求和认知有限性，此时期的环境保护发展是极为缓慢的，更多是一种"头痛医头，脚痛医脚"的孤立手段，并且把环境保护单一地看作是一种技术问题。

（三）环境问题的初步发展时期（20 世纪 60 年代至 90 年代）

环境问题的愈演愈烈，使人类终于开始认真思考人与环境的关系，开始反省既往做法，提出了环境保护的意义。

1962 年，蕾切尔·卡森的著作《寂静的春天》出版，内容直指杀虫剂对自然环境的危害。书中很多内容如今已是众所周知的常识，但在当时算得上是惊世骇俗的言论。卡森后来也被誉为"环保运动之母"，唤醒了公民环境保护意识的觉醒。

1972 年罗马俱乐部发表了研究报告《增长的极限》，认为对人类命运有决定意义的五个参数都按一定指数增长。这五个参数是：世界人口、工业生产、农业生产、不可再生资源消耗和环境污染。由于增长是有极限的，这样的增长将使人和自然环境的关系趋于恶化，从而引起对社会灾难性的冲击，出现全球性危机，如非再生资源衰竭、可耕地面积下降、生产衰落，人均食品和人均工业产品大幅度下降，毁灭性的环境污染，人口死亡率急剧增长。这份报告给人类社会的传统发展模式敲响了第一声警钟，从而掀起了世界性的环境保护热潮。

受联合国人类环境会议秘书长委托，由两位作者——经济学家芭芭拉·沃德和生物学家勒内·杜博斯，在 58 个国家 152 位专家学者协助下，出版了《只有一个地球》一书，为 1972 年 6 月在斯德哥尔摩召开的联合国人类环境会议提供了背景材料。该书不仅阐述了工业化和城市化加速带来的污染和生态破坏，还从自然科学和社会经济角度，对发达国家和发展中国家面临的发展与环境问题作了富有说服力的论述，以科学预见和生动实例，晓之以理，动之以情，向全人类敲响了保护地球生态环境的警钟，被誉为"世界环境运动史上一份有着重大影响的文献"。

1972 年 6 月 5 日，"联合国人类环境会议"在瑞典斯德哥尔摩召开，有来自 113 个国家、机构的 1 300 多名代表参加会议。这是研究当代环境问题、探讨保护世界环境的第一次国际会议。这次会议代表了人类对环境问题认识的一个转折点，被称为全球环境保护工作的一座里程碑。1972 年 12 月 15 日，联合国大会作出建立环境规划署的决议。为了纪念此次大会的召开，出席会议的 113 个国家和地区的 1 300 名代表建议将每年 6 月 5 日定为"世界环境日"。此次会议提出了"只有一个地球"的口号，通过了《人类环境宣言》，明确提出了"环境保护"的科学概念。1973 年联合国专门成立了"联合国环境规划署"，总部设在肯尼亚的内罗毕，随后世界各国的环境保护政府机构与民间组织犹如雨后春笋般出现。

这一时期，人类的环境保护工作取得了前所未有的积极成效，环保意识开始成为一种全球意识。多个国家纷纷建立了环境保护机构，颁布了一系列法律法规以及标准。环境科学也开始大力研究技术性措施。但这一时期也存在着环境与发展之间的争论，如何平衡环境保护与经济发展之间的关系成为核心议题。

（四）环境问题的现代发展时期（20 世纪 90 年代至今）

面对世界环境问题的新变化，环境保护也在 20 世纪 80 年代末、90 年代初进入了一个新的阶段，环境问题成为全球共同关注的重要论题，人类对环境保护的认识达到了空前高度。

1987 年 2 月，在日本东京召开的第八次世界环境与发展委员会上通过了《我们共同的未来》，后又经第 42 届联大辩论通过，于 1987 年 4 月正式出版。《我们共同的未来》以"可持续发展"为基本纲领，以丰富的资料论述了当今世界环境与发展方面存在的问题，提出了处理这些问题的具体的和现实的行动建议，本书分为"共同的关切""共同的挑战""共同的努力"三个部分，将注意力集中于人口、粮食、物种和遗传资源、能源、工业和人类居住等方面，提出了"可持续发展"的概念。

1992 年 6 月 3 日至 14 日在巴西里约热内卢召开的联合国环境与发展大会，以"世界环境与发展"为题，全球 183 个国家的代表团和联合国及其下属机构的 70 个国际组织的代表出席了会议，102 位国家元首或政府首脑与会。它代表环境问题登上全球议程的最高位置，是人类环境与发展史上影响最深远的一次盛会。会议通过和签署了《联合国里约环境与发展宣言》（简称《里约宣言》）《21 世纪议程》《关于森林问题的原则声明》《联合国气候变化框架公约》《生物多样性公约》五个文件和公约，这次会议将环境与经济、社会的发展有机地结合在一起，正式提出可持续发展的理念，标志着世界环境保护运动走向一个新的阶段，强调人类发展既要符合当代人类的需求，又不致损害后代人满足其需求能力的发展。

2002年8月26日至9月4日在南非约翰内斯堡召开的可持续发展世界首脑会议，有190多个国家和地区近6万名代表参加。会议的五大议题是健康、生物多样性、农业生产、水和能源。会议主要成果是通过了《约翰内斯堡宣言》和《可持续发展世界首脑会议执行计划》两个重要文件，确定了可持续发展的三大支柱，即经济发展、社会进步和环境保护。这次会议标志着人类在可持续发展道路上向前迈出了实质性的一步。

2021年10月在我国昆明召开的《生物多样性公约》缔约方大会第十五次会议（CBD COP15），是联合国首次以生态文明为主题召开的全球性会议。大会以"生态文明：共建地球生命共同体"为主题，第一阶段会议通过《世界环境司法大会昆明宣言》，倡导推进全球生态文明建设，强调人与自然是生命共同体，强调尊重自然、顺应自然和保护自然，努力达成公约提出的到2050年实现生物多样性可持续利用和惠益分享，实现"人与自然和谐共生"的美好愿景。

二、我国环境保护的发展历程

如前所述，我国古代已经有了朴素的环境保护意识。新中国成立以来，我国环境保护得到了快速、卓越的发展，大体上可以分为以下四个阶段。

（一）零散发展阶段（1949年至20世纪70年代）

新中国诞生之后，我国在发展经济的过程中已经明确意识到了环境保护的重要性，也制定了一系列关于合理开发、利用和保护、改善环境资源的法规、规范性文件以及政策，但在这一阶段中我国的环境保护工作呈现出零散发展、未成体系的特征。

（二）污染防治阶段（20世纪70年代至90年代）

1972年6月5日在斯德哥尔摩召开的人类环境会议作为新中国重返联合国后参与的首次联合国大会，也是新中国开始审视自身和全球环境问题的起点。1973年我国召开了全国第一次环境保护会议，1974年成立了国务院环境保护机构，1978年宪法对环境保护作出规定，1979年颁布了《环境保护法（试行）》。这一阶段，我国把环境保护作为一项基本国策，摒弃"先污染后治理"的发展模式，但此阶段的环境保护更侧重的是污染防治工作，较少涉及自然资源保护等工作。

（三）可持续发展阶段（20世纪90年代至21世纪初）

1992年我国出席了联合国环境与发展大会，并签署了《联合国气候变化框架公约》《生物多样性公约》，明确指出了可持续发展道路是当代中国的必然选择。

1994年我国政府发布了《中国21世纪议程》，包括可持续发展总体战略与政策、社会可持续发展、经济可持续发展、资源的合理利用与环境保护四部分，"论述了提出中国可持续发展战略的背景、必要性；提出了中国可持续发展的战略目标、战略重点和重大行动，可持续发展的立法和实施；制定促进可持续发展的经济政策；参与国际环境与发展领域合作的原则立场和主要行动领域。"[1]

这一阶段，我国建立健全了环境保护各项法律制度、环境保护行政机关、环境保护社会组织等，形成了体系化、系统化、兼具污染防治与资源保护功能的一整套法律与政策，对我国的环境保护与社会发展起到了重要作用。

（四）生态文明发展阶段（21世纪初至今）

进入21世纪以来，我国不断完善环境保护各项工作。十七大报告（2007年）指出"建设生态文明，基本形成节约能源资源和保护生态环境的产业结构、增长方式、消费模式。循环经济形成较大规模，可再生能源比重显著上升。主要污染物排放得到有效控制，生态环境质量明显改善。生态文明观念在全社会牢固树立"。党的十八大报告（2012年）明确"把生态文明建设放在突出地位，融入经济建设、政治建设、文化建设、社会建设各方面和全过程，努力建设美丽中国，实现中华民族永续发展"。

习近平总书记就生态文明建设的战略问题作出了一系列重要论述，2018年5月18日，第八次全国生态环境保护大会在北京召开，会议正式确立了习近平生态文明思想。习近平生态文明思想是习近平新时代中国特色社会主义思想的重要组成部分，该思想提出了一套相对完善的生态文明思想体系，形成了面向绿色发展的四大核心理念，不仅关注人类认识和改造自然中的一般规律，还以当代工业文明和科学技术发展现状及其历史趋势为研究对象，所要揭示的是工业文明社会发展到一定阶段后人与自然和谐共生的现代化社会运行的特殊规律。相信在习近平生态文明思想的引领下，我国环境保护将迎来更加光明的未来。

第三节　环境权

环境权是环境法学研究中颇为重要但仍未形成通说的一个议题，本节通过

---

〔1〕《什么是〈中国21世纪议程〉?》，载中国气候变化信息网，https://www.ccchina.org.cn/Detail.aspx? newsId=27870&TId=59，最后访问日期：2022年5月11日。

介绍环境权的提出与形成、性质与内容来介绍环境权的现有研究情况。

一、环境权的提出与形成

法律中的权利实质上都是利益冲突与协调的结果，都是法律适应社会发展的剧烈变化而出现的利益平衡的结构性调整。环境权作为一种新型权利，也是在经济社会剧烈变化之下出现的。环境问题的出现，使人们的环境保护意识愈来愈强烈，为环境权理论的形成奠定了伦理基础，环境权也逐渐得到了人类的正视。随着生产力的发展、人类文明的提高及人口的膨胀，自然环境的组成与结构被大规模改变，清洁的水、空气、阳光等环境要素作为稀缺性资源的特性逐渐显露出来，人类的生存利益和生产利益在对环境的需求上构成矛盾。为此，社会就有必要对人类的利益作出制度性安排，赋予主体一定的权利，平衡并制约各微观主体之间因利用稀缺性环境资源而发生的关系。这种权利是一种对公用资源的公有支配权，也就是环境权。[1]

20世纪70年代，美国密歇根大学的约瑟夫·萨克斯教授提出了公共信托理论，提出水、空气、阳光等人类生存、生活必需的环境要素应该是属于全体公民所有的公共财产，而不是一种无主物，任何人不得随意占有、支配这些公共财产，更不能损害这些公共财产。为了管理这些特殊的公共财产，应由共有人委托国家来管理，但国家也不能滥用这种管理权。环境权在公共信托理论之下应运而生，认为每一个公民都有在良好环境下生活的权利，这一权利也应得到法律的确认与保护。

1970年3月，联合国教科文组织的外围团体国际社会科学评议会公害委员会在日本东京召开了"公害问题国际座谈会"，会议形成的《东京宣言》，明确提出"我们请求，把每个人享有其健康和福利等要素不受侵害的环境权利和当代人传给后代的遗产应是一种富有自然美的自然资源的权利，作为一种基本人权，在法律体系中确定下来"。《东京宣言》是第一个从国际法学角度表达其对环境权问题普遍关注的文件。

1972年联合国在斯德哥尔摩召开的人类环境大会通过了《人类环境宣言》，载明"人人有在尊严和幸福的优良环境里享受自由、平等和适当生活条件的基本权利"。首次正式将人权与环境保护联系起来，宣言极大地鼓舞了环境权的理论研究，正式开启了环境权的实践。之后，1982年《内罗毕宣言》、1992年

---

[1] 参见王树义等：《环境法基本理论研究》，科学出版社2012年版，第134页。

《里约宣言》、1999 年《比斯开环境权宣言》、2007 年《联合国土著人民权利宣言》等多个国际环境保护宣言都论述了环境权的相关内容。

此外，越来越多的国家在其国内法中确认了环境权的存在。通过查阅整理联合国 193 个会员国以及梵蒂冈、巴勒斯坦两个联合国观察员国的宪法，发现有 90 个国家现在或者曾经在宪法中有明确的环境权条款。[1]各国除了在公法中确认了环境权以外，也有不少国家在私法中予以了确认。例如，2004 年日本《景观法》《实施景观法相关法律》《城市绿地保全法》的通过与实施，就是在私法中确认了环境权利。2003 年《乌克兰民法典》第二编"自然人的人身非财产权"第 293 条规定了"环境安全权"，其第 1 款规定"自然人有权享有安全的环境，有权获取其环境状况、食品质量状况、日用品质量状况的可靠信息，并有权收集和传播这些信息。"[2]

关于环境权的形成还有一个法理问题需要阐明，即为什么既有的宪法、民法乃至国际法不能将环境权纳入其中，以确认环境权的法律地位呢？概括来说，某种程度上，环境权的出现对传统民事权利、宪法权利、国际法权利造成了一定冲击。传统民事权利主要包括了财产权和人格权，财产权往往是以具象的私人财产为客体的，显然各项环境要素既不够具象也不是私人财产，已经超过了传统民事财产权的范畴；而人格权主要是包括了生命权、健康权、身体权、名誉权，虽然环境权可能也会涉及这类权利，但环境权中还包括如享受美好环境的特殊权利，这种带有明显美学价值的特殊权利内容也超越了传统人格权的范畴。民法中的相邻权是以不动产的物权为前提的，内容也有所局限，无法给环境权提供完整保障。虽然各国宪法中都有保护人体健康之类的表述，但不能由此就认为传统宪法已经给环境权利提供了充分保障。传统国际法中的领土权对国家之间的环境保护也不够充分。

总之，环境权的提出既有人类发展带来的剧烈变化的现实原因，也有传统法律无法提供充分保障的法理原因。当前，各国环境权理论的发展如火如荼，环境权的概念、内容、立法模式、救济途径等都有待研讨。

二、环境权的性质与内容

环境权，是指每个人在良好环境中享受一定环境品质的基本权利。[3]

---

〔1〕 参见吴卫星：《环境权理论的新展开》，北京大学出版社 2018 年版，第 47 页。

〔2〕 吴卫星：《环境权理论的新展开》，北京大学出版社 2018 年版，第 236 页。

〔3〕 参见王树义等：《环境法基本理论研究》，科学出版社 2012 年版，第 135 页。

（一）环境权的性质

环境权到底是什么性质的权利，也是一个百家争鸣的议题。

环境权的法律属性。环境权是法律上的独立权利。虽然环境权的提出是从伦理层面、道德层面开始的，但环境权发展至今已经成为法律上的、确实的、独立的权利。财产权体现了法律对公私财物的经济价值的肯定，而环境权不仅体现出了法律对环境经济价值的肯定，更是体现出了对环境的生态功能价值的肯定，因此环境权的目标是建立一种新型法律关系，环境权的本质是确定其在权利体系中的位置。只有通过法律的认可，才能将环境权通过制度达到具体化的目的；只有通过实定法的认可，才能保障环境权能够被落到实处、得到救济与保护。

环境权的人权属性。环境权是一种新兴的基本人权。《世界人权宣言》指出："人人生而自由，在尊严和权利上一律平等。"世界各国与人权有关的理念和思想在逐步统一，人权的普遍性原则已为世界各国所公认。人权思想自产生以来一直是发展变化的，17、18 世纪资本主义上升时期仅限于人人生而平等、自由等权利。19 世纪后人权逐步从政治领域扩大到经济、文化、社会等各个领域。20 世纪 50 年代以后，随着民族解放运动的发展，人权概念从传统的个人人权发展到集体人权，增加了民族自决权、和平权、环境权等内容。我们一般把"消极的权利"（保护公民自由免遭侵犯的权利）称为第一代人权，把"积极的权利"（由国家采取积极行动来配合实现的权利）称为第二代人权。1960 年以来，随着国际格局的演变，发展中国家异军突起，在反对殖民压迫的民族解放运动中出现了包括民族自决权、发展权、和平权、环境权、自然资源权、人道主义援助权等提法，这些权利从国内保护扩展到国际保护，要求在维持和平、保护环境和促进发展等领域加强国际合作，因此被称为"第三代人权"。

（二）环境权的内容

1. 环境权的主体与具体权能

学界对环境权主体的讨论主要集中在公民、国家、人类这三大类型之中。（1）公民环境权是指公民享有健康和良好生活环境的权利。所有研究环境权的学者都认同公民是环境权的主体，甚至不少学者认为公民应是环境权的唯一主体。公民环境权主要包括日照权、通风权、安宁权、清洁空气权、清洁水权、观赏权、知情权、参与权、救济权等。还要强调的是，也有学者认为拟制的人也享有环境权，即法人或其他组织也是环境权的主体。但现行通说认为法人所享有的权利就是传统的财产权，而不是新兴的环境权，因此法人或其他组织不是环境权的主体。（2）国家环境权是指国家根据宪法的授权而拥有的、保障全体人民的环境权益的权利，其权能主要包括环境处理权、环境管理权、环境监督权、保护和改善环境的职责、履行国际义务。[1]但也有学者强调，国家环境权至多是一个国际法概念，只有在国际法语境下，国家才可作为环境权的主体，此时国家也是作为受托主体，担负着保护本国国民环境权益的使命。国内法语境下，国家并不是环境权的主体，因为其作为非生命体无法享受良好环境，所谓的国家环境管理权也是一种权力，是一种传统的行政权力，而非环境权。（3）人类环境权是指全人类共同拥有享受和利用环境资源的权利。[2]人类环境权的提出类似于第三代人权中所强调的集体人权，也突出了后代人的环境权主体性。人类环境权主要包括平等享有共有财产权、共同继承共有遗产权、与后代人共享环境资源权、与其他生命物种种群共同拥有地球的权利。代际公平当然是环境伦理中的重要进步思想，但是否有必要、是否可以将后代人作为法律中的权利主体还有待讨论。

2. 环境权的客体

环境权的唯一客体就是环境生态功能。[3]环境本身就具有经济财产价值与生态功能价值，但环境权的客体是环境生态功能，即环境的承载功能、舒适功能、优美功能、系统功能等。环境生态功能作为环境权的客体，也集中体现出了环境权与传统民事权利、宪法权利的区别，体现出了环境权协调人与自然关系的目的。正因为环境权的客体是环境生态功能，所以环境权是一种复合性权利，是公权与私权的复合体、经济学权利与生态性权利的复合体，是一个复杂的权利束。

如何将环境权付诸实定法，也是环境权理论中的一个重要内容。学界对此的争论在于，环境权应通过公法（以宪法为主）还是私法来立法？放眼全球，既有采用公法途径的国家、地区，也有采用私法途径的国家、地区。我国现行立法中没有明确地、系统地、正式地规定环境权，未来将如何发展，拭目以待。

【本章思考题】

1. 环境问题与社会稳定之间具有怎样的关联？

---

[1] 参见陈泉生主编：《环境法学》，厦门大学出版社2008年版，第138页。

[2] 参见陈泉生主编：《环境法学》，厦门大学出版社2008年版，第138页。

[3] 参见周珂主编：《环境法学研究》，中国人民大学出版社2008年版，第89页。

2. 环境保护工作的地位与意义是什么？

3. 环境权在我国法律中应如何体现？

【参考文献】

1. 韩德培主编：《环境保护法教程》，法律出版社 2018 年版。

2. 王树义等：《环境法基本理论研究》，科学出版社 2012 年版。

3. 吕忠梅：《环境法学》，法律出版社 2008 年版。

4. 陈泉生主编：《环境法学》，厦门大学出版社 2008 年版。

5. 汪劲：《环境法学》，北京大学出版社 2018 年版。

6. 周珂等主编：《环境法》，中国人民大学出版社 2021 年版。

7. 吴卫星：《环境权理论的新展开》，北京大学出版社 2018 年版。

【延伸阅读】

1. 《2017 中国生态环境状况公报》

2. 《国家人权行动计划（2021-2025 年）》

第二章 我国生态文明建设与发展

【内容提要】

生态文明是人类为保护和建设美好生态环境而取得的物质成果、精神成果和制度成果的总和，是贯穿于经济建设、政治建设、文化建设、社会建设全过程和各方面的系统工程，反映了一个社会的文明进步状态。建设生态文明，是中华民族永续发展的千年大计，关系人民福祉，关乎民族未来，功在当代，利在千秋。新形势下，深刻认识生态文明建设与经济社会发展辩证统一关系，必须坚定不移走生态优先、绿色发展之路，实现更高质量、更有效率、更加公平、更可持续、更为安全的发展。当前我国生态文明建设水平与人民群众期待、与美丽中国建设目标、与构建新发展格局促进高质量发展的要求相比仍有较大差距，生态文明建设任重道远。新中国成立以来，我国环境保护和生态文明建设，作为一种执政理念和实践形态，贯穿于中国共产党带领全国各族人民实现全面建成小康社会的奋斗目标过程中，贯穿于实现中华民族伟大复兴美丽中国梦的历史愿景中。生态文明建设经历了由萌芽到成熟的认识和发展过程。习近平生态文明思想是习近平新时代中国特色社会主义思想的重要组成部分，是对党的十八大以来习近平总书记围绕生态文明建设提出的一系列新理念、新思想、新战略的高度概括和科学总结，是新时代生态文明建设的根本遵循和行动指南，也是马克思主义关于人与自然关系理论的最新成果。

【重点了解与掌握】

1. 重点了解我国生态文明建设的发展历程；
2. 新形势下我国生态文明建设的重点任务；

3. 掌握习近平生态文明思想的精髓。

【引导案例】

塞罕坝：生态文明建设范例[1]

塞罕坝位于河北省最北部、承德市围场满族蒙古族自治县北部坝上地区。"塞罕坝"是蒙汉合璧语，意为"美丽的高岭"。历史上，这里水草丰美、森林茂密、鸟兽繁多。公元1681年，清朝康熙皇帝设立木兰围场，作为"哨鹿设围狩猎之地"。塞罕坝是木兰围场的重要组成部分。清朝末期，国势衰微，内忧外患，为了弥补国库亏空，从19世纪60年代开始，木兰围场开围放垦，树木被大肆砍伐，加之山火不断，到新中国成立之初，原始森林已荡然无存。

新中国成立后，党和国家十分重视国土绿化。20世纪50年代中期，毛泽东同志发出了"绿化祖国"的伟大号召。1962年，塞罕坝林场正式组建。"咬定青山不放松，立根原在破岩中。千磨万击还坚劲，任尔东西南北风。"在平均海拔1500米的塞罕坝高原上，一代代务林人顽强地扎下根来，种下一棵棵落叶松、樟子松、云杉幼苗，种下恢复绿水青山、创造美好生活的理想和信念。"美丽高岭"重现生机。党的十八大以来，以习近平同志为核心的党中央，把生态文明建设纳入中国特色社会主义"五位一体"总体布局和"四个全面"战略布局，始终将生态文明建设放在治国理政的重要战略地位，部署频次之密，推进力度之大，取得成效之多，前所未有。塞罕坝迎来前所未有的历史机遇期，进入改革奋进的快速发展期。

据测算，塞罕坝森林资源的总价值，目前已经达到约200亿元。木材生产在减少、发展方式越来越绿，森林面积在增加、森林质量越来越好。林木按1米的株距排列，可以给地球系上12条漂亮的"绿丝巾"。塞罕坝林场拥抱新的历史机遇，担起新的历史使命，成为转变林业发展模式、建设生态涵养功能区的排头兵。让塞罕坝人欣慰和自豪的是，"绿水青山就是金山银山"的重要思想，已在"美丽高岭"落地生根。今天的塞罕坝，绿水青山带来真金白银，绿色发展之路越走越宽。郁郁葱葱的林海，成为林场生产发展、职工生活改善、周边群众脱贫致富的"绿色银行"。

---

[1] 参见武卫政等：《塞罕坝：生态文明建设范例》，载《人民日报》2017年8月4日，第1版。

【引导问题】

1. 什么是生态价值？
2. 绿色发展的含义是什么？

第一节　生态文明建设概述

一、生态文明的内涵

文明，是人类文化发展的成果，是人类改造世界的物质和精神成果的总和，也是人类社会进步的象征。在漫长的人类历史长河中，人类文明经历了三个阶段。第一阶段是原始文明。约在石器时代，人们必须依赖集体的力量才能生存，物质生产活动主要靠简单的采集渔猎，历时上百万年。第二阶段是农业文明。铁器的出现使人改变自然的能力产生了质的飞跃，历时一万年。第三阶段是工业文明。18世纪英国工业革命开启了人类现代化生活，历时三百年。工业文明以人类征服自然为主要特征，世界工业化的发展使征服自然的文化达到极致，一系列全球性的生态危机说明地球再也没有能力支持工业文明的继续发展，需要开创一个新的文明形态来延续人类的生存，这就是"生态文明"。如果说农业文明是"黄色文明"，工业文明是"黑色文明"，那生态文明就是"绿色文明"。

生态文明是人类为保护和建设美好生态环境而取得的物质成果、精神成果和制度成果的总和，是贯穿于经济建设、政治建设、文化建设、社会建设全过程和各方面的系统工程，反映了一个社会的文明进步状态。它是人类文明的一种形态，以尊重和维护自然为前提，以人与人、人与自然、人与社会和谐共生为宗旨，以建立可持续的生产方式和消费方式为内涵，以引导人们走上持续、和谐的发展道路为着眼点。生态文明强调人的自觉与自律，强调人与自然环境的相互依存、相互促进、共处共融，既追求人与生态的和谐，也追求人与人的和谐，而且人与人的和谐是人与自然和谐的前提。可以说，生态文明是人类对传统文明形态特别是工业文明进行深刻反思的成果，是人类文明形态和文明发展理念、道路和模式的重大进步。

这种文明观强调人与自然环境的相互依存、相互促进、共处共融。同以往的农业文明、工业文明具有相同点，那就是它们都主张在改造自然的过程中发展物质生产力，不断提高人的物质生活水平。但它们之间也有着明显的不同点，即生态文明突出生态的重要，强调尊重和保护环境，强调人类在改造自然的同时必须尊重和爱护自然，而不能随心所欲，盲目蛮干，为所欲为。

生态文明同物质文明与精神文明既有联系又有区别。两者的联系，是因为生态文明既包含物质文明的内容，又包含精神文明的内容：生态文明并不是要求人们消极地对待自然，在自然面前无所作为，而是在把握自然规律的基础上积极地能动地利用自然、改造自然，使之更好地为人类服务，在此方面，它是与物质文明一致的。而生态文明所要求的人类要尊重和爱护自然，将人类的生活建设得更加美好；人类要自觉、自律，树立生态观念，约束自己的行动，在这方面，它又与精神文明相一致。而在区别上，则是指生态文明的内容无论是物质文明还是精神文明都不能完全包容，也就是说，生态文明具有相对的独立性。

二、生态文明建设的主要内容及重点任务

建设生态文明，是中华民族永续发展的千年大计，关系人民福祉，关乎民族未来，功在当代，利在千秋。面对资源约束趋紧、环境污染严重、生态系统退化的严峻形势，必须树立尊重自然、顺应自然、保护自然的生态文明理念，把生态文明建设放在突出地位，融入经济建设、政治建设、文化建设、社会建设各方面和全过程，努力建设美丽中国，实现中华民族永续发展。

（一）生态文明建设的主要内容

生态文明作为一种独立的文明形态，是一个具有丰富内涵的理论体系。按照历史唯物主义的观点，生态文明建设具有四方面的内容：

1. 生态文明意识。思想意识是要解决人们的世界观、方法论与价值观问题，其中最重要的是价值观念与思维方式，它指导人们的行动。从价值取向看，必须树立先进的生态伦理观念。人类是自然重要的组成部分，要尊重自然规律，推动生态文化、生态意识、生态道德等生态文明理念的形成，牢固树立社会主义生态文明观[1]，使之成为中国特色社会主义的核心价值要素。

2. 生态文明制度。它是指以保护和建设生态环境为中心，调整人与生态环境关系的制度规范的总称。从激励与约束机制看，必须建立完善的生态制度。

---

〔1〕　2017年10月18日，习近平总书记在党的十九大报告中指出，生态文明建设功在当代、利在千秋。我们要牢固树立社会主义生态文明观，推动形成人与自然和谐发展现代化建设新格局，为保护生态环境作出我们这代人的努力。

把环境公平正义的要求体现到经济社会决策和管理中，加大制度创新力度，建立健全法律、政策和体制机制。党的十八大报告指出，保护生态环境必须依靠制度。要把资源消耗、环境损害、生态效益纳入经济社会发展评价体系，建立体现生态文明要求的目标体系、考核办法、奖惩机制。

3. 生态文明行为。生态文明不仅是一种思想和观念，同时也是一种体现在社会行为中的过程。在进行生态文明建设的过程中，人类应该应用行为科学的理论指导自身的行为，协调人与自然以及人类自身的矛盾，促进生态文明建设的进程。依据《公民生态环境行为规范（试行）》[1]，公民生态环境行为规范包括：关注生态环境、节约能源资源、践行绿色消费、选择低碳出行、分类投放垃圾、减少污染产生、呵护自然生态、参加环保实践、参与监督举报、共建美丽中国等十个方面。推动形成人与自然和谐发展现代化建设新格局，引导公民成为生态文明的践行者和美丽中国的建设者。

4. 生态文明产业。生态产业文明作为生态文明建设的物质基础，是指生态产业的建设，包括生态工业、生态农业、生态旅游业及环保产业。发展生态产业，改革生产方式，对现行的生产方式进行生态化改造是推进生态文明建设的重要手段。从物质基础看，必须拥有发达的生态经济。对传统产业进行生态化改造，大力发展节能环保等战略性新兴产业，使绿色经济、循环经济和低碳技术在整个经济结构中占较大比重，推动经济绿色转型。

结合生态建设的主要内容，生态文明建设的任务主要包括：一是转变经济发展方式，大力发展绿色经济、循环经济和低碳技术，培育壮大节能环保产业，形成资源节约、环境友好的产业结构、生产方式和消费模式。二是注重保障和改善民生，着力解决损害群众健康的突出环境问题。三是深化节能减排，加大水、大气、土壤等污染治理力度，强化核与辐射监管能力，明显改善环境质量。四是切实加强农村环境综合整治，实现城乡生态环境基本公共服务均等化。五是加强生态保护和防灾减灾体系建设，构建生态安全屏障。六是健全激励和约束机制，构建有利于建设生态文明的政策法规和体制机制。七是加强宣传教育，在全社会树立和弘扬生态文明理念。八是积极应对气候变化、生物多样性保护等全球性环境问题。

---

[1] 2018 年 6 月 5 日，生态环境部、中央文明办、教育部、共青团中央、全国妇联等五部门联合发布。

（二）新形势下生态文明建设面临新挑战〔1〕

党的十九届五中全会进一步明确了生态文明建设方向。新形势下，深刻认识生态文明建设与经济社会发展的辩证统一关系，必须坚定不移走生态优先、绿色发展之路，实现更高质量、更有效率、更加公平、更可持续、更为安全的发展。当前我国生态文明建设水平与人民群众期待、与美丽中国建设目标、与构建新发展格局促进高质量发展的要求相比仍有较大差距，生态文明建设任重道远。

1. 生态文明建设面临内外部环境的不确定性挑战。新冠肺炎全球大流行对世界经济造成严重冲击，全球政治问题、经济问题和环境问题相互交织，对我国经济发展转型以及生态文明建设造成显著影响。部分地方政府和企业对生态文明建设与经济社会发展的辩证关系认识不高，推动绿色低碳发展的能力不强、行动不实。

2. 结构性、根源性、趋势性压力总体尚未根本缓解。我国粗钢、水泥产量和煤炭消费量均占世界总量一半以上，以重化工为主的产业结构、以煤为主的能源结构、以公路货运为主的运输结构没有根本改变。能源资源利用效率仍然偏低，局部地区生态破坏问题依然突出。生态资源环境承载能力已经达到或者接近上限的状况没有根本改变。

3. 生态环境质量尚未根本好转。我国的空气质量与发达国家历史同期还有较大差距，全国近四成城市空气质量尚未达标，秋冬季重污染天气仍有发生。城市黑臭水体尚未长治久清，一些流域生态用水短缺、湖库富营养化、河口海湾污染等问题仍然突出。土壤污染风险管控压力大，新污染物不容忽视。

4. 生态文明治理体系和治理能力亟须完善提升。生态文明制度体系的内容和贯彻执行力度有待加强，绿色发展的激励约束机制还不健全，生态文明建设的市场化运作机制与政策发挥作用不够。生态环境监测监管与信息化建设滞后，新技术、新方法、新手段运用不足。

为此，必须坚持以习近平生态文明思想为指导，准确把握新发展阶段，深入贯彻新发展理念，加快构建新发展格局，锚定美丽中国建设目标和碳达峰碳中和目标愿景，努力建设人与自然和谐共生的现代化。新形势下我国生态文明建设的重点任务和方向包括如下方面：

---

〔1〕　参见王金南：《新形势下生态文明建设的新任务》，载《旗帜》2021年第7期。

1. 构建绿色低碳循环发展经济体系。全方位全过程推行绿色规划、绿色设计、绿色投资、绿色建设、绿色生产、绿色流通、绿色生活和绿色消费，通过建立健全绿色低碳循环发展的生产体系、流通体系、消费体系、基础设施绿色升级及绿色技术创新体系和法律法规政策体系，完善和建立生态产品价值实现机制，促进经济社会发展全面绿色转型，2021 年 10 月 24 日，国务院已出台《2030 年前碳达峰行动方案》倒逼经济、产业、能源实现绿色低碳转型升级。

2. 继续深入打好污染防治攻坚战。坚持方向不变、力度不减，突出依法、科学、精准治污，在关键领域、关键指标上实现新突破。在大气方面，强化多污染物协同控制和区域协同治理，基本消除重污染天气。在水体方面，统筹水资源、水生态、水环境治理，加强陆海统筹，基本消除城市黑臭水体，提升重点流域水生态质量，建设美丽河湖和美丽海湾。在土壤方面，保障农用地和建设用地土壤环境安全，加强白色污染和危险废物治理，持续开展农业农村环境综合整治。在环境风险方面，紧紧盯住危险废物、尾矿库、化学品等领域，治理新污染物。

3. 统筹推进山水林田湖草沙保护和修复。构建以国家公园为主体的自然保护地体系，实施生物多样性保护重大工程，加强外来物种管控。强化河湖长制，加强大江大河和重要湖泊湿地生态保护治理。科学推进荒漠化、石漠化、水土流失综合治理，开展大规模国土绿化行动。推行草原森林河流湖泊休养生息，加强黑土地保护。完善自然保护地、生态保护红线监管制度，坚决守住自然生态安全边界。

4. 积极推动全球生态文明建设和气候治理合作。深入参与国际环境治理，积极参与重要国际环境进程与公约谈判。参与和引领应对气候变化国际合作，帮助发展中国家提高应对气候变化能力。推行绿色基建、绿色能源、绿色交通、绿色金融，助力"一带一路"国家或地区经济绿色复苏。为全球生物多样性保护贡献中国智慧。

5. 加快实现生态环境治理现代化。落实生态文明体制改革顶层设计[1]，

---

[1] 为加快建立系统完整的生态文明制度体系，加快推进生态文明建设，增强生态文明体制改革的系统性、整体性、协同性，2015 年 9 月 11 日，中共中央政治局召开会议，审议通过了《生态文明体制改革总体方案》。方案从生态文明体制改革的总体要求，健全自然资源资产产权制度，建立国土空间开发保护制度，建立空间规划体系，完善资源总量管理和全面节约制度，健全资源有偿使用和生态补偿制度，建立健全环境治理体系，健全环境治理和生态保护市场体系，完善生态文明绩效评价考核和责任追究制度，生态文明体制改革的实施保障等十个方面做出规划设计。

重点建立地上地下、陆海统筹的生态环境治理制度，构建源头预防、过程控制、损害赔偿、责任追究的生态环境保护体系，构建党委领导、政府主导、企业主体、司法保障、公众参与的现代生态环境治理体系。强化生态环境法治建设，完善以排污许可为核心的固定污染源管理制度，持续推进生态环境治理能力，重点在监测监管执法能力、环境市场化投入机制、全民绿色行动等方面取得突破。

三、建设生态文明的重大意义

从生态文明提出的国际背景来看，伴随着经济发展，工业文明也带来了一系列严重的生态环境问题，使人类文明的发展陷入困境。20 世纪六七十年代严重的环境危机使生态环境的重要性逐渐为各国政府、学者、民众所认识，世界范围内人们对发展观进行了新的思考和探索。新中国成立以来，党和政府的执政理念发生了深刻变革。随着我国对人与自然关系的认识不断深化，我国政府先后提出了一系列解决资源、环境问题的战略思想，作出了一系列相关部署。[1] 我国的生态文明建设着眼于历史上形成的生态赤字、现实需求与未来发展，同时也积极回应了人民群众的环境诉求，顺应了国际社会的生态环境保护浪潮。生态文明建设具有重大意义：

1. 生态文明建设关系到中华民族永续发展。生态环境没有替代品，用之不觉，失之难存。唯有经济与环境并重、遵循自然发展规律的发展，才是最有价值、最可持续、最具实践意义的发展。必须高度重视生态文明建设，走一条绿色、低碳、可持续发展之路。要站在为子孙计、为万世谋的战略高度开展生态文明建设，开辟一条顺应时代发展潮流、适合我国发展实际的人与自然和谐共生的光明道路。

2. 生态文明建设事关党的宗旨使命的实现。人民对美好生活的向往，就是共产党的奋斗目标。新发展时期，人民群众对洁净的水、清新的空气、安全的食品、优美的生态环境等要求日渐增强，只有大力推进生态文明建设，提供更多优质生态产品，才能不断满足人民日益增长的优美生态环境需要，提高人民

---

〔1〕 2012 年，中国共产党第十八次全国代表大会报告中系统化、完整化、理论化地提出了生态文明的战略任务，将生态文明建设纳入社会主义现代化建设"五位一体"总体布局。2013 年中国共产党第十八届中央委员会第三次全体会议提出，建设生态文明，必须建立系统完整的生态文明制度体系，实行最严格的源头保护制度、损害赔偿制度、责任追究制度，完善环境治理和生态修复制度，用制度保护生态环境。

的生活质量，建设美丽新中国。

3. 生态文明建设关乎我国经济高质量发展和现代化建设。生态环境保护与经济发展并行，必将产生变革性力量。我国经济已由高速增长阶段转向高质量发展阶段。加强生态文明建设，坚持绿色发展，推进"双碳"目标的实现[1]，改变传统的生产和消费模式，使资源、生产、消费等要素相匹配相适应，是构建高质量现代化经济体系的必然要求，是实现经济社会发展和生态环境保护协调统一、人与自然和谐共生的根本之策。

4. 生态文明建设有利于展示我国主动担当国际义务负责任的大国形象。中国作为发展中的大国，生态环境搞好了，既是自身受益，更是对世界生态环境保护作出的重大贡献。当前我国发展经济、改善民生任务十分繁重，但仍然以最大决心和最积极态度参与全球应对气候变化，脚踏实地为全球环境治理、生态安全积极贡献，树立起全球生态文明建设重要贡献者、引领者的良好形象，不断提升在全球环境治理体系中的话语权和影响力。

第二节　我国生态文明建设的发展历程

新中国成立以来，在中国共产党的领导下社会主义革命和建设历经了70多年艰辛探索和改革创新的发展历程。党中央历代领导集体立足社会主义初级阶段基本国情，在领导中国人民摆脱贫穷、发展经济、建设现代化的历史进程中，深刻把握人类社会发展规律，持续关注人与自然关系，着眼不同历史时期社会主要矛盾发展变化，总结我国发展实践，借鉴国外发展经验，从提出"对自然不能只讲索取不讲投入、只讲利用不讲建设"到认识到"人与自然和谐相处"，从"协调发展"到"可持续发展"，从"科学发展观"到"新发展理念"和坚持"绿色发展"，都表明我国环境保护和生态文明建设，作为一种执政理念和实践形态，贯穿于中国共产党带领全国各族人民实现全面建成小康社会的奋斗目标过程中，贯穿于实现中华民族伟大复兴美丽中国梦的历史愿景中。生态文明建设经历了由萌芽到成熟的认识和发展过程。

---

[1] 国际社会已就控制全球气温升高不超过2℃达成政治共识，全球应对气候变化的行动将进一步强化。绿色低碳发展逐渐成为全球经济发展的方向和潮流，各国都在加快制定绿色低碳发展战略和政策。我国仍处在工业化、城镇化进程中，加快推进绿色低碳发展，有效控制温室气体排放，已成为我国大力推进生态文明建设的内在要求。

一、新中国成立初期到十一届三中全会之前，环境保护意识的觉醒、早期探索和开创时期

新中国成立初期，山河破碎，经济凋敝，百废待兴。积极开展工业化和发展经济，把国民经济引入正轨，是首要任务。环境保护问题并没有提到议事日程上来。1958 年开展了"大跃进""人民公社化"运动，全国人民在"征服自然""战天斗地""超英赶美"口号引领下，开始了轰轰烈烈的社会主义建设热潮，环境保护问题与经济建设相比重要性并不突出。在"大跃进"口号的引领下，全国各地大炼钢铁，砍伐森林，全国农村兴办集体食堂，没有柴烧就拆桥砍树，结果造成了自然生态的破坏。在社会主义建设中出现的这种环境破坏、资源浪费的现象，引起了中共中央领导的关注。毛泽东同志多次强调要厉行节约，他告诫全党，对办食堂破坏山林、浪费劳力等问题要引起高度重视。周恩来总理也多次提到森林资源问题，他强调，必须加强国家的造林事业和森林工业，有计划、有节制地采伐木材和使用木材，同时在全国有效地开展广泛的群众性的护林造林运动。毛泽东同志发出"绿化祖国"、要使祖国"到处都很美丽"的号召，使绿化祖国战略从新中国成立伊始贯穿至新中国 70 年整个生态文明建设历史进程中。与此同时，在全球环境保护运动尚未规模化兴起的 20 世纪 50 年代，以毛泽东同志为代表的党的第一代领导集体还提出"一定要把淮河治理好"的口号，开启了被誉为新中国初期四大水利工程的治理海河工程、荆江分洪工程、官厅水库工程和治理黄河工程。

20 世纪 70 年代，国际社会开始关注环境保护问题，环保工作受到各国政府的普遍重视。1972 年 6 月联合国人类环境会议在瑞典首都斯德哥尔摩召开，中国也派代表团参加了这次会议。在这次会议上通过了《人类环境宣言》。这是人类史上关于环境保护形成全球共识的大会，具有历史性里程碑意义。中国政府代表团多次表明中国政府关于环境问题的原则立场，为《人类环境宣言》发出了中国及广大发展中国家的声音。值得一提的是，中国代表团充分阐释了工业文明与环境污染的关系，指出工业发展会引起环境污染，但不能因噎废食，坚持为人民服务的基本出发点，工业发展中带来的环境问题是可以解决的。要反对"人类中心论"，但不等于怀疑和挑战人的主体地位。人民推动社会进步并可以通过科学技术发展和自己的辛勤劳动不断地改造环境。在这里，《人类环境宣言》中的一些语言，直接引用了毛泽东同志语录，如："世间一切事物中，人是第一可宝贵的。""人类总得不断地总结经验，有所发现，有所发明，有所创造，有所前进。"这都充分肯定了人民群众在创造历史、改善环境方面的决定作用的观点。这次会议之后，1973年11月发布的《国务院关于保护和改善环境的若干规定（试行草案）》，提出了"全面规划，合理布局，综合利用，化害为利，依靠群众，大家动手，保护环境，造福人民"的方针，指出要从战略上看待环境问题，对自然环境的开发，包括采伐森林、开发矿山、兴建大型水利工程，都要考虑到对气象、水利资源、水土保持等自然环境的影响。可见，生态环境保护思想在首次全国环保会上已经萌芽。但这一时期的环保还停留在被动式的环境保护阶段，还没有形成成熟的思想、理论及完善的法律制度。

二、1978年改革开放到十六大之前，生态环境保护上升为基本国策

改革开放之初，国家战略重心向以经济建设为中心转移。在国民经济的调整期、转型期，国家提出既要抓经济建设，也要抓环境保护。吸取西方发达国家现代化过程中先污染、后治理的教训，切实认识到环境保护的重要性。1978年12月31日，《中共中央批转〈环境保护工作汇报要点〉的通知》提出，"我们绝不能走先建设、后治理的弯路，我们要在建设的同时就解决环境污染问题"。1981年党中央制定的《关于在国民经济调整时期加强环境保护工作的决定》中，要求必须"合理地开发和利用资源""保护环境是全国人民根本利益所在"，强调既要注意经济规律，也要注意自然规律。以邓小平同志为核心的党的第二代中央领导集体，更加注重林业建设，更加注重法制化建设，将环境保护上升为我国的一项基本国策，[1]更加注重组织机构建设，奠定了我国环境保护法制化、制度化和体系化的基础。邓小平同志把毛泽东同志"绿化祖国"的号召丰富和拓展为"植树造林，绿化祖国，造福后代"的新举措、新目标和新使命，首次就一项事业，提出了"坚持一百年，坚持一千年，要一代一代永远干下去"的新要求。随着改革开放的推进，中国共产党对生态环境建设问题的重视程度大幅提高，党的十三大、十四大报告中反复强调了环境保护的重要性，并提出把经济效益、社会效益和环境效益很好地结合起来。1979年9月制定的《环境保护法》，标志着我国环境保护进入立法阶段。

1992年江泽民同志在党的十四大上着重分析了经济、人口和资源的关系，并在全国第四次环境保护会议上指出，"经济发展必须与人口、资源环境统筹考

---

〔1〕 1984年5月国务院通过了《关于环境保护工作的决定》，将生态环境建设上升为我国的一项基本国策，并在实践中初步形成了一套适合中国国情的政策和措施。

虑，不仅要安排好当前发展，还要为子孙后代着想，为未来的发展创造更良好的条件，决不能走浪费资源和先污染后治理的路子，更不能吃祖宗饭断子孙路"。1994 年我国政府发布的《中国 21 世纪议程——中国 21 世纪人口、环境与发展白皮书》指出，走可持续发展之路，是中国在未来和下一世纪发展的自身需要和必然选择，标志着中国可持续发展思想和战略的正式确立。

三、2002 年党的十六大到党的十八大之前，生态文明建设思想确立及其成熟阶段

进入 21 世纪，我国的环保建设已经成为国际社会环境保护建设的重要组成部分。党的十六大在阐述全面建成小康社会的发展目标时，正式将"可持续发展能力不断增强，生态环境得到改善，资源利用效率显著提高，促进人与自然的和谐，推动整个社会走上生产发展、生活富裕、生态良好的文明发展道路"写入党的报告，并作为全面建设小康社会的四大目标之一。这一阐述超越了单纯从代际公平角度定义可持续发展的局限，引入了文明的考量。2003 年 10 月举行的中共十六届三中全会上，时任中共中央总书记胡锦涛同志提出了"坚持以人为本，树立全面、协调、可持续的发展观"，强调按照统筹城乡发展、统筹区域发展、统筹经济社会发展、统筹人与自然和谐发展、统筹国内发展和对外开放的要求推进各项事业的改革和发展。2005 年 10 月，党的十六届五中全会通过了《中共中央关于制定国民经济和社会发展第十一个五年规划的建议》（以下简称《建议》），首次把建设资源节约型和环境友好型社会确定为国民经济与社会发展中长期规划的一项战略任务。建议提出："必须加快转变经济增长方式；大力发展循环经济；加大环境保护力度；切实保护好自然生态；认真解决影响经济社会发展特别是严重危害人民健康的突出环境问题，在全社会形成资源节约的增长方式和健康文明的消费模式。"《建议》明确提出"十一五"时期经济社会发展的目标之一是：资源利用效率显著提高，单位国内生产总值能源消耗比"十五"期末降低 20% 左右，生态环境恶化趋势基本遏制，耕地减少过多状况得到有效控制。

2007 年党的十七大创造性提出了"生态文明"的概念，将之作为全面建设小康社会奋斗目标的新要求。生态文明是以人与自然、人与人、人与社会和谐共生、良性循环、全面发展、持续繁荣为基本宗旨的社会形态，具有十分丰富、系统和深刻的内涵，不仅仅局限于控制污染和恢复生态，还涉及观念转变、文化转型、产业转换、体制转轨等，它是人类文明发展理念、道路和模式的重大进步，是人类社会崭新的文明形态。"资源节约型和环境友好型社会"成为生态

环境建设的内涵和任务。2007 年 10 月 21 日，"建设资源节约型、环境友好型社会"被写入部分修改的中国共产党章程中。十七届五中全会强调，坚持把建设资源节约型、环境友好型社会作为加快转变经济发展方式的重要着力点。

四、2012 年党的十八大到十九大以来，生态文明建设的保障体系趋于完善

党的十八大以来，以习近平同志为核心的党中央，谱就了中国特色社会主义生态文明新时代的崭新篇章，形成了习近平生态文明思想。习近平生态文明思想是迄今为止中国共产党人关于人与自然关系最为系统、最为全面、最为深邃、最为开放的理论体系和话语体系，是马克思主义人与自然关系思想史上重要的里程碑。习近平生态文明思想以中国特色社会主义进入新时代为时代总依据，紧扣新时代我国社会主要矛盾变化，把生态文明建设纳入中国特色社会主义"五位一体"总体布局和"四个全面"战略布局，坚持生态文明建设是关系中华民族永续发展的千年大计、根本大计的历史地位；以创新协调开放绿色共享的新发展理念为引领，将绿色发展、绿色化、产业生态化、生态产业化内化为生态文明建设融入经济建设、政治建设、文化建设和社会建设的全过程，全方位全过程立体化建设生态文明；以绿水青山就是金山银山为核心理念，不仅把该理念写入党的十九大报告，在《中国共产党章程（修正案）》总纲中又明确写入"中国共产党领导人民建设社会主义生态文明。树立尊重自然、顺应自然、保护自然的生态文明理念，增强绿水青山就是金山银山的意识"；以着力推进供给侧结构性改革为主线，建设高质量、现代化经济体系，坚持绿色发展、低碳发展、循环发展的实践论，旨在实现党的十九大确立的"人与自然和谐共生的现代化"，为富强民主文明和谐美丽的社会主义现代化强国奠定生态产业基础；以生态文明体制改革、制度建设和法治建设为生态文明提供根本保障，坚持党政同责、一岗双责利剑高悬，全面启动和完成生态环境保护督察，坚决打赢环境污染防治攻坚战，使我国环境保护和生态文明建设事业发展历史性、根本性和长远性转变；以强烈的问题意识、改革意识、人民意识和辩证意识，开辟了马克思主义人与自然观新境界，开辟了中国特色社会主义生态文明建设的世界观、价值观、方法论、认识论和实践论。

从党的十八大到党的十九大以来，我国制定实施了 40 多项涉及生态文明建设的改革方案，颁布了《中共中央 国务院关于加快推进生态文明建设的意见》《生态文明体制改革总体方案》《中共中央 国务院关于全面加强生态环境保护坚决打好污染防治攻坚战的意见》《全国人民代表大会常务委员会关于全面加强生态环境保护依法推动打好污染防治攻坚战的决议》等一系列顶层设计文件，推动建立起了生态文明制度的"四梁八柱"。在习近平生态文明思想的指导下，我国生态文明建设取得了重大进展。

纵观我国生态文明建设的发展历程，中国共产党始终是环境保护和生态文明建设事业的领导力量。一系列事关生态文明建设重大发展战略的出台，无不体现中国共产党的核心领导。党的主张反映时代的呼唤，顺应时代发展的潮流，不断推动我国生态文明建设迈上新的历史台阶。新中国成立以来尤其是改革开放以来，我们党在领导中国特色社会主义建设过程中，对生态文明建设进行着不懈探索，在实践中不断应对现实问题、总结经验教训开拓前进。面对当今日益紧迫的全球性环境危机，中国共产党更加清醒地认识到，建设生态文明是中国特色社会主义的题中之义，要带领中国人民实现社会主义现代化建设和中华民族伟大复兴，必须将生态文明建设放在突出地位。

第三节　习近平生态文明思想

习近平生态文明思想是习近平新时代中国特色社会主义思想的重要组成部分，是对党的十八大以来习近平总书记围绕生态文明建设提出的一系列新理念、新思想、新战略的高度概括和科学总结，是新时代生态文明建设的根本遵循和行动指南，也是马克思主义关于人与自然关系理论的最新成果。习近平生态文明思想深刻回答了"为什么建设生态文明、建设什么样的生态文明、怎样建设生态文明"等重大理论和实践问题，把中国共产党对生态文明建设规律的认识提升到一个新高度。

一、习近平生态文明思想的地位与意义

（一）习近平生态文明思想开辟了人与自然和谐发展的新境界

党的十八大以来，以习近平同志为核心的党中央站在谋求中华民族长远发展、实现人民福祉的战略高度，围绕建设美丽中国、推动社会主义生态文明建设，提出了一系列新思想、新论断、新举措，习近平同志站在中国特色社会主义事业"五位一体"总体布局的战略高度，对生态文明建设作了系统阐述，鲜明提出"让透支的资源环境逐步休养生息"。这一重要论断体现了新时期我们党对生态文明建设规律认识的进一步深化。资源环境问题说到底是自然生态系统问题。让生态系统休养生息，就是充分运用法律、经济、技术和必要的行政手

段，给自然生态以必要的人文关怀和时间空间，使自然生产力逐步得以恢复，促进人与自然和谐发展，建设美丽中国，大力促进实现经济社会发展与生态环境保护相协调，开辟了人与自然和谐发展的新境界。

（二）习近平生态文明思想体现了建设生态文明与坚持中国特色社会主义的统一

习近平总书记在关于"五位一体"总体布局和"四个全面"战略布局重要内容的论述中，把建设生态文明与坚持中国特色社会主义完整地统一起来，这是对中国特色社会主义理论体系的重要发展和贡献。将生态文明建设作为"五位一体"中的重要组成部分，使我们在进行中国特色社会主义建设时更能协调好人与自然的矛盾，也更能彰显出中国特色社会主义相对于以往各种社会主义和资本主义来说的丰富内涵、多维层面，更能彰显出中国特色社会主义在解决人类问题时表现出的高超中国智慧和中国方案。而且，党的十九大报告还将"坚持人与自然和谐共生"纳入新时代坚持和发展中国特色社会主义的基本方略，这也是我们党对新时代坚持和发展什么样的中国特色社会主义、怎样坚持和发展中国特色社会主义在生态文明方面作出的新规划。

（三）习近平生态文明思想体现了着力满足人民日益增长的优美生态环境需要

优美生态环境是人民对美好生活向往的重要内容。我国已全面建成小康社会，人民生活水平不断提高，对美好生活需要日益广泛，不仅对物质文化生活提出了更高要求，而且在美好生态环境方面的要求上日益增长。党的十八大以来，以习近平同志为核心的党中央坚定不移推进生态文明建设，长期以来忽视生态环境保护、生态恶化的状况得到明显改变，但与人民群众改善生态环境质量的强烈要求还有较大距离。我们要切实贯彻习近平生态文明思想，以满足人民对美好生活的向往为目标，多谋民生之利、多解民生之忧，纠正不正确的发展观念和粗放的发展方式，补齐生态环境这块突出短板，实行绿色低碳循环发展，让天更蓝、山更绿、水更清、生态环境更优美，提高人民生活质量。习近平总书记在党的十九大报告指出，我们要建设的现代化是人与自然和谐共生的现代化，既要创造更多物质财富和精神财富以满足人民日益增长的美好生活需要，也要提供更多优质生态产品以满足人民日益增长的优美生态环境需要。习近平生态文明思想为未来中国的生态文明建设和绿色发展指明了方向、规划了路线。生态文明建设功在当代、利在千秋，建设生态文明是中华民族永续发展的千年大计。

（四）习近平生态文明思想是构建人类命运共同体的重要组成部分

根据党的十九大报告，人类命运共同体的宗旨是"建立持久和平、普遍安全、共同繁荣、开放包容、清洁美丽的世界"。"人类命运共同体"是中国领导人对走和平发展道路、奉行合作共赢的开放战略、恪守维护世界和平、促进共同发展外交宗旨的承诺，包括共同、综合、合作、可持续的安全观，公平、开放、包容、共赢的发展观，和而不同、兼收并蓄的文明交流，以及尊重自然、环境友好的生态文明。习近平生态文明思想在中国特色社会主义建设伟大实践的基础上，发挥中国传统文化的优势，吸取人类文明积极成果，运用并深化了马克思主义理论，不但使之在中国大地生根，而且在全球范围内积极发挥作用，成为构建人类命运共同体思想和实践的重要组成部分。

二、习近平生态文明思想的深刻内涵[1]

习近平生态文明思想传承了中华文明"天人合一"的精髓，将马克思主义中国化，体现了现代文明发展及人与自然关系研究方面的最新成果。其内涵主要体现在以下方面：

（一）"人与自然和谐共生"是根本

习近平总书记指出，"人因自然而生，人与自然是一种共生关系""自然界是人类社会产生、存在和发展的基础和前提"。只有尊重自然规律，才能有效防止在开发利用自然上走弯路。我们要建设的现代化是人与自然和谐共生的现代化，必须坚持节约优先、保护优先、自然恢复为主的方针，多谋打基础、利长远的善事，多干保护自然、修复生态的实事，构建人与自然和谐发展现代化建设新格局。随着我国迈入新时代，生态环境是关系党的使命宗旨的重大政治问题，也是关系民生的重大社会问题。我们应像保护眼睛一样保护生态环境，像对待生命一样对待生态环境，让自然生态美景永驻人间。在人类发展史上，发生过大量破坏自然生态的事件，酿成惨痛教训。恩格斯指出："我们不要过分陶醉于我们人类对自然界的胜利。对于每一次这样的胜利，自然界都对我们进行报复。"[2]因此，人类只有尊重自然、顺应自然、保护自然，才能实现经济社会

---

〔1〕　参见习近平：《加强生态文明建设必须坚持的原则》，载《习近平谈治国理政第三卷》，外文出版社 2020 年版，第 359 页。

〔2〕　中共中央马克思恩格斯列宁斯大林著作编译局编译：《马克思恩格斯选集（第四卷）》，人民出版社 1995 年版，第 383 页。

可持续发展。

（二）"绿水青山就是金山银山"是基本内核

这实质上是经济发展与生态环境保护的关系。习近平总书记指出，坚持绿水青山就是金山银山，是重要的发展理念，也是推进现代化建设的重大原则。经济发展不应是对资源和生态环境的竭泽而渔，生态环境保护也不应是经济发展的缘木求鱼，而是要坚持在发展中保护、在保护中发展，实现经济社会发展与人口、资源、环境相协调。这就需要坚定不移贯彻绿色发展理念，把经济活动、人的行为限制在自然资源和生态环境能够承载的限度内，给自然生态留下休养生息的时间和空间，实现经济社会发展和生态环境保护协同共进。自然生态是有价值的，保护自然就是增值自然价值和自然资本的过程；生态环境价值，也是随发展而变化的。"既要绿水青山，也要金山银山"，强调两者兼顾，要立足当前，着眼长远。"宁要绿水青山，不要金山银山"，说明生态环境一旦遭到破坏就难以恢复，因而宁愿不开发也不能破坏。绿水青山也可以转化为金山银山。我们要贯彻创新、协调、绿色、开放、共享的新发展理念，用集约、循环、可持续方式做大"金山银山"，形成节约资源和保护环境的空间格局、产业结构、生产方式、生活方式，给自然生态留下休养生息的时间和空间。

（三）"良好生态环境是最普惠民生福祉"是宗旨目的

习近平总书记指出，环境就是民生，青山就是美丽，蓝天也是幸福，发展经济是为了民生，保护生态环境同样也是为了民生。良好的生态环境意味着清洁的空气、干净的水源、安全的食品、宜居的环境，关系着人民群众最基本的生存权和发展权，具有典型的公共产品属性。我们党必须把生态环境保护放在更加突出的位置，为人民群众提供更多优质生态产品，让良好生态环境成为人民生活的增长点，让老百姓切实感受到经济发展带来的实实在在的环境效益。生态文明建设，不仅可以改善民生，增进群众福祉，还可以让人民群众公平享受发展成果。随着物质文化生活水平不断提高，城乡居民的需求也在升级。他们不仅关注"吃饱穿暖"，还增加了对良好生态环境的诉求，更加关注饮用水安全、空气质量等议题。创造良好的生态环境，目的在民生，也是对人民群众生态产品需求日益增长的积极回应。我们应当坚持生态惠民、生态利民、生态为民，重点解决损害群众健康的突出环境问题，不断满足人民日益增长的优美生态环境需要，使生态文明建设成果惠及全体人民，既让人民群众充分享受绿色福利，也造福子孙后代。

（四）"山水林田湖草沙是生命共同体"是系统思想

习近平总书记用"命脉"把人与山水林田湖草沙连在一起，生动形象地阐述了人与自然之间唇齿相依、唇亡齿寒的一体性关系。生态是统一的自然系统，要从系统工程角度寻求治理修复之道，不能头痛医头、脚痛医脚，必须按照生态系统的整体性、系统性及其内在规律，整体施策、多策并举，统筹考虑自然生态各要素、山上山下、地表地下、陆地海洋以及流域上下游、左右岸，进行整体保护、宏观管控、综合治理，增强生态系统循环能力，维持生态平衡、维护生态功能，达到系统治理的最佳效果。因此，人类生存和发展的自然系统，是社会、经济和自然的复合系统，是普遍联系的有机整体。人类只有遵循自然规律，生态系统才能始终保持在稳定、和谐、前进的状态，才能持续焕发生机活力。我们要统筹兼顾、整体施策，自觉地推动绿色发展、循环发展、低碳发展；多措并举，对自然空间用途进行统一管制，使生态系统功能和居民健康得到最大限度的保护，全方位、全地域、全过程建设生态文明，使经济、社会、文化和自然得到协调、持续发展。

（五）"最严格制度最严密法治保护生态环境"是重要抓手

建设生态文明，是一场涉及生产方式、生活方式、思维方式和价值观念的革命性变革。习近平总书记指出："只有实行最严格的制度、最严密的法治，才能为生态文明建设提供可靠保障。"在生态环境保护问题上，就是要不能越雷池一步，否则就应该受到惩罚。对于破坏生态环境的行为，不能手软，不能下不为例。要加快制度创新，建立起产权清晰、多元参与、激励约束并重、系统完整的生态文明制度体系，着力破解制约生态文明建设的体制机制障碍。强化制度执行，让制度成为刚性约束和不可触碰的高压线。党的十八大以来，我们开展一系列根本性、开创性、长远性工作，完善法律法规，建立并实施中央生态环境保护督察制度，深入实施大气、水、土壤污染防治三大行动计划，推动生态环境保护发生历史性、转折性、全局性变化。"十三五"以来，先后制、修订了大气、水、土壤污染防治法等13部法律和17部行政法规。全国人大常委会每年开展生态环境领域的执法检查，基本完成全国生态环境综合行政执法改革，加强行政执法与刑事司法的衔接，加大惩戒力度，形成高压态势。与此同时，生态文明建设处于压力叠加、负重前行的关键期。未来，我们必须加快制度创新，不断完善环境保护法规和标准体系并加以严格执法，让制度成为刚性的约束和不可触碰的高压线。

（六）"共谋全球生态文明建设"彰显大国担当

习近平总书记指出，人类是命运共同体，建设绿色家园是人类的共同梦想。保护生态环境是全球面临的共同挑战，任何国家都无法置身事外。国际社会应该携手同行，共谋全球生态文明建设之路，共建清洁美丽的世界。我国生态文明建设的理念和实践，已得到国际社会的广泛认同和支持。面对生态环境挑战，人类是一荣俱荣、一损俱损的命运共同体，没有哪个国家能独善其身。唯有携手合作，我们才能有效应对气候变化、海洋污染、生物保护等全球性环境问题，实现联合国 2030 年可持续发展目标。只有并肩同行，才能让绿色发展理念深入人心、全球生态文明之路行稳致远。习近平总书记以全球视野、世界眼光、人类胸怀，积极推动治国理政理念走向更高视野、更广时空。保护生态环境，应对气候变化，是人类面临的共同挑战。我国在多个国际场合宣示，中国将继续承担应尽的国际义务，同世界各国深入开展生态文明领域的交流合作，推动成果共享，携手共建生态良好的地球美好家园。中国将深度参与全球环境治理，通过"一带一路"建设等多边合作机制，形成世界环境保护和可持续发展的解决方案，成为全球生态文明建设的重要参与者、贡献者、引领者。

党的十八大以来，在以习近平同志为核心的党中央坚强领导下，我国的生态环境质量得到明显改善。展望未来，习近平生态文明思想不仅是我国生态文明建设的行动指南，还将推动我国由工业文明时代快步迈向生态文明新时代，促进经济发展与环境保护良性循环，更好实现"两个一百年"奋斗目标，指引中华民族迈向永续发展的彼岸。

【本章思考题】

1. 文明的形态有哪些？什么是生态文明？

2. 生态文明建设的主要内容及重点任务是什么？

3. 我国生态文明建设的发展历程怎样？

4. 习近平生态文明思想的重大意义。

5. 习近平生态文明思想的深刻内涵是什么？

【参考文献】

1. 习近平：《论坚持人与自然和谐共生》，中央文献出版社 2022 年版。

2. 卢风：《生态文明与美丽中国》，北京师范大学出版社 2019 年版。

3. 蔡守秋：《生态文明建设的法律和制度》，中国法制出版社 2016 年版。

4. 周珂主编：《生态文明建设与法律绿化》，中国法制出版社 2017 年版。

5. 刘湘溶、李培超主编：《生态文明发展战略研究》，湖南师范大学出版社 2013 年版。

6. 邓海峰：《生态整体主义视域中的法治问题》，法律出版社 2015 年版。

【延伸阅读】

生态文明建设发生历史性、转折性、全局性变化[1]

2021 年 10 月，在昆明举行的联合国《生物多样性公约》第十五次缔约方大会上，一部以一群云南亚洲象北上南归之路为主题的短片《"象"往云南》，深深打动了人们。一幕幕人象和谐的画面，温暖了世界，生动展现了中国推进生态文明建设、促进人与自然和谐共生的成就。

党的十八大以来，以习近平同志为核心的党中央把生态文明建设摆在全局工作的突出位置，从思想、法律、体制、组织、作风上全面发力，开展了一系列根本性、开创性、长远性工作，决心之大、力度之大、成效之大前所未有，生态文明建设从认识到实践都发生了历史性、转折性、全局性的变化。

在《求是》杂志新近刊发的《努力建设人与自然和谐共生的现代化》这篇重要文章中，习近平总书记系统总结党的十八大以来我国生态文明建设取得的成就，鲜明指出："美丽中国建设迈出坚实步伐，绿水青山就是金山银山的理念成为全党全社会的共识和行动"。

——战略地位得到显著提升。习近平总书记用"五个一"科学概括了生态文明建设在党和国家事业发展全局中的地位，即：在"五位一体"总体布局中，生态文明建设是其中一位；在新时代坚持和发展中国特色社会主义的基本方略中，坚持人与自然和谐共生是其中一条；在新发展理念中，绿色是其中一项；在三大攻坚战中，污染防治是其中一战；在到 21 世纪中叶建成社会主义现代化强国目标中，美丽中国是其中一个。

——系统谋划生态文明体制改革。相继出台《关于加快推进生态文明建设的意见》《生态文明体制改革总体方案》等数十项涉及生态文明建设的改革方案，生态文明"四梁八柱"性质的制度体系基本形成。建立中央生态环境保护督察制度并全面推开，成为推动各地区各部门落实生态环境保护责任的硬招实

---

[1] 《生态文明建设发生历史性、转折性、全局性变化》，载求是网，www.qstheory.cn/wp/2022-06/10/c-1128729900.htm，最后访问日期：2023 年 1 月 20 日。

招。生态文明建设目标评价考核和责任追究、生态补偿、河湖长制、林长制、环境保护"党政同责""一岗双责"等改革举措全面实施。制定修订环境保护法等30多部生态环境领域相关法律和行政法规，覆盖各类环境要素的法律法规体系基本建立。

——生态环境改善成效显著。蓝天白云、清水绿岸明显增多。与2015年相比，2021年全国地级及以上城市细颗粒物（$PM_{2.5}$）平均浓度下降34.8%；全国地表水Ⅰ—Ⅲ类断面比例上升至84.9%，劣Ⅴ类水体比例下降至1.2%；全国受污染耕地安全利用率和污染地块安全利用率双双超过90%。全面禁止"洋垃圾"入境，实现固体废物"零进口"目标。森林覆盖率达到23.04%。建成首批国家公园，自然保护地面积占全国陆域国土面积的18%。人民群众生态环境获得感显著增强。

——绿色经济加快发展。2021年，我国高技术制造业增加值占规模以上工业增加值的比重为15.1%，节能环保等战略性新兴产业快速壮大并逐步成为支柱产业；我国清洁能源消费量占比上升到25.5%，光伏、风能装机容量、发电量均居世界首位。到"十三五"时期末，我国单位国内生产总值二氧化碳排放较2005年降低约48.4%，超额完成下降40%-45%的目标。

——全球环境治理贡献更加彰显。推动《巴黎协定》达成、签署、生效和实施，宣布二氧化碳排放力争于2030年前达到峰值，努力争取2060年前实现碳中和，大力支持发展中国家能源绿色低碳发展，不再新建境外煤电项目，充分体现了负责任大国的担当。深入开展绿色"一带一路"建设，倡导建立"一带一路"绿色发展国际联盟和绿色"一带一路"大数据平台，帮助发展中国家提高环境治理水平。

实践充分表明："生态环境保护和经济发展是辩证统一、相辅相成的，建设生态文明、推动绿色低碳循环发展，不仅可以满足人民日益增长的优美生态环境需要，而且可以推动实现更高质量、更有效率、更加公平、更可持续、更为安全的发展，走出一条生产发展、生活富裕、生态良好的文明发展道路"。

第三章　环境与资源法概述

【内容提要】

环境与资源法是一个新兴且独立的法律部门，它的出现与人类所面临的日益严重的环境问题息息相关。从世界范围来说，环境与资源法产生和发展大体经历了四个发展阶段，从奴隶社会到资产阶级产业革命，再到第二次世界大战结束，直至现在。我国的环境与资源法作为现代社会法律体系中一个独立的法律部门，除了满足了一般法律的普遍性原理外，也具有自身的特殊性。与其他部门法体系相比，环境与资源法体系形成较晚，但其所包含的法律法规数量众多。按照不同的标准进行分类，可以分为环境与资源法的法律渊源体系，以及环境与资源法的法律规范内容体系。环境与资源法在人类社会生活中运行的过程中，逐渐形成了围绕环境、资源、生态保护和利用的权利义务关系。这种权利义务关系，为实现经济和社会的可持续发展发挥作用。

【重点了解与掌握】

1. 掌握环境与资源法的概念和特征；
2. 了解我国环境与资源法的历史沿革及体系框架；
3. 明确环境资源法律关系的构成要素。

【引导案例】

案例[1]：李某（女）与蔡某（男）系夫妻关系，育有一子小蔡。一家三

---

[1] 参见蔡永贵、贵州靖沣建筑工程有限公司生命权纠纷案，贵州省盘州市人民法院（2021）黔 0281 民初 2122 号民事判决书。

口租住王三珍家位于贵州省盘州市的两间房屋。2020 年 1 月 14 日 20 时许，李某及子小蔡被家人发现死于租用的房间内。经盘州市公安局出警到现场展开调查，经现场勘查认定：李某与小蔡的尸体位于李某租赁房卧室的床上。在租住房屋北侧 14.5 米处有一处被土石堆掩埋的火堆，该火堆未熄灭，正冒着烟雾。中心现场经仔细勘验检查，并未发现其他可疑物证。经贵州中一司法鉴定中心鉴定，死者小蔡、李某系一氧化碳中毒致呼吸循环衰竭死亡。盘州市公安局民警调查当天，贵州某建筑公司在知晓盘州市头山居委会上述工地填埋的土石堆下着火冒烟，即安排洒水车、挖掘机展开灭火和填埋工作。经调查，冒烟处焚烧老旧房屋的木材，后被土石堆掩埋，在发现李某母子死亡前几天一直冒烟。公安机关的询问笔录中，最早发现李某母子死亡的人员均称房间内烟雾弥漫。根据公安机关的现场照片及勘验情况，李某、小蔡死亡时所在房间并无燃烧火炉的痕迹，房屋外的蜂窝煤也已熄灭。

调查得知，贵州某建筑公司在 2019 年 7 月 5 日与贵州某投资公司签订《建设工程施工合同》，约定由贵州某建筑公司承建位于盘州市道路建设工程。合同就环境保护约定被告应在施工组织设计中列明环境保护的具体措施。在合同履行期间，承包人应采取合理措施保护施工现场环境。对施工作业过程中可能引起的大气、水、噪声以及固体废物污染采取具体可行的防范措施。承包人应当承担因其原因引起的环境污染侵权损害赔偿责任。贵州某建筑公司施工的公路位于盘州市刘某家房屋的北侧，在刘某家房屋西侧相邻处为一土石堆，土石堆的南侧即为李某一家租住的房屋，租住的房屋一层为低于土石堆的平房两间，二层为瓦房，与刘某家房屋同一高度。

2020 年 6 月 10 日，蔡某作为原告以贵州某建筑公司为被告向贵州省盘州市人民法院提起民事诉讼。目前此案已经二审终审审结。[1]法庭经过审理认为，本案案由确定为环境污染责任纠纷项下子案由大气污染责任纠纷。支持原告蔡某要求被告赔偿因小蔡死亡产生的死亡赔偿金、丧葬费、精神损害抚慰金等费用的诉讼请求。

【引导问题】

1. 在以上案例中所涉的"环境"是否为我国《环境保护法》中"环境"范畴？
2. 案例是否属于环境与资源法所调整的范畴？

---

〔1〕 参见（2021）黔 02 民终 2397 号。

第一节 环境与资源法的概念及特征

一、环境与资源法的概念

法律上环境的概念具有不确定性，因此，环境法的称谓在各国乃至理论学说中的表述上有相当的差异，但所指对象基本一致。例如，美国一般称为"环境法"（Environmental Law），也有"环境保护法"（Environmental Protection Act），日本一般称为"公害法"，苏联和一些东欧国家普遍称为"自然资源保护法"。我国对此的称谓也未有完全统一，有的教材称作"环境法"，有的称作"环境保护法"，本教材采用"环境与资源法"作其名称。

环境与资源法，是指为了保护和改善环境，预防和治理人为环境侵害，实现可持续发展，由国家制定或认可的，并由国家强制力保障实施的，用以调整人类利用环境行为的法律规范的总称。环境与资源法的立法目的在于规制人类利用自然环境的行为，协调人与环境的关系，保护和改善环境，以此保障人体健康和社会经济的可持续发展。正如我国《环境保护法》第1条所示，"为保护和改善环境，防治污染和其他公害，保障公众健康，推进生态文明建设，促进经济社会可持续发展，制定本法"。

二、环境与资源法的特征

环境与资源法当然具有法的一般特征。由于法具有强制性，国家可以通过制定环境与资源法，把国家的环境保护方针、政策、原则、制度、措施等，都以法律的形式加以规范，使之取得社会一体遵守的地位和效力，任何单位和个人不得违反，否则将依法追究其法律责任，并受到以国家强制力为特征和后盾的法律制裁。这种国家强制性的特点是其他环境保护管理手段所不能具备的。同时，在我国法律体系中，环境与资源法又具有自己的特点。

（一）法律规范构成的科技性

环境与资源法必须以生态规律为根据。人类作为生物物种之一，生活在生物圈中，必须遵循生态规律的要求。生态规律是自然界不以人的意志为转移的客观规律。人们无法创造自然规律，人类需要利用自然因素得以生存发展，只能发现、掌握和运用自然规律为人类社会服务，改变、违背了客观的规律，必将受到大自然的惩罚。环境与资源法，在维护生态系统良性循环的基础上，从立法、执法、司法和守法各个环节体现生态规律的要求，规范人作用于自然的行为。环境与资源法根据自然科学规律设定法律准则以确保人与自然相互作用的协调性。

同时，环境与资源法根据科学技术、科学推理的结论确立行为模式和法律后果。在环境与资源法中，存在不同于传统意义上法律部门中的法律规范。例如，在现行《环境保护法》第44条第2款规定："对超过国家重点污染物排放总量控制指标或者未完成国家确定的环境质量目标的地区，省级以上人民政府环境保护主管部门应当暂停审批其新增重点污染物排放总量的建设项目环境影响评价文件。"其中"国家重点污染物排放总量控制指标"以及"重点污染物排放总量"等，都是专业的环境技术名词及术语。再如，我国《环境空气质量标准》（GB 3095-2012）（以下简称《标准》）中规定了环境空气功能区分类、标准分级、污染物项目、平均时间以及浓度限值、监测方法、数据统计等有效性规定及实施与监督等内容。《标准》指出，PM_{10}是指环境空气中空气动力学当量直径小于等于10μm的颗粒物，也称为可吸入颗粒物；$PM_{2.5}$是指环境空气中空气动力学当量直径小于等于2.5μm的颗粒物，也称细颗粒物。

由以上可见，环境技术规范也属于环境与资源法法律法规的范畴，环境执法和环境司法也同样需要科学技术的保障。环境与资源法反映出生态环境科技与法的结合的显著特点。

（二）法律方法运用的综合性

从形成的基础来看，环境与资源法是以法学和环境科学为基础，是邻近诸部门法和有关自然科学相互交叉、渗透的产物。从法律规范的种类和性质来看，兼有行政、民事、经济和刑事等实体法的规范，亦有与之相对应的行政复议、行政诉讼、民事诉讼和刑事诉讼等程序法规范。例如，在环境行政管理中，有大量环境行政法律规范。违反环境行政责任，可能需要承担环境行政处分、环境行政处罚，甚至环境行政赔偿；严重的追究刑事责任，在《中华人民共和国刑法》（以下简称《刑法》）中有专节"破坏环境资源保护罪"；我国针对环境因素公共性特点，还专门规定了环境公益诉讼制度。从保护对象看，环境与资源法保护的范围包括15种环境要素[1]，且还将随着经济、科学技术的发展和人类的需求不断扩大。从监督管理部门看，除了包含环境保护行政主管部门之

---

〔1〕 环境要素是指，构成人类环境整体的各个独立的、性质不同的而又服从整体演化规律的基本物质组分，包括自然环境要素和人工环境要素。《环境保护法》第2条规定中罗列出的环境要素包括大气、水、海洋、土地、矿藏、森林、草原、湿地、野生生物、自然遗迹、人文遗迹、自然保护区、风景名胜区、城市和乡村等15种。

外，还包括海洋、港监、海事、渔业、渔政、军队、公安、交通、铁道、民航以及土地、矿业、林业、农业、水利等各个依法行使环境保护监督管理权的行政部门，上述部门各司其职，综合管理。人民检察院和人民法院也在环境与资源法实施的最后一个环节提供司法保障。

（三）保护法益确定的共同性

首先，环境与资源法在阶级性上，并未如宪法、刑法一般，表现出强烈的阶级性。环境与资源法并非阶级矛盾不可调和的产物，而主要是人与自然矛盾的产物。环境与资源法所关注和规范的是社会公共利益（生态利益）和保障基本的人权（健康权以及生存权），它反映了全体社会成员对"日益增长的美好生活需要"的追求和愿望，它代表着人类的共同利益——保护人类赖以生存的生态利益，以实现人类社会、经济可持续发展的目标。

其次，环境与资源法中保护的"环境与资源"具有共享性。这决定了其保护的法益突破个体私人利益范畴，保护的是影响社会、国家、人类的公共利益。以本节引导案例一为例，住宅室内环境并非我国《环境保护法》中所称的"环境"，其并不具有共享性，而是一个相对封闭的内部空间环境，产生的污染损害也只针对特定的主体，因此受侵害人不能依据《环境保护法》向侵权人索赔，而必须依据民事法律中的侵权责任法律规范诉至法院。再如，在劳动、工作场所内，被劳动、工作过程中污染源排放污染物和能量伤害的人，也不属于环境污染危害的受害者，不能依据《环境保护法》为自己救济，必须依据《中华人民共和国劳动法》（以下简称《劳动法》）保护其权益。缘由是，《环境保护法》中"环境"有共享性，且《环境保护法》意图保护的主体并不特定，受到危害的方式具有间接性——即污染物和能量先使环境质量下降，后才对人体造成伤害，"环境"成为有害物质和能量伤害人体的媒介。而《劳动法》中的"环境"是指生产活动产生污染物和能量危害的劳动、工作场所，其伤害方式也是不以自然环境为媒介的直接伤害，与《环境保护法》意欲保护的法益截然不同。

最后，环境与资源法对环境要素的保护，着眼于环境要素的生态利益，以及各种环境要素之间以至每种环境要素内部的相关联性。不同于经济法对上述自然资源的保护，是将其作为"财源"看待，即视角主要关注于其经济价值；也不同于民法，着眼于自然资源的权属性质，保护其所有权、使用权关系；环境与资源法重视生态系统功能的保护和改善，以维护生态平衡和发挥生态功能为主要宗旨，最终达到保护人类健康，促进人类社会可持续发展的目标。

第二节　环境与资源法的历史与发展

一、世界环境与资源法的历史发展

环境与资源法的产生和发展，是与环境问题的产生和发展密切相关的，大体经历了四个历史发展阶段。

（一）18世纪之前

这个时期是从奴隶社会到资产阶级产业革命前阶段。这一时期人类对环境的影响并不大，主要的环境问题是由于乱砍滥伐森林和破坏草地所引起的水土流失、土地沙化和某些城市人口拥挤、乱倒垃圾所造成的水污染等。

为了解决当时的环境问题，历代的统治者都制定了一些客观上起着保护环境作用的法规。

例如，古巴比伦国王汉谟拉比颁布的《汉谟拉比法典》（公元前18世纪）第42条至第47条中，规定了对牧场、森林的保护；该法还规定，鞋匠住在城外，以免污染环境。英国在1306年就颁布国王诏告，规定在议会开会期间禁止用"海煤"取暖；对于第一次违法者处以巨额罚款，对第二次违法者还拆毁其炉子，对个别违法者甚至处以极刑。

古代具有环境保护作用的法律规范，一般都不是专门为了保护环境的目的而颁布的，而且夹杂在其他的法律文件中，其治理对象的法律责任承担方式主要是刑罚，且覆盖的范围零星、局部，不能认为是现代意义上的环境保护立法。

（二）18世纪中叶至20世纪初期

18世纪中叶至20世纪初期是资本主义发展的早期，在这一阶段，西方社会信奉自由资本主义理念，并基本完成了工业化和城市化进程。工业革命后，随着大工业的出现，社会生产力得到了极大的发展，人类对环境的影响也越来越大。

伴随工业生产和消费过程出现的"三废"污染，一些工业发达国家的环境问题日益严重。在这一阶段，环境与资源法呈现民法以及零散的污染防治立法并用的特征。[1]城市化进程使得城市环境卫生问题成为突出问题，工厂的排放也对公众造成了一定的妨害，特别是空气污染和水污染问题。因此，西方国家在运用私法上的妨害和相邻关系等解决环境纠纷以外，开始制定一些单行的污染

---

〔1〕　参见竺效主编：《环境法入门笔记》，法律出版社2017年版，第15页。

防治法，如英国 1863 年颁布的《碱业法》要求制碱者防止对大气的污染，1876 年颁布《河流防污法》以防止河流污染；美国 1864 年颁布了《煤烟法》以控制煤烟污染；日本 1896 年的《河川法》中提出"公害"一词。在专门的环境资源保护方面，也出现民事立法之外的资源利用和管理的立法。例如，美国 1866 年制定《矿业法》，1898 年制定了《森林保护法》；瑞士 1902 年修订了《森林法》。

这一历史时期，环境与资源法的特点是不再仅仅局限于其他法律文件中的零星条文了，而是出现了一些单行的专门的环境保护法律、法规。这是环境保护法发展史上的一大进步。

（三）20 世纪初期至 20 世纪 70 年代

20 世纪 30 年代开始，随着经济活动的日益频繁，环境污染逐渐加重、污染损害也大面积扩散，世界上相继出现了震惊世界的"八大公害事件"，引起了全球范围内的对环境保护的关注。

在这一时期，大量环境与资源单行法涌现。为了应对频繁出现的环境污染问题，世界各国除了相继颁布环境基本法外，也开始进行普遍的污染防治立法。污染防治立法成了这一时期环境保护法中的主要侧重领域。受到环境问题全球感染性的影响，各国也开始关注国际环境法律。

例如，1967 年日本颁布《公害对策基本法》，1969 年瑞典颁布《环境保护法》，1970 年美国颁布《环境政策法》；在侧重污染防治法方面，美国从 1948 年到 1972 年（特别是在 20 世纪 60 年代）在持续生产、空气污染和水污染控制、机动车管理、固体废弃物处理、空气和水质量管理、公民权利、野生生物、土地和水保持基金、野外优美景观、河流、国家标志、历史遗址保护等多方面都制定了详尽的法律。日本也同样如此。

（四）20 世纪 70 年代至今

为了保护和改善环境，1972 年 6 月 5 日至 6 月 16 日在瑞典首都斯德哥尔摩召开有各国政府代表团及政府首脑、联合国机构和国际组织代表参加的讨论当代环境问题的第一次国际会议，即联合国人类环境会议。会议通过了《人类环境宣言》，提出和总结了 7 个共同观点、26 项共同原则，呼吁各国政府和人民为维护和改善人类环境、造福全体人民、造福后代而共同努力。在这样的大背景下，各国开始重视针对各类环境问题制定相应的法律法规，我国也是在 20 世纪 70 年代以后开始环境立法的探索。全球环境法大致都形成"从污染的末端控制到预防以及全过程管理，在命令和控制型制度工具之外引入市场型制度工具、贯彻风险防范原则"等新的理念。同时,各国之间的环境保护合作加强,国际社会针对全球性环境问题的出现,制定了大量的国际环境保护公约、条约,如《野生动物迁徙物种保护公约》(1979 年)、《保护臭氧层维也纳公约》(1985 年)、《联合国气候变化框架公约》(1992 年)、《生物多样性公约》(1992 年)、《关于持久性有机污染物的斯德哥尔摩公约》(2001 年)等。

二、中国环境与资源法的历史发展

在保护生态环境方面,古代中国的春秋时期(公元前 8 世纪到公元前 5 世纪)的《逸周书·大聚解》就有关于禁伐山林和禁捕鱼鳖的记载:"春三月,山林不登斧,以成草木之长;夏三月,川泽不入网罟,以成鱼鳖之长。"西周时期(公元前 11 世纪)颁布的《伐崇令》规定:"毋坏屋、毋填井、毋伐树木、毋动六畜,有不如令者,死无赦。"在防治环境污染方面,殷商时期(公元前 16 世纪)就颁布了有关禁止乱倒垃圾的法令,如"殷之法,刑弃灰于街者"。到了秦朝时期,在《秦律十八种·田律》中,对水道、森林、野生动物等的保护作了明确的规定:从春季二月起,不准进山砍伐林木,不准堵塞水道。不到夏季,不准烧草用草灰作肥料,不准捕捉幼兽,不准掏鸟蛋,不准毒捕鱼类,不准设网与陷阱捕杀鸟兽,到七月方可解除禁令。后来的唐、元、明、清诸朝代的法令中,也设有不少保护林木、湖泊、街巷阡陌等环境保护的规定。[1]

我国近代在国民党统治时期也制定了一些环境保护单行法,如《渔业法》(1929 年)、《森林法》和《狩猎法》(1932 年)等。但是我国真正意义上环境立法的萌芽发展和飞跃,是在 1949 年新中国成立之后。

(一)1949 年至 1973 年:萌芽阶段

1949 年中华人民共和国成立。新中国成立初期,百废待兴。宪法上,国家重视对作为农业命脉的自然环境要素的保护,并且以公有制为基础,确立了自然资源的全民所有制形式。1954 年《宪法》第 6 条第 2 款规定,"矿藏、水流,由法律规定为国有的森林、荒地和其他资源,都属于全民所有。"

在防治环境污染方面,国务院相关行政主管部门制定和颁布了一大批具有现代环境法律功能替代性质的规范性文件。如 1956 年制定的《工厂安全卫生规程》、1959 年颁布的《生活饮用水卫生规程》和 1960 年颁布的《放射性工作卫生防护暂行规定》。在自然资源管理立法方面,国家较为重视对水土保持、森林

---

〔1〕 参见韩德培主编:《环境保护法教程》,法律出版社 2018 年版,第 12 页。

保护、矿产资源保护等方面的行政管理，并制定了若干纲要和条例。例如，1950 年颁布了《中华人民共和国矿业暂行条例》，1953 年颁布了《国家建设征用土地办法》，1965 年颁布了《矿产资源保护试行条例》，1957 年颁布了《中华人民共和国水土保持暂行纲要》。

这一时期我国的环境与资源法未成体系，也未形成独立的法律部门。

（二）1973 年至 1979 年：起步阶段

1972 年 6 月 5 日，中国派代表团出席了联合国在瑞典首都斯德哥尔摩举行的人类环境会议（UNCHE），就此拉开了国家环境保护事业的序幕。1973 年，国务院召开了第一次全国环境保护会议，将环境保护提到了国家管理的议事日程。1973 年 8 月我国第一次全国环境保护会议的召开，标志着我国环境保护工作和环境法律初步产生。[1]

在环境立法初期，我国注重吸收借鉴外国环境立法的经验教训，通过法律移植的方式自上而下地构建环境法体系。第一次全国环境保护会议审议通过了《关于保护和改善环境的若干规定（试行草案）》，草案以"保护和改善环境"为目的，首次提出适用于环境保护全局的"全面规划、合理布局、综合利用、化害为利、依靠群众、大家动手、保护环境、造福人民"32 字方针。该规定被认为是"中国第一个综合性的环境保护行政法规"，"在当时的历史条件下起着环境基本法的作用"。[2]

1974 年 10 月 25 日，国务院环境保护领导小组正式成立。之后，各省、自治区、直辖市和国务院有关部门也陆续建立起环境管理机构和环保科研、监测机构，在全国逐步开展了以"三废"治理和综合利用为主要内容的污染防治工作。1973 年 11 月 17 日，国家计委、国家建委、卫生部联合批准颁布了我国第一个环境标准——《工业"三废"排放试行标准》，为开展"三废"治理和综合利用工作提供了依据。1977 年 4 月，国家计委、国家建委和国务院环境保护领导小组联合下发了《关于治理工业"三废"，开展综合利用的几项规定》的通知，标志着中国以治理"三废"和综合利用为特色的污染防治进入新的阶段。值此期间，20 世纪 60 年代提出的"三废"处理和综合利用的概念，逐步被"环境保护"的概念所代替。这一时期，我国开展了重点区域污染调查，制定了全国环境保护规划，开展了"三废"治理和综合利用为特色的污染防治工作，

---

〔1〕 参见竺效主编：《环境法入门笔记》，法律出版社 2017 年版，第 17 页。
〔2〕 吴凯杰：《历史视角下中国环境法典编纂的再体系化功能》，载《荆楚法学》2022 年第 1 期。

开始实行"三同时"、污染源限期治理等管理制度。

1978 年 3 月，五届人大一次会议通过的《宪法》规定："国家保护环境和自然资源，防治污染和其他公害。"这是新中国历史上第一次在宪法中对环境保护作出明确规定，为我国环境法制建设和环境保护事业开展奠定了坚实的基础。同年 12 月，十一届三中全会的胜利召开，在全党确立了解放思想、实事求是的思想路线，为正确认识我国的环境形势奠定了思想基础。同年 12 月 31 日，中共中央批转了国务院环境保护领导小组的《环境保护工作汇报要点》，第一次以党中央的名义对环境保护工作作出指示。我国环境保护事业迎来了新的曙光。

（三）1979 年至 1989 年：发展阶段

十一届三中全会以后，党和国家对环境保护工作给予了高度重视，明确提出保护环境是社会主义现代化建设的重要组成部分。1979 年 9 月，五届全国人大常委会第十一次会议通过新中国的第一部环境保护基本法——《环境保护法（试行）》，我国的环境保护工作开始走上法制化轨道。

1983 年 12 月，国务院召开第二次全国环境保护会议，明确提出保护环境是我国一项基本国策，制定了我国环境保护事业的战略方针，即经济建设、城乡建设、环境建设同步规划、同步实施、同步发展，实现经济效益、环境效益、社会效益的统一。这次会议在我国环境保护发展史上具有重大意义，标志着中国环境保护工作进入发展阶段。

这一时期，我国全面展开环境保护单行法律、行政法规和规章的创制工作。在环境污染防治立法方面，1982 年制定了《中华人民共和国海洋环境保护法》（以下简称《海洋环境保护法》），1984 年制定了《水污染防治法》，1987 年制定了《中华人民共和国大气污染防治法》（以下简称《大气污染防治法》）。在自然资源管理和保护方面，1984 年制定了《中华人民共和国森林法》（以下简称《森林法》），1985 年制定了《中华人民共和国草原法》（以下简称《草原法》），1986 年制定了《中华人民共和国渔业法》（以下简称《渔业法》）和《中华人民共和国土地管理法》（以下简称《土地管理法》），1988 年制定了《水法》，1988 年制定了《中华人民共和国野生动物保护法》（以下简称《野生动物保护法》）。此外，国务院和相关职能部门还制定了大量的行政法规和规章，地方也制定和完善了地方性环境法规与规章。环境与资源法体系已见雏形。

（四）1989 年至 2014 年：完善阶段

在 1979 年《环境保护法（试行）》的基础上，我国于 1989 年 12 月 26 日通过了新的《环境保护法》。这为其他环境单行法律的制定、修改奠定了基础，拉开环境法律完善的序幕。在此期间，我国制定了《中华人民共和国环境噪声污染防治条例》（以下简称《环境噪声污染防治条例》）（1989年）、《国务院关于进一步加强环境保护工作的决定》（1990年）、《中华人民共和国水土保持法》（以下简称《水土保持法》）（1991年）、《中华人民共和国大气污染防治法实施细则》（以下简称《大气污染防治法实施细则》）（1991年）、《中华人民共和国环境保护行政处罚办法》（以下简称《环境保护行政处罚办法》）（1992年）、《中华人民共和国固体废物污染环境防治法》（以下简称《固体废物污染环境防治法》）（1995年）、《淮河流域水污染防治暂行条例》（1995年）等重要环境法律、法规和规章。此外，中国还在1995年修正了《大气污染防治法》、1996年修正了《水污染防治法》、1999年修订、2013年修正了《海洋环境保护法》。进入2000年后，我国又陆续制定《海域使用管理法》（2001年）、《中华人民共和国环境影响评价法》（以下简称《环境影响评价法》）（2002年）、《中华人民共和国清洁生产促进法》（以下简称《清洁生产促进法》）（2002年）、《中华人民共和国放射性污染防治法》（以下简称《放射性污染防治法》）（2003年）、《中华人民共和国循环经济促进法》（以下简称《循环经济促进法》）（2008年）、《排污费征收使用管理条例》（2002年）和《全国污染源普查条例》（2007年）等法律法规。还修订、修正了《大气污染防治法》（2000年）、《水法》（2002年）、《草原法》（2002年）、《固体废物污染环境防治法》（2004年）、《土地管理法》（2004年）、《野生动物保护法》（2004年）、《中华人民共和国节约能源法》（以下简称《节约能源法》）（2007年）、《水污染防治法》（2008年）和《中华人民共和国可再生能源法》（以下简称《可再生能源法》）（2009年）等。[1]至此，我国环境与资源法体系基本形成。

（五）2014年至今：优化时期

2014年4月24日，第十二届全国人民代表大会常务委员会第八次会议对《环境保护法》作出修订，标志着中国环境法发展到一个新的阶段。立法、修法工作的重点开始转向环境法律的体系优化。2014年的《环境保护法》被称为"史上最严""长了牙齿"的《环境保护法》，宣示着环境保护是国家的基本国策，树立"绿水青山就是金山银山"的生态观念；改进环境执法，赋予环保执法机关一定的行政强制执行权，规定公安机关亦应当积极配合环保执法机关依

---

〔1〕　参见竺效主编：《环境法入门笔记》，法律出版社2017年版，第17-19页。

法行政；确定环境公益诉讼条款，为建立环境公益诉讼机制提供立法导向；划定生态保护红线、实施主体功能区划、探索编制自然资源资产负债表等。与此同时，配套修订了《大气污染防治法》（2015 年修订、2018 年修正）、《固体废物污染环境防治法》（2015 年、2016 年修正，2020 年修订）、《水法》（2016 年修正）、《节约能源法》（2016 年、2018 年修正）、《野生动物保护法》（2016 年修订、2018 年修正、2022 年修订）、《海洋环境保护法》（2016 年、2017 年修正，2023 年修订）、《水污染防治法》（2017 年修正）；同时也制定出一些新的法律，如《中华人民共和国环境保护税法》（以下简称《环境保护税法》）（2016 年颁布、2018 年修正），《中华人民共和国核安全法》（以下简称《核安全法》）（2017 年颁布），《中华人民共和国土壤污染防治法》（以下简称《土壤污染防治法》）（2018 年颁布）等。

第三节　环境与资源法的体系

一、环境与资源法体系的概念

环境与资源法体系简称为环境法体系，是指由相互联系、相互补充、相互制约，旨在调整因环境资源开发、利用、保护、改善及其管理的法律规范和其他法律渊源所组成的系统。按照不同的角度，可以将环境法的体系分为法律规范体系、渊源体系、内容体系等类型。

环境法律规范体系是指有关环境资源开发、利用、保护、改善及其管理的所有法律、法规、规范的有机集合，包括制裁性法律规范、奖励性法律规范、实体性法律规范、程序性法律规范和其他法律规范。我国常见的环境法律规范包括综合性环境法律或者具有较强综合性的环境法律，单行性专门环境法规，各种依法制定并具有法律效力的环境资源标准及其有关规定，各种依法制定并有法律效力的有关环境资源方面的计（规）划和有关这类计（规）划的法律规定，我国缔结或者参加的国际环境条约，以及民法、刑法、行政法、经济法等其他法律部门的法律法规中有关环境资源开发、利用、保护、改善及其管理的法律规定。

环境法律渊源体系是指，由我国现行立法体制或法律法规的效力级别构成的环境法律有机系统。我国的环境法律渊源体系主要由七个层次构成：宪法、环境法律、环境行政法规、地方性环境法规、环境部门规章、地方政府环境规章、其他环境规范性文件。

环境法律内容体系是指，由环境与资源法所规制的内容和功能所构成的环境法律有机整体，即环境与资源法领域的边界范围。[1]目前在学术上，关于环境法规制范围的界分，学界并未达成共识，大体有以下几种认识：有的学者认为，环境法分为污染防治法和资源保护法两个部分。[2]有的学者认为，环境法包括污染控制、资源利用和生态保护三类规范。[3]有的学者认为，环境法体系首先可分为环境基本法和具体环境法，其中，具体环境法分为环境事务法和环境手段法，环境事务法又可分为污染防治法、资源保护法、环境退化防治法和生态保护法；环境手段法包括环境规划法、环境管制与许可法、环境监测法等。[4]也有学者认为，环境法涵盖污染防治、生态保护、资源保护、可再生能源和资源的综合利用等主要方面。[5]还有学者认为，环境与资源法律体系是由环境与资源基本法、综合性环境与资源法、污染防治法、资源保护法、生态保护法、应对不确定环境风险的法律组成。[6]

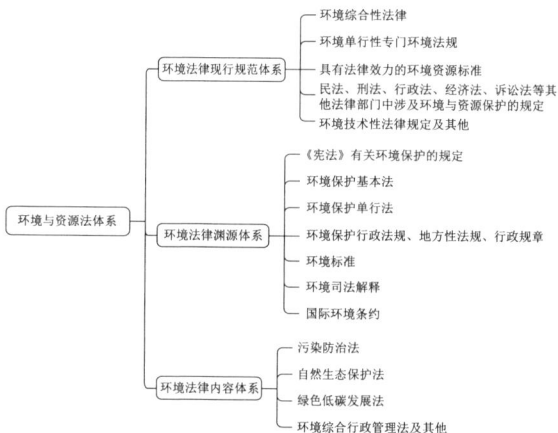

图 1-3-1　环境与资源法体系图

〔1〕　参见鄢德奎：《中国环境法的形成及其体系化建构》，载《重庆大学学报（社会科学版）》2020年第6期。

〔2〕　参见张梓太、郭少青：《结构性陷阱：中国环境法不能承受之重——兼议我国环境法的修改》，载《南京大学学报（哲学·人文科学·社会科学）》2013年第2期。

〔3〕　参见徐以祥：《论我国环境法律的体系化》，载《现代法学》2019年第3期。

〔4〕　参见徐祥民、巩固：《关于环境法体系问题的几点思考》，载《法学论坛》2009年第2期。

〔5〕　参见王灿发、陈世寅：《中国环境法法典化的证成与构想》，载《中国人民大学学报》2019年第2期。

〔6〕　参见李艳芳：《论生态文明建设与环境法的独立部门法地位》，载《清华法学》2018年第5期。

二、我国环境与资源法体系

结合以上各视角，整合我国环境与资源法体系包括：

（一）《宪法》中关于环境保护的规定

生态文明的国家目标。2018 年 3 月 11 日第十三届全国人民代表大会将《宪法》序言中的"推动物质文明和精神文明协调发展，把我国建设成为富强、民主、文明的社会主义国家"修改为"推动物质文明、政治文明、精神文明、社会文明、生态文明协调发展，把我国建设成为富强民主文明和谐美丽的社会主义现代化强国，实现中华民族伟大复兴"，以国家目标的方式将生态文明写入《宪法》。

《宪法》第 9 条第 2 款："国家保障自然资源的合理利用，保护珍贵的动物和植物。禁止任何组织或者个人用任何手段侵占或者破坏自然资源。"

《宪法》第 10 条第 5 款："一切使用土地的组织和个人必须合理地利用土地。"

《宪法》第 14 条第 2 款："国家厉行节约，反对浪费。"

《宪法》第 22 条第 2 款："国家保护名胜古迹、珍贵文物和其他重要历史文化遗产。"

《宪法》第 26 条："国家保护和改善生活环境和生态环境，防治污染和其他公害。国家组织和鼓励植树造林，保护林木。"

《宪法》第 89 条："国务院行使下列职权：……（六）领导和管理经济工作和城乡建设、生态文明建设……"

（二）综合性环境基本法

《环境保护法》是我国环境基本法，于 1979 年试行，于 1989 年修改，2014年全面修订。该法律引入了生态文明建设和可持续发展的理念，进一步明确了环境的概念和范围，进一步明确了保护环境的基本国策和基本原则，完善了环境管理基本制度，突出强调政府监督管理责任，设置"信息公开和公众参与"专章，完善了环境经济政策。加强农村环境保护，加大了违法排污的责任，解决了违法成本低的问题。

（三）环境保护单行法

环境保护单行法是以《宪法》和环境保护基本法为依据，针对特定的保护对象或特定的污染防治对象或者就环境保护的特定方面由全国人大常委会制定通过的单项法律。目前我国的环境保护单行法大致分为以下几类：

1. 环境污染防治法

目前我国主要在水、大气、噪声、固体废弃物、放射性污染防治等环境要素方面制定环境污染防治法律。

比如：《大气污染防治法》《固体废物污染环境防治法》《污染控制法》《土壤污染防治法》《放射性污染防治法》《水污染防治法》《中华人民共和国噪声污染防治法》（以下简称《噪声污染防治法》）《防沙治沙法》等。

2. 自然资源保护法

这类规定也以保护某一环境要素为主要内容，制定自然资源保护方面的法律。

比如：《野生动物保护法》《海洋环境保护法》《水法》《中华人民共和国煤炭法》（以下简称《煤炭法》）《自然资源法》《深海海底区域资源勘探开发法》《海岛保护法》《草原法》等。

3. 资源循环利用法

资源循环利用可以节约和合理开发利用资源，减少污染物的产生和排放，创造新的物质财富，保护环境，实现经济效益、环境效益和社会效益的统一，受到许多国家的重视，资源循环利用法因此也成为我国环境与资源法律的重要内容。

比如：《节约能源法》《清洁生产促进法》《循环经济促进法》《可再生能源法》等。

4. 环境综合行政管理法

环境综合行政管理法是为规范国家行政机关在履行环境保护行政管理职责行为而制定的同类法律的总称。在我国，综合行政管理法涉及的领域包括环境影响评价、环境标准、环境监测、环境行政许可、环境信息、排污收费、限期治理、环境监理、环境督察、环境科教、环境行政复议以及环境行政处罚等，典型的立法如《环境影响评价法》。

（四）环境保护行政法规、地方性法规、行政规章等

环境保护行政法规是指由国务院制定颁布的、有关环境与资源保护方面的规范性文件的总称。

环境保护行政规章是指国务院各部委以及各省、自治区、直辖市的人民政府和省、自治区的人民政府所在地的市以及设区市的人民政府根据宪法、法律和行政法规等制定和发布的有关环境与资源保护方面的规范性文件。国务院各部委制定的称为部门行政规章，其余的称为地方行政规章。[1]

---

〔1〕《规章制定程序条例》第7条：规章的名称一般称"规定"、"办法"，但不得称"条例"。

环境保护地方性法规是指法定的地方国家权力机关依照法定的权限，在不同宪法、法律和行政法规相抵触的前提下，制定和颁布的在本行政区域范围内实施的有关环境与资源保护方面的规范性文件。

以部门规章举例。比如：生态环境部在 2010 年 3 月 1 日实施的《环境行政处罚办法》、2015 年 1 月 1 日实施的《环境保护主管部门实施按日连续处罚办法》《环境保护主管部门实施查封、扣押办法》《环境保护主管部门实施限制生产、停产整治办法》等。

（五）环境标准

环境标准是国家为了维护环境质量、控制污染，保护人群健康、社会财富和生态平衡而制定的各种技术指标和规范的总称，是环境保护法体系的重要组成部分。

（六）环境保护有关的司法解释

环境保护有关司法解释是指最高人民法院和最高人民检察院对下级法院或下级检察院就审理环境与资源保护案件的法律适用规则作出的规定。中国立法规定较为抽象，在具体司法实践中，需要由司法机关进行进一步解释。近些年来，最高人民法院、最高人民检察院制定了一些环境司法解释，对于法律适用起到了积极的作用。

比如：2015 年 1 月 7 日实施的《最高人民法院关于审理环境民事公益诉讼案件适用法律若干问题的解释》、2015 年 6 月 3 日实施的《最高人民法院关于审理环境侵权责任纠纷案件适用法律若干问题的解释》、2018 年 3 月 2 日实施的《最高人民法院、最高人民检察院关于检察公益诉讼案件适用法律若干问题的解释》、2022 年 1 月 20 日实施的《最高人民法院关于审理生态环境侵权纠纷案件适用惩罚性赔偿的解释》、2022 年 4 月 9 日实施的《最高人民法院、最高人民检察院关于办理破坏野生动物资源刑事案件适用法律若干问题的解释》、2023 年 8 月 15 日实施的《最高人民法院、最高人民检察院关于办理环境污染刑事案件适用法律若干问题的解释》等。

（七）其他部门法中有关环境保护的法律规定

1. 民法典中的相关规定

《中华人民共和国民法典》（以下简称《民法典》）第 9 条规定：“民事主体从事民事活动，应当有利于节约资源、保护生态环境。”在绿色原则的指引下，我国《民法典》的物权编、合同编、侵权责任编都有有关环境生态保护的若干规定。

2. 刑法中的相关规定

我国《刑法》第六章第六节规定了"破坏环境资源保护罪"。

2021 年 3 月 1 日施行的《中华人民共和国刑法修正案（十一）》［以下简称《刑法修正案（十一）》］中第 37-43 条都与环境生态保护有关。

3. 行政法中的相关规定

我国的行政法律规范中有大量的涉及生态环境执法的条文。

比如：《中华人民共和国治安管理处罚法》（以下简称《治安管理处罚法》）中对环境违法行为给予行政处罚。

4. 诉讼法中相关规定

诉讼法中有关于处理环境资源行政纠纷、民事纠纷、刑事审判的程序规定，尤其对生态环境司法及环境公益诉讼制度作出了规定。

比如，《民事诉讼法》第 58 条："对污染环境、侵害众多消费者合法权益等损害社会公共利益的行为，法律规定的机关和有关组织可以向人民法院提起诉讼。人民检察院在履行职责中发现破坏生态环境和资源保护、食品药品安全领域侵害众多消费者合法权益等损害社会公共利益的行为，在没有前款规定的机关和组织或者前款规定的机关和组织不提起诉讼的情况下，可以向人民法院提起诉讼。前款规定的机关或者组织提起诉讼的，人民检察院可以支持起诉。"

（八）国际法中的环境保护规范

全球性也是环境问题的特征之一，因此，国际层面也越来越重视环境问题，与环境保护相关的国际条约、多边协定、双边协定等也越来越丰富，将在本书第六编详细展开。

第四节　环境法律关系

一、环境法律关系的概念

社会关系是人们在共同的物质和精神活动过程中所结成的相互关系的总称，即人与人之间的一切关系。随着人类改造自然、改造社会的实践活动日益深入和扩展，历史地形成了复杂多样的、多种层次的社会关系。为了使复杂的社会关系形成安定、和平、有序的状态，人与人之间形成正常的交往关系，法律需要对各种社会关系进行规范。正是法律对社会关系规范、调整，从而形成法律关系。所以，法律关系是法律在规范和调整社会关系的过程中所形成的一种特殊的社会关系。法律通过确立法律上的权利和义务关系来梳理繁杂的社会生活，使之有序、稳定、和谐。

一般情况下，法律关系都是由法律部门对特定的社会关系进行调整而形成的，是这种特定的社会关系的法律化，社会关系的属性决定了法律关系的属性。不同的法律规范调整的社会关系具有不同的权利、义务内容而形成各种不同的法律关系，如民事法律关系、刑事法律关系、行政法律关系等。由环境与资源法律规范所调整的人们在利用、保护、改善环境与资源活动中所产生的社会关系，便是环境法律关系。

所以，环境法律关系是指环境与资源法主体之间，在利用、保护和改善环境与资源的活动中形成的由环境与资源法规范所确认和调整的具有权利、义务内容的社会关系。

二、环境法律关系的特征

环境法律关系的产生，同其他法律关系一样，首先要以现行的环境与资源法律规范存在为前提。没有相应的法律规定，就不会产生相应的法律关系。同时，还要有符合环境法律规范适用的条件即环境法律事实的出现。因为，一般来说，法律规范本身并不直接导致法律关系的产生、变更或消灭。环境法律关系，具有一般法律关系的共性，但是，由于环境保护的特殊性，又使其不同于一般法律关系而具有自己的特征。

1. 环境法律关系归根到底调整的是人与人之间的关系，但又通过人与人的关系体现人与自然的关系。法律是调整人的行为的，任何法律关系都直接表现为人与人的关系，是人们之间的社会关系在法律上的反映，这是一切法律关系共同具有的特征，环境法律关系也不例外。不能把环境法律关系客体所指向的对象，即环境要素或自然物，同环境与资源法主体相混淆，把环境保护法律关系视为人与动植物的关系、人与环境要素的关系或人与自然的关系。就法律关系本身来说，只能是法律关系主体之间的关系，即人与人的关系。而环境法律关系的特殊性又体现在虽然发生在人与人之间，但它并不单纯是一种人与人之间的社会关系。究其发生的根源，是人们在与各种同生态环境打交道的过程中，即在利用、保护和改善环境的活动中形成的人与人之间的关系。比如，为了保护和合理利用环境与资源，对各种从事开发建设、企业生产、交通运输的当事人，在法律上规定各种禁止事项即法律义务；对各种危害环境的违法行为给予民事的、行政的或刑事的制裁。生态环境是中介物，离开了人与环境的关系，也就没有了环境法律关系存在的价值。

2. 环境法律关系是体现一定意志并符合自然和生态规律的思想社会关系。任何法律关系都是一种人与人之间的非物质关系，即思想社会关系，因为法律关系的形成和实现体现了国家意志和当事人的意志，属于上层建筑的范畴。但是，不能把这种思想关系理解为是主观随意的，归根到底它要受社会物质生产关系即经济关系的制约，就环境法律关系来说，更主要的是还要受人与自然关系的制约，受自然规律的制约。

3. 环境法律关系是基于各部门法律存在的多重牵连的社会关系，兼具公、私法关系的特点。这一特点使环境法律关系较之其他法律关系体现出广泛性和综合性的特征。参与环境法律关系的主体，既包括国家、国家机关，也包括各种企事业单位、其他社会组织和公民。在环境法律关系中，有依据行政法规范确立的环境与资源法律关系，也有按民法规范确立的环境与资源法律关系，还有按刑法规范确立的环境与资源法律关系。由这些不同的法律规范所确立的法律关系的当事人，在法律关系中的地位也不相同，有平等的关系，也有非平等的关系。环境法律关系的客体，涉及大气、水、海洋、土地、矿藏、森林、草原、湿地、野生生物、自然遗址、人文遗址、自然保护区、风景名胜区、城市、乡村等多种环境要素，管理手段也多种多样。

三、环境法律关系的构成要素

法律关系的构成要素是指结成当事人之间权利和义务关系的必要条件。它们包括三个方面：参与法律关系的主体、构成法律关系内容的权利和义务、作为权利义务对象的法律关系的客体，有的法学著作将它们称为构成法律关系的"三要素学说"。这一学说为学者们广泛接受，成为适用于任何法律部门的理论，环境法律关系也不例外，也是由主体、内容、客体三要素构成的。

1. 主体

环境法律关系的主体是环境与资源法中权利和义务的载体，没有主体，环境与资源法中的权利和义务也就因失去依托而无法存在，环境与资源法的调整也便毫无意义，其宗旨、作用便无从存在。因此，环境法律关系的主体十分重要，只有主体存在，才能谈及权利、义务和责任，才能谈到环境与资源法的宗旨、作用和价值。

环境法律关系的主体是指依法享有权利和承担义务的环境与资源法律关系的参加者，包括权利主体和义务主体。在我国，环境法律关系主体包括国家、国家机关、企业事业单位、其他社会组织和公民。

在国际环境法律关系中，国家是法律关系的主体；在国家的环境管理活动中，国家机关特别是环境保护的主管机关，经常以主体身份参加环境与资源法律关系；其活动同环境保护有关的工业企业或其他组织，也是环境与资源法律关系的主要参加者。公民个人，既有享受良好环境的权利，又有保护环境的义务，而且通常没有权利能力的限制，因此公民也是环境与资源法律关系的广泛参加者。

2. 内容

环境与资源法律关系的内容是指法律关系的主体依法所享有的权利和所承担的义务。

主体享有的权利是指某种权能或利益，它表现为权利主体可以自己作出一定的行为，或相应地要求他人作出或不作出一定的行为。国家机关作为环境法律关系的主体，特别是参与国家环境管理活动时，其所享有的权利是同"职权""职责"相同的，也就是依法从事职权范围内的活动。在这种情况下，主体享有的权利，同时也可以看作是应尽的义务。例如，各级环保机关依据法律规定，有收缴排污费和审批环境影响报告书的权利，这实际上也是他们的义务，即履行他们的职责，否则就是失职。

主体承担的义务是指必须履行某种责任，它表现为必须作出某种行为或不能作出某种行为。例如，一切对环境有影响的建设项目的建设者，事先都要进行环境影响评价，一切超过标准向环境排放污染物者都要缴纳环保税，这都是环境法律关系主体应承担的义务。在具体保护法律关系中，义务的承担者有的是确定的，有的是不确定的。上例的建设者和排污者都是确定的义务承担者。在保护珍稀动植物的法律关系中，如禁止捕猎大熊猫，则所有的公民都负有义务，而不是仅指某一个人，这就是不确定的义务人。

3. 客体

法律关系的客体是指主体的权利和义务所指向的对象。如果没有客体，权利和义务就没有了目标和具体内容，因而客体也是构成法律关系的要素之一。一般认为法律关系的客体包括物、行为、精神财富和其他权益四种。在环境法律关系中，客体一般表现为物和行为。

（1）物。物是指可作为权利、义务对象的物品或其他物质。在民事法律关系中，把物作为财产权利的对象，因此必须是具有经济价值的物或其他物质财富。在环境法律关系中作为权利义务对象的物，指表现为自然物的各种环境要素。但必须注意的是，这些自然物必须是人们可以影响和控制的、具有环境功能的自然物。比如太阳也属于环境要素，对人类来说至关重要，但因人的行为不能影响和控制，它就不能成为环境法律关系的客体；某些珍稀动物，在它们脱离自然界失去环境功能时，如动物园和马戏团里的熊猫、老虎，也不再是环境保护法律关系的客体而是民事法律关系的客体。

再如土地、森林、草原、山脉、矿藏、水流等这样的环境要素，根据法律规定，既是民事法律关系的客体，也是经济法律关系的客体，同时也是环境法律关系的客体。但是不同法律关系对这些物的关注视角各不一样，民事法律关注这些物的物权归属，而经济法律关系关注这些物的经济价值体现，环境法律关系则是关注这些环境要素的生态价值。

还有一些作为环境要素的自然物，如空气、风力、光照等，只能作为环境与资源法律关系客体，而不能作为具有财产权内容的法律关系如民事法律关系的客体。就是说，它们不能作为财产而被主体占有或处分。

（2）行为。作为法律关系客体之一的行为，是指参加法律关系的主体的行为，包括作为和不作为。作为，又称积极的行为，是指要求从事一定的行为。不作为，又称消极的行为，是指不能从事一定的行为。在环境法律关系中，主体的权利和义务，常常表现为从事一定的行为，或不得从事一定的行为。

【本章思考题】

1. 如何理解环境与资源法的概念和特征？

2. 我国环境与资源法体系包括哪些主要部分？

3. 我国《环境保护法》在环境与资源法体系中的地位如何？

4. 我国《民法典》中有哪些环境法律规范？

【参考文献】

1. 左玉辉主编：《环境学》，高等教育出版社 2002 年版。

2. 竺效主编：《环境法入门笔记》，法律出版社 2017 年版。

3. 徐祥民、巩固：《关于环境法体系问题的几点思考》，载《法学论坛》2009 年第 2 期。

4. 张梓太、郭少青：《结构性陷阱：中国环境法不能承受之重——兼议我国环境法的修改》，载《南京大学学报（哲学·人文科学·社会科学）》2013 年第 2 期。

5. 冯威：《法律体系如何可能？——从公理学、价值秩序到原则模式》，载《苏州大学学报（法学版）》2014年第1期。

6. 李艳芳：《论生态文明建设与环境法的独立部门法地位》，载《清华法学》2018年第5期。

7. 徐以祥：《论我国环境法律的体系化》，载《现代法学》2019年第3期。

8. 王灿发、陈世寅：《中国环境法法典化的证成与构想》，载《中国人民大学学报》2019年第2期。

9. 王旭光：《〈民法典〉绿色条款的规则构建与理解适用》，载《法律适用》2020年第23期。

10. 吕忠梅：《中国环境立法法典化模式选择及其展开》，载《东方法学》2021年第6期。

11. 鄢德奎：《中国环境法的形成及其体系化建构》，载《重庆大学学报（社会科学版）》2020年第6期。

12. 吴凯杰：《历史视角下中国环境法典编纂的再体系化功能》，载《荆楚法学》2022年第1期。

第四章 环境与资源法的基本原则

【内容提要】

环境与资源法的基本原则是环境法治建设的指导方针,是学习和掌握环境法具体制度的基础和纲领。本章的学习目的是通过了解法治建设的指导方针的基本原则,进一步理解可持续发展的丰富内涵。通过深入理解环境与资源法基本原则的性质、内容和作用,更准确地把握我国环境法的整体精神实质,从而认识环境法的整体关联性,全面地理解我国各种环境法律规范的核心内容,为学习和掌握具体环境法律制度奠定基础。

【重点了解与掌握】

1. 环境与资源法基本原则的概念;
2. 环境与资源法基本原则的内容。

【引导案例】

泰州"天价"环境公益诉讼案[1]
——六家企业赔偿环境修复费一亿六千万元

2012 年 1 月至 2013 年 2 月,江苏省泰州市常隆、锦汇等 6 家化工企业将其生产过程中所产生的副产酸交给无危险废物处理资质的 4 家公司处理,4 家公司

---

〔1〕《泰州"天价"环境公益诉讼案》,载 https://sxjczy. shanxify. cn/article/bletail/2018/12/id/3613572. shtml,最后访问日期:2023 年 2 月 9 日。

采用直接排放和船舶偷排等方式将副产酸倒入当地河中。此事经民众举报、媒体曝光和相关部门调查后，犯罪嫌疑人被抓获。经江苏省泰兴市中级人民法院审理，14 人因犯污染环境罪被分别判处有期徒刑和罚金。

2014 年 8 月 3 日，泰州市环保联合会向泰州市中级人民法院提起环保公益诉讼，要求涉案的 6 家化工企业赔偿环境修复费。泰州市人民检察院支持起诉。

2014 年 9 月 10 日，泰州中院公开审理了这起环境污染公益诉讼案件。

经法院审理查明，在 2012 年 1 月至 2013 年 2 月间，6 家涉案企业总计将 25 349.47 吨在生产过程中产生的副产酸交由没有处理资质的 4 家公司处理，相关副产酸被这些公司在一年内倾倒至当地河流。

一审法院认为，6 家化工企业在主观上具有非法处置危险废物的故意，客观上造成了严重污染的结果。法院引入"污染修复虚拟成本"概念，根据受污染河流地表水分类，在环保部环境污染损害数额计算推荐方法规定的 4.5 至 6 倍范围内，确定赔偿费用为废料正常处理成本的 4.5 倍，判决 6 家化工企业赔偿环境修复费用合计 160 666 745.11 元，并支付鉴定评估费用 10 万元。

一审判决后，常隆等 6 家化工企业共同提起上诉。

江苏省高级人民法院在查明事实后认为，上诉人即原审被告在明知副产酸有可能被非法倾倒的情况下，却对此持放任态度，其向并不具备副产酸处置能力和资质的企业销售副产酸的行为，应视为一种在防范污染物对环境污染损害上的不作为，该不作为与环境污染损害之间存在法律上的因果关系。

裁判结果：2014 年 12 月 29 日，江苏高院二审判决，维持泰州中院对 6 家化工企业关于赔偿环境修复费用的判决。

江苏高院同时判决，自本判决生效之日起一年内，如果 6 家企业能够通过技术改造对副产酸进行循环利用，明显降低环境风险，且一年内没因环境违法行为受到处罚，企业对于其已支付的技术改造费用可以凭环保行政主管部门出具的环境守法情况证明、项目竣工环保验收意见和具有法定资质的中介机构出具的技术改造投入资金审计报告，向泰州中院申请在 40% 额度内延期抵扣。

6 家公司中的锦汇公司不服二审判决，向最高人民法院申请再审。

2016 年 1 月 21 日，最高人民法院裁定驳回锦汇公司的再审申请。

典型意义：此案是新环保法通过后，我国首例由环保组织提起的环境公益诉讼案，是在特定时间依据既有法律作出的审判，判赔 1.6 亿余元的结果，也是迄今中国国内判赔额度最高的环保公益诉讼案。江苏高院环资庭庭长刘建功认为，该案判决传递出的理念秉承了新环保法的精神，即鼓励公众和社会组织对环境污染主张赔偿权利，让公共环境不再沦为"无主"资源。

该案一审审判长、泰州中院副院长纪阿林说，长期以来，我国的环境侵权损害赔偿只是对直接经济损失的赔偿，而没有对环境修复费用的赔偿。这使得排污者对其污染破坏环境行为付出的代价很小，甚至不需要付出代价，从而使得环境污染破坏难以遏制。江苏高院环资庭副庭长陈迎告诉记者，该起"天价环境公益诉讼案"现已经全部执行完毕，它无疑会成为新环保法重典治污的响亮前奏。

该案在审理过程中，对环保组织原告资格的确认、对采用专家辅助人出庭的模式的采用、对"污染修复虚拟成本"概念计算赔偿额度的引入以及对高额赔偿费用履行方式的创新，使得该案对未来我国司法实践中的个案审判和相关法律的进一步完善具有重要的参考价值，也使得该案在我国环境公益诉讼历史进程中具有了标杆意义。

【引导问题】

1. 环境与资源法基本原则与我国生态文明建设有什么联系？

2. 你认为环境与资源法的基本原则在现实环境保护工作中起到什么样的作用？

3. 对于环境污染、生态破坏的案件，传统的民事责任承担方式是否有效？

4. 在环境保护方面的责任承担上，除了费用的承担，是否还可以采取其他的履行方式？

第一节　环境与资源法的基本原则概述

一、环境与资源法基本原则的概念

环境与资源法的基本原则，是由环境与资源法明确规定的，反映环境与资源法本质与精神的，涉及环境保护法治建设全局的，对环境与资源立法、执法、司法以及守法具有指导意义的根本准则。

首先，它是为环境与资源法所确认的，包括在环境与资源法中规定或者对环境保护实行法律调整中所体现，而不是任意确定的。它是环境保护法的本质、基本精神和根本价值的体现。其次，它涉及环境保护法治建设全局，如调整人与人之间以及协调人与自然的和谐发展，协调经济、社会和环境的全面、可持续发展，健全环境保护监督管理机制等。最后，它是具有普遍指导意义的根本准则。它为制定具体的环境保护法律规范以及处理具体的环境问题提供了基本依据，是环境保护的立法、执法、司法和守法等活动必须遵循的基本准则。

需要注意的是，环境与资源法的基本原则是从总体上为人们提供保护和改善环境的行为准则，体现为总体方向性的指引与要求。其与环境与资源保护法基本制度不同，后者是前者的制度化设计及在实践中的具体落实。

二、环境与资源法基本原则的确立标准

环境与资源法的基本原则的确立通常遵循以下标准：

第一，环境与资源法的基本原则应当具有法律规范的特性，以便于指引执法者、司法者解决环境与资源保护实践中可能产生的各种纠纷与矛盾。

第二，环境与资源法基本原则必须是环境与资源法的特有原则，与其他部门法共有的原则不应成为环境与资源法的基本原则。

第三，环境与资源法基本原则应当贯穿于整个环境与资源法规范之中，并对环境与资源法的规范体系具有指导与纲领作用。

第四，环境与资源法的基本原则应该内容明确，它们可以通过具体实践中的制度设计而具有可操作性。

三、我国环境与资源法基本原则的内容

2015 年 1 月 1 日实施的《环境保护法》第 5 条规定："环境保护坚持保护优先、预防为主、综合治理、公众参与、损害担责的原则。"

环境污染与破坏起因于经济的快速发展，其又反过来制约了经济的进一步发展和人民生活水平的提高，在环境资源保护和经济社会发展这对矛盾中，前者已成为矛盾的主要方面，是制约后者发展的瓶颈。从可持续发展战略出发，必须贯彻保护优先的原则。污染后治理成本的高昂和生态恢复的几乎不可能性，说明了预防为主原则在控制污染中的重要意义，确立预防为主原则是环境保护经验的总结。环境与整个社会发展和人民生活密切相关，这使得政府、市场与社会三者的互动合作，以及多种治理途径与机制成为必然选择。综合治理原则是现代环境保护与民主法治相结合的客观要求。公众参与是污染防治目标实现的前提，是所有人的利益所在，因此，公众参与也是实现环境民主、更好保护

人民环境权益的需要。遵循损害担责原则，明确环境污染与破坏者的责任，有利于增强环保责任感，正确对待资源开发与保护的关系，为资源的永续利用创造条件。

第二节　保护优先原则

一、环境保护优先原则的概念

2015 年 1 月 1 日实施的《环境保护法》规定，环境保护坚持保护优先。该原则狭义上是指在环境保护管理活动中应当把环境保护放在优先的位置加以考虑，在环境利益和其他利益发生冲突的情况下，应当优先考虑环境利益，作出有利于环境保护的决定。广义上是指，国家按照环境保护基本国策和经济社会发展与环境保护相协调的要求，在处理经济社会发展与生态和环境保护的关系时，要把生态和环境保护放在较优先的位置予以考虑和对待。[1]

这项原则表明，我国在环境资源保护与经济社会发展这对矛盾中，前者已成为矛盾的主要方面，即成为瓶颈性问题。在对待自然资源问题上，资源保护相对于开发利用具有优先性，我国以往的环境资源保护法基本上都奉行开发利用优先的理念和原则，这不能满足经济社会可持续发展的要求。保护和开发利用是一对矛盾，当二者发生冲突时，要按照法律的规定，突出环境和自然资源保护的目的。在对待环境问题上，当环境保护与经济建设发生冲突时，要优先保护环境，经济社会发展要满足环境保护的需要。

目前，类似以上案例的案件越来越多，当保护生态环境和各环境因素与经济发展、市民生活发生冲突处理时，鉴于生态环境及环境因素的难以恢复性、稀缺性，要合理地确立以环境健康、生态安全为首要保护的绿色观念。

二、保护优先原则的产生与发展

这项原则的前身是"环境保护与经济社会发展相协调"原则，两者都旨在明确和调整环境保护与经济社会发展的关系，但保护优先原则使这种关系的法律表达和规范更加清晰与合理。保护优先原则是国际环境保护的基本趋势。例如，《欧盟条约》中确立的"高级保护原则"，作为环境政策和法律中的一项基本原则规定：共同体的环境政策应该瞄准高水平的环境保护，考虑共同体内各

---

〔1〕　参见周珂等主编：《环境法》，中国人民大学出版社 2021 年版，第 33 页。

种不同区域的各种情况。该政策应该建立在防备原则以及采取预防行动、环境破坏应该优先在源头整治和污染者付费等原则的基础之上。这不仅是对共同体的环境措施提出了严格的环境质量的要求，而且也体现了明显的保护优先的政策定向。又如，2002 年颁布的《俄罗斯联邦环境保护法》第 3 条规定：为保证可持续发展和良好的环境，将人、社会和国家的生态利益、经济利益和社会利益科学合理地结合起来；自然生态系统、自然景观和自然综合体的保全优先；根据环境保护的要求确定经济活动和其他活动影响自然环境的容许度；禁止对环境的影响后果无法预测的经济活动和其他活动，禁止实施可能导致自然生态系统退化，植物、动物及其他生物体遗传基因改变和丧失，自然资源衰竭和其他不良环境变化的方法，明确地将"环境保护优先"规定为环境管理的一项基本原则。我国最早规定保护优先的规范性文件是国务院 2006 年通过的《中华人民共和国国民经济和社会发展第十一个五年规划纲要》。该纲要确立了国土空间的主体功能区划制度，要求在不同的功能区采取不同的经济发展策略和环境保护措施。其中在关于限制开发区域发展方向的规定中提出"坚持保护优先、适度开发、点状发展"的要求。我国 2014 年修订的《环境保护法》中有关生态红线、环境健康、生态安全、基本国策以及环境保护目标责任制和考核评价制度等规定，都是以保护优先原则为前提和基础的。

经济社会的发展和人们生活水平的提高，促使人们对生活质量提出了更高的要求。能否满足人们对于在一个清洁、舒适和优美的环境中生活的生态需求，就成为衡量人们福利水平改善和一个社会文明程度的重要标志。人们逐渐认识到一国生态环境在保障国民健康、为经济社会可持续发展提供支撑和持续供给的能力的重要性。因此，强调生态环境承载能力和资源永续利用对可持续发展进程的重要保障也成为保障生态安全的核心。这意味着，国家只有坚持生态环境保护优先、强化环境治理，采取更为严格的措施和手段保护生态环境，才能为人类的生存和持续发展提供一个安全的环境条件。另外，生态资本存量的增加作为经济发展中的内生变量，在现代经济社会发展中的作用也就显得日益重要。只有在坚持保护优先的原则下，正确处理好环境保护和经济社会发展的关系，既要集中力量发展经济，又要把生态环境保护和建设摆在优先发展的战略地位，才能实现不断改善生活质量、提高人类福利并使发展更符合"人类本性"的根本目的。

三、保护优先原则的贯彻实施

环境政策与原则只有通过一定的实施机制予以贯彻才能发挥作用。综合我国生态环境保护立法的相关规定可以看出，保护优先原则主要是通过环境影响评价制度、特殊污染物"禁排制度"、自然资源开发利用"禁限制度"、生态环境保护整治与恢复制度、自然保护区制度以及生态功能保护区制度来贯彻落实的。同时还要注意以下方面：

（一）加强对宏观决策的法律控制

鉴于环境问题的产生与发展，在很大程度上是由粗放型经济的发展、掠夺式资源开发、不合理的产业结构和工业布局等宏观决策失误造成的，因此解决这类"决策性环境问题"必须从宏观调控入手，需要完善环境保护目标责任制度和定量考核制度、环境监察制度以及责任追究制度，通过加强对生态环境保护和建设工作的监督管理，切实把贯彻执行环境保护这一基本国策作为各级地方政府和决策者政绩考核的内容，纳入到各级地方政府的任期目标中，并通过明确综合决策的程序、范围和内容增强其强制性、规范性和可操作性，使其真正成为地方政府决策中必须遵循的一项具有约束力的工作制度。

（二）加强利益激励性政策措施与利益诱导的运用

在一定意义上，环境问题主要是利益冲突的表现，现实中环境污染、生态破坏等，大都体现为一部分人在追求自身经济利益的同时，把环境代价转移到其他人或转移到后代人身上。所以，要通过法律来调整环境社会关系、合理安排人们的行为时，就必须要考虑人们的利益需求，只有建立起对权利和权利行使收益的保护，才能对人们的权利行使活动（生产、交换、参政等）形成一种有效的激励。并非所有的利益都能通过法律的强制或限制而得以实现，法律虽然不能创造利益，但在一定的条件下，优良的法律却可以为新的社会利益关系的形成和发展提供或创造条件，以引导利益关系向预定方向发展。这对于完善环境法的调整机制、促进环境保护具有积极的现实意义。

（三）重视区域间环境利益公平促进环境正义

污染环境的代价和收益分配不公，已成为生态环境状况难以得到整体改善的一个重要原因。近年来我国生态环境质量整体上得到较大改善，特别是城市环境质量改善尤为明显，然而，农村生态破坏加剧的发展趋势需要引起重视。因此，鉴于导致环境恶化的因素不同以及区域、城乡间在环境治理和生态保护能力上的差异，为保护、恢复生态系统的健康和完整，环境政策和法律应高度重视责任的公平负担和环境正义问题。

我国在社会生活中已经采取了这样的做法：对经济发展程度中等偏上的地区，权衡本地区经济增长和环境保护时，优先考虑生态环境的保护，大力推行企业和政府的环境责任和绿色信贷制度，为经济和社会发展争取更大空间。另外，生态环境保护优先原则是环境保护法的一部分，具有明显的地域性和时序性，对不同地区、不同时节的保护对象、保护方式和保护程度有一定差异。我国在进行生态环境优先保护时，要充分考虑引起环境污染和恶化的因素以及城乡环境治理能力的差异，还有对环境影响较大的工业企业的环保意识和环保积极性，争取通过立法手段保护生态环境。

（四）建立健全配套制度

没有配套的制度或制度不健全，法律实施、坚持法律原则就缺少依托和支撑，实施效果必然打折。所以应当将环境保护优先原则落实到我国现行的具体制度中，有些制度本身包含环境保护优先理念，但也存在部分制度的内容与环境保护优先原则要求不一致的情况，在落实的过程中要充分考虑这些情况的存在，选择合理的解决方法。保护优先原则的落实还应当通过制定和修改法律落实到环保单行法和地方法之中，这样才能实现保护优先原则的既定价值。

（五）防止极端保护优先的问题

在国外的立法实践中直接将保护优先作为基本原则的国家并不多见，各国更多的是依据具体环境问题提出解决的对策。那么我国环保法是否允许不计代价的保护优先？各阶层又应当如何实现保护优先？如果不能很好地处理这些问题，出现极端保护优先的现象很容易将环境执法和司法实践导向误区。在此应当明确保护优先原则所承载的功能，只能是遇到环境（生态）风险科学性不确定的情形，才应以保护环境（生态）为优先原则。也就是在复杂多样的环境问题面前将环境利益剥离出来，将其处于优先保护的地位，特别是出现与经济利益发生矛盾的情况，要认真分析如何解决更有利于环境、经济和社会的可持续发展。

第三节　预防为主原则

一、预防为主原则的概念

预防为主原则是针对当代环境问题的特点，结合国内外防治环境污染和环境破坏的经验教训提出的。环境污染和环境破坏一旦出现就难以消除与恢复，甚至具有不可逆性，如重金属污染、地下水污染。此外，治理环境污染和破坏的成本高昂，往往要投入巨额资金。再次，环境污染和环境破坏所造成的危害具有缓释性，在时间和空间上变性很大，具有难以预见性和不确定性，加之科学技术的局限，人类对损害环境的活动所造成的影响和最终后果往往难以及时发现。最后，环境污染和破坏所造成的后果往往比较严重，对人体健康危害极大，会导致一系列疾病的发生，而且这些疾病不易被发现也不易治疗。从"八大公害事件"中，我们看到西方工业国家在经济发展的过程中大多走了一条"先污染后治理"的道路，并已经尝到苦果。

我国《环境保护法》中设立预防为主原则，是指国家在环境保护工作中采取各种预防措施，防止环境问题的产生和恶化，或者将对环境的污染和破坏控制在能够维持生态平衡、保护人体健康和社会物质财富及保障经济、社会持续发展的限度之内，并对已造成的环境污染和破坏进行积极治理的原则。

这项原则是现代环境保护的灵魂。[1]传统的环境保护仅限于对环境污染和破坏造成的后果予以事后消极补救，对环境问题的事前规范功能很有限，而环境一旦遭受污染和破坏，造成的不良影响一般在短期内难以消除，同时环境本身在短期内难以恢复，不少环境要素遭到破坏后甚至是不可恢复的。环境污染引起的一些疾病，潜伏期长，不易被发现，发病以后难以根治；环境受污染和破坏后，治理和恢复的代价很高；要将环境污染控制在最小的程度，必须着眼于"防"。预防为主原则是对传统环境保护法律规范的重新解构，体现为积极的防治。

二、预防为主原则的产生与发展

1980 年联合国环境规划署起草的《世界自然资源保护大纲》最先提出了"预期的环境政策"，要求任何可能引起环境污染的重大决定都能在其最早阶段就充分考虑到资源保护及其他要求。由此，预防为主的原则越来越受到各国的重视，并逐步成为国家环境管理和立法中的重要指导原则。《里约宣言》中也指出：国家为保护环境应应用符合预防原则的所有可能性措施，在面对严重或无法恢复的威胁的时候，不得以欠缺完整的科学确定性为理由，而延缓各种具有成本效益且可以避免环境劣化的措施。欧盟委员会就通过《关于风险预防原则

---

〔1〕　参见周珂等主编：《环境法》，中国人民大学出版社 2021 年版，第 35 页。

的通讯》将风险预防原则正式纳入了公共决策的考量表。我国 1973 年提出的环境保护 32 字方针中的"全面规划、合理布局"即具有预防为主的功能。2014 年修订的《环境保护法》第 19 条规定的"编制有关开发利用规划，建设对环境有影响的项目，应当依法进行环境影响评价。未依法进行环境影响评价的开发利用规划，不得组织实施；未依法进行环境影响评价的建设项目，不得开工建设"，体现了这一原则的要求。

三、预防为主原则的贯彻

为切实贯彻预防为主原则，应做到以下方面：

（一）全面规划、合理布局

全面规划就是把环境保护规划纳入城市总体发展规划，调整城市产业结构和工业布局，改善城市能源结构，减少污染物排放总量，要求各级政府对工业和农业、城市和乡村、生产和生活、经济发展与环境保护各方面的关系作统筹考虑，进而制定防范生态环境风险的相关预案，使各项事业得以协调发展。合理布局主要是指在工业及其发展过程中，要对工业布局的各个建设工程合理性作出专门论证，并且对老工业建设工程不合理的布局予以改变。通常环境污染和生态破坏同生产的不合理布局有重要的内在联系，科学合理的工业布局可以避免给人民生活带来生态环境污染及破坏。

（二）增强风险意识，严格防范可能出现的环境污染和破坏

通过执行环境影响评价制度和"三同时"制度等，把环境问题解决在建设之前或建设过程之中。例如，我国《环境保护法》第 41 条规定，"建设项目中防治污染的设施，应当与主体工程同时设计、同时施工、同时投产使用。防治污染的设施应当符合经批准的环境影响评价文件的要求，不得擅自拆除或者闲置"。"三同时"制度是在我国出台最早的一项体现预防为主原则的环境保护制度，要求项目中防治污染的设施，应当与主体工程同时设计、同时施工、同时投产使用。在建设项目正式施工前，建设单位必须向环境保护行政主管部门提交初步设计中的环境保护篇章，在环境保护篇章中必须落实防治环境污染和生态破坏的措施以及环境保护设施投资概算。环境保护篇章经审查批准后，才能纳入建设计划，并投入施工。建设项目的主体工程完工后，需要进行试生产的，其配套建设的环境保护设施必须与主体工程同时投入试运行。

（三）加强环境监测是贯彻预防为主原则的重要手段

预先防范是防治环境污染和破坏的主要措施。预防主要是控制新污染源的

产生。通过环境监测，掌握环境质量状况及发展趋势，为加强环境监督管理和治理提供科学依据。只有实时掌握环境质量状况与趋势，才能有效地控制环境污染和破坏，保护和改善环境。

第四节　综合治理原则

一、综合治理原则的概念

综合治理原则，是指法律规定一切单位和个人都有保护环境的义务，并通过行政的、市场的和自治的等各种机制和手段，积极有效地治理环境问题。

我国现行《环境保护法》第6条规定："一切单位和个人都有保护环境的义务。地方各级人民政府应当对本行政区域的环境质量负责。企业事业单位和其他生产经营者应当防止、减少环境污染和生态破坏，对所造成的损害依法承担责任。公民应当增强环境保护意识，采取低碳、节俭的生活方式，自觉履行环境保护义务。"

在治理主体上我国采取了多元共治的方式。环境公共治理是一种包含了政府与企业、政府与公众的三维合作关系。既要贯彻《环境保护法》中规定的统一管理、部门分工的管理体制（生态环境、自然资源统一管理，财政、教育、农业、公安、监察机关、人民法院等有关部门和机关兼负相应环保职责），也要重视发挥非政府组织（环保NGO）的积极作用。

在治理手段上，注重运用市场手段和经济政策，客观上要求转换政府职能，刺激市场机制发挥作用，鼓励公民社会参与，而且强调行政、市场与公众三者的结合。我国环境保护的一些创新型制度，如生态补偿、第三方治理、排污权交易与碳排放交易、企业环保诚信制度、政府绿色采购、环保税、环境污染责任保险合同、能源管理等，都体现了综合治理的特点。

环境公共治理涉及环境事务中的立法、执法、司法、监督等各个环节，是一种从"预案参与"到"过程参与""末端参与"和"行为参与"的全覆盖性的合作治理。[1]环境保护要全社会全方位齐抓共管、相互配合，实现治理的系统化。

---

〔1〕　参见周珂等主编：《环境法》，中国人民大学出版社2021年版，第38页。

二、综合治理原则的产生与发展

我国 20 世纪 70 年代环境保护工作的 32 字方针中就有"大家动手""综合利用""化害为利"的提法，这是综合治理原则的雏形，并在环境保护工作中收到了良好的效果。

20 世纪 80 年代以来，协商民主和公共治理的理念逐步进入环境保护领域，一些重要的国际环境保护宣言和公约中都对其有所体现。环境协商民主机制实际上是通过政府、市场和公民社会三方互动来解决环境问题的一套运行机制，它在环境保护中的重要体现是环境公共治理。所谓公共治理一般是指政府及其他组织组成组织网络，共同参与公共事务管理，谋求公共利益的最大化，并共同承担责任的治理形式。公共治理不同于政府治理，在公共治理理论的视域下，政府、市场与社会都不是唯一的治理主体，三者间的互动、合作成为必然选择。政府、市场与公民社会三种机制运行中各存在优势与不足，公共治理的理论基础是政府、市场与公民社会的三边互动。为了实现公共领域的良好治理，必须建立起三者良性的网络治理机制，在互动中开辟解决社会公共问题、增进社会公共利益的有效途径。2013 年 11 月 12 日，《中共中央关于全面深化改革若干重大问题的决定》提出，协商民主是我国社会主义民主政治的特有形式和独特优势，全会决定把推进协商民主广泛多层制度化发展作为政治体制改革的重要内容，强调在党的领导下，以经济社会发展重大问题和涉及群众切身利益的实际问题为内容，在全社会开展广泛协商，坚持协商于决策之前和决策实施之中。环境与整个社会发展和人民生活密切相关，环境问题不仅是我国经济社会发展面临的重大问题，而且是涉及群众切身利益的实际问题。环境问题的解决依赖于环境协商民主机制具有的可能性、必要性和正当性。我国现行《环境保护法》正式把综合治理确定为环境保护的基本原则，而公共治理是综合治理最重要的理念和工具。

三、综合治理原则的贯彻实施

（一）依靠多元力量治理生态环境

依据我国环境保护法的规定，生态环境的综合治理体现了国家、企业、社会及个人的共同参与、多元共治。其中，政府是主导，担当着生态环境治理的主要责任。企业并不是被动的被管理者而应成为积极的参与者。此外，随着社会公众环保意识的增强，保护环境、积极行动、防止生态环境遭到污染与破坏也愈加成为广大社会民众的自觉。

（二）运用多种手段治理生态环境

在手段上，环境综合治理机制既包含政府层面的管制措施，也包括市场化机制的作用发挥，同时也有非政府组织的援助手段和公众参与的手段，以及自我规制、契约手段、志愿主义等私主体治理模式。要特别注重运用市场手段和经济政策，客观上要求转换政府职能、刺激市场机制发挥作用、鼓励公民社会参与，而且强调行政、市场与公众三者的结合。近年来我国环境治理的一些创新型制度，如生态补偿、第三方治理、排污权交易与碳排放交易、企业环保诚信制度、政府绿色采购、环保税、环境污染责任保险合同、能源管理等，都体现了综合治理的特点，取得了良好效果。

（三）积极发挥综合治理机制的联动性与长效性作用

我国环境保护法明确规定了一切单位和个人都有保护环境的义务。这意味着立法、行政、司法、监察等各国家机关均在自己的职责范围内负有环境保护的义务，同时规定了各级人民政府、生态环境主管部门和其他部门的环境保护职责。事实上环境治理涉及生态环境领域中的立法、执法、司法、监督等各个环节，体现的是生态法治的全过程，必须通过制度化体现长效性，同时在环境问题的治理上发挥联动作用。

第五节　公众参与原则

一、公众参与原则的概念

公众参与原则，是指环境保护和自然资源开发利用必须依靠社会公众的广泛参与，公众有权参与解决环境问题的决策过程，参与环境管理，并对环境管理部门以及单位、个人与环境有关的行为进行监督。

1973 年，在第一次全国环境保护会议上提出的环境保护工作 32 字方针中就有"依靠群众、大家动手"的内容，这是公众参与理念的雏形。

1989 年颁布的《环境保护法》第 6 条规定："一切单位和个人都有保护环境的义务，并有权对污染和破坏环境的单位和个人进行检举和控告。"

2002 年颁布的《环境影响评价法》第 5 条规定："国家鼓励有关单位、专家和公众以适当方式参与环境影响评价。"第 6 条规定："国家加强环境影响评价的基础数据库和评价指标体系建设，鼓励和支持对环境影响评价的方法、技术规范进行科学研究，建立必要的环境影响评价信息共享制度，提高环境影响评价的科学性。"第 11 条、第 13 条、第 21 条对公众参与方式作出了具体规定。

2014 年颁布的《环境保护法》第 5 条规定了公众参与原则，并专章（第 5章）规定了信息公开与公众参与。

公众参与原则的目的在于制约和保障政府依法、公正、合理地行使行政权力。该原则是党的群众路线在环境保护领域中的体现，是民主体制精神在环境管理活动中的延伸，是政府环境决策科学化、民主化的必然要求。它要求把国家对环境保护的监督管理与公众的广泛参与相结合，把依法保护环境与人民群众的自觉维护相结合。公众的广泛参与是推动环境保护事业发展的重要力量。只有依靠群众、为了群众，充分发挥各行各业和每个公民的自觉性、积极性和创造性，才能有效地搞好环境保护工作。

二、公众参与原则的产生与发展

我国公众参与原则也经历了一个不断发展和完善的过程。1973 年，在第一次全国环境保护会议上提出的环境保护工作 32 字方针中就有"依靠群众、大家动手"的内容，此即具有公众参与的含义。20 世纪 90 年代初出台的《中国 21世纪议程》强调"实现可持续发展目标，必须依靠公众及社会团体的支持和参与""需要新的参与机制和方式，团体及公众既需要参与有关环境与发展决策过程，特别是参与那些可能影响到他们生活和工作的社区决策，也需要参与对决策执行的监督"，这是我国环境保护公众参与的重要依据。1991 年，中国实施了一个由亚洲开发银行提供赠款的环境影响评价培训项目，该项目提出在中国的环境影响报告书中引入公众参与机制的问题，引起中国政府和学者们的兴趣，学者们提出了一些立法建议。1993 年由国家环保局、国家计委等部门联合发布的《关于加强国际金融组织贷款建设项目环境影响评价管理工作的通知》中，第一次提出了公众参与的明确要求，其第 7 条规定："公众参与是环境影响评价的重要组成部分，《报告书》中应设专门章节予以表述，使可能受到影响的公众或社会团体的利益能得到考虑和补偿。公众参与工作可在《评价大纲》编制和审查、《报告书》审查阶段进行。"总的来说，我国公众参与原则作为一项法律原则，地位日益提高，功能逐步加强。

三、公众参与原则的主要内容

公众参与原则主要赋予公众环境权利，具体包括环境信息知情权、环境保护参与权和环境保护监督权。[1]

（一）环境信息知情权

即公众（公民、法人和其他组织）有依法获得相关环境信息的权利。对于行政机关所持有的环境信息，一是行政机关主动公开相关环境信息，二是公众申请行政机关公开相关环境信息，亦称被动公开环境信息。

2014年颁布的《环境保护法》第53条规定："公民、法人和其他组织依法享有获取环境信息、参与和监督环境保护的权利。各级人民政府环境保护主管部门和其他负有环境保护监督管理职责的部门，应当依法公开环境信息、完善公众参与程序，为公民、法人和其他组织参与和监督环境保护提供便利。"

公众获得环境信息的前提是政府环境信息公开。如果没有信息公开，公众参与很可能就是一种走过场的行为，同时，环境信息公开，也是公众参与的重要保证。为了确保公众环境信息知情权的实施，2014年颁布的《环境保护法》也相应地规定了环境信息公开制度。该法第54条规定："国务院环境保护主管部门统一发布国家环境质量、重点污染源监测信息及其他重大环境信息。省级以上人民政府环境保护主管部门定期发布环境状况公报。县级以上人民政府环境保护主管部门和其他负有环境保护监督管理职责的部门，应当依法公开环境质量、环境监测、突发环境事件以及环境行政许可、行政处罚、排污费的征收和使用情况等信息。县级以上地方人民政府环境保护主管部门和其他负有环境保护监督管理职责的部门，应当将企业事业单位和其他生产经营者的环境违法信息记入社会诚信档案，及时向社会公布违法者名单。"第55条规定："重点排污单位应当如实向社会公开其主要污染物的名称、排放方式、排放浓度和总量、超标排放情况，以及防治污染设施的建设和运行情况，接受社会监督。"

（二）环境保护参与权

即公众有权按照一定的程序和途径参与环境立法、环境决策、环境执法、环境司法等与其环境权益相关的活动，如依法编制环境影响报告书的建设项目，在编制环境影响报告书的草案时，应当向可能受到影响的公众说明情况，充分征求其意见等。

2014年颁布的《环境保护法》第56条规定："对依法应当编制环境影响报告书的建设项目，建设单位应当在编制时向可能受到影响的公众说明情况，充分

---

[1] 参见韩德培主编：《环境保护法教程》，法律出版社2018年版，第62页。

征求意见。负责审批建设项目环境影响评价文件的部门在收到建设项目环境影响报告书后，除涉及国家秘密和商业秘密的事项外，应当全文公开；发现建设项目未充分征求公众意见的，应当责成建设单位征求公众意见。"

公众参与环境决策的形式实践中主要有：举行论证会、听证会、召开公众座谈会、公众意见调查、征求有关单位、专家和公众的意见、设立公众信箱及热线电话等形式。尤其在 2018 年新修订的《环境影响评价法》里有非常具体的规定[1]。

（三）环境保护监督权

公众有监督环境违法行为的权利，包括对污染环境和破坏生态行为以及行政不作为，公众有权举报；对污染环境、破坏生态，损害社会公共利益的行为，有关社会组织有权向人民法院提起公益诉讼等。

为了更好地保障这一权利的行使，2014 年颁布的《环境保护法》实行了环境违法举报制度以及环境公益诉讼制度。

第 57 条规定："公民、法人和其他组织发现任何单位和个人有污染环境和破坏生态行为的，有权向环境保护主管部门或者其他负有环境保护监督管理职责的部门举报。公民、法人和其他组织发现地方各级人民政府、县级以上人民政府环境保护主管部门和其他负有环境保护监督管理职责的部门不依法履行职责的，有权向其上级机关或者监察机关举报。接受举报的机关应当对举报人的相关信息予以保密，保护举报人的合法权益。"

第 58 条规定：" 对污染环境、破坏生态，损害社会公共利益的行为，符合下列条件的社会组织可以向人民法院提起诉讼：（一）依法在设区的市级以上人民政府民政部门登记；（二）专门从事环境保护公益活动连续五年以上且无违法记录。符合前款规定的社会组织向人民法院提起诉讼，人民法院应当依法受理。提起诉讼的社会组织不得通过诉讼牟取经济利益。"

---

[1] 如 2018 年《环境影响评价法》第 11 条第 1 款规定："专项规划的编制机关对可能造成不良环境影响并直接涉及公众环境权益的规划，应当在该规划草案报送审批前，举行论证会、听证会，或者采取其他形式，征求有关单位、专家和公众对环境影响报告书草案的意见。但是，国家规定需要保密的情形除外。" 第 21 条规定："除国家规定需要保密的情形外，对环境可能造成重大影响、应当编制环境影响报告书的建设项目，建设单位应当在报批建设项目环境影响报告书前，举行论证会、听证会，或者采取其他形式，征求有关单位、专家和公众的意见。建设单位报批的环境影响报告书应当附具对有关单位、专家和公众的意见采纳或者不采纳的说明。"

四、公众参与原则的贯彻实施

（一）加强环境保护宣传教育

环境保护宣传教育是生态环境保护的先导，是生态环境保护的重要组成部分。环保宣传教育工作开展得好坏直接影响到生态环境保护目标能否实现。为此，必须明确到认识社会公众参与生态环境保护是法律赋予每一位公民的权利。要搞好生态环境保护，一方面要强化宣传教育，提高全民族的环境保护意识；另一方面更要提高社会公众参与环保的积极性，从而真正形成全社会共同参与环保事业的良好风气。

（二）推进环境信息公开化

环境信息公开又称环境信息披露，是一种全新的环境管理手段。它承认公众的环境知情权和批评权，通过公布相关信息，借用公众舆论，对环境污染和生态破坏的制造者施加压力，以达到有效监督的作用。深化环境信息依法披露制度改革是当今推进生态环境治理体系和治理能力现代化的重要举措。

（三）建立公众参与环境保护的具体制度

在具体实践中公众参与原则需要相应的具体制度加以落实。根据环境保护法及有关法律的规定，公众参与的具体制度主要包括：群众举报投诉、信访制度、听证制度、环境影响评价公众参与制度、新闻舆论监督制度、公众监督参与制度、环境信息披露制度等。

第六节　损害担责原则

一、损害担责原则的概念

损害担责原则，是指任何对生态环境造成损害的单位和个人，都必须依法承担相应的法律后果。对生态环境造成任何不利影响的行为人，即无论是污染环境的行为还是生态破坏的行为，无论是对人的损害，还是对环境自身的损害，都应承担修复生态、恢复环境或支付相关费用的法律责任。

这一原则在我国不同时期的环境法律政策中存在不同的表述，其内涵和要求也随着时间的推移不断变化。从最早的"谁污染谁治理"到后来的"污染者付费"再到损害担责原则的确立，这一过程体现了责任主体范围不断扩大和责任承担形式渐趋多样的发展趋势。确立损害担责原则，通过法律的强制性规定对环境侵权行为的构成及责任承担进行详细规定，对于解决我国生态环境问题，改善生态环境状况具有重要意义：一方面有利于提高公民对保护生态环境重要性的认识，自上而下带动全社会对生态环境的保护，从而减少环境侵害问题的发生。另一方面能够在一定程度上遏制环境污染、生态破坏等行为的发生，让污染者承担恢复环境、修复受损生态或生态损害赔偿的责任，在社会上起到警示作用，从而在全社会形成主动举报破坏环境生态的违法行为，倡导保护生态环境的良好风气。

二、损害担责原则的产生与发展

在过去相当长的时间内，环境被认为是无主物或公共资源，造成环境污染和破坏的个人或组织只要对他人的人身和财产没有造成直接的侵害就不承担任何责任。随着环境问题的加剧，一方面，政府对日益增加的环境保护投资越来越不堪重负；另一方面，环境问题陷入越治理污染越严重的恶性循环。政府环境支出实际上由全体纳税人来支付，个别主体的不当行为造成的环境问题却要由全体社会成员来承担。显然，企业赚钱污染环境，政府出资治理环境，有违公平正义。对此，经济学上提出应将治理环境不经济性外部费用内部化解决[1]，即采取"使用者付费"的策略——谁对环境利用或污染，谁就应当支付相应的费用。但是，如果一个排污者所缴纳的排污费远远低于其生产所得的效益，利润的诱惑仍会持续导致污染和破坏。只在经济上谈论等价付费的概念已经无法填补现实的需要，转向法律责任的承担才能有效地制止环境污染和生态破坏。

1972 年，经济合作与发展组织环境委员会在债权理论的基础上首次提出了环境民事法律责任的基础性原则——污染者负担原则，或称污染者付费原则，提出由污染者承担治理的费用。由于这项原则有利于实现社会公平和防治环境污染，因此很快得到了国际社会的认可，并被许多国家确定为环境保护的一条基本原则。《我们共同的未来》指出，"可持续发展的目标必须纳入那些负责国家经济政策和计划的国会和立法委员会的职权范围，也应纳入关键的部门和负责国家政策的机构的职权范围，进一步说，政府的主要中央经济和专业部门，现在就应承担直接的责任与义务，保证它们的政策项目和预算不但促进经济上

---

[1] 环境外部不经济性内部化，是通过向生产者和消费者征收排污费等方法使生产者和消费者承担或内部消化他们在生产和消费过程中所产生废弃物对环境资源和其他生产者与消费者的危害，即环境政策领域中普遍接受的"污染者负担"或"污染者付费"原则。

的可持续发展，而且也促进生态上的可持续发展"。[1]1992 年通过的《里约宣言》在原则中规定："各国应制定关于污染和其他环境损害的责任和赔偿受害者的国家法律。""考虑到污染者原则上应承担排污费用的观点，国家当局应该努力促使内部负担环境费用。"这是对损害担责原则的国际认可。

损害担责原则在我国环境法中有一个发展和完善的过程。最初于 1979 年的《环境保护法（试行）》中规定了"谁污染谁治理"；20 世纪 80 年代后期我国实行自然资源有偿使用制度，这项原则随之增加了"利用者补偿"的内容；1996 年国务院发布的《关于环境保护若干问题的决定》则将这项原则完整地表述为"污染者付费、利用者补偿、开发者保护、破坏者恢复"；我国现行《环境保护法》将其确定为损害担责原则。

三、损害担责原则的内容

对损害担责原则内容的理解，包括污染者须负担、利用者须补偿、开发者须保护、破坏者须恢复。[2]

污染者负担，指污染环境造成的损失及治理污染的费用应当由排污者承担，而不应转嫁给国家和社会。从经济学的角度来看，生产经营活动所造成的污染属于经营成本，如果经营者不承担这种成本，而由国家和社会承担，是与民法中的公平原则格格不入的。污染者负担主要是针对已经发生的污染，即事后的消极补偿，但有时这一手段并非十分奏效，有些污染者在交纳了一定的排污费或排污税后仍继续排污。针对这种情况，很多国家采用了一种污染者负担的新制度，即惩罚性赔偿制度。该制度规定，对那些为一己之利而故意违反环境法律法规，造成环境污染或破坏的单位和个人，不仅责令其赔偿损失，而且责令其支付惩罚性赔偿费，这种惩罚性的赔偿费往往高于其污染所造成的实际损失的几倍或几十倍，目的在于惩罚故意违法者，威慑后来的违法者。

利用者补偿，亦称"谁利用谁补偿"，指开发利用环境资源者，应当按照国家有关规定承担经济补偿的责任，对所耗用的自然资源占有的环境容量和恢复生态平衡予以补偿，建立并完善有偿使用自然资源恢复生态环境的经济补偿机制。

---

〔1〕 世界环境与发展委员会：《我们共同的未来》，王之佳、柯金良等译，吉林人民出版社 1997 年版，第 412 页。

〔2〕 参见周珂等主编：《环境法》，中国人民大学出版社 2021 年版，第 41 页。

开发者保护，亦称谁开发谁保护，指有权开发利用环境资源的单位和个人，同时承担保护环境资源的义务。开发利用自然资源，必须采取措施保护生态环境。开发者保护是开发过程中的维护和开发后的后继整治，可以将资源开发对环境和生态系统的影响减少到最低限度，可以节约和综合利用不可更新资源，保持可更新资源的最大增值能力。也只有把开发与保护相结合，才能实现资源的永续或长久利用，才能实现生态环境系统的良性循环和经济系统的可持续增长。

破坏者恢复，亦称"谁破坏谁恢复"，指造成环境资源破坏的单位和个人，须承担将受到破坏的环境资源予以恢复和整治的法律责任。造成环境污染和破坏者即使付费了，也不当然免除其恢复和整治的责任。

四、损害担责原则的贯彻

损害担责原则的贯彻实施需要积极的制度化探索并具体落实。

（一）建立并强化环境损害责任追究制

环境保护方面长期存在着违法成本与守法成本相互博弈的局面。环境损害责任追究制，是指环境损害者对于自身的环境损害行为，只有在履行责任时达到生态损害状况的基本恢复，才能终止责任的履行，环境不恢复，责任追究就不终止。换言之，企业应对环境事故承担绝对的终身责任。环境损害责任追究制，对于提高污染者的违法成本，从而抑制环境污染与生态破坏具有积极的作用。

（二）完善生态修复制度

环境损害不同于传统的民事侵权，需要建立环境损害所特有的责任承担方式。我国强调加大生态系统保护力度，实施重要生态系统保护和修复重大工程，可见修复制度对于生态环境的重要性。环境损害包括环境污染和生态破坏，因此为了更好地贯彻损害担责原则，加强对环境的保护，有必要更加完善生态修复制度。凡是对于生态损害可以采取修复措施的，就要判令污染者承担生态修复责任，责令污染者或者第三方机构代替进行修复。

（三）探索建立独立的第三方责任评估制度

实行独立的第三方评估制度，可以对责任承担的效果进行监督，它的职责主要在于对损害者责任承担的效果进行评估，同时公之于众，解决现有法律制度中对责任执行情况规定缺失的问题。引进第三方评估机构对损害担责原则的实施具有积极的作用：一是有利于进一步提升政府对生态环境的治理水平；二是有利于增强生态环境的多元化治理能力。

除上述外，损害担责原则的实施还需要在实践发展中不断进行制度创新，以保证这一原则得到切实有效贯彻。

【本章思考题】

1. 什么是环境与资源法的基本原则？
2. 什么是保护优先原则？如何贯彻这一原则？
3. 如何理解预防为主原则？贯彻这一原则的意义何在？
4. 综合治理原则的内容是什么？在实践中如何贯彻实施？
5. 什么是公众参与原则？有何意义？
6. 损害担责原则的内涵是什么？如何贯彻？

【参考文献】

1. 韩德培主编：《环境保护法教程》，法律出版社 2018 年版。
2. 周珂等主编：《环境法》，中国人民大学出版社 2021 年版。
3. 汪劲：《环境法律的理念与价值追求》，法律出版社 2000 年版。
4. 高利红：《环境资源法的价值理念和立法目的》，载《中国地质大学学报（社会科学版）》2005 年第 3 期。
5. 竺效：《论中国环境法基本原则的立法发展与再发展》，载《华东政法大学学报》2014 年第 3 期。
6. 唐双娥：《环境法风险防范原则研究：法律与科学的对话》，高等教育出版社 2004 年版。
7. 王灿发：《环境法学教程》，中国政法大学出版社 1997 年版。

【延伸阅读】

1. 世界环境与发展委员会：《我们共同的未来》，王之佳、柯金良等译，吉林人民出版社 1997 年版。
2. 《中华人民共和国环境保护法》，2014 年修订。

第五章 环境与资源法的主要制度

【内容提要】

环境与资源法的主要制度是指为了实现环境与资源法的目的和任务，根据环境与资源法的基本原则所制定的，调整特定环境资源社会关系的一系列法律规范的总称。它是环境资源管理制度的法律化和规范化，是具有自身特征的一类环境资源法律规范。环境与资源法制度是一切从事利用、开发自然资源环境的公民、法人和其他组织都必须严格遵守的法律制度。确立环境与资源法主要制度对环境法律秩序的建立和维护具有重要意义。本章主要内容包括：环境规划制度、环境影响评价制度、"三同时"制度、环境标准制度、环境许可证制度、环境保护目标责任制和考核评价制度、重点污染物排放总量控制制度和区域限批制度。

【重点了解与掌握】

1. 环境保护制度的法律规定；
2. 环境与资源法律各项制度；
3. 实施环境法律制度对环境保护、维护生态平衡的意义和作用。

【引导案例】

吴新民诉凉州区工商行政管理局工商行政处罚案〔1〕

案例内容：吴新民上诉称：一、一审法院认为《关于加强煤炭经营和质量管理的意见》（以下简称《意见》）和《关于加强煤炭经营和质量管理的实施意见》（以下简称《实施意见》）两个规范性文件可以作为行政处罚的法律依据，系适用法律错误。处罚法定是行政处罚的基本原则，上述两个文件为规范性文件，不能作为行政处罚的依据。《商品煤质量管理暂行办法》（以下简称《暂行办法》）对煤炭的标准只规定了灰分和硫分，没有规定挥发分标准，而按该规章规定的灰分和硫分标准，吴新民的煤是符合质量标准的。《暂行办法》第二十三条虽规定，各地区及相关企业可根据本办法制定更严格的标准和实施细则，但各地区和企业制定的标准是推荐性标准，不符合该标准不能进行行政处罚。甘肃省政府发甘政办发〔2017〕71号《甘肃省2017年大气污染防治工作方案》及武威市政府发《武威市加强煤炭经营和质量管控实施方案的通知》，均进一步明确禁止销售的民用散煤是灰分高于16%、硫分高于1%的民用散煤，而并未规定"挥发分不高于15%"。一审法院认为甘肃省工信委和武威市工信委等部门发布的两个规范性文件中规定的"挥发分不高于15%"的标准可以作为认定煤炭质量是否合格的标准，并可进行处罚，完全是适用法律错误或对法律理解错误。二、一审法院对行政处罚所依据的有瑕疵的证据予以认定，导致判决结果错误。如主要证据《检验报告》存在无检验标准，无明确检验结论，先有检验报告、后有检验委托书，检验人员无相应资质等重大瑕疵，认定涉案煤炭为民用散煤的证据及是否销售、销售的煤的数量、价格等证据方面均存在问题，不能作为行政处罚的依据。综上，一审法院判决驳回吴新民的诉讼请求完全错误，请二审法院审理后依法撤销原判，并支持吴新民的诉讼请求。

凉州区工商局答辩称：一、一审判决认定事实清楚，适用法律正确。凉州区工商局进行行政处罚的依据是《大气污染防治法》，并不是《意见》和《实施意见》两个规范性文件。《意见》和《实施意见》只是认定煤炭质量标准的证据，属于事实问题并不是适用法律问题。《暂行办法》第二十三条授权地方人

---

〔1〕　参见甘肃省武威市凉州区人民法院行政判决书，（2018）甘0602行初24号；甘肃矿区人民法院行政判决书，（2018）甘95行终17号。

民政府可以制定"更加严格的标准和实施细则"，《意见》和《实施意见》即是根据上述规章授权制定的规范性文件，符合法律规定。《甘肃省行政规范性文件管理办法》规定，"有下列情形之一的，可以制定规范性文件：（一）相关法律、法规、规章和有权机关授权制定相关规范性文件的"。《意见》和《实施意见》是经《暂行办法》授权制定，且不违反《甘肃省行政规范性文件管理办法》的规定，完全能够作为民用散煤是否合格的认定标准。二、涉案民用散煤的购进数量、购进价格、销售数量、销售价格以及质量监督部门抽样时的抽样基数都是根据吴新民的陈述确定的，也是吴新民在《自述材料》中已经认可，并经凉州区工商局查证属实的，不存在瑕疵。《检验报告》的出具时间与委托检验的《检验委托书》的时间由于笔误，确实存在时间上的矛盾，但并不存在虚假检验的问题，也并不影响《检验报告》的真实性，不影响被检民用散煤检测数据的准确性。且《检验报告》送达吴新民之后，在法定期限内，吴新民并未对《检验报告》提出异议，也未提出复检的申请，应当认定《检验报告》为有效证据。综上，一审判决事实清楚，证据充分，适用法律正确，请求依法驳回吴新民的上诉请求，维持原判。

法院经审理查明，吴新民系凉州区富山煤炭市场个体工商户。2017年5月2日，吴新民从宁夏汝其沟煤矿销售部购进宁夏原煤30吨。2017年5月5日，凉州区质量技术监督局对上述30吨宁夏原煤进行抽样后，委托武威至信煤炭质量检验检测有限责任公司（以下简称至信公司）对样品进行检验。检验结果为：灰分实测值17.49%。凉州区质量技术监督局将检验报告送达原告后，于2017年6月13日将此案移送凉州区工商局。同年7月24日凉州区工商局立案。经询问，吴新民对其购进宁夏原煤数量以及至信公司作出的检验报告无异议。吴新民还陈述："购进的原煤已全部销售，主要卖给凉州区、古浪县等地的农民；购进价315元/吨，销售价350元/吨。"由于吴新民销售的30吨宁夏原煤的灰分，既不符合甘肃省工业和信息化委员会、甘肃省环境保护厅、甘肃省质量技术监督局《关于加强煤炭经营和质量管理的意见》（甘工信发〔2016〕83号）中关于"民用散煤灰分不高于16%，硫分不高于1%，挥发分不高于15%"的要求，也不符合武威市工业和信息化委员会、武威市环境保护局、武威市质量技术监督局《关于加强煤炭经营和质量管理的实施意见》（武工信发〔2016〕151号）中关于"民用散煤应达到国家重点区域质量标准，灰分不高于16%，硫分不高于1%，挥发分不高于15%"的要求。2017年9月29日，凉州区工商局作出凉工商丰乐听告字〔2017〕0269号行政处罚听证告知书，将该局拟对吴新民作出行政处罚的事实、理由、依据、处罚内容及享有的陈述、申辩、要求举行听证的权利告知吴新民。同年10月25日，凉州区工商局作出凉工商丰乐处字〔2017〕278号行政处罚决定书，责令吴新民立即改正上述违法行为，并决定对吴新民处罚如下：一、没收违法所得1050元；二、并处罚款21000元。该决定书送达后，吴新民不服，遂提起行政诉讼，要求撤销上述处罚决定。

裁判结果：甘肃省武威市凉州区人民法院于2018年6月5日作出甘肃省武威市凉州区人民法院（2018）甘0602行初24号行政判决，驳回原告吴新民的诉讼请求；吴新民不服原审判决，提起上诉。甘肃矿区人民法院于2018年8月6日作出（2018）甘95行终17号行政判决，驳回上诉，维持原判。

【引导问题】

环境质量地方标准能否作为行政处罚的依据？

第一节 环境与资源法主要制度概述

一、环境与资源法主要制度的概念及特征

（一）环境与资源法主要制度的概念

环境与资源法主要制度是根据环境保护的任务和目的，以环境与资源法基本原则为指导而建立的具有重要作用的法律制度，是由环境法律规范组成的相互配合、相互联系的特定体系，用来调整环境资源社会关系的法律规范的总称，对具体的环境保护工作具有指导作用和基石效用。在结构上，它是由调整环境社会关系的环境法律规范构成的具体的环境法律制度，是国家为调整环境社会关系而创设的以国家强制力保障实施的环境法律规范体系。环境法律制度规定了环境管理主体在特定领域的行为模式以及法律后果，其基础是环境法律关系中的权利与义务、权力与职责，是对这些权利义务、职责权限的具体化和系统化，是环境管理行为的依据和出发点。环境与资源法的主要制度是环境管理职能在环境与资源法上的具体体现，是一切从事自然环境资源开发和利用的公民、法人和其他组织都必须严格遵守的基本规范，违反这些规范，将承担不利法律后果。

（二）环境与资源法主要制度的特征

首先，环境与资源法主要制度是国家承担环境保护职责的基本依据，因确

立国家环境管理的职能而产生。其次，环境与资源法主要制度是环境保护机制运行的基础性制度。国家环境管理涉及各个方面、多个环节，涉及多个部门的权力配置和多种利益关系的协调。环境与资源法主要制度是对相关权力配置和利益协调的主要方面和原则所进行的设计，确立相关权力配置的基本原则、利益协调价值取向等，是对环境与资源法基本原则的具体化，也是环境保护机制运行的基础。最后，环境与资源法主要制度是相互协调和配合的制度体系。环境管理必须遵循生态规律。环境与资源法主要制度之间更应该体现这种特性，各制度之间具有内在的逻辑联系，是具有共同目标、共同任务但有不同方面、不同重点的沟通与协调体系。

二、我国环境与资源法主要制度的形成与发展

（一）初创阶段

1972 年到 1979 年，是我国环境与资源法主要制度的初创时期，经历了从雏形到建立的过程。1972 年，我国派代表团参加了斯德哥尔摩人类环境会议；1973 年 8 月召开了第一次全国环境保护工作会议，制定《关于保护和改善环境的若干规定（试行草案）》。该规定确立了"全面规划、合理布局、综合利用、化害为利、依靠群众、大家动手、保护环境、造福人民"的环境保护工作方针，规定了"统筹兼顾、全面安排"的原则，以及"三同时"制度和奖励综合利用的政策。1979 年我国制定《环境保护法（试行）》，确立了建设项目环境影响评价、环境标准、限期治理、排污收费等制度，环境法律基本体系开始建立。该法吸收了 1972 年联合国人类环境会议以来，限制经济活动、保护环境的国际先进理念，在结构上强调防治污染与保护自然环境并重，但并未在制度设计上得到较好体现。

（二）发展阶段

20 世纪八九十年代是我国环境与资源法主要制度的发展阶段，其特征是应急性的防治结合、过程控制。1989 年制定的《环境保护法》，明确了环境监督管理体制，增加了体现防治结合、源头控制、过程控制等理念的环境基本制度，其基本法律制度的体系性显著增强，制度的内容也更为清晰明确。

（三）完善阶段

进入 21 世纪以来，环境与资源法主要制度进入系统化、整体化建设阶段。2014 年修订的《环境保护法》重新定位了环境与发展的关系，明确提出推进生态文明建设，促进经济社会可持续发展，明确要使经济发展与环境保护相协调，

环境法基本制度的广度、深度呈现出飞跃式的发展，不仅有所突破，而且强化了基本制度之间的联动配合，防治污染和生态保护并重，既解决当前环境保护中的共性问题，又解决突出问题，体系化程度不断提高。

可见，构成环境与资源法的主要制度至少要具备两个条件：一是特定性或独立性，即这项制度必须为环境法所独有，有不同于其他规范类型、部门法的显著特点；二是普遍性或完整性，即这项制度应当是在环境保护中起主导和决定作用的制度，在环境保护的法律规范中具有代表性或标志性。如果环境与资源法的一项制度在环境保护中仅起辅助和配合作用，或是法律化程度有限，或仅作为试点而尚未成为普遍性法律制度，也不宜作为环境与资源法的主要制度。此外，由于环境与资源法主要制度既各自独立，又彼此关联，他们应当涵盖环境与资源法的全部领域，并且对环境保护关系的调整过程具有较强的可操作性。基于以上考虑，可将我国环境与资源法的主要制度归纳为：环境规划制度、环境影响评价制度、"三同时"制度、环境标准制度、环境许可证制度、环境保护目标责任制和考核评价制度、重点污染物排放总量控制制度和区域限批制度。

第二节　环境规划制度

一、环境规划制度的概念及特征

（一）环境规划制度的概念

环境规划制度指环境规划工作的法定化、制度化，是通过立法形成的关于环境规划工作的基本制度。环境规划是对环境保护工作的总体部署和行动方案，也是对一定时间内环境保护目标、基本任务和措施的规定。通过规划对环境资源的开发利用和保护进行事前安排，决定环境资源可利用总量，是实施总量控制的基础，能够更好地确定环境与发展之间的平衡点。世界各国在寻求协调环境与发展的合理战略中，规划制度是其中的重要措施。[1]环境规划是政府为实现行政上的环境保护目标，在综合考虑各种制度和方法以及相关利益的基础上编制的环境保护工作总体安排和实施方案。由于规划的表现形式多样，既可能是某个部门独立制定，也可能是跨部门的总体安排。

---

〔1〕　参见金瑞林、汪劲：《20世纪环境法学研究评述》，北京大学出版社2003年版，第214页。

（二）环境规划制度的特征

我国环境规划始于 20 世纪 60 年代末 70 年代初，先后经历了一个从单纯的点源治理、局部控制到综合控制的过程，规划工作得到不断的发展。环境规划具有整体性、综合性、区域性、动态性、约束性等特征。

整体性。环境规划的整体性体现在环境要素及其各个组成部分之间构成一个有机整体。虽然各要素之间也有一定的联系，但各要素自身的环境问题特征和规律突出，有其相对确定的分布结构和相互作用关系，从而各自形成独立的、整体的体系。

综合性。环境规划的综合性体现在其涉及的领域广泛，影响因素众多，对策措施综合，部门协调复杂。它是自然、工程、技术、经济、社会相结合，生态学、生物学、化学、经济学、法学等相结合的综合体，也是多部门的集成产物。

区域性。环境规划的区域性体现为"因地制宜"的区域特色。由于各地方环境状况及其污染控制系统的结构不同，主要污染物特征不同，社会经济发展方向和发展速度不同，控制方案评价指标体系的构成及指标权重不同，各地的技术条件和基础数据不同，因此，环境规划必须融入地方特征才是有效的。

动态性。环境规划具有较强的时效性。它的影响因素随着环境状况、社会经济条件、发展速度、发展政策方向的变化在不断变化。

约束性。经济社会发展规划、环境保护规划中往往规定了量化的约束性指标且该指标是政府必须履行的职责。

二、环境规划制度的主要内容和主要载体

《环境保护法》第 13 条规定，县级以上人民政府应当将环境保护工作纳入国民经济和社会发展规划。国务院生态环境主管部门会同有关部门，根据国民经济和社会发展规划编制国家环境保护规划，报国务院批准并公布实施。县级以上地方人民政府生态环境主管部门会同有关部门，根据国家环境保护规划的要求，编制本行政区域的环境保护规划，报同级人民政府批准并公布实施。环境保护规划的内容应当包括生态保护和污染防治的目标、任务、保障措施等，并与主体功能区规划、土地利用总体规划和城乡规划等相衔接。

实践中，在国家层面，就文件载体的形式而言，环境规划一般由国务院编制的国民经济和社会发展五年规划中有关环境保护的篇章，国务院主管有关部门编制的生态建设和环境保护重点专项规划和国务院生态环境主管部门编制的

国家环境保护规划等共同组成。

三、环境规划制度的法律效力

从中国各类环境规划的编制与执行来看，它们主要是作为国家或地方立法机关审批的国民经济和社会发展规划的组成部分，自上而下地由各级人民政府按照相应的程序予以分解制订个别计划，逐步实施。因此，规划的实施若未以相应的法律规范予以表现，就不具有一般行政法规范的性质。由于中国现行环境法律并未对环境规划的编制与执行规定相应的法律后果，所以环境规划一般不对行政机关以外的人具有法的强制力。从理论上讲，环境规划属于行政行为之一，是针对一定目标确立的多阶段、分时期的行政过程。在各国环境保护法律实践中，环境与自然保护规划的表现形式多种多样，既有依照法律制定的计划或规划，也有通过行政法规或者规章确立的计划或者规划。因此，其法律效力也各不相同。

由于没有法的强制力作保障，环境规划的具体实施实际上属于各级政府贯彻执行环境保护政策的内部行政行为，同时也是考核地方各级领导干部执政业绩的依据之一。地方各级人民政府根据环境保护规划，层层建立环境保护目标责任制以及由企业建立环境保护责任制，将环境保护投资纳入政府或企业的预算，将环境保护项目列入基本建设、技术改造计划之中。同时，通过对重大污染源的管理和治理，结合"三同时"等制度的实施，保障环境保护规划的目标和任务得以实现。这种执行方式的弹性较大，其效果也与政府对计划的执行力度、资金投入状况成正比。实践中，由于专门的环境保护规划的制定必须依据国家国民经济和社会发展五年规划中的环境保护篇章、生态建设和环境保护重点专项规划，因此，从政府规划编制角度而言，上述环境规划各类组成部分之间应是相互协调一致的。此外，为了使得各类涉及环境与资源保护的政府规划与环境保护规划相协调，还需通过环境影响评价等法律制度来保障落实。如2002年制定的《环境影响评价法》要求，国务院有关部门、设区的市级以上地方人民政府及其有关部门，对其组织编制的土地利用的有关规划，区域、流域、海域的建设、开发利用规划，应当在规划编制过程中组织进行环境影响评价，编写该规划有关环境影响的篇章或者说明；国务院有关部门、设区的市级以上地方人民政府及其有关部门，对其组织编制的工业、农业、畜牧业、林业、能源、水利、交通、城市建设、旅游、自然资源开发的有关专项规划，应当在该专项规划草案上报审批前，组织进行环境影响评价，并向审批该专项规划的机关提出环境影响报告书。事实上，当对上述规划进行环境影响评价时，应以相应的环境保护规划作为指导。《环境保护法》第 14 条也就政策制定考虑环境影响的有关问题作出了原则规定。

四、环境规划的编制和实施

国家环境保护规划是全国环境保护工作的基础。国务院生态环境主管部门会同有关部门依法行使国家环境保护规划的编制权，应当根据国民经济和社会发展规划编制国家环境保护规划和区域环境保护规划，而且环境保护规划的内容必须与主体功能区规划、土地利用总体规划和城乡规划等相衔接。国务院依法行使国家环境保护规划的批准权。地方环境保护规划是县级以上人民政府对本行政区域内环境保护工作的总体部署，它根据国家环境保护规划的要求制定并由同级人民政府批准并公布。环境规划具有法律效力，各级人民政府要认真组织实施，并将其实施状况纳入地方政府环境保护目标责任制考核内容，层层建立环境保护目标责任制。环境规划的编制要遵循"多规合一"要求，按照"统一标准""一致流程""一套规章""职责明确"的要求，构建协作、均衡、稳定、和谐的规划管理体系。环境规划的编制要有科学依据，要以生态承载力为基础。生态承载力有两层基本含义：（1）生态系统的自我维持与自我调节能力，以及资源与环境子系统的供容能力，这是生态承载力的支持部门；（2）生态系统内社会经济子系统的发展能力，这是生态承载力的压力部分。生态系统的自我维持与自我调节能力是指生态系统的弹性大小，资源与环境子系统的供容能力。环境规划的编制是一个科学决策的过程，其程序包括对象调查、历史比较及有关环境问题的分类排序、目标导向预测、拟制方案、批准与公布等，最终形成有法律效力的规划。环境的整体性决定任何地方都无法独善其身。《环境保护法》第 20 条建立了区域、流域联防联治制度，明确要求对跨行政区域的重点区域、流域环境污染和生态破坏实行统一规划、统一标准、统一监测、统一的防治措施，这对环境规划编制提出了更高的要求。

第三节 环境影响评价制度

一、环境影响评价制度的概念及特征

随着环境事件频发，1964 年在加拿大召开的国际环境质量评价会议上，首次提出了"环境影响评价"的概念；1969 年，美国国会通过的《国家环境政策

法》首次以法律的形式将环境影响评价作为一项法律制度确定下来，很快为许多国家和地区的环境立法所仿效。在我国，环境影响评价制度实施于 20 世纪 70 年代，一般指决策者在作出可能带来环境影响的意思决定之前，事先对环境的现状进行调查，在此基础上提出各种不同的替代方案，并就各种方案可能造成的环境影响进行预测、评价和比较，从而选择最适合于环境的意思决定。依照我国《环境影响评价法》第 2 条规定，环境影响评价是指对规划和建设项目实施后可能造成的环境影响进行分析、预测和评估，提出预防或者减轻不良影响的对策和措施，进行跟踪监测的方法与制度。环境影响评价必须客观、公开、公正，综合考虑规划或者建设项目实施后对各种环境因素及其所构成的生态系统可能造成的影响，为决策提供科学依据。环境影响评价制度的意义在于其具有科学技术性、前瞻预测性和内容综合性等优点，是环境行政决策的主要科学依据。经过 50 多年的发展，已建立起涵盖规划环境影响评价、建设项目环境影响评价以及政策环境影响评价三大类型，内容丰富、法律责任明晰的环境影响评价制度。

环境影响评价制度，是环境影响评估活动的制度化和法定化，是通过立法确定环境影响评价活动的相关规则，是一项具有预测性和综合性的环境法基本制度。环境影响评价制度与环境容量密切相关。环境影响评价源于对环境容量的关注，并伴随着环境容量的增减而发展，实施环境影响评价的最终目的也是基于环境容量的考量，提出预防或者减轻不良环境影响的对策和措施。为发挥对环境容量的最大效用，环境影响评价制度应以强化制度有效性和事前、事中、事后监管为目标，与总量控制制度、三同时制度、排污许可制度等进行融合，从微观管理向宏观控制转型，从源头管理向排污口管理转型，从静态管理向动态管理转型，从前端服务向过程服务转型。通过健全和完善规划环境影响评价、项目环境影响评价和战略环境影响评价制度，将环境容量、环境标准、功能分区、产业布局落实到政府的宏观经济发展决策中，真正实现地方政府对环境质量负责。

二、环境影响评价制度的范围

1. 规划的环境影响评价。对规划进行环境影响评价，旨在协助政府在规划中充分考虑环境因素，消除和降低因规划失误和考虑不周造成的环境影响，从源头上控制环境问题的产生。对规划进行环境影响评价，源于 20 世纪 80 年代后期国际社会提倡的战略环境评价，它的形成与追求可持续发展实践和考虑积累环境影响有着密切的关系。[1]依照《环境影响评价法》第二章关于"规划的环境影响评价"的规定，我国主要对综合性规划和专项规划实行环境影响评价。综合性规划是就国家或地方有关宏观、长远发展提出的具有指导性、预测性、参考性的指标。综合性规划包括国务院有关部门、设区的市级以上地方人民政府及其有关部门组织编制的土地利用的有关规划，区域、流域、海域的建设、开发利用规划。专项规划是对有关的指标、要求作出具体的执行安排。专项规划涉及几乎所有的经济活动领域，包括国务院有关部门、设区的市级以上地方人民政府及其有关部门组织编制的工业、农业、畜牧业、林业、能源、水利、交通、城市建设、旅游、自然资源开发的有关专项规划。进行环境影响评价，目的在于准确定位经济和社会的发展。

2. 建设项目的环境影响评价。建设项目的概念伴随我国经济发展和环境管理范围的调整一直在发生改变，一般指由建设项目环境影响分类管理名录规定的对环境可能产生影响的新建、改建、扩建工程项目和其他开发活动。对环境可能造成影响的饮食娱乐服务性行业，也属建设项目环境保护管理的范围。根据建设项目特征和所在区域的环境敏感程度，综合考虑建设项目可能对环境产生的影响，我国对建设项目的环境影响评价实行分类管理，分别组织编制建设项目环境影响报告书、环境影响报告表或者填报环境影响登记表。

3. 经济、技术政策环境影响评价。政策环境影响评价，是将环境影响评价置于重大宏观经济社会决策链条的前端，通过对环境进行数理分析预测及综合评价，科学理性地安排重点区域开发、生产力布局、资源配置和重大项目建设。与处于决策链中末端的行业或地区规划、具体建设项目相比，处于决策链源头的宏观政策对环境显然更具全局性、持久性的影响，一旦决策失误造成的环境灾难将难以估量。因此，政府在制定技术、经济政策的过程中，应该充分考量政策对环境可能造成的影响以提高决策的质量，建立起综合环境、经济、社会多种因素的多位一体决策机制。目前，美国、加拿大、荷兰等国对政府及政府相关部门制定的环境经济、技术等公共政策广泛开展环境评价。我国的《环境影响评价法》没有规定政策环境影响评价，但《环境保护法》对政策产生的环境影响评价作出了原则性规定。该法第14条规定："国务院有关部门和省、自治区、直辖市人民政府组织制定经济、技术政策，应当充分考虑对环境的影响，

---

[1] See Maria Rosário Partidário, "Significance and the Future of Strategic Environmental Assessment", International Workshop on Strategic Environmental Assessment, Tokyo, 26-27th November, 1998.

听取有关方面和专家的意见。"考虑到我国经济、技术政策的制定所牵涉的范围很广、不确定性大，政策制定没有明确的程序，因此，今后应当通过修订《环境影响评价法》等配套立法，形成明确而系统的政策环境影响评价制度。

三、环境影响评价的程序和内容

各国环境影响评价的基本程序主要包括：（1）确定是否应当进行环境影响评价的必要性判断程序（我国已经通过《环境影响评价法》对评价对象的规定予以确定）；（2）确定评价范围和项目程序；（3）实施环境影响评价和编制环境影响报告书程序；（4）公众参与程序以及最终决定程序。

环境影响评价的内容一般反映在环境影响报告书之中，主要包括对拟议行动方案及其可供选择的其他方案实施后可能造成环境影响的科学评估、受影响的环境以及环境受到影响后可能产生的不良后果等两大方面。作为环境影响评价基本内容，对拟议行动方案及其可供选择的其他方案一并评估以及公众参与评估和决策全过程。但在我国，考虑到编制行动方案的成本较高，法律并不要求在拟议行动方案之外再提供可选择的其他方案，因此被评价的方案只有一个。鉴于环境影响评价在内容上和程序上的重要性及其预防和减轻开发利用环境资源行为对环境污染与生态破坏的保障作用，《环境保护法》第19条第2款对环境影响评价制度的效力作了如下规定："未依法进行环境影响评价的开发利用规划，不得组织实施；未依法进行环境影响评价的建设项目，不得开工建设。"

（一）规划环境影响评价的程序

1. 编写环境影响说明以及环境影响报告书

对规划进行环境影响评价应当由规划编制机关在规划编制过程中组织进行。编制综合性规划与专项规划中的指导性规划，应当根据规划实施后可能对环境造成的影响，编写环境影响说明，内容包括规划实施对环境可能造成影响的分析、预测和评估，以及预防或者减轻不良环境影响的对策和措施。编制专项规划，应当在规划草案报送审批前编制环境影响报告书，内容除了包括环境影响说明的内容外，还包括环境影响评价结论。对可能造成不良环境影响并直接涉及公众环境权益的专项规划，除依法需要保密外，编制机关应当在规划草案报送审批前征求有关公众等的意见。若对已经批准的规划进行重大调整或修订，规划编制机关应当重新或者补充进行环境影响评价。

2. 审查规划环境影响评价文件

依照《规划环境影响评价条例》的规定，规划编制机关在报送指导性规划草案时，应当将环境影响说明作为规划草案的组成部分一并报送规划审批机关；规划编制机关在报送审批专项规划草案时，应当将环境影响报告书一并附送规划审批机关。审批机关在收到规划环境影响评价文件后，应当在审批前将其交由政府指定环境主管部门召集组成的审查小组对环境影响报告书进行审查。[1]

审查小组对规划环境影响评价文件进行审查后应当向审批机关提交书面意见。内容包括：基础资料、数据的真实性；评价方法的适当性；环境影响分析、预测和评估的可靠性；预防或者减轻不良环境影响的对策和措施的合理性和有效性；公众意见采纳与不采纳情况及其理由的说明的合理性；环境影响评价结论的科学性。[2]依据现有知识水平和技术条件，对规划实施可能产生的不良环境影响的程度或者范围不能作出科学判断，或者规划实施可能造成重大不良环境影响的环境影响报告书，并且无法提出切实可行的预防或者减轻对策和措施的，审查小组应当提出不予通过的意见。[3]《环境影响评价法》还规定，审查小组提出修改意见的，专项规划的编制机关应当根据环境影响报告书结论和审查意见对规划草案进行修改完善，对环境影响报告书结论和审查意见不采纳的，应当说明理由。[4]规划审批机关在审批专项规划草案时，应当将环境影响报告书结论以及审查意见作为决策的重要依据。当规划审批机关对环境影响报告书结论以及审查意见不予采纳时，应当逐项就不予采纳的理由作出书面说明，并存档备查。[5]依照《环境影响评价法》的规定，规划编制机关违反该法规定，组织环境影响评价时弄虚作假或者有失职行为，造成环境影响评价严重失实的，对直接负责的主管人员和其他直接责任人员，由上级机关或者监察机关依法给予行政处分。[6]

（二）建设项目的环境影响评价的程序

1. 通过分类管理方式筛选评价对象和决定评价范围

《环境影响评价法》规定，国家根据建设项目对环境的影响程度，对建设项

---

[1] 参见《规划环境影响评价条例》第15~17条。

[2] 参见《规划环境影响评价条例》第19条。

[3] 参见《规划环境影响评价条例》第21条。

[4] 参见《环境影响评价法》第14条。

[5] 参见《规划环境影响评价条例》第22条。

[6] 参见《环境影响评价法》第31条。

目的环境影响评价实行分类管理。分类管理标准如下：可能造成重大环境影响的，应当编制环境影响报告书，对产生的环境影响进行全面评价；可能造成轻度环境影响的，应当编制环境影响报告表，对产生的环境影响进行分析或者专项评价；对环境影响很小、不需要进行环境影响评价的，应当填报环境影响登记表。[1]至于何种程度的环境影响属于法律规定的重大、轻度或者很小，则由环境主管部门根据《建设项目环境保护分类管理目录》的规定，按照建设项目特征和所在区域的环境敏感程度并综合考虑建设项目可能对环境产生的影响，由建设单位按照名录分别组织编制建设项目环境影响报告书、环境影响报告表或者填报环境影响登记表。

2. 编制环境影响报告书

依法应当编制环境影响报告书的建设项目，属于对环境可能造成重大影响的建设项目。环境影响报告书的内容包括：建设项目概况；建设项目周围环境现状；建设项目对环境可能造成影响的分析、预测和评估；建设项目环境保护措施及其技术、经济论证；建设项目对环境影响的经济损益分析；对建设项目实施环境监测的建议；环境影响评价的结论等七部分。[2]为避免重复，已经进行了环境影响评价的规划包含具体建设项目的，规划的环境影响评价结论应当作为建设项目环境影响评价的重要依据，建设项目环境影响评价的内容应当根据规划的环境影响评价审查意见予以简化。如果作为一项整体建设项目的规划按照建设项目进行环境影响评价，不进行规划的环境影响评价。另外，已经进行了环境影响评价的规划所包含的具体建设项目，建设单位可以简化其环境影响评价内容。

除国家规定需要保密的情形外，对应当编制环境影响报告书的建设项目，要求建设单位在报批建设项目环境影响报告书前，举行论证会、听证会，或者采取其他形式，征求有关单位、专家和公众的意见。建设单位报批的环境影响报告书应当附具对有关单位、专家和公众的意见采纳或者不采纳的说明。[3]

建设单位未依法报批建设项目环境影响报告书、报告表，或者未依照本法第24条的规定重新报批或者报请重新审核环境影响报告书、报告表，擅自开工建设的，由县级以上环境保护行政主管部门责令停止建设，根据违法情节和危

〔1〕　参见《环境影响评价法》第16条。

〔2〕　参见《环境影响评价法》第17条。

〔3〕　参见《环境影响评价法》第21条。

害后果，处建设项目总投资额 1% 以上 5% 以下的罚款，并可以责令恢复原状；对建设单位直接负责主管人员和其他直接责任人员，依法给予行政处分。建设项目环境影响报告书、报告表未经批准或者未经原审批部门重新审核同意，建设单位擅自开工建设的，依照前款的规定处罚、处分。建设单位未依法备案建设项目环境影响登记表的，由县级以上环境保护行政主管部门责令备案，处 5 万元以下的罚款。[1]接受委托为建设项目环境影响评价提供技术服务的机构在环境影响评价工作中不负责任或者弄虚作假，致使环境影响评价文件失实的，由授予环境影响评价资质的环境保护行政主管部门降低其资质等级或者吊销其资质证书，并处所收费用一倍以上三倍以下的罚款；构成犯罪的，依法追究刑事责任。[2]2014 年《环境保护法》对项目环境影响评价违法行为作出更为严厉的规定，环境影响评价机构在有关环境服务活动中弄虚作假，对造成的环境污染和生态破坏负有责任的，除依照有关法律法规规定予以处罚外，还应当与造成环境污染和生态破坏的其他责任者承担连带责任。[3]

3. 审批环境影响报告书

就建设项目组织编制环境影响报告书，建设单位应当向有审批权的环境主管部门或者其他依法行使审批权的部门提出审批申请。有关审批部门在对环境影响报告书进行审查时，可以由其所属评估机构组织专家对环境影响报告书进行技术评估。期间应当将有关信息向社会公布。对可能影响项目所在地居民生活环境质量以及存在重大意见分歧的建设项目，可以举行听证会、论证会、座谈会，征求有关单位、专家和公众的意见。国家规定需要保密的建设项目除外。审批部门认为环境影响报告书符合环境影响评价法规规定的，应当向建设单位发放同意的批复。

三、不依法进行环境影响评价的法律后果

未依法进行环境影响评价的规划，不得组织实施。未依法进行环境影响评价的建设项目，不得开工建设。对不依法进行环境影响评价的责任人进行追究。环境影响评价机构在有关环境服务活动中弄虚作假，对造成的环境污染和生态破坏负有责任的，除依照有关法律法规规定予以处罚外，还应当与造成环境污

---

[1] 参见《环境影响评价法》第 31 条。

[2] 参见《环境影响评价法》第 32 条第 2 款；《规划环境影响评价条例》第 34 条。

[3] 参见《环境保护法》第 65 条。

染和生态破坏的其他责任者承担连带责任。同时，通过强化责任提高环境影响评价质量。建立对环境影响评价机构和环境影响评价从业人员的追责惩罚机制，要求环境影响评价机构对环境影响评价文件负全责，责任终身追究。对违法批准环境影响评价报告的机构和负责人，追究其行政和刑事责任。

四、环境影响评价的公众参与

环境影响评价的公众参与，是指除开发单位及审查环境影响评价机关外，其他有关机关、团体、地方政府、学者专家、当地居民等，依照法定程序和方式，参与环境影报告书的制作、审查与监督等阶段的活动。环境影响报告书编制中的公众参与是环境法有关公众参与原则的具体体现，是环境决策民主化和科学化的具体要求。《环境影响评价法》规定，国家鼓励有关单位、专家和公众以适当方式参与环境影响评价。[1]此外，该法在有关规划和建设项目环境影响评价方面也规定了公众参与的途径和方法。一般情况下，在规划和建设项目环境影响报告书的编制和审批阶段，除国家规定需要保密的情形外，规划的编制机关或者建设单位应当在报批环境影响报告书前举行论证会、听证会或采取其他形式，征求有关单位、专家和公众的意见。从公众参与方式看，论证会适合专家参与的场合，而听证会则适合于所有的公众。

依照《行政许可法》的规定，行政许可直接涉及申请人与他人之间重大利益关系的，行政机关在作出行政许可决定前，应当告知申请人、利害关系人享有要求听证的权利；申请人、利害关系人在被告知听证权利之日起 5 日内提出听证申请的，行政机关应当在 20 日内组织听证。[2]为了明确公众尽早参与的时机并为之提供全面的环评信息，《环境保护法》第 56 条还补充规定，对依法应当编制环境影响报告书的建设项目，建设单位应当在编制时向可能受影响的公众说明情况，充分征求意见。负责审批建设项目环境影响评价文件的部门在收到建设项目环境影响报告书后，除涉及国家秘密和商业秘密的事项，应当全文公开；发现建设项目未充分征求公众意见的，应当责成建设单位征求公众意见。《规划环境影响评价条例》还规定，任何单位和个人对违反条例规定的行为或者对规划实施过程中产生的重大不良环境影响，有权向规划审批机关、规划编制

---

〔1〕　参见《环境影响评价法》第 5 条。
〔2〕　《行政许可法》第 47 条第 1 款。

机关或者生态环境主管部门举报。有关部门接到举报后，应当依法调查处理。[1]

2018 年 7 月生态环境部印发了新的《环境影响评价公众参与办法》。该办法对公众参与的一般要求、组织形式等内容作出了具体规定，要求建设单位对公众参与组织实施的真实性和结果负责，将听取意见的公众范围明确为环境影响评价范围内公民、法人和其他组织，并鼓励建设单位听取范围外公众的意见。

第四节　"三同时"制度

一、"三同时"制度的概念

"三同时"的提法最早出现于 1973 年经国务院批准的作为环境管理的行政规定的《关于保护和改善环境的若干规定（试行）》中，1979 年试行的《环境保护法》将其确定为环境法的一项主要制度。2014 年新修订的《环境保护法》第 41 条规定，建设项目中防治污染的设施，应当与主体工程同时设计、同时施工、同时投产使用。防治污染的设施应当符合经批准的环境影响评价文件的要求，不得擅自拆除或闲置。"三同时"制度是控制新污染源产生、落实预防原则的重要制度工具，是由我国首创的具有中国特色的环境保护行政管理手段。"三同时"制度，是指一切新建、改建和扩建的基本建设项目（包括小型建设项目）、技术改造项目以及自然开发项目和可能对环境造成损害的工程建设，其中防治污染和其他公害的设施及其他环境保护设施，必须与主体工程同时设计、同时施工、同时投产的法律规定。建设项目一般包括设计、施工和投入使用三个阶段，"三同时"制度贯穿于建设项目的全过程，并对三个阶段提出了不同的要求。这有利于控制新污染源的产生和贯彻预防为主、防治结合的原则，有利于保证项目建成后排放的污染物符合环境标准。

"三同时"制度是我国环保工作的一个创举，是源头控制和过程控制的有机结合，有利于推进清洁生产制度。从功能上来讲，"三同时"制度就是为了强调污染防治的"及时"性和"到位"性，目的是要"随时随地"地预防环境污染产生，并在不同阶段对"三同时"制度提出了不同的要求。"三同时"制度与循环经济的"少污染或不污染"并不冲突，是末端治理的改良，并且体现了循

---

[1]　参见《规划环境影响评价条例》第 6 条。

环经济中减量化的要求，对防治环境污染起到了重要作用。这项制度始于20世纪70年代，其后适用范围、控制方法等不断得到完善，《环境保护法》进一步在41条对防治污染设施的建设、质量、拆除或者闲置作出了新规定，大大增强了制度的可操作性。

二、"三同时"制度的适用范围

"三同时"制度的适用范围开始时仅限于新建、改建和扩建的企业，后来不断扩大，根据2017年修订的《建设项目环境保护管理条例》，将"三同时"制度的适用范围归纳为：新建、扩建、改建项目；技术改造项目；一切可能对环境造成污染和破坏的工程建设项目；确有经济效益的综合利用项目。

三、"三同时"制度的实施

（一）初步设计阶段

须有环境保护的内容，建设单位负责落实初步设计中的环境保护措施，建设项目的主管部门负责预审和监督，各级环保部门负责审查。《建设项目环境保护管理条例》第16条规定："建设项目的初步设计，应当按照环境保护设计规范的要求，编制环境保护篇章，落实防治环境污染和生态破坏的措施以及环境保护设施投资概算。建设单位应当将环境保护设施建设纳入施工合同，保证环境保护设施建设进度和资金，并在项目建设过程中同时组织实施环境影响报告书、环境影响报告表及其审批部门审批决定中提出的环境保护对策措施。"

（二）建设项目施工阶段

建设单位应严格按照要求及规定，在主体施工的同时落实环境保护设施的施工。应当保护施工现场周围的环境，防止对自然环境的破坏，防止或减轻粉尘、噪声、震动等对周围生活居住区的污染和危害。建设项目的主管部门负责监督施工中环境保护措施的落实。各级环境保护行政主管部门对建设项目的环境保护实施统一监督管理，负责建设施工的检查，以此来保证环境保护设施与主体工程同时施工。

（三）建设项目正式投产或使用前

建设单位必须提交《环境保护设施竣工验收报告》，经验收合格并发给环境保护设施验收合格证后，才可以正式投产使用，否则工商行政管理部门不得办理营业执照。

（四）验收和正式投产使用阶段

建设项目的主管部门负责环境保护设施竣工验收的预审和监督使用，环保部门负责环境保护设施的竣工验收和使用情况的监督检查。《建设项目环境保护管理条例》第 19 条规定："编制环境影响报告书、环境影响报告表的建设项目，其配套建设的环境保护设施经验收合格，方可投入生产或者使用；未经验收或者验收不合格的，不得投入生产或者使用。前款规定的建设项目投入生产或者使用后，应当按照国务院环境保护行政主管部门的规定开展环境影响后评价。"第 20 条还规定："环境保护行政主管部门应当对建设项目环境保护设施设计、施工、验收、投入生产或者使用情况，以及有关环境影响评价文件确定的其他环境保护措施的落实情况，进行监督检查。环境保护行政主管部门应当将建设项目有关环境违法信息记入社会诚信档案，及时向社会公开违法者名单。"

四、违反"三同时"制度的法律后果

防污设施应当符合经批准的环境影响评价文件的要求。否则，由环保部门责令停止生产或者使用，可并处罚款。防治污染的设施不得擅自拆除或者闲置，确需拆除或者闲置的须经所在地的环境保护行政主管部门同意。建设单位必须严格执行"三同时"制度。凡建设项目的环境保护设计内容未经环境保护行政主管部门审批、审查的不办理施工执照，擅自施工的责令其停工，补办审批手续；试生产建设项目的环境保护设施未与主体工程同时投入运行的，由环保部门责令限期改正；逾期不改的，责令停止试生产，并可处以罚款。建设项目的防治污染设施没有建成、没有验收或没有达到规定的标准而投入生产或使用的，由有关的环境保护行政主管部门责令停止生产或使用，并可处以罚款。

违反《建设项目环境保护管理条例》的规定，建设单位编制建设项目初步设计未落实防治环境污染和生态破坏的措施以及环境保护设施投资概算，未将环境保护设施建设纳入施工合同，或者未依法开展环境影响后评价的，由建设项目所在地县级以上环境保护行政主管部门责令限期改正，处 5 万元以上 20 万元以下的罚款；逾期不改正的，处 20 万元以上 100 万元以下的罚款。违反《建设项目环境保护管理条例》的规定，建设单位在项目建设过程中未同时组织实施环境影响报告书、环境影响报告表及其审批部门审批决定中提出的环境保护对策措施的，由建设项目所在地县级以上环境保护行政主管部门责令限期改正，处 20 万元以上 100 万元以下的罚款；逾期不改正的，责令停止建设。

违反《建设项目环境保护管理条例》的规定，需要配套建设的环境保护设施未建成、未经验收或者验收不合格，建设项目即投入生产或者使用，或者在环境保护设施验收中弄虚作假的，由县级以上环境保护行政主管部门责令限期

改正，处 20 万元以上 100 万元以下的罚款；逾期不改正的，处 100 万元以上 200 万元以下的罚款；对直接负责的主管人员和其他责任人员，处 5 万元以上 20 万元以下的罚款；造成重大环境污染或者生态破坏的，责令停止生产或者使用，或者报经有批准权的人民政府批准，责令关闭。违反《建设项目环境保护管理条例》的规定，建设单位未依法向社会公开环境保护设施验收报告的，由县级以上环境保护行政主管部门责令公开，处 5 万元以上 20 万元以下的罚款，并予以公告。

"三同时"制度与环境影响评价制度具有密切的联系：它们都是处于环境保护的前期阶段，体现了预防为主的目的；它们都以严格的管理为实施保障。但它们也有明显的不同：首先是主体方面的不同，环评制度的主体比"三同时"制度的主体要丰富得多；其次是客体方面的不同，"三同时"制度仅限于环境保护设施，而环评制度则涉及规划和建设项目；最后是内容方面，"三同时"制度的权利义务内容主要限于企业与主管部门的管理关系，而环评制度的权利义务内容比较广泛。但从实施的过程来看，"三同时"制度更持久，特别是同时投产使用的要求强调的是一种持续的管理关系；但环评制度不是一种持续管理关系，基本上限于"三同时"制度中的设计阶段，而环评制度的后评价制度一定程度上可以对同时施工和同时投产使用起到保证作用。"三同时"制度体现了我国环境保护强烈的行政主导色彩，长期以来在我国环境保护事业中起着重要的作用，近年来，随着我国环境法治的加强，环评制度的功能迅速提升，"三同时"制度与环评制度有逐步融合的趋势。

第五节　环境标准制度

一、环境标准制度的概念

环境标准是国家根据人体健康、生态平衡和社会经济发展对环境结构、状况的要求，在综合考虑本国自然环境特征、科学技术水平和经济条件的基础上，对环境要素间的配比、布局和各环境要素的组成以及进行环境保护工作的某些技术要求加以限定的规范。其主要内容为技术要求和各种量值规定，为实施环境法的其他规范提供准确严格的范围界限，为认定行为的合法与否提供法定的技术依据。

环境标准有广义和狭义之分。广义的环境标准是指为了保护人群健康、保护社会财富和维护生态平衡，由法律授权的政府及其主管部门、社会团体和企业按照法定程序和方法就环保工作中需要统一的技术要求制定的规范性技术文件。狭义的环境标准仅指规定保障公众健康、公共福利与环境安全的环境质量标准。我国环境保护实践采用的是广义说，而西方国家多采用狭义说。

在我国，环境标准属于标准的范畴，其类别、效力及其与行政执法的关系应当由法律和行政法规规定。《环境保护法》规定了环境质量标准和污染物排放标准两类国家和地方环境标准。环境标准通过客观科学的数据对相关领域的人类活动及其所产生的环境负荷进行定量分析，以量化的方法来预测、判断和说明环境承载能力，约束人类的环境利用行为，间接地实现对环境污染和生态破坏行为的"事前控制"。

环境标准本身并不是独立的法律，但环境标准一旦被有关的法律法规援引，或者被一定区域之内的生态环境主管机关采纳，就具有了法律上的强制力，由此便形成了环境标准制度。环境标准与环境基准既有区别，又有紧密联系。"环境基准"是"在一定环境中，污染物对人体或生物没有任何不良影响的最大剂量或者说是对人体和生物产生不良影响的最小量，是制定环境标准的客观科学依据"。环境基准是一个客观的定值，是环境科学上的概念。而环境标准则掺杂着较多的主观因素，是"技术可行性和经济合理性"的结合体，这是两者的主要区别。当然，环境标准的制定，离不开环境基准的科学研究。环境标准是在环境基准的基础上，综合考虑经济发展、技术条件、区域环境等因素而制定的。[1]没有科学的环境基准，也就难以制定出科学的环境标准。《环境保护法》第15条在明确环境质量标准制定条件的同时，突出强调"国家鼓励开展环境基准研究"，就是立法者对环境基准研究重要性及这两者关系紧密性的充分确认。环境标准的种类不同，其作用与在法律上的约束力也不同。

二、环境标准制度体系

环境标准总体上可以分为三级五大类，三级指国家环境标准、地方环境标准和行业环境标准，五大类指环境质量标准、污染物排放标准、环境监测方法标准、环境标准样品标准和环境基础标准。为维护环境监测、采样与环境基础数据分析的一致性，后三类标准需要在全国范围内统一适用，因此这三类环境

---

〔1〕 参见施志源：《环境标准的法律属性与制度构成——对新〈环境保护法〉相关规定的解读与展开》，载《重庆大学学报（社会科学版）》2016 年第 1 期。

标准只有国家标准而没有地方标准。这三类环境标准所规定的技术规范在环境纠纷争议解决过程中通常被用于对证据证明力的判断。[1]以环境要素划分，我国的环境标准涵盖大气、水、环境噪声与振动、核辐射与电磁辐射、固体废物、土壤、生态等环境保护标准。[2]以法律效力划分，环境质量标准和污染物排放标准为强制性标准，环境监测规范、管理规范类标准、环境基础类标准为推荐性标准。顾名思义，强制性标准要求适用机关或行为人必须遵守，而推荐性标准则鼓励适用机关和行为人优先选用。违反强制性标准会导致行政法律责任，而违反推荐性标准则不具有这一法律后果。从标准的严格程度而言，推荐性标准对行为人的要求要高于与之对应的强制性标准。在法律上明晰环境标准制度的法律效力对于法律适用具有重要意义。强制性环境标准本身不属于法律规范，其具体适用需依附于环境行政裁量。当其被纳入环境行政裁量依据之后，违反强制性环境标准将导致行为人承担基于该标准而设定的公法责任，但它不是判断行为人是否违反私法义务的根据，因此不能以行为人的行为是否符合环境标准来判断其是否需要承担环境民事法律责任。由《民法典》侵权责任编第1229条有关环境侵权民事责任构成要件的规定也可以看出，现行立法确立的环境侵权民事责任构成中不含对行政违法性的要求。

三、环境标准的制定

环境标准的制定主体一般由环境标准的起草单位、制定单位和发布单位组成。国家环境质量标准由国务院生态环境主管部门制定后，由国务院生态环境主管部门、国家市场监督管理总局（国家标准化管理委员会）联合发布；环境行业标准则由国务院生态环境主管部门制定后发布，报国家标准化管理委员会备案；地方环境质量标准一般由省级地方人民政府制定，报国务院生态环境主管部门备案。

按照《生态环境标准管理办法》的规定，制定环境标准应遵循的原则是：（1）以国家环境保护方针、政策、法律、法规及有关规章为依据，以保护人体健康和改善环境质量为目标，促进环境效益、经济效益、社会效益的统一；（2）环境标准应与国家的技术水平、社会经济承受能力相适应；（3）各类环境标准之间应协调配套；（4）标准应便于实施与监督；（5）借鉴适合我国国情的国际标

---

〔1〕 参见汪劲：《环境法学》，北京大学出版社2018年版，第120-121页。
〔2〕 参见曹金根：《环境标准法律制度的困境与出路》，载《河南社会科学》2015年第11期。

准和其他国家的标准。

环境标准制定的程序是：（1）编制标准制订计划；（2）组织拟定标准草案；（3）对标准草案征求意见；（4）组织审议标准草案；（5）审查批准标准草案；（6）按照环境标准规定的程序编号发布。根据《环境保护法》第15条和第16条的规定，国务院生态环境主管部门制定国家环境质量标准和污染物排放标准。省、自治区、直辖市人民政府对国家环境标准中未作规定的项目，可以制定地方环境标准；对国家环境标准中已作规定的项目，可以制定严于国家环境标准的地方环境标准。地方环境标准应当报国务院生态环境主管部门备案。至于环境标准的修订，由于其目的是使环境标准更加科学合理，因此，同制定新标准一样也应遵守以上的原则和程序。

四、环境标准的实施

环境标准由县级以上人民政府生态环境主管部门实施。在实施环境质量标准时，应结合所辖区域环境要素的使用目的和保护目的划分环境功能区，对各类环境功能区按照环境质量标准的要求进行相应标准级别的管理。应按国家规定，选定环境质量标准的监测点位或断面。经批准确定的监测点位、断面不得任意变更。各级环境监测站和有关环境监测机构应按照环境质量标准和与之相关的其他环境标准规定的采样方法、频率和分析方法进行环境质量监测。承担环境影响评价工作的单位应按照环境质量标准进行环境质量评价。对于跨省河流、湖泊以及由大气传输引起的环境质量标准执行方面的争议，由有关省、自治区、直辖市人民政府生态环境主管部门协调解决，协调无效时，报原国家环境保护总局协调解决。

在实施污染物排放标准时，县级以上人民政府环境保护行政生态环境主管部门审批建设项目环境影响报告书（表），应根据建设项目所属的行业类别、所处环境功能区、排放污染物种类、污染物排放去向、建设项目环境影响报告书（表）批准的时间、已有地方污染物排放标准的区域排放污染物、排污单位应执行的污染物排放总量控制指标以及从国外引进的建设项目的特殊情况等因素，确定该建设项目应执行的污染物排放标准。建设项目的设计、施工、验收及投产后，均应执行经生态环境主管部门在批准的建设项目环境影响报告书（表）中所确定的污染物排放标准。企事业单位和个体工商业者排放污染物，应按所属的行业类型、所处环境功能区、排放污染物种类、污染物排放去向执行相应的国家和地方污染物排放标准，生态环境主管部门应加强监督检查。

对于国家环境监测方法标准的实施，若被环境质量标准和污染物排放标准等强制性标准引用的方法标准具有强制性，必须执行。在进行环境监测时，应按照环境质量标准和污染物排放标准的规定，确定采样位置和采样频率，并按照国家环境方法标准的规定测试与计算。对于地方环境质量标准和污染物排放标准中规定的项目，如果没有相应的国家环境监测方法标准，可由省、自治区、直辖市人民政府生态环境主管部门组织制定地方统一分析方法，与地方环境质量标准或污染物排放标准配套执行。相应的国家环境监测方法标准发布后，地方统一分析停止执行。因采用不同的国家环境监测方法标准所得监测数据发生争议时，由上级生态环境主管部门裁定，或者指定采用一种国家环境监测方法标准进行复测。

五、环境质量标准

（一）环境质量标准的概念与类型

依照《生态环境标准管理办法》，环境质量标准是为保护自然环境、人体健康和社会物质财富，限制环境中的有害物质和因素所作的统一技术规范和技术要求。依照《环境保护法》的规定，国务院生态环境主管部门制定国家环境质量标准。省、自治区、直辖市人民政府对国家环境质量标准中未作规定的项目，可以制定地方环境质量标准；对国家环境质量标准中已作规定的项目，可以制定严于国家环境质量标准的地方环境质量标准。地方环境质量标准应当报国务院环境主管部门备案。理论上，环境质量标准是满足环境达到规定使用功能和生态环境质量的基本要求。编制环境质量标准的主要依据是各主要环境要素的使用功能、使用目的和保护目标，在此基础上对该环境要素所处在的区域分为不同类别的功能区，分别确立污染物的最大数值或环境保护的项目。

国家环境质量标准在整个环境标准中处于核心地位，是国家环境政策目标的综合反映和体现，是国家实行环境保护规划、控制污染以及分级、分类管理环境和科学评价环境质量的基础，是制定污染物排放标准的主要科学依据，也是判断某地域环境质量状况和是否受到污染的直接依据。

（二）环境质量标准的实施领域

第一，在实施环境质量监测方面，地方政府环境主管部门结合所辖区域环境要素的使用目的和保护目的划分环境功能区，对各类环境功能区按照环境质量标准的要求进行相应标准级别的管理，并按国家规定选定环境质量标准的监测点位或断面，由环境监测站和有关环境监测机构按照环境质量标准和与之相关的其他环境标准规定的采样方法、频率和分析方法进行。第二，在环境影响评价工作方面，环评单位应当按照环境质量标准进行环境质量评价。第三，发生跨省河流、湖泊以及由大气传输引起的环境质量标准执行争议时，由有关省级人民政府环境主管部门协调解决，协调无效时报国务院环境主管部门协调解决。

六、污染物排放标准

污染物排放标准，是为了实现环境质量目标，结合技术经济条件和环境特点，对排入环境的污染物或者有害因素所作的控制规定。它包括污染物排放浓度标准和污染物排放总量标准。浓度标准，又称浓度控制标准，是以经济上的可行性为根据而为污染源规定的排放标准，一般以某种污染物在载体中的百分比表示。总量标准，又称总量控制标准，是以环境容量为根据而对污染源规定的排放污染物的数量限额。一般以一定时间内排放污染物的总量表示。如从环境要素角度观察，污染物排放标准包括污水综合排放标准、大气污染物综合排放标准、固体废物污染控制标准、恶臭污染物排放标准等。

污染物排放标准是针对污染物排放所规定的最大限值。编制污染物排放标准的主要依据是环境质量标准，并按照不同类别的功能区规定与之相应的排放限值，适用于所有经划定的不同环境质量功能区内的污染源。

七、ISO 14000 环境管理标准

（一）ISO 14000 概况

ISO 14000 是国际标准化组织为了满足各种类型的组织建立环境管理体系的需要而制定的，旨在规范各国企业和社会团体等所有类型的组织的环境行为，从而达到减少环境污染、节约资源的目的，并消除贸易壁垒，促进世界贸易发展的国际统一的环境管理标准。它用标准和指南的形式规范了环境管理的内容、方式以及认证所需要的审核程序。

ISO 14000 的推出迎合了绿色革命的潮流，适应了可持续发展的需要。它通过在企业内部建立高水平的环境管理体系，提高环境管理效率，"绿化"企业活动的整个流程，进而有利于提升企业形象，提高产品竞争力，使环境效益有效转化为经济效益。

（二）ISO 14000 的主要内容

ISO 14000 系列标准是一体化的国际标准，它包括环境管理体系、环境审

核、环境绩效评价、环境标志、产品生命周期评估等。与以往的环境排放标准和产品的技术标准等不同，它以市场驱动为前提，具有预防性、可操作性、广泛适用性、自愿性的特点。ISO 14000 系列标准顺应世界经济发展与环境保护的主流，符合可持续发展的战略思想，也为企业微观环境管理提供了一整套标准化模式，对改善我国宏观环境管理及企业的微观管理将有较大的帮助，并可以进一步改变我国企业的环境形象，为企业走向国际市场开了绿灯。

第六节　环境许可证制度

一、环境许可证制度的概念

许可证包括各种执照、特许证、批准书等，是政府颁发的允许特定主体从事特定行为的凭证。环境许可证制度，是指凡是对环境有不利影响的各种开发、建设项目的排污设施及其经营活动，需要事前经过申请，经主管部门审查批准，颁发许可证后，才能按照规定的要求或条件进行建设和排污活动。许可证是国家为加强环境管理而采用的一种制度，因其可以由管理机关针对不同的对象"量身定制"，并且可以实行跟踪管理，而被认为是环境管理的"支柱性"制度。

环境管理中最广泛使用的也是最重要的是排污许可证，较早实行排污许可证的国家有澳大利亚、美国等，20 世纪 70 年代初期即在法律中予以规定。我国于 1987 年开始在水污染防治领域实行排污许可证制度，20 世纪 90 年代以来逐步推进污染物排放总量控制和排污许可证制度。排污许可管理制度贯穿排污单位建设、生产、污染控制、现场监理等环境管理的全过程，能从源头上解决环保中的"搭便车"和外部性问题，是环境保护的基础性制度。在环境管理转型的大背景下，排污许可管理制度的确立是我国环境管理的重大变革，体现了排污许可证的重要地位。排污许可管理将是生态文明体制改革及环境管理的未来方向和着力点，应以环境质量改善为基本出发点。整合相关制度，实现一证式管理，加强证后监管，使之成为企业环境守法、政府环境执法、社会监督护法的根本依据。[1]

二、排污许可管理制度的实施

1. 排污许可证与环境质量改善相衔接。排污许可是污染源排放和环境质量

---

〔1〕　参见王金南等：《中国排污许可制度改革框架研究》，载《环境保护》2016 年第 Z1 期。

改善二者关联的基础和中介，将排污行为与环境质量挂钩，与环境功能区划挂钩，建立二者之间的响应关系，以此确定允许污染源排放的浓度与总量限值。可以在环境质量超标的区域（流域）或具体控制单元中，根据需要改善的环境指标需求，确定排污许可量，以环境质量约束排污许可量。

2. 实现污染源管理制度的横向联动。建立以许可证为核心的污染源管理制度体系，协调其与环境影响评价、总量控制、排污收费等制度的关系，打破现有管理制度相对各自独立、缺乏统筹的局面，弥补制度衔接机制的缺失，提高政府环境治理能力，降低环境管理成本，发挥制度组合的整体效能。

3. 构建一证式管理模式。排污许可管理贯通项目建设、试生产、运营、监管、后期评估全过程，实施一证式排污许可管理，体现了多介质、多污染物协同防控，综合了对企业的全部环境管理要求，高效减负，易形成相对集中、便于操作的环境管理制度。

4. 加强证后监管。我国"重证轻管"现象普遍，制度的实质性作用并未发挥出来，没有体现在企业的日常管理之中。证后监管强调对排污单位日常排污行为的管理，使排污单位真正按许可要求进行排污约束。

5. 强化企业主体责任。要求企业自主申报、自主承诺、自主监测，把相关责任还给企业，地方环保部门要承担的是监管与处罚职责，带动环境治理体系的创新。

环境许可证制度已为各国所普遍采用。美国《清洁水法》中称之为"国家消除污染物排放制度"，要求任何向地表水排放污水的，只有获得许可证的才可进行排放，许可证的作用在于把法律规定的标准转化为排污者必须遵守的具体排放限制条件。日本自然保护的立法中大量适用环境许可证制度，如《采石法》《自然公园法》等。英国主要是排污许可制度，包括防治水污染、大气污染以及固体废弃物污染的排污许可制度，1990 年的《环境保护法》规定，未得到许可而进行处置、消除固体废弃物的行为为违法，禁止无证或违反许可证要求处置废弃物。联邦德国 1974 年的《联邦污染控制法》对污染源广泛实施了严格控制，推行了环境许可证制度，把污染源设施划分为须经许可的、部分许可的和非经许可的三类，许可证的颁发必须经过严格的审批程序，对非经许可的设施，也赋予了保护环境的义务。

三、环境许可证制度的作用

环境许可证制度与排污收费制度基本上都作用于环境保护的中期阶段，是环境保护的经常性的工作。颁发许可证是一种政府行政管理行为，它是环境行政许可的法律化，是环境管理机关进行环境保护监督管理的重要手段。这种制度的实施可以将各种有害或可能危害环境的活动严格控制在国家规定的范围内，并根据客观情况的变化和需要，对持证人规定限制条件和特殊要求，便于对持证人实行有效的行政监督和管理，因而在环境保护中被广泛采用。在一些国家，人们把环境法分为预防法和规章法两大类，环境许可证制度是规章法的重要组成部分，被视为污染控制法的支柱。实施环境许可证制度有以下功能与作用：

1. 有利于市场经济中政府职能的转换。作为一种行政许可，它使得生态环境主管部门的管理模式从直接管理逐渐向间接调控过渡，把影响环境的各种活动纳入国家统一管理中，通过宏观调控严格限制各种影响环境的活动，并以此提高国家在环境领域的管理效能。

2. 有利于生态环境主管部门采取灵活性较强的管理办法，使各种法律规范、标准和措施具体化，更具适用性，便于生态环境主管部门依据具体的限制条件和特殊要求及时掌握各方面情况，加强检查和监督，从而使环境管理活动更具有时效性。

3. 促使企业加强内部环境管理，推行清洁生产，促进节能、降耗、减污。同时，环境许可证制度的实施也有利于保护相对人的合法环境权益，从而提高企业保护环境、治理污染的积极性。

采取环境许可证制度，可以把各种有害环境的活动纳入国家统一管理的轨道，并将其严格控制在国家规定的范围内。该项制度有利于对开发利用环境的各种活动进行事先审查和控制，便于发证机关对持证人实行有效的监督和管理。

四、环境许可的类型

1. 污染防治类许可。污染防治类许可是最传统、最典型的环境行政许可，如排污许可。这类许可还应当包括防范自然灾害引发环境污染的许可，如建设项目地震安全性评价报告审批。

2. 自然资源保护类许可。自然资源保护类许可有两层意义：一方面是对开发利用自然资源的行为进行管制，避免过度开发，以实现自然资源的经济利益与生态效益的有机统一，进而实现资源的永续利用，如建设用地许可、取水许可、采伐林木许可等；另一方面是保存人类赖以生存发展的生态条件以及保障生物的多样性和安全，如从境外引进生物物种许可、特许猎捕证等。

3. 特殊区域环境保护类许可。在环境与资源法上，特殊区域包括人类文化遗产和自然遗产两个方面，即它不仅包括具有科学和美学价值的自然景观、自然结构、风景名胜（如自然保护区、风景名胜区、森林公园、化石分布区等），还包括具有历史、艺术或者科学价值的历史建筑、考古遗址、人类工程等人文遗迹。从广义上讲，这类许可可以归入第 2 类许可中，但由于这类许可针对的是某一特殊的自然区域或人文遗迹，与一般意义上的自然资源有较大差别，故将其单独列出。

4. 动物福利类许可。从我国现行立法来看，这类许可主要存在于动物检疫、兽药管理、饲料管理、畜禽遗传资源保护、畜禽良种选育与推广等领域。需指出的是，一些学者将野生动物保护方面的立法也归入动物福利法的范畴，但在目前我国的环境法教材中，大都将野生动物保护法归入自然资源保护法的范畴，基于此，这里将野生动物保护方面的行政许可列入自然资源保护类许可，不归入动物福利类许可。

5. 城乡景观美化类许可。城乡景观美化类许可的功能在于维持人类生活环境、工作环境的舒适性，主要存在于城乡规划、城乡绿化、市容环境管理等领域。如建设工程规划许可、砍伐城市树木许可、设置大型户外广告许可、挖掘城市道路许可等。

6. 物质循环管理类行政许可。物质循环管理类行政许可的目的是对生产、流通、消费中所产生的废弃物的收集、处理、再生、再资源化等行为进行控制，实现物质循环利用，以减轻人类活动对环境的负荷。

7. 能源类许可。（1）能源开发类许可。一些清洁能源的资源并不是无限资源，而是有限资源（比如水能、风能不是在任何地方都可以开发），政府也需要设立行政许可对清洁能源开发进行管制，使清洁能源的资源能够得到优化配置。需说明的是，由于煤炭、石油、天然气等化石能源的资源在本质上属于自然资源，受《矿产资源法》调整，为此，这里将化石能源开发方面的行政许可归入自然资源保护类许可，不重复归入能源类许可。（2）和平利用核能类许可。这类许可是对与核有关的材料、物项和技术的进出口实施管制，以防范核武器扩散和核恐怖主义行为，实现和平利用核能。（3）能源供应与储备类许可。受可持续发展观的影响，国家对能源供应与储备的管制，已从传统的保障能源安全发展到关注能源供应的结构和能源节约。需要指出的是，并非能源法上的所有行政许可都是环境行政许可。有两类能源法上的行政许可不属于环境行政许可：一种是对能源供应者停业、歇业的审批，这类许可的目的在于防止能源供应中断影响正常的生产、生活秩序，不以环境保护为目的；另一种是单纯保护能源设施安全的许可，这类许可的目的在于防止能源设施受到人为或自然因素的破坏，以保障能源的生产和供应能正常进行，亦不以环境保护为目的，当然，如果这类许可蕴含了污染防治之目的，则可归入污染防治类许可之中（如《地震安全性评价管理条例》设定的"核电站地震安全性评价报告审批"）。

8. 为环境保护提供社会化服务的专业机构、专业人员资格、资质类许可。环境保护具有高度的科技背景，客观上需要大量的专业机构、专业人员来为企业、社会公众和政府提供环保方面的技术性服务。为了保证这些专业机构、专业人员的工作质量，有必要通过行政许可对其准入进行把关。这类许可在环境法上大量存在，其目的不是直接控制开发建设活动，而是通过对专业机构、专业人员的资格、资质进行把关，间接促进环境保护目标的实现，因而有必要将其单独列为一类。

五、许可证的管理程序

环境许可证制度是一项系统的行政管理活动规范，不同的许可证在管理程序上有所区别，以排污许可证为例，其管理程序大致如下：

1. 申请。由申请人向有关主管机关提出书面申请，并附有为审查所必需的各种材料。

2. 审查。主管机关可在报刊上公布受理的申请，并征求各方面的意见，根据有关规定对申请进行审查。

3. 决定。主管机关经审查后作出颁布或拒发许可证的决定，同意发证时，应告知持证人的义务和限制条件；拒发证时，应说明拒发的理由。

4. 听证。听证制度有利于规范环境保护行政许可活动，保障和监督生态环境主管部门依法行政，提高环境保护行政许可的科学性、公正性、合理性和民主性，保护公民、法人和其他组织的合法权益，因此听证是环境行政许可程序的重要内容。《行政许可法》《环境影响评价法》等有关法律、法规对此都有规定，2004 年 7 月 1 日开始实施的《环境保护行政许可听证暂行办法》进一步对听证的适用原则、适用范围、听证主持人和听证参加人、听证程序、罚则等作了专门而详细的规定，不仅使得环境保护行政许可听证有法可依，而且极大提高了实践中的可操作性。

5. 监督。主管机关要随时对持证人执行许可证的情况进行监督检查，可要求持证人提供有关资料，现场检查设备，监测排污情况，发布行政命令等。在情况发生变化或持证人的活动影响周围公众利益时，可以修改许可证中原来规定的条件。

6. 处理。如果持证人违反许可证规定的义务或限制条件时，主管机关可以中止、吊销许可证，并对违法者追究法律责任。

六、环境许可制度的效力

环境许可属于行政许可的一种，其效力应当遵循《行政许可法》的规定。

《行政许可法》规定，公民、法人或者其他组织依法取得的行政许可受法律保护，行政机关不得擅自改变已经生效的行政许可。即便是行政机关要对行政许可作出改变也必须满足以下条件：首先，行政许可所依据的法律、法规、规章已经废止或者客观情况发生重大变化；其次，为了公共利益的需要；而且，行政机关改变行政许可给相对人造成损失的，应当给予补偿。同样，行政许可对于行政相对人也有拘束力。行政相对人不能够超出行政许可规定的范围从事活动，并有义务接受行政机关对其从事行政许可事项的活动进行监督。

七、环境许可制度的法律后果

根据《行政许可法》第4条的规定，设定和实施环境行政许可，应当依照法定的权限、范围、条件和程序。行政机关违法行使环境行政许可权，应当承担相应的行政法律责任，构成犯罪的，应当依据《刑法》承担刑事法律责任；对环境行政许可的申请人及其被许可人的法律责任，《行政许可法》规定了两个幅度，程度轻者予以行政处罚或者限制申请资格，较重者追究其刑事责任。2014年《环境保护法》第45条专门规定了排污许可管理制度："国家依照法律规定实行排污许可管理制度。实行排污许可管理的企业事业单位和其他生产经营者应当按照排污许可证的要求排放污染物；未取得排污许可证的，不得排放污染物。"

第七节　环境保护目标责任制和考核评价制度

一、环境保护目标责任制的概念

《环境保护法》第26条强调："国家实行环境保护目标责任制和考核评价制度。县级以上人民政府应当将环境保护目标完成情况纳入对本级人民政府负有环境保护监督管理职责的部门及其负责人和下级人民政府及其负责人的考核内容，作为对其考核评价的重要依据。考核结果应当向社会公开。"第27条规定："县级以上人民政府应当每年向本级人民代表大会或者人民代表大会常务委员会报告环境状况和环境保护目标完成情况，对发生的重大环境事件应当及时向本级人民代表大会常务委员会报告，依法接受监督。"环境保护目标责任制的类型包括：

（1）确定政府任期目标和环境管理指标，通过行政机构逐层签订责任书，对指标进行层层分解，逐级下达，直至企业。这种类型最普遍，其中"五长负责制"最具代表性，即省长对市长、市长对区县长、区县长对乡长或厂长经理签状，层层负主责。

（2）各个系统、各个部门都签责任书。这样立体垂直进行杜绝了死角和缺口，使各行各业方方面面都有保护环境的义务和责任。

（3）政府直接与企业签订责任书或实行环境保护指标承包。政府依据本市工业企业承包经营责任制的执行情况和环保工作任务的轻重，分批下达实行企业环境保护责任制的企业名单，与企业厂长或经理签订《企业环保目标责任书》。

2015年《生态文明体制改革总体方案》第九部分进一步规定了完善生态文明绩效评价考核和责任追究制度。其中，第47项规定："建立生态文明目标体系。研究制定可操作、可视化的绿色发展指标体系。制定生态文明建设目标评价考核办法，把资源消耗、环境损害、生态效益纳入经济社会发展评价体系。根据不同区域主体功能定位，实行差异化绩效评价考核。"第50项规定，"对领导干部实行自然资源资产离任审计。在编制自然资源资产负债表和合理考虑客观自然因素基础上，积极探索领导干部自然资源资产离任审计的目标、内容、方法和评价指标体系。以领导干部任期内辖区自然资源资产变化状况为基础，通过审计，客观评价领导干部履行自然资源资产管理责任情况，依法界定领导干部应当承担的责任，加强审计结果运用。"

以上述制度为依据，我国立法为环境保护目标责任制与考核评价制度勾勒出了清晰的逻辑路径，即在"环境质量改善"理念指引下，设定"十三五"时期具有法律约束力的"环境保护目标"，之后逐级分解，明确不同地区、不同行业和领域的环境保护目标和需要加以落实的指标。以该指标体系为依据，定期对地方党委、政府及其主要负责人进行考核评价，以督促地方各级党委、政府严格履行环境责任。

二、环境保护目标责任制的实施

1. 实施程序

实施环境保护目标责任制，是一项复杂的系统工程，涉及面广，政策性和技术性强，任务十分繁重。实施程序主要包含环境保护目标与指标设定、环境保护指标分配及环境保护指标考核。

（1）环境保护目标与指标设定。环境保护目标设定构成环境保护目标责任制和考核评价制的起始内容。但需注意的是，所设定的环境保护目标只有转化为环境保护指标才能保障环境保护目标责任制和考核评价制度的运行。环境保护目标设定更多涉及的是政治过程而非法律程序，一旦设定环境保护目标，便具备了一定的法律意义。环境保护目标通常需要明确时间概念和时间节点，便于民众进行检验及进行最终考核。

（2）环境保护指标分配。指标分配是整个环境保护目标责任制的关键环节，遵循自上而下的指标分解过程。先是上级地方政府将环境保护指标分配给下级地方政府，同时，地方政府将本行政区域内的环境保护指标分配给各个企业。环境保护指标以签订责任书等形式进行分配。

（3）环境保护指标考核。环境保护指标考核是环境保护目标责任制的最后环节，它主要包括考核主体、考核对象、考核方法、考核程序、考核后果及其运用等一系列政策法律规定的综合。环境保护指标考核占据非常重要的地位，它不仅有利于促进制度执行者积极和创造性地执行环境保护工作，还有利于辨识执行过程中出现的错误或不足，不断修正或调整原定环境指标，以便实现环境保护目标。对于环境保护目标责任完成情况的考核，法律规定了三种形式：一是定期向所在地的人民代表大会或常委会报告环境保护目标责任完成情况，接受权力机关监督。二是纳入政府领导班子及其成员的年度考核和任期考核，作为对领导干部综合评价的重要内容。三是对环境保护目标责任进行专项考核。无论以何种方式进行考核，结果都必须公开，接受社会监督。

2. 实施监督

对于未完成国家确定的环境质量目标的地区，2014 年《环境保护法》第 44 条第 2 款明确规定，省级以上人民政府生态环境主管部门应当暂停审批其新增重点污染物排放总量的建设项目环境影响评价文件。2014 年《环境保护法》第 26 条明确规定县级以上人民政府应当将环境保护目标完成情况纳入对本级人民政府负有环境保护监督管理职责的部门及其负责人和下级人民政府及其负责人的考核内容，作为对其考核评价的重要依据。2015 年中共中央办公厅、国务院办公厅印发了《环境保护督察方案（试行）》《关于开展领导干部自然资源资产离任审计的试点方案》《党政领导干部生态环境损害责任追究办法（试行）》，明确了"党政同责"，实行地方党委和政府领导成员生态文明建设一岗双责制。以自然资源资产离任审计结果和生态环境损害情况为依据，明确对地方党委和政府领导班子主要负责人、有关领导人员、部门负责人的追责情形，其中就包含贯彻落实中央关于生态文明建设的决策部署不力，致使本地区生态环境和资源问题突出或任期内生态环境状况明显恶化的。党政领导干部生态环境损害责任追究形式有：诫勉、责令公开道歉；组织处理，包括调离岗位、引咎辞职、责令辞职、免职、降职等；党纪政纪处分。组织处理和党纪政纪处分可以单独使用，也可以同时使用。追责对象涉嫌犯罪的，应当及时移送司法机关依法处理。

三、环境保护目标责任制的作用

环境保护目标责任制对于环境保护具有重要意义。首先，环境保护目标责任制明确了保护环境的主要责任者、责任目标和责任范围，解决了"谁对环境质量负责"的这一首要问题，按要求是一把手负总责。在过去相当长的时间里，资源的利用和保护环境方面没有明确的责任，呈现一种责任界定模糊状态，在治理污染、保护资源和环境方面又互相推诿。资源利用和培植不合理必然会导致低效、浪费和对环境的严重污染。而环境保护目标责任制诱发了内在动因，启动了责任机制，有效地解决了环境保护责任不明的弊端。环境保护目标责任制的责任者主要是政府的行政首长，因而行政制约很有力量。通过层层签订责任书，层层分解环境责任，逐级负责，这就使各个层次的领导都有了责任压力，加之以广泛的社会舆论监督和必要的奖罚手段，会进一步强化行政制约机制的作用。地方各级人民政府、生态环境主管部门和相关部门对本行政区域的环境质量负责，包括两个层次的内容：一是宏观层次的环境保护目标责任，包括具体目标确定及相应的考核评价标准，同时明确人大对政府环境保护工作的质询、监督制度，共同构建政府环境职责履行的政治责任机制，保证环境保护的社会压力可以通过法定程序传导到政府，督促政府重视环境保护工作。二是微观层次的政府环境违法责任追究制度，包括对违法责任人的追责机制，以及政府对违法后果的赔偿等补救制度，以对政府具体执法行为进行约束，促使政府及时、正确执行环境保护法律法规。

其次，环境保护责任的各项指标层层分解、落实，各级政府和有关部门都按责任书项目的分工承担相应的任务，使环境保护由过去环保部门一家主导负责，逐步发展为各部门各司其职，各负其责，齐抓共管。有利于协调环保部门和政府有关部门齐抓共管环保工作，调动各部门的积极性，大家动手，改变过去环保部门一家孤军作战的局面。而且环境保护目标责任制有助于理顺环境管理体制，克服在环境管理工作中存在的推诿、扯皮现象。因此，全面推行环境保护目标责任制，对多层次、全方位推进环境保护工作，有着十分重要的意义。

最后，通过与企业签订责任书，明确企业及企业负责人的环境保护任务，不仅可以增强企业环境保护的积极性，同时有利于把环保工作从软任务变成硬指标，实现由一般化管理向科学化、定量化、指标化管理的转变，而且增加了环保工作的透明度，有利于动员全社会对环境保护参与和监督。

四、考核评价制度

党的十八大将生态文明建设上升到中国特色社会主义"五位一体"总体布局的高度，开启了生态文明建设的新时代。生态文明建设为牵引，夯实领导干部政绩考核指标体系，有利于推进我国经济社会的可持续发展，实现建设美丽中国的奋斗目标。

2015年《生态文明体制改革总体方案》第51条明确提出要"建立生态环境损害责任终身追究制。实行地方党委和政府领导成员生态文明建设一岗双责制。以自然资源资产离任审计结果和生态环境损害情况为依据，明确对地方党委和政府领导班子主要负责人、有关领导人员、部门负责人的追责情形和认定程序。区分情节轻重，对造成生态环境损害的，予以诫勉、责令公开道歉、组织处理或党纪政纪处分，对构成犯罪的依法追究刑事责任。对领导干部离任后出现重大生态环境损害并认定其需要承担责任的，实行终身追责。建立国家环境保护督察制度"。该方案提出的建立生态环境损害责任终身追究制和实行地方党委和政府领导成员生态文明建设一岗双责制是对我国生态文明考核评价制度与问责制度的重大创新。生态环保领域的"党政同责、一岗双责"源于习近平总书记在2015年7月1日主持召开的中央全面深化改革领导小组第十四次会议上的讲话，会议指出："重点督察贯彻党中央决策部署、解决突出环境问题、落实环境保护主体责任的情况。要强化环境保护'党政同责'和'一岗双责'的要求，对问题突出的地方追究有关单位和个人责任。"党政同责，是指党政部门及干部共同担当、共同负责。一岗双责是指既要抓好本人分管的具体工作，又要以同等的注意力和责任心抓好所处或分管部门的党务或行政工作，做到同研究、同规划、同布置、同检查、同考核、同问责，真正做到党政工作"两手都要抓、两手都要硬"，使两方面工作齐头并进。

该次会议还审议通过了《党政领导干部生态环境损害责任追究办法（试行）》。该办法规定："地方各级党委和政府对本地区生态环境和资源保护负总责，党委和政府主要领导成员承担主要责任，其他有关领导成员在职责范围内承担相应责任。中央和国家机关有关工作部门、地方各级党委和政府的有关工作部门及其有关机构领导人员按照职责分别承担相应责任。"〔1〕

该办法第 5 条明确了应当追究相关地方党委和政府主要领导成员责任的情形包括：（1）贯彻落实中央关于生态文明建设的决策部署不力，致使本地区生态环境和资源问题突出或者任期内生态环境状况明显恶化的；（2）作出的决策与生态环境和资源方面政策、法律法规相违背的；（3）违反主体功能区定位或者突破资源环境生态红线、城镇开发边界，不顾资源环境承载能力盲目决策造成严重后果的；（4）作出的决策严重违反城乡、土地利用、生态环境保护等规划的；（5）地区和部门之间在生态环境和资源保护协作方面推诿扯皮，主要领导成员不担当、不作为，造成严重后果的；（6）本地区发生主要领导成员职责范围内的严重环境污染和生态破坏事件，或者对严重环境污染和生态破坏（灾害）事件处置不力的；（7）对公益诉讼裁决和资源环境保护督察整改要求执行不力的；（8）其他应当追究责任的情形。〔2〕

该办法第 6 条将应当追究相关地方党委和政府有关领导成员责任的情形概括为：（1）指使、授意或者放任分管部门对不符合主体功能区定位或者生态环境和资源方面政策、法律法规的建设项目审批（核准）、建设或者投产（使用）的；（2）对分管部门违反生态环境和资源方面政策、法律法规行为监管失察、制止不力甚至包庇纵容的；（3）未正确履行职责，导致应当依法由政府责令停业、关闭的严重污染环境的企业事业单位或者其他生产经营者未停业、关闭的；（4）对严重环境污染和生态破坏事件组织查处不力的；（5）其他应当追究责任的情形。〔3〕

此外，该办法第 8 条还明确了党政领导干部利用职务影响，应当追究责任的情形：（1）限制、干扰、阻碍生态环境和资源监管执法工作的；（2）干预司

---

〔1〕《党政领导干部生态环境损害责任追究办法（试行）》第 3 条。
〔2〕参见《党政领导干部生态环境损害责任追究办法（试行）》第 5 条。
〔3〕参见《党政领导干部生态环境损害责任追究办法（试行）》第 6 条。

法活动，插手生态环境和资源方面具体司法案件处理的；（3）干预、插手建设项目，致使不符合生态环境和资源方面政策、法律法规的建设项目得以审批（核准）、建设或者投产（使用）的；（4）指使篡改、伪造生态环境和资源方面调查和监测数据的；（5）其他应当追究责任的情形。

为强化上述制度的严肃性，该办法还规定："对违背科学发展要求、造成生态环境和资源严重破坏的，责任人不论是否已调离、提拔或者退休，都必须严格追责。政府负有生态环境和资源保护监管职责的工作部门、纪检监察机关、组织（人事）部门对发现本办法规定的追责情形应当调查而未调查，应当移送而未移送，应当追责而未追责的，追究有关责任人员的责任。"[1]

第八节　重点污染物排放总量控制制度和区域限批制度

一、污染物排放总量控制制度的概念与类别

重点污染物排放总量控制制度，是指通过向一定地区和排污单位分配特定污染物排放指标，将一定地区和排污单位产生的特定污染物数量控制在规定限度内的污染控制方式及其管理规范的总称。实践证明，仅仅依靠污染物排放标准来控制污染物排放浓度的管理模式，无法遏制污染物排放总量的增长，也满足不了改善环境质量的现实需要。许多地区即使所有排污单位实现了达标排放，区域环境质量仍然达不到标准。因此，国家在"十五"国民经济和社会发展规划中提出了控制污染物排放总量的管理模式。

污染物排放控制标准，是为实现环境质量标准，结合技术经济条件和环境特点，限制排入环境中的污染物或对环境造成危害的其他因素所作的统一技术规范和技术要求。污染物排放控制标准是针对污染物排放所规定的最大限值即"污染允许限度"。排污总量控制制度，是指国家环境管理机关依据所勘定的区域环境容量，决定区域中的重点污染物质排放总量，根据排放总量消减计划，向区域内的企业分配各自的重点污染物排放总量额度的一项法律制度。[2]我国从20世纪末开始实行污染物排放总量控制制度。在"十一五"和"十二五"国民经济和社会发展规划中，重点污染物减排指标还被列为约束性指标，制定了全国主要污染物排放总量控制计划。《水污染防治法》和《大气污染防治法》

---

〔1〕《党政领导干部生态环境损害责任追究办法（试行）》第12、13条。
〔2〕参见《环境保护法》第44条第1款。

也对总量控制制度作了规定。在这些制度的基础上，《环境保护法》明确规定，国家实行重点污染物排放总量控制制度，从法律层面确立了总量控制制度作为环境法基本制度的地位。

二、污染物排放总量控制制度的建立和发展

原《环境保护法》未规定重点污染物排放总量控制制度，《水污染防治法》《大气污染防治法》和《海洋环境保护法》规定了该项制度。《水污染防治法》第 20 条第 3 款规定，省级人民政府应当按照国务院的规定削减和控制本行政区域的重点水污染物排放总量，并将重点水污染物排放总量控制指标分解落实到市、县人民政府。市、县人民政府根据本行政区域重点水污染物排放总量控制指标的要求，将重点水污染物排放总量控制指标分解落实到排污单位。《大气污染防治法》第 3 条规定："国家采取措施，有计划地控制或者削减各地方主要大气污染物的排放总量。"《国务院关于落实科学发展观加强环境保护的决定》明确提出，要实施污染物排放总量控制制度，将总量控制指标逐级分解到地方各级人民政府并落实到排污单位。《水污染防治法》把重点水污染物排放总量控制的适用范围扩大到了全国。《环境保护法》第 44 条第 1 款规定："国家实行重点污染物排放总量控制制度。重点污染物排放总量控制指标由国务院下达，省、自治区、直辖市人民政府分解落实。企业事业单位在执行国家和地方污染物排放标准的同时，应当遵守分解落实到本单位的重点污染物排放总量控制指标"。

实施好重点污染物排放总量控制制度的关键是确保国家规定的总量控制指标能够逐级分解得到落实。在实践中，地方人民政府落实重点污染物排放总量的步骤是：（1）省级人民政府把国务院规定的本行政区域的重点污染物排放总量控制指标分解落实到市、县人民政府；（2）市、县人民政府再将本行政区域的重点污染物排放总量控制指标分解落实到排污单位。目前，重点污染物排放总量控制指标通常是分配到一定地区和行业中该污染物排放量比较大的排污单位，由其承担在总量上削减和控制重点污染物的任务。

三、污染物排放总量控制制度的内容

污染物排放总量控制是将某一控制区域作为一个完整的系统，采取措施将排入这一块区域的污染物总量控制在一定数量之内，以满足该区域的环境质量要求的一项措施，核心在于确定污染物的排放总量。确定排污总量具有很强的政策性和技术性，应该遵循公平、科学、合理原则。首先，要通过制定全国及

区域性的环境质量规划，拟订向环境排放的各主要污染源及各单位的污染物允许排污总量，并应与各企业的污染物排放总量控制规划提出的排污总量相互协调统一。其次，要考虑各地区的自然特征，弄清污染物在环境中的扩散、迁移和转移规律与污染物的净化规律，计算环境容量，并综合分析该区域内的污染源，通过建立一定的数字模型，计算出每个源的污染分担率和相应的污染物允许排放总量，求得最优方案，使每个污染源只能排放小于总量排放标准的排放量。然后，按照这个总量下达、分解、落实、遵守污染物排放总量控制指标。排污总量控制制度可使环境质量目标转变为排放总量控制指标，落实到企业的各项管理之中，成为环保部门发放排污许可证的根据，也可以成为企业经营管理的基本依据。

四、污染物总量控制制度的实施领域

第一，适用于建设项目的环评。第二，适用于对建设项目的设计、施工、验收及投产后污染物排放是否与建设项目环境影响报告书中所确定的污染物排放标准的符合性的判断。第三，适用于环境主管部门监督检查企事业单位和其他生产经营者执行相应国家和地方污染物排放标准的遵守情况。由于污染物排放控制标准是针对污染物排放而作出的限制，因此，对排放污染物的行为具有直接的约束力。

五、污染物排放总量控制的种类和层次

总量控制可分为目标总量控制、容量总量控制、行业总量控制三种类型。目标总量控制以排放限制为控制基点，从污染源可控性研究入手，进行总量控制负荷分配（简称总量分配）；容量总量控制以环境质量标准为控制基点，从污染源可控性、环境目标可达性两个方面进行总量分配；行业总量控制以能源、资源合理利用为控制基点，从最佳生产工艺和实用处理技术两方面进行总量分配。我国目前的总量控制计划主要采用目标总量控制，同时辅以部分的容量总量控制。但目标总量控制只能被视为容量总量控制条件不成熟时的过渡阶段。总量控制的最终目标是实现容量总量控制。

我国的总量控制可分为三个层次。宏观层次即宏观目标的总量控制，是指国家或地区、城市，为了在宏观上控制污染发展的趋势，对污染物排放总量规定具体指标要求的控制方式；中观层次即流域或区域容量总量控制，具体指污染治理的重点流域区域，以环境质量为目标，考虑污染物排放与环境容量的关

系，确定排放总量并将污染负荷分解到源的控制方式，通过中观层次的总量控制能达到环境容量优化使用，这正是目前应着重努力的方向；微观层次是针对上体污染源，从生产全过程控制污染物的产生、治理和排放以满足允许排放量的要求或达标排放要求的控制式。总量控制的三个层次形成一个有机整体，上一层次指导下一层次，下一层次保证上一层次实现。

六、污染物排放总量控制制度的实施

排污总量控制与环境质量改善同步。我国现阶段的关键任务是遏制污染物排放增量、实现总量减排及环境质量的改善，建立面向环境质量改善的总量控制制度是我国环境管理的终极目标。总量减排应以改善环境质量为重点，根据环境质量改善需求实施区域排污总量控制，以排污许可证为主要手段，点源监管分级负责，提高针对性和有效性，逐步实现由结合环境质量现状的任务目标导向的污染减排模式向以环境质量目标为导向的控制模式转变。

排污总量控制制度与相关制度协调整合。污染源的有效管控是总量控制的核心任务，要完成这一任务，污染总量控制制度与环境规划、排污许可、环境标准、环境监测等制度必须有效衔接、密切配合，实施以环境质量为核心的综合评估与考核体系。《环境保护法》第 44 条首次规定了区域环境影响评价限批，对超过国家重点污染物排放总量控制指标或者未完成国家确定的环境质量目标的地区，省级以上人民政府生态环境主管部门应当暂停审批其新增重点污染物排放总量的建设项目环境影响评价文件。

七、区域限批制度的概念

《环境保护法》第 44 条第 2 款规定："对超过国家重点污染物排放总量控制指标或者未完成国家确定的环境质量目标的地区，省级以上人民政府环境保护主管部门应当暂停审批其新增重点污染物排放总量的建设项目环境影响评价文件。"可见，区域限批的事因有两种：一种是对超过国家重点污染物排放总量控制指标的地区实施"区域限批"；二是对未完成国家确定的环境质量目标任务的地区实施"区域限批"。只要该地区超过国家重点污染物排放总量控制指标，或者未完成国家确定的环境质量目标任务，该地区内所有新增重点污染物排放总量的建设项目，均应当暂停其环境影响评价文件的审批。区域限批制度旨在平衡经济快速发展和生态环境保护之间的矛盾，破除地方保护主义，改善推进城市化进程中出现的环境污染严重的局面，以行政干预的措施加强环保执法力度，

促进生态文明的发展进程。

八、区域限批制度的法律依据

在 2014 年新《环境保护法》修改之前，区域限批制度只有一般法律依据和政策依据，2014 年新《环境保护法》增加了区域限批制度，使之成为我国环境法律基本制度。

2005-2014 年，这是关于区域限批的立法探索时期。2005 年国务院发布的《国务院关于落实科学发展观加强环境保护的决定》第 5 条第 21 项，首次提到了区域限批制度，2008 年原国家环境部发布了《环境影响评价区域限批管理办法（试行）（征求意见稿）》，试图给区域限批合法化的地位，2008 年修订的《水污染防治法》第 18 条第 4 款在水污染领域规定了区域限批的适用情形，2009 年国务院发布的《规划环境影响评价条例》第 30 条也规定了有关区域限批的内容，这些都是这项政策的法律依据之一。但以上的法律依据只是在具体领域中规定的制度，还不是环境法的基本制度。

2014-2020 年，是区域限批制度正式确立时期。2014 年新《环境保护法》在第 44 条第 2 款明确规定了区域限批的内容，确定了区域限批的合法性地位，使区域限批成为我国正式的环境保护制度，而由于《环境保护法》是环境基本法，因此区域限批制度也成为我国环境法领域的基本制度。2016 年修改的《大气污染防治法》第 22 条、2023 年修订的《海洋环境保护法》第 18 条、2017 年修改的《水污染防治法》第 20 条和 2016 年的《建设项目环境影响评价区域限批管理办法（试行）》均规定了区域限批制度。2016 年环保部发布的《建设项目环境影响评价区域限批管理办法（试行）》，对区域限批制度的适用范围、具体内容和程序作了全面规定，细化了区域限批制度，是我国区域限批制度的重要法律依据。另外，《国务院关于印发打赢蓝天保卫战三年行动计划的通知》（国发〔2018〕22 号）中也规定了对大气质量考核不合格的地区，实行区域限批。省级生态环境部门，也规定了规范性文件来对区域限制度加以规范。例如2017 年，上海市环保厅制定了《上海市建设项目环境影响评价文件区域限批实施暂行办法》、四川省生态环境厅 2022 年制定的《四川省生态环境厅建设项目环境影响评价区域限批管理办法》等。

我国立法对区域限批制度的建构主要通过《水污染防治法》《环境保护法》《大气污染防治法》《海洋环境保护法》四部法律，其中最重要的是《环境保护法》。四部法律都以超过总量控制指标或者未完成环境质量目标为限批前提，这表明立法者对区域限批的定位以实现总量控制为目的。特别是《环境保护法》第 44 条第 1 款首先规定了总量控制制度，随后在第 2 款规定了区域限批制度，更显示了区域限批制度作为总量控制和环境保护目标责任制度配套机制的功能定位。在我国分级审批和审批权下放的背景下，国务院环境保护行政主管部门专属的审批事项相当有限，如果对一个地区作出限批决定，暂停审批许可的范围仅限于其专属审批事项，而不涉及该地区由下级生态环境主管部门负责审批的建设项目，总量控制的目的根本无法实现。所以从立法目的考虑，区域限批制度中暂停审批的事项范围应该包括所有因新增重点污染物排放而影响相应总量控制或环境目标实现的建设项目。即在限批的事项范围问题上，不以限批机关本身的审批权限为标准，而以建设项目对总量控制和环境质量目标的影响为标准。

九、区域限批制度的适用主体

《环境保护法》则以基本法形式正式确立了区域限批制度，明确了限批制度一般适用的范围，其适用情形并非仅仅局限于条文所列举的两类，而应当为三类：国家重点污染物排放总量控制指标未完成的情形；环境质量目标未完成的情形；上述两种情形同时存在的情况。

十、区域限批制度的程序

2016 年的《建设项目环境影响评价区域限批管理办法（试行）》为区域限批的制度的施行程序提供了较为规范的详细规定。区域限批制度的实行一般按照 4 个步骤进行：第一，需要确定将被实行限批的地区的限批范围，生态环境主管部门应对被限批地区调查取证，取得限批地区环境污染的事实证据，并据此和法律规定去认定该地区的环境污染问题是否属于区域限批的法定适用情形。第二，限批决定应由省级以上的生态环境主管部门下达，限批决定的文件中应当包括被限批地区的具体空间范围、限批的内容和限批的期限，同时应当对地方政府指出存在的环境问题，提出以后该地区整改的要求和整改的建设内容，让地方政府明确整改需要达到的环境质量目标。第三，在地区限批的期间，限批地区的地方人民政府应当在收到限批决定的文件后及时制定本地区的整改方案。在完成整改后，向作出限批决定的生态环境主管部门提交报告，限批期间环境主管部门还应当跟踪限批地区的整改进度并核查整改结果。第四，是限批决定的解除，限批决定的解除包括两部分的程序，一是限批地区限批决定的解除，二是限批决定的不予解除，即限批决定的延长。生态环境主管部门在确定整改落实并现场核查整改结果合格之后一定要形成书面的限批解除文件，并将限批被解除的地区纳入后续监管的范围。上述是限批区域整改合格的解除程序，若限批区域未在限批期间完成整改要求，违规作出建设项目的环境影响评价文件审批的，则不可解除限批文件（若限批决定解除后发现违规审批则撤销解除决定），并延长限批期限。

有下列情形之一的地区，环境保护部门或上级生态环境主管部门暂停审批有关建设项目环境影响评价文件：

（1）对在规定期限内未完成国家确定的水环境质量改善目标、大气环境质量改善目标、土壤环境质量考核目标的地区，暂停审批新增排放重点污染物的建设项目环境影响评价文件；

（2）对未完成上一年度国家确定的重点水污染物、大气污染物排放总量控制指标的地区，或者未完成国家确定的重点重金属污染物排放量控制目标的地区，暂停审批新增排放重点污染物的建设项目环境影响评价文件；

（3）对生态破坏严重或者尚未完成生态恢复任务的地区，暂停审批对生态有较大影响的建设项目环境影响评价文件；

（4）对违反主体功能区定位、突破资源环境生态保护红线、超过资源消耗和环境容量承载能力的地区，暂停审批对生态有较大影响的建设项目环境影响评价文件；

（5）对未依法开展环境影响评价即组织实施开发建设规划的地区，暂停审批对生态有较大影响的建设项目环境影响评价文件。

十一、区域限批权限

根据《环境保护法》的规定，区域限批的决定主体为省级以上人民政府生态环境主管部门，即省级人民政府生态环境主管部门和生态环境保护部。

《建设项目环境影响评价区域限批管理办法（试行）》适用于生态环境部实施的建设项目环境影响评价文件区域限批。省级生态环境部门实施建设项目环境影响评价文件区域限批，参照该办法执行。省级以上人民政府生态环境主管部门主管环境影响评价的机构负责区域限批的归口管理和组织实施。汇总限批建议，办理报审手续，起草限批决定书，组织实施区域限批决定，并监督指导地方生态环境部门落实区域限批管理要求。

【本章思考题】

1. 简述环境影响评价制度的产生和我国关于该项制度的主要法律规定。

2. 简述"三同时"制度的概念、适用范围和实施要求。

3. 简述我国现行法规定的环境标准的种类及其相互关联性。

4. 排污许可证制度在污染控制制度中处于什么地位？如何发挥许可证制度的"支柱性"作用？

【参考文献】

1. 吕忠梅主编：《环境法学概要》，法律出版社 2016 年版。

2. 邓海峰：《环境法总论》，法律出版社 2020 年版。

3. 竺效主编：《环境法入门笔记》，法律出版社 2017 年版。

4. 吕忠梅主编：《环境法原理》，复旦大学出版社 2017 年版。

5. 周珂等主编：《环境与资源保护法》，中国人民大学出版社 2019 年版。

6. 蔡守秋主编：《环境资源法学》，人民法院出版社、中国人民公安大学出版社 2003 年版。

7. 周珂等主编：《环境法》，中国人民大学出版社 2005 年版。

8. 汪劲：《环境法学》，北京大学出版社 2018 年版。

9. 吕忠梅：《环境法学》，法律出版社 2008 年版。

10. 韩德培主编：《环境保护法教程》，法律出版社 2018 年版。

11. 罗丽主编：《环境法教程》，中国法制出版社 2014 年版。

12. 黄锡生、史玉成主编：《新编环境与资源保护法学》，重庆大学出版社 2019 年版。

13. 王文革主编：《环境资源法：理论·实务·案例》，中国政法大学出版社 2020 年版。

【延伸阅读】

1. 生态环境部关于印发《关于加强排污许可执法监管的指导意见》的通知；

2. 生态环境部关于印发《"十四五"环境影响评价与排污许可工作实施方案》的通知。

第六章 环境法津责任与环境司法

【内容提要】

有权利就有救济，法律责任历来是所有部门法的重要内容之一，环境法也不例外。在我国现行立法体系下，环境法律责任是由环境民事法律责任、环境行政法律责任、环境刑事法律责任构成的，但又带有着鲜明的特点。本章从环境法律责任概述入手，主要介绍了环境法律责任的概念与特点；然后分门别类地介绍了环境民事法律责任、环境行政法律责任、环境刑事法律责任的概念、构成要件等内容；最后介绍了我国环境司法的新发展，即环境司法专门化的成果，尤其是环境公益诉讼、生态环境损害赔偿诉讼等新的诉讼制度。

【重点了解与掌握】

1. 环境法律责任的特点；
2. 环境侵权责任的举证责任；
3. 环境公益诉讼制度；
4. 生态环境损害赔偿诉讼制度。

【引导案例（材料）】

2021 年 6 月 4 日，最高人民法院在全媒体新闻发布厅发布《中国环境资源审判（2020）》暨年度典型案例和《中国环境司法发展报告（2020）》并回答记者提问。本次发布的 2020 年度人民法院环境资源 10 个典型案例，包括：被告人张小建等 11 人盗掘古墓葬案；被告单位德清明禾保温材料有限公司、被告人祁尔明污染环境案；丰都县东洋国电站诉彭水苗族土家族自治县水利局行政处罚案；湖南省益阳市人民检察院诉夏顺安等 15 人非法采矿民事公益诉讼案；广东省广州市人民检察院诉广州市花都区卫洁垃圾综合处理厂、李永强固体废物污染环境民事公益诉讼案；广西壮族自治区来宾市人民检察院诉佛山市泽田石油科技有限公司等 72 名被告环境污染民事公益诉讼案；江西省上饶市人民检察院诉张永明、毛伟明、张鹭生态破坏民事公益诉讼案；江苏省南京市人民检察院诉王玉林生态破坏民事公益诉讼案；安徽省巢湖市人民检察院诉魏安文等 33 人非法捕捞水产品刑事附带民事公益诉讼案；河南省濮阳市人民政府诉聊城德丰化工有限公司生态环境损害赔偿诉讼案。

2020 年度人民法院环境资源十大典型案例集中反映了 2020 年度人民法院环境资源审判工作的重点，具有以下三个方面的特点：一是坚持服务党和国家工作大局。人民法院环境资源审判工作始终坚持以习近平生态文明思想、习近平法治思想为指导，服务保障党和国家工作大局。本次发布的年度典型案例中，人民法院依法审理因违法使用受控消耗臭氧层物质污染环境引发的刑事案件、因倾倒生活垃圾、废酸油渣等固体废物引发的环境民事公益诉讼案件，助力深入打好污染防治攻坚战。依法审理在巢湖非法捕捞水产品、在洞庭湖非法采砂等行为引发的民事公益诉讼案件，保障长江十年禁渔禁令实施，维护长江生态系统稳定和生态环境安全，促进长江经济带绿色发展。依法审理盗掘黄河流域陶寺遗址古墓葬刑事案件，对犯罪分子判处有期徒刑十五年至一年六个月不等，切实保护传承弘扬黄河文化，延续中华文明历史文脉，服务黄河流域生态保护和高质量发展国家战略实施和黄河文化公园建设。

二是贯彻严惩重处、注重修复的司法理念。坚持以最严格制度、最严密法治保护生态环境。严厉惩治污染环境、破坏生态、盗掘古墓葬等犯罪行为，依法处以实刑、慎用缓刑。在固体废物污染环境防治案件，尤其涉事人数众多的跨行政区划倾倒案中，既依法追究生产者、销售者、非法处置者等直接从事侵权行为者的侵权责任，也依法追究运输者、提供场所者的相应责任；既判令生产销售企业本身承担责任，也判令其生产经营者依法承担补充责任，对受损生态环境予以全方位保护。突出环境司法注重修复的理念。在环境污染案件审理中，依法判令由侵权人承担第三方专业机构对受损生态环境予以清理整治支出的相关费用，促进生态环境得到及时有效修复。在生态环境损害赔偿案件审理中，立足环境要素修复需求和企业生产发展实际，探索适用由污染企业以参与生态环境治理、技术改造、购买环境责任保险等方式折抵赔偿费用的裁判方式，鼓励企业主动升级改造，促进形成绿色生产方式。

三是呈现要素多元、程序复合的案件特征。近年来，人民法院持续深化环境司法改革创新，积累了生态环境司法保护的有益经验。环境资源审判的案件范围、保护对象和诉讼过程也呈现出要素多元、类型多样、程序复合等特点。本次发布的年度典型案例，保护对象包括大气、水、土壤、矿产、古墓葬群、名胜古迹等环境资源要素，诉讼类型包括刑事、民事、行政三大传统诉讼，和环境民事公益诉讼、刑事附带民事公益诉讼以及生态环境损害赔偿诉讼等公益类诉讼，部分环境民事公益诉讼系在已有另案刑事生效裁判文书的基础上进行的，在证据采信、事实认定和责任承担上体现了多种诉讼类型之间的衔接协调，标志着环境司法的专业化、专门化和体系化发展正在逐渐走向规范、成熟。

【引导问题】

1. 什么是环境法律责任？
2. 环境法律责任有哪些特点？
3. 环境司法具有什么特征？

第一节　环境法律责任概述

一、法律责任的概念

从理论研究的意义上说，法律责任与权利、义务这两个法学核心范畴有着最为密切和重要的逻辑关联。法理学中，法律责任包括广义的法律责任和狭义的法律责任。广义的法律责任就是一般意义上的法律义务的同义词，狭义的法律责任则是由违法行为所引起的不利后果，也有认为是由违反第一性义务而引起的第二性义务。为了避免引起某种混乱，越来越多的学者倾向于只采用狭义上的"法律责任"这一术语，本书所讲的环境法律责任也是基于狭义的法律责任而言的。当代法学中，对"法律责任"概念的界定主要有以下几种学说：

"义务说"认为法律责任是义务，责任也都是因义务所起。正如张文显教授在《法哲学通论》中所言，《布莱克法律词典》对法律责任的定义也是采取了义务说，即"因某种行为而产生的受惩罚的义务及对引起的损害予以赔偿或用别的方法予以赔偿的义务"[1]，此外，付子堂教授在《法理学高阶》中也采取了此定义作为范例来论证义务说。义务说点明了义务与责任的密切关联，但这也限制了责任的内涵。

张文显教授在对比研究了法律责任内涵的多种学说之后，提出了"新义务说"，其认为，"法律责任是由于侵犯法定权利或违反法定义务而引起的、由专门国家机关认定并归结于法律关系的有责主体的、带有直接强制性的义务，即由于违反第一性法定义务而招致的第二性义务"[2]。这种"新义务说"认为法律责任是由违反第一性义务引起的第二性义务。较之义务说，新义务说更为完善，其不仅仅是将法律责任定义为义务，而且将法律规范、法律行为、法律关系等与法律责任联系在了一起，这也就弥补了义务说的局限性。当前，我国法学界提到义务说往往选择用新义务说的含义来替代义务说的含义。不论是义务说还是新义务说都容易引起义务与责任的混淆，责任确实会因义务而产生，但义务不是引起责任的唯一原因，义务当然也不等同于责任。这可能也是义务说的局限性所在。

"后果说"认为，法律责任是违法者承担的不利后果。后果说突出了法律责任的强制性，所谓强制性是说法律责任并不是责任人自愿承担的，而是法律强制责任人承担的；也描述出了法律责任的一些表象特征，包括法律责任与责任人的原本目的是相违背的，实际上法律责任也剥夺了责任人的某些利益。例如，沈宗灵教授认为，法律责任是行为人由于违法行为、违约行为或者由于法律规定而应承受的某种不利的法律后果。[3]再如，周永坤教授认为，法律责任是指由于某些违法行为或法律事实的出现而使责任主体所处的某种特定的必为状态。[4]后果说将法律责任界定为一种不利后果，这是有局限性的。除了不利后果式的承担方式之外，法律责任的承担方式当然包括消极的、片面的否定式评价或不利后果，甚至说这是最为主要的承担方式，但这却不能包含所有的承担方式，除了损害赔偿、惩罚这种常见的责任方式之外，法律责任的承担方式还包括了一些中性的不带有明显否定态度的责任方式，甚至包括了一些带有公益色彩的承担方式，甚至是对责任人本身也是有益的。总而言之，法律责任不全是不利

〔1〕　张文显：《法哲学通论》，辽宁人民出版社 2009 年版，第 286 页。

〔2〕　张文显主编：《法的一般理论》，辽宁大学出版社 1988 年版，第 222 页。

〔3〕　参见沈宗灵主编：《法理学》，北京大学出版社 2009 年版，第 336 页。

〔4〕　参见周永坤：《法律责任论》，载《法学研究》1991 年第 3 期。

后果，不利后果也并不是全部属于法律责任。

然而，"法律地位说"，也被叫作"责任能力说"，更加注重的是法律责任的主观方面。法律地位说认为，法律责任是行为人对自己行为负责的表现，强调了法律责任在道义层面的内容与含义，也体现了法律责任人的责任能力。但是，法律地位说的局限性也是比较明显的，显然，法律责任不仅仅是行为人主观的心理状态或责任能力而已，也不仅只是社会对行为人的评价而已，还应当包括一些客观要素和一些强制因素。

至于"综合说"，是将法律责任定义为一种综合的责任，认为法律责任是行为人的主观心理状态、社会对其进行的价值评断以及一些客观要素的综合，是主观责任与客观责任的统一。正如付子堂教授所言，这些不同的学说都从不同的角度定义了法律责任的内涵，但都不是法律责任的全貌。因此，付子堂教授在吸收义务说、后果说、法律地位说等学说的合理因素的基础上，提出了一个新的法律责任的概念：法律责任是有责主体因法律义务违反之事实而应当承受的由专门国家机关依法确认并强制其承受的合理的负担，[1]这也被人称为综合负担说。这种综合负担说较之后果说等学说更为全面，但是也未将法律责任的某些形式纳入囊中，例如，法律责任不仅仅来源于违反义务，除了专门国家机关依法确认之外，法律责任也包括了一些当事人同意承担的责任形式以及当事人主动承担的责任形式，这些都应属于法律责任的范畴之中。

总而言之，不论是采用"义务说"还是"后果说"，抑或是"法律地位说""负担说"等其他学说，还是"综合说"，法律责任的根本性质都是相似的，关键要素无非是"否定性评价"或"谴责"或"补偿"，其实质是国家统治阶级对违反法定义务、超越法定权利界限或滥用权力的违法行为所作的法律上的否定性评价和谴责，是国家强制违法者作出一定行为或禁止其作出一定行为，从而补救受到侵害的合法权益，恢复被破坏的法律关系（社会关系）和法律秩序（社会秩序）的手段。[2]法律责任反映的是国家对实施违法行为的有过错的主体的惩罚，它体现在违法主体要接受人身、财产或组织性质的国家强制剥夺和限制措施。[3]不论是否选择某种学说，又或者选择哪一种学说，我们都应明确

---

〔1〕 参见付子堂主编：《法理学高阶》，高等教育出版社2008年版，第309页。

〔2〕 参见张文显：《法律责任论纲》，载《吉林大学社会科学学报》1991年第1期。

〔3〕 参见［俄］B.B.拉扎列夫主编：《法与国家的一般理论》，王哲等译，王哲校，法律出版社1999年版，第37页。

的是法律责任的含义应包括以下因素：

第一，法律责任的来源因素，应当包括义务、法律规定等来源，绝不是仅仅来源于义务。

第二，法律责任的褒贬因素，所谓的褒贬因素是想说明法律责任不应仅仅只是一种否定性的评价或贬义的评判结果，还包括了一些中性的评价。

第三，法律责任的责任人因素，法律责任的承担当然需要具有责任能力的人或组织来承担。

第四，法律责任的承担方式因素，法律责任承担方式既包括自我承担的方式，也包括他人代为的承担方式；既有传统的赔偿、惩罚方式，也有一些中性的承担方式。

二、环境法律责任的概念

关于环境法律责任的概念，环境法学者根据各自对环境法律责任的理解，给出了不同的定义，大致有以下几种观点。

1. 违法行为说。持该学说者认为，环境违法行为与环境法律责任人紧密相连，只有实施环境违法行为的人才承担环境法律责任。环境违法行为是承担环境法律责任的前提，环境法律责任是环境违法行为的必然结果。例如，有学者认为："环境法律责任是指违反环境保护法律、法规的单位和个人所应承担的责任。"〔1〕也有学者理解为："环境法律责任是指违法者对其环境违法行为应承担的具有强制性的法律后果。"〔2〕还有学者认为："生态法律责任是指以备专门授权的环境保护管理机关、司法机关和其他得到授权的主体为代表的国家与实施了生态违法行为的人（自然人、公职人员或法人）之间在对违法行为人适用相应惩罚方面所形成的法律关系。其实质在于，实施了生态违法行为的人应对其行为承担不良的后果。"〔3〕

2. 义务违反说。持该学说的学者认为，环境违法行为仅仅是行为人承担环境法律责任的原因之一，行为人之行为若违反经行政和民事合同约定的义务，也应当承担环境法律责任。例如，有学者认为："环境法律责任是环境法主体因不履行环境义务而依法承担的否定性的法律后果。"〔4〕此处的环境义务不仅包

---

〔1〕　佟柔主编：《中国民法》，法律出版社1990年版，第43页。

〔2〕　吕忠梅：《环境法学》，法律出版社2008年版，第141页。

〔3〕　王树义：《俄罗斯生态法》，武汉大学出版社2001年版，第378页。

〔4〕　王灿发：《环境法学教程》，中国政法大学出版社1997年版，第117页。

括法定的环境义务，也包括约定的环境义务。也有学者认为："环境法律责任是指环境法律的主体因违反环境法律法规的规定，或违反环境行政和民事合同的约定，破坏了法律上或合同中的功利关系或道义关系所应承担的对人、单位、国家、社会和环境的补偿、惩罚或其他性质的具有强制性的不利法律后果。"[1]

3. 环境危害说。该学说认为，只要行为人的行为造成了环境损害或有造成环境损害的极大危险时，就应依法承担环境法律责任。例如，有学者指出："环境法律责任，是指造成或可能造成生态环境污染和破坏的当事人依法所应承担的法律后果。"[2]还有学者给环境法律责任下定义为："公民、法人或者其他组织对其危害环境活动所承担的否定性的法律后果。"[3]此学说虽然回避了环境法律责任的产生原因，但其表述并不排斥将环境违约行为及法律的直接规定作为环境法律责任的产生原因。

4. 综合说。持该学说的学者认为，以上三种学说略显不全面，因此综合了三种学说，将环境法律责任的定义做得更为完整。例如，有学者认为："环境法律责任是指行为人之行为违法、违约或基于法律特别规定，并造成环境损害或可能造成环境损害时，行为人应承担的不利的法律后果。"[4]明显这一定义是既承认了环境法律责任的产生原因是环境违约行为与环境违法行为，同时也在定义中强调了环境危害这一要素。还有学者认为："环境法律责任是指因实施了违反环境法的行为者或者造成生态破坏和环境污染者，依据环境法的规定，应当承担的法律责任。"[5]

本书基本赞同综合说，同时认为，也应在定义中彰显出环境风险这一要素。因此，本书认为，环境法律责任，是指行为人之行为违法、违约或基于法律特别规定，并造成或可能造成生态环境污染和破坏的，依法所应承担的法律后果。

三、环境法律责任的特征

环境法律责任是法律责任的一种具体类型，但与其他部门法的法律责任相比较具有以下特征：

---

〔1〕 常纪文：《环境法律责任原理研究》，湖南人民出版社 2001 年版，第 22 页。
〔2〕 周珂等主编：《环境法》，中国人民大学出版社 2021 年版，第 79 页。
〔3〕 高家伟：《欧洲环境法》，工商出版社 2000 年版，第 147 页。
〔4〕 张梓太：《环境法律责任研究》，商务印书馆 2004 年版，第 36 页。
〔5〕 王社坤编著：《环境法学》，北京大学出版社 2015 年版，第 123 页。

1. 环境法律责任是一种综合性的法律责任

环境法律责任是一种综合性的法律责任，其中既包括环境民事法律责任，也包括环境行政法律责任与环境刑事法律责任；但绝不是环境民事法律责任、环境行政法律责任与环境刑事法律责任的简单叠加。与此同时，我们还面临另一个情况：也许是囿于我国法律法规体系的现状，也许是因为环境法的天性，也许是由于环境法律责任的发展不足，我国当今的环境法律责任的立法表现仍旧是分散的，在《民法典》《环境保护法》《水污染防治法》《行政处罚法》《大气污染防治法》《噪声污染防治法》《刑法》等多部法律以及最高人民法院、最高人民检察院发布的司法解释中均规定了不同面向的环境法律责任，也对同一面向的环境法律责任问题进行了类似的或略有不同的规定。

2. 环境法律责任对传统部门法造成了一定冲击

如上所述，环境法律责任包括了环境民事、行政、刑事法律责任。每一种具体类型在遵循民法、行政法、刑法的基本规定之后，也在实践与理论中对传统部门法形成了一定冲击，尤其是在法律责任的构成要件上。这一点在环境民事法律责任中尤为明显，环境民事法律责任对传统民法责任的归责原则、举证责任、承担方式等都有所发展。具体来说，归责原则中环境民事法律责任采用了无过错原则，主观上是否存在过错不再直接影响环境民事法律责任的成立与否；举证责任方面，环境法律责任采用了举证责任倒置的规则，规定由侵权行为人来承担证明侵权行为与损害结果之间不存在因果关系的举证责任；承担方式中，环境民事法律责任除了传统的填平性责任以外，还发展、运用了惩罚性赔偿责任等。以上这些变化都是囿于环境损害的特殊性而逐渐发展出来的，不论是实践还是立法都已采纳了这些新的规则。

3. 环境法律责任具有动态发展性

环境法律责任是由环境民事、行政、刑事法律责任组成的一种综合性法律责任，直到现在，较之传统部门法律责任，环境法律责任仍呈现出较为明显的动态发展性，不论是环境法律责任的主体客体等构成要件、范围、还是环境法律责任的功能、核心都还在发展之中。环境法律责任与传统部门法律责任一样都调整人与人之间的社会关系，但不同的是，环境法律责任是通过环境这一中介来调整人与人之间的社会关系的，但环境法律责任又不单一地将环境看作单纯客体，而是形成了"人—环境—人"的架构。正是如此，环境民事、行政、刑事法律责任之间也形成了一种交互性与交叉性，环境法律责任整体也就呈现出一种动态发展的特征。除此之外，环境法律责任以保护与实现环境权为核心和宗旨[1]，而环境权的内涵与外延仍未形成一个较为固定、统一的通说，因此，环境法律责任当然也就会随着环境权的变化而相应发展。

4. 环境法律责任的功能具有特殊性

环境民事、行政、刑事法律责任共同构成了环境法律责任，环境法律责任的功能当然也带有了传统民事、行政、刑事法律责任的功能，包括惩罚功能、填平功能、教育功能、预防功能，与此同时，环境法律责任还具有生态修复的功能，并且这是环境法律责任的主要功能。生态修复功能，是指实现环境法律责任，还应追求治理环境污染、修复生态破坏的目的，达到提高环境质量与生态品质的效果。一次又一次的环境污染事件迫使人们越来越重视环境问题的出现及其严重性，也迫使人们开始关注其行为给环境造成的损害与破坏。生态修复功能的实现，不仅需要环境法律责任中的财产责任，例如对生态损害的赔偿与补偿责任；也需要环境法律责任中的非财产责任，例如土地复垦、恢复植被等修复生态的责任方式。生态修复功能是民事、刑事、行政法律责任不曾具有的功能，也是民事、刑事、行政法律责任无法达到的功能，这是由法律责任的含义所决定的。刑事法律责任与行政法律责任这种公法责任关注的是人类行为对国家公权力与管理秩序的损害，刑事法律责任与行政法律责任更为关注的也是如何惩治这些违法者与侵权人；民事法律责任这种私法责任关注的则是人类行为对其他私主体的损害，其强调的也是对环境损害的填平救济。因此，传统的三大部门法律责任都未考虑过人类行为对生态利益的损害与破坏，自然也就需要专门的环境法律责任，才能实现环境法律责任的特别功能。

依据我国现有立法体系，环境法律责任主要有两种分类方法。第一种是以环境法律责任的主体为分类标准，可以将环境法律责任分为公民环境法律责任、单位环境法律责任、国家环境法律责任。第二种则是以环境法律责任的属性为分类标准，可以将环境法律责任分为环境民事法律责任、环境行政法律责任、环境刑事法律责任。本书将采用第二种分类方法对三种具体的环境法律责任类型进行简要论述。

---

[1] 参见吕忠梅：《环境法学》，法律出版社2008年版，第143页。

第二节　环境侵权与环境民事法律责任

一、环境民事法律责任概述

环境民事法律责任，是指单位或个人因污染环境或破坏生态导致他人人身、财产、人格以及环境损害而引发的民事法律责任，包含了物权责任、合同责任和侵权责任[1]。

我国立法历来重视物权与环境保护的关系，从《物权法》到《民法典》愈来愈彰显。《民法典》第9条[2]规定了民事活动的整体原则，被称为"绿色原则"，除此之外，《民法典》第247条[3]、第250条[4]、第251条[5]还规定了矿藏、水流、海域、森林、野生动植物等的权属。第294条[6]、第286条第1款[7]、第326条[8]、第346条[9]分别规定了不动产权利人的环保义务、业主的环保义务、用益物权的行使规则、建设用地使用权的设立原则。当上述权利受到侵害时，权利人可以依据《民法典》要求行为人承担侵害物权的侵权责任，请求排除妨害、消除危险、损害赔偿等。

相较于《合同法》，《民法典》中的合同编与时俱进地强调了履行合同中应尽的环境保护义务，第509条第3款规定："当事人在履行合同过程中，应当避免浪费资源、污染环境和破坏生态。"第619条规定："出卖人应当按照约定的包装方式交付标的物。对包装方式没有约定或者约定不明确，依据本法第五百一十条的规定仍不能确定的，应当按照通用的方式包装；没有通用方式的，应

---

〔1〕　参见吕忠梅：《环境法学概要》，法律出版社2016年版，第199页。

〔2〕　《民法典》第9条："民事主体从事民事活动，应当有利于节约资源、保护生态环境。"

〔3〕　《民法典》第247条："矿藏、水流、海域属于国家所有。"

〔4〕　《民法典》第250条："森林、山岭、草原、荒地、滩涂等自然资源，属于国家所有，但是法律规定属于集体所有的除外。"

〔5〕　《民法典》第251条："法律规定属于国家所有的野生动植物资源，属于国家所有。"

〔6〕　《民法典》第294条："不动产权利人不得违反国家规定弃置固体废物，排放大气污染物、水污染物、土壤污染物、噪声、光辐射、电磁辐射等有害物质。"

〔7〕　《民法典》第286条第1款："业主应当遵守法律、法规以及管理规约，相关行为应当符合节约资源、保护生态环境的要求……"。

〔8〕　《民法典》第326条："用益物权人行使权利，应当遵守法律有关保护和合理开发利用资源、保护生态环境的规定。所有权人不得干涉用益物权人行使权利。"

〔9〕　《民法典》第346条："设立建设用地使用权，应当符合节约资源、保护生态环境的要求，遵守法律、行政法规关于土地用途的规定，不得损害已经设立的用益物权。"

当采取足以保护标的物且有利于节约资源、保护生态环境的包装方式。"除此之外，实践中当然还会出现标的物与环境相关的合同责任，这与普通的合同责任无异。

《民法典》第1230条规定："因污染环境、破坏生态发生纠纷，行为人应当就法律规定的不承担责任或者减轻责任的情形及其行为与损害之间不存在因果关系承担举证责任。"这就是环境侵权责任。相较于普通的民事侵权责任，环境侵权责任具有明显的特殊性，因此这也是本书在环境民事法律责任中重点论述的部分，下文所称的环境民事法律责任实则特指环境侵权责任。

二、环境侵权的复合性

环境侵权是指因生产活动或其他人为原因，造成环境污染和生态破坏，并给他人人身、财产、人格以及环境等权益造成损害或损害危险的法律事实。与一般的民事侵权相比，环境侵权带有极强的复合性这一特征，具体如下：

1. 环境侵权主体的复合性

一方面，环境侵权的被侵权人具有不确定性。一般民事侵权中的权利人必须是确定的，但环境侵权的受害主体不仅包括当代人，也可能包括了后代人，这就给环境民事法律责任的实现造成了一定难度，也对环境民事法律责任的构成要件与归责原则提出了考验。另一方面，环境侵权的当事人地位往往在事实上是不平等的，因为环境侵权的行为人大多是在经济地位、获取信息能力以及拥有科技知识等方面具有明显优势的大型企业，而受害人往往只是普通的公民，这也对环境民事法律责任的举证规则提出了新的要求。

2. 环境侵权对象的复合性

环境侵权对象极为广泛，既包括自然人与物，也包括动物、土壤等自然要素，乃至整个生态系统。将此转换为法学中的权益，就包括了一般侵权涉及的财产权益、人身权益，也包括了一般侵权不太涉及的人格权益与环境权益。当然，环境权益、环境权等的概念还有待形成通说，环境权是否是环境侵权的客体也众说纷纭，但环境侵权行为会对整个生态环境造成不良影响，这一点是毋庸置疑的。这也给环境民事法律责任的实现提高了难度。

3. 环境侵权的原因行为具有价值双重性

在一般民事侵权中，所有的侵权行为都是纯粹的无价值行为，是具有完全法律否定性的违法行为，是法律明令禁止的行为，因此要承担相应的法律责任。而在环境侵权中，环境侵权行为往往是一些合法的日常经营行为，甚至也给社会的经济发展带来了客观价值与客观效益，只是因为人类科学技术水平所限，这些日常经营行为给他人或生态系统造成了实际损害或损害风险。环境侵权的原因行为同时具有客观价值性与危害性，这就是价值的双重性。因此，环境民事法律责任的实现要肩负对此双重价值性的平衡功能。

4. 环境侵权具有潜伏性、不明确性、持续性以及难以恢复性

环境侵权往往是作用于环境要素之上、以环境要素为中介的侵权类型。而空气、水等环境要素具有极强的流动性，这样的环境要素之上的环境侵权往往也具有极强的潜伏性与不明确性，也就必然具有了持续性，同时囿于人类科学技术手段有限，这种损害后果往往也难以恢复。这样的特性就给举证带来了极大的困难，但将视角放在整个环境生态之上，可以发现侵权人已经对环境造成了污染或破坏。在泰州市环保联合会与泰兴锦汇化工有限公司等环境污染侵权赔偿纠纷案中，最高人民法院点评认为，虽然河流具有一定的自净能力，但是环境容量是有限的，向水体大量倾倒副产酸，必然对河流的水质、水体动植物、河床、河岸以及河流下游的生态环境造成严重破坏。如不及时修复，污染的累积必然会超出环境承载能力，最终造成不可逆转的环境损害。因此，不能以部分水域的水质得到恢复为由免除污染者应当承担的环境修复责任。

5. 环境侵权因果关系的复杂性

绝大多数环境侵权的因果关系都不是一目了然的，具体来说，侵权人、被侵权人、侵权行为如何造成损害结果的过程极为复杂。这也是环境侵权与一般侵权之间的一个区别。这一方面是因为环境侵权中环境的媒介性，如前所述，环境侵权往往是作用于环境要素之上、以环境要素为中介的侵权类型，这就导致环境侵权与一般侵权相比平添了一份间接性，环境损害后果往往不是直接、立即显现的，因果关系自然也就复杂了很多。另一方面，生态环境本身的动态性与多元性也导致了环境侵权因果关系的复杂性。有时候单一的排污行为并不会直接导致环境损害后果的发生，而是众多行为的叠加，甚至有时还包括自然因素的叠加才导致了环境损害后果的发生。如何甄别这种情况中的因果关系更是难上加难，这就对环境民事法律责任的实现规则提出了新的要求与期待。

三、环境民事法律责任的归责原则与构成要件

1. 环境民事法律责任的归责原则：无过错责任原则

环境民事法律责任的归责原则，是指在人为原因造成环境污染和其他公害，并致他人权益受危害时，确定行为人的侵权民事责任应采用的标准和原则。环

境民事法律责任归责原则的历史演进经历了结果责任原则阶段、过错责任原则阶段、过错推定原则阶段和现在确立的无过错责任原则阶段。无过错责任，是指无论行为人有无过错，法律规定应当承担民事责任的，行为人应当对其行为所造成的损害承担民事责任。[1]

我国《民法典》规定一般侵权采用的是过错责任原则，[2]而《民法典》第1229条规定："因污染环境、破坏生态造成他人损害的，侵权人应当承担侵权责任。"据此，环境侵权采用的是无过错责任。这不仅是我国的选择，绝大多数国家的立法都在环境侵权归责原则的规定中选择了无过错责任原则。私法责任产生于市场经济运作过程中市场主体对意思自治的背离，主要解决的是经济利益与经济利益、人格利益与人格利益、经济利益与人格利益的冲突与纠纷；而环境法律责任则是产生于经济、社会进一步发展的过程之中，更为关注的是环境利益与经济利益、环境利益与人格利益、环境利益与环境利益的冲突与纠纷。从某种角度来看，环境法律责任弥补了私法责任的功能。因此，环境侵权中采用了无过错责任来弥补过错责任，避免私益行为对社会公益的损害。环境民事法律责任实施的无过错责任，也被称为"过错的客观化"，即对于行为人造成的损害，不论其个人的心理状态如何，只要违反了谨慎、明智的"理性人"在经济生活中的注意义务这一客观的社会准则，除了法定的无责任能力外，即认其为过失。[3]

2. 环境民事法律责任的构成要件

依据《民法典》第1229条，我国环境民事法律责任采用的是无过错责任的归责原则，因此，环境民事法律责任的构成要件有三，即，环境侵权行为、环境损害后果，环境侵权行为与环境损害后果之间存在因果关系。

（1）环境侵权行为

环境民事法律责任的构成，需以行为人实施了污染环境、破坏生态的行为为基本要件。在一般侵权中，侵权行为这一要件往往隐含了该行为具有违法性的内容，但环境侵权中并不要求环境侵权行为具有违法性。一方面，违法行为是严重的过错行为，过错又不限于违法行为，还包括了大量的违反道德规范和社

---

[1] 参见王树义等：《环境法基本理论研究》，科学出版社2012年版，第108页。

[2] 《民法典》第1165条："行为人因过错侵害他人民事权益造成损害的，应当承担侵权责任。依照法律规定推定行为人有过错，其不能证明自己没有过错的，应当承担侵权责任。"

[3] 参见邱聪智：《公害法原理》，台湾三民书局股份有限公司1984年版，第182页。

会规范的不正当行为，[1]这就厘清了侵权行为与违法性本就是两个要件。另一方面，如前所述，环境侵权的原因行为具有价值双重性，如果要求环境侵权行为具有违法性将会导致大量的环境侵权行为逃脱应尽的法律责任。因此，《最高人民法院关于审理环境侵权责任纠纷案件适用法律若干问题的解释》第 1 条规定，侵权人以排污符合国家或者地方污染物排放标准为由主张不承担责任的，人民法院不予支持。

（2）环境损害后果

无损害无救济。环境民事法律责任的构成，也需以行为人导致了环境损害后果污染环境、破坏生态的行为为基本要件。根据《民法典》《环境保护法》的相关规定，环境民事法律责任的损害后果包括以下几种类型：第一，财产损害。例如，因土壤污染致使农作物减产的财产损失，因水污染致使水生动植物减产、死亡的财产损失，因污染风景区致使经营者因游客减少而减损门票收入的财产损失等。第二，人身损害。例如，因环境污染、生态破坏造成的自然人受伤、致残、致病、致死等，即对公民生命健康权的侵害。第三，环境享受损害。这是环境侵权与一般侵权不同的一部分，但这一部分在法学理论中仍有争议，环境享受损害是否属于环境损害后果的范围、环境享受损害的标准等都有待进一步发展与确认。环境享受损害主要包括了妨碍他人依法享受适宜环境的权利或正常生活、降低环境要素的功能与价值而造成的非财产性损害。第四，生态环境损害。《最高人民法院关于审理生态环境损害赔偿案件的若干规定（试行）》与《民法典》第七编侵权责任的第七章环境污染和生态破坏责任[2]都规定了生态损害赔偿的相关内容。从现有立法体系来看，环境侵权案件与生态环境损害赔偿案件是两种具体的类型，但大体上可以认为生态环境损害赔偿也是环境民事法律责任中的一种特殊类型。第五，环境风险。一般民事侵权的损害后果都是实际发生的损害后果，环境损害后果包括环境风险又是环境侵权的一个特

---

〔1〕　参见王利明：《我国〈侵权责任法〉采纳了违法性要件吗?》，载《中外法学》2012 年第 1 期。

〔2〕　《民法典》第 1234 条："违反国家规定造成生态环境损害，生态环境能够修复的，国家规定的机关或者法律规定的组织有权请求侵权人在合理期限内承担修复责任。侵权人在期限内未修复的，国家规定的机关或者法律规定的组织可以自行或者委托他人进行修复，所需费用由侵权人负担。"《民法典》第 1235 条："违反国家规定造成生态环境损害的，国家规定的机关或者法律规定的组织有权请求侵权人赔偿下列损失和费用：（一）生态环境受到损害至修复完成期间服务功能丧失导致的损失；（二）生态环境功能永久性损害造成的损失；（三）生态环境损害调查、鉴定评估等费用；（四）清除污染、修复生态环境费用；（五）防止损害的发生和扩大所支出的合理费用。"

点。《最高人民法院关于审理环境民事公益诉讼案件适用法律若干问题的解释》第 1 条〔1〕明确将重大风险引入环境损害后果之中。《民法典》第 997 条〔2〕规定了禁止令之后，最高人民法院于 2021 年 12 月 27 日发布了《最高人民法院关于生态环境侵权案件适用禁止令保全措施的若干规定》。我国司法实践中也出现了预防性环境民事公益诉讼的案例。2020 年 3 月 20 日，昆明市中级人民法院对社会高度关注的"云南绿孔雀"公益诉讼案作出一审判决：被告中国水电顾问集团新平开发有限公司立即停止基于现有环境影响评价下的戛洒江一级水电站建设项目。

（3）环境侵权行为与环境损害后果之间具有因果关系

环境侵权行为与环境损害后果之间具有因果关系是指直接的因果关系。然而实践中，要论证环境侵权行为与环境损害后果之间具有因果关系往往极为困难。法学理论中对于因果关系的证明标准也是历经了因果关系推定理论、优势证据说、疫学因果说等，我国采用的是因果关系举证责任倒置规则，实质上也是一种因果关系推定理论。

《民法典》第 1230 条规定："因污染环境、破坏生态发生纠纷，行为人应当就法律规定的不承担责任或者减轻责任的情形及其行为与损害之间不存在因果关系承担举证责任。"并且，《最高人民法院关于审理环境侵权责任纠纷案件适用法律若干问题的解释》第 7 条规定了具体四种可被认定为不存在因果关系的情形，侵权人举证证明下列情形之一的，人民法院应当认定其污染环境、破坏生态行为与损害之间不存在因果关系：①排放污染物、破坏生态的行为没有造成该损害可能的；②排放的可造成该损害的污染物未到达该损害发生地的；③该损害于排放污染物、破坏生态行为实施之前已发生的；④其他可以认定污染环境、破坏生态行为与损害之间不存在因果关系的情形。

但这并不代表被侵权人完全不承担因果关系的证明责任，《最高人民法院关于审理环境侵权责任纠纷案件适用法律若干问题的解释》第 6 条规定："被侵权

---

〔1〕《最高人民法院关于审理环境民事公益诉讼案件适用法律若干问题的解释》第 1 条："法律规定的机关和有关组织依据民事诉讼法第五十五条、环境保护法第五十八条等法律的规定，对已经损害社会公共利益或者具有损害社会公共利益重大风险的污染环境、破坏生态的行为提起诉讼，符合民事诉讼法第一百一十九条第二项、第三项、第四项规定的，人民法院应予受理。"

〔2〕《民法典》第 997 条："民事主体有证据证明行为人正在实施或者即将实施侵害其人格权的行为，不及时制止将使其合法权益受到难以弥补的损害的，有权依法向人民法院申请采取责令行为人停止有关行为的措施。"

人根据民法典第七编第七章的规定请求赔偿的，应当提供证明以下事实的证据材料：（一）侵权人排放了污染物或者破坏了生态；（二）被侵权人的损害；（三）侵权人排放的污染物或者其次生污染物、破坏生态行为与损害之间具有关联性。"《最高人民法院关于审理环境民事公益诉讼案件适用法律若干问题的解释》也有类似规定。[1]

四、环境民事法律责任的免责事由

环境民事法律责任的免责事由包括战争、不可抗拒的自然灾害、不可抗力、受害人过错、正当防卫、紧急避险，而不包括行政合法与第三人过错。

第一，战争。《海洋环境保护法》第116条[2]规定了战争行为是海洋环境污染造成损害的免责事由。第二，不可抗拒的自然灾害。必须强调的是，不可抗拒的自然灾害成为免责事由是有前提条件的，即不可抗拒的自然灾害是造成环境损害的唯一原因，并且加害人采取了合理措施仍不能避免环境损害的。第三，不可抗力，即不能预见、不能避免且不能克服的客观情况。同样，不可抗力是造成环境损害的唯一原因，才可免责。《民法典》第180条："因不可抗力不能履行民事义务的，不承担民事责任。法律另有规定的，依照其规定。不可抗力是不能预见、不能避免且不能克服的客观情况。"第四，正当防卫与紧急避险。依据《民法典》第181条[3]与第182条[4]之规定，超过必要限度的正当防卫与紧急避险，均需承担相应法律责任。第五，受害人故意。《民法典》第1174条规定："损害是因受害人故意造成的，行为人不承担责任。"

---

〔1〕《最高人民法院关于审理环境民事公益诉讼案件适用法律若干问题的解释》第8条："提起环境民事公益诉讼应当提交下列材料：（一）符合民事诉讼法第一百二十一条规定的起诉状，并按照被告人数提出副本；（二）被告的行为已经损害社会公共利益或者具有损害社会公共利益重大风险的初步证明材料；（三）社会组织提起诉讼的，应当提交社会组织登记证书、章程、起诉前连续五年的年度工作报告书或者年检报告书，以及由其法定代表人或者负责人签字并加盖公章的无违法记录的声明。"

〔2〕《海洋环境保护法》第116条："完全属于下列情形之一，经过及时采取合理措施，仍然不能避免对海洋环境造成污染损害的，造成污染损害的有关责任者免予承担责任：（一）战争；（二）不可抗拒的自然灾害；（三）负责灯塔或者其他助航设备的主管部门，在执行职责时的疏忽，或者其他过失行为。"

〔3〕《民法典》第181条："因正当防卫造成损害的，不承担民事责任。正当防卫超过必要的限度，造成不应有的损害的，正当防卫人应当承担适当的民事责任。"

〔4〕《民法典》第182条："因紧急避险造成损害的，由引起险情发生的人承担民事责任。危险由自然原因引起的，紧急避险人不承担民事责任，可以给予适当补偿。紧急避险采取措施不当或者超过必要的限度，造成不应有的损害的，紧急避险人应当承担适当的民事责任。"

如前所述，行政合法不是环境民事法律责任的免责事由，第三人过错也不是免责事由。《民法典》第 1233 条规定："因第三人的过错污染环境、破坏生态的，被侵权人可以向侵权人请求赔偿，也可以向第三人请求赔偿。侵权人赔偿后，有权向第三人追偿。"

五、环境民事法律责任的追责程序

行政调解。依据当事人的请求，生态环境主管部门或其他依法行使环境监督管理权的部门对赔偿责任和赔偿金额的纠纷进行调解与处理。这种行政调解不具有强制约束力与强制执行力，若一方当事人不服调解处理的，可以以另一方当事人为被告向法院起诉、法院仍旧以民事纠纷为案由进行审理。

环境侵权私益诉讼。这是环境民事法律责任最为典型、常见的追责程序，相关程序与一般民事诉讼程序类似，在此不再赘述。

环境民事公益诉讼。依据《环境保护法》第 58 条[1]、《民事诉讼法》第 58 条[2]、《最高人民法院关于审理环境民事公益诉讼案件适用法律若干问题的解释》等，符合条件的社会组织、人民检察院可以对污染环境、破坏生态，损害社会公共利益的行为提起诉讼，要求行为人承担相应的法律责任。仍需说明的是，这里所说的环境民事公益诉讼也包括刑事附带环境民事公益诉讼。

生态环境损害赔偿诉讼。依据《民法典》第 1234 条、《最高人民法院关于审理生态环境损害赔偿案件的若干规定（试行）》，省级、市地级人民政府及其指定的相关部门、机构，或者受国务院委托行使全民所有自然资源资产所有权的部门，因与造成生态环境损害的自然人、法人或者其他组织经磋商未达成一致或者无法进行磋商的，可以作为原告提起生态环境损害赔偿诉讼，要求行为人承担相应的法律责任。

---

〔1〕《环境保护法》第 58 条："对污染环境、破坏生态，损害社会公共利益的行为，符合下列条件的社会组织可以向人民法院提起诉讼：（一）依法在设区的市级以上人民政府民政部门登记；（二）专门从事环境保护公益活动连续五年以上且无违法记录。符合前款规定的社会组织向人民法院提起诉讼，人民法院应当依法受理。提起诉讼的社会组织不得通过诉讼牟取经济利益。"

〔2〕《民事诉讼法》第 58 条："对污染环境、侵害众多消费者合法权益等损害社会公共利益的行为，法律规定的机关和有关组织可以向人民法院提起诉讼。人民检察院在履行职责中发现破坏生态环境和资源保护、食品药品安全领域侵害众多消费者合法权益等损害社会公共利益的行为，在没有前款规定的机关和组织或者前款规定的机关和组织不提起诉讼的情况下，可以向人民法院提起诉讼。前款规定的机关或者组织提起诉讼的，人民检察院可以支持起诉。"

六、我国环境民事法律责任的承担方式

我国环境民事法律责任承担方式既包括了传统民事法律责任中的停止侵害、排除妨碍、消除危险、恢复原状、赔偿损失、赔礼道歉等承担方式，也对这些传统的承担方式进行了拓展与发展，还创新了补植复绿、增殖放流、劳役代偿等新型承担方式。

（一）我国现行法律规定的环境民事法律责任承担方式

我国环境民事法律责任的立法依据除了《民法典》等民事法律之外，在《环境保护法》《水污染防治法》等环境法律中也有相关环境法律责任承担方式的立法例。这些法律所规定的环境民事法律责任承担方式的类型大致相同、差异不大，都是以停止侵害与赔偿损失以及修复生态为主，主要包括：

1. 停止侵害。停止侵害是侵权法律责任的传统承担方式之一，是指停止正在进行的侵害行为或侵害状态，停止侵害的主要作用在于能够及时制止侵害行为，防止扩大侵害后果，其适用条件是侵权行为正在进行或仍在延续中。[1]

2. 排除妨碍与消除危险。排除妨碍、消除危险看似与停止侵害有着类似的功能，但其含义与适用情形是不同的。停止侵害注重的是即时性，而排除妨碍与消除危险更为注重预防性。在环境民事案件中，排除妨碍与消除危险的含义应包括两方面：一方面，是指排除妨碍他人环境权益的状态或消除危及他人环境权益的危险，这也是排除妨碍与消除危险在传统民事案件中的含义所在。另一方面，还应包括通过身体检查、土壤排查等方式检查被告是否对自然人或环境造成了或可能造成一定的环境侵害，以排除妨碍或消除危险。

3. 赔偿损失与惩罚性赔偿。赔偿损失是指责任人以金钱的方式，赔偿受损之人的损失。在一般民事案件中，赔偿损失的范围主要包括财产损失、人身损害、精神损害三类，我国环境司法实践运用了惩罚性赔偿，《民法典》第 179 条与第 1232 条规定，侵权人违反法律规定故意污染环境、破坏生态造成严重后果的，被侵权人有权请求相应的惩罚性赔偿。这也是近两年的一个新发展。

4. 禁止令。《民法典》第 997 条[2]规定了侵害人格权的禁令，2021 年 12 月 27 日最高人民法院公布了《最高人民法院关于生态环境侵权案件适用禁止令

---

〔1〕　参见杨立新：《侵权责任法》，法律出版社 2010 年版，第 124 页。

〔2〕　《民法典》第 997 条："民事主体有证据证明行为人正在实施或者即将实施侵害其人格权的违法行为，不及时制止将使其合法权益受到难以弥补的损害的，有权依法向人民法院申请采取责令行为人停止有关行为的措施。"

保全措施的若干规定》，规定面对正在实施或者即将实施污染环境、破坏生态行为，不及时制止将使申请人合法权益或者生态环境受到难以弥补的损害时，可以向人民法院申请采取禁止令保全措施，责令被申请人立即停止一定行为的，人民法院应予受理。在此之前我国环境司法中已经出现了运用禁止令的实践。

5. 生态环境损害赔偿。传统民事赔偿损失的范围未包括针对生态环境整体损害的赔偿。《民法典》第 1234 条、第 1235 条与《最高人民法院关于审理生态环境损害赔偿案件的若干规定（试行）》确定了生态环境损害赔偿这一特别制度。生态环境损害赔偿是一种完全不同于传统民事损失赔偿的概念，民法上的损失与赔偿是违反了义务对个体造成了损失而进行的赔偿，而生态环境损害赔偿并不一定是违反了义务造成的损失，是一种针对生态环境整体的赔偿。

6. 赔礼道歉。赔礼道歉也是我国民事法律责任的传统承担方式之一，但赔礼道歉在环境案件中的应用却少之又少，在法院支持赔礼道歉的环境公益诉讼中，有的法院是通过民事调解的方式适用赔礼道歉，[1]更多的是通过民事判决的方式确定了赔礼道歉的适用。法院大多是根据被告环境侵权行为的波及范围来确定赔礼道歉的具体渠道，有的法院判决被告在市级报纸上向社会公众致歉，并且要求致歉内容须经法院的审核；[2]有的法院则判决被告通过省级以上媒体向社会公开赔礼道歉；[3]还有的法院因为被告的侵权行为造成了跨省的污染后果而判决被告在国家级媒体上赔礼道歉。[4]赔礼道歉的适用有助于更好地实现环境法律责任，也能起到更好的威慑作用与教育意义。

（二）我国环境民事法律责任承担方式的现代化发展

1. 恢复原状到生态修复

环境被污染或生态被破坏之后，对于私益主体而言，恢复原状这一承担方

---

[1] 例如，贵州省清镇市生态保护联合会、北京市朝阳区自然之友环境研究所诉贵州省清镇市铝矿厂、清镇市站街镇龙潭前名铝铁矿山案，贵州省清镇市人民法院（2015）清环保民初字第 2 号民事调解书；大连市环保志愿者协会诉大连日牵电机有限公司案，辽宁省大连市中级人民法院（2015）大民一初字第 00111 号民事调解书。

[2] 例如，中国生物多样性保护与绿色发展基金会诉陈亮亮案，江苏省徐州市中级人民法院（2015）徐环公民初字第 5 号民事判决书；中国生物多样性保护与绿色发展基金会诉刘铁山案，江苏省徐州市中级人民法院（2015）徐环公民初字第 3 号民事判决书。

[3] 例如，中华环保联合会诉山东省德州市晶华集团振华有限公司，山东省德州市中级人民法院（2015）德中环公民初字第 1 号民事判决书。

[4] 例如，重庆市绿色志愿者联合会诉恩施自治州建始县磺厂坪矿业有限责任公司案，重庆市万州区人民法院（2014）万法环公初字第 00001 号民事判决书。

式基本可以让其所遭受的财产损失、人身损害等恢复到未受损害之前的状态；然而对于整体环境而言，从环境科学角度看，环境恢复到未受污染或破坏之前的状态只是一个美好的夙愿。因此，在我国环境司法实践中，法院利用司法解释权对现有恢复原状的责任承担方式扩大解释为一种生态修复的承担方式，我国环境法律责任中的恢复原状承担方式也正在发展出一种新型的法律责任承担方式，即生态修复的承担方式。《民法典》第 1234 条、第 1235 条也确立了生态修复的方式。实现生态修复应包括两大部分内容：一部分是清理、治理污染的部分，即对已经造成的污染或破坏进行清理与治理工作。另一部分则是对生态环境的整体恢复，这种恢复较为复杂，需要恢复生境、提高退化环境的生产力、并去除干扰以加强保护、维持其服务功能。[1]

2. 重新环评等责任承担方式的创新

在重庆市绿色志愿者联合会诉湖北恩施自治州建始磺厂坪矿业有限责任公司水库污染民事公益诉讼案中，原告请求法院判令被告针对今后可能出现的污染地下溶洞水体和污染水库的风险，对被告的建设项目重新作出环境影响评价，并由法院根据环境影响评价结果，作出是否要求被告磺厂坪矿业公司搬迁的裁判。一审法院判决支持了这一项诉讼请求，被告上诉至二审法院，二审判决认为，这一项判决是对上诉人重新恢复生产作出的一种约束，是对停止侵害具体履行方式的明确与细化，不违反相关法律规定，维持了原判。[2]

3. 代偿方式的创新

泰州市环保联合会诉江苏常隆农化有限公司等六家公司污染责任纠纷案中，江苏省泰州市中级人民法院一审判决被告共同支付 1.6 亿元的修复费用，江苏省高级人民法院二审维持了这一项判决。[3] 江苏省高级人民法院在二审判决判令若被告通过技术改造对污染物进行循环利用，明显降低环境风险，一年内没有因环境违法行为受到处罚的，可以向法院申请在延期支付的 40% 额度内抵扣。[4]本书认为，这是一种代偿制度，除此之外，我国环境司法实践中还有很多适用代偿制度的案例。

---

〔1〕 参见郑昭佩编著：《恢复生态学概论》，科学出版社 2011 年版，第 94 页。

〔2〕 参见重庆市绿色志愿者联合会诉恩施自治州建始县磺厂坪矿业有限公司水污染责任民事公益诉讼案，重庆市第二中级人民法院（2016）渝 02 民终 77 号民事判决书。

〔3〕 参见江苏省高级人民法院（2014）苏环公民终字第 00001 号民事判决书。

〔4〕 参见江苏省高级人民法院（2014）苏环公民终字第 00001 号民事判决书。

4. 向环境基金捐款、成立环境公共信托等方式的创新

在环境司法实践中，还有很多案件是以调解为结案方式的，而且这些案例的法律责任承担方式往往更为灵活。例如，中国生物多样性保护与绿色发展基金会诉北京市朝阳区刘诗昆万象新天幼儿园环境公益诉讼案中，双方于2017年2月24日达成调解协议，被告以保护生态环境为目的向中华社会救助基金会捐助10万元。[1]除此之外，有的案件中法院还判决被告成立环境信托。这样以基金或信托为中介的责任承担方式，既为法院或政府免去了管理赔偿款的繁重责任，也能更好地管理、使用环境诉讼中的赔偿款项，以实现保护环境的目的。

5. 环境义务宣传方式的创新

中华环保联合会诉龙海市华宇五金制造有限公司环境公益诉讼案中，在福建省漳州市中级人民法院的主持下，双方达成了调解协议，约定被告以行动弥补对环境公共利益的损害，自愿为九龙江流域的生态保护、漳州环境保护进行义务宣传，印制环境保护宣传资料200份，宣传、动员九江沿岸企业、群众保护环境，建设富美漳州。[2]这与《环境保护法》第9条新增的环境教育的内容不谋而合，将环境教育融入环境司法当中，是一个既能实现环境法律责任，又能起到教育警示作用的方法，可谓一举多得，应重点发展。

第三节　环境行政管理与环境行政法律责任

一、环境行政管理

（一）环境行政管理的概念

环境行政管理是指，国家专门机关对环境的管理，即国家环境行政管理部门代表国家运用行政手段，采取各种有效措施监督和控制人们利用环境和资源的各种管理活动的总称。[3]环境行政管理过程中当然也会实施环境行政行为，会发生环境行政法律关系，这和传统行政法中的内容并无二致，只是行政法的具体化。环境行政法律关系的主体同样也包括环境行政主体和环境行政相对人两大类。其中，环境行政主体是指，依法享有环境行政职权，独立对外进行环

---

〔1〕 参见刁明康：《全国首例"毒跑道"公益诉讼调解结案》，载http://news.163.com/17/0413/11/CHT99U1J00018AOR.html，最后访问日期：2022年8月15日。

〔2〕 参见福建省漳州市中级人民法院（2015）漳民初字第406号民事调解书。

〔3〕 参见窦玉珍、马燕主编：《环境法学》，中国政法大学出版社2005年版，第128页。

境管理的组织。环境行政相对人是指，环境行政主体在行使环境行政职权或履行环境行政职责作出行政行为时所直接针对的公民、法人或其他组织。所以，在环境行政法律关系中发生的环境行政法律责任既包括了环境行政主体承担的环境行政法律责任，也包括了环境行政相对人承担的环境行政法律责任。

（二）我国环境行政管理体制

《环境保护法》第 10 条规定："国务院环境保护主管部门，对全国环境保护工作实施统一监督管理；县级以上地方人民政府环境保护主管部门，对本行政区域环境保护工作实施统一监督管理。县级以上人民政府有关部门和军队环境保护部门，依照有关法律的规定对资源保护和污染防治等环境保护工作实施监督管理。"在我国，享有环境行政管理职权的行政主体是多元的，包括生态环境主管部门、自然资源主管部门、海洋行政主管部门、海事行政主管部门、渔政渔港监督部门、军队环境保护部门、公安机关、各级交通运输部门、农业农村主管部门等。其中，我国生态环境主管部门经历了从无到有、从小到大、从不独立到独立的发展过程：

新中国成立至 20 世纪 60 年代，环境管理工作由农业部、卫生部、林业部、水产总局等部委兼管。

1971 年，国家计划委员会针对工业"三废"污染的管理和综合利用，设立了"三废"利用领导小组，这是新中国成立以后设立的第一个环境保护专门机构。

1974 年，国务院根据《关于保护和改善环境的若干规定（试行草案）》成立了国务院环境保护领导小组，是一个主管和协调全国环境保护工作的机构。

1982 年，在我国机构改革过程中撤销了国务院环境保护领导小组，并入城乡建设环境保护部，更名为环境保护局。同时，还增设了与环境保护工作有关的国土局。

1984 年，根据《国务院关于环境保护工作的决定》，国务院成立了国务院环境保护委员会，同年将城乡建设部内设的环境保护局升格为部委归口管理的国家局，将环境保护局更名为国家环境保护局，具有了相对独立的地位。

1988 年，国务院机构改革将国家环境保护局独立出来，成为国务院直属局（副部级），我国首个国家一级专门的环境管理机构诞生了。

1998 年，国务院机构改革再次对国家环境保护局进行了调整，升格为国家环境保护总局（正部级），并扩大了其行政职能，将国家科委的国家核安全局并入了国家环境保护总局，并撤销了国务院环境保护委员会。

2008 年，国务院机构改革撤销了国家环境保护总局，组建环境保护部作为国务院组成部门，至此我国形成了环保部门统一监督管理与其他相关部门分工负责管理的环境管理体制。

2018 年，十三届全国人大一次会议在北京人民大会堂举行第四次全体会议。会议组建了生态环境部，对外保留国家核安全局牌子，不再保留环境保护部，另有自然资源部。

目前，生态环境部的职责是：负责建立健全生态环境基本制度；负责重大生态环境问题的统筹协调和监督管理；负责监督管理国家减排目标的落实；负责提出生态环境领域固定资产投资规模和方向、国家财政性资金安排的意见，按国务院规定权限审批、核准国家规划内和年度计划规模内固定资产投资项目，配合有关部门做好组织实施和监督工作；参与指导推动循环经济和生态环保产业发展；负责环境污染防治的监督管理；指导协调和监督生态保护修复工作；负责核与辐射安全的监督管理；负责生态环境准入的监督管理；负责生态环境监测工作；负责应对气候变化工作；组织开展中央生态环境保护督察；统一负责生态环境监督执法；组织指导和协调生态环境宣传教育工作，开展生态环境科技工作；开展生态环境国际合作交流；完成党中央、国务院交办的其他任务。

自然资源部的职责是：履行全民所有土地、矿产、森林、草原、湿地、水、海洋等自然资源资产所有者职责和所有国土空间用途管制职责；负责自然资源调查监测评价；负责自然资源统一确权登记工作；负责自然资源资产有偿使用工作；负责自然资源的合理开发利用；负责建立空间规划体系并监督实施；负责统筹国土空间生态修复；负责组织实施最严格的耕地保护制度；负责管理地质勘查行业和全国地质工作；负责落实综合防灾减灾规划相关要求，组织编制地质灾害防治规划和防护标准并指导实施；负责矿产资源管理工作；负责监督实施海洋战略规划和发展海洋经济；负责海洋开发利用和保护的监督管理工作；负责测绘地理信息管理工作；推动自然资源领域科技发展；开展自然资源国际合作；根据中央授权，对地方政府落实党中央、国务院关于自然资源和国土空间规划的重大方针政策、决策部署及法律法规执行情况进行督察；管理国家林业和草原局；管理中国地质调查局；完成中共中央、国务院交办的其他任务。

二、环境行政法律责任的概述

（一）环境行政法律责任的概念与特征

环境行政法律责任是指环境行政法律关系的主体违反环境行政法律规范所

应承担的法律上的不利后果。[1]与环境民事法律责任、环境刑事法律责任相比，环境行政法律责任具有以下特征：

（1）环境行政法律责任的承担主体广泛。环境行政法律关系属于行政法律关系的一种具体类型，因此行政法律关系的相关内容同样适用于环境行政法律关系。环境行政法律责任的主体就是环境行政法律关系的主体，包括环境行政主体与环境行政相对人两大类。

（2）环境行政法律责任的追究主体与程序多元。相较于环境民事法律责任主要依赖于司法手段来救济，环境行政法律责任的追究手段则更为多元。环境行政法律责任的追究程序包括行政程序、司法程序、监察程序等，环境行政法律责任的追究主体也就包括了各级人民政府相关部门、人民法院、人民检察院、监察委等多元主体。

（3）环境行政法律责任是一种法律责任。环境行政法律责任是违法行为人承担的法律上的不利后果，属于法律责任的一种具体表现形式，有别于政治责任、纪律责任以及道义责任。法律责任的形成是因为违反法律上的义务关系，法律责任的追究和执行是由国家强制力实施或者潜在保证的。[2]因此，环境行政法律责任是一种法律责任，而不是其他社会责任。

（4）环境行政法律责任是惩罚与补救相结合的法律责任。环境民事法律责任以补救损害、填平损失为主，环境刑事法律责任更多的是通过刑罚的威慑力来遏制犯罪的再发生，以惩罚为主要表现形式。相较而言，环境行政法律责任是环境民事法律责任与环境刑事法律责任之间的缓冲地带，也就兼具了惩罚与补救两种特性，环境行政法律责任的实现既体现了惩罚的手段，也体现了补救的意义。

（二）环境行政法律责任的构成要件

环境行政法律责任的构成要件基本上沿用了行政法律责任的构成要件。行政法学学者对行政法律责任的构成要件形成了不同的学说。陈耀祖先生认为应沿用二要件，即违法行为与主观过错两个要件；罗豪才先生持三要件观点，认为行政法律责任的构成要件包括违法行为、主观过错以及承担责任的法律依据；方世荣教授也坚持三要件说，但是指违法行为、责任能力、后果与情节这三大要件；应松年教授持四要件说，即违法行为、责任能力、主观恶性、情节与后果；王连昌先生认为应是五要件，违法行为、具有法律依据、主观恶性、适格

---

〔1〕　参见王树义等：《环境法基本理论研究》，科学出版社2012年版，第115页。
〔2〕　参见张文显：《法哲学范畴研究》，中国政法大学出版社2001年版，第122页。

主体、行政公务行为引起这五大要件。本书认为可将环境行政法律责任的构成要件分为必要要件与选择要件两大类。

（1）必要要件：违法行为。有行为才有责任，环境行政法律责任亦是如此。但这里所说的违法行为应作广义的理解，不单单包括违反合法性的行为，还包括违反合理性的行为。具体来说，以行政主体的环境行政法律责任为例，违法行为包括行政失职、行政越权、行政滥用职权、事实依据错误、适法错误、违反法定程序、行政侵权等。

（2）必要要件：主观过错。主观过错是指行为人实施违法行为时的主观心理状态，包括故意和过失。虽说主观过错是环境行政法律责任的必要条件，但这一必要条件有时候是隐藏的、或者说是被推定存在的，这一点在环境行政相对人所承担的法律责任中表现得尤为明显。不论立法还是实践中，基本都是只要环境行政相对人实施了违反行政法律规范的行为，就推定其主观上具有过错，就应当承担相应的法律责任。

（3）选择要件：危害后果。危害后果是不是环境行政法律责任的必要构成要件，要依据立法的规定而定。例如，《环境保护法》第60条规定："企业事业单位和其他生产经营者超过污染物排放标准或者超过重点污染物排放总量控制指标排放污染物的，县级以上人民政府环境保护主管部门可以责令其采取限制生产、停产整治等措施；情节严重的，报经有批准权的人民政府批准，责令停业、关闭。"显然，此法律责任就不需要危害后果这一构成要件。

（4）选择要件：违法行为与危害后果之间的因果关系。因果关系是否是环境行政法律责任的构成要件，依损害后果是否作为责任构成要件而定。如果损害后果是构成要件，则因果关系将会同样作为构成要件。反之亦然。

（三）环境行政法律责任的分类

依据不同分类标准，环境行政法律责任可以进行以下不同分类：

（1）环境行政主体法律责任与环境行政相对人法律责任。依据环境行政法律责任的承担主体不同，可将环境行政法律责任分为环境行政主体法律责任与环境行政相对人法律责任。仍需说明的是，这里所说的环境行政主体不仅包括了行政组织，也包括了具体执行职务的公务人员个人。本书也将采用这种分类方法对环境行政法律责任进行具体论述。

（2）财产性环境行政法律责任与非财产性环境行政法律责任。依据环境行政法律责任承担方式的内容不同，可将环境行政法律责任分为财产性环境行政法律责任与非财产性环境行政法律责任。财产性环境行政法律责任包括行政罚款、行政赔偿等，非财产性环境行政法律责任包括警告、行政拘留、履行职务等。

（3）惩罚性环境行政法律责任与补救性环境行政法律责任。依据环境行政法律责任的功能不同，可将环境行政法律责任分为惩罚性环境行政法律责任与补救性环境行政法律责任。惩罚性环境行政法律责任包括通报批评、行政处分、行政处罚等，补救性环境行政法律责任包括赔礼道歉、消除危害、履行职务、撤销违法行为、行政赔偿、停业治理等。

（4）环境行政内部法律责任与环境行政外部法律责任。依据环境行政法律责任中法律隶属关系的不同，可将环境行政法律责任分为环境行政内部法律责任与环境行政外部法律责任。环境行政内部法律责任是指发生在行政主体内部的、由上级对下级作出的法律责任，最为常见典型的就是行政处分。而环境行政外部法律责任则是由行政主体对行政相对人作出的、由行政相对人承担的环境行政法律责任，最为典型的就是环境行政处罚。

三、环境行政主体的法律责任

《环境保护法》第68条[1]集中规定了环境行政主体所应承担的法律责任，除此之外，环境行政主体的法律责任还应遵循《公务员法》《国家赔偿法》等规定。

（一）环境行政主体法律责任的主要内容

环境行政执法是指有关行政管理机关执行环境法律规范的活动，又可分为生态环境主管部门的执法和生态环境相关部门的执法。环境行政执法的方式、程序、原则等沿用了传统行政法学中的相关内容。环境行政执法的过程中，可能会发生环境行政主体承担相应法律责任的情况，主要包括以下几种：

（1）环境行政处分。环境行政处分是指政府主管机关、企事业单位，按照行政隶属关系，依据环境法律法规和企事业单位内部规章的规定，对其下属的

---

[1]《环境保护法》第68条："地方各级人民政府、县级以上人民政府环境保护主管部门和其他负有环境保护监督管理职责的部门有下列行为之一的，对直接负责的主管人员和其他直接责任人员给予记过、记大过或者降级处分；造成严重后果的，给予撤职或者开除处分，其主要负责人应当引咎辞职：（一）不符合行政许可条件准予行政许可的；（二）对环境违法行为进行包庇的；（三）依法应当作出责令停业、关闭的决定而未作出的；（四）对超标排放污染物、采用逃避监管的方式排放污染物、造成环境事故以及不落实生态保护措施造成生态破坏等行为，发现或者接到举报未及时查处的；（五）违反本法规定，查封、扣押企业事业单位和其他生产经营者的设施、设备的；（六）篡改、伪造或者指使篡改、伪造监测数据的；（七）应当依法公开环境信息而未公开的；（八）将征收的排污费截留、挤占或者挪作他用的；（九）法律法规规定的其他违法行为。"

环境监管人员、环境行政相对人的违法、失职但尚未构成犯罪的行为，实施的一种行政法律制裁。[1]根据《公务员法》第62条[2]，行政处分包括警告、记过、记大过、降级、撤职、开除。《环境保护法》第68条也规定了记过、记大过、降级处分、撤职、开除处分的相关内容。

（2）环境行政赔偿。环境行政赔偿，是指环境行政机关因职务侵权而应承担的一种行政法律责任，是指环境行政机关及其工作人员违法行使职权侵犯环境行政相对人的合法权益造成损害的，由环境行政机关给予赔偿的法律制度。[3]环境行政赔偿也要遵循《国家赔偿法》的相关规定。

（3）纠正环境行政违法行为。纠正环境行政违法行为具体有停止违法行为、撤销违法的行政行为、履行职务、纠正不当等，既包括对违法的作为行为的纠正，也包括对违法的不作为行为进行纠正。

（二）环境行政主体法律责任的追究程序

环境行政主体法律责任的内容不同，追究程序也就不同。环境行政主体法律责任的追究程序多种多样，主要包括以下几种：

（1）国家机关内部的追责程序。这一部分是指权力机关、监察机关、行政机关等国家机关在监督、日常运行等活动中自发对所发现的行政机关违法行为追究责任的程序，其主要法律依据是《宪法》《监察法》等。

（2）行政程序，主要是指行政复议。行政复议是指行政相对人认为行政主体的具体行政行为侵犯其合法权益，依法请求上一级行政机关或其他法定复议机关重新审查该具体行政行为的合法性、适当性，行政复议机关依照法定程序对被申请的行政行为进行审查，并作出决定的一种法律制度。[4]法律依据主要是《行政复议法》。

（3）司法程序，包括行政诉讼与环境行政公益诉讼。传统的行政诉讼是指，公民、法人或者其他组织认为行政行为侵犯其合法权益，依法向人民法院提起诉讼，由人民法院主持审理行政争议并作出裁判的诉讼制度。[5]但在环境行政法律责任之中还存在一个特殊的程序，那就是环境行政公益诉讼。《行政诉讼法》第25条第4款规定："人民检察院在履行职责中发现生态环境和资源保护、

---

〔1〕 参见周珂等主编：《环境法》，中国人民大学出版社2021年版，第96页。

〔2〕 《公务员法》第62条："处分分为：警告、记过、记大过、降级、撤职、开除。"

〔3〕 参见竺效主编：《环境法入门笔记》，法律出版社2017年版，第258页。

〔4〕 参见应松年主编：《行政法与行政诉讼法学》，法律出版社2009年版，第416页。

〔5〕 参见本书编写组：《行政法与行政诉讼法学》，高等教育出版社2018年版，第315页。

食品药品安全、国有财产保护、国有土地使用权出让等领域负有监督管理职责的行政机关违法行使职权或者不作为，致使国家利益或者社会公共利益受到侵害的，应当向行政机关提出检察建议，督促其依法履行职责。行政机关不依法履行职责的，人民检察院依法向人民法院提起诉讼。"

四、环境行政相对人的法律责任

行政相对人承担的环境行政法律责任主要包括三大种类，即行政处分、行政处罚、行政命令。

1. 环境行政处分。如前所述，行政处分也包括对国有企事业单位的负责人实施的法律制裁，若国有企事业单位作为行政相对人实施了某些违法行为，国有企事业单位的负责人也有可能承担警告、记过、记大过、降级、撤职、开除的行政处分制裁。

2. 环境行政处罚。行政处罚是指行政主体对违反法定行政管理秩序但不构成犯罪的公民、法人或其他组织等社会成员予以制裁的具体行政行为。[1] 依据《环境保护法》《行政处罚法》《环境行政处罚办法》等规定，环境行政处罚具体包括：警告、通报批评；罚款、没收违法所得、没收非法财物；暂扣许可证件、降低资质等级、吊销许可证件；限制开展生产经营活动、责令停产停业、责令关闭、限制从业；行政拘留；法律、行政法规规定的其他行政处罚。《环境保护法》第 59 条至第 63 条集中规定了行政相对人应承担的行政处罚。

值得注意的是，《环境保护法》第 59 条特别规定了按日计罚这种特别的行政罚款方式，其规定"企业事业单位和其他生产经营者违法排放污染物，受到罚款处罚，被责令改正，拒不改正的，依法作出处罚决定的行政机关可以自责令改正之日的次日起，按照原处罚数额按日连续处罚。"《环境保护法》第 63 条与《固体废物污染环境防治法》第 120 条都规定了实施行政拘留的相关情形。较之以往，这些都有效地增加了环境行政法律责任的实施效果与威慑力。

3. 环境行政命令。《环境保护法》等规定了"责令改正""恢复原状"等责任，显然其不属于行政处罚的类型，而属于具体的行政命令。行政命令是指行政主体要求特定的相对人履行一定的作为或不作为义务的意思表示。[2] 环境行政命令往往带有较为明显的补救性特征，更多的是为了恢复生态环境、保护生

---

〔1〕　参见应松年主编：《行政法与行政诉讼法学》，法律出版社 2009 年版，第 221 页。
〔2〕　参见胡建淼：《行政法学》，法律出版社 2015 年版，第 381 页。

态环境，因此其承担方式往往也与环境民事法律责任承担方式相近，《环境保护法》第61条规定"建设单位未依法提交建设项目环境影响评价文件或者环境影响评价文件未经批准，擅自开工建设的，由负有环境保护监督管理职责的部门责令停止建设，处以罚款，并可以责令恢复原状。"其中的责令停止建设、恢复原状就是典型的行政命令。

五、我国环境行政法律责任的承担方式

（一）我国现行法律规定的环境行政法律责任承担方式

如前所述，环境行政法律责任的承担主体包括环境行政主体与环境行政相对人两大类，依据《环境保护法》《行政处罚法》《国家赔偿法》《公务员法》等规定，各现行法律规定的环境行政法律责任的承担方式如下图：

表 1-6-1　我国环境行政法律责任承担方式的种类

责任承担主体	责任承担类型	责任承担方式		
行政主体	行政制裁方式	环境行政处分		警告
				记过
				记大过
				降级
				撤职
				开除
		环境行政赔偿		返还权益
				恢复原状
				赔偿损失
				赔礼道歉
				消除影响，恢复名誉
		通报批评		
	非行政制裁方式	确认环境行政行为违法		
		否定环境行政行为效力		
		撤销、变更环境行政行为		
		履行行政职责		

续表

责任承担主体	责任承担类型	责任承担方式	
行政相对人	行政制裁方式	环境行政处罚	财产罚
			行为罚
			申诫罚
			人身罚
	非行政制裁方式	行政命令：责令改正	
		承认错误，赔礼道歉	

（二）我国环境行政法律责任承担方式的现代化发展

相较于环境行政法律责任承担方式近几年从实践到立法中的鲜明创新，环境行政法律责任承担方式的发展主要表现为对固有承担方式的进一步细化与发展。

1. 环境行政主体法律责任承担方式的发展：环境行政公益诉讼中的责任承担方式

行政主体承担法律责任的承担方式几乎都是从传统行政法律责任中直接适用的，并没有对承担方式本身进行明显的创新，主要是在具体适用中对其适用规则等进行了一些尝试与发展。我国环境行政公益诉讼主要是检察院针对环境保护管理机关的不作为或不当履职等情况提起诉讼，其诉讼请求基本上可分为两大类：一是非制裁诉讼请求，确认环境保护管理机关的违法行为；二是责令环境保护管理机关履行职责。在"中国裁判文书网"中搜索所得的 19 个环境行政公益诉讼中，无一例外地都选择了这两大类诉讼请求，法院判决也全部支持了环境行政公益诉讼原告人的诉讼请求。其中，关于如何责令环境保护管理机关履行职责方面，有的法院判决仅为"责令行政机关处置污染问题"[1]等较为概括的说法；有的法院则更为细致地判令"被告于本判决生效六个月内履行法定职责"[2]；在有的案件中，检察院发出的检察建议还会建议被告（环境保护局）加强环境污染有关法律法规宣传，加大环保工作巡查力度，发现问题及时

---

〔1〕 例如，湖北省黄石市西塞山区人民检察院诉黄石经济技术开发区环境保护局案，湖北省大冶市人民法院（2017）鄂 0281 行初 13 号行政判决书。

〔2〕 例如，云南省澜沧县人民检察院诉澜沧县森林公安局环境保护行政管理案，云南省澜沧拉祜族自治县人民法院（2017）云 0828 行初 8 号行政判决书。

处理，防止出现类似情形。[1] 本书认为，我国不仅要继续开展环境行政公益诉讼的理论研究与实践，还要将环境保护管理机关承担法律责任的承担方式落于实处，不应仅仅只是直接适用传统行政法的非制裁的承担方式，用于环境行政公益诉讼，还要创新承担方式，发展出能够真正解决环境问题的承担方式，例如，判令环境保护管理机关在限令时间内解决某一问题、履行其法定职责。

2. 环境行政相对人法律责任承担方式的发展：环境行政公益诉讼中的责任承担方式

环境行政处罚。环境行政处罚是行政相对人承担的环境行政法律责任中最为常见的一种承担方式，也是环境行政法律责任的一种传统承担方式。我国《行政处罚法》第9条规定了行政处罚的六种类型，在《环境保护法》《大气污染防治法》等法律法规中对环境行政处罚的具体适用对象、适用程序、适用标准等也予以了进一步的规范，同时，也创新了一些具有环境法特色的环境行政处罚方式。

按日连续处罚与限制生产、停产整顿。2014年颁布的新《环境保护法》的第59条、第60条分别规定了"按日连续处罚"与"限制生产、停产整治"这两种新的责任承担方式，紧接着，环保部又接连颁发了《环境保护主管部门实施按日连续处罚办法》（以下简称《按日连续处罚办法》）、《环境保护主管部门实施限制生产、停产整治办法》（以下简称《限制生产、停产整治办法》）作为《环境保护法》的配套规章，详细规定了按日连续处罚与限制生产、停产整治在环境行政案件中的适用对象、适用程序、适用标准等内容。

申诫罚，即声誉罚，是指剥夺当事人声誉、荣誉的惩罚方式。传统的行政法律责任中，申诫罚主要表现为警告等方式，而在我国环境行政法律责任的实践发展中，逐渐发展出了信用评价惩罚的新承担方式。2013年12月18日，环境保护部、国家发展改革委、中国人民银行、中国银监会联合印发了《企业环境信用评价办法（试行）》，规定企业环境信用评价工作以年为单位展开，分别对企业污染防治、生态保护、环境管理、社会监督四个方面进行评分，划定为环保诚信企业、环保良好企业、环保警示企业、环保不良企业四个等级，依次以绿牌、蓝牌、黄牌、红牌表示，并进行公示。最后的企业环境信用评价结果将在环保部门和发展改革、人民银行、银行业监管机构及其他有关部门之间实

---

〔1〕 例如，安徽省怀远县环境保护局环境保护行政管理案，安徽省怀远县人民法院（2017）皖0321行初1号行政判决书。

现信息共享，建立健全环境保护守信激励和失信惩戒制度，包括严格审查其各项行政许可、加大对其的监察频次、严格其贷款条件等。这一举措对企业形成了较为有效的威慑力。

第四节　环境犯罪与环境刑事法律责任

一、环境刑事法律责任概述

环境刑事法律责任是指犯罪行为人因实施破坏环境资源保护的犯罪行为而应承受的刑事处罚。[1]相较于盗窃罪、故意杀人罪等自然罪名，环境犯罪是一种新型犯罪，随着环境污染与生态破坏的日益严重，环境问题不仅会给私权益、行政管理秩序造成危害，也给生态环境造成了较大危害、并威胁着公共安全与国家安全，因此，国家必须运用最严厉的法律手段来惩治严重的污染环境与破坏生态的行为。我国最早的1979年《刑法》中将环境犯罪规定在了"危害公共安全罪"与"破坏社会主义经济秩序罪"之中，1997年修订《刑法》时就在"第六章妨害社会管理秩序罪"中专门设立了单独一节"破坏环境资源保护罪"，这样的体例一直沿用至今。

犯罪构成问题历来被认为是刑法学理论体系中最核心的内容。数十年来，我国刑法学者对其展开了深入研究，并取得了一些重要成果；在此过程中对源自苏联的"四要件构成体系说"逐步调整和完善，使之最终成为我国刑法界居主导地位的通说性观点。[2]本书对环境犯罪的构成要件也采用四要件说，具体包括：

1. 主体。环境犯罪的主体包括自然人与法人，其中，自然人主要是从事个体生产经营的自然人，虽说整体来看其造成的环境损害相对较小，但自然人在环境犯罪中也占据了不小比重。环境犯罪的自然人也沿用《刑法》规定的有关法定责任年龄与刑事责任能力的要求。

2. 客体。按照现行《刑法》规定来看，环境犯罪侵犯的客体主要是环境行政管理秩序，但理论界对环境犯罪客体的讨论众说纷纭，有的学者认为环境犯罪侵犯的客体是公民和国家的环境权，也有的学者认为环境犯罪侵犯的客体是人身权、财产权，已达成的共识就是环境犯罪的客体是复杂客体，其所包含的

---

〔1〕　参见金瑞林主编：《环境法学》，北京大学出版社2016年版，第137页。
〔2〕　参见冯亚东：《犯罪构成本体论》，载《中国法学》2007年第4期。

不是、也不应是单一客体。

3. 主观方面。环境犯罪的主观方面与传统刑法中对于犯罪主观方面的认识是一致的，包括故意与过失两种主观心态。其中，故意包括直接故意与间接故意；过失包括过于自信的过失与疏忽大意的过失。

4. 客观方面。环境犯罪的客观方面包括犯罪行为、犯罪结果、因果关系等，随着近年来《刑法》的修改，环境犯罪的客观方面也呈现出从注重后果发展为后果与行为并重的转变，这在污染环境罪、非法采矿罪等中都有所体现。

二、我国法律规定的主要环境犯罪

1. 污染环境罪。《中华人民共和国刑法修正案（八）》以"严重污染环境"替换了"造成重大污染事故，致使公私财产遭受重大损失或者人身伤亡的严重后果"，因此在某种程度上改变体现了该罪从结果犯改为行为犯的趋势，体现了刑法对污染环境行为的处罚力度的加强。《刑法》第338条规定，违反国家规定，排放、倾倒或者处置有放射性的废物、含传染病病原体的废物、有毒物质或者其他有害物质，严重污染环境的，处三年以下有期徒刑或者拘役，并处或者单处罚金；情节严重的，处三年以上七年以下有期徒刑，并处罚金；并规定了处七年以上有期徒刑，并处罚金的四个情形，包括在饮用水源保护区等排污等。

2. 非法处置进口的固体废物罪。《刑法》第339条第1款规定了该罪的三个量刑档次：违反国家规定，将境外的固体废物进境倾倒、堆放、处置的，处五年以下有期徒刑或者拘役，并处罚金；造成重大环境污染事故，致使公私财产遭受重大损失或者严重危害人体健康的，处五年以上十年以下有期徒刑，并处罚金；后果特别严重的，处十年以上有期徒刑，并处罚金。

3. 擅自进口固体废物罪。《刑法》第339条第2款规定了该罪的两个量刑档次：未经国务院有关主管部门许可，擅自进口固体废物用作原料，造成重大环境污染事故，致使公私财产遭受重大损失或者严重危害人体健康的，处五年以下有期徒刑或者拘役，并处罚金；后果特别严重的，处五年以上十年以下有期徒刑，并处罚金。同时规定，若以原料利用为名，进口不能用作原料的固体废物、液态废物和气态废物的，依照刑法第152条规定的走私废物罪定罪处罚。

4. 非法捕捞水产品罪。《刑法》第340条规定，违反保护水产资源法规，在禁渔区、禁渔期或者使用禁用的工具、方法捕捞水产品，情节严重的，处三年以下有期徒刑、拘役、管制或者罚金。

5. 危害珍贵、濒危野生动物罪。《最高人民法院、最高人民检察院关于执行《中华人民共和国刑法》确定罪名的补充规定（七）》已于 2021 年 2 月 22 日由最高人民法院审判委员会第 1832 次会议、2021 年 2 月 26 日由最高人民检察院第十三届检察委员会第 63 次会议通过，自 2021 年 3 月 1 日起施行，其确定了《刑法》第 341 条第 1 款所针对的犯罪罪名是"危害珍贵、濒危野生动物罪"。此罪实际包括了非法猎捕、杀害珍贵、濒危野生动物与非法收购、运输、出售珍贵、濒危野生动物及其制品两大部分。《刑法》第 341 条第 1 款规定了本罪的三个量刑幅度：非法猎捕、杀害国家重点保护的珍贵、濒危野生动物的，或者非法收购、运输、出售国家重点保护的珍贵、濒危野生动物及其制品的，处五年以下有期徒刑或者拘役，并处罚金；情节严重的，处五年以上十年以下有期徒刑，并处罚金；情节特别严重的，处十年以上有期徒刑，并处罚金或者没收财产。本罪中所说的"珍贵、濒危野生动物"，包括列入国家重点保护野生动物名录的国家一、二级保护野生动物，列入《濒危野生动植物种国际贸易公约》附录一、附录二的野生动物以及驯养繁殖的上述物种。

6. 非法狩猎罪。《刑法》第 341 条第 2 款规定，违反狩猎法规，在禁猎区、禁猎期或者使用禁用的工具、方法进行狩猎，破坏野生动物资源，情节严重的，处三年以下有期徒刑、拘役、管制或者罚金。

7. 非法猎捕、收购、运输、出售陆生野生动物罪。《刑法》第 341 条第 3 款规定，违反野生动物保护管理法规，以食用为目的非法猎捕、收购、运输、出售危害珍贵、濒危野生动物罪规定以外的在野外环境自然生长繁殖的陆生野生动物，情节严重的，依照危害珍贵、濒危野生动物罪的规定处罚。

8. 非法占用农用地罪。《刑法》第 342 条规定，违反土地管理法规，非法占用耕地、林地等农用地，改变被占用土地用途，数量较大，造成耕地、林地等农用地大量毁坏的，处五年以下有期徒刑或者拘役，并处或者单处罚金。

9. 破坏自然保护地罪。《刑法》第 342 条之一规定：违反自然保护地管理法规，在国家公园、国家级自然保护区进行开垦、开发活动或者修建建筑物，造成严重后果或者有其他恶劣情节的，处五年以下有期徒刑或者拘役，并处或者单处罚金。并且，立法也规定了实施本罪行为同时又构成其他犯罪的，依照处罚较重的规定定罪处罚。

10. 非法采矿罪。《刑法》第 343 条第 1 款规定了本罪的两个量刑档次：违反矿产资源法的规定，未取得采矿许可证擅自采矿，擅自进入国家规划矿区、对国民经济具有重要价值的矿区和他人矿区范围采矿，或者擅自开采国家规定实行保护性开采的特定矿种，情节严重的，处三年以下有期徒刑、拘役或者管制，并处或者单处罚金；情节特别严重的，处三年以上七年以下有期徒刑，并处罚金。

11. 破坏性采矿罪。《刑法》第343条第2款规定，违反矿产资源法的规定，采取破坏性的开采方法开采矿产资源，造成矿产资源严重破坏的，处五年以下有期徒刑或者拘役，并处罚金。与前一个罪名相比，此罪重点在于采矿行为的具体手段，因破坏性开采方法对生态环境的影响更为恶劣，此罪也采用了更为严苛的刑罚。

12. 危害国家重点保护植物罪。与危害珍贵、濒危野生动物罪类似的是，此罪的犯罪对象包括了珍贵树木、国家重点保护的其他植物与珍贵树木制品、国家重点保护的其他植物制品两大种。《刑法》第344条规定，违反国家规定，非法采伐、毁坏珍贵树木或者国家重点保护的其他植物的，或者非法收购、运输、加工、出售珍贵树木或者国家重点保护的其他植物及其制品的，处三年以下有期徒刑、拘役或者管制，并处罚金；情节严重的，处三年以上七年以下有期徒刑，并处罚金。

13. 非法引进、释放、丢弃外来入侵物种罪。这也是《刑法修正案（十一）》新增的内容，体现了我国对生物安全的重视，《刑法》第344条之一规定，违反国家规定，非法引进、释放或者丢弃外来入侵物种，情节严重的，处三年以下有期徒刑或者拘役，并处或者单处罚金。

14. 盗伐林木罪。《刑法》第345条第1款规定了两个量刑档次：盗伐森林或者其他林木，数量较大的，处三年以下有期徒刑、拘役或者管制，并处或者单处罚金；数量巨大的，处三年以上七年以下有期徒刑，并处罚金；数量特别巨大的，处七年以上有期徒刑，并处罚金。

15. 滥伐林木罪。《刑法》第345条第2款规定，违反森林法的规定，滥伐森林或者其他林木，数量较大的，处三年以下有期徒刑、拘役或者管制，并处或者单处罚金；数量巨大的，处三年以上七年以下有期徒刑，并处罚金。

16. 非法收购、运输盗伐、滥伐的林木罪。《刑法》第345条第3款规定，非法收购、运输明知是盗伐、滥伐的林木，情节严重的，处三年以下有期徒刑、拘役或者管制，并处或者单处罚金；情节特别严重的，处三年以上七年以下有期徒刑，并处罚金。同时第4款规定，盗伐、滥伐国家级自然保护区内的森林或者其他林木的，从重处罚。

三、与环境相关的其他犯罪

在第六章第六节之外，《刑法》还有一些罪名也是与环境相关的，主要包括：

1. 走私废物罪。《刑法》第152条第2款规定，逃避海关监管将境外固体废物、液态废物和气态废物运输进境，情节严重的，处五年以下有期徒刑，并处或者单处罚金；情节特别严重的，处五年以上有期徒刑，并处罚金。

2. 非法转让、倒卖土地使用权罪。《刑法》第228条规定了此罪的两个量刑档次：以牟利为目的，违反土地管理法规，非法转让、倒卖土地使用权，情节严重的，处三年以下有期徒刑或者拘役，并处或者单处非法转让、倒卖土地使用权价额百分之五以上百分之二十以下罚金；情节特别严重的，处三年以上七年以下有期徒刑，并处非法转让、倒卖土地使用权价额百分之五以上百分之二十以下罚金。

3. 违法发放林木采伐许可证罪。《刑法》第407条规定，林业主管部门的工作人员违反森林法的规定，超过批准的年采伐限额发放林木采伐许可证或者违反规定滥发林木采伐许可证，情节严重，致使森林遭受严重破坏的，处三年以下有期徒刑或者拘役。

4. 环境监管失职罪。《刑法》第408条规定，负有环境保护监督管理职责的国家机关工作人员严重不负责任，导致发生重大环境污染事故，致使公私财产遭受重大损失或者造成人身伤亡的严重后果的，处三年以下有期徒刑或者拘役。

5. 非法批准征收、征用、占用土地罪。《刑法》第410条规定，国家机关工作人员徇私舞弊，违反土地管理法规，滥用职权，非法批准征收、征用、占用土地，情节严重的，处三年以下有期徒刑或者拘役；致使国家或者集体利益遭受特别重大损失的，处三年以上七年以下有期徒刑。

6. 非法低价出让国有土地使用权罪。《刑法》第410条规定，国家机关工作人员徇私舞弊，违反土地管理法规，滥用职权，非法低价出让国有土地使用权，情节严重的，处三年以下有期徒刑或者拘役；致使国家或者集体利益遭受特别重大损失的，处三年以上七年以下有期徒刑。

四、我国环境刑事法律责任的承担方式

（一）我国现行法律规定的环境刑事法律责任承担方式

在我国，环境刑事法律责任承担方式的立法集中表现在《刑法》中，此外，

《环境保护法》《水污染防治法》《大气污染防治法》等法律中也有概括性规定，亦都是"构成犯罪的，依法追究刑事责任"这类的指引性规定。我国现行法律所规定的环境法律责任承担方式主要有自由刑、财产刑、非刑罚性处置措施三大类。其中，自由刑是指管制、拘役、有期徒刑、无期徒刑等限制人身自由的刑罚；财产刑包括罚金刑与没收财产两种；非刑罚性处置措施主要包括：训诫、责令具结悔过、赔礼道歉、赔偿损失、行政处罚、行政处分等，这一类非刑罚性处置措施的适用前提是"犯罪情节轻微不需要判处刑罚的"。

必须强调的是，非刑罚性处置措施与社区矫正是两个不同的概念，社区矫正是刑事司法行政机关依法对有权机关确定的非监禁的或者暂缓监禁的罪犯，在相关社会团体和民间组织以及社会志愿者的协助下将其留在社区内予以管理、监督和矫正的刑罚执行活动和行刑方式。[1]也就是说非刑罚性处置措施也是环境刑事法律责任的一种承担方式，但社区矫正并不是一种独立的责任承担方式，而是责任承担方式的具体执行方法，社区矫正常常与缓刑一起出现，是对法律责任实现的具体执行要求与方法。在我国环境刑法司法实践中，很多判决都适用了社区矫正，常常可以看到"被告人在缓刑考验期内实行社区矫正"[2]或"被告人回到社区后，应当服从监督管理，接受教育，完成公益劳动，做一名有益社会的公民"[3]的判决，然而对非刑罚性处置措施的直接适用却较少，应加强非刑罚处置措施在环境犯罪中的适用。

（二）我国环境行政法律责任承担方式的现代化发展

除了上述我国现行刑法立法中已经明确规定的环境刑事法律责任承担方式之外，我国环境司法实践还创新发展了一些新型的环境刑事法律责任承担方式，有的是将传统刑法中的责任承担方式创新地适用于环境犯罪案件中，也有的则是创新出一些全新的承担方式，用于惩治环境犯罪行为。

1. 罚金刑成为环境刑事法律责任的主要承担方式之一。罚金刑原本只是刑罚中的一种附加刑，但在环境犯罪中，罚金刑发挥着重要作用，罚金刑与自由刑成为环境犯罪中最为广泛使用的两种刑罚手段，这也是有因可循的：第一，环境犯罪的主体不仅包括自然人，还包括了无法适用自由刑的单位，因此，罚

---

〔1〕 参见王琪：《社区矫正研究》，知识产权出版社 2007 年版，第 21 页。

〔2〕 在"中国裁判文书网"搜索而得，例如：浙江省乐清市吴文政、鲁国荣污染环境案，上海姚某污染环境案，浙江省乐清市高碎华、高慎兰污染环境案，天津市东丽区李宏卫污染环境案等。

〔3〕 在"中国裁判文书网"搜索而得，例如：上海姚某污染环境案，上海中集宝伟工业有限公司、刘某某等污染环境案，上海李某某污染环境案等。

金刑成为单位环境犯罪的首选刑罚手段,甚至是唯一手段。第二,自由刑的威慑力不足。环境犯罪的自由刑以低度自由刑为主,且在法院判决中往往伴随着缓刑等行刑方式,再加之判决前羁押等的抵消,最终环境犯罪被告人实际服刑时段较短,自由刑对环境犯罪的威慑力相较于其他犯罪,略显后力不足,这就突出了罚金刑的作用。第三,环境犯罪必然带来经济损失,罚金刑的适用理所应当。虽然,罚金刑的适用并不以经济损失为前提条件,但罚金刑的设置逻辑中包含了经济损失的现实考量。环境犯罪或者直接造成了环境污染治理的开销,或者造成了环境行政资源的浪费,这就使得罚金刑在环境犯罪中的适用不仅具有谴责之意,也具有了现实需求。

2. 非刑罚性处置措施的适用频率增高,尤其是对职业禁止的适用。很多案件中,法院都判决被告人禁止在缓刑考验期内从事相关的活动,起到了具有更强针对性的特殊预防功能。例如,王国祥、黄艳林污染环境罪案中,法院最终判决:被告人王国祥犯污染环境罪,判处拘役六个月,并处罚金人民币二万五千元;被告人黄艳林犯污染环境罪,判处拘役六个月,缓刑一年,并处罚金人民币二万五千元;禁止被告人黄艳林在缓刑考验期内从事金属配件酸洗等生产经营活动。[1]

3. 涌现出"补植复绿""增殖放流""对受污染的土壤进行无害化处理"等修复生态的新承担方式。"补植复绿"是指补种树木,恢复绿色生态,其可谓是创新环境法律责任承担方式的典型。"增殖放流"是指用人工方法直接向海洋、滩涂、江河、湖泊、水库等天然水域投放或移入渔业生物的卵子、幼体或成体,以恢复或增加种群的数量,改善和优化水域的群落结构。我国没有罚金易科制度的法律依据,实践中也尚未出现对罚金易科制度的直接适用。但在我国环境司法实践中,出于法律责任实现效果等的考量,法院有时会判决被告人补植复绿、增殖放流、对受污染的土壤进行无害化处理等,某种程度上也必然减少或免除了被告人原本应承担的一些罚金刑甚至是自由刑,这些被称为"补植复绿""增殖放流"等新的承担方式与罚金易科制度有着异曲同工的功效,也能够更好地修复生态,符合我国生态修复的环境司法理念。并且,这些新型承担方式早已不再局限于环境刑事法律责任之中,在整体环境法律责任中应用甚广,尤其是环境民事法律责任。

---

〔1〕 参见浙江省绍兴市越城区人民法院(2017)浙 0602 刑初 145 号刑事判决书。

第五节 环境司法专门化

一、环境司法专门化概述

环境司法专门化，是指国家或地方设立专门的审判机关（环境法院），或者现有法院在其内部设立专门的审判机构或组织（环境法庭）对环境案件进行专门审理。[1]从世界范围来看，环境司法专门化开始于 20 世纪 80 年代末、90 年代初，且发展很快。2007 年 11 月，我国第一个专门审理环境案件的审判机构——贵阳市中级人民法院环境法庭诞生，环境司法专门化的问题也引起了中国环境法学界和司法界的关注。[2]环境司法专门化也成为我国环境法的一大特色，这不仅是一个具有重要内涵的理论期待，也预示了重大变革的司法实践需要，我国环境司法发展整体上都体现出了一种实践先行的特征。

环境司法专门化是现代司法发展的必然趋势，是环境纠纷得到有效解决的基本保障，是解决日益增多的环境案件的客观需求，有利于鼓励人们提起环境诉讼，减少因环境纠纷引起群体性事件的发生，有利于环境法的正确执行。[3]环境司法专门化不仅包括审判机关的专门化，还包括审判制度的专门化、审判人员的专门化、审判规则的专门化，但以审判机关的专门化为中心。

2007 年以前，我国环境司法实践已经开始了一些尝试，武汉市硚口区人民法院与区环保局共同设立了环保法庭，辽宁省沈阳、丹东、大连等地环保局设立了十余个环保法庭作为派出机构。但由于以上设置不符合《人民法院组织法》的规定，有违司法权与行政权分离原则，后均被撤销。

2007 年 11 月，经最高人民法院同意，贵阳市清镇人民法院成立了环保法庭并审结了一起环境公益诉讼案。

2008 年 5 月无锡市中级人民法院成立了环保审判庭。2008 年 12 月昆明民事中级人民法院成立了环保审判庭。海南、福建等地紧随其后，全国环保法庭增至 120 余家。

2010 年 6 月最高人民法院在《为加快经济发展方式转变提供司法保障和服务的若干意见》中指出"在环境保护纠纷案件数量较多的法院可以设立环保法

---

〔1〕 参见王树义：《论生态文明建设与环境司法改革》，载《中国法学》2014 年第 3 期。
〔2〕 参见王树义等：《环境法前沿问题研究》，科学出版社 2012 年版，第 349 页。
〔3〕 参见王树义等：《环境法前沿问题研究》，科学出版社 2012 年版，第 354 页。

庭，实行环境保护案件专业化审判，提高环境保护司法水平"。

2014 年 6 月，最高人民法院发布《关于全面加强环境资源审判工作 为推进生态文明建设提供有力司法保障的意见》，指出："合理设立环境资源专门审判机构。本着确有需要、因地制宜、分步推进的原则，建立环境资源专门审判机构，为加强环境资源审判工作提供组织保障。高级人民法院要按照审判专业化的思路，理顺机构职能，合理分配审判资源，设立环境资源专门审判机构。中级人民法院应当在高级人民法院的统筹指导下，根据环境资源审判业务量，合理设立环境资源审判机构，案件数量不足的地方，可以设立环境资源合议庭。个别案件较多的基层人民法院经高级人民法院批准，也可以考虑设立环境资源审判机构。"

2014 年 7 月，最高人民法院成立了环境资源审判庭，主要负责最高人民法院审理的第一、二审涉及环境资源纠纷案件；审判不服下级人民法院生效裁判的环境资源审判监督案件。

截至 2019 年 12 月，全国 31 个省、自治区、直辖市人民法院共设立环境资源专门审判机构 1353 个，其中环境资源审判庭 513 个，合议庭 749 个，人民法庭（巡回法庭）91 个；其中，江苏、福建、贵州、海南、重庆等地基本建立了覆盖全省的三级法院环境资源审判组织体系。[1]

关于法院的管辖模式，各地方做法不完全相同，有的采用环境行政案件与环境民事案件"二合一"的归口主管模式，有的采用环境行政案件、环境民事案件和环境刑事案件"三合一的"归口主管模式，还有的采用环境行政、民事、刑事案件以及案件执行"四合一"的归口主管模式。2021 年最高人民法院发布《关于新时代加强和创新环境资源审判工作 为建设人与自然和谐共生的现代化提供司法服务和保障的意见》，强调"完善环境资源刑事、民事、行政案件'三合一'审判模式，确保环境司法理念在不同类型环境资源案件中得到统一贯彻落实。"

二、环境公益诉讼

环境公益诉讼是指，一种允许与案件无直接利害关系的原告出于公益目的，针对损害公共环境利益的行为，向法院起诉的新型诉讼制度。[2]在我国现行立

---

〔1〕　参见吕忠梅等：《中国环境司法发展报告（2019 年）》，法律出版社 2020 年版，第 7 页。

〔2〕　参见罗丽主编：《环境法教程》，中国法制出版社 2014 年版，第 460 页。

法体系之下，公益诉讼共有两大类，即民事公益诉讼与行政公益诉讼，其中都涉及了环境相关的公益诉讼。

（一）环境民事公益诉讼

2012 年《民事诉讼法》修改时新增了一条作为第 55 条："对污染环境、侵害众多消费者合法权益等损害社会公共利益的行为，法律规定的机关和有关组织可以向人民法院提起诉讼。"

2014 年《环境保护法》修改时新增了一条作为第 58 条："对污染环境、破坏生态，损害社会公共利益的行为，符合下列条件的社会组织可以向人民法院提起诉讼：（一）依法在设区的市级以上人民政府民政部门登记；（二）专门从事环境保护公益活动连续五年以上且无违法记录。符合前款规定的社会组织向人民法院提起诉讼，人民法院应当依法受理。提起诉讼的社会组织不得通过诉讼牟取经济利益。"

2017 年《民事诉讼法》修改时将第 55 条修改为："对污染环境、侵害众多消费者合法权益等损害社会公共利益的行为，法律规定的机关和有关组织可以向人民法院提起诉讼。人民检察院在履行职责中发现破坏生态环境和资源保护、食品药品安全领域侵害众多消费者合法权益等损害社会公共利益的行为，在没有前款规定的机关和组织或者前款规定的机关和组织不提起诉讼的情况下，可以向人民法院提起诉讼。前款规定的机关或者组织提起诉讼的，人民检察院可以支持起诉。"2021 年《民事诉讼法》将第 55 条调整为第 58 条，未修改内容。

1. 环境民事公益诉讼的起诉人

当前，我国环境民事公益诉讼的起诉人共两大类，第一类是《环境保护法》第 58 条所规定的符合条件的社会组织，条件一是依法在设区的市级以上人民政府民政部门登记，对此，《最高人民法院关于审理环境民事公益诉讼案件适用法律若干问题的解释》第 2、3 条详细解释为"依照法律、法规的规定，在设区的市级以上人民政府民政部门登记的社会团体、基金会以及社会服务机构等，可以认定为环境保护法第五十八条规定的社会组织。""设区的市，自治州、盟、地区，不设区的地级市，直辖市的区以上人民政府民政部门，可以认定为环境保护法第五十八条规定的'设区的市级以上人民政府民政部门'。"条件二是专门从事环境保护公益活动连续五年以上且无违法记录，《最高人民法院关于审理环境民事公益诉讼案件适用法律若干问题的解释》第 4、5 条详细解释为"社会组织章程确定的宗旨和主要业务范围是维护社会公共利益，且从事环境保护公益活动的，可以认定为环境保护法第五十八条规定的'专门从事环境保护公益活动'。社会组织提起的诉讼所涉及的社会公共利益，应与其宗旨和业务范围具有关联性。""社会组织在提起诉讼前五年内未因从事业务活动违反法律、法规的规定受过行政、刑事处罚的，可以认定为环境保护法第五十八条规定的'无违法记录'。"

第二类起诉人是检察机关。从立法确认起诉人资格的时间来说，检察机关的环境民事公益诉讼起诉人资格是晚于社会组织的。《最高人民法院、最高人民检察院关于检察公益诉讼案件适用法律若干问题的解释》第20条规定："人民检察院对破坏生态环境和资源保护，食品药品安全领域侵害众多消费者合法权益，侵害英雄烈士等的姓名、肖像、名誉、荣誉等损害社会公共利益的犯罪行为提起刑事公诉时，可以向人民法院一并提起附带民事公益诉讼，由人民法院同一审判组织审理。"

2. 环境民事公益诉讼的被告

环境民事公益诉讼的被告是污染环境、破坏生态，损害社会公共利益的行为人。因此，环境民事公益诉讼的追责原则、举证责任等要求与本章第二节所论述的环境侵权责任的要求是一致的。

3. 环境民事公益诉讼程序的特殊要求

检察机关作为环境民事公益诉讼起诉人有个前置程序，即《检察机关提起公益诉讼改革试点方案》规定的"检察机关在提起民事公益诉讼之前，应当依法督促或者支持法律规定的机关或有关组织提起民事公益诉讼。法律规定的机关或者有关组织应当在收到督促或者支持起诉意见书后一个月内依法办理，并将办理情况及时书面回复检察机关。"

检察机关除了具有直接作为环境民事公益诉讼起诉人的资格以外，还具有支持起诉的权利。检察机关可以通过提供法律咨询、提交书面意见、协助调查取证等方式支持社会组织依法提起环境民事公益诉讼。

（二）环境行政公益诉讼

2017年《行政诉讼法》进行了修改，第25条第4款规定："人民检察院在履行职责中发现生态环境和资源保护、食品药品安全、国有财产保护、国有土地使用权出让等领域负有监督管理职责的行政机关违法行使职权或者不作为，致使国家利益或者社会公共利益受到侵害的，应当向行政机关提出检察建议，督促其依法履行职责。行政机关不依法履行职责的，人民检察院依法向人民法院提起诉讼。"

1. 环境行政公益诉讼的起诉人

环境行政公益诉讼的起诉人是唯一的，只有人民检察院有资格提起环境行政公益诉讼。根据《人民检察院公益诉讼办案规则》，人民检察院办理行政公益诉讼案件，由行政机关对应的同级人民检察院立案管辖。行政机关为人民政府，由上一级人民检察院管辖更为适宜的，也可以由上一级人民检察院立案管辖。上级人民检察院可以根据办案需要，将下级人民检察院管辖的公益诉讼案件指定本辖区内其他人民检察院办理。最高人民检察院、省级人民检察院和设区的市级人民检察院可以根据跨区域协作工作机制规定，将案件指定或移送相关人民检察院跨行政区划管辖。基层人民检察院可以根据跨区域协作工作机制规定，将案件移送相关人民检察院跨行政区划管辖。人民检察院对管辖权发生争议的，由争议双方协商解决。协商不成的，报共同的上级人民检察院指定管辖。上级人民检察院认为确有必要的，可以办理下级人民检察院管辖的案件，也可以将本院管辖的案件交下级人民检察院办理。下级人民检察院认为需要由上级人民检察院办理的，可以报请上级人民检察院决定。

2. 环境行政公益诉讼的被告

环境行政公益诉讼的被告也是固定的，是负有生态环境和资源保护监督管理职责的行政机关。环境行政公益诉讼案件线索来源包括：自然人、法人和非法人组织向人民检察院控告、举报的；人民检察院在办案中发现的；行政执法信息共享平台上发现的；国家机关、社会团体和人大代表、政协委员等转交的；新闻媒体、社会舆论等反映的；以及其他在履行职责中发现的。环境行政公益诉讼引起的法律责任与本章第三节所论述的行政主体的环境行政法律责任相似。

3. 环境行政公益诉讼程序的特殊要求

检察建议是提起环境行政公益诉讼的前置程序，《最高人民法院、最高人民检察院关于检察公益诉讼案件适用法律若干问题的解释》第 21 条明确规定："人民检察院在履行职责中发现生态环境和资源保护、食品药品安全、国有财产保护、国有土地使用权出让等领域负有监督管理职责的行政机关违法行使职权或者不作为，致使国家利益或者社会公共利益受到侵害的，应当向行政机关提出检察建议，督促其依法履行职责。行政机关应当在收到检察建议书之日起两个月内依法履行职责，并书面回复人民检察院。出现国家利益或者社会公共利益损害继续扩大等紧急情形的，行政机关应当在十五日内书面回复。行政机关不依法履行职责的，人民检察院依法向人民法院提起诉讼。"

三、生态环境损害赔偿诉讼

生态环境损害，是指因污染环境、破坏生态造成大气、地表水、地下水、土壤、森林等环境要素和植物、动物、微生物等生物要素的不利改变，以及上述要素构成的生态系统功能退化。2015 年 12 月，中共中央办公厅、国务院办公厅印发了《生态环境损害赔偿制度改革试点方案》，2017 年 12 月，中共中央办公厅、国务院办公厅印发了《生态环境损害赔偿制度改革方案》，《生态环境损害赔偿制度改革试点方案》失效。2019 年 6 月，最高人民法院发布了《关于审理生态环境损害赔偿案件的若干规定（试行）》，并于 2020 年 12 月进行了修改。至此，我国在环境公益诉讼之外，还有生态环境损害赔偿诉讼这一特别诉讼。学界对于生态环境损害赔偿诉讼的性质仍有争议，有的学者认为，这是另一种环境公益诉讼；但也有学者认为，生态环境损害赔偿诉讼是国家行使所有权的一种特殊形式，是国家代表全体公民提起的诉讼，本质上仍是一种私益诉讼。

1. 生态环境损害赔偿诉讼的原告

不论与传统私益诉讼相比、还是和环境公益诉讼相比，生态环境损害赔偿诉讼的原告都是十分特殊的，其原告是省级、市地级人民政府及其指定的相关部门、机构，或者受国务院委托行使全民所有自然资源资产所有权的部门。其中，市地级人民政府包括设区的市，自治州、盟、地区，不设区的地级市，直辖市的区、县人民政府。生态环境损害赔偿诉讼与环境民事公益诉讼的区别就在于诉讼客体不同，生态环境损害赔偿诉讼是针对生态环境损害而提起的诉讼。生态环境损害，是指因污染环境、破坏生态造成大气、地表水、地下水、土壤、森林等环境要素和植物、动物、微生物等生物要素的不利改变，以及上述要素构成的生态系统功能退化。具体来说，发生下列情形时，可以提前生态环境损害赔偿诉讼：发生较大、重大、特别重大突发环境事件的；在国家和省级主体功能区规划中划定的重点生态功能区、禁止开发区发生环境污染、生态破坏事件的；发生其他严重影响生态环境后果的。

2. 生态环境损害赔偿诉讼的被告

生态环境损害赔偿诉讼的被告是造成生态环境损害的自然人、法人或者其他组织。但因污染环境、破坏生态造成人身损害、个人和集体财产损失或造成海洋生态环境损害的自然人、法人或者其他组织不成为生态环境损害赔偿诉讼的被告，而是通过其他诉讼来救济。生态环境损害赔偿诉讼的被告所承担的法律责任是修复生态环境、赔偿损失、停止侵害、排除妨碍、消除危险、赔礼道歉等民事责任。

3. 生态环境损害赔偿诉讼程序的特殊要求

《关于审理生态环境损害赔偿案件的若干规定（试行）》第 1 条明确规定，"省级、市地级人民政府及其指定的相关部门、机构，或者受国务院委托行使全民所有自然资源资产所有权的部门，因与造成生态环境损害的自然人、法人或者其他组织经磋商未达成一致或者无法进行磋商的，可以作为原告提起生态环境损害赔偿诉讼……"，其中所提及的"磋商"就是生态环境损害赔偿诉讼的前置程序。磋商是指发现生态环境损害需要修复或赔偿的，赔偿权利人根据生态环境损害鉴定评估报告，就损害事实与程度、修复启动时间与期限、赔偿的责任承担方式与期限等具体问题与赔偿义务人进行磋商，统筹考虑修复方案技术可行性、成本效益最优化、赔偿义务人赔偿能力、第三方治理可行性等情况，达成赔偿协议。经磋商达成生态环境损害赔偿协议的，当事人可以向人民法院申请司法确认。人民法院受理申请后，应当公告协议内容，公告期间不少于 30 日。公告期满后，人民法院经审查认为协议的内容不违反法律法规强制性规定且不损害国家利益、社会公共利益的，裁定确认协议有效。裁定书应当写明案件的基本事实和协议内容，并向社会公开。

《关于审理生态环境损害赔偿案件的若干规定（试行）》第 17 条规定："人民法院受理因同一损害生态环境行为提起的生态环境损害赔偿诉讼案件和民事公益诉讼案件，应先中止民事公益诉讼案件的审理，待生态环境损害赔偿诉讼案件审理完毕后，就民事公益诉讼案件未被涵盖的诉讼请求依法作出裁判。"

四、环境纠纷非诉解决机制

在我国民事诉讼体系之中，调解与仲裁是早已存在的非诉解决机制。理论上来说，调解在我国环境纠纷的解决中也是同样适用的，虽然环境纠纷兼具私人利益与公共利益的特点为调解增加了难度，但我国司法实践中早已开始使用调解这种方式来解决环境纠纷，前文所提及的生态环境损害赔偿诉讼中的磋商就是典型情形。因为《仲裁法》明确规定了"平等主体的公民、法人和其他组织之间发生的合同纠纷和其他财产权益纠纷，可以仲裁"，因此，并不是所有的环境纠纷都能适用仲裁，司法实践中使用仲裁方式来解决环境纠纷的做法也较少。总之，环境纠纷非诉解决机制有待理论与实践发展。

【本章思考题】

1. 你认为，环境司法未来应如何发展？
2. 如何衔接环境私益诉讼、环境公益诉讼以及生态环境损害赔偿诉讼？

【参考文献】

1. 金瑞林主编：《环境法学》，北京大学出版社 2016 年版。

2. 王树义等：《环境法基本理论研究》，科学出版社 2012 年版。

3. 王树义等：《环境法前沿问题研究》，科学出版社 2012 年版。

4. 应松年主编：《行政法与行政诉讼法学》，法律出版社 2009 年版。

5. 吕忠梅：《环境法学》，法律出版社 2008 年版。

6. 罗丽主编：《环境法教程》，中国法制出版社 2014 年版。

7. 刘琳：《环境法律责任承担方式的新发展》，中国社会科学出版社 2019 年版。

【延伸阅读】

1. 最高人民法院指导性案例。
2. 最高人民法院典型案例。

第二编
环境污染防治法

第一章　环境污染防治法概述

【内容提要】

本章概括性地介绍了环境污染的概念与特征，介绍了我国环境污染防治立法的体系与主要制度，为本编后续章节的学习奠定了基础。

【重点了解与掌握】

1. 环境污染的概念与特征；
2. 我国环境污染防治法的主要制度。

【引导案例（材料）】

20世纪在全球范围内发生了多起影响恶劣的环境污染事件，后被称为"八大公害事件"，包括：1.1930年12月发生在比利时马斯河谷工业区的比利时马斯河谷烟雾事件：此次污染事件，因为是几种有害气体与煤烟、粉尘同时对人体产生了毒害，导致了60余人死亡，数千人患病。2.1948年10月发生在美国宾夕法尼亚州多诺拉镇的美国多诺拉镇烟雾事件：二氧化硫及其氧化的产物与大气中尘粒结合是致害因素，导致发病者有5911人，占全镇人口43%，死亡17人。3.1952年12月发生在英国伦敦市的伦敦烟雾事件：在大雾持续的5天时间里，据英国官方的统计，丧生者达5000多人，在大雾过去之后的两个月内有8000多人相继死亡。4.20世纪40年代初期发生在美国洛杉矶市美国洛杉矶光化学烟雾事件；1955年9月，由于大气污染和高温，短短两天之内，65岁以上的老人死亡400余人，许多人出现眼睛痛、头痛、呼吸困难等症状。5.1952年-1972年间断发生在日本熊本县水俣市的日本水俣病事件：含甲基汞的工业废水污染水体，使水俣湾和不知火海的鱼中毒，人食用毒鱼后受害。6. 1931 年－1972 年间断发生在日本富山县神通川流域的日本富山骨痛病事件：锌、铅冶炼厂等排放的含镉废水污染了神通川水体，两岸居民利用河水灌溉农田，使稻米和饮用水含镉而中毒。7. 1961 年－1970 年间断发生在日本四日市的日本四日市气喘病事件：1955 年以来，该市石油冶炼和工业燃油产生的废气，严重污染城市空气。1972 年该市共确认哮喘病患者达 817 人，死亡 10 多人。8. 1968 年发生在日本北九州市、爱知县一带的日本米糠油事件：产米糠油用多氯联苯作脱臭工艺中的热载体，由于生产管理不善，混入米糠油，食用后中毒。

【引导问题】

为什么 20 世纪集中发生了多起环境污染的公害事件？

第一节　环境污染概述

一、环境污染的概念

环境污染是一个环境科学概念，是指被人们利用的物质或者能量直接或间接地进入环境，造成对自然的有害影响，以至于危及人类健康、危害生命资源和生态系统，以及损害或者妨害舒适性和环境的其他合法用途的现象。[1]这一概念也是经济合作与发展组织在 1974 年的一份建议书中提出的，后被广泛使用。我国现行环境立法所列举的环境污染是指人们在生产建设或者其他活动中产生的废气、废水、废渣、医疗废物、粉尘、恶臭气体、放射性物质以及噪声、振动、光辐射、电磁辐射等对环境的污染和危害[2]。与此同时，"公害"也是环境法中会出现的一个概念，最早可追溯于日本 1896 年的《河川法》中，以及日本 1911 年的《工场法》、1949 年的《工厂公害防治条例》、1967 年的《公害对策基本法》等。日本所称公害是指大气污染、水质污染、土壤污染、噪声、振动、地面沉陷及恶臭等对人体健康和生活环境所造成的危害。[3]

我国立法并没有严格区分环境污染与公害，立法未形成绝对统一的用语习惯。1978 年《宪法》第 11 条第 3 款规定"国家保护环境和自然资源，防治污染

---

〔1〕　See OECD Council Recommendation C（74）224, 1974.

〔2〕　参见《环境保护法》第四章"防治污染和其他公害"。

〔3〕　参见韩德培主编：《环境保护法教程》，法律出版社 2018 年版，第 204 页。

和其他公害"，此后，1982年《宪法》和1989年《环境保护法》都沿用了"防治污染和其他公害"的用语习惯。此外，1987年《中华人民共和国民法通则》（以下简称《民法通则》）规定了"污染环境造成他人损害"的民事责任，2010年《中华人民共和国侵权责任法》（以下简称《侵权责任法》）规定了"环境污染责任"，2021年《民法典》规定了"环境污染和生态破坏责任"。总之，囿于历史与性质难确定的原因，我国现行立法多使用了"环境污染和其他公害"的说法，但规范性文件与学界一般均用"环境污染"来概括这一内容，本书亦是如此。

二、环境污染的特征

根据环境要素的不同，可将环境污染分为了大气污染、水污染、土壤污染、海洋污染等。环境污染的特征有：

第一，原因的人为性。须伴随人类活动产生。正如前文所说环境法中讨论的环境问题是指人为造成的环境问题，环境污染也是以人类生产、生活活动为前提而产生的。地震、火山、洪水等造成的环境污染被法律归为了自然灾害，不属于本编所讨论的环境污染的范畴，但其也可能会引发环境突发事故，也应遵守环境污染事故报告制度的基本规则。也正是因为此特征，本编所涉及的环境污染责任一般都具有较为明显、确定的可归责主体。

第二，途径的介入性。须以环境为媒介。当排放或泄漏进入环境的污染物质或能量积累到一定数量或浓度时，将会引起环境要素性状的改变，直接造成对生态环境的污染与破坏，从而以环境为媒介造成人体或财产的损害。

第三，机制的变异性。须为物质、能量从一定的设施设备向外界排放或者泄漏。这也是环境污染的产生原因，一般是环境污染物进入生态环境中，当它们的数量或浓度超过环境自净能力时，可通过生物、物理、化学的作用发生转化，从而导致生态环境发生质的变化，发生环境污染或生态破坏，从而对生态环境系统构成威胁与破坏。

第四，后果的致害性。须出现环境质量下降或造成国家、其他主体合法权益受侵害的结果。受环境污染影响的对象多、范围广、后果严重，其实质就是环境质量恶化及环境满足人类的使用功能降低，如对人体健康、财物的损害。

第二节　我国的环境污染防治法

一、我国的环境污染防治法概述

（一）环境污染防治法的概念

环境污染防治法，是指国家为预防和治理环境污染和其他公害，对产生或可能产生环境污染和其他公害的原因活动实施管理，以达到保护生活环境和生态环境，进而保护人体健康和财产安全的目的而制定的同类法律的总称[1]。我国现行立法与环境污染防治相关的主要有《宪法》第 26 条第 1 款、《环境保护法》第四章“防治污染和其他公害”，以及《大气污染防治法》《水污染防治法》《土壤污染防治法》《海洋环境保护法》《噪声污染防治法》《固体废物污染环境防治法》《放射性污染防治法》等一系列单行立法，当然还包括了大量的部门规章、环境标准等。

我国环境污染防治法主要有以下特征：第一，发展较为成熟。细数我国环境法的发展，也是从环境污染防治立法开始起步的，现行污染防治立法中的几个重要单行立法的颁布实施年份都较早，并且近五年都进行了修改，形成了现在较为成熟的一系列立法。第二，环境污染防治立法的行政法色彩较浓。环境污染防治立法，既包括以行政许可、行政处罚等行政直接规制手段来规范人类的环境利用活动，也包括以激励性、保障性等制度政策的非直接规制手段来规范人类的环境利用活动。第三，环境污染防治立法仍在发展之中。现行立法中既包括《大气污染防治法》《水污染防治法》《土壤污染防治法》等环境要素污染防治立法，也包括《噪声污染防治法》《固体废物污染环境防治法》等污染因子防治立法。近年来，也有学者提出，这类立法不应统称为环境污染防治法，而应称为污染控制法，其是对环境污染防治法、物质循环利用法、化学物质环境风险管理法以及噪声、放射性物质与电磁辐射等能量危害防除法的统称。[2]如何构建合理的环境法学体系仍在研究与发展中。

（二）我国环境污染防治法的发展历程

我国环境污染防治法的立法发展大体上可以划分为三个阶段。

第一阶段是起步阶段，20 世纪 70 年代-1989 年。1973 年召开了第一次全国

---

〔1〕　参见金瑞林主编：《环境法学》，北京大学出版社 2016 年版，第 149 页。

〔2〕　参见汪劲：《环境法学》，北京大学出版社 2018 年版，第 149 页。

环境保护会议，确立了环境保护工作的方针。1978 年环境保护首次写入宪法，成为国家职能。1979 年《环境保护法（试行）》以较大篇幅规定了污染防治的基本监督管理制度。我国环境污染防治立法开始迅速发展，在 80 年代经历了第一次立法高潮，几个重要的污染防治法律法规相继出台，如《大气污染防治法》《水污染防治法》《海洋环境保护法》等。

第二阶段是全面发展阶段，1989 年—2014 年。1989 年 12 月 26 日，《环境保护法》正式公布并施行，这标志着我国环境污染防治法进入了一个新的发展阶段，污染防治指导思想发生了根本转变，突出了源头控制、问题控制、集中控制，深化了预防为主原则的内涵。这期间，既出台了《放射性污染防治法》等新的污染防治单行立法，也对既有的污染防治单行立法进行了修改，我国环境污染防治法体系已经基本形成，并得到全面发展。

第三阶段是健全完善阶段，2014 年至今。2014 年 4 月 24 日修订通过、2015 年 1 月 1 日施行的《环境保护法》仍旧以专章的形式规定了环境污染防治的内容，并进一步完善了相关规定。2018 年 8 月 31 日通过、2019 年 1 月 1 日施行的《土壤污染防治法》，终于弥补了我国之前没有土壤污染专门法律的空白，意义重大。此阶段中还对几部重要的污染防治单行立法进行了修改，我国环境污染防治法体系得到了健全与完善。当前，我国正在进行环境法典的立法工作，相信我国环境污染防治法将会迎来一个新的发展阶段。

二、我国环境污染防治法的主要制度

为了保护和改善环境，防治污染和其他公害，我国颁布了一系列法律法规，确立了一系列环境污染防治原则和制度，既包括本书第一编第五章中的环境影响评价制度、"三同时"制度、环境标准制度、排污许可制度、重点污染物排放总量控制制度等，也包括现场检查制度、淘汰落后工艺设备制度等。

（一）现场检查制度

现场检查制度是指县级以上生态环境主管部门以及其他负有环境保护监督管理职责的部门对其管辖范围内的排污单位与个人进入现场进行直接检查的环境行政监督制度。《环境保护法》第 24 条规定："县级以上人民政府环境保护主管部门及其委托的环境监察机构和其他负有环境保护监督管理职责的部门，有权对排放污染物的企业事业单位和其他生产经营者进行现场检查。被检查者应当如实反映情况，提供必要的资料。实施现场检查的部门、机构及其工作人员应当为被检查者保守商业秘密。"

1. 现场检查的有权机关。只有县级以上人民政府生态环境主管部门及其委托的环境监察机构和其他负有环境保护监督管理职责的部门有权进行现场检查。其中，其他负有环境保护监督管理职责的部门是指国家海洋行政主管部门、港务监督、渔政渔港监督、军队环境保护部门和各级公安、交通、铁道和民航管理部门。有权机关及其工作人员应当为被检查者保守商业秘密。

2. 现场检查的对象。现场检查的对象即被检查者，是指排放污染的所有行政相对人，包括自然人、企事业单位、其他生产经营者。《环境保护法》等法律法规强调，被检查者有进行配合的义务，应当如实反映情况，提供必要的资料。必要的资料包括：污染物排放情况，污染物处理设施的操作、运行和管理情况，检测仪器、设备的型号和规格以及校验情况，采用的监测分析方法和监测记录，限期治理执行情况，事故情况及有关记录，与污染有关的生产工艺、原材料使用方面的资料，等等。

（二）淘汰落后工艺、设备制度

淘汰落后工艺、设备制度是指，国家对严重污染环境的落后生产工艺、设备，限期禁止生产、销售和适用，也不得转让给他人使用的法律制度。《环境保护法》第46条规定："国家对严重污染环境的工艺、设备和产品实行淘汰制度。任何单位和个人不得生产、销售或者转移、使用严重污染环境的工艺、设备和产品。禁止引进不符合我国环境保护规定的技术、设备、材料和产品。"这项法律制度的最早立法是1995年颁布的《固体废物污染环境防治法》，除此之外，《噪声污染防治法》《大气污染防治法》《海洋环境保护法》《土壤污染防治法》中均有明确规定。

与淘汰落后工艺、设备制度配套的是国务院经济综合主管部门会同国务院有关部门公布限期禁止采用的严重污染环境的工艺名录，已公布了《淘汰落后生产能力、工艺和产品的名录》（第一批和第二批）和《第一批严重污染环境（大气）的淘汰工艺与设备名录》等。

【本章思考题】

1. 污染防治法在我国环境法中处于什么地位？

2. 我国环境污染防治法的主要制度有哪些？

【参考文献】

1. 金瑞林主编：《环境法学》，北京大学出版社2016年版。

2. 韩德培主编:《环境保护法教程》,法律出版社 2018 年版。

3. 周珂等主编:《环境法》,中国人民大学出版社 2021 年版。

4. 汪劲:《环境法学》,北京大学出版社 2018 年版。

5. 罗丽主编:《环境法教程》,中国法制出版社 2014 年版。

【延伸阅读】

阅读世界"八大公害事件"相关资料。

第二章　大气污染防治法

【内容提要】

大气污染是人类社会常见的公害之一，对人体健康、生命安全以及生态系统的稳定性产生负面影响。我国《大气污染防治法》正是以问题为导向应运而生，该法自1988年6月1日正式实施以来，大气污染防治的行政管理体制、技术型标准、责任追究机制等内容也在不断回应实践需求进行修订，反映出大气污染预防、治理、应对等过程中社会利益关联性与技术手段的复杂性。从我国现行《大气污染防治法》的法律规定来看，其发展理念、制度设计、立法技术等层面都存在诸多亮点。当然，《大气污染防治法》在实践运行层面仍存在诸多问题，需要在实践中不断总结经验，促进相关制度的不断完善。

【重点了解与掌握】

1. 了解大气污染的概念，大气污染物的种类与来源，大气污染防治法的基本理念与目的，我国大气污染防治法的发展进程；

2. 掌握大气污染防治的行政管理体制，防治燃煤产生的大气污染的措施，防治机动车船排放污染物的措施，防治废气、粉尘、恶臭污染的措施。

【引导案例】

德州晶华集团振华有限公司（以下简称"振华公司"）是一家从事玻璃及玻璃加工产品制造的企业。振华公司虽投入资金建设脱硫除尘设施，但仍有两个烟囱长期超标排放污染物，造成大气污染，严重影响了周围居民生活，被环境保护部点名批评，并被山东省环境保护行政主管部门多次处罚，但其仍持续超标向大气排放污染物。中华环保联合会提起诉讼，请求判令振华公司立即停止超标向大气排放污染物，增设大气污染防治设施，经环境保护行政主管部门验收合格并投入使用后方可进行生产经营活动；赔偿因超标排放污染物行为造成的损失2040万元（诉讼期间变更为2746万元）及因拒不改正超标排放污染物所造成的损失780万元，并将赔偿款项支付至地方政府财政账户，用于德州市大气污染治理；在省级以上媒体向社会赔礼道歉；承担本案诉讼、检验、鉴定、专家证人、律师及其他为诉讼支出的费用。

德州市中级人民法院受理本案后，向振华公司送达民事起诉状等诉讼材料，向社会公告案件受理情况，并向德州市环境保护局告知本案受理情况。通过司法机关与环境保护行政主管部门的联动协调，振华公司将全部生产线关停，在远离居民生活区的地方建设新厂，防止了污染及损害的进一步扩大，使案件尚未审结即取得阶段性成效。

德州市中级人民法院判决：一、被告德州晶华集团振华有限公司于本判决生效之日起30日内赔偿因超标排放污染物造成的损失2198.36万元，支付至德州市专项基金账户，用于德州市大气环境质量修复；二、被告德州晶华集团振华有限公司在省级以上媒体向社会公开赔礼道歉；三、被告德州晶华集团振华有限公司于本判决生效之日起10日内支付原告中华环保联合会所支出的评估费10万元；四、驳回原告中华环保联合会其他诉讼请求。[1]

【引导问题】

1. 德州市人民政府和德州市环保局在本案中应当履行怎样的职责？

2. 在防治大气污染工作中，司法机关、行政机关、社会公众应当怎样联动与协调？

第一节　大气污染及其危害

一、大气和大气污染的概念

（一）大气的概念

大气是维持一切生命所必需的条件。大气的概念应与空气的概念有所界分。

---

〔1〕　参见山东省德州市中级人民法院（2015）德中环公民初字第1号民事判决书。

在大气物理学、大气气象学、自然地理学以及环境科学的研究中，常常以大区域或全球性的气流即大气为研究对象。而对于室内或特指某个场所（如车间、会议室和厂区等）供人和动植物生存的气体习惯上称为空气。[1]大气是一种由多种气体组成的混合物，其由干洁大气、水汽、气溶胶、污染物质组成。按照不同的标准，对大气成分的分类是多样的。大气成分经过了复杂的演化过程。第一代大气是原始大气，由氢、氦、氖等组成。第二代大气又称还原大气，由氮、二氧化碳、甲烷、水汽、氨等组成。现代大气为氧化性大气，由干洁空气、水汽、悬浮颗粒等组成。

地球最外部的气体圈层为大气圈，其随地球引力而旋转。根据大气的垂直分布特点，可将大气圈分为对流层、平流层、中间层、热层和外层五个层面。[2]其中，对流层与人类的关系最为密切，大气保护的主要对象也是对流层的大气质量。对流层的厚度随纬度与季节变化而变化。高纬度地区平均为8-9公里，中纬度地区为10-12公里，低纬度地区为17-18公里。季节上，夏季对流层的厚度大于冬季。由于对流层温度随高度的增加而下降，给大气污染物的扩散创造了条件。但对流层有时会出现温度随高度升高而升高或不变的现象，分别称为逆温或等温现象，这种情况往往使得污染物得不到扩散而使地面污染加剧。[3]另外，在平流层中存在一臭氧层，可以使人类和生物免受紫外线的杀伤，对人类的生存与发展具有重要的影响。是故，保护臭氧层不受污染物破坏也是大气环境保护的重要内容之一。

（二）大气污染的概念

从生态学的角度，大气污染问题缘于两方面。一方面是自然原因，如火山喷发、自然尘、森林植物释放等。另一方面是人为原因，即人类在生产、生活中向大气中排放各种污染物质。由于前一种大气污染问题不能为人类所控制，无法进行预防。鉴于环境法的调整对象是人类在从事环境利用行为过程中形成的环境利用关系，[4]故自然原因引发的大气污染不在大气污染防治法的调整范围内。从这个意义上来讲，大气污染防治法中的大气污染指人们的生产活动和其他活动，向大气中排放有毒有害物质，致使大气环境的物理、化学、生物或

---

[1] 参见彭守约、陈汉光编著：《环境保护法教程》，武汉大学出版社1984年版，第102页。

[2] 参见朱炳海等主编：《气象学词典》，上海辞书出版社1985年版，第42页。

[3] 参见曹明德主编：《环境与资源保护法》，中国人民大学出版社2020年版，第162页。

[4] 参见汪劲：《环境法学》，北京大学出版社2018年版，第23页。

者放射性等特性改变，导致生态环境损害，进而危害人体健康、生命安全或财产安全的现象。[1]大气本身具有自净能力，大气的污染物可在自然过程中（输送、稀释和扩散等）得到消除或者浓度降低。但当大气中的污染物超过了大气环境容量[2]时，大气则无法通过自净能力而回复原有状态。

根据产生来源不同，人工污染源主要包括以下四种：生活污染源、工业污染源、交通污染源和扬尘污染源。生活污染源是由城市居民、机关和服务性行业，由于生产生活的需要，燃烧矿物燃料向大气排放煤烟造成大气污染。工业污染源是由钢铁厂、化工厂等工矿企业在生产过程中排放煤烟、粉尘及无机和有机化合物等造成的大气污染。交通污染源是由行驶中的汽车、火车、船舶和飞机等交通工具，排放出含有一氧化合物、碳氢化合物、铅等污染物的尾气造成大气污染。扬尘污染源是由于自然力的原因和农村、城市的过度开发，植被和水面因遭受破坏减少或消失，地表裸露，沙尘被风力或施工、交通等人类活动扬起，可吸入颗粒物悬浮于大气中，造成大气污染。[3]

根据污染物的种类和构成不同，大气污染可分为四种类型：一是煤烟型大气污染，指由于燃煤产生的烟尘、二氧化硫、一氧化碳和氮氧化物引起的大气污染；二是石油型大气污染，指由于使用、生产、燃烧石油和石油化工产品造成的大气污染；三是氮氧型大气污染，指由于机动车发动机排放的氮氧化物造成的大气污染；四是混合型大气污染。通常意义上，混合型大气污染指介于煤烟型和石油型之间的大气污染，主要是工矿企业的废气和粉尘造成的，而近年来扬尘污染也逐渐成为主要的混合型大气污染。[4]

另外，根据污染物排放的方式，可将大气污染分为高架源污染、面源污染、线源污染，此种分类方法主要适用于大气扩散的计算。根据污染物排放的时间，可将大气污染分为连续源污染、间断源污染、瞬时源污染，此种分类方法主要适用于分析大气污染物排放的时间规律。

二、大气污染的危害

大气污染能对人体健康、工农业生产、动植物生长、自然生态环境的稳定

---

〔1〕 参见蔡守秋主编：《环境资源法教程》，高等教育出版社2017年版，第189页。

〔2〕 大气环境容量是指在满足大气环境目标值（即能维持生态平衡并且不超过人体健康要求的阈值）的条件下，某区域大气环境所能承纳污染物的最大能力，或所能允许排放的污染物的总量。

〔3〕 参见周珂等主编：《环境法》，中国人民大学出版社2021年版，第124页。

〔4〕 参见高桂林等编著：《环境法：原理与案例》，知识产权出版社2012年版，第164页。

性造成危害。其主要表现如下。

(一) 大气污染对人体健康的危害

从大气污染对人体的传播途径上来看,有三类:第一类是通过器官、皮肤的表面直接接触;第二类是通过食入含有大气污染物的水和食物;第三类是通过吸入被污染的空气。第一类和第三类是直接危害途径,第二类是间接危害途径。

大气污染对人体健康的危害,按照危害的时间,可分为急性危害(如伦敦的烟雾事件)、慢性危害(如呼吸道系统的疾病)和远期危害(如致癌、致畸)三类。[1]突然性高浓度的污染物可造成人类的急性中毒,几天之内可夺去成千上万人的生命。与低浓度的污染气体长期接触,可引起人类的慢性支气管炎、支气管哮喘、肺气肿及肺癌等病症。

(二) 大气污染对工农业生产的危害

大气中的酸性污染物和二氧化硫、二氧化氮等可侵蚀机器设备、腐蚀金属、使高压电线短路;光化学烟雾的成分臭氧可造成橡胶制品迅速老化和脆裂;大量的扬尘会给精密仪器、设备的生产、安装调试和使用带来不利后果,影响其正常使用。

大气污染物能破坏农作物中的叶绿素,干扰酶的作用,阻碍农作物的代谢功能,从而抑制植物的生长,高浓度的污染还可以造成农作物急性坏死。[2]以酸雨为例,酸雨不但使城市建筑灰暗脏旧,还造成土地酸化,病虫害加剧,影响土壤微生物的活性,进而直接影响农作物的生长。[3]研究表明,酸雨污染给我国造成的损失每年超过 1100 亿元,大气污染所造成的损失每年约占我国 GDP 的 2%～3%。[4]

(三) 大气污染对动植物的危害

大气污染对动物的危害与人体的危害情况相似。大气污染会使动物发生畸变、癌变,破坏遗传基因。大气污染对动物的危害,除污染物的直接侵入造成伤害外,还通过污染食品进入体内,导致动物发病和死亡。家畜食用受大气污染的牧草,会出现牙齿松动、骨骼变脆等症状。我国内蒙古包头钢铁厂曾采用

---

〔1〕 参见蔡守秋主编:《环境资源法教程》,高等教育出版社 2017 年版,第 190 页。

〔2〕 参见王灿发:《环境法学教程》,中国政法大学出版社 1997 年版,第 127 页。

〔3〕 参见戈华清、唐塘:《大气污染防治法律制度的变革与创新——以我国〈大气污染防治法〉的修订为轴线》,气象出版社 2017 年版,第 8 页。

〔4〕 《视点:酸雨污染给我国造成损失每年超过 1100 亿元》,载《环境经济》2004 年第 5 期。

含氟量高的矿石原料，排放的污染物污染了周围的牧草，引发牛、羊、马等牲畜骨骼变形、骨折等。

大气污染物对植物的危害可分为可见性伤害和不可见性伤害。可见性伤害是由于植物茎叶吸收较高浓度的污染物或长期暴露在被污染的大气环境中而出现的可以被看到的现象，如叶片出现伤斑、脱落，甚至整株死亡等。不可见伤害是由于植物吸收低浓度污染物而使植物生理、生化方面受到负面影响。虽然植物外表未发现有受害症状，但植物的生长机能受到了影响，影响植物的生长发育，植物抵御病虫害的能力大大降低。危害植物的大气污染气体主要有二氧化硫、氟化物、光化学烟雾等。

（四）大气污染对自然生态的危害

大气污染对自然生态的危害主要表现为酸雨危害、臭氧层破坏和全球变暖。酸雨的形成，主要是在燃烧煤、石油、天然气等的过程中，不断向大气排放二氧化硫和氮氧化合物等酸性气体所致。酸雨的直接影响之一是使湖泊与河流水质降低及其他生态系统平衡遭到破坏。酸性化学物质可以通过降雨、降雪、冰雹等直接进入湖泊与河流。酸雨降到地面后会冲刷掉土壤中的营养成分，并携带土壤中的有毒金属，一起流入湖泊与河流中。人类如果食用受污染的水生生物，其健康也会受到连锁性损害。

臭氧能吸收太阳的短波辐射和地面的长波辐射，以加热大气，对大气平流层加热时可形成该层大气温度结构，大气臭氧含量和分布的变化能够影响到全球的气候变化。人类向大气排放的氟氯烃化合物上升到高层大气后，在强烈太阳紫外辐射作用下会使臭氧分子遭到破坏。由于臭氧层中臭氧的减少，致使照射到地面的太阳光紫外线增强。紫外线的增强使人类罹患呼吸系统传染病、皮肤癌和白内障的概率增加，也对植物、水生生态系统产生潜在的危险。

人类燃烧煤、石油、天然气，产生的大量二氧化碳和甲烷进入大气层，使碳循环失衡，加剧了温室效应，是全球变暖的重要原因之一。全球变暖使海平面上升，直接威胁海岛国家的生存与发展，也可能使半干旱的热带地区变得更为干旱。这危害了自然生态系统，也威胁了人类的食物供应和居住环境。

第二节　大气污染防治主要法律规定

一、大气污染防治立法沿革

我国关于防治大气污染的法规，最早为国务院 1956 年 5 月 31 日颁布的

《关于防止厂矿企业中矽尘危害的决定》，该决定对厂矿企业的防尘工作、职工健康保护作了原则性规定。1973 年，国家计委发出《关于加强防止矽尘和有毒物质危害工作的通知》，制定了《防止企业中矽尘和有毒物质的规划》。国家计委、国家建委、卫生部还联合发布了《工业"三废"排放试行标准》，该标准对工业污染源排出的废气、废水和废渣的容许排放量、排放浓度作出规定，对我国环境保护工作和"三废"治理起到了一定的促进作用。

1979 年 9 月 13 日，《环境保护法（试行）》公布施行，该法对大气污染防治的原则、制度、措施作出了基本规定，并全面地对有害气体排放标准、消除烟尘、生产设备和生产工艺等方面作出进一步规定。有关部委先后发布了《大气环境质量标准》、《锅炉烟尘排放标准》、《汽油车怠速污染物排放标准》、《钢铁工业污染物排放标准》《沥青工业污染物排放标准》等。此阶段大气污染防治以控制或治理固定源为主，也多以管控性或命令性措施为主导政策。[1]

第六届全国人大常委会第二十二次会议于 1987 年 9 月 5 日制定了《大气污染防治法》，并于 1988 年 6 月 1 日起施行。从体系结构上看，该法共六章、四十一条。该法的主要亮点主要有以下几点。第一，将大气环境保护工作纳入国民经济计划，以促进经济建设和环境保护的协调发展。第二，将防治大气污染和保护大气环境提高到全体公民守法"义务"的高度予以规定。第三，更加明确了加强环境统一管理是防治大气污染的有效途径。第四，对烟尘、粉尘、恶臭等重点防治对象的主要防治措施作了专门规定。

1987 年的《大气污染防治法》施行后，大气污染防治工作取得了明显成效。但是，随着社会经济的发展，能源消耗量不断增长，能源消费模式的转变与产业的转型升级势在必行。为此，第八届全国人大常委会第十五次会议于1995 年 8 月 29 日通过了关于修改《大气污染防治法》的决定。此次修改的主要内容主要体现在以下几个方面。第一，加强源头治理，开展资源综合利用。第二，专门规定了鼓励性条款，促进企业发展清洁生产工艺和技术。第三，强化对燃煤的污染防治，将原法第三章"防治烟尘污染"改为"防治燃煤产生的大气污染"。第四，为应对严重的酸雨问题，确定以一定污染物限制或禁止排放为基础的总量控制措施。第五，针对落后生产工艺和设备实行淘汰制度，加强有关处罚力度，并提出政府环境责任问题。

为提升我国在大气污染防治的整体能力，2000 年 4 月，第九届全国人大常

---

〔1〕 参见文伯屏：《大气污染防治法的立法背景及主要内容》，载《法学研究》1988 年第 4 期。

委会第十五次会议对《大气污染防治法》进行第二次修改。修改内容主要包括以下几个方面。第一，将可持续发展规定为立法目的。第二，推动清洁生产，构建从源头到末端全过程控制的污染防治法律制度。第三，以环境承载能力为基础，实行大气主要污染物排放的总量控制和许可制度。第四，加强对非工业生产的各类污染源的控制，对机动车船的污染防治措施进行细化规定，促进城市能源结构的转型。第五，协调政府与市场的关系，促进环保产业的市场化。

2015 年 8 月 29 日，第十二届全国人民代表大会常务委员会第十六次会议上，《大气污染防治法》迎来了第三次修改。该法修改后，有学者称此次修改是"继《环境保护法》修改工作后，涉及环境保护领域里的又一大法治成绩"。[1]这次修改的内容主要体现在以下几个方面。第一，增加行政考核评价机制，强化地方政府的责任。第二，推动排污许可证制度的完善，促进重点大气污染物排污权交易的开展。第三，细化了环境监测制度，增加了自动监测、遥感监测、远红外像等方式。第四，贯彻生态整体协同观，强化对重点区域的联防联控。第五，完善信息公开与公众参与制度，规范大气环境质量标准、大气污染物排放标准等环境信息的制定程序、公开方式、公众参与程序。第六，加大对污染行为的惩罚力度，对拒不改正的企事业单位实行按日计罚制度。

2018 年 10 月 26 日，第十三届全国人民代表大会常务委员会第六次会议通过了《关于修改〈中华人民共和国野生动物保护法〉等十五部法律的决定》，对《大气污染防治法》作出了一些修改，主要是为了回应国务院机构改革方案的要求，如将"环境保护主管部门"修改为"生态环境主管部门"，"出入境检验检疫机构"修改为"海关"，"质量监督、工商行政管理部门"修改为"市场监督管理部门"等。总体来看，我国《大气污染防治法》的立法目标、功能定位、体系结构、制度设计、立法技术等呈现出成熟化的趋势。

二、大气污染防治相关法律规定

（一）大气污染防治的基本要求

就立法目的而言，《大气污染防治法》第 1 条明确："为保护和改善环境，防治大气污染，保障公众健康，推进生态文明建设，促进经济社会可持续发展，制定本法。"这种可持续发展理念既没有完全肯定"生态中心主义"，也没有完全否定"人类中心主义"，在追求人类生存与发展利益的同时，兼顾了生态整体

---

〔1〕　周珂、于鲁平：《解析新〈大气污染防治法〉》，载《环境保护》2015 年第 18 期。

利益，是"人类中心主义"和"生态中心主义"的折中。[1]

就大气污染防治法的基本原则而言，主要体现在以下几个方面。第一，环境优先原则。环境优先原则是指在处理经济增长与生态保护关系问题上，确立生态保护优先的法律地位，作为调整生态社会关系的准则。[2]《大气污染防治法》已经摆脱"先污染，后治理"的观念，当经济利益与生态环境间发生利益冲突时，优先保障生态环境利益。《大气污染防治法》明确提及"大气环境质量"达36次，充分考虑大气环境容量，[3]是环境优先原则的重要体现。第二，行政管理与市场监管相协调原则。大气污染治理，单单依靠政府行政管制的作用，难以充分遏制"机会主义"的排污行为，故有必要引入市场手段，发挥大气污染防治的内生作用，排污权交易制度应运而生。这是利用市场机制推动碳减排的重要政策工具，是实现碳达峰、碳中和的重要途径。[4]第三，预防为主、防治结合、综合治理原则。该原则是现代环境保护的灵魂，突破了传统的环境管理思想，是对传统环境保护法律规范的重大发展，并且最大限度地体现了法律公平与效率的结合，有助于提高环境法的实效。[5]大气污染防治法中的环境监测制度、许可证制度、"三同时"制度、清洁生产制度、节能减排制度、以预防为主的环境保护责任制度等都是这一原则的体现。第四，公众参与原则。在大气污染防治法的制定、实施、监督等过程中，充分保障公众通过法定程序适当参与的权利，有利于促进相关信息的公开，更好地发挥大气污染治理的协同性作用。《大气污染防治法》第7条、第10条、第11条的规定是对大气污染防治公众参与原则的具体落实。

就防治大气污染的基本措施而言，《大气污染防治法》第2条第2款作出了明确规定。一是加强对燃煤、工业、机动车船、扬尘、农业等大气污染的综合防治；二是推行区域大气污染防治联防联治；三是对颗粒物、二氧化硫、氮氧化物、挥发性有机物、氨等大气污染物和温室气体实施协同控制。

---

〔1〕 参见戈华清、唐塘：《大气污染防治法律制度的变革与创新——以我国〈大气污染防治法〉的修订为轴线》，气象出版社2017年版，第45页。

〔2〕 参见曹明德：《生态法原理》，人民出版社2002年版，第211页。

〔3〕 大气环境容量，是指在单位时间内，在人类的生产、生活、生存以及大气环境本身不至于受到损害的前提下，按照大气环境质量指标的要求，大气环境所能容纳污染物的最大载荷。参见江伟钰、陈方林主编：《资源环境法词典》，中国法制出版社2005年版，第207页。

〔4〕 参见刘传明：《排污权交易制度对绿色发展效率的影响》，载《环境经济研究》2021年第2期。

〔5〕 参见陈泉生主编：《环境法学》，厦门大学出版社2008年版，第146页。

（一）大气污染防治的行政管理体制

《大气污染防治法》对国务院和地方人民政府在大气污染防治中的职责作出了明确规定，从宏观层面主要体现在以下两个方面。第一，大气污染治理统一规划。《大气污染防治法》第3条规定："县级以上人民政府应当将大气污染防治工作纳入国民经济和社会发展规划，加大对大气污染防治的财政收入。地方各级人民政府应当对本行政区域的大气环境质量负责，制定规划，采取措施，控制或者逐步削减大气污染物排放量，使大气环境质量达到规定标准并逐步改善。"该规定从环境规划的角度，站在宏观调控的高度，对大气污染防治进行战略化的安排。第二，优化产业结构与布局。《大气污染防治法》第6条规定："国家鼓励和支持大气污染防治科学技术研究，开展对大气污染来源及其变化趋势的分析，推广先进适用的大气污染防治技术和装备，促进科技成果转化，发挥科学技术在大气污染防治中的支撑作用。"国务院和地方人民政府有必要加强大气污染防治的科学研究，从而促进新技术、新工艺的引进，以应对日趋复杂的环境问题，为发展低碳、循环经济提供技术支持。

就监督管理体制而言，《大气污染防治法》第5条规定："县级以上人民政府生态环境主管部门对大气污染防治实施统一监督管理。县级以上人民政府其他有关部门在各自职责范围内对大气污染防治实施监督管理。"该条对大气污染防治监督主体进行了规定，即县级以上人民政府生态环境主管部门及其他有关部门。大气污染源多、危害范围广、治理难度大，仅由生态环境主管部门进行监督管理，难以有效应对，故有必要各方行政主体协同参与。这也顺应了《大气污染防治行动计划》的要求，即"各有关部门要密切配合、协调力量、统一行动，形成大气污染防治的强大合力"。具体而言，大气污染防治的统一监管部门是县级以上人民政府生态环境主管部门；分管部门是各级公安、铁道、交通、渔业等行政管理部门，根据所分管的职责，对大气污染防治执法工作予以配合。

关于大气环境标准的制定机关及其权限。我国大气环境标准主要包括大气环境质量标准和大气污染物排放标准。大气环境质量标准主要以保障人体健康和正常生活条件为主要目标，规定出大气环境中某些主要污染物的最高允许限度，是进行大气污染评价、制定大气污染防治计划和大气污染物排放标准的依据，例如《环境空气质量标准》（GB3095-2012）。大气污染物排放标准以实现大气环境质量标准为目标，对污染源排入大气污染物容许含量作出限制，是控制大气污染物的排放量和进行净化装置设计的依据，[1]包括《大气污染物综合排放标准》（GB 16297-1996）、《加油站大气污染物排放标准》（GB20952-2020）、《油品运输大气污染物排放标准》（GB 20951-2020）等。

（二）大气污染防治的监督管理制度

《大气污染防治法》第三章规定了大气污染防治的监督管理制度。这些制度有：环境影响评价制度、"三同时"制度、排污许可制度、排污权交易制度、总量控制制度、限期治理制度、强制性应急措施制度、现场检查制度、大气污染监测制度等。

1. 总量控制制度

总量控制，就是在对环境可以容纳污染物质以及有毒有害物质的全部数量予以定量化的基础上，对排污者的污染排放行为进行定量控制的方法。[2]关于重点大气污染物总量控制制度，《大气污染防治法》第21条作了明确规定。国家对重点大气污染物排放实行总量控制，其控制目标由国务院生态环境主管部门在征求国务院有关部门和省、自治区、直辖市人民政府意见后，会同国务院经济综合主管部门报国务院批准下达实施。省、自治区、直辖市人民政府应当按照国务院下达的总量控制目标，控制或削减本行政区域的重点大气污染物排放总量。确定总量控制目标和分解总量控制指标的具体办法，由国务院生态环境主管部门会同国务院有关部门规定。省、自治区、直辖市人民政府可以根据本行政区域大气污染防治的需要，对国家重点大气污染物以外的其他大气污染物排放实行总量控制。

2. 排污许可和排污权交易制度

排污许可制度，是指需要向环境排放特定污染物的单位，应当事先向主管部门申请，经批准后方可排放污染物，其作用在于使排放的污染物得以事前控制，从而促进环境质量的改善。[3]《大气污染防治法》第19条规定："排放工业废气或者本法第七十八条规定名录中所列有毒有害大气污染物的企业事业单位、集中供热设施的燃煤热源生产运营单位以及其他依法实行排污许可的单位，应当取得排污许可证。"

排污权交易制度，是与排污许可制度密切相关的制度。《大气污染防治法》

---

[1] 参见周珂等主编：《环境法》，中国人民大学出版社 2021 年版，第 128 页。

[2] 参见汪劲：《环境法学》，北京大学出版社 2018 年版，第 156 页。

[3] 参见韩德培主编：《环境保护法教程》，法律出版社 2018 年版，第 212 页。

第 21 条规定:"国家逐步推行重点大气污染物排污权交易。"排污权交易是在总量控制的前提下,为促进环境资源高效配置,排污权以有偿方式在政府与排污单位、排污单位之间相互流转的活动。[1]排污权的初始分配需依赖于排污许可制度,排污许可证规定的排污额度是排污权的客体范围。对于排污权有盈余的排污单位,可通过有偿方式转让排污权,获取经济利润,而排污权不足的企业则需要为超标排污行为付出一定的经济代价。排污权交易制度具有三方面优势:其一,排污权交易制度使企业不必花费大额投资去实现法律或政府规定的减排指标,集中优势资源投入生产经营;其二,排污权交易能促进企业进行生产技术的革新;其三,排污权交易制度降低了执法成本,提高了市场经济效率。[2]

3. 约谈和区域限批制度

《大气污染防治法》第 22 条规定,对超过总量控制指标或者未完成国家下达的大气环境质量改善目标的地区,省级以上生态环境主管部门应当会同有关部门约谈该地区人民政府主要负责人。环保约谈对过于刚性化的行政行为进行一定程度的缓和,作为一种内部监督的行政行为,既约束公权力本身,避免地方政府乱作为,同时在促进大气污染防治工作的有效开展等方面发挥着重要作用。

区域限批制度,是指超过国家重点大气污染物排放总量控制指标或者未完成国家下达的大气环境质量改善目标的地区,省级以上人民政府生态环境主管部门暂停审批该地区新增重点大气污染物排放总量建设项目的环境影响评价文件,直至该地区完成整改任务之后。区域限批制度对地方政府环境保护工作给予压力,考虑到新增建设项目是地方政府财政收入的重要来源,地方政府作为"理性经济人",将有动力贯彻环境优先原则,从而促进环境效益与经济效益的共赢。

4. 大气污染监测制度

《大气污染防治法》第 23 条规定:"国务院生态环境主管部门负责制定大气环境质量和大气污染源的监测和评价规范,组织建设与管理全国大气环境质量和大气污染源监测网,组织开展大气环境质量和大气污染源监测,统一发布全国大气环境质量信息。"大气污染监测依赖于科学技术支持,通过使用一定的监

---

〔1〕　参见周珂等主编:《环境法》,中国人民大学出版社 2021 年版,第 130 页。

〔2〕　参见刘传明:《排污权交易制度对绿色发展效率的影响》,载《环境经济研究》2021 年第 2 期。

测技术、方法，掌握大气环境质量与大气污染状况。

就规范性文件层面，原环保部出台了《环境空气质量监测规范（试行）》《环境空气质量评价技术规范（试行）》、《固定源废气监测技术规范》等，为大气污染监测工作提供了制度保障。在大气环境监测网的建设上，2012年环保部发布的《关于加强环境空气质量监测能力建设的意见》指出，"十二五"期间，以建设先进的环境空气质量监测预警体系为目标，整合国家大气背景监测网、农村监测网、酸沉降监测网、沙尘天气对大气环境影响监测网、温室气体试验监测等信息资源，增加监测指标，建立健全统一的质量管理体系和点位管理制度，完善空气质量评价技术方法与信息发布机制。目前，我国已初步建成覆盖全国的国家环境监测网。[1]

（四）重点区域大气污染联防联控制度

随着我国城市化的不断推进，大气污染的蔓延范围已超过单一行政区域的范围，各个地区的大气污染彼此相连。因此，建构重点区域大气污染联防联控制度非常必要。

国务院办公厅转发环境保护部等部门《关于推进大气污染联防联控工作改善区域空气质量指导意见的通知》指出："国内外的成功经验表明，解决区域大气污染问题，必须尽早采取区域联防联控措施。"2013年国务院发布的《大气污染防治行动计划》提到，建立区域协作机制，统筹区域环境治理。京津冀、长三角区域建立大气污染防治协作机制，国务院与省级政府签订目标责任书，进行年度考核，严格责任追究。2014年修订的《环境保护法》第20条规定："国家建立跨行政区域的重点区域、流域环境污染和生态破坏联合防治协调机制，实行统一规划、统一标准、统一监测、统一防治的措施。"2015年修订的《大气污染防治法》针对"重点区域大气污染防治"设置专章，规定了联席会议、"四个统一"、区域会商、信息共享等内容。2018年国务院发布的《打赢蓝天保卫战三年行动计划》中特别强调了要建立完善区域大气污染防治协作机制，制定京津冀及其周边地区大气污染防治条例。

重点区域大气污染联防联治制度是一项系统工程。一是要对重点区域进行划定。根据《关于推进大气污染联防联控工作改善区域空气质量的指导意见》，这些区域包括京津冀、长三角和珠三角地区、辽宁中部、山东半岛、武汉及其周边、长株潭、成渝、台湾海峡西岸等区域。二是要制定重点区域大气污染联

---

〔1〕 参见周珂等主编：《环境法》，中国人民大学出版社2021年版，第130页。

合防治行动计划。生态环境部会同国务院有关部门，根据大气环境对区域人口承载力及区域经济发展能力，对区域大气环境进行评估，并据此制定大气污染联防联控行动计划。三是要制定联防预案。不同区域政府要根据本地区实际制定大气污染防治应急预案，并规定具体实施细则。四是加强联防联控机制。重点区域内的有关省级人民政府，应当确定牵头的地方人民政府，定期召开联席会议，协调解决联防联控工作中的重大问题，组织编制重点区域大气污染防治联防联控规划，明确重点区域空气质量改善目标、污染防治措施及重点治理项目。重点区域内有关省、自治区、直辖市建设可能对相邻省、自治区、直辖市大气环境质量产生重大影响的项目，应当及时通报有关信息，进行会商。五是建立重点区域大气环境信息共享机制。生态环境部应当组织建立国家大气污染防治重点区域的大气环境质量监测、大气污染源检测等相关信息共享机制，利用监测、模拟以及卫星、航测、遥感等新技术分析重点区域内大气污染来源及其变化趋势。六是要落实联防联控责任。地方人民政府是区域大气污染防治的责任主体，要切实加强组织领导，制定本地区大气污染联防联控工作方案，并将各项工作任务分解到责任单位和企业。生态环境部要会同有关部门对治理情况进行评估检查，并将考核结果作为城市环境综合整治定量考核的重要内容，每年向社会公布。

（五）重污染天气应急管理制度

重污染天气应急管理制度是一项以政府为主导，以应急预案的编制和发布为基础，以应急管理措施的实施为关键，在短期内迅速削减或控制大气污染形势继续恶化的一种应急管理制度。[1]

第一，建立重点区域重污染天气监测预警机制。《大气污染防治法》第93条规定："国务院生态环境主管部门会同国务院气象主管机构等有关部门、国家大气污染防治重点区域内有关省、自治区、直辖市人民政府，建立重点区域污染天气监测预警机制，统一预警分级标准。可能发生区域重污染天气的，应当及时向重点区域内有关省、自治区、直辖市人民政府通报。省、自治区、直辖市、设区的市人民政府生态环境主管部门会同气象主管机构等有关部门建立本行政区域重污染天气监测预警机制。"在信息公开层面，《大气污染防治法》第97条规定："生态环境主管部门应当及时对突发环境事件产生的大气污染物进

---

〔1〕 参见戈华清、唐塘：《大气污染防治法律制度的变革与创新——以我国〈大气污染防治法〉的修订为轴线》，气象出版社2017年版，第75页。

行监测，并向社会公布监测信息。"

第二，制定重污染天气应急预案。县级以上地方人民政府应当将重污染天气应对纳入突发事件应急管理体系。省、自治区、直辖市、设区的市人民政府以及可能发生重污染天气的县级人民政府，应当制定重污染天气应急预案，向上一级人民政府生态环境主管部门备案，并向社会公布。

第三，建立重污染天气预警机制。《大气污染防治法》第95条规定："省、自治区、直辖市、设区的市人民政府生态环境主管部门应当会同气象主管机构建立会商机制，进行大气环境质量预报。可能发生重污染天气的，应当及时向本级人民政府报告。省、自治区、直辖市、设区的市人民政府依据重污染天气预报信息，进行综合研判，确定预警等级并及时发出预警。预警等级根据情况变化及时调整。任何单位和个人不得擅自向社会公布重污染天气预报预警信息。预警信息发布后，人民政府及其有关部门应当通过电视、广播、网络、短信等途径告知公众采取健康防护措施，指导公众出行和调整其他相关社会活动。"

第四，建立重污染天气应急响应机制。在应急预案的启动程序上，《大气污染防治法》第96条第1款规定："县级以上地方人民政府应当依据重污染天气的预警等级，及时启动应急预案，根据应急需要可以采取责令有关企业停产或者限产、限制部分机动车行驶、禁止燃放烟花爆竹、停止工地土方石作业和建筑物拆除施工、停止露天烧烤、停止幼儿园和学校组织的户外活动、组织开展人工影响天气作业等应急措施。"需要注意的是，应急措施的采取应当遵循比例原则，并根据重污染天气预警等级的变化适时作出相应的调整。应急响应结束后，人民政府应当及时开展应急预案实施情况的评估，适时修改完善应急预案。

（六）大气污染防治措施

1. 燃煤和其他能源污染防治

从我国能源结构上来看，燃煤是主要的能源消费方式，大气污染也主要源于燃煤和其他能源污染。《大气污染防治法》以专节的方式规定了防治燃煤和其他能源污染的措施。

第一，调整能源结构，从源头上减少污染排放。《大气污染防治法》第32条规定："国务院有关部门和地方人民政府应当采取措施，调整能源结构，推广清洁能源的生产与使用；优化煤炭使用方式，推广煤炭清洁高效利用，逐步降低煤炭在一次能源消费中的比重，减少煤炭生产、使用、转化中的大气污染物排放。"另外，《大气污染防治法》第42条规定："电力调度应当优先安排清洁能源发电上网。"这体现着节能、低碳、高效的要求，有利于促进能源消费的可持续发展。

第二，在煤炭开采对象、加工工艺上进行优化。《大气污染防治法》第 33 条规定："国家推行煤炭洗选加工，降低煤炭的硫分和灰分，限制高硫分、高灰分煤炭的开采。新建煤矿应当同步建设配套的煤炭洗选设施，使煤炭的硫分、灰分含量达到规定标准；已建成的煤矿除所采煤炭属于低硫分、低灰分或者根据已达标排放的燃煤电厂要求不需要洗选的以外，应当限期建成配套的煤炭洗选设施。禁止开采含放射性和砷等有毒有害物质超过规定标准的煤炭。"《大气污染防治法》第 41 条进一步规定，燃煤电厂和其他燃煤单位应采用清洁生产工艺，并通过配套的技术和装置控制大气污染物的排放。

第三，政府应采取鼓励性措施。《大气污染防治法》第 34 条规定："国家采取有利于煤炭清洁高效利用的经济、技术政策和措施，鼓励和支持洁净煤技术的开发和推广。"另外，国家鼓励居民燃用优质煤炭和洁净型煤，推广节能环保型炉灶。这有利于促进公民能源消费观念的转变，也体现了公众参与原则的要求。

第四，划定禁燃区，并对供热地区进行集中化管理。《大气污染防治法》第 38 条、第 39 条对此作出了明确规定。城市人民政府可以划定并公布高污染燃料禁燃区，并根据大气环境质量改善的要求，逐步扩大禁燃区范围。在禁燃区内，禁止销售、燃用高污染燃料，对违法者采取限期治理等强制性措施。就燃煤供热地区而言，应推进热电联产和集中供热。在集中供热管网覆盖的地区，禁止新建、扩建分散燃煤供热锅炉。这种集中化管理模式，有利于产生规模效益，实现环境成本的最小化与经济效益的最优化。

第五，加强相关设备的监督检查。《大气污染防治法》第 40 条规定："县级以上人民政府市场监督管理部门应当会同生态环境主管部门对锅炉生产、进口、销售和使用环节执行环境保护标准或者要求的情况进行监督检查；不符合环境保护标准或者要求的，不得生产、进口、销售和使用。"可见，生产设备的监督检查工作应控制在从源头到末端的全过程，通过建立绿色供应链，保障排污行为符合相关环境标准的要求。

2. 工业污染防治

第一，采用相关技术措施控制污染源。《大气污染防治法》第 43 条规定："钢铁、建材、有色金属、石油、化工等企业生产过程中排放粉尘、硫化物或氮氧化物的，应当采用清洁生产工艺，配套建设除尘、脱硫、脱硝等装置，或者采取技术改造等其他控制大气污染物排放的措施。"另外，为防止可燃性气体污染大气，《大气污染防治法》第49条规定："可燃性气体回收利用装置不能正常作业的，应当及时修复或者更新。"通过技术装置的动态化、精细化管理，有助于及时发现技术装置所存在的问题，促进工业污染的高效防治。

第二，加强挥发性有机物的管理。生产、进口、销售和使用含挥发性有机物的原材料和产品的，其挥发性有机物含量应当符合质量标准或者要求。在控制性措施上，产生含挥发性有机物废气的生产和服务活动，应当在密闭空间或者设备中进行，无法密闭的，应当减少措施减少废气排放。在建立台账制度上，工业涂装企业应建立记录生产原料、辅料的使用量、废弃量、去向以及挥发性有机物含量的台账。

第三，采取规制物料泄漏的措施。石油、化工以及其他生产和使用有机溶剂的企业，应当采取措施减少物料泄漏，对泄漏的物料应当及时收集处理。在预防泄漏事故的规制性措施上，储油储气库、加油加气站、原油成品油码头、原油成品油运输船舶和油罐车、气罐车等，应当按照国家有关规定安装油气回收装置并保持正常使用。

第四，严格控制粉尘和气态污染物的排放。工业生产、垃圾填埋或者其他活动产生的可燃性气体应当回收利用，不具备回收利用条件的，应当进行污染防治处理。工业生产企业应当采取密闭、围挡、遮盖、清扫、洒水等措施，减少内部物料的堆存、传输、装卸等环节产生的粉尘和气态污染物的排放。

3. 机动车船等污染防治

第一，在倡导性规范上，《大气污染防治法》第50条、第57条、第60条、第67条作了诸多规定。国家倡导低碳、环保出行，根据城市规划合理控制燃油机动车保有量，大力发展城市公共交通，提高公共交通出行比例。国家倡导环保驾驶，鼓励燃油机动车驾驶人在不影响道路通行且需停车三分钟以上的情况下熄灭发动机，减少大气污染物的排放。国家鼓励和支持高排放机动车船、非道路移动机械提前报废。国家积极推进民用航空器的大气污染防治，鼓励在设计、生产、使用过程中采取有效措施减少大气污染物排放。

第二，在环境标准上，机动车和非道路移动机械应符合相关环境标准的要求。省、自治区、直辖市人民政府可以在条件具备的地区，提前执行国家机动车大气污染物排放标准中相应阶段排放限值，并报国务院生态环境主管部门备案。机动车船、非道路移动机械不得超过标准排放大气污染物。机动车维修单位应当按照防治大气污染的要求和国家有关技术规范对在用机动车进行维修，使其达到规定的排放标准。发动机油、氮氧化物还原剂、燃料和润滑油添加剂以及其他添加剂的有害物质含量和其他大气环境保护指标，应当符合有关标准的要求。民用航空器应当符合国家规定的适航标准中的有关发动机排出物要求。

第三，严格落实监督检查制度。在生产环节，机动车、非道路移动机械生产企业应当对新生产的机动车和非道路移动机械进行排放检验，经检验合格的，方可出厂销售，检验信息应当向社会公开。在销售环节，省级以上人民政府生态环境主管部门可以通过现场检查、抽样检测等方式，加强对销售的机动车和非道路移动机械的合格性监督检查，工业、市场监督管理等有关部门予以配合。在使用环节，县级以上地方人民政府在不影响机动车正常通行的情况下，可以通过遥感监测等技术手段对在道路上行驶的机动车的大气污染物排放状况进行监督抽测，公安机关交通管理部门予以配合。在维修与报废环节，交通运输、生态环境主管部门应当依法加强对机动车维修单位的监督管理。对于维修后仍不能达到国家在用机动车排放标准的，应当强制报废，机动车所有人应当将机动车交售给报废机动车回收拆解企业，由报废机动车回收拆解企业按照国家有关规定进行登记、拆解、销毁等处理。

第四，合理规划功能区，对相关设施进行规范化管理。城市人民政府应当加强并改善城市交通管理，优化道路设置，保障人行道和非机动车道的连续、畅通。城市人民政府可以根据大气环境质量状况，划定并公布禁止使用高排放非道路移动机械的区域。新建码头应当规划、设计和建设岸基供电设施，已建成的码头应当逐步实施岸基供电设施改造，船舶靠港后应当优先使用岸电。国务院交通运输主管部门可以在沿海海域划定船舶大气污染物排放控制区，进入排放控制区的船舶应当符合船舶相关排放要求。

4. 扬尘污染防治

扬尘，是指道路、建筑工地、荒地、垃圾堆放地以及农田等方面的颗粒物，也称地质材料尘。[1]扬尘污染的来源有自然扬尘、施工扬尘、堆场扬尘、道路扬尘四种类型。《大气污染行动计划》明确指出，深化面源污染治理，综合整治城市扬尘。《大气污染防治法》第四章第四节对扬尘污染防治作了专门规定。

就政府在扬尘污染防治的职责而言，《大气污染防治法》第 68 条作出了原则性规定："地方各级人民政府应当加强对建设施工和运输的管理，保持道路清

---

〔1〕　参见韩德培主编：《环境保护法教程》，法律出版社 2018 年版，第 216 页。

洁，控制料堆和渣土堆放，扩大绿地、水面、湿地和地面铺装面积，防治扬尘污染。住房城乡建设、市容环境卫生、交通运输、国土资源等有关部门，应当根据本级人民政府确定的职责，做好扬尘污染防治工作。"针对公共场所清扫工作，《大气污染防治法》第70条第3款规定："城市人民政府应当加强道路、广场、停车场和其他公共场所的清扫保洁管理，推行清洁动力机械化清扫等低尘作业方式，防治扬尘污染。"针对城市基础设施建设，《大气污染防治法》第71条："市政河道以及河道沿线、公共用地的裸露地面以及其他城镇裸露地面，有关部门应当按照规划组织实施绿化或透水铺装。"

由于扬尘污染主要源于建筑工地，建设单位、施工单位需要从源头上做好相关扬尘污染防治工作，《大气污染防治法》第69条对此作出了详细规定："建设单位应当将防治扬尘污染的费用列入工程造价，并在施工承包合同中明确施工单位扬尘污染防治责任。施工单位应当制定具体的施工扬尘污染防治实施方案。从事房屋建筑、市政基础设施建设、河道整治以及建筑物拆除等施工单位，应当向负责监督管理扬尘污染防治的主管部门备案。施工单位应当在施工工地设置硬质围挡，并采取覆盖、分段作业、择时施工、洒水抑尘、冲洗地面和车辆等有效防尘降尘措施。建筑土方、工程渣土、建筑垃圾应当及时清运；在场地内堆存的，应当采用密闭式防尘网遮盖。工程渣土、建筑垃圾应当进行资源化处理。施工单位应当在施工工地公示扬尘污染防治措施、负责人、扬尘监督管理主管部门等信息。暂时不能开工的建设用地，建设单位应当对裸露地面进行覆盖；超过三个月的，应当进行绿化、铺装或者遮盖。"

另外，物料的货运人、保管人应当尽到必要的注意义务，防止物料的遗撒。对于物料货运人的要求，《大气污染防治法》第70条第1款规定："运输煤炭、垃圾、渣土、砂石、土方、灰浆等散装、流体物料的车辆应当采取密闭或者其他措施防止物料遗撒造成扬尘污染，并按照规定路线行驶。"对于物料保管人的要求，《大气污染防治法》第72条第1款规定："贮存煤炭、煤矸石、煤渣、煤灰、水泥、石灰、石膏、砂土等易产生扬尘的物料应当密闭；不能密闭的，应当设置不低于堆放物高度的严密围挡，并采取有效覆盖措施防治扬尘污染。"

5. 农业和其他污染防治

我国作为农业大国，促进农业污染的防治有利于保障广大农民的切身利益。在政府层面，要做好以下几个方面。一是要做推动生产方式的转型升级。地方各级人民政府应当推动转变农业生产方式，发展农业循环经济。二是要加大对农民的财政支持。各级人民政府及其农业主管部门应当加大对秸秆还田、收集一体化农业机械的财政补贴力度，县级人民政府应当采用财政补贴等措施支持农村集体经济组织、农民专用合作经济组织、企业等开展秸秆收集、储存、运输和综合利用服务。三是要做好应急管理工作。国务院生态环境主管部门应当会同国务院卫生行政主管部门对农业污染建立环境风险预警体系，及时排查安全隐患，防范环境风险。就农业生产经营者而言，应当改进施肥方式，科学合理使用化肥并按照国家有关规定使用农药，减少氨、挥发性有机物等大气污染物的排放，禁止在人口集中地区对树木、花草喷洒剧毒、高毒农药。

关于防治恶臭和烟尘的措施。恶臭，是指一切刺激嗅觉器官引起人们不愉快及损坏生活环境的气体物质。[1]这类物质也是重点防治的大气污染物之一。《大气污染防治法》第 75 条规定："畜禽养殖场、养殖小区应当及时对污水、畜禽粪便和尸体等进行收集、贮存、清运和无害化处理，防止排放恶臭气体。"另外，合理的规划布局、安装净化装置也非常必要。《大气污染防治法》第 80 条规定："企业事业单位和其他生产经营者在生产经营活动中产生恶臭气体的，应当科学选址，设置合理的防护距离，并安装净化装置或者采取其他措施，防止排放恶臭气体。"第 82 条第 1 款规定："禁止在人口集中地区和其他依法需要特殊保护的区域内焚烧沥青、油毡、橡胶、塑料、皮革、垃圾以及其他产生有毒有害烟尘和恶臭气体的物质。"在防治烟尘的措施上，第 82 条第 2 款规定："禁止生产、销售和燃放不符合质量标准的烟花爆竹。任何单位和个人不得在城市人民政府禁止的时段和区域内燃放烟花爆竹。"此外，第 83 条规定："国家鼓励和倡导文明、绿色祭祀。火葬场应当设置除尘等污染防治设施并保持正常使用，防止影响周边环境。"

餐饮业在给城市居民生活提供便利的同时，也对附近居民生活环境造成了污染。为防治饮食服务业排放油烟污染，《大气污染防治法》第 81 条规定："排放油烟的餐饮服务业经营者应当安装油烟净化设施并保持正常使用，或者采取其他油烟净化措施，使油烟达标排放，并防止对附近居民的正常生活环境造成污染。禁止在居民住宅楼、未配套设立专用烟道的商住综合楼以及商住综合楼内与居住层相邻的商业楼层内新建、改建、扩建产生油烟、异味、废气的餐饮服务项目。任何单位和个人不得在当地人民政府禁止的区域内露天烧烤食品或者为露天烧烤食品提供场地。"

---

〔1〕 参见汪劲：《环境法学》，北京大学出版社 2018 年版，第 165 页。

臭氧层破坏是当今世界面临的主要环境问题之一。我国于 1991 年 6 月加入了《关于消耗臭氧层物质的蒙特利尔议定书》。为履行该公约，1993 年国务院批准了《中国消耗臭氧层物质逐步淘汰国家方案》。2010 年国务院颁布了《消耗臭氧层物质管理条例》，环境保护部、发改委、工业和信息化部三部门联合发布了《中国受控消耗臭氧层物质清单》。为加强对破坏臭氧层物质的控制与管理，《大气污染防治法》第 85 条规定："国家鼓励、支持消耗臭氧层物质替代品的生产和使用，逐步减少直至停止消耗臭氧层物质的生产和使用。国家对消耗臭氧层物质的生产、使用、进出口实行总量控制和配额管理。具体办法由国务院规定。"

【本章思考题】

1. 大气污染的概念与特征是什么？
2. 试述我国《大气污染防治法》的立法沿革。
3. 试述我国大气污染防治的监督管理体制。
4. 重点区域大气污染联防联控制度包括哪些内容？
5. 重污染天气应急制度包括哪些内容？
6. 针对燃煤产生的大气污染，有哪些防治措施？
7. 针对机动车船等污染，有哪些防治措施？

【参考文献】

1. 周珂等主编：《环境法》，中国人民大学出版社 2021 年版。
2. 曹明德主编：《环境与资源保护法》，中国人民大学出版社 2020 年版。
3. 汪劲：《环境法学》，北京大学出版社 2018 年版。
4. 韩德培主编：《环境保护法教程》，法律出版社 2018 年版。
5. 蔡守秋主编：《环境资源法教程》，高等教育出版社 2017 年版。
6. 戈华清、唐塘：《大气污染防治法律制度的变革与创新——以我国〈大气污染防治法〉的修订为轴线》，气象出版社 2017 年版。
7. 刘传明：《排污权交易制度对绿色发展效率的影响》，载《环境经济研究》2021 年第 2 期。
8. 周珂、于鲁平：《解析新〈大气污染防治法〉》，载《环境保护》2015 年第 18 期。
9. 徐祥民：《大气污染防治中的地方政府大气环境质量责任制度实证研究》，载《法学论坛》2020 年第 5 期。

第三章 水污染防治法

【内容提要】

我国于 1984 年制定了《水污染防治法》，为水污染治理工作提供了法律支撑，在我国水环境治理过程中发挥了重要作用。然而每年的环境质量调查显示，全国范围内水环境质量下降、水生态环境日益恶化的情况仍然存在，个别区域甚至日趋严重。2015 年 4 月，国务院印发《水污染防治行动计划》（"水十条"），对我国水污染预防和治理做出全新布局，提出了一系列新制度、新措施。2017 年，《水污染防治法》通过了第三次修改，与修改后的《环境保护法》做了很好的衔接，落实了《水污染防治行动计划》中强化饮用水安全保障等原则的要求，贯彻了中共中央关于生态文明建设的基本思想和要求，必将对水污染防治工作提供更完善的法律支撑，并将水污染治理和水生态环境建设带入新的阶段。

【重点了解与掌握】

1. 了解水污染的概念、水污染来源的不同形式；

2. 掌握水污染物排放管理的法律制度、不同水污染源防治工作的重点、饮用水水源分类及水质保护措施。

【引导案例】

2018 年 7 月 10 日，某市生态环境局对邹某经营的养殖场进行了执法检查。发现该养殖场鸭舍旁有土坑，土坑未硬化，储存有养殖废水。省工业环境监测研究院出具《监测报告》，养殖场内多种污染物超标。当地生态环境局向邹某作出《环境行政处罚决定书》，责令立即停止环境违法行为、并予以罚款 50 万元。

邹某不服，申请行政复议。后对《环境行政处罚决定书》《行政复议决定书》提起诉讼，该案经一审、二审后，判决已生效。判决生效后，邹某未履行行政处罚决定所确定的义务，当地生态环境局申请强制执行，最终将养殖场财产变卖，所得款项全部交付给当地生态环境局[1]。

在早期的环保实践中，人们对养殖场废水的环境危害性的认识相较于工业废水的环境危害性认识明显不足，从而放松对该类污染物的监督和治理。随着最严环保政策的落地执行，农村农业污染逐渐引起环境保护机构的重视。本案中，邹某的养殖场靠近长江中上游天然水域，养殖废水排入这些水域后会造成水体性质发生变化，对水生物及周边生物的生存环境造成影响。保护这里的水环境就是保护长江上游的水生态环境。因此当地环境局的处罚和法院的强力执行，都是贯彻落实最严格的生态环境保护政策的行为。

【引导问题】

1. 水污染防治中的"水"包含哪些水体？
2. 水污染防治中的"污染物"是指什么？

第一节　水污染概述

一、水污染的概念与危害

水污染是指污染物进入河流、湖泊或者地下水等水体之后，使水体水质的物理、化学性质，或者生物群落组成成分发生变化，从而使水体失去了应有的功能的现象。按照《水污染防治法》的定义，水污染是指水体因某种物质的介入，而导致其化学、物理、生物或者放射性等方面特性的改变，从而影响水的有效利用，危害人体健康或者破坏生态环境，造成水质恶化的现象。水污染物，指直接或者间接向水体排放的，能导致水体污染的物质。我国《水污染防治法》所称"水体"包含中华人民共和国领域内的江河、湖泊、运河、渠道、水库等地表水体及地下水体。海洋污染防治适用《海洋环境保护法》。

水污染的危害主要有以下几方面：

1. 危害人体健康。水污染直接影响饮用水源的水质。当饮用水源受到合成

---

〔1〕　参见四川大邑县人民法院：《2020 年成都法院环境资源审判工作情况及 8 大典型案例》，载 https://www.sohu.com/a/47049894 6_ 100012365，最后访问日期：2022 年 6 月 27 日。

有机物污染时，将导致腹水、腹泻、肝炎、胃癌、肝癌等疾病的发生。与不洁的水接触也会染上如皮肤病、沙眼、血吸虫、钩虫等疾病。废水中的某些有毒有害物质，即使数量不多，但由于动植物的富集作用和人体自身的积累作用，仍然可以对人体造成致命的危害。

2. 降低农作物的产量和质量。江河湖泊中的水常是农田灌溉水源，一旦这些水体受到污染，水中的有毒有害物质将污染农田土壤，被作物吸收并残留在作物体内。一方面造成作物枯萎死亡，产量下降；另一方面，作物的品质也会有不同程度的下降，如污染物超标，蛋白质、氨基酸和维生素等营养物质含量降低，使蔬菜产生异味等。

3. 影响渔业生产。渔业生产与水质紧密相关。水污染造成淡水渔场鱼类大面积死亡的事故常有发生。一些污染严重的河段鱼虾已经绝迹。水污染还会使鱼类和水生生物发生变异，有毒物质在鱼类体内积累，食用价值大大降低。

4. 制约工业的发展，很多工业（如食品、纺织、造纸和电镀等）需要用水，水质的恶化将直接影响产品质量。如水质差的冷却水会造成水循环系统的堵塞、腐蚀和结垢，硬度高的水会影响锅炉的寿命和安全。

5. 加速生态环境的退化和破坏，水污染除了对水体中的水生生物有危害外，对水体周围生态环境也有影响。污染后水体感观变差，散发臭气，水中的污染物对周围生物产生毒害作用，生物死亡，造成生态环境的退化和破坏。

二、我国的水环境质量状况

1. 水环境质量标准

原国家环境保护总局和原国家质量技术监督检验检疫总局联合发布的《地表水环境质量标准》（GB3838-2002）根据地表水环境功能分类，将地表水分为五类功能水域：Ⅰ类主要适用于源头水、国家自然保护区；Ⅱ类主要适用于集中式生活饮用水地表水源地一级保护区、珍稀水生生物栖息地、鱼虾类产卵场、仔稚幼鱼的索饵场等；Ⅲ类主要适用于集中式生活饮用水地表水源地二级保护区、鱼虾类越冬场、洄游通道、水产养殖区等渔业水域及游泳区；Ⅳ类主要适用于一般工业用水区及人体非直接接触的娱乐用水区；Ⅴ类主要适用于农业用水区及一般景观要求水域。

针对特定水域，我国还分别制定了相应的水环境质量标准文件，如近海水功能区水域根据使用功能按《海水水质标准》相应类别标准值进行管理，批准划定的单一渔业水域按《渔业水质标准》进行管理。处理后的城市污水及与城市污水水质相近的工业废水用于农田灌溉用水的水质按《农田灌溉水质标准》进行管理。

2. 我国目前地表水环境质量状况

2011年，原环境保护部依据《地表水环境质量标准》（GB3838-2002）和有关技术规范，制定了《地表水环境质量评价办法（试行）》。依据此办法，原环境保护部和现生态环境部定期发布全国地表水质量情况报告，保证客观反映地表水环境质量状况及其变化趋势。

根据生态环境部最新发布的《2021年12月全国地表水质量通报》，2021年1-12月，3641个国家地表水考核断面中，水质优良（Ⅰ-Ⅲ类）断面比例为84.9%，劣Ⅴ类断面比例为1.2%，主要污染指标为化学需氧量、高锰酸盐指数和总磷。流域水质方面，2021年1-12月，长江、黄河、珠江、松花江、淮河、海河、辽河等七大流域及西北诸河、西南诸河和浙闽片河流水质优良（Ⅰ-Ⅲ类）断面比例为87.0%，劣Ⅴ类断面比例为0.9%。主要污染指标为化学需氧量、高锰酸盐指数和总磷。其中，长江流域、西北和西南诸河、浙闽片河流和珠江流域水质为优；黄河、辽河和淮河流域水质良好；松花江和海河流域为轻度污染。湖泊水质方面，2021年1-12月，监测的210个重点湖（库）中，水质优良（Ⅰ-Ⅲ类）湖库个数占比72.9%，劣Ⅴ类水质湖库个数占比5.2%。主要污染指标为总磷、化学需氧量和高锰酸盐指数。209个监测营养状态的湖（库）中，中度富营养的9个，占4.3%；轻度富营养的48个，占23.0%；其余湖（库）为中营养或贫营养状态。其中，太湖为轻度污染、轻度富营养，主要污染指标为总磷；巢湖为轻度污染、中度富营养，主要污染指标为总磷；滇池为轻度污染、中度富营养，主要污染指标为化学需氧量、总磷和高锰酸盐指数；丹江口水库和洱海水质均为优、中营养；白洋淀水质良好、中营养。由此可见，我国水环境质量总体良好，个别区域水质有待提高，不同区域的水污染情况和主要污染物不同，需要采取不同的治理措施。

第二节　水污染防治主要法律规定

一、水污染物排放管理的法律制度

1. 水污染物的标准管制制度

根据《地表水环境质量标准》（GB 3838-2002）对地表水五类水域功能的划

分，将地表水环境质量标准基本项目标准值分为五类，不同功能类别分别执行相应类别的标准值。水域功能类别高的标准值严于水域功能类别低的标准值。同一水域兼有多类使用功能的，执行最高功能类别对应的标准值。通过列举水环境质量应控制的项目和限值，规定排污者需将总氮、总磷、亚硝酸盐等水污染物控制在相应标准之下才能排放。

2. 重点水污染物的总量控制制度

在规定普通污染物需达标排放的同时，由于水环境总体容量和净化速度有限，《水污染防治法》规定了重点水污染物排放的总量控制制度。水污染物排放总量控制制度，是指在特定的时期内，综合经济、技术、社会等条件，采取通过向排污源分配水污染物排放量的形式，将一定空间范围内排污源产生的水污染物的数量控制在水环境容许限度内而实行的污染控制方式及其管理规范的总称。重点水污染物排放总量控制指标，由国务院生态环境主管部门在征求国务院有关部门和各省、自治区、直辖市人民政府意见后，会同国务院经济综合宏观调控部门报国务院批准并下达实施。

省、自治区、直辖市人民政府应当按照国务院的规定削减和控制本行政区域的重点水污染物排放总量。具体办法由国务院生态环境主管部门会同国务院有关部门规定。省、自治区、直辖市人民政府可以根据本行政区域水环境质量状况和水污染防治工作的需要，对国家重点水污染物之外的其他水污染物排放实行总量控制。

对超过重点水污染物排放总量控制指标或者未完成水环境质量改善目标的地区，省级以上人民政府生态环境主管部门应当会同有关部门约谈该地区人民政府的主要负责人，并暂停审批新增重点水污染物排放总量的建设项目的环境影响评价文件。约谈情况应当向社会公开。

3. 排污许可制度

对特定行业的污水排放，国家通过颁发排污许可证对其进行监管，即排污许可制度。《水污染防治法》第21条规定：直接或者间接向水体排放工业废水和医疗污水以及其他按照规定应当取得排污许可证方可排放的废水、污水的企业事业单位和其他生产经营者，应当取得排污许可证；城镇污水集中处理设施的运营单位，也应当取得排污许可证。排污许可证应当明确排放水污染物的种类、浓度、总量和排放去向等要求。排污许可的具体办法由国务院规定。

禁止企业事业单位和其他生产经营者无排污许可证或者违反排污许可证的

规定向水体排放前款规定的废水、污水。

二、水污染防治的一般措施

根据《水污染防治法》第102条的规定，水污染物，是指直接或间接向水体排放的，能导致水体污染的物质。有毒污染物，是指那些直接或间接被生物摄入体内后，可能导致该生物或者其后代发病、行为反常、遗传异变、生理机能失常、机体变形或者死亡的污染物。国务院环境保护部门应当会同国务院卫生管理部门，制定和公布有毒有害水污染物名录，实行风险管理。对从事名录中所列有毒有害水污染物的主体单位，采取风险监测和信息公开措施，防范环境风险。有毒有害类溶液、废渣，如油类、酸碱液、有毒液体，或者含放射性物质的液体，含病原体的液体，禁止向水体排放。禁止向水体排放、倾倒工业废渣、垃圾等废弃物。含有汞、镉、砷、铬、铅、氰化物、黄磷等可溶性剧毒废渣，禁止向水体排放、倾倒或埋入地下，堆放这些物质等场所应当采取防水、防渗漏、防流失的措施。在江河、湖泊、运河、渠道、水库最高水位线以下的滩地禁止堆放固定废弃物和其他污染物。化学品生产企业、矿山开采区、加油站等特殊行业应采取符合行业安全的方式进行生产，防止对生态环境造成损害。对地下水保护采取多种措施，取采水、地下勘探、开发或回补地下水，不得对地下水造成污染或恶化地下水水质（具体见《水污染防治法》第32条至第43条规定）。

三、工业水污染防治

工业污染防治统筹方面由国务院有关部门和县级以上人民政府合理规划工业布局，对有水污染的企业进行技术改造，采取综合措施，提高水的重复利用率，减少废水和污染物排放量。排放工业废水的企业应该收集和处理产生的废水，对排放的废水进行预处理，达到集中处理设施处理工艺要求后方可排放。

国家对禁止采用的严重污染水环境的工艺目录和限期禁止生产、销售进口、使用的严重污染水环境的设备建立目录，对落后生产工艺和设备实行淘汰制度。国家禁止新建不符合国家产业政策的小型企业，包括造纸、印染、燃料、炼焦、炼硫、炼砷、炼汞、炼油、电镀、农药、石棉、水泥、玻璃、钢铁、火电以及其他严重污染水环境的项目。对企业应当采用利用效率高、污染物排放量少的清洁工艺，加强管理，减少水污染的产生。

四、城镇水污染防治

城镇污水应当集中处理。县级以上地方人民政府应当通过财政预算和其他渠道筹集资金，统筹安排建设城镇污水集中处理设施及配套管网，提高本行政区域城镇污水的收集率和处理率。

城镇污水集中处理设施的运营单位，应当取得排污许可证。城镇污水集中处理设施的运营单位按照国家规定向排污者提供污水处理的有偿服务，收取污水处理费用，保证污水集中处理设施的正常运行。收取的污水处理费用应当用于城镇污水集中处理设施的建设运行和污泥处理处置，不得挪作他用。

向城镇污水集中处理设施排放水污染物，应当符合国家或者地方规定的水污染物排放标准。城镇污水集中处理设施的运营单位，应当对城镇污水集中处理设施的出水水质负责。城镇污水集中处理设施的运营单位或者污泥处理处置单位应当安全处理处置污泥，保证处理处置后的污泥符合国家标准，并对污泥的去向等进行记录。

五、农业和农村水污染防治

随着农村经济发展和对农业农村环境问题研究的深入，农村地区水污染问题逐步显现，并且在治理过程中，人们发现农村的污水治理难度很大。中国住建部的《城市建设统计年鉴》数据显示，2019年我国村镇污水排放量已达216亿吨，而全国对生活污水进行处理的建制镇个数为11 186个，占总体建制镇数量的59.67%，对生活污水进行处理的乡个数为3156，仅占总体乡数量的33.3%。而同期城市污水排放量为554.6亿立方米，污水年处理量为525.8亿立方米，处理率为96.8%。说明我国大部分农村地区还没有排水渠道和污水处理系统。农村地区水污染来源主要是洗涤、厨余等生活污水和化肥、农药、农业灌溉、畜禽养殖、水产养殖等农业生产污水。农村地区污水排放分散，很难像人口高度集中的城市地区一样建设大型的集中管网和集中式污水处理厂，因此农村污水治理的成本过高，效果与投入不成正比。但是农村污水已经造成很多河流、湖泊、水田污染，影响到了农村居民的生活环境，威胁农民的身体健康。

《水污染防治法》单独设置一节规范农业和农村水污染防治，主要内容有以下几方面。（1）国家支持农村污水、垃圾处理设施建设，推进农村污水、垃圾集中处理；（2）加强对化肥、农药的标准制定和管理，引导农业生产者科学合理施肥、用药，控制化肥、农药的过度使用；（3）畜禽养殖场、养殖小区应当配备畜禽粪便、废水的综合利用或无害化处理设施，保证污水达标排放；（4）水产养殖者应当合理投饵和使用药物，保护水域生态环境；（5）农田灌溉应当符合相应的水质标准，防止污染土壤、地下水和农产品，禁止向农田灌溉渠道排放工业废水或者医疗污水。畜禽养殖废水、农产品加工废水排入灌溉渠道应保证水质符合农田灌溉水质标准。

六、流域污染治理

我国河湖流域广大，河湖管理涉及部门众多。原来环境治理的责任是地方政府环保、农业、水利、住建等相关部门，部门多，协调难度大，流域治理有很多突出问题。大多数河湖都是地方工业废水、城镇污水以及农村灌溉水和污水的最终排放处，河湖流域水环境质量一度堪忧，甚至有"北方有河皆干、南方有水皆污"的说法。南北方、不同区域面临的水环境问题都不完全相同，国家只能因地制宜，立足不同地区不同河湖实际，统筹上下游、左右岸，实行"一河一策，一湖一策"的治理方式。

修订后的《水污染防治法》新增了关于建立河长制的规定：省、市、县、乡建立河长制，分级分段组织领导本行政区域内江河、湖泊的水资源保护、水域岸线管理、水污染防治、水环境治理等工作（第5条）。河长制的具体规定体现在2016年印发的《关于全面推行河长制的意见》当中。依照该《意见》要求，河长有省、市、县、乡四级体系。各省、自治区、直辖市设立总河长，各省、自治区、直辖市行政区域内主要河湖设立河长；各河湖所在市、县、乡均分级分段设立河长。"河长制"工作的主要任务是：加强水资源保护，全面落实最严格水资源管理制度；加强河湖水域岸线管理保护，严格管控水域岸线生态空间，确保水域岸线生态功能；加强水污染防治，排查入河湖污染源，优化和整治入河湖排污口；加强水环境治理，保护饮用水水源保护区，整治城市黑臭水体、农村生活污水和生活垃圾处理；加强水生态修复，加大江河源头区、水源涵养区、生态敏感区保护力度；加强执法监管，加大对河湖流域巡查保护力度，坚决清理整治非法排污、养殖、捕捞、采砂、采矿等涉河湖违法行为。

2020年12月通过的《长江保护法》第5条第3款规定：长江流域各级河湖长负责长江保护相关工作。河长制成为治理河湖流域环境问题的重要制度保障。

七、船舶水污染防治

船舶航行会产生垃圾、废水，对船舶水污染防治的总体要求是：船舶排放含油污水、生活污水，应当符合船舶污染物排放标准。从事海洋航运的船舶进入内河和港口的，应当遵守内河的污染物排放标准；船舶的残油、废油应当回收，禁止排入水体；禁止向水体倾倒船舶垃圾；船舶装载运输油类或者有毒货物，应当采取防止溢流和渗漏的措施，防止货物落水造成水污染；进入中华人民共和国内河的国际航线船舶排放压载水的，应当采用压载水处理装置或者采取其他等效措施，对压载水进行灭活等处理。

船舶污染物、废弃物的接收、处理由港口、码头、装卸站和船舶修造厂所在地市、县级人民政府负责统筹规划。船舶及有关作业活动造成水污染的，由海事管理机构、渔业主管部门进行监督管理。船舶过驳作业应当编制合理的作业方案，报作业地海事部门批准。禁止采取冲滩方式进行船舶拆解作业。

第三节　饮用水水源和其他特殊水体保护

一、饮用水水源保护区的概念与划定标准

《水污染防治行动计划》在"全力保障水生态安全"中，把保障饮用水安全放在首要位置，强调饮用水水源环境保护和地下水污染防治。饮用水水源地污染防治的核心制度是饮用水水源保护区制度。饮用水水源保护区是指国家为防治饮用水水源地污染、保证水源地环境质量而划定，并要求加以特殊保护的一定面积的水域和陆域。饮用水水源保护区分为地表水饮用水水源保护区和地下水饮用水水源保护区，前者包括一定面积的水域和陆域，后者指地下水饮用水水源地的地表区域。根据《饮用水水源保护区划分技术规范》规定，饮用水水源保护区分为一级保护区和二级保护区，必要时可在保护区外划分准保护区。其中饮用水水源一级保护区指以取水口（井）为中心，为防止人为活动对取水口的直接污染，确保取水口水质安全而划定需加以严格限制的核心区域；二级保护区是指在一级保护区之外，为防止污染源对饮用水水源水质的直接影响，保证饮用水水源一级保护区水质而划定，需加以严格控制的重点区域；准保护区是指依据需要，在饮用水水源二级保护区外，为涵养水源、控制污染源对饮用水水源水质的影响，保证饮用水水源二级保护区的水质而划定，需实施水污染物总量控制和生态保护的区域。

划定不同级别的饮用水水源保护区的目的在于对不同级别水源水质设定不同的保护标准，保证不同级别水源水质基本项目限值符合《地表水环境质量标

准》（GB 3838-2002）的相关要求，方便对饮用水水源进行分类管理和保护。科学合理划定饮用水水源保护区是对饮用水水源分区保护的基础。根据《饮用水水源保护区划分技术规范》规定，饮用水水源保护区划分应考虑以下因素：水源地的地理位置、水文、气象、地质特征、水动力特性、水域污染类型、污染特征、污染源分布、排水区分布、水源地规模、水量需求、航运资源和需求、社会经济发展规模和环境管理水平等。其中，地表水饮用水水源保护区范围应按照不同水域特点进行水质定量预测，并考虑当地具体条件，保证在规划设计的水文条件、污染负荷以及供水量时，保护区的水质能满足相应的标准；地下水饮用水水源保护区范围应根据当地的水文地质条件、供水量、开采方式和污染源分布确定，并保证开采规划水量时能达到所要求的水质标准。

饮用水水源存在以下情况之一的，应增设准保护区：（1）因一、二级保护区外的区域点源、面源污染影响导致现状水质超标的，或水质虽未超标，但主要污染物浓度呈上升趋势的水源；（2）湖库型水源；（3）流域上游风险源密集，密度大于0.5个/每平方千米的水源；（4）流域上游社会经济发展速度较快、存在潜在风险的水源。此外，地下水型饮用水水源补给区也应划为准保护区。

二、饮用水水源保护区的管理措施

在科学合理地划定各级水源保护区之后，《水污染防治法》明确规定了不同级别水源保护区的保护标准和要求。

1. 总体要求：在饮用水水源保护区内，禁止设置排污口。根据水环境保护的需要，国务院和省、自治区、直辖市政府可以规定在饮用水水源保护区内，禁止或限制使用含磷洗涤剂、化肥、农药以及限制种植养殖等措施。

2. 在饮用水水源一级保护区内，禁止新建、改建、扩建与供水设施和保护水源无关的建设项目，已建成的与供水设施和保护水源无关的建设项目，由县级以上人民政府责令拆除或关闭。禁止从事网箱养殖、旅游、垂钓或者其他可能污染饮用水水体的活动。

3. 在饮用水水源二级保护区内，禁止新建、改建、扩建排放污染物的建设项目。已建成的排放污染物的建设项目，由县级以上人民政府责令拆除或关闭。从事网箱养殖、旅游等活动，应当按照规定采取措施，防治污染饮用水水体。

4. 在饮用水水源准保护区内，禁止新建、扩建对水体污染严重的建设项目；改建建设项目，不得增加排污量。根据保护饮用水水源的实际需要，县级以上人民政府应在准保护区内采取工程措施或者建造湿地、水源涵养林等生态保护措施，防止水污染物直接排入饮用水水体，确保饮用水安全。

三、饮用水水质监测评估和信息公开

为及时发现和应对饮用水水源保护中出现的状况和问题，需要对饮用水水源水质定期开展评估。根据《水污染防治行动计划》。从水源到水龙头全过程监管饮用水安全。地方各级人民政府及供水单位应定期监测、检测和评估本行政区域内饮用水水源、供水厂出水和用户水龙头水质等饮水安全状况，地级及以上城市自2016年起每季度向社会公开。自2018年起，所有县级及以上城市饮水安全状况信息都要向社会公开。《水污染防治法》第72条规定了饮用水水源监测评估和信息公开制度，要求县级以上人民政府应当组织有关部门监测、评估区域内饮用水水源、供水单位供水和用户水龙头的水质等饮用水安全状况，并至少每季度向社会公开一次饮用水安全状况信息。从水源到水龙头的饮用水安全管理过程涉及多个部门，因此《水污染防治法》规定饮用水水源可能受到污染威胁时，环境保护部门除责令有关生产经营者采取停止排放水污染物等措施，还应通报饮用水单位和供水、卫生、水行政等部门；跨行政区域的，还应当通报相关地方人民政府。

四、备用水源建设

以上措施规定了事前保障饮用水安全的防范措施，当遇到极端气象条件下水量不足或突发水污染事故导致在用水源无法使用的情况时，单一水源供水城市的人民政府应当有备用水源保障饮用水供给。《水污染防治行动计划》要求单一水源供水的地级及以上城市应于2020年底前基本完成备用水源或应急水源建设，有条件的地方可以适当提前。根据《水污染防治法》规定，有条件的地区还可以开展区域联网供水。农村饮用水水源也应当合理安排、布局，有条件的地区可以采取城镇供水管网延伸或者建设跨村、跨乡镇联片集中供水等方式，发展规模集中供水。

五、特殊水体保护

县级以上人民政府可以对风景名胜区水体、重要渔业水体和其他具有特殊经济文化价值的水体划定保护区，采取措施保证保护区的水质符合规定用途的水环境治理标准。这些特殊水体具有特殊的经济文化价值，因此需要采取相应的保护措施，使其水质标准符合相关法律如《风景名胜区条例》、《渔业水质标准》、《地下水质量标准》等的具体规定。在这些特殊水体保护区内，不得新建

排污口。在保护区附近新建排污口的，应当保证保护区水体不受污染。

【本章思考题】

1. 水污染的概念和特点是什么？

2. 水污染物排放管理的法律制度有哪些？

3. 工业水污染防治的措施有哪些？

4. 城镇污水应当如何处理？

5. 农业和农村水污染防治的重点有哪些？

6. 河长制的内容是什么？

7. 饮用水水源保护的法律制度有哪些？

【参考文献】

1. 陆浩主编：《中华人民共和国水污染防治法解读》，中国法制出版社 2017 年版。

2. 周珂等主编：《环境法》，中国人民大学出版社 2021 年版。

3. 曹明德主编：《环境与资源保护法》，中国人民大学出版社 2020 年版。

4. 汪劲：《环境法学》，北京大学出版社 2018 年版。

5. 韩德培主编：《环境保护法教程》，法律出版社 2018 年版。

6. 蔡守秋主编：《环境资源法教程》，高等教育出版社 2017 年版。

7. 史学瀛主编：《环境法案例教材》，南开大学出版社 2017 年版。

第四章 土壤污染防治法

【内容提要】

本章土壤污染防治法主要包括两节内容，第一节是关于土壤污染防治法的概述，前半部分主要介绍包括土壤和土壤污染的概念以及土壤污染的特点和主要污染物的来源和类型，后半部分以时间为线索简单介绍了美国、日本和其他国家和地区土壤污染防治法的发展历程以及我国土壤污染防治法的发展历程。第二节是关于我国土壤污染防治的主要法律规定，依照我国 2018 年颁布的《土壤污染防治法》的内容体系来进行介绍，包括我国土壤污染防治的原则、政府、企业和公众在土壤污染防治方面的责任、综合性制度、预防和保护、风险管控和修复以及经济保障措施。

【重点了解与掌握】

1. 了解土壤的概念、土壤污染的概念和特征、我国土壤污染防治法的发展；
2. 掌握土壤污染防治的综合性制度、土壤污染的预防与土壤保护、土壤污染的风险管控和修复、土壤污染防治的经济保障措施。

【引导案例】

2016 年 1 月，有媒体报道称，常州外国语学校自 2015 年 9 月搬入新校址后，先后有 493 名学生皮炎、血液指标异常等情况，个别学生查出患有淋巴癌。家长们怀疑，这可能和学校对面正进行土壤修复施工的"毒地"有关，那里之前分别是常隆化工、常宇化工和华达化工三家化工企业的所在地。2016 年 4 月 29 日，环保组织自然之友和中国绿发会（以下简称"绿发会"）对造成污染的上述三家化工厂提起公益诉讼，要求其承担污染土壤和地下水的环境修复责任，并向公众赔礼道歉。一审法院常州市中级人民法院在对案件审理后认为案件具有公益性，但案涉地块已于2009年由常州市新北国土储备中心协议收储并实际交付，且针对污染问题政府也开展了相应的环境修复，三被告不具有替代政府进行修复的可能性；案涉地块环境污染系数十年来化工生产积累叠加造成，但两原告未提交可以清晰界定三被告与改制前各个阶段生产企业各自应当承担的环境污染侵权责任范围、责任形式、责任份额以及责任金额的证据。因此驳回了两环保组织的诉讼请求，认为常州市政府已经对污染进行了修复，风险已经得到控制，后续的修复工作也仍在继续，两环保组织提起公益诉讼的目的已经得到逐步实现。

2018年12月27日上午，自然之友、绿发会与常隆公司、常宇公司、华达公司环境民事公益诉讼上诉案在江苏省高级人民法院公开宣判。判决书中法院认为案件属于环境公益诉讼案件的受案范围；被上诉人基于环境保护基本原则中污染者担责以及《侵权责任法》应当对企业改制前的污染行为承担环境污染侵权责任，政府收储以及案涉地块存在其他的污染责任单位不影响其责任承担；案件从当事人知道或者应当知道其受到损害时即2016年经媒体报道后起计算诉讼时效，因此并未超过诉讼时效；在被上诉人是否应当承担污染风险管控和修复责任问题上认为地方政府组织实施污染风险管控、修复与污染者担责并没有冲突，但政府的修复方案已经涵盖了被上诉人应当承担的案涉场地污染风险防控和修复责任且政府风险管控、修复工作已经取得阶段性成效，上诉人要求消除污染对案涉地块及周边土壤、地下水生态环境影响的诉讼请求已经部分得以实现，并具有最终得到实现的高度可能性；且由三被上诉人负担新北区政府支出的修复费用的诉求中政府并非本案当事人，法院无权主动介入界定其与被上诉人之间的权利义务关系，因此虽然上诉人具有要求被上诉人承担案涉场地环境污染风险管控和修复责任的请求权，但其诉讼请求超出了环境公益诉讼的请求范围。案涉地块环境污染造成了社会公众精神利益上的损失，被上诉人应当向社会公众赔礼道歉。法院也酌定支持了上诉人的差旅费和律师费的诉讼请求。判决撤销一审民事判决，由被上诉人在国家级媒体上就其污染行为向社会公众赔礼道歉并支付上诉人本案律师费、差旅费，驳回两上诉人的其他诉讼请求。

【引导问题】

1. 污染地块流转后治理责任主体如何认定？

2. 责任主体如何承担责任？

第一节　土壤污染防治法概述

一、土壤污染概述

（一）土壤的概念

土壤是地球陆地表面由矿物质、有机物、水、空气和生物组成，具有肥力，能生长植物的未固结层，是大气圈、水圈、岩石圈及生物圈的交界带。土壤的功能主要体现在对人类和环境的作用，包括控制物质循环和能量流动、动植物和人类生命的基础、基因存储库和农产品繁育、建筑物稳定的基础等方面，对整个生态系统极为重要。

（二）土壤污染的概念和特点

土壤污染，是指因人为因素导致某种物质进入陆地表层土壤，引起土壤化学、物理、生物等方面特性的改变，影响土壤功能和有效利用，危害公众健康或者破坏生态环境的现象。土壤污染有隐蔽性、潜伏性、累积性、不均匀性、不可逆性和治理艰巨性的特征。

1. 土壤污染具有隐蔽性和潜伏性。相较于大气污染和水污染，土壤污染更不容易被察觉。首先，从污染外在表现形式上看，大气污染状况和水质状况可以通过人的感官系统感觉出来，如工业污染排放废气、扬尘污染和机动车排放尾气以及一些恶臭气体污染等可以通过视觉嗅觉所感受，水质状况部分也可以通过其物理性质如色、嗅、味、透明度等感知出来。土壤污染则更难通过外部表现为人所感知。其次，人们对水和大气的接触更为频繁，产生污染后一般会直接作用于人体，但是土壤污染除了长期暴露于土壤污染物下的危害以外，还存在有害物质或分解产物在土壤中累积，通过植物或者水间接作用于人体，危害人体健康。最后，在检测难度上，土壤污染往往要通过土壤样品分析、农作物检测，甚至人畜健康的影响研究才能确定。土壤污染从产生到发现危害通常时间较长。

2. 土壤污染具有累积性。大气污染物在诸如气温、风速风向区域大气环境的影响下产生稀释、扩散等现象。污染物在水体中会产生推移迁移、扩散、衰减等三种运动，从而产生自净作用。但是土壤污染物更难在土壤中迁移、扩散和稀释。因此，污染物容易在土壤中不断累积，并随着有害物质含量增加而使

223

得土壤自净能力下降，进一步导致土壤组成、功能、结构产生变化。

3. 土壤污染具有不均匀性。由于土壤性质差异较大，而且污染物在土壤中迁移慢，导致土壤中污染物分布不均匀，空间变异性较大。

4. 土壤污染往往具有不可逆性。由于重金属难以降解，导致重金属对土壤的污染基本上是一个不可完全逆转的过程。另外，土壤中的许多有机污染物也需要较长时间才能降解，即便经过治理，土壤质量仍然较差甚至有可能导致二次污染。

5. 土壤污染治理具有艰巨性。土壤污染一旦发生，仅仅依靠切断污染源的方法很难恢复。土壤污染治理采用的各项措施要么人力和财力成本过高，且治理面积小，要么技术难度较大，投入资金较多，或者治理时间长，恢复难。总体来说，治理土壤污染的成本高、周期长、难度大，治理任务十分艰巨。

（三）土壤污染的来源及类型

1. 按照产生污染的来源来分，主要包括天然源和人为源。天然源是自然界向环境排放有害物质或造成有害影响的场所，如活动火山。人为源指的是人类活动形成的污染源。由于土壤本身自净作用，自然源产生的污染物往往能够通过自净作用缓慢地消解，但是人为源的污染物，尤其是某些人工合成的有机农药、化学合成产品和一些重金属难以净化，超过了土壤本身的自净能力，导致污染物的累积，并且累积随着人类数量的增加和人类活动的频繁化以及技术发展等而不断增加，因此人为源也是土壤污染的主要来源。

2. 按照污染的种类可以分为农业源、工业源和生活源。农业源包括农药、化肥和禽畜排泄物等。工业源包括工业废水、废渣浸出物、工业粉尘等，工业污染场地是目前土壤污染中危害大、关注度高的场地类型。生活源包括生活污水和生活垃圾等。

3. 按照污染源的形式可以分为点源和面源。点源是有固定排放点的污染源，其中工业废水、城市生活污水、各类工业源为典型的点源，加油站等对土壤和地下水污染也是重要的点源类型。面源也称为非点源污染或分散源污染，是指溶解和固体的污染物从非特定的地点，在降水或融雪的冲刷作用下，通过径流过程而汇入土壤环境并引起土壤有机污染、重金属污染或有毒有害等其他形式的污染，农田区土壤污染是我国面源污染的重要类型。

4. 按污染物进入土壤的途径包括污水灌溉、固体废物利用、农药和化肥的施用、大气沉降物和交通。

5. 按照污染物的属性分,可以分为土壤有机物污染、土壤无机物污染、土壤生物污染和土壤放射性物质污染。土壤有机物污染中,包括天然有机污染物和人工合成有机污染物,主要是人工合成有机污染物对土壤的污染,包括有机废弃物和农药等的污染。土壤无机物污染包括通过地壳变迁、火山爆发等天然过程进入土壤和人类生产消费进入土壤两种方式,目前较为关注的是重金属和无机物污染。土壤生物污染是有害生物种群大量繁殖导致的对生态系统造成的污染,如未经处理的粪便、垃圾、污水等。近年来医疗垃圾中生物污染物进入土壤生态系统也造成了污染与危害。土壤放射性污染物是人类活动中排放的放射性污染物导致土壤放射性水平高于天然本底值,如放射性废水排放、放射性固体废物埋藏、放射性核事故等。

二、国外土壤污染防治法发展

(一) 美国的土壤污染防治法发展

1934 年 5 月 12 日,一场因为土壤和植被破坏引起的巨大风暴席卷了美国东部和加拿大西部土地,震惊世界的"黑风暴"事件加速了美国对于土壤侵蚀的立法保护。1935 年美国颁布《土壤保护法》,美国农业部建立水土保持局为农民土壤保护措施提供技术、资金等方面的支持,土壤保护工作逐渐展开。1960年颁布《联邦危险物质法》,1967 年颁布《固体废物处理法》。进入 20 世纪 70年代,为应对棕色地块污染从废物管理角度处理土壤污染,颁布了《固体废物处置法》《危险废物设施所有者和营运人条例》等。1976 年《资源保护和回收法》用来全面控制固体废物对土地的污染。1978 年拉夫运河事件推动了 1980 年《综合环境反应、补偿和责任法》(《超级基金法》)的出台,规定了危险物质泄漏、责任人赔偿和超级基金的设置以及国家优先治理污染场地等,而后颁布一系列修正补充法案法规如《超级基金修正案与再授权法案》《棕色地块经济振兴计划》《小规模企业责任减轻和棕地振兴法》等。2001 年出台了《小型企业责任免除和棕色地块振兴法》。

(二) 日本的土壤污染防治法发展

20 世纪中叶,日本发生了著名的"四大公害"事件,日本政府决心开展公害治理方面环境立法。在 1967 年召开的第 55 届国会上制定了《公害对策基本法》,到 1970 年 2 月作重大修订时从立法目的中删除了"与经济调和"条款,并扩大了公害的定义,将土壤污染纳入其中。1970 年 12 月 25 日,《农用地土壤污染防治法》颁布,主要针对农用地土壤污染防治的专门行政法和公害控制法。

1986 年环境厅制定了《市街地土壤污染暂定对策方针》，1991 年制定《土壤污染有关的环境标准》，1994 年和 2001 年对其进行修订，增加了监测指标。1993 年基于《公害对策基本法》在环境保护方面有缺陷，于是制定了《环境基本法》。1994 年制定《与重金属有关的土壤污染调查·对策方针》和《与有机氯化合物有关的土壤·地下水对策暂定方针》。随着日本工业化和城市化进程发展，城市型土壤污染问题加剧，政府为了治理污染问题，于 2002 年 5 月颁布了《土壤污染对策法》，为了细化对该法的实施，后续又颁布了《土壤污染对策法施行令》和《土壤污染对策法施行规则》。

三、我国土壤污染防治立法发展

1979 年颁布的《环境保护法（试行）》在第十条规定要 "合理使用土地，改良土壤" "防止土壤侵蚀、板结、盐碱化、沙漠化和水土流失" 以及开垦荒地要做科学调查，并在第 21 条对农药使用、污水灌溉方面进行总体性的规范，要求 "防止土壤和作物的污染"。1982 年颁布的《宪法》第 10 条仅规定了 "合理的利用土地"，1986 年的《土地管理法》也是在第 1 条中规定要 "合理利用土地"，在土地的利用和保护一章第 18 条涉及土地复垦，第 20 条政府的耕地保护措施和国家、乡村建设土地的合理利用。1989 年颁布实施的《环境保护法》的第 20 条规定政府要 "加强对农业环境的保护，防治土壤污染"。总体来看，法律中有关土壤污染防治的内容主要是原则性的规定。

1984 年的《水污染防治法》、1987 年的《大气污染防治法》和 1995 年的《固体废物污染环境防治法》等专门的污染防治法的颁布和后续修订以及国务院颁布的诸如《危险化学品安全管理条例》《农药管理条例》和《城市生活垃圾管理办法》等行政法规规章的实施，虽然并没有涉及土壤污染防治的针对性专门性规定，但是通过对大气污染、水污染以及固体污染物的防治有效改善土壤环境，从污染源控制角度对土壤污染防治起到了一定作用。

1995 年原国家环保局制定的《土壤环境质量标准》的适用范围仅限于农田、蔬菜地、自然保护区等地的土壤，为了保护在工业企业中工作或在工业企业附近生活的人群以及工业企业界区内的土壤和地下水，对工业企业生产活动造成的土壤污染危害进行风险评价，在 1999 年制定了《工业企业土壤环境质量风险评价基准》。

2005 年 12 月，国务院发布的《关于落实科学发展观加强环境保护的决定》拉开了土壤污染防治专门立法的序幕，内容中指出 "要抓紧拟定有关土壤污染、化学物质污染、生态保护、遗传资源、生物安全、臭氧层保护、核安全、循环经济、环境损害赔偿和环境监测等方面的法律法规草案，配合做好《中华人民共和国环境保护法》的修改工作。"2006年起，原环保部着手启动《土壤污染防治立法》研究工作，成立立法起草研究小组。从2012年开始起草小组不断召开会议，进行调研，到2014年12月《土壤环境保护法（草案）》报送全国人大环境与资源保护委员会（以下简称环资委），环资委接手起草工作。2016年5月28日，国务院发布《土壤污染防治行动计划》，要求推进土壤污染防治立法。2018年《土壤环境质量标准》（GB15618—1995）调整更新为《土壤环境质量农用地土壤污染风险管控标准（试行）》（GB15618—2018）和《土壤环境质量建设用地土壤污染风险管控标准（试行）》（GB36600—2018），其中内容与《土壤污染防治行动计划》相对应匹配。2018年4月通过《工矿用地土壤环境管理办法（试行）》，同年8月1日开始施行。

2018年8月31日第十三届全国人民代表大会常务委员会第五次会议全票通过《土壤污染防治法》。该法自2019年1月1日起施行。

2020年1月，财政部、生态环境部等6部门制定《土壤污染防治基金管理办法》对土壤污染防治基金的设立、主要用途原则等方面进行了规定，从而规范土壤污染防治基金的运作情况。

第二节　土壤污染防治主要法律规定

一、土壤污染防治综合性制度

（一）规划制度

国家和地方土壤污染防治工作都应纳入环境保护规划，部分地方需制定专项规划。

县级以上人民政府应当将土壤污染防治工作纳入国民经济和社会发展规划、环境保护规划。

设区的市级以上地方人民政府生态环境主管部门应当会同发展改革、农业农村、自然资源、住房城乡建设、林业草原等主管部门，根据环境保护规划要求、土地用途、土壤污染状况普查和监测结果等，编制土壤污染防治规划，报本级人民政府批准后公布实施。

（二）标准制度

《土壤污染防治法》规定土壤污染风险管控标准是强制性标准，必须制定国家土壤污染风险管控标准，制定主体包括国务院生态环境主管部门和省级人民政府。国务院生态环境主管部门制定的土壤污染风险管控标准要根据土壤污染状况、公众健康风险、生态风险和科学技术水平和土地用途。省级人民政府对国家土壤污染风险管控标准中未作规定的项目，可以制定地方土壤污染风险管控标准，对其中已作规定的项目，可以制定严于国家土壤污染风险管控标准的地方土壤污染风险管控标准，且该地方土壤污染风险管控标准应当报国务院生态环境主管部门备案。

土壤污染风险管控标准制定的过程中要专家进行审查论证并征求广泛的意见，并对该标准执行的情况定期评估，根据评估结果对标准适时修订。省级以上人民政府生态环境主管部门应当对土壤污染风险管控标准进行公示公开，在网站上公布，供公众免费查阅、下载。

（三）普查制度

国务院对全国土壤污染状况普查进行统一领导。国务院生态环境主管部门每十年至少组织开展一次全国土壤污染状况普查。国务院有关部门、设区的市级以上地方人民政府可以根据本行业、本行政区域实际情况组织开展土壤污染状况详查。

（四）监测制度

为了弥补普查时间跨度较大方面的不足并且考虑土壤污染隐蔽性的特点，《土壤污染防治法》规定了国家实行土壤污染状况监测制度，掌握土壤污染状况，提高防治工作的针对性和有效性，从源头上防治土壤污染。

1. 制定有关的规范并设置监测站（点）：国务院生态环境主管部门制定土壤环境监测规范，会同有关主管部门组织监测网络，统一规划国家土壤环境监测站（点）的设置。

2. 实施土壤环境重点监测：地方人民政府农业农村、林业草原主管部门应当会同生态环境、自然资源主管部门对产出的农产品污染物含量超标、作为污水灌溉渠、规模化养殖、曾作为工矿用地等农用地地块进行重点监测。地方人民政府生态环境主管部门应当会同自然资源主管部门对曾用于生产、使用、贮存、回收、处置有毒有害物质、曾用于固体废物堆放、填埋，曾发生过重特大污染事故等的建设用地地块进行重点监测。

3. 制定重点监测名录：设区的市级以上地方人民政府生态环境主管部门应按照有关规定根据实际情况制定本行政区域土壤污染重点监管单位名录，向社会公开并实时更新。

4. 保证监测数据真实准确：设区的市级以上地方人民政府定期对土壤污染重点监管单位周边土壤进行监测。土壤污染重点监管单位应当对监测数据的真实性和准确性负责，生态环境主管部门发现土壤污染重点监管单位监测数据异常，应当及时进行调查。

二、明确政府、企业和公众的土壤污染防治责任

第一，确立土壤污染防治管理体制，国务院生态环境主管部门对全国土壤污染防治工作实施统一监督管理；国务院农业农村、自然资源、住房城乡建设、林业草原等主管部门在各自职责范围内对土壤污染防治工作实施监督管理。

第二，各级人民政府应当加强对土壤污染防治工作的领导，组织、协调、督促有关部门依法履行土壤污染防治监督管理职责。地方各级人民政府应当对本行政区域土壤污染防治和安全利用负责。并且国家实行相应的环境保护目标责任制和考核评价制度，将土壤污染防治目标完成情况作为考核评价地方各级人民政府及其负责人、县级以上人民政府负有土壤污染防治监督管理职责的部门及其负责人的内容。

地方人民政府生态环境主管部门对本行政区域土壤污染防治工作实施统一监督管理；地方人民政府农业农村、自然资源、住房城乡建设、林业草原等主管部门在各自职责范围内对土壤污染防治工作实施监督管理。

第三，任何组织和个人都有保护土壤、防止土壤污染的义务，对污染土壤的行为，均有向生态环境主管部门和其他负有土壤污染防治监督管理职责的部门报告或者举报的权利。公众参与到土壤污染保护中并采取有效措施，防止、减少土壤污染，对造成的土壤污染依法承担相应的责任。

三、土壤污染防治的预防和保护

（一）土壤污染的预防措施

针对有毒有害物质建立防控机制，对涉及有毒有害物质的生产、使用和排放等单位和个人要求采取有效措施，防止有毒有害物质渗漏、流失、扬散，避免土壤受到污染。国务院生态环境主管部门会同国务院卫生健康等部门需要对土壤中有毒有害物质进行筛查评估，公布重点控制的土壤有毒有害物质名录。区的市级以上地方人民政府生态环境主管部门也应当制定本行政区域土壤污染重点监管单位名录。以及土壤污染重点监管单位也应当履行关于有毒有害物质

防治方面的义务。

需拆除的设施、设备或者建筑物、构筑物的企事业单位要采取相应土壤污染防治措施，土壤污染重点监管单位需制定包括应急措施在内的土壤污染防治工作方案，报地方人民政府生态环境、工业和信息化主管部门备案并实施。

除了对有毒有害物质、需拆除的设施、设备和建筑物、构筑物要采取相应的预防措施以外，还规定了对矿产资源开发、部分领域的建设工程材料要求、污水和固体废物的处理设施建设、农业投入品及其包装物标准和农田灌溉用水等都进行了相应的规范。

（二）未污染土壤的保护措施

法律规定了国家加强对未污染土壤的保护。地方各级人民政府应当重点保护未污染的耕地、林地、草地和饮用水水源地，对国家公园等自然保护地加强保护，维护其生态功能。对未利用地应当予以保护，不得污染和破坏。

四、土壤污染防治的风险管控和修复

根据不同类型土地的特点主要分为农用地和建设用地两大类，并且对不同土地类型采用不同的风险管控和修复制度和措施。

（一）农用地的土壤污染风险管控和修复

建立了农用地分类管理制度。按照土壤污染程度和相关标准，将农用地划分为优先保护类、安全利用类和严格管控类。

1. 优先保护类农用地的管理制度

对于符合条件的优先保护类耕地，县级以上地方人民政府应当依法将其划为永久基本农田，实行严格保护。并且在永久基本农田集中区域，不得新建可能造成土壤污染的建设项目；已经建成的，应当限期关闭拆除。

2. 安全利用类农用地的管理制度

对于安全利用类农用地地块，地方人民政府农业农村、林业草原主管部门，应当结合主要作物品种和种植习惯等情况，制定并实施安全利用方案，方案应当包括：农艺调控、替代种植；定期开展土壤和农产品协同监测与评价；对农业生产经营主体进行技术指导和培训；其他风险管控措施。

3. 严格管控类农用地的管理制度

对于严格管控类农用地地块，地方人民政府农业农村、林业草原主管部门应当采取风险管控措施，措施包括提出划定特定农产品禁止生产区域的建议，报本级人民政府批准后实施；按照规定开展土壤和农产品协同监测与评价；对农民、农民专业合作社及其他农业生产经营主体进行技术指导和培训以及其他风险管控措施。

各级人民政府及其有关部门组织采取污染状况调查、风险评估和风险管控等措施，对于采取相应风险管控措施的给予相应的政策支持。土壤污染责任人对后两种地块采取风险管控措施，对产出的农产品污染物含量超标，需要实施修复的农用地地块，土壤污染责任人应当编制修复方案，报地方人民政府农业农村、林业草原主管部门备案并实施。修复方案应当包括地下水污染防治的内容。实现水土一体防治，且修复活动应当优先采取不影响农业生产、不降低土壤生产功能的生物修复措施，阻断或者减少污染物进入农作物食用部分，确保农产品质量安全。

（二）建设用地的土壤污染风险管控和修复

1. 实行建设用地土壤污染风险管控和修复名录制度

建设用地土壤污染风险管控和修复名录由省级人民政府生态环境主管部门会同自然资源等主管部门制定，按照规定向社会公开，并根据风险管控、修复情况适时更新。

列入建设用地土壤污染风险管控和修复名录的地块，不得作为住宅、公共管理与公共服务用地。

2. 进行土壤污染状况调查

对土壤污染状况普查、详查和监测、现场检查表明有土壤污染风险的建设用地地块，地方人民政府生态环境主管部门应当要求土地使用权人按照规定进行土壤污染状况调查。用途变更为住宅、公共管理与公共服务用地的，变更前应当按照规定进行土壤污染状况调查。

3. 实施风险管控措施

对建设用地土壤污染风险管控和修复名录中的地块，土壤污染责任人应当按照国家有关规定以及土壤污染风险评估报告的要求，采取相应的风险管控措施，并定期向地方人民政府生态环境主管部门报告。为了从源头上防止污染物对土壤造成污染，风险管控措施应当包括地下水污染防治的内容。

对建设用地土壤污染风险管控和修复名录中的地块，地方人民政府生态环境主管部门可以根据实际情况采取提出需要报本级人民政府批准后实施的划定隔离区域的建议、进行土壤及地下水污染状况监测风险管控措施以及其他风险管控措施。对于名录中需要修复的地块，土壤污染责任人应当编制修复方案，报地方人民政府生态环境主管部门备案并实施。修复方案应当包括结合土地利用总体规划和城乡规划且地下水污染防治的内容。

风险管控、修复活动完成后，土壤污染责任人应当另行委托有关单位对风险管控效果、修复效果进行评估，并将效果评估报告报地方人民政府生态环境主管部门备案。

4. 风险防控和修复效果评估

如达到土壤污染风险评估报告确定的风险管控、修复目标的建设用地地块，土壤污染责任人、土地使用权人可以申请省级人民政府生态环境主管部门移出建设用地土壤污染风险管控和修复名录。省级人民政府生态环境主管部门应当会同自然资源等主管部门对风险管控效果评估报告、修复效果评估报告组织评审，及时将达到土壤污染风险评估报告确定的风险管控、修复目标且可以安全利用的地块移出建设用地土壤污染风险管控和修复名录，按照规定向社会公开，并定期向国务院生态环境主管部门报告。

如未达到土壤污染风险评估报告确定的风险管控、修复目标的建设用地地块，禁止开工建设任何与风险管控、修复无关的项目。

5. 建设用地用途变更、收回和转让

土壤污染重点监管单位生产经营用地的用途变更或者在其土地使用权收回、转让前，应当由土地使用权人按照规定进行土壤污染状况调查。土壤污染状况调查报告应当作为不动产登记资料送交地方人民政府不动产登记机构，并报地方人民政府生态环境主管部门备案。该土壤污染状况调查不仅有利于保障土地用途变更后的建设用地安全，特别是人居环境安全，还有利于明晰土壤污染责任。

土地使用权已经被地方人民政府收回，土壤污染责任人为原土地使用权人的，由地方人民政府组织实施土壤污染风险管控和修复。

五、建立土壤污染防治的经济保障措施

国家采取有利于土壤污染防治的财政、税收、价格、金融等经济政策和措施。

各级人民政府安排必要的资金用于土壤污染防治的科学技术研究开发、示范工程和项目；组织实施的土壤污染状况普查、监测、调查和土壤污染责任人认定、风险评估、风险管控、修复等活动；对涉及土壤污染的突发事件的应急处置和其他事项。并且通过加强使用资金绩效管理和审计监督，确保其使用效益。

国家建立土壤污染防治基金制度，设立中央土壤污染防治专项资金和省级土壤污染防治基金，主要用于农用地土壤污染防治和土壤污染责任人或者土地使用权人无法认定的土壤污染风险管控和修复以及政府规定的其他事项。法律关于基金制度的规定是污染防治法的一个重要探索。

国家鼓励金融机构加大对土壤污染风险管控和修复项目的信贷投放，鼓励其在办理土地权利抵押业务时开展土壤污染状况调查。

国家对从事土壤污染风险管控和修复的单位和为防治土壤污染捐赠财产的社会各界人士法律规定享有税收优惠。

除此之外，我国《土壤污染防治法》还规定了包括人大监督、企业环境信用评价、土壤环境信息公开和舆论监督等监督方式来加强对土壤污染的预防，保护土壤环境并规范责任主体。对于违反相应法律法规，承担民事侵权责任以及行政责任，构成犯罪的，依法承担刑事责任。

【本章思考题】

1. 什么是土壤污染？土壤污染治理有哪些特点？
2. 简要阐述我国土壤污染防治立法的发展历程？
3. 农用地的土壤污染风险管控和修复主要有哪些措施？
4. 建设用地的土壤污染风险管控和修复主要有哪些措施？
5. 土壤污染防治的经济保障措施有哪些？

【参考文献】

1. 周珂等主编：《环境法》，中国人民大学出版社 2021 年版。
2. 曹明德主编：《环境与资源保护法》，中国人民大学出版社 2020 年版。
3. 汪劲：《环境法学》，北京大学出版社 2018 年版。
4. 韩德培主编：《环境保护法教程》，法律出版社 2018 年版。
5. 蔡守秋主编：《环境资源法教程》，高等教育出版社 2017 年版。
6. 生态环境部法规与标准司编写：《〈中华人民共和国土壤污染防治法〉解读与适用手册》，法律出版社 2018 年版。

第五章 海洋环境保护法

【内容提要】

海洋环境指地球上广大连续的海和洋的总水域，包括海水、溶解和悬浮于海水中的物质、海底沉积物和海洋生物。它是生命的摇篮和人类的资源宝库。海洋环境污染带来损害生物资源和海洋生物、危害人类健康、妨碍包括捕鱼和海洋的其他正当用途在内的各种海洋活动、损坏海水使用质量和减损环境优美等有害影响。为有效防治海洋环境污染，必须采取综合治理，运用多种方式手段，实现多元协同共治。

海洋生态环境保护问题一直是国际社会高度关注的议题之一。从世界各国来看，通过立法并予以切实实施是海洋环境保护的重要手段。我国改革开放以来，工业化、城镇化进程不断加快，沿海地区经济社会快速发展，对海洋空间利用和海洋自然资源的需求不断增大。生产、生活、生态用海等需求日趋多样化，对传统海洋生态环境和资源的供给方式提出了新的挑战，给海洋环境和海洋生态系统带来极大压力。1982 年，第五届全国人民代表大会常务委员会第二十四次会议通过《中华人民共和国海洋环境保护法》。党的十九大以来，通过实施最严格的生态环境保护制度，特别是实行陆源污染物管控、入海排污口清理、实施海洋生态红线制度，严肃查处违法围填海、非法倾倒垃圾和改变自然岸线等严重改变海洋环境行为等措施，我国海洋生态环境状况整体稳中向好，海洋环境保护法治建设发挥了重要保障作用。

【重点了解与掌握】

1. 海洋环境及海洋环境污染；

2. 海洋环境污染的防治；

3.《海洋环境保护法》的主要内容。

【引导案例】

"阿摩科·卡迪兹号"油轮事件[1]

1978年3月16日，美国超级油轮"阿摩科·卡迪兹号"满载荷兰皇家壳牌石油公司购买的伊朗原油向荷兰鹿特丹驶去。在从波斯湾向鹿特丹驶近时遇到风暴，这艘油轮在波涛汹涌的海面上剧烈摇荡。3月24日，当"阿摩科·卡迪兹号"油轮航行至法国布列塔尼海岸（位于波尔萨勒海域）时，油轮的操纵装置在波涛汹涌的海面上忽然失灵。万般无奈之下，"阿摩科·卡迪兹号"只好由一艘前来救援的拖轮拖着前进。然而，当拖轮拖着"阿摩科·卡迪兹号"这艘满载原油的庞然大物行驶还不到10海里，由于承受不了如此重力，拖缆忽然断裂，"阿摩科·卡迪兹号"随波逐流向岩礁漂去，遭到海浪一次次猛击后断裂成两半。很快，22.4万吨原油喷涌入海。随着潮汐漂移，泄漏的原油在附近海域和海滩上覆盖了一层恶臭的黑粘油。据统计，"阿摩科·卡迪兹号"油轮共漏出原油达22.4万吨，污染了近350公里长的海岸带，仅牡蛎就死掉9000多吨，海鸟死亡2万多吨。这次漏油事件，对所污染海岸的整个海洋生物以及海鸟来说，其灾难程度是史无前例的，成百万的海洋动物和软体动物被冲到岸上，包括海边的疗养胜地也随之遭殃。原油泄漏事故发生后，其回收原油及清理工作都极其困难，甚至大规模的清除技术带来的"次生"破坏，比原油本身造成的损失大得多。即使动用所有的技术和设备，想回收超过20%的原油都几乎是徒劳的。最终，大部分泄漏的原油分散在水体或者沉积物中（部分蒸发到大气中），给海洋生态环境及海洋生物等留下永久的伤痕。虽然海事本身损失1亿多美元，但污染损失及治理的费用却达5亿多美元，而其对被污染区域的海洋生态环境造成的损失更是难以估量。

"阿摩科·卡迪兹号"油轮事件是一次惨痛的教训。这场海上原油泄漏事件不仅带来重大生态和经济损失，造成当地海岸及沿海水域严重的生态灾难，也对当地旅游业乃至经济和社会发展带来致命打击。

---

〔1〕参见孙即才：《海洋之殇："阿摩科·卡迪兹号"油轮事件》，载《人民资讯》2022年3月23日，第A7版。

【引导问题】

1. 海洋环境污染事件带来的启示？
2. 海洋环境污染防治的重要意义？

第一节　海洋环境与污染防治

一、海洋环境及其污染危害

（一）海洋环境

海洋环境指地球上广大连续的海和洋的总水域，包括海水、溶解和悬浮于海水中的物质、海底沉积物和海洋生物。它是生命的起源之所，也为人类的生存发展提供了资源宝藏。

海洋占地球总面积的 70.8%，与大陆环境相比，海洋环境是一个非常复杂的系统，有着明显的特点。海水的温度比大陆低，而且变化较小。含盐度是海水的重要性质之一，正常海水的含盐度为 3.5%。海洋的不同地带氧的含量不同，有氧化条件也有还原条件。这与大陆上多氧化条件、多淡水环境的特点均有差别。海洋按海水深度及地形可进一步划分为滨海、浅海、半深海和深海四种环境。波基面以上称滨海区或海岸带，这里水动力条件、水介质条件及海底地貌，均很复杂；浅海是指波基面以下至水深 200m 的陆相区，这里地形平坦，坡度很小，小于 4 度；浅海之外的半深海是坡度很陡的大陆坡，4 到 7 度或更大，陆坡的地形崎岖，并有深切的水下峡谷，斜坡的坡脚可达 2000m 水深；再向外则为深海大洋盆地，它的地形比较平坦。海洋的各种性质及海洋的各个环境，对于各类海洋生物及沉积物的存在和分布都有着重大的影响。海洋是一个巨大的生态系统，它由海水水体、生活在其中的生物、海洋上空的大气、环绕海洋周围的海岸、海底等部分组成。海洋生态系统的物质循环和能量交换，会影响到陆地的降雨和气候变化。因此，海洋是地球气候环境的调节器。地球上的水循环也依靠海洋来实现，起到补给水源的作用。

随着科学和技术的发展，人类开发海洋资源的规模越来越大，对海洋的依赖程度越来越高。海洋有着丰富的生物资源，海生动植物为人类提供物质资料和能源。大量的海产品富含营养，是人类重要的食物来源之一。海底油气资源、稀有矿产、波浪、潮汐、海流等为人类生产建设活动提供原材料和能源。海洋广阔的水面，可以为人类提供航运之便，为人类的海上体育、娱乐、疗养活动提供天然场所。海洋已成为人类生产活动非常频繁的区域。20 世纪中叶以来，海洋事业发展极为迅速，已有近百个国家在海上进行石油和天然气的钻探和开采；每年通过海洋运输的石油超过 20 亿吨；每年从海洋捕获的鱼、贝近 1 亿吨。随着人类日益加强对海洋的开发利用，从海洋索取的资源越来越多，同时向海洋排放、倾倒的废物也不断增加，海洋环境亦受到人类活动的影响和污染。海洋环境研究工作的主要任务之一，是探索保护海洋生态系统的途径和方法。

（二）海洋环境污染及其危害

1. 海洋环境污染

海洋环境污染是指人类直接或间接把物质或能量引入海洋环境，其中包括河口湾，以致造成或可能造成损害生物资源和海洋生物、危害人类健康、妨碍包括捕鱼和海洋的其他正当用途在内的各种海洋活动、损坏海水使用质量和减损环境优美等有害影响。

海洋环境的污染源通常有三类：一是陆地型污染源，即指从陆地向海域排放污染物，造成或者可能造成海洋环境污染的场所、设施等，包括工厂直接入海的排污管道、混合入海排油管道、入海河流、沿海油田以及港口等；二是海上型污染源，这是指船舶或海上设施、海洋倾废等；三是大气型污染，主要是指大气降水或大气沉降使污染物进入海洋。

海洋环境污染不同于陆地、河流、大气的污染，具有以下几个主要特点：

一是污染源广。人类活动产生的废物，最终大都进入海洋。污染物质通常以前述三种途径进入海洋，加重了海洋污染的程度，同时也加大了治理的难度。

二是扩散迁移范围大。整个海洋是一个连通的整体，海水一刻不停地流动着，污染物一旦进入海洋，就会从一处海区扩散迁移到另一海区，从沿海河口迁移到远洋，从外国海域或公海迁移到内国海域。

三是污染危害持续性强。污染物进入海洋后，只能靠海水的自净能力去净化，无法转移到其他场所。一些不容易分解破坏的污染物质长期在海洋环境中积蓄着，污染损害海洋环境，并经过海洋生物的浓缩，还会发生迁移转化，从而加重危害。

2. 海洋环境污染的危害

人类在不断生产和生活的过程中产生了大量的污染。这些污染不断通过不同的方式流入海洋，对海洋中的生物资源和海洋开发造成了不同程度的污染。

海洋环境污染的危害主要表现在以下几个方面：

一是对海洋水质的危害。污染物质进入海洋，直接破坏了海水原有质量，特别是有毒有害物质进入水体，导致水体变性，不适宜海洋生物的生长繁殖。水体富营养化会导致海洋中部分藻类疯狂生长，产生赤潮。

二是对海洋生物的危害。海洋受到污染，破坏了海洋生物的生存环境，水质恶化给生物带来威胁。有毒有害物质进入生物体内，严重时造成生物死亡，甚至物种灭绝。

三是对人类健康的危害。海洋生物是人类食品和药物的主要来源之一。如果海洋遭受污染，海洋生物也会受到污染，用被污染的海洋生物作为原料进行食品、药物生产，势必对人体造成危害。尤其是有些有毒有害物质，通过食物链在海洋生物体内富集，最终在被人服用后对人体健康造成严重危害。

四是其他方面的危害。海水被污染后，海洋生态系统失衡，自然影响到海洋气候变化。此外，还会影响海上体育娱乐、航运、养殖及海上作业等。

二、海洋环境污染防治

为有效防治海洋环境污染，必须采取综合治理，运用多种方式手段，实现多元协同共治。

（一）编制实施《"十四五"海洋生态环境保护规划》

为系统谋划和有序落实"十四五"海洋生态环境保护工作，生态环境部、国家发展和改革委员会、自然资源部、交通运输部、农业农村部和中国海警局共同编制印发《"十四五"海洋生态环境保护规划》（以下简称《规划》）。《规划》以习近平新时代中国特色社会主义思想为指导，深入贯彻习近平生态文明思想，以海洋生态环境突出问题为导向，以海洋生态环境持续改善为核心，聚焦建设美丽海湾主线，更加注重公众亲海需求，整体保护和综合治理，示范引领和长效机制建设，科技创新与治理能力提升，更加注重深度参与全球海洋生态环境治理，在此基础上明确了"十四五"期间的主要指标和2035年的远景目标，提出了实施陆海污染源头治理、恢复修复典型海洋生态系统等重点任务。

（二）建立健全海洋环境法律体系。

随着经济社会的发展和海洋资源的不断发展，海洋活动越来越频繁，活动类型越来越多样化，海洋环境受人类活动的影响越来越严重，因此应根据现代海洋污染表现和国际海洋污染条约，在现行海洋环境保护法的基础上，不断完善船舶污染防治立法，通过法律强制手段，全面加强海洋环境管理，提高海洋环境保护意识。

（三）持续推进重点海域综合治理攻坚

以渤海、长江口-杭州湾、珠江口邻近海域存在的突出生态环境问题为导向，立足三大重点海域生态环境禀赋和发展定位，坚持稳中求进工作总基调，聚焦陆海污染防治、生态保护修复、环境风险防范和美丽海湾建设四个方面，"一区一策"制定入海排污口排查整治、入海河流水质改善等十项重点任务，着力推动三大重点海域生态环境持续改善。

（四）优化完善海洋生态监测评价体系

为切实有效保护海洋生态环境，应进一步完善海洋生态监测评价体系。一是构建海洋碳监测评估技术方法体系。二是开展环境 DNA 试点监测，提高海洋生物多样性监测水平。三是推进海岸带生态监管监测。

（五）推进海洋自然保护地和重要滨海湿地保护

实现全国国际重要湿地、国家重要湿地、国家湿地公园疑似违建卫片判读全覆盖，督促地方加强违建项目整改。采取多种形式加强湿地保护。提高红树林、盐沼、海草床、海藻场、珊瑚礁、牡蛎礁等典型海洋生态系统以及岸滩、河口、海湾、海岛等综合型生态系统生态修复工作的科学性和规范性。加强红树林保护修复。提升抵御风暴潮等海洋灾害能力。

（六）持续推进渔业资源保护恢复

一是调整完善海洋伏季休渔制度。综合平衡、统筹考虑现阶段渔业资源状况、渔民生产生活、地方监管能力等情况，进一步优化完善海洋伏休制度。二是推进现代化海洋牧场建设。将海洋牧场建设纳入"十四五"渔业发展补助政策支持范围。三是组织开展水生生物增殖放流活动。改善我国近海渔业资源状况、增强海洋经济鱼类物种结构稳定性。

（七）加强海水养殖生态环境监管

全面加强海水养殖生态环境监管，推动解决部分地区海水养殖业不规范发展带来的环境污染和生态破坏等问题。以海洋生态环境质量改善为核心，坚持"分区分类、因地制宜、逐步推进"的原则，从强化环评管理、优化空间布局、建立排污口信息台账、推进排污口分类整治、制定排放标准、推进尾水监测、实施分类监管、加强执法检查、加强政策支持、加强组织实施和宣传引导等方面，协同推动生态环境保护和海产品保供，助力美丽海湾保护与建设，促进海水养殖业高质量发展。

（八）加强海洋工程和海洋倾废管理

进一步加强海洋工程建设项目环境影响评价管理，规范海洋工程建设项目环境影响评价审批。对海洋工程建设项目实行环境影响评价分类管理。加强海洋倾废监督管理和公共服务。组织开展倾倒区容量评估，保障港口航运项目建设运行。强化海洋倾废和海洋工程生态环境保护监管，综合应用船舶 AIS、卫星遥感、无人机等非现场监管手段，加强海洋倾倒活动、海洋油气勘探开发等海洋生态环境监督管理。

第二节　海洋环境保护法律规定

一、海洋环境立法及其发展

海洋生态环境保护问题一直是国际社会高度关注的议题之一。从世界各国来看，通过立法并予以切实实施是海洋环境保护的重要手段。联合国秘书长在2019年关于海洋和海洋法的报告中指出："来自渔业、航运、采矿、旅游业和其他行业的压力对海洋和沿海生态系统造成了不可持续的高负荷。""虽然国际社会持续在处理海洋的困境，但需要采取更紧急的行动，制止和扭转海洋健康状况下降的趋势，并更加注重充分和有效执行《联合国海洋法公约》。"

从历史上看，虽然保护海洋环境的法律规定早在1899年的美国《河流和港口法》中就有反映，但是各国关于保护海洋环境、防治海洋环境污染的专门立法，大多是在20世纪60年代后随着海洋环境污染的加剧而发展起来的。1954年《国际防止海上油污公约》签订后，保护海洋环境免受污染的国际立法加强了，如《国际油污损害民事责任公约》（1969年）、《防止因倾倒废物及其他物质污染海洋的公约》（1972年）、《防止陆源物质污染海洋的公约》（1974年）、《保护波罗的海区域海洋环境的公约》（1974年）等。随之许多国家加强了防治海洋污染的国内立法，如日本陆续制定了《海洋污染防治法》《公害对策基本法》《海港法》，苏联制定了《关于在苏联沿海海域保护生物资源和调整渔业的临时措施法令》，英国制定了《大陆架法》《废弃物海洋投弃法》，美国制定了《海洋保护、研究和鸟兽禁猎区法》《关于海洋倾废的规则》等。1982年，《联合国海洋法公约》（United Nations Convention on the Law of the Sea）诞生。此公约对内水、领海、临接海域、大陆架、专属经济区（亦称"排他性经济海域"简称：EEZ）、公海等重要概念做了界定。对当前全球各处的领海主权争端、海上天然资源管理、污染处理等具有重要的指导和裁决作用，促进了对海洋污染防治的国际法和国内法的发展。

我国改革开放以来，工业化、城镇化进程不断加快，沿海地区经济社会快速发展，对海洋空间利用和海洋自然资源的需求不断增大。生产、生活、生态用海等需求日趋多样化，对传统海洋生态环境和资源的供给方式提出了新的挑战，给海洋环境和海洋生态系统带来极大压力。我国自 20 世纪 70 年代开始陆续制定海洋环境保护法规。针对入海河口、海区港湾、内海和沿岸海域的局部环境污染，国务院在 1974 年批准制定了《防止沿海水域污染暂行规定》并在有关单位内部试行。1979 年，我国在《环境保护法（试行）》中对海洋环境保护作出了原则性的规定。1982 年 8 月 23 日第五届全国人民代表大会常务委员会第二十四次会议通过《海洋环境保护法》。随后历经 1999 年修订，2013 年、2016年、2017 年、2023 年四次修改，共九章一百二十四条。该法以保护和改善海洋环境，保护海洋资源，防治污染损害，维护生态平衡，保障人体健康，促进经济和社会的可持续发展为宗旨，针对海洋环境监督管理、海洋生态保护、防治陆源污染物对海洋环境的污染损害、防治海岸工程建设项目对海洋环境的污染损害、防治海洋工程建设项目对海洋环境的污染损害、防治倾倒废弃物对海洋环境的污染损害、防治船舶及有关作业活动对海洋环境的污染损害、法律责任等作出明确规定。此外，至今我国已出台涉及海洋自然资源及生态环境保护相关立法 100 余部，[1]其中有许多原则和制度适用于海洋生态环境管理与保护，为海洋生态环境保护工作提供了重要法律依据。尤其是党的十九大以来，通过实施最严格的生态环境保护制度，特别是实行陆源污染物管控、入海排污口清理、实施海洋生态红线制度，严肃查处违法围填海、非法倾倒垃圾和改变自然岸线等严重改变海洋环境行为等措施，我国海洋生态环境状况整体稳中向好，海洋环境保护法治建设发挥了重要保障作用。

二、我国海洋环境保护的主要法律规定

（一）海洋环境保护法适用范围及对象

根据我国海洋环境保护法的规定，我国海洋环境保护范围主要涉及内水、领

---

〔1〕　例如，1982 年 4 月国务院原环境保护领导小组颁布了《海水水质标准》。1983 年制定了《防止船舶污染海域管理条例》和《海洋石油勘探开发环境保护管理条例》，1985 年制定了《海洋倾废管理条例》，之后相继制定了《防治海岸工程建设项目污染损害海洋环境管理条例》（1990 年）、《防治陆源污染物污染损害海洋环境管理条例》（1990 年）等。

海、毗连区、专属经济区、大陆架以及中华人民共和国管辖的其他海域。

在中华人民共和国管辖海域内从事航行、勘探、开发、生产、旅游、科学研究及其他活动，或者在沿海陆域内从事影响海洋环境活动的任何单位和个人，都必须遵守《海洋环境保护法》。此外，在中华人民共和国管辖海域以外，造成我国管辖海域环境污染、生态破坏的，也适用我国海洋环境保护法。

（二）海洋环境保护主体及职责

我国《海洋环境保护法》第4条规定，海洋环境保护主体及职责具体包括：

1. 国务院生态环境主管部门。生态环境部作为对全国生态环境保护工作统一监督管理的部门，对全国海洋环境保护工作实施指导、协调和监督，并负责全国防治陆源污染物和海岸工程建设项目对海洋污染损害的环境保护工作。

2. 国务院自然资源主管部门。自然资源部（涉及原国家海洋局职责部分）负责海洋保护和开发利用的监督管理，负责全国海洋生态、海域海岸线和海岛的修复工作。

3. 国务院交通运输主管部门。交通运输部海事局负责所辖港区水域内非军事船舶和港区水域外非渔业、非军事船舶污染海洋环境的监督管理，并负责污染事故的调查处理；对在中华人民共和国管辖海域航行、停泊和作业的外国籍船舶造成的污染事故登轮检查处理。船舶污染事故给渔业造成损害的，应当吸收渔业行政主管部门参与调查处理。

4. 国家渔业行政主管部门。农业农村部渔业渔政管理局负责渔港水域内非军事船舶和渔港水域外渔业船舶污染海洋环境的监督管理，负责保护渔业水域生态环境工作，并调查处理前款规定的污染事故以外的渔业污染事故。

5. 国务院发展改革、水行政、住房和城乡建设、林业和草原等部门在各自职责范围内负责有关行业、领域涉及的海洋环境保护工作。

6. 海警机构在职责范围内对海洋工程建设项目、海洋倾倒废弃物对海洋环境污染损害、自然保护地海岸线向海一侧保护利用等活动进行监督检查，查处违法行为，按照规定权限参与海洋环境的监督管理及污染事故的应急处置和调查处理。

7. 军队环境保护部门。负责军事船舶污染海洋环境的监督管理及污染事故的调查处理。

8. 沿海县级以上地方人民政府。其对管理海域的海洋环境质量负责，具体由省、自治区、直辖市人民政府根据本法及国务院有关规定确定。

（三）海洋环境监督管理

海洋环境监督管理，又称海洋环境保护监督管理。它是指为了保护和改善环境，有关国家机关对环境保护工作进行规划、协调、督促检查和指导等活动的总称。其基本内容包括组织制订环境保护规划，对各行各业的环境保护工作及其政策和立法进行协调，对各部门、各单位贯彻执行环境保护法的活动进行检查、督促和指导。我国海洋环境保护法对海洋环境监督管理作出了明确规定。主要内容包括：

1. 划定海域生态保护红线。国家优先将生态功能极重要、生态极敏感脆弱的海域划入生态保护红线，实行严格保护。开发利用海洋资源或者从事影响海洋环境的建设活动，必须根据国土空间规划科学合理布局，严格遵守国土空间用途管制要求，严守生态保护红线，不得造成海洋生态环境的损害。沿海地方各级人民政府应当根据国土空间规划，保护和科学合理地使用海域。沿海省、自治区、直辖市人民政府应当加强对生态保护红线内人为活动的监督管理，定期评估保护成效。

国务院有关部门、沿海设区的市级以上地方人民政府及其有关部门，对其组织编制的国土空间规划和相关规划，应当依法进行包括海洋环境保护内容在内的环境影响评价。

2. 制定全国海洋生态环境保护规划。国务院生态环境主管部门会同有关部门、机构和沿海省、自治区、直辖市人民政府制定全国海洋生态环境保护规划，报国务院批准后实施。全国海洋生态环境保护规划应当与全国国土空间规划相衔接。沿海地方各级人民政府应当根据全国海洋生态环境保护规划，组织实施其管理海域的海洋环境保护工作。

沿海省、自治区、直辖市人民政府应当根据其管理海域的生态环境和资源利用状况，将其管理海域纳入生态环境分区管控方案和生态环境准入清单，报国务院生态环境主管部门备案后实施。生态环境分区管控方案和生态环境准入清单应当与国土空间规划相衔接。

3. 制定国家海洋环境质量标准。国务院生态环境主管部门根据海洋环境质量状况和国家经济、技术条件，制定国家海洋环境质量标准。沿海省、自治区、直辖市人民政府对国家海洋环境质量标准中未作规定的项目，可以制定地方海洋环境质量标准；对国家海洋环境质量标准中已作规定的项目，可以制定严于国家海洋环境质量标准的地方海洋环境质量标准。地方海洋环境质量标准应当报国务院生态环境主管部门备案。国家鼓励开展海洋环境基准研究。

制定海洋环境质量标准，应当征求有关部门、行业协会、企业事业单位、专家和公众等的意见，提高海洋环境质量标准的科学性。海洋环境质量标准应当定期评估，并根据评估结果适时修订。此外，国家和有关地方水污染物排放标准的制定，应当将海洋环境质量标准作为重要依据之一。

4. 划定国家环境治理重点海域及其控制区域。国务院生态环境主管部门根据海洋环境状况和质量改善要求，会同国务院发展改革、自然资源、住房和城乡建设、交通运输、水行政、渔业等部门和海警机构，划定全国范围环境治理重点海域及其控制区域，制定综合治理行动方案，报国务院批准后实施。沿海设区的市级以上地方人民政府应当根据综合治理行动方案，制定其管理海域的实施方案，因地制宜采取特别管控措施，开展综合治理，协同推进重点海域治理与美丽海湾建设。

5. 缴纳环境保护税费。直接向海洋排放应税污染物的企业事业单位和其他生产经营者，应当依照法律规定缴纳环境保护税。向海洋倾倒废弃物，应当按照国家有关规定缴纳倾倒费。具体办法由国务院发展改革部门、国务院财政主管部门会同国务院生态环境主管部门制定。

6. 海洋环境的监测、调查、监视。国务院生态环境主管部门负责海洋生态环境监测工作，制定海洋生态环境监测规范和标准并监督实施，组织实施海洋生态环境质量监测，统一发布国家海洋生态环境状况公报，定期组织对海洋生态环境质量状况进行调查评价。国务院自然资源主管部门组织开展海洋资源调查和海洋生态预警监测，发布海洋生态预警监测警报和公报。其他依照本法规定行使海洋环境监督管理权的部门和机构应当按照职责分工开展监测、监视。

国务院有关部门和海警机构应当向国务院生态环境主管部门提供编制国家海洋生态环境状况公报所必需的入海河口和海洋环境监测、调查、监视等方面的资料。生态环境主管部门应当向有关部门和海警机构提供与海洋环境监督管理有关的资料。

国务院生态环境主管部门会同有关部门和机构通过智能化的综合信息系统，为海洋环境保护监督管理、信息共享提供服务。

国务院有关部门、海警机构和沿海县级以上地方人民政府及其有关部门应当按照规定，推进综合监测、协同监测和常态化监测，加强监测数据、执法信息等海洋环境管理信息共享，提高海洋环境保护综合管理水平。

国家加强海洋辐射环境监测，国务院生态环境主管部门负责制定海洋辐射环境应急监测方案并组织实施。

7. 建立海上重大污染应急预案，建立相关应急机制。国家根据防止海洋环境污染的需要，制定国家重大海上污染事件应急预案，建立健全海上溢油污染等应急机制。同时国家建立重大海上溢油应急处置部际联席会议制度。国务院交通运输主管部门牵头组织编制国家重大海上溢油应急处置预案并组织实施。国务院生态环境主管部门负责制定全国海洋石油勘探开发海上溢油污染事件应急预案并组织实施。国家海事管理机构负责制定全国船舶重大海上溢油污染事件应急预案，报国务院生态环境主管部门、国务院应急管理部门备案。

沿海县级以上地方人民政府及其有关部门应当制定有关应急预案，在发生海洋突发环境事件时，及时启动应急预案，采取有效措施，解除或者减轻危害。可能发生海洋突发环境事件的单位，应当按照有关规定，制定本单位的应急预案，配备应急设备和器材，定期组织开展应急演练；应急预案应当向依照本法规定行使海洋环境监督管理权的部门和机构备案。

8. 建立信用记录与评价应用制度。国务院生态环境主管部门会同有关部门和机构建立向海洋排放污染物、从事废弃物海洋倾倒、从事海洋生态环境治理和服务的企业事业单位和其他生产经营者信用记录与评价应用制度，将相关信用记录纳入全国公共信用信息共享平台。

（四）海洋生态保护

海洋生态保护是指国家采取有效措施，重点保护红树林、珊瑚礁、海藻场、海草床、滨海湿地、海岛、海湾、入海河口、重要渔业水域等具有典型性、代表性的海洋生态系统，珍稀濒危海洋生物的天然集中分布区，具有重要经济价值的海洋生物生存区域及有重大科学文化价值的海洋自然遗迹和自然景观。提升海洋生态系统质量和多样性、稳定性、持续性。

根据海洋保护法的规定，国务院和沿海省、自治区、直辖市人民政府及其有关部门根据保护海洋的需要，依法将重要的海洋生态系统、珍稀濒危海洋生物的天然集中分布区、海洋自然遗迹和自然景观集中分布区等区域纳入国家公园、自然保护区或者自然公园等自然保护地。

国家建立海洋生态保护制度并采取相应措施保护海洋生态环境：

1. 建立健全海洋生态保护补偿制度。国务院和沿海省、自治区、直辖市人民政府应当通过转移支付、产业扶持等方式支持开展海洋生态保护补偿。沿海地方各级人民政府应当落实海洋生态保护补偿资金，确保其用于海洋生态保护补偿。

2. 加强海洋生物多样性保护。国家健全海洋生物多样性调查、监测、评估和保护体系，维护和修复重要海洋生态廊道，防止对海洋生物多样性的破坏。开发利用海洋和海岸带资源，要对重要海洋生态系统、生物物种、生物遗传资源实施有效保护，维护海洋生物多样性。引进海洋动植物物种，需进行科学论证，避免对海洋生态系统造成危害。此外，国家鼓励科学开展水生生物增殖放流，支持科学规划，因地制宜采取投放人工鱼礁和种植海藻场、海草床、珊瑚等措施，恢复海洋生物多样性，修复改善海洋生态。

3. 建立健全自然岸线控制制度。国家严格保护自然岸线。沿海省、自治区、直辖市人民政府负责划定严格保护岸线的范围并发布，同时加强海岸线分类保护与利用，保护修复自然岸线，促进人工岸线生态化，维护岸线岸滩稳定平衡，因地制宜、科学合理划定海岸建筑退缩线。禁止违法占用、损害自然岸线。

（五）陆源污染物污染防治

1. 入海排污口的设置。入海排污口位置的选择，应当符合国土空间用途管制要求，根据海水动力条件和有关规定，经科学论证后，报设区的市级以上人民政府生态环境主管部门备案。排污口的责任主体应当加强排污口监测，按照规定开展监控和自动监测。

根据海洋环境保护法的规定，生态环境主管部门应当在完成备案后十五个工作日内将入海排污口设置情况通报自然资源、渔业等部门和海事管理机构、海警机构、军队生态环境保护部门。沿海县级以上地方人民政府应当根据排污口类别、责任主体，组织有关部门对本行政区域内各类入海排污口进行排查整治和日常监督管理，建立健全近岸水体、入海排污口、排污管线、污染源全链条治理体系。禁止在自然保护地、重要渔业水域、海水浴场、生态保护红线区域及其他需要特别保护的区域，新设工业排污口和城镇污水处理厂排污口；法律、行政法规另有规定的除外。在有条件的地区，要将排污口深水设置，实行离岸排放。

国务院生态环境主管部门负责制定入海排污口设置和管理的具体办法，制定入海排污口技术规范，组织建设统一的入海排污口信息平台，加强动态更新、信息共享和公开。

2. 加强入海河流管理。国务院有关部门和县级以上地方人民政府及其有关部门依照水污染防治有关法律、行政法规的规定，协同推进入海河流污染防治，使入海河口的水质符合入海河口环境质量相关要求。入海河流流域省、自治区、直辖市人民政府要按照国家有关规定，加强入海总氮、总磷排放的管控，制定控制方案并组织实施。

根据海洋环境保护法规定，禁止向海域排放油类、酸液、碱液、剧毒废液。禁止向海域排放污染海洋环境、破坏海洋生态的放射性废水。严格控制向海域排放含有不易降解的有机物和重金属的废水。此外，含病原体的医疗污水、生活污水和工业废水应当经过处理，符合国家和地方有关排放标准后，方可排入海域。含有机物和营养物质的工业废水、生活污水，应当严格控制向海湾、半封闭海及其他自净能力较差的海域排放。向海域排放含热废水，要采取有效措施，保证邻近自然保护地、渔业水域的水温符合国家和地方海洋环境质量标准，避免热污染对珍稀濒危海洋生物、海洋水产资源造成危害。

3. 强化海洋垃圾污染防治。沿海县级以上地方人民政府负责其管理海域的海洋垃圾污染防治，建立海洋垃圾监测、清理制度，统筹规划建设陆域接收、转运、处理海洋垃圾的设施，明确有关部门、乡镇、街道、企业事业单位等的海洋垃圾管控区域，建立海洋垃圾监测、拦截、收集、打捞、运输、处理体系并组织实施，采取有效措施鼓励、支持公众参与上述活动。国务院生态环境、住房和城乡建设、发展改革等部门按照职责分工加强海洋垃圾污染防治的监督指导和保障。

（六）工程建设项目污染防治

工程建设项目是指新建、改建、扩建的工程建设项目。依照海洋环境保护法的规定，工程建设项目应当遵守国家有关建设项目环境保护管理的规定，并把污染防治和生态保护所需资金纳入建设项目投资计划。禁止在依法划定的自然保护地、重要渔业水域及其他需要特别保护的区域，违法建设污染环境、破坏生态的工程建设项目或者从事其他活动。

1. 严格实施环境影响评价制度和"三同时"制度。工程建设项目应当按照国家有关建设项目环境影响评价的规定进行环境影响评价。未依法进行并通过环境影响评价的建设项目，不得开工建设。环境保护设施应当与主体工程同时设计、同时施工、同时投产使用。环境保护设施应当符合经批准的环境影响评价报告书（表）的要求。建设单位应当依照有关法律法规的规定，对环境保护设施进行验收，编制验收报告，并向社会公开。环境保护设施未经验收或者经验收不合格的，建设项目不得投入生产或者使用。

禁止在沿海陆域新建不符合国家产业政策的化学制浆造纸、化工、印染、制革、电镀、酿造、炼油、岸边冲滩拆船及其他严重污染海洋环境的生产项目。

2. 保护野生动植物及其生存环境。新建、改建、扩建工程建设项目，应当采取有效措施，保护国家和地方重点保护的野生动植物及其生存环境，保护海洋水产资源，避免或者减轻对海洋生物的影响。

3. 禁止在严格保护岸线范围内开采海砂。依法在其他区域开发利用海砂资源，应当采取严格措施，保护海洋环境。载运海砂资源应当持有合法来源证明；海砂开采者应当为载运海砂的船舶提供合法来源证明。从岸上打井开采海底矿产资源，应当采取有效措施，防止污染海洋环境。

4. 不得违法向海洋排放污染物、废弃物及其他有害物质。海洋油气钻井平台（船）、生产生活平台、生产储卸装置等海洋油气装备的含油污水和油性混合物，应当经过处理达标后排放；残油、废油应当予以回收，不得排放入海。钻井所使用的油基泥浆和其他有毒复合泥浆不得排放入海。水基泥浆和无毒复合泥浆及钻屑的排放，应当符合国家有关规定。海洋油气钻井平台（船）、生产生活平台、生产储卸装置等海洋油气装备及其有关海上设施，不得向海域处置含油的工业固体废物。处置其他固体废物，不得造成海洋环境污染。

海上试油时，应当确保油气充分燃烧，油和油性混合物不得排放入海。

5. 编制油气污染应急预案。勘探开发海洋油气资源，应当按照有关规定编制油气污染应急预案，报国务院生态环境主管部门海域派出机构备案。

（七）废弃物倾倒污染防治

根据我国海洋保护法规定，任何个人和未经批准的单位，不得向中华人民共和国管辖海域倾倒任何废弃物。国家鼓励疏浚物等废弃物的综合利用，避免或者减少海洋倾倒。禁止中华人民共和国境外的废弃物在中华人民共和国管辖海域倾倒。

1. 实行倾废许可证制度。需要倾倒废弃物的，产生废弃物的单位应当向国务院生态环境主管部门海域派出机构提出书面申请，并出具废弃物特性和成分检验报告，取得倾倒许可证后，方可倾倒。

2. 制定海洋倾倒废弃物评价程序和标准。国务院生态环境主管部门根据废弃物的毒性、有毒物质含量和对海洋环境影响程度，制定向海洋倾倒废弃物评价程序及标准。可以向海洋倾倒的废弃物名录，由国务院生态环境主管部门制定。

3. 编制全国海洋倾倒区规划。国务院生态环境主管部门会同国务院自然资源主管部门编制全国海洋倾倒区规划，并征求国务院交通运输、渔业等部门和海警机构的意见，报国务院批准。国务院生态环境主管部门根据全国海洋倾倒区规划，按照科学、合理、经济、安全的原则及时选划海洋倾倒区，征求国务院交通运输、渔业等部门和海警机构的意见，并向社会公告。

（八）船舶及有关作业活动污染防治

在中华人民共和国管辖海域，任何船舶及相关作业不得违法向海洋排放船舶垃圾、生活污水、含油污水、含有毒有害物质污水、废气等污染物，废弃物，压载水和沉积物及其他有害物质。

1. 污染防治能力和设备的规定。船舶应当按照国家有关规定采取有效措施，对压载水和沉积物进行处理处置，严格防控引入外来有害生物。从事船舶污染物、废弃物接收和船舶清舱、洗舱作业活动的，应当具备相应的接收处理能力。船舶应当配备相应的防污设备和器材。船舶的结构、配备的防污设备和器材应当符合国家防治船舶污染海洋环境的有关规定，并经检验合格。

2. 持有污染防治证书与文书的规定。船舶应当取得并持有防治海洋环境污染的证书与文书，在进行涉及船舶污染物、压载水和沉积物排放及操作时，应当按照有关规定监测、监控，如实记录并保存。

3. 实施船舶油污损害民事赔偿责任制度。国家完善并实施船舶油污损害民事赔偿责任制度；按照船舶油污损害赔偿责任由船东和货主共同承担风险的原则，完善并实施船舶油污保险、油污损害赔偿基金制度，具体办法由国务院规定。

4. 建设船舶污染物等的接收、转运、处理处置设施及建立多部门联合监管制度。港口、码头、装卸站和船舶修造拆解单位所在地县级以上地方人民政府应当统筹规划建设船舶污染物等的接收、转运、处理处置设施，建立相应的接收、转运、处理处置多部门联合监管制度。沿海县级以上地方人民政府负责对其管理海域的渔港和渔业船舶停泊点及周边区域污染防治的监督管理，规范生产生活污水和渔业垃圾回收处置，推进污染防治设备建设和环境清理整治。港口、码头、装卸站和船舶修造拆解单位应当按照有关规定配备足够的用于处理船舶污染物、废弃物的接收设施，使该设施处于良好状态并有效运行。

装卸油类等污染危害性货物的港口、码头、装卸站和船舶应当编制污染应急预案，并配备相应的污染应急设备和器材。

5. 倡导绿色低碳智能航运。国家倡导鼓励船舶使用新能源或者清洁能源，淘汰高耗能高排放老旧船舶，减少温室气体和大气污染物的排放。沿海县级以上地方人民政府制定港口岸电、船舶受电等设施建设和改造计划，并组织实施。船舶应当按照国家有关规定采取有效措施提高能效水平。具备岸电使用条件的船舶靠港应当按照国家有关规定使用岸电，但是使用清洁能源的除外。具备岸电供应能力的港口经营人、岸电供电企业应当按照国家有关规定为具备岸电使用条件的船舶提供岸电。

国务院和沿海县级以上地方人民政府对港口岸电设施、船舶受电设施的改造和使用，清洁能源或者新能源动力船舶建造等按照规定给予支持。

6. 船舶及民用航空器监视海上污染的义务。所有船舶均有监视海上污染的义务，在发现海上污染事件或者违反本法规定的行为时，应当立即向就近的依照本法规定行使海洋环境监督管理权的部门或者机构报告。民用航空器发现海上排污或者污染事件，应当及时向就近的民用航空空中交通管制单位报告。接到报告的单位，应当立即向依照本法规定行使海洋环境监督管理权的部门或者机构通报。

7. 划定船舶污染物排放控制区。国务院交通运输主管部门可以划定船舶污染物排放控制区。进入控制区的船舶应当符合船舶污染物排放相关控制要求。

【本章思考题】

1. 海洋环境污染的特点是什么？海洋环境污染的危害有哪些？

2. 我国海洋环境污染防治的主要措施包括哪些方面？

3. 我国海洋环境保护法的适用对象及范围是什么？

4. 我国海洋环境保护主体及职责有哪些？

5. 我国海洋环境监督管理的主要内容是什么？

6. 如何理解海洋生态保护？

7. 依照我国海洋环境保护法规定，防治对海洋环境的污染损害具体包括哪些内容？

【参考文献】

1. 徐祥民主编：《海洋环境保护法》，法律出版社 2020 年版。

2. 国家海洋局生态环境保护司、国务院法制办农林城建资源环保法制司编：《〈中华人民共和国海洋环境保护法〉修改解读》，海洋出版社 2017 年版。

3. 国家海洋局办公室、国家海洋局生态环境保护司、国家海洋局海域综合管理司编：《2016 海疆生态行：坚持绿色发展·实施生态管海》，海洋出版社 2017 年版。

4. 张炜：《我国海洋环境保护法律体系的完善》，载《中国水运》2022 年第 5 期。

5. 张相君、王岚静：《海洋环境保护与国家经济发展的利益指向一致性研究——发展转型背景下基于 1976—2021 年的国内外文献综述》，载《海洋开发与管理》2022 年第 8 期。

【延伸阅读】

2021 年中国海洋生态环境状况公报概述（摘要）

2021 年，各地区、各部门深入贯彻习近平生态文明思想和习近平总书记关于海洋生态环境保护的重要指示批示精神，按照党中央、国务院的决策部署，坚持以海洋生态环境突出问题为导向，以海洋生态环境质量改善为核心，持续推进陆海统筹的近岸海域污染防治，统筹谋划重点海域综合治理攻坚战行动，深入推动海洋生态环境保护各项工作，实现"十四五"良好开局。

2021 年，共对 1359 个海洋环境质量国控监测点位、230 个入海河流国控断面、458 个污水日排放量大于或等于 100 吨的直排海污染源、32 个海水浴场开展了水质监测，对 24 个典型海洋生态系统开展了健康状况监测。

监测结果表明，2021 年我国海洋生态环境状况稳中趋好。海水环境质量整体持续向好，符合第一类海水水质标准的海域面积占管辖海域面积的 97.7%，同比上升 0.9 个百分点；近岸海域优良水质（一、二类）面积比例为 81.3%，同比上升 3.9 个百分点。劣四类水质海域主要分布在辽东湾、渤海湾、长江口、杭州湾、浙江沿岸、珠江口等近岸海域，主要超标指标为无机氮和活性磷酸盐。典型海洋生态系统均处于健康或亚健康状态。全国入海河流水质状况总体为轻度污染。主要用海区域环境质量总体良好。

第六章 噪声污染防治法

【内容提要】

噪声污染被称为现代城市的主要公害之一。噪声污染，是指超过噪声排放标准或者未依法采取防控措施产生噪声，并干扰他人正常生活、工作和学习的现象。噪声不但对人们的心情、工作学习造成影响，还对人们的身体健康造成了危害。20 世纪 50 年代，我国开始环境噪声污染防治立法。近年来，随着我国经济社会的发展，噪声污染防治状况也发生重大变化，污染区域由城市扩展到了农村，污染来源由公路交通发展到高铁、城市轨道交通和航空等新型方式，室外社会噪声、室内生活噪声污染形式和方式多样化，造成社会扰民和邻里矛盾。2021 年 12 月 24 日，十三届全国人大常委会第三十二次会议表决通过《噪声污染防治法》，于 2022 年 6 月 5 日起施行。这一立法承载着人民群众享有一个安静和谐的声环境的期许，从规定内容看，人民群众的这个期待获得了较全面的法律保障。噪声污染防治主要法律规定包括：噪声污染防治监督管理体制；噪声污染防治规划和标准；噪声污染防治的监督管理制度；工业噪声污染防治的规定；交通运输噪声污染防治；社会生活噪声污染防治；违反噪声污染防治规定的法律责任。

【重点理解与把握】

1. 《噪声污染防治法》的主要内容；
2. 我国噪声污染防治监督管理体制；
3. 噪声污染防治的监督管理制度；
4. 社会生活噪声污染防治规定。

【引导案例】

2023 年 5 月以来，某市新罗区群众连续多次向市生态环境局、公安局等部门投诉，反映新罗区登高西路某酒吧主营餐饮服务，配备音响设施，夜间噪声扰民情况严重。因该酒吧未设置游戏游艺设备，根据《娱乐场所管理条例》有关规定，不属于娱乐场所，行业主管部门不明确。夜间排放社会生活噪声虽由公安部门监管，但公安部门缺乏技术手段监测鉴定。单一部门执法监管存在困难，群众对投诉处理结果始终不满意。2023 年 7 月 13 日晚，该市生态环境局联合市公安局、城管局、文旅局、市场监管局等多个部门对该酒吧开展夜间联合检查，发现密闭性较差，环境监测人员现场进行噪声监测，结果显示噪声边界值为 59.7dB（A），超过《社会生活环境噪声排放标准》（GB 22337-2008）表 1 中 4a 类标准：夜间 55dB（A）的社会生活噪声夜间排放超标。

该酒吧上述行为违反了《噪声污染防治法》第六十三条，以及《治安管理处罚法》第五十八条的规定，某市生态环境局责令酒吧限期整改，市公安局对酒吧给予警告处罚。

【引导问题】

1. 什么是噪声？什么是噪声污染？
2. 噪声污染防治的监督管理主体有哪些？

第一节　噪声污染概述

一、噪声与噪声污染

从物理学角度分析，可以将声音分为两种，乐音与噪声。只要振动有规律的声音都叫作乐音；不同频率与强度的各种杂乱组合的声音称为噪声。从生理学观点来看，凡是干扰人们休息、学习和工作以及对你所要听的声音产生干扰的声音，即不需要的声音，统称为噪声。当噪声对人及周围环境造成不良影响时，就形成噪声污染。产业革命以来，各种机械设备的创造和使用，给人类带来了繁荣和进步，但同时也产生了越来越多而且越来越强的噪声。噪声不但会对听力造成损伤，还能诱发多种致癌致命的疾病，也对人们的生活、工作有所干扰。

噪声，是指在工业生产、建筑施工、交通运输和社会生活中产生的干扰周围生活环境的声音。噪声污染，是指超过噪声排放标准或者未依法采取防控措施产生噪声，并干扰他人正常生活、工作和学习的现象。噪声不但对人们的心情、工作学习造成影响，还对人们的身体健康造成了危害。

现实中噪声污染源主要来自以下四个途径：

一是交通噪声包括机动车辆、船舶、地铁、火车、飞机等的噪声。由于机动车辆数目的迅速增加，使得交通噪声成为城市的主要噪声源。

二是工业噪声工厂的各种设备产生的噪声。工业噪声的声级一般较高，对工人及周围居民带来较大的影响。

三是建筑噪声主要来源于建筑机械发出的噪声。建筑噪声的特点是强度较大，且多发生在人口密集地区，因此严重影响居民的休息与生活。

四是社会噪声包括人们的社会活动和家用电器、音响设备发出的噪声。这些设备的噪声级虽然不高，但由于和人们的日常生活联系密切，使人们在休息时得不到安静，尤为让人烦恼，极易引起邻里纠纷。

二、噪声污染的特点与危害

（一）噪声污染的特点

与其他类别的环境污染相比，噪声污染具有如下特点：

1. 噪声具有无形性和多发性。由于噪声是在工业生产、建筑施工、交通运输和社会生活中所发生的无规律声振动。同时，它不像其他有形污染物那样可能会在环境中发生物理或化学等变化而导致二次污染。

2. 噪声具有影响范围上的局限性、分散性和暂时性。噪声不会停留于环境中不断地致害于人类，且距离噪声声源的距离越远，震动波越分散，影响越小。与其他排放进入环境的污染物所不同的是，产生噪声的声源一旦停止运动，噪声即刻就会完全消失。

3. 噪声具有危害性及其危害的不易评估性。正在发生以及长期、固定产生的噪声会对噪声源周围局部存在的人群或事物造成多方面的干扰、影响和危害。噪声对人群的危害、特别是对环境变化比较敏感者的危害不能以一定的客观数值来衡量和评价。

（二）噪声污染的危害

噪声污染对人、动物、仪器仪表以及建筑物均构成危害，其危害程度主要取决于噪声的频率、强度及暴露时间。噪声危害主要包括：

1. 噪声对听力的损伤

噪声对人体最直接的危害是听力损伤。人们在进入强噪声环境时，暴露一段时间，会感到双耳难受，甚至会出现头痛等感觉。离开噪声环境到安静的场所休息一段时间，听力就会逐渐恢复正常。这种现象叫作暂时性听阈偏移，又称听觉疲劳。但是，如果人们长期在强噪声环境下工作，听觉疲劳不能得到及时恢复，且内耳器官会发生器质性病变，即形成永久性听阈偏移，又称噪声性耳聋。若人突然暴露于极其强烈的噪声环境中，听觉器官会发生急剧外伤，引起鼓膜破裂出血，迷路出血，螺旋器从基底膜急性剥离，可能使人完全失去听力，即出现爆震性耳聋。

如果长年无防护地在较强的噪声环境中工作，在离开噪声环境后听觉敏感性的恢复就会延长，经数小时或十几小时，听力可以恢复。这种可以恢复听力的损失称为听觉疲劳。随着听觉疲劳的加重会造成听觉机能恢复不全。因此，预防噪声性耳聋首先要防止疲劳的发生。一般情况下，85 分贝以下的噪声不至于危害听觉，而 85 分贝以上则可能发生危险。统计表明，长期工作在 90 分贝以上的噪声环境中，耳聋发病率明显增加。

2. 噪声能诱发多种疾病

因为噪声通过听觉器官作用于大脑中枢神经系统，以致影响到全身各个器官，故噪声除了会对人的听力造成损伤外，还会给人体其他系统带来危害。由于噪声的作用，人会产生头痛、脑涨、耳鸣、失眠、全身疲乏无力以及记忆力减退等神经衰弱症状。长期在高噪声环境下工作的人与低噪声环境下的情况相比，高血压、动脉硬化和冠心病的发病率要高 2-3 倍。可见噪声会导致心血管系统疾病。噪声也可导致消化系统功能紊乱，引起消化不良、食欲不振、恶心呕吐，使肠胃病和溃疡病发病率升高。此外，噪声对视觉器官、内分泌机能及胎儿的正常发育等方面也会产生一定影响。在高噪声中工作和生活的人们，一般健康水平逐年下降，对疾病的抵抗力减弱，诱发一些疾病，但也和个人的体质因素有关，不可一概而论。

3. 对生活工作的干扰

噪声对人的睡眠影响极大，人即使在睡眠中，听觉也要承受噪声的刺激。噪声会导致多梦、易惊醒、睡眠质量下降等，突然的噪声对睡眠的影响更为突出。噪声会干扰人的谈话、工作和学习。实验表明，当人受到突然而至的噪声一次干扰，就要丧失 4 秒钟的思想集中。据统计，噪声会使劳动生产率降低

10%-50%，随着噪声的增加，差错率上升。由此可见，噪声会分散人的注意力，导致反应迟钝、容易疲劳、工作效率下降、差错率上升。噪声还会掩蔽安全信号，如报警信号和车辆行驶信号等，以致造成事故。

研究结果还表明，连续噪声可以加快熟睡到轻睡的回转，使人多梦，并使熟睡的时间缩短；突然的噪声可以使人惊醒。一般来说，40 分贝连续噪声可使 10% 的人受到影响，70 分贝可影响 50%，而突发的噪声在 40 分贝时，可使 10% 的人惊醒，到 60 分贝时，可使 70% 的人惊醒。长期干扰睡眠会造成失眠、疲劳无力、记忆力衰退、以至产生神经衰弱综合征等。在高噪声环境里，这种病的发病率可达 50% 甚至 60% 以上。

4. 对动物的影响

噪声能对动物的听觉器官、视觉器官、内脏器官及中枢神经系统造成病理性变化。噪声对动物的行为有一定的影响，可使动物失去行为控制能力，出现烦躁不安、失去常态等现象，强噪声会引起动物死亡。鸟类在噪声中会出现羽毛脱落，影响产卵率等。

三、我国噪声污染防治状况

近年来，随着打赢蓝天保卫战三年行动计划的顺利实施，中央生态环境保护督察工作的持续推进，有力助推噪声污染防治工作的开展。国家有关部门和地方政府以《噪声污染防治法》修改为契机，按照规划引领、源头预防、传输管控、受体保护的噪声污染防治思路，围绕加强法规制度建设、开展专项整治行动、优化调整声环境功能区、持续推进环境噪声监测、积极解决环境噪声投诉举报、加强环境噪声污染防治宣传和信息公开、加大环境噪声相关科研及推动噪声污染防治相关产业发展等方面开展了大量工作。

2020 年，全国城市功能区声环境质量昼间总点次达标率为 94.6%，夜间总点次达标率为 80.1%，与上年相比分别上升 2.2 个和 5.7 个百分点，城市功能区声环境质量总体向好，但 0 类功能区（康复疗养区）、4a 类功能区（道路交通干线两侧区域）和 1 类功能区（居住文教区）夜间达标率持续偏低；城市昼间区域声环境质量等效声级平均值为 54.0dB（A），昼间道路交通噪声等效声级平均值为 66.6dB（A），与上年相比基本保持稳定。全国有 61 个地级及以上城市、353 个县级城市完成了声环境功能区划分调整工作。

据不完全统计，2020 年全国省辖县级市和地级及以上城市的生态环境、公安、住房和城乡建设等部门合计受理环境噪声投诉举报约 201.8 万件，其中，社会生活噪声投诉举报最多，占 53.7%；建筑施工噪声次之，占 34.2%；工业噪声占 8.4%；交通运输噪声占 3.7%。生态环境部门"全国生态环境信访投诉举报管理平台"共接到公众举报 44.1 万余件，其中噪声扰民问题占全部举报的 41.2%，排在各环境污染要素的第 2 位。

各级地方政府针对工业噪声、建筑施工噪声、交通运输噪声和社会生活噪声采取多种防治举措，持续推动声环境质量改善。

第二节　噪声污染防治法律规定

一、噪声污染防治立法概况

20 世纪 50 年代，我国开始环境噪声污染防治立法。1956 年劳动部颁布的《工厂安全卫生规程》中便对工厂内各种噪声源规定了防治措施。此外，1957 年第一届全国人民代表大会常务委员会第 81 次会议通过的《中华人民共和国治安管理处罚条例》中，对在城镇使用音响器材，音量过大，影响周围居民的工作或者休息，不听制止的违法行为人规定了处罚条款。

从 20 世纪 70 年代初期开始，中国就将环境噪声的控制纳入环境保护的议事日程。1973 年在国务院发布的《关于保护和改善环境的若干规定（试行草案）》中专门对工业和交通噪声的控制作出了规定。1979 年《环境保护法（试行）》第 22 条规定："加强对城市和工业噪声、震动的管理。各种噪声大、震动大的机械设备、机动车辆、航空器等，都应当装置消声、防震设施。"同年，有关部门还颁布了《机动车辆允许噪声标准》和《工业企业噪声卫生标准（试行）》。

1982 年，《城市区域环境噪声标准》的发布是我国在环境噪声污染防治方面颁布的第一个综合性环境噪声标准，对推动噪声污染的防治工作具有积极意义。1986 年国务院制定了《民用机场管理暂行规定》，其中对于防治民用飞机产生的噪声作出了规定。1989 年，国务院制定《环境噪声污染防治条例》，为全面开展防治环境噪声污染的行政执法提供了重要依据。

1996 年，在全面总结环境噪声污染防治工作经验的基础上，第八届全国人民代表大会常务委员会第二十二次会议通过了《中华人民共和国环境噪声污染防治法》（以下简称《环境噪声污染防治法》），这是我国环境噪声污染防治方面的专门立法。该法共 8 章 64 条，主要对环境噪声污染防治的监督管理体制、环境影响评价等基本环境管理制度以及工业噪声、建筑施工噪声、交通运输噪声、社会生活噪声污染防治等作出了规定，并明确了各类违法行为应当承担的法律责任。此后，前国家环境保护总局以及有关公路、铁路、民用航空、水上交通、道路交通管理等部门，也对防治交通运输和建筑施工噪声的内容作了规定。如原国家环保总局 1999 年发布了《关于加强社会生活噪声污染管理的通知》，公安部 1998 年就交通噪声污染问题发出了《关于做好城市禁止机动车鸣喇叭工作的通知》。2001 年前国家环保局在高考期间，为确保高考期间环境安静，第三次发布《关于加强高考期间环境噪声管理的通知》等。由于环境噪声污染的局部性和区域性等特点，许多省、市制定了地方性环境噪声污染防治法规和规章，例如，2000 年的《南宁市环境噪声污染防治条例》、1999 年的《杭州市环境噪声管理条例》(2009 年修正)、2003 年《天津市环境噪声污染管理办法》、2005 年的《江苏省环境噪声污染防治条例》（2018 年修订）、2007 年《北京市环境噪声污染防治办法》、2013 年《上海市社会生活噪声污染防治办法》和 2015 年《西安市环境噪声污染防治条例》（2021 年修正）这些地方性法规的制定对环境噪声污染防治法的切实实施起到了重要的推动作用。为解决噪声污染的专项问题，环保部门出台了相关政策作为《环境噪声污染防治法》实施的补充，如《地面交通噪声污染防治技术政策》等。2010 年 12 月 15 日，原环境保护部和国家发改委等部门联合发布了《关于加强环境噪声污染防治工作改善城乡声环境质量的指导意见》等。

2021 年 12 月 24 日，十三届全国人大常委会第三十二次会议表决通过《噪声污染防治法》，新法于 2022 年 6 月 5 日起施行，《环境噪声污染防治法》废止。近年来，随着我国经济社会的发展，噪声污染防治状况也发生重大变化，污染区域由城市扩展到了农村，污染来源由公路交通发展到高铁、城市轨道交通和航空等新型方式，室外社会噪声、室内生活噪声污染形式和方式多样化，造成社会扰民和邻里矛盾。据统计，环保热线举报中噪声污染纠纷已成为仅次于大气污染的第二位的困扰人民群众生活，具有影响社会稳定和谐风险的生态环境问题。《噪声污染防治法》承载着人民群众对享有一个安静和谐的声环境的期许，从新法的规定内容看，人民群众的这个期待获得了较全面的法律保障。

二、噪声污染防治主要法律规定

依据噪声污染防治法，噪声污染防治的主要规定包括：

(一) 噪声污染防治监督管理体制

国务院生态环境主管部门对全国噪声污染防治实施统一监督管理。地方人民政府生态环境主管部门对本行政区域噪声污染防治实施统一监督管理。各级住房和城乡建设、公安、交通运输、铁路监督管理、民用航空、海事等部门，在各自职责范围内，对建筑施工、交通运输和社会生活噪声污染防治实施监督管理。基层群众性自治组织应当协助地方人民政府及其有关部门做好噪声污染防治工作。

（二）噪声污染防治规划和标准

1. 噪声污染防治规划

县级以上人民政府应当本着统筹规划、源头防控、分类管理、社会共治、损害担责的原则，将噪声污染防治工作纳入国民经济和社会发展规划、生态环境保护规划，生态环境保护规划应当明确噪声污染防治目标、任务、保障措施等内容。

2. 噪声污染防治标准

根据噪声污染防治法规定，噪声污染防治标准可分为：声环境质量标准、噪声排放标准以及相关的环境振动控制标准。

（1）声环境质量标准。是指由国务院生态环境主管部门依照法定程序对各类不同区域内噪声最高值所作出的规定。它是衡量区域环境是否受到环境噪声污染的客观判断标准，也是制定环境噪声排放标准的主要依据。

我国现行的国家标准为《声环境质量标准》（GB 3096-2008）。本标准规定了五类声环境功能区的环境噪声限值及测量方法，适用于声环境质量评价与管理。机场周围区域受飞机通过（起飞、降落、低空飞越）噪声的影响，不适用于本标准。

根据这一标准，按区域的使用功能特点和环境质量要求，声环境功能区分为以下五种类型：

0类声环境功能区：指康复疗养区等特别需要安静的区域。

1类声环境功能区：指以居民住宅、医疗卫生、文化教育、科研设计、行政办公为主要功能，需要保持安静的区域。

2类声环境功能区：指以商业金融、集市贸易为主要功能，或者居住、商业、工业混杂，需要维护住宅安静的区域。

3类声环境功能区：指以工业生产、仓储物流为主要功能，需要防止工业噪声对周围环境产生严重影响的区域。

4类声环境功能区：指交通干线两侧一定距离之内，需要防止交通噪声对周围环境产生严重影响的区域，包括 4a 类和 4b 类两种类型。4a 类为高速公路、一级公路、二级公路、城市快速路、城市主干路、城市次干路、城市轨道交通（地面段）、内河航道两侧区域；4b 类为铁路干线两侧区域。

表 2-6-1　各类声环境功能区规定的环境噪声等效声级限值

环境噪声限值单位：dB（A）

声环境功能区类别		时段	
		昼间	夜间
0 类		50	40
1 类		55	45
2 类		60	50
3 类		65	55
4 类	4a 类	70	55
	4b 类	70	60

县级以上地方人民政府根据国家声环境质量标准和国土空间规划以及用地现状，划定本行政区域各类声环境质量标准的适用区域；将以用于居住、科学研究、医疗卫生、文化教育、机关团体办公、社会福利等的建筑物为主的区域，划定为噪声敏感建筑物集中区域，加强噪声污染防治。

（2）噪声排放标准

是指噪声源向周围环境排放噪声的最高限值。为保证人们正常工作、学习和休息，世界各国都颁布了本国一系列噪声排放标准。各国的环境噪声标准并不完全相同，同一国家也因各地区情况不同而有差别。标准的方式有的按地区性质，如工业区、商业区、住宅区等分类制定允许声级，并分别不同时间如白天和夜间、夏天和冬天等。我国噪声排放标准主要分为以下三个类别，即：《工业企业厂界环境噪声排放标准》（GB 12348-2008），《建筑施工场界噪声限值》（GB 12523-90），以及《社会生活环境噪声排放标准》（GB 22337-2008）。以社会生活环境噪声排放标准为例，该标准通用于对外营业性文化娱乐场所、商业经营活动中使用的向环境排放噪声的设备、设施的管理、评价与控制，规定了营业性文化娱乐场所和商业经营活动中可能产生的噪声污染的设备、设施边界噪声排放限值。

表 2-6-2 社会生活噪声排放源边界噪声排放限值

单位：dB（A）

边界外声环境功能区类别	时段	
	昼间	夜间
0	50	40
1	55	45
2	60	50
3	65	55
4	70	55

（3）城市区域环境振动标准。本标准规定了城市各类区域铅垂向 Z 振级标准值（如下），适用于连续发生的稳态振动、冲机振动和无规振动，标准同时配有监测方法。

表 2-6-3 标准值及适用地带

单位：dB（A）

适用地带范围	昼间	夜间
特殊住宅区	65	65
居民、文教区	70	67
混合区、商业中心区	75	72
工业集中区	75	72
交通干线道路两侧	75	72
铁路干线两侧	80	80

国务院生态环境主管部门根据国家声环境质量标准和国家经济、技术条件，制定国家噪声排放标准以及相关的环境振动控制标准。省、自治区、直辖市人民政府对尚未制定国家噪声排放标准的，可以制定地方噪声排放标准；对已经制定国家噪声排放标准的，可以制定严于国家噪声排放标准的地方噪声排放标准。地方噪声排放标准应当报国务院生态环境主管部门备案。

(三) 噪声污染防治的监督管理制度

1. 噪声污染监测制度

根据噪声污染防治法规定，国务院生态环境主管部门负责制定噪声监测和评价规范，会同国务院有关部门组织声环境质量监测网络，规划国家声环境质量监测站（点）的设置，组织开展全国声环境质量监测，推进监测自动化，统一发布全国声环境质量状况信息。

地方人民政府生态环境主管部门会同有关部门按照规定设置本行政区域声环境质量监测站（点），组织开展本行政区域声环境质量监测，定期向社会公布声环境质量状况信息。地方人民政府生态环境等部门应当加强对噪声敏感建筑物周边等重点区域噪声排放情况的调查、监测。

2. 环境影响评价与"三同时"制度

新建、改建、扩建可能产生噪声污染的建设项目，应当依法进行环境影响评价。建设项目的噪声污染防治设施应当与主体工程同时设计、同时施工、同时投产使用。建设项目在投入生产或者使用之前，建设单位应当依照有关法律法规的规定，对配套建设的噪声污染防治设施进行验收，编制验收报告，并向社会公开。未经验收或者验收不合格的，该建设项目不得投入生产或者使用。

3. 落后工艺和设备淘汰制度

国家鼓励、支持低噪声工艺和设备的研究开发和推广应用，实行噪声污染严重的落后工艺和设备淘汰制度。国务院发展改革部门会同国务院有关部门确定噪声污染严重的工艺和设备淘汰期限，并纳入国家综合性产业政策目录。生产者、进口者、销售者或者使用者应当在规定期限内停止生产、进口、销售或者使用列入前款规定目录的设备。工艺的采用者应当在规定期限内停止采用列入前款规定目录的工艺。

4. 约谈制度

对未完成声环境质量改善规划设定目标的地区以及噪声污染问题突出、群众反映强烈的地区，省级以上人民政府生态环境主管部门会同其他负有噪声污染防治监督管理职责的部门约谈该地区人民政府及其有关部门的主要负责人，要求其采取有效措施及时整改。约谈和整改情况应当向社会公开。

5. 现场检查制度

生态环境主管部门和其他负有噪声污染防治监督管理职责的部门，有权对排放噪声的单位或者场所进行现场检查。被检查者应当如实反映情况，提供必要的资料，不得拒绝或者阻挠。实施检查的部门、人员对现场检查中知悉的商业秘密应当保密。检查人员进行现场检查，不得少于两人，并应当主动出示执法证件。

（四）工业噪声污染防治的规定

工业噪声，是指在工业生产活动中产生的干扰周围生活环境的声音。噪声污染防治法对于工业噪声污染防治做了专章规定。

1. 工业噪声的预防与治理

工业企业选址应当符合国土空间规划以及相关规划要求，县级以上地方人民政府应当按照规划要求优化工业企业布局，防止工业噪声污染。在噪声敏感建筑物集中区域，禁止新建排放噪声的工业企业，改建、扩建工业企业的，应当采取有效措施防止工业噪声污染。

排放工业噪声的企业事业单位和其他生产经营者，应当采取有效措施，减少振动、降低噪声，依法取得排污许可证或者填报排污登记表。实行排污许可管理的单位，不得无排污许可证排放工业噪声，并应当按照排污许可证的要求进行噪声污染防治。

2. 制定噪声重点排污单位名录

设区的市级以上地方人民政府生态环境主管部门应当按照国务院生态环境主管部门的规定，根据噪声排放、声环境质量改善要求等情况，制定本行政区域噪声重点排污单位名录，向社会公开并实时更新。

3. 开展自行监测

实行排污许可管理的单位应当按照规定，对工业噪声开展自行监测，保存原始监测记录，向社会公开监测结果，对监测数据的真实性和准确性负责。噪声重点排污单位应当按照国家规定，安装、使用、维护噪声自动监测设备，与生态环境主管部门的监控设备联网。

（三）建筑施工噪声污染防治

建筑施工噪声，是指在建筑施工过程中产生的干扰周围生活环境的声音。根据噪声污染防治法的规定，建筑施工噪声污染防治要求包括以下方面：

1. 施工单位应当按照规定制定噪声污染防治实施方案，采取有效措施，减少振动、降低噪声。建设单位应当监督施工单位落实噪声污染防治实施方案。

2. 在噪声敏感建筑物集中区域施工作业，应当优先使用低噪声施工工艺和设备。

3. 在噪声敏感建筑物集中区域施工作业，建设单位应当按照国家规定，设置噪声自动监测系统，与监督管理部门联网，保存原始监测记录，对监测数据的真实性和准确性负责。

4. 在噪声敏感建筑物集中区域，禁止夜间进行产生噪声的建筑施工作业，但抢修、抢险施工作业，因生产工艺要求或者其他特殊需要必须连续施工作业的除外。

因特殊需要必须连续施工作业的，应当取得地方人民政府住房和城乡建设、生态环境主管部门或者地方人民政府指定的部门的证明，并在施工现场显著位置公示或者以其他方式公告附近居民。

（五）交通运输噪声污染防治

交通运输噪声，是指机动车、铁路机车车辆、城市轨道交通车辆、机动船舶、航空器等交通运输工具在运行时产生的干扰周围生活环境的声音。

1. 国土空间规划和交通运输等相关规划噪声污染防治要求

各级人民政府及其有关部门制定、修改国土空间规划和交通运输等相关规划，应当综合考虑公路、城市道路、铁路、城市轨道交通线路、水路、港口和民用机场及其起降航线对周围声环境的影响。新建公路、铁路线路选线设计，应当尽量避开噪声敏感建筑物集中区域。新建民用机场选址与噪声敏感建筑物集中区域的距离应当符合标准要求。

新建、改建、扩建经过噪声敏感建筑物集中区域的高速公路、城市高架、铁路和城市轨道交通线路等的，建设单位应当在可能造成噪声污染的重点路段设置声屏障或者采取其他减少振动、降低噪声的措施，符合有关交通基础设施工程技术规范以及标准要求。

2. 机动车的消声器和喇叭应当符合国家规定

禁止驾驶拆除或者损坏消声器、加装排气管等擅自改装的机动车以轰鸣、疾驶等方式造成噪声污染。使用机动车音响器材，应当控制音量，防止噪声污染。机动车应当加强维修和保养，保持性能良好，防止噪声污染。

机动车、铁路机车车辆、城市轨道交通车辆、机动船舶等交通运输工具运行时，应当按照规定使用喇叭等声响装置。

警车、消防救援车、工程救险车、救护车等机动车安装、使用警报器，应当符合国务院公安等部门的规定；非执行紧急任务，不得使用警报器。

地方人民政府生态环境主管部门会同公安机关根据声环境保护的需要，可以划定禁止机动车行驶和使用喇叭等声响装置的路段和时间，向社会公告，并由公安机关交通管理部门依法设置相关标志、标线。

3. 对公路养护管理单位、城市道路养护维修单位的要求

公路养护管理单位、城市道路养护维修单位应当加强对公路、城市道路的维护和保养，保持减少振动、降低噪声设施正常运行。

城市轨道交通运营单位、铁路运输企业应当加强对城市轨道交通线路和城市轨道交通车辆、铁路线路和铁路机车车辆的维护和保养，保持减少振动、降低噪声设施正常运行，并按照国家规定进行监测，保存原始监测记录，对监测数据的真实性和准确性负责。

4. 民用机场及航空器噪声管理规定

民用机场管理机构负责机场起降航空器噪声的管理，会同航空运输企业、通用航空企业、空中交通管理部门等单位，采取低噪声飞行程序、起降跑道优化、运行架次和时段控制、高噪声航空器运行限制或者周围噪声敏感建筑物隔声降噪等措施，防止、减轻民用航空器噪声污染。同时对机场周围民用航空器噪声进行监测，保存原始监测记录，对监测数据的真实性和准确性负责，监测结果定期向民用航空、生态环境主管部门报送。

因民用航空器起降排放噪声造成严重污染的，民用机场所在地人民政府应当组织有关部门和其他有关单位对噪声污染情况进行调查，综合考虑经济、技术和管理措施，制定噪声污染综合治理方案。民用机场管理机构、地方各级人民政府和其他有关单位应当按照噪声污染综合治理方案的要求采取有效措施，减轻噪声污染。

（六）社会生活噪声污染防治

社会生活噪声，是指人为活动产生的除工业噪声、建筑施工噪声和交通运输噪声之外的干扰周围生活环境的声音。

1. 文化娱乐、体育、餐饮等场所噪声污染防治的要求

文化娱乐、体育、餐饮等场所的经营管理者应当采取有效措施，防止、减轻噪声污染。

2. 对可能产生社会生活噪声污染的设备、设施的企业事业单位和其他经营管理者等噪声污染防治的规定

使用空调器、冷却塔、水泵、油烟净化器、风机、发电机、变压器、锅炉、装卸设备等可能产生社会生活噪声污染的设备、设施的企业事业单位和其他经

营管理者等，应当采取优化布局、集中排放等措施，防止、减轻噪声污染。

3. 商业经营活动中噪声污染防治的规定

禁止在商业经营活动中使用高音广播喇叭或者采用其他持续反复发出高噪声的方法进行广告宣传。对商业经营活动中产生的其他噪声，经营者应当采取有效措施，防止噪声污染。

4. 噪声敏感建筑物集中区域噪声污染防治的规定

噪声敏感建筑物集中区域通常是指居民住宅周边、公园内外、医疗区附近、写字楼办公区、文教科研区和以机关办公点为主的区域。

根据噪声污染防治法规定，禁止在噪声敏感建筑物集中区域使用高音广播喇叭，但紧急情况以及地方人民政府规定的特殊情形除外。

在街道、广场、公园等公共场所组织或者开展娱乐、健身等活动，应当遵守公共场所管理者有关活动区域、时段、音量等规定，采取有效措施，防止噪声污染；不得违反规定使用音响器材产生过大音量。

公共场所管理者应当合理规定娱乐、健身等活动的区域、时段、音量，可以采取设置噪声自动监测和显示设施等措施加强管理。

对噪声敏感建筑物集中区域的社会生活噪声扰民行为，基层群众性自治组织、业主委员会、物业服务人应当及时劝阻、调解；劝阻、调解无效的，可以向负有社会生活噪声污染防治监督管理职责的部门或者地方人民政府指定的部门报告或者投诉，接到报告或者投诉的部门应当依法处理。

5. 对于家庭及其成员噪声污染防治的规定

家庭及其成员应当培养形成减少噪声产生的良好习惯，乘坐公共交通工具、饲养宠物和其他日常活动尽量避免产生噪声对周围人员造成干扰，互谅互让解决噪声纠纷，共同维护声环境质量。

使用家用电器、乐器或者进行其他家庭场所活动，应当控制音量或者采取其他有效措施，防止噪声污染。

6. 有关室内装修及设备安装中噪声污染防治的规定

对已竣工交付使用的住宅楼、商铺、办公楼等建筑物进行室内装修活动，应当按照规定限定作业时间，采取有效措施，防止、减轻噪声污染。

居民住宅区安装电梯、水泵、变压器等共用设施设备的，建设单位应当合理设置，采取减少振动、降低噪声的措施，符合民用建筑隔声设计相关标准要求。已建成使用的居民住宅区电梯、水泵、变压器等共用设施设备由专业运营单位负责维护管理，符合民用建筑隔声设计相关标准要求。

（七）违反噪声污染防治规定的法律责任

依据噪声污染防治法的规定，噪声污染防治监督管理人员滥用职权、玩忽职守、徇私舞弊的，由监察机关或者任免机关、单位依法给予处分。

违反噪声污染防治规定，噪声排污单位或个人，分别情况承担行政责任、民事责任，构成犯罪的，依法追究刑事责任。

【本章思考题】

1. 噪声污染的危害是什么？

2. 我国噪声污染防治状况如何？

3. 我国噪声污染防治监督管理体制怎样？

4. 噪声污染防治的监督管理制度有哪些？

5. 社会生活噪声污染防治的主要规定是什么？

【参考文献】

1. 《中华人民共和国噪声污染防治法》，中国民主法制出版社 2022 年版。

2. 北京市劳动保护科学研究所编：《噪声污染防护手册》，中国劳动社会保障出版社 2016 年版。

3. 李永宁等主编：《环境资源法学》，中国政法大学出版社 2016 年版。

4. 周珂等主编：《环境法》，中国人民大学出版社 2021 年版。

5. 杜群：《新〈噪声污染防治法〉解读》，载法治网，http://www.legaldaily.com.cn/rdlf/content/2022-01/27/content_8665387.htm，最后访问日期：2022 年 8 月 28 日。

【延伸阅读】

多地安装"噪声雷达"——法国加强城市噪声污染治理[1]

在法国巴黎 20 区阿夫龙路的一个路灯杆上，一个新安装的白色盒子引起了路人关注。这个白色盒子由两个声学传感器组成，每个传感器内包含 4 个由金属格栅保护的麦克风，还配有 3 个摄像头，一个用来拍摄往来车流，另外两个

---

[1] 参见刘玲玲：《多滴安装"噪声雷达"法国加强城市噪声污染治理》，载《人民日报》2022 年 3 月 17 日，第 17 版。

则用来拍摄车牌。这是巴黎为减少城市噪声污染安装的"噪声雷达",可协助交通执法部门自动记录违规车辆,并开具罚单。

据法国《巴黎人报》报道,巴黎的首批两个"噪声雷达"已投入试运行。法国生态转型和团结部部长助理丹·莱尔表示,在长达数月的试运行中,巴黎市政部门将着重测试设备能否精确识别违规车辆的车牌号,以进一步确定处罚和处理方式。

牵头实施该项目的法国非营利组织负责人芬尼·米特利茨基介绍,"噪声雷达"设备的运行方式与公路测速雷达类似,将会记录下超过标准规定的最大值,即85或90分贝的车辆,并自动开具罚单。"尤其是肆意改装发动机的摩托车,这些车辆产生的噪声严重影响民众生活。"巴黎市警察局副局长尼古拉斯·诺德曼指出,依据现行法律,法国执法人员有权对制造噪声的车辆处以罚款,但由于事务繁忙及人手不足,警察局执法难度较大,因此安装"噪声雷达"十分必要。

在法国,噪声污染问题已经被归类为仅次于空气污染的第二大损害健康的环境因素。据相关部门统计,法国噪声污染造成的直接和间接经济损失每年高达1470亿欧元,其中68%都来自交通运输。同时,每年有900万人因各种噪声污染导致出现生理或心理疾病。"长期暴露在道路噪声中的危害很大,因此我们正在解决的是一项重大公共卫生问题,它长期以来一直是城市政策盲点。"丹·莱尔强调。

据悉,"噪声雷达"在法国尼斯、图卢兹、里昂等多地也已开始测试。按照规划,在进行必要的测试和技术调整后,"噪声雷达"有望于2023年春季开始在全国范围普及。届时,被机器识别到的"噪声制造者"将被处以每次135欧元的罚款。

第七章 固体废物污染防治法

【内容提要】

固体废物主要来源于人类的生产和消费活动。固体废物污染是指因对固体废物的处置不当而使其进入环境，造成环境质量恶化的现象。往往会直接间接对人类及环境要素产生危害。由于工业及其他生产活动，我国的固体废物产生量保持增长趋势。固体废物污染防治工作是生态文明建设和生态环境保护工作的重要内容。固体废物污染存量高、增量大、种类多，涉及的方面也多，固体废物污染防治是经济社会管理的一项系统工程。必须把固体废物污染防治进一步摆在重要的工作日程全面推动；加大力度推动减量化和资源化，进一步强化法律实施保障，形成监督执法合力，提高综合治理能力，推动全社会实现协同共治。

我国对固体废物的污染防治立法始于对固体废物的综合利用和管理工作。现行固体废物污染环境防治法自 1995 年 10 月 30 日第八届全国人民代表大会常务委员会第十六次会议通过，至今历经三次修正、两次修订。2020 年 4 月 29 日第十三届全国人民代表大会常务委员会第十七次会议第二次修订。修订后的《固体废物污染环境防治法》对我国固体废物污染环境防治进行了全方位的规范，进一步强化了法律实施保障，对于形成监督执法合力，提高综合治理能力，推动全社会实现协同共治具有重要作用。

【重点理解与把握】

1. 固体废物污染及其危害；
2. 《固体废物污染环境防治法》的基本原则；
3. 《固体废物污染环境防治法》的主要规定；

4.《固体废物污染环境防治法》中的法律责任。

【引导案例】

腾达能源科技有限公司涉嫌非法处置危险废物污染环境案

某市生态环境局执法人员在梳理早期查处非法酸洗减线油类案件时，通过工商注册和环评文件发现腾达能源科技有限公司环评为仓储转运项目，无生产工艺，但自 2020 年以来采购了大量硫酸。经调查，该公司私自增加硫酸白土洗油工艺，涉嫌使用硫酸非法精制减线油，该工艺生产过程中会产生大量 HW34 废酸类及 HW08 废矿物油与含矿物油废物类危险废物。

2021 年 6 月 1 日，执法人员发现涉案公司用货车将产生的疑似危险废物外运至某油田公司附近一院内，疑似非法处置危险废物。6 月 2 日，市生态环境局商请该市公安局介入调查并组成联合专案组。当日，涉案公司再次外运疑似危险废物时，专案组立即前往现场，发现院内堆存有约 100 吨混黑色胶状物质的土堆、42 个酸洗油渣吨包、8 个吨桶和 1 个废白土吨包，经鉴定，均属于危险废物。

根据《中华人民共和国固体废物污染环境防治法》第一百一十二条，市生态环境局致函批准设立涉案公司的县人民政府，依法关闭了涉案公司。根据《中华人民共和国固体废物污染环境防治法》第七十九条、《中华人民共和国刑法》第三百三十八条和《最高人民法院、最高人民检察院关于办理环境污染刑事案件适用法律若干问题的解释》第一条第二项的规定，该公司非法处置危险废物的行为涉嫌污染环境罪。2021 年 6 月 3 日，市生态环境局将该案移送公安机关。公安机关于当日正式立案，并于 6 月 4 日将 3 名涉事人员刑事拘留。

【引导问题】

1. 固体废物污染环境包括哪些情形？
2. 违反固体废物污染环境防治规定的法律责任有哪些种类？

第一节　固体废物污染防治概述

固体废物主要来源于人类的生产和消费活动。固体废物对环境的污染是多方面的，对公众健康、生态安全，乃至经济社会可持续发展都将产生风险和危害。

一、固体废物的概念及特点

固体废物，是指在生产、生活和其他活动中产生的丧失原有利用价值或者虽未丧失利用价值但被抛弃或者放弃的固态、半固态和置于容器中的气态的物品、物质，以及法律、行政法规规定纳入固体废物管理的物品、物质。经无害化加工处理，并且符合强制性国家产品质量标准，不会危害公众健康和生态安全，或者根据固体废物鉴别标准和鉴别程序认定为不属于固体废物的除外。

固体废物分类可以有多种方法。可以按组成、危害状况、来源、形状等进行分类。按组成可分为有机废物和无机废物；按其危害状况可分为有害废物和一般废物；按其形状可分为固体废物和泥状废物（污泥）；但较多的是按来源分类。我国从固体废物管理的需要出发，将其分为工业固体废物、生活垃圾、建筑垃圾、农业固体废物和危险废物，至于放射性固体废物则自成体系，单独进行专门立法及管理。

固体废物具有以下特点：

1. 种类繁多、量大面广、性质复杂。几乎所有人类生产、生活活动都产生固体废物，从而导致固体废物种类繁多，例如人们生活中的各种垃圾，工业生产过程排出的采矿废石、选矿尾矿、燃料废渣、冶炼及化工过程废渣等。不同的固体废物所呈现的物理、化学以及生物特性不同，甚至某些固体废物不是由单一物质组成的，造成其物理、化学以及生物特性更复杂。

2. 具有污染环境的危害性和可利用性双重性质。固体废物在一定的条件下会发生化学的、物理的或生化的转化，对周围环境会产生一定的影响。如堆放占用大量土地，污染土壤。各种废物露天堆存，经雨淋、日晒，有害成分向地下渗透，破坏土壤微生物的生存条件，影响植物生长发育，还会污染地下水，各种废物之间也可能发生复杂的反应，释放出有毒有害的气体而污染大气。

但是，大部分固体废物还具有可利用性。例如，厨余垃圾可以生产燃气和肥料；废纸、废塑料、废家具、废家用电器等经过回收加工后，可以循环利用；粉煤灰经过处理后可用于生产建筑材料；有些热值较高的固体废物可以作为生产过程中的燃料使用。所以，固体废物具有很强的空间和时间属性，具有相对性，也有"放错位置的资源"之称。

也就是说，在一定时间、地点，某些物品对用户不再有用或暂不需要而被丢弃，成为废物；但对另一些用户或者在某种特定条件下，废物可能成为有用的甚至是必要的原料。固体废物污染防治正是利用这一特点，力求使固体废物减量化、资源化、无害化。对那些不可避免地产生和无法利用的固体废物需要进行处理处置。

3. 对环境造成危害的长期潜在性。固体废物处理不当，其危害可能在数十年后才能表现出来。一旦造成污染，由于其具有的反应滞后性和不可稀释性，往往难以清除。

二、固体废物污染及其危害

固体废物污染是指因对固体废物的处置不当而使其进入环境，造成环境质量恶化的现象。由于固体废物自身即为污染物，因此固体废物往往会直接间接对人类及环境要素产生危害。

1. 侵占土地

固体废物的堆积，占用大量土地，不但污染环境，还浪费土地资源。

2. 污染土壤

废物堆放，其中的有害成分很容易经过风化雨淋雪融地表径流的浸蚀，产生高温有毒液体渗入土壤，杀害土壤中的微生物，破坏微生物与周围环境构成的生态系统，导致草木不生。

3. 污染水体

固体废物直接倾入江河湖泊，既减少水域面积，又大面积污染水域，使水域成为污水沟，造成水域中鱼类大量死亡。固体废物中的有害物质在降水的淋溶、渗透作用下进入土壤，还污染地下水。粉状固体废物随风飘入地面水，造成地面水污染。

4. 污染大气

固体废物中以细粒状存在的废渣和垃圾，在大风吹动下会随风飘逸。一些有机固体废物在适宜的温度和湿度下被微生物分解，会释放出有害气体；固体废物在处理（如焚烧）时散发的毒气和臭味等，都会造成大气污染。典型的例子是煤矸石的自燃，曾在一些地方煤矿多次发生，散发出大量的 SO_2、CO_2、NH_3 等气体，造成严重的大气污染。

5. 危害人体健康

固体废物中的病原体和有毒物质，经大气、水体、生物为媒介传播和扩散，危害人体健康。许多传染病，如鼠疫等，都同固体废物处置不当有关。危险废物还具有一些伤害性强的特性，如易燃、易爆等。对人类的长期危害包括重复接触导致的长期中毒、致癌、致畸、致突变等。[1]

6. 危害生物

固体废物的有害物质会改变土质成分和土壤结构，有毒废物还会杀伤土壤里的微生物和动物，破坏土壤生态平衡，影响农作物生长。某些有毒物质，特别是重金属和农药，会在土壤中累积并迁移到农作物中。

（三）我国固体废物治理状况

由于工业及其他生产活动，我国的固体废物产生量保持增长趋势。2015-2020年，我国固体废弃物产生量保持增长趋势，其中2020年固体废弃物产生量为37.5亿吨。面对固体废物对于环境和人民生活的威胁，我国政府层面对固体废物的回收与处理出台了多项政策，以减缓固废带来的环境问题。2021年，我国固体废物产生量增幅有所下降，但仍维持向上趋势，产生量约为38亿吨。根据中国统计年鉴的数据，2015-2020年，我国固体废物综合利用和处置量呈现出波动上升趋势，其中2020年我国共综合利用和处置固体废物30.36亿吨。2021年，我国综合利用和处置的固体废物量约为32亿吨。

"十三五"初期，全国固废处理行业投资增速明显加快，2016年全国治理固体废物项目完成投资46.67亿元，同比增速高达189.1%，为近十年来投资力度峰值。2020年，我国大力推行绿色环保，对于固废处理也给予了高度关注，推动固废治理行业发展，全国治理固体项目投资额为17.31亿元。2021年，各类环保政策层出不穷，对于治理固废的项目投资也有所增加，全年投资金额超过18亿元。

固体废物污染防治工作是生态文明建设和生态环境保护工作的重要内容。固体废物污染存量高、增量大、种类多，涉及的方面也多，是经济社会管理的一项系统工程。防治工作具有紧迫性、艰巨性、长期性、复杂性。党中央、国务院对此高度重视，明确要求加强固体废物和新污染物治理，全面禁止进口洋垃圾，推动污染防治在重点区域、重点领域、关键指标上实现新突破。把固体

---

〔1〕历史上一个典型的案例就是美国的腊芙运河（Love Canal）污染事件。20世纪40年代，美国一家化学公司利用腊芙运河停挖废弃的河谷，来填埋生产有机氯农药、塑料等残余有害废物。掩埋10余年后在该地区陆续发生了一些如井水变臭、婴儿畸形、人患怪病等现象。经化验分析研究当地空气、用作水源的地下水和土壤中都含有六六六、三氯苯、三氯乙烯、二氯苯酚等82种有毒化学物质，其中列在美国环保局优先污染清单上的就有27种，被怀疑是人类致癌物质的多达11种。许多住宅的地下室和周围庭院里渗进了有毒化学浸出液，于是迫使总统在1978年8月宣布该地区处于"卫生紧急状态"，先后两次近千户被迫搬迁，造成了极大的社会问题和经济损失。

废物污染防治进一步摆在重要的工作日程全面推动，在牢牢守住无害化底线的基础上，加大力度推动减量化和资源化，并与扎实做好"碳达峰、碳中和"等工作深入融合，持续依法推动实现减污降碳协同增效。进一步强化法律实施保障，形成监督执法合力，提高综合治理能力，推动全社会实现协同共治。

第二节　固体废物污染防治立法概况

一、立法概况

我国对固体废物的污染防治立法始于对固体废物的综合利用和管理工作。1965 年国务院批准《矿产资源保护试行条例》，首次对矿产资源的综合利用措施作出规定。随后，相继发布出台的固体废物污染防治的法律法规主要有：1985 年的《关于开展资源综合利用若干问题的暂行规定》、1989 年的《控制危险废物越境转移及其处置巴塞尔公约》、1991 年《防止含多氯联苯电力装置及其废物污染环境的规定》、1992 年的《防治尾矿污染环境管理规定》、1992 年的《关于防治铬化合物生产建设中环境污染的若干规定》、1992 年的《城市市容和环境卫生管理条例》、1993 年的《城市生活垃圾管理办法》、1996 年的《关于进一步开展资源综合利用的意见》、1999 年的《危险废物转移联单管理办法》、2003 年的《秸秆禁烧和综合利用管理办法》、2006 年的《废弃家用电器与电子产品污染防治技术政策》、2008 年通过的《废弃电器电子产品回收处理管理条例》、2013 年的《畜禽规模养殖污染防治条例》等。另外，已经公布施行的《环境保护法》《海洋环境保护法》《水污染防治法》《大气污染防治法》等环境保护法律和一些有关自然资源保护管理的法律，如《水法》《矿产资源法》中，都有关于防治固体废物污染环境、合理利用固体废物的规定。

现行《中华人民共和国固体废物污染环境防治法》[1]（以下简称《固体废物污染环境防治法》）是 1995 年制定的，2004 年进行了第一次修订，2013 年、

---

[1]　1995 年 10 月 30 日第八届全国人民代表大会常务委员会第十六次会议通过，2004 年 12 月 29 日第十届全国人民代表大会常务委员会第十三次会议第一次修订，根据 2013 年 6 月 29 日第十二届全国人民代表大会常务委员会第三次会议《关于修改〈中华人民共和国文物保护法〉等十二部法律的决定》第一次修正，根据 2015 年 4 月 24 日第十二届全国人民代表大会常务委员会第十四次会议《关于修改〈中华人民共和国港口法〉等七部法律的决定》第二次修正，根据 2016 年 11 月 7 日第十二届全国人民代表大会常务委员会第二十四次会议《关于修改〈中华人民共和国对外贸易法〉等十二部法律的决定》第三次修正，2020 年 4 月 29 日第十三届全国人民代表大会常务委员会第十七次会议第二次修订。

2015 年、2016 年又分别对特定条款进行了修正。2017 年全国人大常委会进行执法检查，认为固体废物环境污染防治法对防治固体废物污染环境、保障公众健康、维护生态安全发挥了重要作用，但该法中的一些制度规定难以适应当前固体废物污染防治新形势新任务，如排污许可、查封扣押等制度措施需要及时补充完善，危险废物管理、农业废弃物污染防治、农村生活垃圾处置等有关制度和措施需要进一步细化和完善，相关法律责任有待强化等，建议尽快启动固体废物污染环境防治法修订工作。修改《固体废物污染环境防治法》有以下几个主要方面：一是强调固体废物污染环境防治工作的重要性，并且说明固体废物污染环境防治工作应遵循的基本原则，要求是无害化处理，而且坚持持续减量。二是明确政府部门的监督管理责任，政府部门有义务管理固体废物污染环境防治工作，要时刻谨记防治目标，提高对固体废物污染环境防治工作的全过程监管力度，杜绝固体废物进口，逐步实现固体废物零进口。三是强调固体废物产生者的责任，尤其是工业固体废物，建立资源综合利用评价体系，合理对工业固体废物的产生进行评估，增加工业固体废物管理台账，从各个环节完善工业固体废物污染环境防治工作。四是完善生活垃圾污染环境防治制度。明确推行生活垃圾分类，建立相关的制度，提高民众生活垃圾分类的意识，并且提高对农村生活垃圾的治理。五是加强对农业、建筑等生产产生的固体废物污染环境的防治工作，尤其是建筑垃圾、农业生产垃圾，实现全过程的监督管理，建立健全的固体废物分类管理制度。六是对危险废物的相关规定，根据规定分类管理危险废物，建立健全的信息化监管体系，在危险废物跨省转移时，加强对危险废物的跟踪监测，科学合理地集中处置，避免危险废物的二次污染。七是建立健全保障机制。修改后的固体废物环境污染防治法新增加保障措施一章，全方位保障固体废物污染防治工作。包括加强固体废物处理场所和设施设备的建设，提升污染防治技术，加强相关从业人员的专业培训，积极指导从业人员规范化操作，政府加大资金的投入，颁布利好政策，减缓税收压力，建立环境污染责任保险，动员全社会参与垃圾分类。八是建立严格的法律责任体系。对违反固体废物污染环境防治工作的行为予以严厉的惩罚，增加罚款金额，增设处罚的种类，强化法律责任。

二、固体废物污染防治主要法律规定

（一）固体废物污染防治法律原则

1. 固体废物污染防治的"三化"原则。固体废物污染环境防治坚持减量化、资源化和无害化的原则。即：（1）减量化：采取措施，减少固体废物的产生量，最大限度地合理开发资源和能源，这是治理固体废物污染环境的首先要求和措施。就我国而言，应当改变粗放经营的发展模式，鼓励和支持开展清洁生产，开发和推广先进的技术和设备。就产生和排放固体废物的单位和个人而言，法律要求其合理地选择和利用原材料、能源和其他资源，采用可使废物产生量最少的生产工艺和设备。（2）资源化：是指对已产生的固体废物进行回收加工、循环利用或其他再利用等，即通常所称的废物综合利用，使废物经过综合利用后直接变成为产品或转化为可供再利用的二次原料，实现资源化不但减轻了固废的危害，还可以减少浪费，获得经济效益。（3）无害化：是指对已产生但又无法或暂时无法进行综合利用的固体废物进行对环境无害或低危害的安全处理、处置，还包括尽可能地减少其种类、降低危险废物的有害浓度，减轻和消除其危险特征等，以此防止、减少或减轻固体废物的危害。

任何单位和个人都应当采取措施，减少固体废物的产生量，促进固体废物的综合利用，降低固体废物的危害性。

2. 坚持污染担责的原则。产生、收集、贮存、运输、利用、处置固体废物的单位和个人，应当采取措施，防止或者减少固体废物对环境的污染，对所造成的环境污染依法承担责任。

（二）固体废物污染环境防治的监督管理体制

国务院生态环境主管部门对全国固体废物污染环境防治工作实施统一监督管理。国务院发展改革、工业和信息化、自然资源、住房城乡建设、交通运输、农业农村、商务、卫生健康、海关等主管部门在各自职责范围内负责固体废物污染环境防治的监督管理工作。

地方人民政府生态环境主管部门对本行政区域固体废物污染环境防治工作实施统一监督管理。地方人民政府发展改革、工业和信息化、自然资源、住房城乡建设、交通运输、农业农村、商务、卫生健康等主管部门在各自职责范围内负责固体废物污染环境防治的监督管理工作。

（三）固体废物污染环境防治的一般监督管理规定

国务院生态环境主管部门应当会同国务院有关部门根据国家环境质量标准和国家经济、技术条件，制定固体废物鉴别标准、鉴别程序和国家固体废物污染环境防治技术标准。国务院标准化主管部门应当会同国务院发展改革、工业和信息化、生态环境、农业农村等主管部门，制定固体废物综合利用标准。

综合利用固体废物应当遵守生态环境法律法规，符合固体废物污染环境防治技术标准。使用固体废物综合利用产物应当符合国家规定的用途、标准。

国务院生态环境主管部门应当会同国务院有关部门建立全国危险废物等固体废物污染环境防治信息平台，推进固体废物收集、转移、处置等全过程监控和信息化追溯。

建设产生、贮存、利用、处置固体废物的项目，应当依法进行环境影响评价，并遵守国家有关建设项目环境保护管理的规定。建设项目的环境影响评价文件确定需要配套建设的固体废物污染环境防治设施，应当与主体工程同时设计、同时施工、同时投入使用。

产生、收集、贮存、运输、利用、处置固体废物的单位和其他生产经营者，应当采取防扬散、防流失、防渗漏或者其他防止污染环境的措施，不得擅自倾倒、堆放、丢弃、遗撒固体废物。禁止任何单位或者个人向江河、湖泊、运河、渠道、水库及其最高水位线以下的滩地和岸坡以及法律法规规定的其他地点倾倒、堆放、贮存固体废物。在生态保护红线区域、永久基本农田集中区域和其他需要特别保护的区域内，禁止建设工业固体废物、危险废物集中贮存、利用、处置的设施、场所和生活垃圾填埋场。

转移固体废物出省、自治区、直辖市行政区域贮存、处置的，应当向固体废物移出地的省、自治区、直辖市人民政府生态环境主管部门提出申请。移出地的省、自治区、直辖市人民政府生态环境主管部门应当及时商经接受地的省、自治区、直辖市人民政府生态环境主管部门同意后，在规定期限内批准转移该固体废物出省、自治区、直辖市行政区域。未经批准的，不得转移。转移固体废物出省、自治区、直辖市行政区域利用的，应当报固体废物移出地的省、自治区、直辖市人民政府生态环境主管部门备案。移出地的省、自治区、直辖市人民政府生态环境主管部门应当将备案信息通报接受地的省、自治区、直辖市人民政府生态环境主管部门。

禁止中华人民共和国境外的固体废物进境倾倒、堆放、处置。国家逐步实现固体废物零进口，由国务院生态环境主管部门会同国务院商务、发展改革、海关等主管部门组织实施。

生态环境主管部门及其环境执法机构和其他负有固体废物污染环境防治监督管理职责的部门，在各自职责范围内有权对从事产生、收集、贮存、运输、利用、处置固体废物等活动的单位和其他生产经营者进行现场检查。并可以对违法收集、贮存、运输、利用、处置的固体废物及设施、设备、场所、工具、物品予以查封、扣押。

（四）工业固体废物污染环境防治的规定

工业固体废物，是指在工业生产活动中产生的固体废物。

国务院生态环境主管部门应当会同国务院发展改革、工业和信息化等主管部门对工业固体废物对公众健康、生态环境的危害和影响程度等作出界定，制定防治工业固体废物污染环境的技术政策，组织推广先进的防治工业固体废物污染环境的生产工艺和设备。

国务院工业和信息化主管部门应当会同国务院有关部门组织研究开发、推广减少工业固体废物产生量和降低工业固体废物危害性的生产工艺和设备，公布限期淘汰产生严重污染环境的工业固体废物的落后生产工艺、设备的名录。

生产者、销售者、进口者、使用者应当在国务院工业和信息化主管部门会同国务院有关部门规定的期限内分别停止生产、销售、进口或者使用列入前款规定名录中的设备。生产工艺的采用者应当在国务院工业和信息化主管部门会同国务院有关部门规定的期限内停止采用列入前款规定名录中的工艺。列入限期淘汰名录被淘汰的设备，不得转让给他人使用。

国务院工业和信息化主管部门应当会同国务院发展改革、生态环境等主管部门，定期发布工业固体废物综合利用技术、工艺、设备和产品导向目录，组织开展工业固体废物资源综合利用评价，推动工业固体废物综合利用。

县级以上地方人民政府应当制定工业固体废物污染环境防治工作规划，组织建设工业固体废物集中处置等设施，推动工业固体废物污染环境防治工作。

对于产生工业固体废物的单位，《固体废物污染环境防治法》作出义务性规定，包括：（1）应当建立健全工业固体废物产生、收集、贮存、运输、利用、处置全过程的污染环境防治责任制度，建立工业固体废物管理台账，如实记录产生工业固体废物的种类、数量、流向、贮存、利用、处置等信息，实现工业固体废物可追溯、可查询，并采取防治工业固体废物污染环境的措施；（2）禁止向生活垃圾收集设施中投放工业固体废物；（3）委托他人运输、利用、处置工业固体废物的，应当对受托方的主体资格和技术能力进行核实，依法签订书面合同，在合同中约定污染防治要求；（4）应当依法实施清洁生产审核，合理选择和利用原材料、能源和其他资源，采用先进的生产工艺和设备，减少工业固体废物的产生量，降低工业固体废物的危害性；（5）应当取得排污许可证。

向所在地生态环境主管部门提供工业固体废物的种类、数量、流向、贮存、利用、处置等有关资料，以及减少工业固体废物产生、促进综合利用的具体措施，并执行排污许可管理制度的相关规定；（6）应当根据经济、技术条件对工业固体废物加以利用。对暂时不利用或者不能利用的，应当按照国务院生态环境等主管部门的规定建设贮存设施、场所，安全分类存放，或者采取无害化处置措施；（7）产生工业固体废物的单位终止的，应当在终止前对工业固体废物的贮存、处置的设施、场所采取污染防治措施，并对未处置的工业固体废物作出妥善处置，防止污染环境。单位发生变更的，变更后的单位应当按照国家有关环境保护的规定对未处置的工业固体废物及其贮存、处置的设施、场所进行安全处置或者采取有效措施保证该设施、场所安全运行。

矿山企业应当采取科学的开采方法和选矿工艺，减少尾矿、煤矸石、废石等矿业固体废物的产生量和贮存量。国家鼓励采取先进工艺对尾矿、煤矸石、废石等矿业固体废物进行综合利用。尾矿、煤矸石、废石等矿业固体废物贮存设施停止使用后，矿山企业应当按照国家有关环境保护等规定进行封场，防止造成环境污染和生态破坏。

（五）生活垃圾污染防治的法律规定

生活垃圾，是指在日常生活中或者为日常生活提供服务的活动中产生的固体废物，以及法律、行政法规规定视为生活垃圾的固体废物。

县级以上地方人民政府应当加快建立分类投放、分类收集、分类运输、分类处理的生活垃圾管理系统，实现生活垃圾分类制度有效覆盖。建立生活垃圾分类工作协调机制，加强和统筹生活垃圾分类管理能力建设。有计划地改进燃料结构，发展清洁能源，减少燃料废渣等固体废物的产生量。加强产品生产和流通过程管理，避免过度包装，组织净菜上市，减少生活垃圾的产生量。统筹安排建设城乡生活垃圾收集、运输、处理设施，确定设施厂址，提高生活垃圾的综合利用和无害化处置水平，促进生活垃圾收集、处理的产业化发展，逐步建立和完善生活垃圾污染环境防治的社会服务体系。按照产生者付费原则，建立生活垃圾处理收费制度。

县级以上地方人民政府环境卫生等主管部门应当组织对城乡生活垃圾进行清扫、收集、运输和处理，可以通过招标等方式选择具备条件的单位从事生活垃圾的清扫、收集、运输和处理。负责组织开展厨余垃圾资源化、无害化处理工作。

设区的市级以上人民政府环境卫生主管部门应当制定生活垃圾清扫、收集、贮存、运输和处理设施、场所建设运行规范，发布生活垃圾分类指导目录，加强监督管理。

产生生活垃圾的单位、家庭和个人应当依法履行生活垃圾源头减量和分类投放义务，承担生活垃圾产生者责任。任何单位和个人都应当依法在指定的地点分类投放生活垃圾。禁止随意倾倒、抛撒、堆放或者焚烧生活垃圾。机关、事业单位等应当在生活垃圾分类工作中起示范带头作用。已经分类投放的生活垃圾，应当按照规定分类收集、分类运输、分类处理。清扫、收集、运输、处理城乡生活垃圾，应当遵守国家有关环境保护和环境卫生管理的规定，防止污染环境。

（六）建筑垃圾、农业固体废物等污染防治的法律规定

建筑垃圾，是指建设单位、施工单位新建、改建、扩建和拆除各类建筑物、构筑物、管网等，以及居民装饰装修房屋过程中产生的弃土、弃料和其他固体废物。农业固体废物，是指在农业生产活动中产生的固体废物。

县级以上地方人民政府应当加强建筑垃圾污染环境的防治，建立建筑垃圾分类处理制度。制定包括源头减量、分类处理、消纳设施和场所布局及建设等在内的建筑垃圾污染环境防治工作规划。推动建筑垃圾综合利用产品应用。

县级以上地方人民政府环境卫生主管部门负责建筑垃圾污染环境防治工作，建立建筑垃圾全过程管理制度，规范建筑垃圾产生、收集、贮存、运输、利用、处置行为，推进综合利用，加强建筑垃圾处置设施、场所建设，保障处置安全，防止污染环境。

工程施工单位应当编制建筑垃圾处理方案，采取污染防治措施，并报县级以上地方人民政府环境卫生主管部门备案。工程施工单位应当及时清运工程施工过程中产生的建筑垃圾等固体废物，并按照环境卫生主管部门的规定进行利用或者处置。工程施工单位不得擅自倾倒、抛撒或者堆放工程施工过程中产生的建筑垃圾。

县级以上人民政府农业农村主管部门负责指导农业固体废物回收利用体系建设，鼓励和引导有关单位和其他生产经营者依法收集、贮存、运输、利用、处置农业固体废物，加强监督管理，防止污染环境。

产生秸秆、废弃农用薄膜、农药包装废弃物等农业固体废物的单位和其他生产经营者，应当采取回收利用和其他防止污染环境的措施。

从事畜禽规模养殖应当及时收集、贮存、利用或者处置养殖过程中产生的

畜禽粪污等固体废物，避免造成环境污染。禁止在人口集中地区、机场周围、交通干线附近以及当地人民政府划定的其他区域露天焚烧秸秆。国家鼓励研究开发、生产、销售、使用在环境中可降解且无害的农用薄膜。

国家还对国家建立电器电子、铅蓄电池、车用动力电池等产品的生产者责任延伸制度，废弃电器电子产品等实行多渠道回收和集中处理制度，产品和包装物的设计、制造，城镇污水、污泥处理，各级各类实验室及其设立单位产生的固体废物的管理均作出规定。

（七）危险废物污染防治的法律规定

危险废物，是指列入国家危险废物名录或者根据国家规定的危险废物鉴别标准和鉴别方法认定的具有危险特性的固体废物。

国务院生态环境主管部门应当会同国务院有关部门制定国家危险废物名录，规定统一的危险废物鉴别标准、鉴别方法、识别标志和鉴别单位管理要求。国家危险废物名录应当动态调整。根据危险废物的危害特性和产生数量，科学评估其环境风险，实施分级分类管理，建立信息化监管体系，并通过信息化手段管理、共享危险废物转移数据和信息。

省、自治区、直辖市人民政府应当组织有关部门编制危险废物集中处置设施、场所的建设规划，科学评估危险废物处置需求，合理布局危险废物集中处置设施、场所，确保本行政区域的危险废物得到妥善处置。编制危险废物集中处置设施、场所的建设规划，应当征求有关行业协会、企业事业单位、专家和公众等方面的意见。相邻省、自治区、直辖市之间可以开展区域合作，统筹建设区域性危险废物集中处置设施、场所。

产生危险废物的单位，应当按照国家有关规定制定危险废物管理计划；建立危险废物管理台账，如实记录有关信息，并通过国家危险废物信息管理系统向所在地生态环境主管部门申报危险废物的种类、产生量、流向、贮存、处置等有关资料。产生危险废物的单位已经取得排污许可证的，执行排污许可管理制度的规定。应当按照国家有关规定和环境保护标准要求贮存、利用、处置危险废物，不得擅自倾倒、堆放。

从事收集、贮存、利用、处置危险废物经营活动的单位，应当按照国家有关规定申请取得许可证。许可证的具体管理办法由国务院制定。禁止无许可证或者未按照许可证规定从事危险废物收集、贮存、利用、处置的经营活动。禁止将危险废物提供或者委托给无许可证的单位或者其他生产经营者从事收集、贮存、利用、处置活动。收集、贮存危险废物，应当按照危险废物特性分类进行。禁止混合收集、贮存、运输、处置性质不相容而未经安全性处置的危险废物。贮存危险废物应当采取符合国家环境保护标准的防护措施。禁止将危险废物混入非危险废物中贮存。贮存危险废物期限不得超过一年。确需延长期限的，应当报经颁发许可证的生态环境主管部门批准，法律、行政法规另有规定的除外。

跨省、自治区、直辖市转移危险废物的，应当向危险废物移出地省、自治区、直辖市人民政府生态环境主管部门申请。移出地省、自治区、直辖市人民政府生态环境主管部门应当及时商经接受地省、自治区、直辖市人民政府生态环境主管部门同意后，在规定期限内批准转移该危险废物，并将批准信息通报相关省、自治区、直辖市人民政府生态环境主管部门和交通运输主管部门。未经批准的，不得转移。危险废物转移管理应当全程管控、提高效率。

产生、收集、贮存、运输、利用、处置危险废物的单位，应当依法制定意外事故的防范措施和应急预案，并向所在地生态环境主管部门和其他负有固体废物污染环境防治监督管理职责的部门备案；生态环境主管部门和其他负有固体废物污染环境防治监督管理职责的部门应当进行检查。

医疗废物按照国家危险废物名录管理。县级以上人民政府卫生健康、生态环境等主管部门应当在各自职责范围内加强对医疗废物收集、贮存、运输、处置的监督管理，防止危害公众健康、污染环境。医疗卫生机构应当依法分类收集本单位产生的医疗废物，交由医疗废物集中处置单位处置。医疗卫生机构和医疗废物集中处置单位，应当采取有效措施，防止医疗废物流失、泄漏、渗漏、扩散。重大传染病疫情等突发事件发生时，县级以上人民政府应当统筹协调医疗废物等危险废物收集、贮存、运输、处置等工作，保障所需的车辆、场地、处置设施和防护物资。

《固体废物污染环境防治法》对包括危险废物在内的各类固体废物污染防治明确了政策扶持，组织建设，制度完善，资金支持等各方面的保障。

（八）法律责任

《固体废物污染环境防治法》对于违反本法规定的各类主体及行为的法律责任作出了明确规定。例如，根据该法第 120 条规定，违反本法规定，擅自倾倒、堆放、丢弃、遗撒固体废物，造成严重后果的；在生态保护红线区域、永久基本农田集中区域和其他需要特别保护的区域内，建设工业固体废物、危险废物集中贮存、利用、处置的设施、场所和生活垃圾填埋场的；将危险废物提供或者委托给无许可证的单位或者其他生产经营者堆放、利用、处置的；无许可证或者未按照许可证规定从事收集、贮存、利用、处置危险废物经营活动的；未经批准擅自转移危险废物的；未采取防范措施，造成危险废物扬散、流失、渗漏或者其他严重后果的，尚不构成犯罪的，由公安机关对法定代表人、主要负责人、直接负责的主管人员和其他责任人员处十日以上十五日以下的拘留；情节较轻的，处五日以上十日以下的拘留。又如第123条规定，违反本法规定，构成违反治安管理行为的，由公安机关依法给予治安管理处罚；构成犯罪的，依法追究刑事责任；造成人身、财产损害的，依法承担民事责任。

【本章思考题】

1. 固体废物污染及其危害是什么？
2. 结合现实考察我国固体废物污染防治状况如何？
3. 我国固体废物污染环境防治立法怎样？
4. 固体废物污染防治法律原则是什么？
5. 我国固体废物污染环境防治的监督管理体制是怎样规定的？
6. 生活垃圾污染防治的法律规定如何？
7. 危险废物污染防治的法律规定有哪些？
8. 结合公安执法评价固体废物污染防治中法律责任的规定。

【参考文献】

1. 《中华人民共和国固体废物污染环境防治法》，人民出版社2020年版。
2. 宁平主编：《固体废物处理与处置》，高等教育出版社2007年版。
3. 固体废物污染控制编写委员会编著：《固体废物污染控制》，中国环境出版集团2018年版。
4. 王灿发、谢明主编：《固体废物污染与健康维权》，华中科技大学出版社2019年版。

【延伸阅读】

专家解读｜与国际社会共同治理新污染物环境问题[1]

新污染物危害生态环境和人体健康，是全球环境问题之一。党中央、国务

---

[1] 胡建信：《与国际社会共同治理新污染物环境问题》，载 https://www.mee.gov.cn/zcwj/zcjd/202207/t20220717_988835.shtml，最后访问日期：2022年8月30日。

院高度重视新污染物治理。近日，国务院办公厅印发《新污染物治理行动方案》（国办发〔2022〕15号，简称《行动方案》），为今后新污染物治理工作指明了方向。《行动方案》体现了中国积极参与全球环境治理的思想，对建设美丽中国和共建地球生命共同体具有重要意义。

一、新污染物是全球面临的共同挑战

新污染物环境风险是世界各国共同面对的环境问题。新污染物主要来源于人工合成的化学物质。由《寂静的春天》揭示的滴滴涕是具有典型新污染物特征的化学品之一，其危害跨越半个世纪并涉及全球每个角落。从保护生态环境和人体健康出发，欧美日等发达国家自20世纪70年代就开始立法管控有毒有害化学物质的环境风险。1992年巴西里约环境与发展大会《21世纪议程》明确了降低化学品相关全球环境风险计划，随后全球逐步采取行动并管控了一些具有远距离迁移性并可能对全球造成环境和健康危害的新污染物。2015年联合国达成的十七项2030年可持续发展目标中，目标3、6和12均涉及新污染物治理，如到2030年，大幅减少有毒有害化学品及空气、水和土壤污染导致的死亡和患病人数等。

部分新污染物的治理工作需要全球行动。除具有持久性、生物累积性、致癌性、致畸性等多种生物毒性之外，部分新污染物还具有远距离迁移的潜力，可随着空气、水或迁徙物种等做跨国际边界的迁移并沉积在远离其排放点的地区，造成世界性环境污染问题。对这类新污染物的治理，需要采取全球共同行动。为此，国际社会在2001年通过了《关于持久性有机污染物的斯德哥尔摩公约》（以下简称《斯德哥尔摩公约》）。目前，《斯德哥尔摩公约》管控的持久性有机污染物已达三十种类。通过全球行动，其中十余种类的生产和使用已在全球被淘汰。

二、管控新污染物将是长期任务

新污染物涉及面广，与经济发展和生产生活息息相关。中国是化学品生产和出口大国。根据联合国环境署《全球化学品展望》，2017年中国化学品销售额占全球37.2%，预计2030年达到全球50%。对于《斯德哥尔摩公约》新增列和正在开展评估的化学品，如短链氯化石蜡、十溴二苯醚、得克隆、毒死蜱、紫外线吸收剂（UV-328）等，中国是主要的生产国。这些化学品的消费使用行业多，部分化学品与农业生产、生活用品、半导体、航天产品等必需品密切相

关，如短链氯化石蜡年生产量规模可达上百万吨、毒死蜱涉及农业生产和粮食安全，而它们的替代品开发较为困难，在可获得性、性能、成本、环境与安全等方面，可能存在冲突，难以实现十全十美，这给未来新污染物治理带来巨大挑战。

治理新污染物更大的挑战之一，是识别评估并实时管控正在生产和使用的化学物质。无论是美国《有毒物质控制法案》还是欧盟的《化学品注册、评估、许可和限制》法规，实施至今，一直都面临巨大数据和研究评估需求，未能完全实现最初设计法规对新污染物的管控目标。在国际公约层面，《斯德哥尔摩公约》在十七年间仅增列十八种类持久性有机污染物。中国是生产化学品种类最丰富的国家之一，现有化学品名录包括四万余种，每年还有近百种新化学物质上市。有限研究信息显示，根据《斯德哥尔摩公约》的筛选标准，上述名录中同时符合持久性和生物累积性两个筛选标准的化学物质多达百余种，这百余种化学品是潜在需要管控的新污染物。尽管在《斯德哥尔摩公约》增列新管控物质过程中，中国研究成果的贡献不断增加，但未来中国仍需要开展大量数据调查、环境监测、环境风险评估与管控等，加大管控新污染物环境风险的步伐。

综上，新污染物涉及替代和减排量多、涉及产业规模大和产业链长，与工业和农业生产、生活密切相关。保护生态环境和人体健康与平衡经济发展的需求是制定具体实施新污染物治理方案的重要基础。而识别评估出潜在需要管控的新污染物依赖数据调查、大量的科学研究成果、环境风险评估和管控的社会经济影响评价等。对新污染物治理要求全方位协同推进，任务极其艰巨。

三、与国际社会共同防范新污染物环境风险

早在 2001 年，中国就和国际社会共同推动了《斯德哥尔摩公约》的制定，开启了与国际社会共同治理新污染物的合作。二十余年间，中国消除了大量新污染物的生产、使用和排放，保护了全球生态环境和人类健康；同期国民经济快速增长，其中生产的化学品从全球约 5% 的份额增长到 2017 年的 37.2%，成为化学品生产量最大、品种最多的国家之一，人民生活得到了改善。同时，中国也面临新的挑战和压力，伴随科学认知的进步和对更高生活质量的要求，在世界范围内，一些我们过去认为没有危害的化学品，逐步被认为不适合进一步生产和使用。实施《行动方案》，中国将与国际社会共同防范新污染物环境风险。

一是借鉴现有国际公约机制，依据国际法实施新污染物的管控。在完善中

国法规制度，建立健全新污染物治理体系的同时，利用国际公约的机制，与国际社会共同对化学品进行环境风险识别、评估和管控，不仅实现中国对新污染物的治理，也在全球范围推动新污染物治理行动，推动全球化学品行业的绿色发展，实现全球环境治理。

二是加大国家和企业对新污染物治理的科技投入，科学决策，精准管控。充分认识科学研究等决策信息是治理新污染物的根本，持续加大国家和企业治理新污染物的科技投入，掌握潜在新污染物的来源、归趋、危害和治理技术，科学决策，实现精准有效管控。

三是利用国际科学研究和管理经验，及早评估筛选出重点管控新污染物，建立机制实施管控。积极开展国际合作，在中国研究信息不足的情况下，针对部分未必符合全球迁移属性的潜在新污染物，充分利用全球力量尤其是科学研究和管理经验，推动和加快中国新污染物的筛选和环境风险管控。同时借鉴国际公约资金机制，建立国际、国家、地方和企业治理新污染物的资金机制。

四是继续帮助其他发展中国家加强新污染物环境治理能力，传播中国知识和中国经验，防范新污染物转移。作为发展中国家，中国对新污染物的发现、研究和管理经验可能适合其他发展中国家。中国可继续为发展中国家提供履约技术培训和能力建设，帮助其他发展中国家防范新污染物作为产品或者废物的转移，为建设地球生命共同体贡献中国力量。

新污染物治理行动体现了党中央参与、贡献和引领全球环境治理的历史担当，将继续为全球环境治理贡献中国方案、中国智慧和中国力量。新污染物治理行动也是建设美丽中国的需要，维持中国可持续绿色化学和经济增长的需要。构建中国新污染物治理体系，保护地球家园，有助于实现全球对高品质生活的追求，实现2030年可持续发展目标，实现人与自然和谐共生，构建地球生命共同体。

第八章 放射性污染防治法

【内容提要】

随着人类对放射性物质的认识和开发利用，放射性物质广泛应用于军事、医疗、科研、工业等各个领域。但如果管理不善、防护措施不当或不足，就会造成放射性物质泄漏等放射性物质污染事故。此外，放射性矿山开采、冶炼后残留的含放射性物质的尾矿、废石、废渣，以及同位素应用后产生的废放射性源、废水、废气等，数量很大，对其贮存、运输、处置不当，也会产生严重的环境污染。放射性物质污染具有极高的危险性和极强的隐蔽性，一旦发生，后果非常严重。

我国对放射性防护和污染防治向来高度重视。2003年6月28日，《中华人民共和国放射性污染防治法》由第十届全国人民代表大会常务委员会第三次会议通过并予公布，自2003年10月1日起施行。这部法律对放射性物质污染防治的基本原则、制度、措施及监督管理体制作出了系统规定，是我国放射性物质污染防治的基本依据。

【重点理解与把握】

1. 我国放射性物质污染防治立法概况；
2. 我国防治放射性物质污染的方针；
3. 我国放射性物质污染防治的监督管理体制；
4. 放射性物质污染防治的法律责任。

【引导案例】

医疗装置铯-137放射性物质污染事故

1987年9月30日，在巴西的大城市戈亚尼亚，发生过一起放射性事故，一家私人放射治疗研究所将铯-137远距离治疗装置留在原地，未通知主管部门。两个清洁工进入该建筑，把它偷走卖给了一家废品公司，废品公司职员处理废铁，用锤子猛击一个密封器皿，当即恶心，晕眩，送往医院检查，确诊为放射性伤害。这家公司共有18人住进医院，其中6人病重；另有30人也要接受治疗。政府部门当天将这个地区的居民，集中隔离在一个足球场中，进行放射量检查。这个器皿是防癌协会使用的仪器，内装放射性同位素铯-137，被当作废料卖掉了。铯-137的作用可持续30年，受辐射初期出现腹泻，呕吐，贫血等症状，后期可转化为癌症，这是巴西最大的一次放射性物质污染灾难。

【引导问题】

1. 什么是放射性物质污染？放射性物质污染的危害是什么？
2. 如何防治放射性物质污染？

第一节 放射性物质污染概述

一、放射性物质污染的概念

通常，放射性物质污染（又称核污染）是指核设施运行、放射性同位素和射线装置应用以及伴生放射性矿物资源开发利用与放射性废物处置活动中，因放射性物质进入环境或贯穿辐射而造成改变环境放射性水平（天然本底），使环境质量恶化，危害人体健康或破坏生态环境的现象。放射性物质污染防治法所指的放射性物质污染，是指由于人类活动造成物料、人体、场所、环境介质表面或者内部出现超过国家标准的放射性物质或者射线。

放射性物质污染的来源主要有：原子能工业排放的放射性废物，核武器试验的沉降物以及医疗、科研排出的含有放射性物质的废水、废气、废渣等。

二、放射性物质污染的危害

放射性物质污染具有极高的危险性和极强的隐蔽性，一旦发生，后果非常严重，在大剂量的照射下，放射性对人体和动物存在着某种损害作用。放射性能破坏人体免疫功能、降低肌体的免疫能力，引起人体多种疾病，易使病人并发感染。急性大剂量照射可能导致人畜死亡，还可能损伤遗传物质，引起基因突变和染色体畸变，使一代甚至几代受害，对大气、水、土壤、农作物、畜禽类、鱼虾类以至建筑物、器具等造成放射性物质污染。

放射性损伤有急性损伤和慢性损伤。如果人在短时间内受到大剂量的 X 射线、γ 射线和中子的全身照射，就会产生急性损伤。轻者有脱发、感染等症状。当剂量更大时，出现腹泻、呕吐等肠胃损伤。在极高的剂量照射下，发生中枢神经损伤直至死亡。中枢神经症状主要有无力、怠倦、无欲、虚脱、昏睡等，严重时全身肌肉震颤而引起癫痫样痉挛。细胞分裂旺盛的小肠对电离辐射的敏感性很高，如果受到照射，上皮细胞分裂受到抑制，很快会引起淋巴组织破坏。

放射照射后的慢性损伤会导致人群白血病和各种癌症的发病率增加。环境中的放射性物质可以由多种途径进入人体，他们发出的射线会破坏机体内的大分子结构，甚至直接破坏细胞和组织结构，给人体造成损伤。高强度辐射会灼伤皮肤，引发白血病和各种癌症，破坏人的生殖功能，严重的能在短期内致死。少量累积照射会引起慢性放射病，使造血器官、心血管系统、内分泌系统和神经系统等受到损害，发病过程往往延续几十年。

三、放射性污染的防治

放射性对生物机体的危害程度与机体吸收的辐射能量多少密切相关。如何对它进行防护，以减少放射性的危害呢？减少体外照射和防止放射性物质进入体内，是放射性污染防护的基本原则，即内外兼防。

由于外照射的辐射源处于机体外部，其照射主要来自中子、β 射线、γ 射线、X 射线等，防护的目的在于控制辐射人体的照射量，使之保持在可以接受的最低水平。此外，应对工作现场和周围环境中的空气、水源、岩石土壤和有代表性的动植物进行常规监测，以便及时发现和处理污染事故。

在通过科技手段防治放射性物质污染的同时，运用法治手段也是重要方面。借助放射性物质污染防治立法并严格加以执行，对于保护环境，保障人体健康，促进核能、核技术的开发与和平利用具有重要作用。

第二节　我国放射性物质污染防治立法

一、防治放射性物质污染的立法发展

我国对放射性防护和污染防治向来高度重视。早在 1974 年就颁布了《放射防护规定》。现行的放射性防护和污染防治规定主要有：1984 年 9 月 5 日由城乡建设环境保护部办法的《核电站基本建设环境保护管理办法》，国务院 1986 年发布的《中华人民共和国民用核设施安全监督管理条例》，1987 年的《城市放射性废物管理办法》，1988 年 5 月 1 日卫生部发布的《放射工作人员健康管理规定》，1989 年的《放射性药品管理办法》和《放射性同位素与射线装置放射防护条例》，1990 年国家环境保护总局发布的《放射环境管理办法》，1995 年卫生部和公安部联合发布的《放射事故管理规定》，2002 年卫生部发布的《放射工作卫生防护管理办法》。在此期间，有关部门先后颁布了有关辐射防护和放射性废物管理方面的规章、标准，其内容涵盖辐射防护、放射性废物管理政策和废物分类、处理、整备、贮存、运输和处置等方面。上述这些法规、标准、导则、技术文件，规范了核设施营运单位、核技术开发利用单位的行为，明确了设计准则和核安全目标，规定了核设施选址、建造、安装施工、调试、运行和定期试验、维修的要求，对保证核设施的安全运行及工作人员和公众安全、保护环境起到了重要作用。其后修订颁布的《水污染防治法》《大气污染防治法》《海洋环境保护法》《固体废物污染环境防治法》等法律大都规定有防治放射性物质污染的规范条款。但因其散见于不同层面，不同层次的法规、规章和技术规范系列之中，内容零散，且不全面、不系统，未对放射性物质污染防治的基本原则、制度、措施及监督管理体制等重大问题作出相应的规定，远远不能适应目前放射性物质污染防治工作的实际需要。

2003 年 6 月 28 日，《放射性污染防治法》由第十届全国人民代表大会常务委员会第三次会议通过并予公布，自 2003 年 10 月 1 日起施行。这部法律对放射性物质污染防治的基本原则、制度、措施及监督管理体制作出了系统规定，是我国放射性物质污染防治的基本依据。随后，1986 年公布的《中华人民共和国民用核设施安全监督管理条例》，2005 年国务院发布的《放射性同位素与射线装置安全和防护条例》，2007 年通过的《民用核安全设备监督管理条例》，2007 年卫生部发布的《放射工作人员职业健康管理办法》，2009 年 9 月 14 日国务院

总理签发，自 2010 年 1 月 1 日起施行的《放射性物品运输安全管理条例》，2011 年 11 月 30 日国务院第 183 次常务会议通过并于 2012 年 3 月 1 日起施行《放射性废物安全管理条例》等，对相关问题均作出了具体的规定。

二、防治放射性物质污染的法律规定

（一）防治放射性物质污染的方针

就放射性物质污染的特点来看，放射性物质污染无色、无味难以察觉，即以物质形态和能量形式危害公众健康和破坏生态平衡于无形，而且环境一旦被其污染将难以治理和恢复。同时，它具有社会敏感性，公众对放射性具有异常恐惧感，一旦发现放射性物质污染危害，极易引起社会不安，影响安定。为此，《放射性污染防治法》第 3 条规定，国家对放射性物质污染的防治，实行预防为主、防治结合、严格管理、安全第一的方针。这是我国开展放射性物质污染防治工作必须遵循的总原则。该原则是针对放射性物质污染的特点和国内外放射性物质污染防治的主要经验和教训提出的。

（二）调整范围和调整对象

《放射性污染防治法》的调整范围和调整对象为：核设施选址、建造、运行、退役和核技术、铀（钍）矿、伴生放射性矿开发利用过程中发生的放射性污染的防治活动，而没有将天然辐射和非核领域的放射性物质污染防治纳入本法。

（三）放射性物质污染防治的监督管理

1. 监督管理体制。国务院环境保护行政主管部门对全国放射性污染防治工作依法实施统一监督管理。国务院卫生行政部门和其他有关部门依据国务院规定的职责，对有关的放射性污染防治工作依法实施监督管理。其他有关部门主要包括公安部门、国防科工委和交通部门，依据国务院规定的职责对有关的放射性物质污染防治工作依法实施监督管理。目前国防科工委负责民用核设施和铀（钍）矿的行业管理和核事故应急管理，国家核安全局（隶属生态环境部）负责安全管理。核技术利用中的职能分工是：卫生部门负责对使用辐射源核发许可证，公安部门负责安全保卫工作，生态环境部门主要负责对辐射源造成周围环境污染进行监督和事故查处。同时，为便于生态环境部门掌握辐射源的具体分布及使用情况，卫生部门发放辐射源使用许可证后要抄送生态环境部门。

2. 监督管理制度。放射性物质污染防治的主要制度包括：放射性物质污染防治标准制度、放射性物质污染监测制度、监督检查制度、从业人员资格管理制度、放射性标识制度、事故应急制度等。

（四）核设施、核技术利用、铀（钍）矿和伴生放射性矿开发利用的放射性物质污染防治。

1. 核设施的放射性物质污染防治。核设施是指核动力厂（核电厂、核热电厂、核供汽供热厂等）和其他反应堆（研究堆、实验堆、临界装置等），核燃料生产、加工、贮存和后处理设施，放射性废物的处理和处置设施等。核设施的潜在危害较大，一旦发生放射性物质污染事故，后果比较严重。为了加强对核设施的污染防治，预防和避免放射性物质污染事故的发生，《放射性污染防治法》确立了以下管理制度：①核设施营运单位应当在取得核设施建造、运行许可证件和办理选址、装料、退役等审批手续后，方可进行核设施的选址、建造、装料、运行、退役等活动。②核设施营运单位在申请领取核设施建造、运行许可证件和办理选址、退役审批手续前，应当编制环境影响报告书报国务院环境保护行政主管部门审查批准，未经批准的，有关部门不得颁发有关许可证件和批准文件。③与核设施相配套的放射性物质污染防治设施的建设，应当执行建设项目"三同时"制度。④在核动力厂等重要核设施的外围地区划定规划限制区，尽量减少放射性物质污染造成的损失。⑤对核设施周围环境中所含的放射性核素的种类、浓度及核设施的流出物，实行国家监督性监测和核设施营运单位自行监测相结合的监测制度。⑥要求核设施营运单位和有关部门按照国务院的有关规定做好核事故应急工作。

2. 核技术利用的污染防治。核技术利用，是指密封放射源、非密封放射源和射线装置在医疗、工业、农业、地质调查、科学研究和教学等领域中的使用。我国的核技术已经在医疗卫生、教学科研和工农业等领域广泛利用，尤其是放射性同位素和射线装置应用最为广泛。为了加强对放射性同位素和射线装置的污染防治，《放射性污染防治法》主要作了以下规定：①生产、销售、使用放射性同位素和射线装置的单位，应当按照国务院的规定申请领取许可证件、办理登记手续。②有关单位应当在申请领取许可证件前编制环境影响报告书（表），报省级人民政府环境保护行政主管部门批准。③配套的放射防护设施，应当严格执行建设项目的"三同时"制度。④生产、使用放射性同位素和射线装置的单位应当按照规定收集、包装、贮存放射性废物；生产放射源的单位应当回收和利用废旧放射源；使用放射源的单位应当将废旧放射源交回生产单位或者送交放射性废物贮存、处置单位。⑤生产、销售、使用、贮存放射源的单位，应当建立健全安全保卫制度，指定专人负责，落实安全责任制，制定必要的事故应急措施。

3. 铀（钍）矿和伴生放射性矿开发利用的污染防治。伴生放射性矿是指含有较高水平天然放射性核素浓度的非铀矿（如稀土矿和磷酸盐矿等）。针对铀（钍）矿和伴生放射性矿开发利用过程中对放射性物质污染防治重视不够和放射性物质污染事故时有发生等问题，《放射性污染防治法》主要作了以下规定：①开采或者关闭铀（钍）矿的单位，应当在申请领取采矿许可证件或者办理退役审批手续前编制环境影响报告书，报国务院环境保护行政主管部门审查批准；开发利用伴生放射性矿的单位，应当在申请领取采矿许可证件前编制环境影响报告书，报省级以上人民政府环境保护行政主管部门审查批准。②开发利用单位应当按照建设项目"三同时"制度的要求，建设配套的放射性物质污染防治设施，对铀（钍）矿的流出物和周围的环境进行监测并定期报告。③对铀（钍）矿和伴生放射性矿开采过程中产生的尾矿，应当按照要求建造尾矿库贮存、处置。

此外，为了保证铀（钍）矿退役后污染防治工作的顺利进行，还规定：铀（钍）矿的开发利用单位负责制定铀（钍）矿的退役方案，由国家财政预算安排退役费用。

（五）关于放射性废物的管理

放射性废物是指含有放射性核素或者被放射性核素污染，其浓度或者比活度大于国家确定的清洁解控水平，预期不再使用的废弃物。放射性废物的处理和处置是放射性物质污染防治的重要环节。为了保证放射性废物及时得到处置，防止其对环境和公众健康构成威胁，《放射性污染防治法》主要作了以下规定：

1. 明确规定核设施营运单位、核技术利用单位以及铀（钍）矿和伴生放射性矿开发利用单位，应当合理选择和利用原材料，采用先进的生产工艺和设备，尽量减少放射性废物的产生量。

2. 规定放射性废气、废液排放单位应当向有关环境保护行政主管部门申请放射性核素的排放量，并定期报告排放计量结果。

3. 向环境排放放射性废气、废液，应当符合国家放射性物质污染防治标准。产生放射性废液的单位，应当对不符合国家放射性物质污染防治标准的放射性废液进行处理或者妥善贮存，对符合国家放射性物质污染防治标准的放射性废液按照规定方式排放。

4. 对高、中、低水平和α放射性固体废物实行分类处置。

5. 产生放射性固体废物的单位，应当按照规定将其产生的放射性固体废物进行处理后，送交废物处置单位进行处置并承担处置费用；对于不按照规定处置的，有关环境保护行政主管部门指定有处置能力的单位代为处置，所需费用由产生放射性固体废物的单位承担。

6. 专门从事放射性固体废物贮存、处置的单位，应当向国务院环境保护行政主管部门申请经营许可证，并按照经营许可证的规定从事放射性废物贮存和处置的经营活动。

（六）防止食品、药品放射性物质污染的规定

防止食品、药品放射性物质污染是保障食品、药品安全的重要方面。国家规定了水、粮食、水果、乳类、肉、蛋、水产品、茶叶等16种食品中几种放射性同位素的限制浓度，各港口卫生部门对进口的食品应进行必要的检验，如发现食品中放射性物质超过限制浓度的应报请有关部门妥善处理。

放射性新药品生产实行许可证制度。放射性药品生产、经营单位必须配备安全防护设备，即配备与生产、经营相适应的专业技术人员，具有安全、防护（设施）和放射性"三废"处理设施等。不符合质量标准的药品不准生产和销售。进口放射性药品必须符合国家药品标准，进口之前经卫生部门检验，检验合格的方可进口。

用放射性同位素和射线装置辐射食品、药品、化妆品、医疗器材和其他应用于人体的制品，必须符合国家卫生法规和标准的规定。

（七）关于放射性货物运输的规定

为了加强对放射性物品运输的安全管理，依据《放射性物品运输安全管理条例》[1]，放射性物品的运输和放射性物品运输容器的设计、制造等活动需要加以严格管理。

根据放射性物品的特性及其对人体健康和环境的潜在危害程度，将放射性物品分为一类、二类和三类。一类放射性物品，是指Ⅰ类放射源、高水平放射性废物、乏燃料等释放到环境后对人体健康和环境产生重大辐射影响的放射性物品；二类放射性物品，是指Ⅱ类和Ⅲ类放射源、中等水平放射性废物等释放到环境后对人体健康和环境产生一般辐射影响的放射性物品；三类放射性物品，是指Ⅳ类和Ⅴ类放射源、低水平放射性废物、放射性药品等释放到环境后对人

---

〔1〕《放射性物品运输安全管理条例》是根据《放射性污染防治法》制定的一个国家行政法规，由国务院总理于2009年9月14日签发，自2010年1月1日起施行。

体健康和环境产生较小辐射影响的放射性物品。

放射性物品的具体分类和名录，由国务院核安全监管部门会同国务院公安、卫生、海关、交通运输、铁路、民航、核工业行业主管部门制定。

国务院核安全监管部门对放射性物品运输的核与辐射安全实施监督管理。国务院公安、交通运输、铁路、民航等有关主管部门依照本条例规定和各自的职责，负责放射性物品运输安全的有关监督管理工作。县级以上地方人民政府生态环境主管部门和公安、交通运输等有关主管部门，依照本条例规定和各自的职责，负责本行政区域放射性物品运输安全的有关监督管理工作。

运输放射性物品，应当使用专用的放射性物品运输包装容器。放射性物品的运输和放射性物品运输容器的设计、制造，应当符合国家放射性物品运输安全标准。国家放射性物品运输安全标准，由国务院核安全监管部门制定，由国务院核安全监管部门和国务院标准化主管部门联合发布。国务院核安全监管部门制定国家放射性物品运输安全标准，应征求国务院公安、卫生、交通运输、铁路、民航、核工业行业主管部门的意见。

托运放射性物品的，托运人应当持有生产、销售、使用或者处置放射性物品的有效证明，使用与所托运的放射性物品类别相适应的运输容器进行包装，配备必要的辐射监测设备、防护用品和防盗、防破坏设备，并编制运输说明书、核与辐射事故应急响应指南、装卸作业方法、安全防护指南。通过道路运输放射性物品的，应当经公安机关批准，按照指定的时间、路线、速度行驶，并悬挂警示标志，配备押运人员，使放射性物品处于押运人员的监管之下。通过道路运输核反应堆乏燃料的，托运人应当报国务院公安部门批准。通过道路运输其他放射性物品的，托运人应当报启运地县级以上人民政府公安机关批准。

（八）关于法律责任的规定

放射性物质污染防治法在法律责任上作出明确规定。

针对放射性物质污染防治监督管理人员违反法律规定，利用职务上的便利收受他人财物、谋取其他利益，或者玩忽职守等行为，依法给予行政处分；构成犯罪的，依法追究刑事责任。

对于监管对象不按照规定报告有关环境监测结果的；拒绝环境保护行政主管部门和其他有关部门进行现场检查，或者被检查时不如实反映情况和提供必要资料的；未编制环境影响评价文件，或者环境影响评价文件未经环境保护行政主管部门批准，擅自进行建造、运行、生产和使用等活动的；未建造放射性物质污染防治设施、放射防护设施，或者防治防护设施未经验收合格，主体工程即投入生产或者使用的；未经许可或者批准，核设施营运单位擅自进行核设施的建造、装料、运行、退役等活动的；不按照规定报告放射源丢失、被盗情况或者放射性物质污染事故的；未经许可，擅自从事贮存和处置放射性固体废物活动的；不按照许可的有关规定从事贮存和处置放射性固体废物活动的，以及向中华人民共和国境内输入放射性废物和被放射性物质污染的物品，或者经中华人民共和国境内转移放射性废物和被放射性物质污染的物品的等，分情况予以行政处罚，触犯刑法的依法承担刑事责任。

【本章思考题】

1. 我国防治放射性物质污染的方针是什么？

2. 我国放射性物质污染防治的监督管理体制是如何确定的？

3. 我国放射性物质污染防治监督管理制度包括哪些？

4. 核技术利用的污染防治是如何规定的？

5. 如何防止食品、药品放射性物质污染？

6. 放射性物质污染防治的法律责任是如何规定的？

【参考文献】

1. 周美娟等主编：《核辐射与核污染——公众防护与应对》，人民卫生出版社 2012年版。

2. 李永宁等主编：《环境资源法学》，中国政法大学出版社 2016 年版。

3. 周珂等主编：《环境法》，中国人民大学出版社 2021 年版。

【延伸阅读】

放射性物质污染有关常识[1]

一、核电站中放射性物质的产生

在核电站的反应堆中，采用的核燃料主要是含3%左右的铀-235，在发生裂

---

〔1〕 参见《放射性物质污染有关常识》，载 https://www.mee.gov.cn/home/ztbd/rdzl/dzhaq/kpzs/201103/t20110321_207264.shtml，最后访问日期：2022 年 8 月 25 日。

变时，铀-235 吸收一个中子，形成复合核，复合核不稳定，经过很短的时间（约 10-14 秒），然后分裂成两个主要碎片，同时放出数个中子和一定的能量。

U-235+中子 ————→X1+X2+ 2.43 中子+能量

X1 和 X2 代表裂变碎片。铀-235 裂变时会形成 60 余种不同的碎片，这些碎片通过 β（贝塔）衰变，产生约 250 种不同核素，称为裂变产物。在这些裂变产物中，质量数集中在 95 和 140 附近，如锶-90、碘-131、铯-137 等。

裂变碎片是放射性核素，会发生一系列的衰变，具有较强的放射性，主要为 β 射线和 γ（伽马）射线，有的核素半衰期（放射性活度减少一半所需要的时间）较短，如碘-131（8 天）等，有的核素半衰期较长，如铯-137（30 多年）等。

反应堆中的能量主要由铀-235 裂变所释放的能量，包括裂变时瞬时释放的能量（占 90% 以上）和裂变产物在其随后的衰变时缓慢释放的能量（小于10%）两部分，瞬时释放的能量包括裂变碎片的动能、裂变中子动能、瞬发 γ 射线能量等，缓慢释放的能量包括裂变产物 γ 射线衰变能量和 β 射线衰变能量等。

福岛第一核电站在地震发生时，反应堆通过自动控制系统，将裂变反应自动停止，因此，反应堆主要的能量来源停止产生，但由于有大量裂变碎片还将继续衰变，产生一定的能量，因此，反应堆在停堆后，以及从反应堆中取出的乏燃料，在其随后的一段较长时间内还会继续产生热量，需要通过水来降温。

二、放射性物质的释放

虽然核电站的反应堆中产生有大量的放射性物质，但在正常情况下，这些放射性物质是不会向环境中释放的，其主要原因是核燃料和裂变产生的放射性物质被密封在锆合金的包壳中，主要包壳不发生破裂，这些放射性物质就不会出来。

工作人员在给福岛第一核电站的压力容器减压、排放蒸汽时，为什么会有放射性物质释放呢？这主要是由于事故发生后，核电站的电源长时间缺失，水的循环停止，不能将压力容器中的热量及时排出，堆芯中的水不断蒸发而减少，部分燃料棒没有得到水的冷却，温度升高，超过锆合金的溶化温度，从而使包壳破裂，部分放射性物质泄漏出来，当打开减压阀排放蒸汽时，一些受热气化的放射性物质随蒸汽排出压力容器，向环境中释放。

由于只有部分燃料棒发生溶化，排放蒸汽也是间歇地进行，因此，排放出的放射性物质较少，同时，由于随蒸汽排放的放射性物质，只是在低流层中随风向周围扩散，因此，放射性物质对周边的影响范围是有限的，主要取决于风向和风速。

三、放射物质对人体的影响

向环境释放的放射性物质对人体的影响分两个阶段：早期的照射和随后的照射影响。

早期的照射主要是放射性物质随空气扩散，空气中的放射性物质，特别是γ射线衰变的放射性物质，对位于有空气污染区域的人员直接外照射，或放射性物质沾染在人体的皮肤和衣服上，给人体造成的照射；同时，通过呼吸道，使空气中的部分放射性物质进入人体，给人体造成内照射。

外照射的剂量大小与空气中的放射性物质量（浓度）、人员在污染区停留的时间、放射性物质沾污的量和沾污的部位等有关。进入人体的放射性物质，依据放射性物质的特性不同，在人体中的沉积部位和器官也是不同的，如碘-131主要沉积在甲状腺、铯-137主要沉积在肌肉和骨骼等。进入人体放射性物质给人体的照射剂量还受放射性物质的半衰期和人体对放射性物质的生物半排期等影响，有的放射性物质进入人体后很容易排出人体，对人体的影响也就较小。有些放射性物质进入人体后很难从体内排出，在随后较长的时间都会对人体造成照射。

随后的照射主要来自放射性物质的沉降所引起。放射性物质随空气扩散后，在它经过的地方，会有部分放射性物质沉降到地面，从而污染地面上的土壤和水体，生活在污染区的人员一方面要接受放射性物质的外照射，同时，放射性物质会通过各种食物链对人体造成内照射。

土壤和水中的放射性物质会被植物（青草、蔬菜、水果、粮食作物等）吸收，人和动物食用这些植物时，放射性物质转移到人和动物体内；人要食用牛奶、牛羊肉、鱼等，放射性物质也将转移到人体，给人体造成内照射。

四、食物和水中的放射性物质含量限值

为了防止放射性污染的土壤和水中，放射性物质通过食物链对人体造成过高的照射，各国对食品、饮用水中放射性物质的含量给出了各种放射性核素的浓度限值，这些限值是基于这样的规定：在规定的时间内摄入的放射性物质所致公众内、外照射的待积剂量（成年人按50年、儿童按70岁计算）应满足年

剂量限值的要求，即公众每年小于 1 毫希伏。

正常环境中的土壤和水中有少量的天然放射性核素（如铀、钍、镭、钾等）和人工放射性核素（铯、氚等），因此，各种食物中或多或少也含有少量的放射性物质，有些地区要多一些，有些地区则少一些。

基于上面的规定，日本核安全委员会规定，每公斤水碘-131 的含量不能超过 300 Bq（贝克勒尔，放射性活度单位），铯不能超过 200 Bq。

第三编
自然生态保护法

第一章 自然生态保护法概述

【内容提要】

自然生态保护法是环境法的重要组成部分，在环境法中具有重要的地位。自然生态保护法主要涉及三个领域：生物资源保护、非生物资源保护以及生态空间保护。自然生态保护法还具有自身的一些法律原则和法律制度，基本原则主要包括自然资源全民所有原则、生态优先原则、生态整体主义原则、开发利用和保护相结合原则，因地制宜合理开发原则，保持和保存生态的原生状况原则。自然生态保护法的基本制度包括自然资源有偿使用制度、生态保护补偿法律制度、生态状况监测、评估与预警制度、生态资源开发利用禁限制度等。

【重点了解与掌握】

1. 了解和掌握自然生态保护法的基本原则和基本制度的内容；
2. 掌握各原则和制度的概念、特征、基本内容及意义。

【引导案例（材料）】

近年来，人民法院深入贯彻习近平生态文明思想、习近平法治思想，坚持公正司法、守正创新，不断积累生物多样性司法保护的有益经验，形成了生物多样性保护的生动司法实践。

一是贯彻最严密法治，依法审理生物多样性保护案件。依法严厉打击危害珍贵、濒危野生动植物及其制品犯罪，惩治长江非法捕捞，促进生物资源恢复，维护生物种群稳定。2019年以来，各级法院审结生物多样性保护案件66852件，涉及野生动植物保护、渔业及林业资源保护、动植物防疫检疫、植物新品种纠纷等，实现对生态系统、物种和遗传多样性的全方位司法保护。

二是坚持生态优先，充分运用预防性、恢复性司法措施。各地法院通过审理一批生物多样性保护预防性公益诉讼案件，有效保护珍稀、濒危野生动植物及其生存环境。依法适用环境保护禁止令，及时制止正在实施或可能对生态环境产生不利后果的行为，避免生态损害的发生或扩大。创新生态修复司法措施，建立生态环境司法修复基地，探索"补种复绿""增殖放流""海砂回填"等生态修复方案，推动生物多样性逐步恢复，生态质量持续改善。

三是强化司法供给，健全生物多样性保护裁判规则。贯彻损害担责、全面赔偿原则，依法适用惩罚性赔偿，统筹协调生态破坏行为的违法惩治、损害赔偿和生态环境修复法律责任。加大刑事惩戒，将生态价值损失作为非法猎捕、贩运等犯罪的量刑情节，以更加严厉、更具威慑的司法规则保护生物多样性。制定出台环境民事公益诉讼、检察公益诉讼和生态环境损害赔偿诉讼等系列司法解释，充分运用公益诉讼制度保护生物多样性。起草并推动通过《世界环境司法大会昆明宣言》，将保护和可持续利用自然资源确定为生物多样性司法保护的基本原则，为凝聚国际环境司法共识贡献中国智慧。下一步，最高人民法院还将制定生物多样性司法保护相关指导意见，发布司法保护白皮书，加快出台环境保护禁止令、惩罚性赔偿、林权民事纠纷等司法解释，健全生物多样性保护的预防性、惩罚性、恢复性裁判规则，统一法律适用，增强环境司法制度保障，巩固生物多样性保护的司法实践成果。[1]

【引导问题】

1. 为什么要保护生物多样性？
2. 我国保护生物多样性取得了哪些成绩？

第一节　自然生态保护法的基本原则

自然生态涉及自然生态系统及其所组成的自然资源和生物物种。自然生态保护法，是以保护生态系统平衡或防止生物多样性破坏为目的，对一定的自然

[1]　参见最高人民法院：《最高法发布生物多样性保护专题指导性案例》，载 https://baijiahao. baidu. com/s？id＝1718127566164046013&wfr＝spider&for＝pc，最后访问日期：2022 年 8 月 15 日。

地域（含区域与流域），野生生物及其生境实行特殊保护并禁止或限制环境利用行为而制定的法律规范的总称。[1]

与主要采取消极控制对策和措施的污染控制法相比，自然生态保护法所采取的是积极的管理，对自然环境或自然资源的不同利用类型分别予以规划、管理和保护。自然生态保护法的目的在于保全一定地域的自然环境和物种，对需要保护的地域和物种通过法律确立地域或者物种指定制度，对在指定地域范围内的各种开发利用行为实行限制或者禁止，对指定物种采取特别措施予以保护。所以，自然生态保护法的目标是保存既已形成的自然环境地域以及珍稀濒危的野生生物物种，涉及地域环境保护、野生生物保护、河流湖泊保护以及自然文化遗迹和景观舒适保护等内容。[2]自然生态保护法主要涉及三个领域：生物资源保护、非生物资源保护以及生态空间保护。

在生态资源保护领域，自然生态保护的对象包括土地、森林、草原和荒漠、物种、陆地水资源、河流、湖泊和水库、沼泽和海涂、海洋、矿产资源和大气。[3]典型的生物资源有草原、森林、渔业资源、野生动植物、生物多样性资源。针对生物资源的保护，我国颁布制定了《草原法》《森林法》《渔业法》《野生动物保护法》《野生植物保护条例》《生物安全法》等。

在非生物资源保护领域，自然生态保护的对象包括土地、水资源、矿产等。典型的非生物资源有土地资源、水资源和矿产资源。针对非生物资源的保护，我国颁布了《土地管理法》《水法》《水土保持法》《矿产资源法》等。

在生态空间保护领域，自然生态保护的对象包括生态红线、国家公园、自然保护区和生态功能区。针对生态空间保护，我国先后制定并颁布了《自然保护区条例》《关于划定并严守生态保护红线的若干意见》《生态保护红线勘界定标技术规程》《建立国家公园体制总体方案》《关于建立以国家公园为主体的自然保护地体系的指导意见》等规范性文件。

除国内法外，在国际法层面，我国缔结了《世界气象组织公约》《保护野生动物迁徙物种公约》《联合国海洋法公约》《联合国气候变化框架公约》《生物多样性公约》《联合国防治荒漠化公约》等。

虽然自然生态保护法是环境保护法的重要组成部分，但自然生态保护法仍

---

[1] 参见汪劲：《环境法学》，北京大学出版社 2018 年版，第 228 页。

[2] 参见汪劲：《环境法学》，北京大学出版社 2018 年版，第 229 页。

[3] 参见汪劲：《环境法学》，北京大学出版社 2018 年版，第 229 页。

具有自身的一些法律原则和法律制度,[1]主要包括:自然资源全民所有原则、生态优先原则、生态整体主义原则、开发利用和保护相结合原则、因地制宜合理开发原则、保持和保存生态的原生状况原则等。

一、自然资源全民所有原则

自然资源全民所有原则,是指重要自然资源属于国家所有即全民所有,全民是国有自然资源的最终所有者。我国《宪法》第9条第1款规定,矿藏、水流、森林、山岭、草原、荒地、滩涂等自然资源,都属于国家所有,即全民所有;由法律规定属于集体所有的森林和山岭、草原、荒地、滩涂除外。与一般所有权不同,自然资源国家所有权具有全民性和公共性,并且,它需要由国务院代表国家行使权利和履行义务。在实践中,国务院又需要通过分级代理制度由各级政府具体履行代表职责。在此情况下,作为代表人和代理人的各级政府显然不能按照一般所有权的意思自治原则行使国家所有权。国务院代表国家却不是国家本身,行使国家所有权必须遵循国家的意志和维护国家的利益。因此,自然资源国家所有权行使原则是宪法规定自然资源属于"国家所有即全民所有"的基本精神和基本价值的体现和展开,反映了自然资源国家所有权行使的内在规律和本质要求,应是规范自然资源国家所有权行使、维护其正当性的有效法律工具。[2]

二、生态优先原则

生态优先原则,是指当经济发展与生态保护发生冲突时,将生态系统的健康性、完整性以及生态系统功能不受无法恢复的负面影响的要求置于优先地位的根本准则。根据生态优先原则的内在要求,应从整体论视角处理人与自然的关系,人类应承认自身行为具有生态边界并应加以自我约束。[3]《长江保护法》第3条明确规定了"生态优先、绿色发展"的原则,为正确处理长江经济带的经济发展和环境保护关系提供了正确方向。生态优先理念是对经济优先理念的扬弃和超越,它要求人们从整体性视角认识生态系统及人与自然的关系,意识到自身的经济行为具有生态边界并加以自我约束,按照生态伦理的要求选择行

306

为模式，从而避免生态崩溃危及人类生存和发展。以生态优先价值理念为基础建构的环境法治体系将全社会的、长期的、整体的公共利益纳入规制范畴，其价值必然超越仅对保护个体的、短期的、局部的经济利益有利的传统环境法治体系。生态优先价值理念具体表现为整体主义思维、人与自然和谐共荣的绿色发展理念，以及以保护公共利益、履行社会责任为核心的生态法治原则。以生态优先观拓展法治观，要求建立生态优先价值理念主导下的绿色法治体系。[1]

三、生态整体主义原则

生态整体主义原则，要求生态保护立法必须从有机论和系统论的角度出发，将自然世界看作是一个具有内在关联的活的生态系统。生态系统是由事物间动态的、非线性的、永无止境的相互作用组成的复杂关系网络，呈现为一个不可机械分割的有机整体。以我国环境保护立法模式为例，我国环境保护立法模式主要有以《环境保护法》为代表的综合立法，以《水法》《水污染防治法》等为代表的单行立法。其中，综合立法难以深入解决流域内的特殊问题，虽然单行立法能够对流域进行具体规制，但因为采用"环境—资源"二分的立法逻辑，忽略环境治理的系统性、整体性，人为地将资源可持续利用与污染防治相割裂。鉴于此，体现生态整体主义原则的系统性立法势在必行。2021年施行的《长江保护法》作为我国首部流域立法，坚持生态整体主义法律观，是我国环境保护立法模式的一次新尝试。宏观上，流域立法将长江流域的资源保护、污染防治和绿色发展合为一体；微观上，流域立法统筹规范长江流域的生态、产业、城市布局、人文和环境美学等要素，[2]深入贯彻了生态整体主义法律观的思想。

四、开发利用和保护相结合原则

开发利用和保护相结合原则，是指在开发利用自然资源时，必须减少资源消耗，加强环境保护，坚持开发利用和保护相结合。开发利用与保护是互相联系、互相影响、互相制约的，不能将其割裂开来。开发利用的目的在于满足人类生产和生活的需要，而保护则是使这种需要能够持续下去，它是开发利用的前提和基础。要在保护中开发，在开发中保护，避免盲目开发、过度开发而造

---

〔1〕　参见李嵩誉：《生态优先理念下的环境法治体系完善》，载《中州学刊》2017年第4期。
〔2〕　参见陈廷辉、林贺权：《从还原主义到生态整体主义：我国环境保护立法模式的转变》，载《西南政法大学学报》2021年第3期。

成资源退化和生态失调。当开发利用和保护发生矛盾时，应当权衡利弊，综合考虑经济社会效益和环境生态效益，把保护置于首要位置，坚持保护优先。该原则要求人们正确认识和处理经济社会发展和自然资源保护的关系，正确处理局部利益和全局利益、当前利益和长远利益的关系。[1] 坚持资源开发利用与环境保护相结合原则是贯彻落实科学发展观，构建社会主义和谐社会的重大举措；是建设资源节约型、环境友好型社会的必然选择；是推进经济结构调整，转变增长方式的必由之路；是提高人民生活质量，维护中华民族长远利益的必然要求。[2]

五、因地制宜合理开发原则

因地制宜、合理开发原则，是指对自然资源的开发利用，应当与特定地域的生态系统的结构和功能相适应，要求人们根据地区环境条件的特点，制定和实施科学合理的开发方案。对于可再生资源，进行适度开发，维护其自身的更新能力，确保其永续利用；对于不可再生资源，应坚持综合利用、高效利用、节约使用，合理控制资源耗竭速度提高资源利用率。自然资源的地域性和有限性，要求其开发利用必须因地制宜、合理开发、节约使用。[3] 对于自然资源的合理开发利用必须适应地域生态系统的特点以及自然资源随之发生的周期性变化。[4]

六、保持和保存生态的原生状况原则

保持和保存生态的原生状况原则，要求生态保护法必须遵循生态规律，针对不同生态环境要素与生态系统，应因地制宜，确立相适应的保护规则。如针对一般性的自然保护区域，可确立一般性的"保持规则"，确保自然资源与生态环境利用维持在生态环境承载能力以内；而针对特殊性的自然保护区域、濒危物种等，则要确立严格的"保存规则"，确保各类生态资源、生物资源或生态系统的永久性保存。

---

〔1〕 参见韩德培主编：《环境保护法教程》，法律出版社 2015 年版，第 132 页。
〔2〕 参见莫神星：《论应对气候变化背景下能源开发利用与环境保护相结合原则》，载《政法论丛》2011 年第 5 期。
〔3〕 参见韩德培主编：《环境保护法教程》，法律出版社 2015 年版，第 132 页。
〔4〕 参见汪劲：《环境法学》，北京大学出版社 2018 年版，第 258 页。

第二节　自然生态保护法的基本制度

自然生态保护法的基本制度，是指为实现自然资源和生态保护的目的和任务，依据自然生态保护法的基本原则制定的，调整某一类或者某一方面自然和生态保护社会关系的，具有重大意义和起主要作用的法律规范的统称。它是自然生态保护法的重要组成部分，与自然生态保护法的基本原则和一般规范不同，自然生态保护法的基本制度具有具体性，它是自然生态保护法基本原则的具体化，是贯彻实施自然生态保护法的制度保障，同时，也是自然生态保护法律关系必须遵循的行为规则。[1]自然生态保护法的基本制度有自然资源有偿使用制度、生态保护补偿法律制度、生态状况监测、评估与预警制度、生态资源开发利用禁限制度等。

一、自然资源有偿使用制度

自然资源有偿使用制度是指国家采取强制手段，使开发利用自然资源的单位和个人支付一定费用才能开发利用自然资源的法律规范的总称。它是由于自然资源的稀缺性，一些自然资源的不可再生性和自然资源日益枯竭而建立和发展起来的一项法律制度，是自然资源价值在法律上的体现和确认。[2]2013 年，党的十八届三中全会通过了《中共中央关于全面深化改革若干重大问题的决定》，其中明确提及，要实行资源有偿使用制度，加快自然资源及其产品价格改革，全面反映市场供求、资源稀缺程度、生态损害成本和修复效益。逐步将资源税拓展到占用各种自然生态空间的范畴。这样，为进一步制定和完善自然资源有偿使用制度指明了方向。[3]

根据我国自然资源法律、法规的规定，自然资源有偿使用的形式有两种，包括自然资源税和自然资源费。自然资源税，是国家对一切开发利用自然资源的单位或者个人，根据其开发利用的程度所征收的一种税种。其目的是调节由于资源开发条件的差异而形成的级差收入，促进开发者加强经济核算，有效管理和节约合理利用自然资源。自然资源费，是指对各种自然资源开发利用和保

---

〔1〕　参见韩德培主编：《环境保护法教程》，法律出版社 2015 年版，第 76 页。
〔2〕　参见韩德培主编：《环境保护法教程》，法律出版社 2015 年版，第 135 页。
〔3〕　参见张云飞：《自然资源有偿使用制度》，载《绿色中国》2018 年第 21 期。

护管理所征收的一定费用的统称。不同的资源种类，其收费种类的名称也不相同。自然资源税与自然资源费的区别在于：首先，前者是国家税务机关依法无偿取得财政收入的一种手段；后者则是由负责自然资源管理的特定行政机关，为了防止生态破坏向开发利用者征收一定数额的费用。其次，征收的自然资源税税额全部上缴国库，而自然资源费一部分则由该行政机关统一支配，专项用于资源的开发保护和管理，并非全部上缴国库。[1]

实行自然资源有偿使用制度，要求开发利用自然资源者支付一定的费用才能获得开发利用权。这样，就可以促使开发利用者珍惜自然资源，科学、合理开发和节约使用自然资源，避免或者减轻对生态环境的污染和破坏，有利于保障自然资源的可持续利用，从而促进经济社会的可持续发展。[2]

二、生态保护补偿制度

生态保护补偿，是指生态保护的受益人或者自然资源的开发利用者对为保护生态环境做出贡献或者做出牺牲的单位或个人做出的补偿。生态保护补偿法律制度是指有关生态保护补偿的原则、主体、客体、标准、方式以及专项资金的设立和使用的法律规定的总称。从实质上说，生态补偿可视为是一种外部化的生态环境成本的负担机制，是一种促进环境保护的利益驱动机制、激励机制和协调机制。通过重新分配环境资源，重新调整经济社会发展中的社会生产关系，实现"经济——社会——自然"生态复合系统的整体可持续生存和发展。[3]其特征主要是：（1）工具性。它是一种经济调节手段，通过生态补偿，平均分配环境成本及费用，提高人们建设和保护生态环境的积极性以及抑制破坏生态平衡的行为，使外部经济内部化，同时也是实施可持续发展战略的有效工具。（2）广泛性。狭义的生态补偿，是指对生态建设者在恢复、重建生态系统中所付出的成本费用进行的补偿；广义的生态补偿，还包括对预防生态环境恶化的费用的补偿，以及对因建设生态环境而遭受损失和丧失发展计划者的补偿。（3）方式的多样性。主要有资金补偿、实物补偿、政策补偿和智力技术补偿等。[4]

生态补偿的方式可以分为纵向生态补偿方式和横向生态补偿方式。纵向生

---

〔1〕 参见韩德培主编：《环境保护法教程》，法律出版社 2015 年版，第 135 页。
〔2〕 参见韩德培主编：《环境保护法教程》，法律出版社 2015 年版，第 135 页。
〔3〕 参见张锋：《生态补偿法律保障机制研究》，中国环境科学出版社 2010 年版，第 10 页。
〔4〕 参见韩德培主编：《环境保护法教程》，法律出版社 2015 年版，第 95 页。

态补偿方式是以某一级行政主体作为补偿方，参照生态空间面积和生态服务价值，对作为受偿方的所辖行政主体承担有限责任，进行垂直补偿。〔1〕纵向生态补偿方式是我国生态补偿实践的主要表现形式，也是未来生态补偿发展的主要方向。横向生态补偿方式，包括流域上下游之间、不同主体功能区之间、自然保护区内外同级别地方政府之间的补偿。当前，我国的生态补偿，一方面是加强行政手段的运用，政府通过财政转移支付等手段，推动生态补偿；另一方面是加强市场手段的运用，达到生态补偿的目的。〔2〕

三、生态状况监测、评估与预警制度

生态状况监测、评估与预警制度是生态状况监测制度、生态状况评估制度与生态状况预警制度的总称。生态状况监测制度是指综合运用各项技术对一段时期特定区域内的生态系统的组成要素和结构进行监视和测定的制度。生态状况评估制度是指对生态环境在内的生态系统的状况及其功能进行评价，对其变化规律进行总结，预估其未来发展趋势的制度。生态状况预警制度是指对环境质量降低和生态系统退化、恶化等环境危机的提前警示的制度。其特征在于：

生态状况监测、评估与预警具有综合性。开展生态状况监测、评估与预警活动涉及多领域的交叉问题，需要同时具备农、林、牧、渔、工等诸多方面的专业技术，需要在上级部门的领导下协调各方面的专业人才，方能有效地开展生态状况监测、评估和预警工作。针对生态系统状态的整体变化，需要对生态系统的各个组成部分分别开展监测、评估、预警，综合各方面的成果和判断，对生态状况整体作出合适的评判，以指导相应的生态保护工作。鉴于生态状况监测、评估与预警活动的综合性，各级人民政府应当积极协调各部门协助生态环境部门开展监测、评估、预警工作。

生态状况监测、评估与预警制度具有专业性。生态状况监测、评估与预警需要借助生态学、环境科学等理论基础，并同时需要相应的数学建模知识、专业的数据收集能力。基于该制度的综合性，不仅在其涉及的各领域内需要相应的理工学科知识，在综合各领域因素进行研判时更依赖宏观上的分析能力，而对特定范围内的生态状况的整体分析能力是建议在收集充足的数据和建立合适

---

〔1〕 参见周小平等：《"双线"背景下城市生态空间补偿机制：现实需求与理论模型》，载《干旱区资源与环境》2019 年第 10 期。

〔2〕 参见韩德培主编：《环境保护法教程》，法律出版社 2015 年版，第 98 页。

的建模的基础上的。因此，生态状况监测、评估与预警制度具有高度的专业性，需要建立相应培训机制以增强各地区的微观分析、宏观研判能力。

四、生态资源开发利用禁限制度

生态资源开发利用禁限制度，指的是为了防止人类过度开发利用自然资源的，实现自然资源的可持续利用，根据自然资源的特点和保护自然资源的需要，对开发利用自然资源的时间、对象、手段、限度等所规定的限制或禁止的法律制度的总称。目前在我国已有多部法律明确规定了自然资源开发利用禁限制度，如 2019 年 8 月修正的《土地管理法》、2016 年 7 月修正的《水法》、2019 年 12 月修订的《森林法》、2022 年 10 月修订的《野生动物保护法》等。

生态资源开发利用禁限制度是现代生态保护与自然资源立法日趋完善的标志之一。在"人类中心主义"观念的指导下，中国传统社会在人与环境的关系中强调人的主体地位，对自然资源的开发利用方式是粗犷式的。对环境观念从"人类中心主义"到"生态中心主义"的转变，不仅要求人类在思想上改变以往任意开发利用生态环境的观念，更要求人们合理运用立法手段来提高自然资源的开发利用效率，树立可持续发展理念。在以往的法治实践中，已经存在部分与生态资源开发利用禁限制度相似的制度。生态环境保护中的各类红线制度是生态资源开发利用禁限制度的雏形，主体功能区设立禁止开发区域以限制开发方式亦是禁限制度的体现。在大力推进生态文明建设的时代背景下，以往的自然资源开发利用制度难以满足当下中国的现实需求，生态资源开发利用禁限制度的确立、实施，有利于进一步加强我国生态环境保护，避免生态环境因污染而受到不可逆的损害。

生态资源开发利用禁限制度落实可持续发展理念的有效途径。自然资源与环境之间存在密切的关系，人类对自然资源的开发利用行为对环境存在各种直接或间接的影响，不当的环境利用行为在对环境造成损害的同时，也会对公众利益造成损害。生态资源开发利用禁限制度从源头上杜绝了可能危害公众利益的可能性，实现在特定时间内对特定区域环境的有效保护。生态资源开发利用禁限制度涉及范围广泛，与主体功能区制度类似，在开发利用自然资源的行为方式、时间、对象、限度多方面作出限制；在保护对象方面，土地、水、森林等自然环境要素都作为保护对象适用生态资源开发利用禁限制度，在各部法律中均已有相关制度设定。

设定生态资源开发利用禁限制度规则应同时将生态规律与开发利用技术纳

入考量。针对不同种类的保护对象，所采纳的保护政策均需要考量相关的生态规律，以防对生态资源造成不可逆的损害。在生态资源开发利用禁限制度允许范围内，应结合相关的自然科学知识对生态资源进行勘探、利用，使开发利用行为顺应自然规律。

第
二
章　　生物资源保护法

【内容提要】

本章以生物资源为主题，分别以草原、森林、渔业、野生动植物资源为中心词，介绍了其基本概念、权属规定、监督管理体制以及相关法律制度设计。

【重点了解与掌握】

1. 草原、森林、渔业资源、野生动物资源的权属规定；
2. 野生动物的分别保护制度；
3. 生物多样性保护的内容。

【引导案例（材料）】

2021 年 10 月 12 日，习近平主席在《生物多样性公约》第十五次缔约方大会领导人峰会上发表了主旨讲话："万物各得其和以生，各得其养以成。"生物多样性使地球充满生机，也是人类生存和发展的基础。保护生物多样性有助于维护地球家园，促进人类可持续发展。昆明大会以"生态文明：共建地球生命共同体"为主题，推动制定"2020 年后全球生物多样性框架"，为未来全球生物多样性保护设定目标、明确路径，具有重要意义。国际社会要加强合作，心往一处想、劲往一处使，共建地球生命共同体。人与自然应和谐共生。当人类友好保护自然时，自然的回报是慷慨的；当人类粗暴掠夺自然时，自然的惩罚也是无情的。我们要深怀对自然的敬畏之心，尊重自然、顺应自然、保护自然，构建人与自然和谐共生的地球家园。绿水青山就是金山银山。良好生态环境既是自然财富，也是经济财富，关系经济社会发展潜力和后劲。我们要加快形成绿色发展方式，促进经济发展和环境保护双赢，构建经济与环境协同共进的地球家园。新冠肺炎疫情给全球发展蒙上阴影，推进联合国2030年可持续发展议程面临更大挑战。面对恢复经济和保护环境的双重任务，发展中国家更需要帮助和支持。我们要加强团结、共克时艰，让发展成果、良好生态更多更公平惠及各国人民，构建世界各国共同发展的地球家园。我们处在一个充满挑战，也充满希望的时代。行而不辍，未来可期。为了我们共同的未来，我们要携手同行，开启人类高质量发展新征程。

第一，以生态文明建设为引领，协调人与自然关系。我们要解决好工业文明带来的矛盾，把人类活动限制在生态环境能够承受的限度内，对山水林田湖草沙进行一体化保护和系统治理。第二，以绿色转型为驱动，助力全球可持续发展。我们要建立绿色低碳循环经济体系，把生态优势转化为发展优势，使绿水青山产生巨大效益。我们要加强绿色国际合作，共享绿色发展成果。第三，以人民福祉为中心，促进社会公平正义。我们要心系民众对美好生活的向往，实现保护环境、发展经济、创造就业、消除贫困等多面共赢，增强各国人民的获得感、幸福感、安全感。第四，以国际法为基础，维护公平合理的国际治理体系。我们要践行真正的多边主义，有效遵守和实施国际规则，不能合则用、不合则弃。设立新的环境保护目标应该兼顾雄心和务实平衡，使全球环境治理体系更加公平合理。

【引导问题】

为什么要保护生物多样性？

第一节 草原保护法

一、草原概述

草原是指在温带半干旱气候条件下，由旱生或半旱生多年生草本植物组成的植被类型。根据水热条件，可以把草原分为草甸草原、典型草原、荒漠草原、高寒草原。草甸草原是指由多年生中性草本植物组成，生长在中等湿润条件下的植物群落所形成的植被类型，如我国的大兴安岭西侧、呼伦贝尔和东北平原等地。典型草原是指植物群落由典型旱生植物组成，并以丛生禾草为主的植被类型，如我国锡林郭勒草原。荒漠草原是分布于干旱生境中的一种草地类型，主要分布在内蒙古中北部和鄂尔多斯高原的中西部地区。高寒草原是指分布于高山寒冷地区的草原，主要分布在青藏高原的北部和东北部，昆仑山、天山、祁连山等山地的上部。[1]

草原具有保持水土、防风固沙、保护和养育草原动植物，保持生物多样性，维持生态平衡，生产生物产品，满足人类物质生活需要、旅游享受的功能，是一种宝贵的生态系统。我国草原资源存在着分布不均衡、天然优质牧场比例低、草原生产力季节年际变化大的客观问题，草原也是一种可再生资源，合理利用与保护对草原的永续利用更具意义。目前，针对天然草原和人工草原，我国有《草原法》《草原防火条例》《草畜平衡管理办法》《草种管理办法》《草原征占用审核审批管理办法》等专门立法，《环境保护法》《防沙治沙法》《野生动物保护法》《自然保护区条例》等立法中也有相关规定，已形成了基本完善的草原法律体系。我国立法对草原的保护历程如下：

第一阶段：初步发展阶段（1979 年-1985 年），这一阶段我国对于草原的立法保护主要依赖于综合立法中的某些条款以及相关政策要求。1979 年《环境保护法（试行）》第 14 条明确规定："保护和发展牧草资源。积极规划和进行草原建设，合理放牧，保持和改善草原的再生能力，防止草原退化，严禁滥垦草原，防止草原火灾。"

第二阶段：快速发展阶段（1985 年-2002 年），这一阶段我国出台了一系列立法，对草原展开了专门的立法保护。1985 年全国人大常委会通过了《草原法》，这也是我国第一个专门的草原保护立法。1993 年国务院发布了《草原防火条例》。2000 年 9 月 10 日，国务院颁布了《国务院关于进一步做好退耕还林还草试点工作的若干意见》。

第三阶段：完善发展阶段（2002 年至今），我国 2002 年修订了《草原法》，2009 年、2013 年、2021 年修正了《草原法》；2008 年国务院修订了《草原防火条例》。除此以外，我国陆续出台了一系列规范性文件，例如，2002 年国务院颁布的《国务院关于加强草原保护与建设的若干意见》，2021 年出台的《国务院办公厅关于加强草原保护修复的若干意见》等。

---

〔1〕 金瑞林主编：《环境法学》，北京大学出版社 2016 年版，第 264 页。

二、草原权属的规定

（一）草原所有权

我国草原所有权属于国家与集体，《草原法》第9条规定："草原属于国家所有，由法律规定属于集体所有的除外。国家所有的草原，由国务院代表国家行使所有权。任何单位或者个人不得侵占、买卖或者以其他形式非法转让草原。"为了确认草原所有权，《草原法》第11条第3款、第4款还规定："集体所有的草原，由县级人民政府登记，核发所有权证，确认草原所有权。依法改变草原权属的，应当办理草原权属变更登记手续。"

（二）草原使用权

虽然《草原法》规定了草原所有权归属国家与集体，但也同时规定了，国家所有的草原，可以依法确定给全民所有制单位、集体经济组织等使用。使用草原的单位，应当履行保护、建设和合理利用草原的义务。同时，《草原法》第11条第1款、第2款还规定："依法确定给全民所有制单位、集体经济组织等使用的国家所有的草原，由县级以上人民政府登记，核发使用权证，确认草原使用权。未确定使用权的国家所有的草原，由县级以上人民政府登记造册，并负责保护管理。"当然，依法登记的草原所有权和使用权受法律保护，任何单位或者个人不得侵犯。

（三）草原经营管理权利的相关规定

《草原法》正式从立法上确立了草原家庭承包经营责任制，允许转让，为此也制定了一系列详细规定。

集体所有的草原或者依法确定给集体经济组织使用的国家所有的草原，可以由本集体经济组织内的家庭或者联户承包经营。在草原承包经营期内，不得对承包经营者使用的草原进行调整；个别确需适当调整的，必须经本集体经济组织成员的村（牧）民会议三分之二以上成员或者三分之二以上村（牧）民代表的同意，并报乡（镇）人民政府和县级人民政府草原行政主管部门批准。集体所有的草原或者依法确定给集体经济组织使用的国家所有的草原由本集体经济组织以外的单位或者个人承包经营的，必须经本集体经济组织成员的村（牧）民会议三分之二以上成员或者三分之二以上村（牧）民代表的同意，并报乡（镇）人民政府批准。

承包经营草原，发包方和承包方应当签订书面合同。草原承包合同的内容应当包括双方的权利和义务、承包草原四至界限、面积和等级、承包期和起止日期、承包草原用途和违约责任等。承包期届满，原承包经营者在同等条件下享有优先承包权。承包经营草原的单位和个人，应当履行保护、建设和按照承包合同约定的用途合理利用草原的义务。

草原承包经营权受法律保护，可以按照自愿、有偿的原则依法转让。草原承包经营权转让的受让方必须具有从事畜牧业生产的能力，并应当履行保护、建设和按照承包合同约定的用途合理利用草原的义务。草原承包经营权转让应当经发包方同意。承包方与受让方在转让合同中约定的转让期限，不得超过原承包合同剩余的期限。

三、草原保护的主要法律规定

（一）草原规划的规定

《草原法》对草原的规划、建设、利用、保护均以专章形式做了一系列规定，以保证草原资源的正常使用与充足保护。

国家对草原保护、建设、利用实行统一规划制度。国务院草原行政主管部门会同国务院有关部门编制全国草原保护、建设、利用规划，报国务院批准后实施。县级以上地方人民政府草原行政主管部门会同同级有关部门依据上一级草原保护、建设、利用规划编制本行政区域的草原保护、建设、利用规划，报本级人民政府批准后实施。经批准的草原保护、建设、利用规划确需调整或者修改时，须经原批准机关批准。《草原法》还要求，编制草原保护、建设、利用规划，应当依据国民经济和社会发展规划并遵循下列原则：改善生态环境，维护生物多样性，促进草原的可持续利用；以现有草原为基础，因地制宜，统筹规划，分类指导；保护为主、加强建设、分批改良、合理利用；生态效益、经济效益、社会效益相结合。草原保护、建设、利用规划应当包括：草原保护、建设、利用的目标和措施，草原功能分区和各项建设的总体部署，各项专业规划等。草原保护、建设、利用规划应当与土地利用总体规划相衔接，与环境保护规划、水土保持规划、防沙治沙规划、水资源规划、林业长远规划、城市总体规划、村庄和集镇规划以及其他有关规划相协调。草原保护、建设、利用规划一经批准，必须严格执行。

国家建立草原调查制度。县级以上人民政府草原行政主管部门会同同级有关部门定期进行草原调查；草原所有者或者使用者应当支持、配合调查，并提供有关资料。国务院草原行政主管部门会同国务院有关部门制定全国草原等级评定标准。县级以上人民政府草原行政主管部门根据草原调查结果、草原的质量，依据草原等级评定标准，对草原进行评等定级。

国家建立草原统计制度。县级以上人民政府草原行政主管部门和同级统计部门共同制定草原统计调查办法，依法对草原的面积、等级、产草量、载畜量等进行统计，定期发布草原统计资料。草原统计资料是各级人民政府编制草原保护、建设、利用规划的依据。

国家建立草原生产、生态监测预警系统。县级以上人民政府草原行政主管部门对草原的面积、等级、植被构成、生产能力、自然灾害、生物灾害等草原基本状况实行动态监测，及时为本级政府和有关部门提供动态监测和预警信息服务。

（二）草原建设的规定

近年来，我国先后启动了天然草原改良、草种基地、草原围栏、退牧还草工程以及育草基金、草原防火等重大草原保护建设工作，草原建设工作的成效日益显现。

政府加大投入。县级以上人民政府应当增加草原建设的投入，支持草原建设。国家鼓励单位和个人投资建设草原，按照谁投资、谁受益的原则保护草原投资建设者的合法权益。

加大草原基地及基础设施建设。国家鼓励与支持人工草地建设、天然草原改良和饲草饲料基地建设，稳定和提高草原生产能力。县级以上人民政府应当支持、鼓励和引导农牧民开展草原围栏、饲草饲料储备、牲畜圈舍、牧民定居点等生产生活设施的建设。县级以上地方人民政府应当支持草原水利设施建设，发展草原节水灌溉，改善人畜饮水条件。

草种基地建设。县级以上人民政府应当按照草原保护、建设、利用规划加强草种基地建设，鼓励选育、引进、推广优良草品种。新草品种必须经全国草品种审定委员会审定，由国务院草原行政主管部门公告后方可推广。从境外引进草种必须依法进行审批。县级以上人民政府草原行政主管部门应当依法加强对草种生产、加工、检疫、检验的监督管理，保证草种质量。

草原建设规划工作。对退化、沙化、盐碱化、石漠化和水土流失的草原，地方各级人民政府应当按照草原保护、建设、利用规划，划定治理区，组织专项治理。大规模的草原综合治理，列入国家国土整治计划。县级以上人民政府应当根据草原保护、建设、利用规划，在本级国民经济和社会发展计划中安排资金用于草原改良、人工种草和草种生产，任何单位或者个人不得截留、挪用；

县级以上人民政府财政部门和审计部门应当加强监督管理。

(三) 草原利用的规定

我国草原立法并不是一味地保护草原的生态价值，也通过制定一系列具体制度来保障利用草原经济价值时不对草原造成过度伤害。

合理利用草原，建立草畜平衡制度。草原承包经营者应当合理利用草原，不得超过草原行政主管部门核定的载畜量；草原承包经营者应当采取种植和储备饲草饲料、增加饲草饲料供应量、调剂处理牲畜、优化畜群结构、提高出栏率等措施，保持草畜平衡。草原载畜量标准和草畜平衡管理办法由国务院草原行政主管部门规定。

轮牧制。牧区的草原承包经营者应当实行划区轮牧，合理配置畜群，均衡利用草原。国家提倡在农区、半农半牧区和有条件的牧区实行牲畜圈养。草原承包经营者应当按照饲养牲畜的种类和数量，调剂、储备饲草饲料，采用青贮和饲草饲料加工等新技术，逐步改变依赖天然草地放牧的生产方式。在草原禁牧、休牧、轮牧区，国家对实行舍饲圈养的牧民给予粮食和资金补助，具体办法由国务院或者国务院授权的有关部门规定。县级以上地方人民政府草原行政主管部门对割草场和野生草种基地应当规定合理的割草期、采种期以及留茬高度和采割强度，实行轮割轮采。遇到自然灾害等特殊情况，需要临时调剂使用草原的，按照自愿互利的原则，由双方协商解决；需要跨县临时调剂使用草原的，由有关县级人民政府或者共同的上级人民政府组织协商解决。

其他建设工程对草原的利用也要遵守立法的规定，必要时应进行补偿。进行矿藏开采和工程建设，应当不占或者少占草原；确需征收、征用或者使用草原的，必须经省级以上人民政府草原行政主管部门审核同意后，依照有关土地管理的法律、行政法规办理建设用地审批手续。因建设征收、征用集体所有的草原的，应当依照《土地管理法》的规定给予补偿；因建设使用国家所有的草原的，应当依照国务院有关规定对草原承包经营者给予补偿。因建设征收、征用或者使用草原的，应当交纳草原植被恢复费。草原植被恢复费专款专用，由草原行政主管部门按照规定用于恢复草原植被，任何单位和个人不得截留、挪用。草原植被恢复费的征收、使用和管理办法，由国务院价格主管部门和国务院财政部门会同国务院草原行政主管部门制定。需要临时占用草原的，应当经县级以上地方人民政府草原行政主管部门审核同意。临时占用草原的期限不得超过两年，并不得在临时占用的草原上修建永久性建筑物、构筑物；占用期满，用地单位必须恢复草原植被并及时退还。在草原上修建直接为草原保护和畜牧业生产服务的工程设施，需要使用草原的，由县级以上人民政府草原行政主管部门批准；修筑其他工程，需要将草原转为非畜牧业生产用地的，必须依法办理建设用地审批手续。

（四）草原保护的规定

国家实行基本草原保护制度。实施严格管理的基本草原包括：重要放牧场；割草地；用于畜牧业生产的人工草地、退耕还草地以及改良草地、草种基地；对调节气候、涵养水源、保持水土、防风固沙具有特殊作用的草原；作为国家重点保护野生动植物生存环境的草原；草原科研、教学试验基地；国务院规定应当划为基本草原的其他草原。

草原自然保护区制度。国务院草原行政主管部门或者省、自治区、直辖市人民政府可以按照自然保护区管理的有关规定在下列地区建立草原自然保护区：具有代表性的草原类型；珍稀濒危野生动植物分布区；具有重要生态功能和经济科研价值的草原。县级以上人民政府应当依法加强对草原珍稀濒危野生植物和种质资源的保护、管理。

国家对草原实行以草定畜、草畜平衡制度。县级以上地方人民政府草原行政主管部门应当按照国务院草原行政主管部门制定的草原载畜量标准，结合当地实际情况，定期核定草原载畜量。各级人民政府应当采取有效措施，防止超载过牧。

国家支持依法实行退耕还草和禁牧、休牧。具体办法由国务院或者省、自治区、直辖市人民政府制定。对在国务院批准规划范围内实施退耕还草的农牧民，按照国家规定给予粮食、现金、草种费补助。退耕还草完成后，由县级以上人民政府草原行政主管部门核实登记，依法履行土地用途变更手续，发放草原权属证书。

禁止措施。禁止开垦草原。对水土流失严重、有沙化趋势、需要改善生态环境的已垦草原，应当有计划、有步骤地退耕还草；已造成沙化、盐碱化、石漠化的，应当限期治理。对严重退化、沙化、盐碱化、石漠化的草原和生态脆弱区的草原，实行禁牧、休牧制度。禁止在荒漠、半荒漠和严重退化、沙化、盐碱化、石漠化、水土流失的草原以及生态脆弱区的草原上采挖植物和从事破坏草原植被的其他活动。

限制措施。在草原上从事采土、采砂、采石等作业活动，应当报县级人民政府草原行政主管部门批准；开采矿产资源的，并应当依法办理有关手续。经批准在草原上从事本条第一款所列活动的，应当在规定的时间、区域内，按照准许的采挖方式作业，并采取保护草原植被的措施。在他人使用的草原上从事本条第一款所列活动的，还应当事先征得草原使用者的同意。在草原上种植牧草或者饲料作物，应当符合草原保护、建设、利用规划；县级以上地方人民政府草原行政主管部门应当加强监督管理，防止草原沙化和水土流失。在草原上开展经营性旅游活动，应当符合有关草原保护、建设、利用规划，并不得侵犯草原所有者、使用者和承包经营者的合法权益，不得破坏草原植被。

防火防病虫害制度。县级以上人民政府应当有计划地进行火情监测、防火物资储备、防火隔离带等草原防火设施的建设，确保防火需要。草原防火工作贯彻预防为主、防消结合的方针。各级人民政府应当建立草原防火责任制，规定草原防火期，制定草原防火扑火预案，切实做好草原火灾的预防和扑救工作。县级以上地方人民政府应当做好草原鼠害、病虫害和毒害草防治的组织管理工作。县级以上地方人民政府草原行政主管部门应当采取措施，加强草原鼠害、病虫害和毒害草监测预警、调查以及防治工作，组织研究和推广综合防治的办法。禁止在草原上使用剧毒、高残留以及可能导致二次中毒的农药。

除抢险救灾和牧民搬迁的机动车辆外，禁止机动车辆离开道路在草原上行驶，破坏草原植被；因从事地质勘探、科学考察等活动确需离开道路在草原上行驶的，应当事先向所在地县级人民政府草原行政主管部门报告行驶区域和行驶路线，并按照报告的行驶区域和行驶路线在草原上行驶。

（五）草原监督管理体制与法律责任

国务院草原行政主管部门主管全国草原监督管理工作。县级以上地方人民政府草原行政主管部门主管本行政区域内草原监督管理工作。乡（镇）人民政府应当加强对本行政区域内草原保护、建设和利用情况的监督检查，根据需要可以设专职或者兼职人员负责具体监督检查工作。国务院草原行政主管部门和草原面积较大的省、自治区的县级以上地方人民政府草原行政主管部门设立草原监督管理机构，负责草原法律、法规执行情况的监督检查，对违反草原法律、法规的行为进行查处。

违反相关法律法规的行为人，应当承担相应的行政法律责任；构成犯罪的，依法追究其刑事责任。给草原所有者或者使用者造成损失的，依法承担赔偿责任。

第二节　森林保护法

一、森林概述

环境科学中的森林是指由比较密集生长在一起的乔木及其他木本植物占优势的植物群落[1]。环境法中的森林资源包括森林、林木、林地以及依托森林、林木、林地生存的野生动物、植物和微生物。其中，森林，包括乔木林和竹林。林木，包括树木和竹子。林地，包括郁闭度 0.2 以上的乔木林地以及竹林地、灌木林地、疏林地、采伐迹地、火烧迹地、未成林造林地、苗圃地和县级以上人民政府规划的宜林地。森林资源具有生长周期长、可永续利用、多功能性的特征，具有涵养水源、保持水土、防风固沙、净化空气、调节气候、野生动植物栖息地、提供林产品的功能。我国森林具有类型繁多、森林人均占有量少、森林资源分布不均衡、林种结构不合理的特点，我国森林保护立法大致经历了三个阶段：

第一阶段是初步发展阶段（1973 年–1984 年）。1973 年农林部颁发了《森林采伐更新规程》，1979 年第五届全国人大常委会第六次会议通过了《森林法（试行）》。1979 年 2 月 23 日，第五届全国人大常委会第六次会议根据林业总局的提议，通过了将 3 月 12 日定为中国植树节的决议。

第二阶段是快速发展阶段（1984 年–2000 年）。此阶段，我国加快了森林领域的立法工作。1984 年第六届全国人大常委会第七次会议通过了《森林法》，并于 1998 年进行修正，这也是我国自然资源领域的第一部专门立法。1986 年林业部紧随其后出台了《森林法实施细则》，1987 年林业部发布了《森林采伐更新管理办法》。1988 年国务院发布了《森林防火条例》，1989 年国务院通过了《森林病虫害防治条例》。1994 年林业部颁布实施了《森林公园管理办法》，同年颁布了了《自然保护区条例》。

第三阶段是完善发展阶段（2000 年至今）。《森林法》分别于 1998 年、2009 年、2019 年得到了修正与修订，《森林法实施条例》于 2000 年颁布实施、取代了《森林法实施细则》，并于 2011 年、2016 年、2018 年相继进行了修订。这一阶段森林立法的理念也发生了变化，充分体现了生态优先、保护有限的原则，

---

〔1〕　参见韩德培主编：《环境保护法教程》，法律出版社 2018 年版，第 149 页。

加大了对天然林、公益林、珍贵树木等的保护力度。这也源于我国林业发展的以下变化：从以木材生产为主转变为以生态建设为主、从以采伐天然林为主转变为以采伐人工林为主、从森林生态效益的无偿使用转变为有偿使用、从部门办林业转变为全社会办林业[1]。

至此，我国已形成包括《森林法》《森林防火条例》《森林采伐更新管理办法》《森林法实施条例》《城市绿化条例》《森林病虫害防治条例》《国有林场档案管理办法》等一系列专门立法、规范性文件与《环境保护法》《野生动物保护法》《自然保护区条例》相关规定在内的一整套法律体系。

二、森林权属

（一）森林所有权

我国森林资源权属包括国家所有（即全民所有）和集体所有两种类型。《宪法》第9条第1款规定："矿藏、水流、森林、山岭、草原、荒地、滩涂等自然资源，都属于国家所有，即全民所有；由法律规定属于集体所有的森林和山岭、草原、荒地、滩涂除外。"《森林法》第14条第1款规定："森林资源属于国家所有，由法律规定属于集体所有的除外。国家所有的森林资源的所有权由国务院代表国家行使。国务院可以授权国务院自然资源主管部门统一履行国有森林资源所有者职责。"

林地和林地上的森林、林木的所有权、使用权，由不动产登记机构统一登记造册，核发证书。国务院确定的国家重点林区（以下简称重点林区）的森林、林木和林地，由国务院自然资源主管部门负责登记。森林、林木、林地的所有者和使用者的合法权益受法律保护，任何组织和个人不得侵犯。森林、林木、林地的所有者和使用者应当依法保护和合理利用森林、林木、林地，不得非法改变林地用途和毁坏森林、林木、林地。

（二）森林资源使用权

国家所有的林地和林地上的森林、林木可以依法确定给林业经营者使用。林业经营者依法取得的国有林地和林地上的森林、林木的使用权，经批准可以转让、出租、作价出资等。具体办法由国务院制定。林业经营者应当履行保护、培育森林资源的义务，保证国有森林资源稳定增长，提高森林生态功能。

实行承包经营制。集体所有和国家所有依法由农民集体使用的林地（以下

---

[1] 参见周生贤：《中国林业的历史性转变》，中国林业出版社2002年版，第174页。

简称集体林地）实行承包经营的，承包方享有林地承包经营权和承包林地上的林木所有权，合同另有约定的从其约定。承包方可以依法采取出租（转包）、入股、转让等方式流转林地经营权、林木所有权和使用权。未实行承包经营的集体林地以及林地上的林木，由农村集体经济组织统一经营。经本集体经济组织成员的村民会议三分之二以上成员或者三分之二以上村民代表同意并公示，可以通过招标、拍卖、公开协商等方式依法流转林地经营权、林木所有权和使用权。

集体林地经营权流转应当签订书面合同。林地经营权流转合同一般包括流转双方的权利义务、流转期限、流转价款及支付方式、流转期限届满林地上的林木和固定生产设施的处置、违约责任等内容。受让方违反法律规定或者合同约定造成森林、林木、林地严重毁坏的，发包方或者承包方有权收回林地经营权。

国有企业事业单位、机关、团体、部队营造的林木，由营造单位管护并按照国家规定支配林木收益。农村居民在房前屋后、自留地、自留山种植的林木，归个人所有。城镇居民在自有房屋的庭院内种植的林木，归个人所有。集体或者个人承包国家所有和集体所有的宜林荒山荒地荒滩营造的林木，归承包的集体或者个人所有；合同另有约定的从其约定。其他组织或者个人营造的林木，依法由营造者所有并享有林木收益；合同另有约定的从其约定。

为了生态保护、基础设施建设等公共利益的需要，确需征收、征用林地、林木的，应当依照《土地管理法》等法律、行政法规的规定办理审批手续，并给予公平、合理的补偿。

（三）林权纠纷的处理

单位之间发生的林木、林地所有权和使用权争议，由县级以上人民政府依法处理。个人之间、个人与单位之间发生的林木所有权和林地使用权争议，由乡镇人民政府或者县级以上人民政府依法处理。当事人对有关人民政府的处理决定不服的，可以自接到处理决定通知之日起三十日内，向人民法院起诉。在林木、林地权属争议解决前，除因森林防火、林业有害生物防治、国家重大基础设施建设等需要外，当事人任何一方不得砍伐有争议的林木或者改变林地现状。

三、森林保护的主要法律规定

（一）森林规划的规定

县级以上人民政府应当将森林资源保护和林业发展纳入国民经济和社会发

展规划。县级以上人民政府应当落实国土空间开发保护要求，合理规划森林资源保护利用结构和布局，制定森林资源保护发展目标，提高森林覆盖率、森林蓄积量，提升森林生态系统质量和稳定性。县级以上人民政府林业主管部门应当根据森林资源保护发展目标，编制林业发展规划。下级林业发展规划依据上级林业发展规划编制。县级以上人民政府林业主管部门可以结合本地实际，编制林地保护利用、造林绿化、森林经营、天然林保护等相关专项规划。

全国林业长远规划由国务院林业主管部门会同其他有关部门编制，报国务院批准后施行。地方各级林业长远规划由县级以上地方人民政府林业主管部门会同其他有关部门编制，报本级人民政府批准后施行。下级林业长远规划应当根据上一级林业长远规划编制。林业长远规划的调整、修改，应当报经原批准机关批准。林业长远规划应当包括林业发展目标；林种比例；林地保护利用规划；植树造林规划的内容。

（二）森林保护的规定

林业基金制度。中央和地方财政分别安排资金，用于公益林的营造、抚育、保护、管理和非国有公益林权利人的经济补偿等，实行专款专用。具体办法由国务院财政部门会同林业主管部门制定。国家支持重点林区的转型发展和森林资源保护修复，改善生产生活条件，促进所在地区经济社会发展。重点林区按照规定享受国家重点生态功能区转移支付等政策。

国家建立森林生态效益补偿制度，加大公益林保护支持力度，完善重点生态功能区转移支付政策，指导受益地区和森林生态保护地区人民政府通过协商等方式进行生态效益补偿。

森林资源清查和森林档案制度。国务院林业主管部门应当定期监测全国森林资源消长和森林生态环境变化的情况。重点林区森林资源调查、建立档案和编制森林经营方案等项工作，由国务院林业主管部门组织实施；其他森林资源调查、建立档案和编制森林经营方案等项工作，由县级以上地方人民政府林业主管部门组织实施。

自然保护地制度。国家在不同自然地带的典型森林生态地区、珍贵动物和植物生长繁殖的林区、天然热带雨林区和具有特殊保护价值的其他天然林区，建立以国家公园为主体的自然保护地体系，加强保护管理。国家支持生态脆弱地区森林资源的保护修复。县级以上人民政府应当采取措施对具有特殊价值的野生植物资源予以保护。

国家实行天然林全面保护制度，严格限制天然林采伐，加强天然林管护能力建设，保护和修复天然林资源，逐步提高天然林生态功能。具体办法由国务院规定。

建立护林组织，负责护林工作。地方各级人民政府应当组织有关部门建立护林组织，负责护林工作；根据实际需要建设护林设施，加强森林资源保护；督促相关组织订立护林公约、组织群众护林、划定护林责任区、配备专职或者兼职护林员。县级或者乡镇人民政府可以聘用护林员，其主要职责是巡护森林，发现火情、林业有害生物以及破坏森林资源的行为，应当及时处理并向当地林业等有关部门报告。

防止森林火灾。地方各级人民政府负责本行政区域的森林防火工作，发挥群防作用；县级以上人民政府组织领导应急管理、林业、公安等部门按照职责分工密切配合做好森林火灾的科学预防、扑救和处置工作：组织开展森林防火宣传活动，普及森林防火知识；划定森林防火区，规定森林防火期；设置防火设施，配备防灭火装备和物资；建立森林火灾监测预警体系，及时消除隐患；制定森林火灾应急预案，发生森林火灾，立即组织扑救；保障预防和扑救森林火灾所需费用。国家综合性消防救援队伍承担国家规定的森林火灾扑救任务和预防相关工作。

防治森林病虫害。县级以上人民政府林业主管部门负责本行政区域的林业有害生物的监测、检疫和防治。省级以上人民政府林业主管部门负责确定林业植物及其产品的检疫性有害生物，划定疫区和保护区。重大林业有害生物灾害防治实行地方人民政府负责制。发生暴发性、危险性等重大林业有害生物灾害时，当地人民政府应当及时组织除治。林业经营者在政府支持引导下，对其经营管理范围内的林业有害生物进行防治。

严格控制林地属性转变。国家保护林地，严格控制林地转为非林地，实行占用林地总量控制，确保林地保有量不减少。各类建设项目占用林地不得超过本行政区域的占用林地总量控制指标。需要临时使用林地的，应当经县级以上人民政府林业主管部门批准；临时使用林地的期限一般不超过两年，并不得在临时使用的林地上修建永久性建筑物。临时使用林地期满后一年内，用地单位或者个人应当恢复植被和林业生产条件。

征收森林植被恢复费。矿藏勘查、开采以及其他各类工程建设，应当不占或者少占林地；确需占用林地的，应当经县级以上人民政府林业主管部门审核同意，依法办理建设用地审批手续。占用林地的单位应当缴纳森林植被恢复费。森林植被恢复费征收使用管理办法由国务院财政部门会同林业主管部门制定。县级以上人民政府林业主管部门应当按照规定安排植树造林，恢复森林植被，植树造林面积不得少于因占用林地而减少的森林植被面积。上级林业主管部门应当定期督促下级林业主管部门组织植树造林、恢复森林植被，并进行检查。

禁止毁林行为。禁止毁林开垦、采石、采砂、采土以及其他毁坏林木和林地的行为。禁止向林地排放重金属或者其他有毒有害物质含量超标的污水、污泥，以及可能造成林地污染的清淤底泥、尾矿、矿渣等。禁止在幼林地砍柴、毁苗、放牧。禁止擅自移动或者损坏森林保护标志。

国家保护古树名木和珍贵树木。禁止破坏古树名木和珍贵树木及其生存的自然环境。

各级人民政府应当加强林业基础设施建设，应用先进适用的科技手段，提高森林防火、林业有害生物防治等森林管护能力。各有关单位应当加强森林管护。国有林业企业事业单位应当加大投入，加强森林防火、林业有害生物防治，预防和制止破坏森林资源的行为。

试行退耕还林制度。省、自治区、直辖市人民政府林业行政主管部门根据退耕还林规划，会同有关部门编制本行政区域下一年度退耕还林计划建议，由本级人民政府发展计划部门审核，并经本级人民政府批准后，于每年 8 月 31 日前报国务院西部开发工作机构、林业、发展计划等有关部门。国务院林业行政主管部门汇总编制全国退耕还林年度计划建议，经国务院西部开发工作机构协调，国务院发展计划部门审核和综合平衡，报国务院批准后，由国务院发展计划部门会同有关部门于 10 月 31 日前联合下达。省、自治区、直辖市人民政府发展计划部门会同有关部门根据全国退耕还林年度计划，于 11 月 30 日前将本行政区域下一年度退耕还林计划分解下达到有关县（市）人民政府，并将分解下达情况报国务院有关部门备案。

（三）造林绿化的规定

制定造林绿化规划。国家统筹城乡造林绿化，开展大规模国土绿化行动，绿化美化城乡，推动森林城市建设，促进乡村振兴，建设美丽家园。

各级人民政府应当组织各行各业和城乡居民造林绿化。宜林荒山荒地荒滩，属于国家所有的，由县级以上人民政府林业主管部门和其他有关主管部门组织开展造林绿化；属于集体所有的，由集体经济组织组织开展造林绿化。城市规划区内、铁路公路两侧、江河两侧、湖泊水库周围，由各有关主管部门按照有关规定因地制宜组织开展造林绿化；工矿区、工业园区、机关、学校用地，部队营区以及农场、牧场、渔场经营地区，由各该单位负责造林绿化。组织开展城市造林绿化的具体办法由国务院制定。国家所有和集体所有的宜林荒山荒地荒滩可以由单位或者个人承包造林绿化。国家鼓励公民通过植树造林、抚育管护、认建认养等方式参与造林绿化。

（四）经营管理的规定

我国将森林划分为商品林与公益林两大类型。国家根据生态保护的需要，将森林生态区位重要或者生态状况脆弱，以发挥生态效益为主要目的的林地和林地上的森林划定为公益林。未划定为公益林的林地和林地上的森林属于商品林。商品林主要包括：以生产木材为主要目的的森林；以生产果品、油料、饮料、调料、工业原料和药材等林产品为主要目的的森林；以生产燃料和其他生物质能源为主要目的的森林；其他以发挥经济效益为主要目的的森林。在保障生态安全的前提下，国家鼓励建设速生丰产、珍贵树种和大径级用材林，增加林木储备，保障木材供给安全。公益林主要包括：重要江河源头汇水区域；重要江河干流及支流两岸、饮用水水源地保护区；重要湿地和重要水库周围；森林和陆生野生动物类型的自然保护区；荒漠化和水土流失严重地区的防风固沙林基干林带；沿海防护林基干林带；未开发利用的原始林地区；需要划定的其他区域。

国家严格控制森林年采伐量。省、自治区、直辖市人民政府林业主管部门根据消耗量低于生长量和森林分类经营管理的原则，编制本行政区域的年采伐限额，经征求国务院林业主管部门意见，报本级人民政府批准后公布实施，并报国务院备案。重点林区的年采伐限额，由国务院林业主管部门编制，报国务院批准后公布实施。

实施采伐许可证制度。采伐林地上的林木应当申请采伐许可证，并按照采伐许可证的规定进行采伐；采伐自然保护区以外的竹林，不需要申请采伐许可证，但应当符合林木采伐技术规程。农村居民采伐自留地和房前屋后个人所有的零星林木，不需要申请采伐许可证。非林地上的农田防护林、防风固沙林、护路林、护岸护堤林和城镇林木等的更新采伐，由有关主管部门按照有关规定管理。采挖移植林木按照采伐林木管理。具体办法由国务院林业主管部门制定。禁止伪造、变造、买卖、租借采伐许可证。

实施保护性开采。采伐森林、林木应当遵守下列规定：公益林只能进行抚育、更新和低质低效林改造性质的采伐。但是，因科研或者实验、防治林业有害生物、建设护林防火设施、营造生物防火隔离带、遭受自然灾害等需要采伐的除外。商品林应当根据不同情况，采取不同采伐方式，严格控制皆伐面积，伐育同步规划实施。自然保护区的林木，禁止采伐。但是，因防治林业有害生物、森林防火、维护主要保护对象生存环境、遭受自然灾害等特殊情况必须采伐的和实验区的竹林除外。省级以上人民政府林业主管部门应当根据前款规定，按照森林分类经营管理、保护优先、注重效率和效益等原则，制定相应的林木采伐技术规程。

采伐许可证由县级以上人民政府林业主管部门核发。县级以上人民政府林业主管部门应当采取措施，方便申请人办理采伐许可证。农村居民采伐自留山和个人承包集体林地上的林木，由县级人民政府林业主管部门或者其委托的乡镇人民政府核发采伐许可证。申请采伐许可证，应当提交有关采伐的地点、林种、树种、面积、蓄积、方式、更新措施和林木权属等内容的材料。超过省级以上人民政府林业主管部门规定面积或者蓄积量的，还应当提交伐区调查设计材料。

（五）森林监督管理体制与法律责任

国务院林业主管部门主管全国林业工作。县级以上地方人民政府林业主管部门，主管本行政区域的林业工作。乡镇人民政府可以确定相关机构或者设置专职、兼职人员承担林业相关工作。国家实行森林资源保护目标责任制和考核评价制度。上级人民政府对下级人民政府完成森林资源保护发展目标和森林防火、重大林业有害生物防治工作的情况进行考核，并公开考核结果。县级以上人民政府林业主管部门对森林资源的保护、修复、利用、更新等进行监督检查，依法查处破坏森林资源等违法行为。

违法行为人除了承担行政、刑事法律责任以外，破坏森林资源造成生态环境损害的，县级以上人民政府自然资源主管部门、林业主管部门可以依法向人民法院提起诉讼，对侵权人提出损害赔偿要求。

我国设有森林公安，负责维护辖区社会治安秩序，保护辖区内的森林资源，有权实施行政处罚。公安机关按照国家有关规定，可以依法行使下列事项的行政处罚权：第一，违反森林法规定，进行开垦、采石、采砂、采土或者其他活动，造成林木毁坏的，由县级以上人民政府林业主管部门责令停止违法行为，限期在原地或者异地补种毁坏株数一倍以上三倍以下的树木，可以处毁坏林木价值五倍以下的罚款；造成林地毁坏的，由县级以上人民政府林业主管部门责令停止违法行为，限期恢复植被和林业生产条件，可以处恢复植被和林业生产条件所需费用三倍以下的罚款。根据《森林法》第76条至78条，第一，盗伐林木的，由县级以上人民政府林业主管部门责令限期在原地或者异地补种盗伐株数一倍以上五倍以下的树木，并处盗伐林木价值五倍以上十倍以下的罚款。第二，滥伐林木的，由县级以上人民政府林业主管部门责令限期在原地或者异地补种滥伐株数一倍以上三倍以下的树木，可以处滥伐林木价值三倍以上五倍以下的罚款。第三，违反森林法规定，伪造、变造、买卖、租借采伐许可证的，由县级以上人民政府林业主管部门没收证件和违法所得，并处违法所得一倍以上三倍以下的罚款；没有违法所得的，可以处二万元以下的罚款。第四，违反森林法规定，收购、加工、运输明知是盗伐、滥伐等非法来源的林木的，由县级以上人民政府林业主管部门责令停止违法行为，没收违法收购、加工、运输的林木或者变卖所得，可以处违法收购、加工、运输林木价款三倍以下的罚款。

第三节　渔业资源保护法

一、渔业资源概述

渔业，是指从事养殖、捕捞、采集水生动植物的产业；渔业资源，是指具有经济开发价值的可供渔业养殖和采捕利用的水生动植物资源[1]，包括淡水渔业资源与海洋渔业资源。我国立法未直接规定渔业资源的概念，但对立法管辖范围进行了详细规定。《渔业法》第2条规定："在中华人民共和国的内水、滩涂、领海、专属经济区以及中华人民共和国管辖的一切其他海域从事养殖和捕捞水生动物、水生植物等渔业生产活动，都必须遵守本法。"《野生动物保护法》第2条第4款规定："珍贵、濒危的水生野生动物以外的其他水生野生动物的保护，适用《中华人民共和国渔业法》等有关法律的规定。"保护渔业资源有利于满足全社会对水产品的需求、改善人们的生活条件、维护水生生态平衡、促进科学研究，虽然我国渔业资源丰富，产量巨大，但由于陆源污染严重、不合理捕捞导致渔业资源已遭受破坏，我国历来重视渔业资源立法工作。

1979年国务院颁布了《水产资源繁殖保护条例》与《国务院关于保护水库

---

〔1〕 参见韩德培主编：《环境保护法教程》，法律出版社2018年版，第164页。

安全和水产资源的通令》。此后，相继颁布了《渔业资源增殖保护费征收使用办法》《海洋捕捞渔船管理暂行办法》等。

1986年我国制定了专门立法《渔业法》，并于2000年、2004年、2009年、2013年进行了修正。1987年国务院颁布了《渔业法实施细则》，并于2020年进行了两次修订。此外，我国还制定了《渔业水质标准》。除此以外，《环境保护法》《野生动物保护法》《海洋环境保护法》等立法中也有相关规定。我国已形成了较为完善的一整套渔业保护法律体系。

二、渔业权

我国现行立法中并未明确规定渔业权的概念，但学界对此一直有所讨论，渔业权是指依法在特定水域、滩涂之上设定的从事渔业生产经营活动的权利，即渔业生产者依法占有并使用指定水域、滩涂从事水生动植物资源养殖或捕捞的权利。[1]渔业权在我国立法中主要体现为捕捞与养殖的相关法律制度，尤其是许可制度。渔业权的性质，仍有待学术研究。

三、渔业资源保护的主要法律规定

(一) 渔业资源的养殖规定

实行养殖证制度。国家对水域利用进行统一规划，确定可以用于养殖业的水域和滩涂。单位和个人使用国家规划确定用于养殖业的全民所有的水域、滩涂的，使用者应当向县级以上地方人民政府渔业行政主管部门提出申请，由本级人民政府核发养殖证，许可其使用该水域、滩涂从事养殖生产。核发养殖证的具体办法由国务院规定。集体所有的或者全民所有由农业集体经济组织使用的水域、滩涂，可以由个人或者集体承包，从事养殖生产。县级以上地方人民政府在核发养殖证时，应当优先安排当地的渔业生产者。

养殖水域的保护制度。县级以上地方人民政府应当采取措施，加强对商品鱼生产基地和城市郊区重要养殖水域的保护。

规范水产苗种的管理。国家鼓励和支持水产优良品种的选育、培育和推广。水产新品种必须经全国水产原种和良种审定委员会审定，由国务院渔业行政主管部门公告后推广。水产苗种的进口、出口由国务院渔业行政主管部门或者省、自治区、直辖市人民政府渔业行政主管部门审批。水产苗种的生产由县级以上

---

〔1〕 参见张梓太主编：《自然资源法学》，北京大学出版社2007年版，第200页。

地方人民政府渔业行政主管部门审批。但是，渔业生产者自育、自用水产苗种的除外。

养殖的生物安全制度。水产苗种的进口、出口必须实施检疫，防止病害传入境内和传出境外，具体检疫工作按照有关动植物进出境检疫法律、行政法规的规定执行。引进转基因水产苗种必须进行安全性评价，具体管理工作按照国务院有关规定执行。

渔业防病虫害制度。县级以上人民政府渔业行政主管部门应当加强对养殖生产的技术指导和病害防治工作。

防止水产养殖的污染。从事养殖生产不得使用含有毒有害物质的饵料、饲料。从事养殖生产应当保护水域生态环境，科学确定养殖密度，合理投饵、施肥、使用药物，不得造成水域的环境污染。

（二）渔业资源的捕捞规定

国家在财政、信贷和税收等方面采取措施，鼓励、扶持远洋捕捞业的发展，并根据渔业资源的可捕捞量，安排内水和近海捕捞力量。

捕捞限额制度。国家根据捕捞量低于渔业资源增长量的原则，确定渔业资源的总可捕捞量，实行捕捞限额制度。国务院渔业行政主管部门负责组织渔业资源的调查和评估，为实行捕捞限额制度提供科学依据。中华人民共和国内海、领海、专属经济区和其他管辖海域的捕捞限额总量由国务院渔业行政主管部门确定，报国务院批准后逐级分解下达；国家确定的重要江河、湖泊的捕捞限额总量由有关省、自治区、直辖市人民政府确定或者协商确定，逐级分解下达。捕捞限额总量的分配应当体现公平、公正的原则，分配办法和分配结果必须向社会公开，并接受监督。国务院渔业行政主管部门和省、自治区、直辖市人民政府渔业行政主管部门应当加强对捕捞限额制度实施情况的监督检查，对超过上级下达的捕捞限额指标的，应当在其次年捕捞限额指标中予以核减。

国家对捕捞业实行捕捞许可证制度。到中华人民共和国与有关国家缔结的协定确定的共同管理的渔区或者公海从事捕捞作业的捕捞许可证，由国务院渔业行政主管部门批准发放。海洋大型拖网、围网作业的捕捞许可证，由省、自治区、直辖市人民政府渔业行政主管部门批准发放。其他作业的捕捞许可证，由县级以上地方人民政府渔业行政主管部门批准发放；但是，批准发放海洋作业的捕捞许可证不得超过国家下达的船网工具控制指标，具体办法由省、自治区、直辖市人民政府规定。捕捞许可证不得买卖、出租和以其他形式转让，不得涂改、伪造、变造。到他国管辖海域从事捕捞作业的，应当经国务院渔业行政主管部门批准，并遵守中华人民共和国缔结的或者参加的有关条约、协定和有关国家的法律。具备下列条件的，方可发给捕捞许可证：有渔业船舶检验证书；有渔业船舶登记证书；符合国务院渔业行政主管部门规定的其他条件。县级以上地方人民政府渔业行政主管部门批准发放的捕捞许可证，应当与上级人民政府渔业行政主管部门下达的捕捞限额指标相适应。

保护性措施。从事捕捞作业的单位和个人，必须按照捕捞许可证关于作业类型、场所、时限、渔具数量和捕捞限额的规定进行作业，并遵守国家有关保护渔业资源的规定，大中型渔船应当填写渔捞日志。制造、更新改造、购置、进口的从事捕捞作业的船舶必须经渔业船舶检验部门检验合格后，方可下水作业。具体管理办法由国务院规定。渔港建设应当遵守国家的统一规划，实行谁投资谁受益的原则。县级以上地方人民政府应当对位于本行政区域内的渔港加强监督管理，维护渔港的正常秩序。

（三）渔业资源的增殖保护规定

征收渔业资源增殖保护费。县级以上人民政府渔业行政主管部门应当对其管理的渔业水域统一规划，采取措施，增殖渔业资源。县级以上人民政府渔业行政主管部门可以向受益的单位和个人征收渔业资源增殖保护费，专门用于增殖和保护渔业资源。渔业资源增殖保护费的征收办法由国务院渔业行政主管部门会同财政部门制定，报国务院批准后施行。

建立水产种质资源保护区，保护生物多样性。国家保护水产种质资源及其生存环境，并在具有较高经济价值和遗传育种价值的水产种质资源的主要生长繁育区域建立水产种质资源保护区。未经国务院渔业行政主管部门批准，任何单位或者个人不得在水产种质资源保护区内从事捕捞活动。

禁止破坏性捕捞作业。禁止使用炸鱼、毒鱼、电鱼等破坏渔业资源的方法进行捕捞。禁止制造、销售、使用禁用的渔具。禁止使用小于最小网目尺寸的网具进行捕捞。捕捞的渔获物中幼鱼不得超过规定的比例。禁止捕捞有重要经济价值的水生动物苗种。因养殖或者其他特殊需要，捕捞有重要经济价值的苗种或者禁捕的怀卵亲体的，必须经国务院渔业行政主管部门或者省、自治区、直辖市人民政府渔业行政主管部门批准，在指定的区域和时间内，按照限额捕捞。在水生动物苗种重点产区引水用水时，应当采取措施，保护苗种。禁止围湖造田。沿海滩涂未经县级以上人民政府批准，不得围垦；重要的苗种基地和养殖场所不得围垦。

设立禁渔区、禁渔期。禁止在禁渔区、禁渔期进行捕捞。在禁渔区或者禁渔期内禁止销售非法捕捞的渔获物。

保护和改善渔业水域生态环境。在鱼、虾、蟹洄游通道建闸、筑坝，对渔业资源有严重影响的，建设单位应当建造过鱼设施或者采取其他补救措施。进行水下爆破、勘探、施工作业，对渔业资源有严重影响的，作业单位应当事先同有关县级以上人民政府渔业行政主管部门协商，采取措施，防止或者减少对渔业资源的损害；造成渔业资源损失的，由有关县级以上人民政府责令赔偿。各级人民政府应当采取措施，保护和改善渔业水域的生态环境，防治污染。

保护珍贵濒危水生野生动物。国家对白鳍豚等珍贵、濒危水生野生动物实行重点保护，防止其灭绝。禁止捕杀、伤害国家重点保护的水生野生动物。因科学研究、驯养繁殖、展览或者其他特殊情况，需要捕捞国家重点保护的水生野生动物的，依照《野生动物保护法》的规定执行。

（四）渔业监督管理体制

国务院渔业行政主管部门主管全国的渔业工作。县级以上地方人民政府渔业行政主管部门主管本行政区域内的渔业工作。县级以上人民政府渔业行政主管部门可以在重要渔业水域、渔港设渔政监督管理机构。县级以上人民政府渔业行政主管部门及其所属的渔政监督管理机构可以设渔政检查人员。渔政检查人员执行渔业行政主管部门及其所属的渔政监督管理机构交付的任务。

国家对渔业的监督管理，实行统一领导、分级管理。海洋渔业，除国务院划定由国务院渔业行政主管部门及其所属的渔政监督管理机构监督管理的海域和特定渔业资源渔场外，由毗邻海域的省、自治区、直辖市人民政府渔业行政主管部门监督管理。江河、湖泊等水域的渔业，按照行政区划由有关县级以上人民政府渔业行政主管部门监督管理；跨行政区域的，由有关县级以上地方人民政府协商制定管理办法，或者由上一级人民政府渔业行政主管部门及其所属的渔政监督管理机构监督管理。

第四节　野生动植物保护法

一、野生动物概述

《野生动物保护法》第 2 条第 2 款明确了野生动物的概念，是指珍贵、濒危的陆生、水生野生动物和有重要生态、科学、社会价值的陆生野生动物。野生动物是生态环境的重要组成部分，具有不可替代的经济、科学、生态、文化价值。我国有关野生动物的立法主要经历了下列阶段：

第一阶段初步发展阶段（1949 年－1988 年）。1950 年我国就发布了《古籍、珍贵文物、图书及稀有生物保护办法》，1979 年的《环境保护法（试行）》中也明确规定了"保护、发展和合理利用野生动物、野生植物资源。按照国家规定，对于珍贵和稀有的野生动物、野生植物，严禁捕猎、采伐。"

第二阶段快速发展阶段（1988 年－2016 年）。1988 年，我国颁布了野生动物的第一部专门立法《野生动物保护法》，并于 2004 年、2009 年进行了修正。1992 年还出台了《陆生野生动物保护实施条例》，并于 2011 年进行了修订。1993 年出台了《水生野生动物保护实施条例》，并于 2011 年、2013 年进行了修订。这一阶段我国野生动物保护立法得到了极大丰富。

第三阶段完善发展阶段（2016 年至今）。2016 年，我国分别修订了《野生动物保护法》《陆生野生动物保护实施条例》；2018 年，我国再次修正了《野生动物保护法》。《野生动物保护法》的这两次修改认可了实质性的动物福利、加强了野生动物及其栖息地的保护、把"驯养繁殖"改为了"人工繁育"、限制和规范了野生动物的利用、重视对野生动物所致损害的补偿、提出了各方参与保护的制度和机制、法律责任更加严厉[1]，我国野生动物保护立法进入了新篇章。

目前，我国野生动物立法主要有《野生动物保护法》《国家重点保护野生动物名录》《陆生野生动物保护实施条例》《水生野生动物保护实施条例》等专门立法，《环境保护法》《森林法》《草原法》《渔业法》中也有相关规定，已形成较为完整的野生动物保护立法体系。

二、保护野生动物的主要法律规定

（一）野生动物权属的规定

《野生动物保护法》明确规定了野生动物资源属于国家所有，同时，也强调了国家保障依法从事野生动物科学研究、人工繁育等保护及相关活动的组织和个人的合法权益。

（二）野生动物监督管理体制

水生、陆生野生动物具有不同的监督管理机制，国务院林业草原、渔业主

---

〔1〕 参见周珂等主编：《环境法》，中国人民大学出版社 2021 年版，第 260 页。

管部门分别主管全国陆生、水生野生动物保护工作。县级以上地方人民政府林业草原、渔业主管部门分别主管本行政区域内陆生、水生野生动物保护工作。

（三）野生动物栖息地的保护规定

野生动物栖息地，是指野生动物野外种群生息繁衍的重要区域。县级以上人民政府野生动物保护主管部门，应当定期组织或者委托有关科学研究机构对野生动物及其栖息地状况进行调查、监测和评估，建立健全野生动物及其栖息地档案。国务院野生动物保护主管部门应当会同国务院有关部门，根据野生动物及其栖息地状况的调查、监测和评估结果，确定并发布野生动物重要栖息地名录。省级以上人民政府依法划定相关自然保护区域，保护野生动物及其重要栖息地，保护、恢复和改善野生动物生存环境。对不具备划定相关自然保护区域条件的，县级以上人民政府可以采取划定禁猎（渔）区、规定禁猎（渔）期等其他形式予以保护。禁止或者限制在相关自然保护区域内引入外来物种、营造单一纯林、过量施洒农药等人为干扰、威胁野生动物生息繁衍的行为。相关自然保护区域，依照有关法律法规的规定划定和管理。

（四）野生动物分级保护与名录制度

国家对野生动物实行分类分级保护，分为国家重点保护野生动物与地方重点保护野生动物。国家对珍贵、濒危的野生动物实行重点保护。国家重点保护的野生动物分为一级保护野生动物和二级保护野生动物。国家重点保护野生动物名录，由国务院野生动物保护主管部门组织科学评估后制定，并每五年根据评估情况确定对名录进行调整。国家重点保护野生动物名录报国务院批准公布。地方重点保护野生动物，是指国家重点保护野生动物以外，由省、自治区、直辖市重点保护的野生动物。地方重点保护野生动物名录，由省、自治区、直辖市人民政府组织科学评估后制定、调整并公布。有重要生态、科学、社会价值的陆生野生动物名录，由国务院野生动物保护主管部门组织科学评估后制定、调整并公布。中华人民共和国缔结或者参加的国际公约禁止或者限制贸易的野生动物或者其制品名录，由国家濒危物种进出口管理机构制定、调整并公布。

（五）野生动物人工繁育许可证制度

人工繁育子代，是指人工控制条件下繁殖出生的子代个体且其亲本也在人工控制条件下出生。国家支持有关科学研究机构因物种保护目的人工繁育国家重点保护野生动物。除此以外的人工繁育国家重点保护野生动物实行许可制度。人工繁育国家重点保护野生动物的，应当经省、自治区、直辖市人民政府野生动物保护主管部门批准，取得人工繁育许可证，但国务院对批准机关另有规定的除外。人工繁育国家重点保护野生动物应当使用人工繁育子代种源，建立物种系谱、繁育档案和个体数据。

人工繁育国家重点保护野生动物应当有利于物种保护及其科学研究，不得破坏野外种群资源，并根据野生动物习性确保其具有必要的活动空间和生息繁衍、卫生健康条件，具备与其繁育目的、种类、发展规模相适应的场所、设施、技术，符合有关技术标准和防疫要求，不得虐待野生动物。省级以上人民政府野生动物保护主管部门可以根据保护国家重点保护野生动物的需要，组织开展国家重点保护野生动物放归野外环境工作。对人工繁育技术成熟稳定的国家重点保护野生动物，经科学论证，纳入国务院野生动物保护主管部门制定的人工繁育国家重点保护野生动物名录。对列入名录的野生动物及其制品，可以凭人工繁育许可证，按照省、自治区、直辖市人民政府野生动物保护主管部门核验的年度生产数量直接取得专用标识，凭专用标识出售和利用，保证可追溯。

（六）野生动物资源管理制度

禁止生产、经营使用国家重点保护野生动物及其制品制作的食品，或者使用没有合法来源证明的非国家重点保护野生动物及其制品制作的食品。禁止为食用非法购买国家重点保护的野生动物及其制品。禁止为出售、购买、利用野生动物或者禁止使用的猎捕工具发布广告。禁止为违法出售、购买、利用野生动物制品发布广告。禁止网络交易平台、商品交易市场等交易场所，为违法出售、购买、利用野生动物及其制品或者禁止使用的猎捕工具提供交易服务。

（七）生物安全相关规定

从境外引进野生动物物种的，应当经国务院野生动物保护主管部门批准。从境外引进列入禁止或者限制贸易的野生动物名录中的野生动物，还应当依法取得允许进出口证明书。海关依法实施进境检疫，凭进口批准文件或者允许进出口证明书以及检疫证明按照规定办理通关手续。从境外引进野生动物物种的，应当采取安全可靠的防范措施，防止其进入野外环境，避免对生态系统造成危害。确需将其放归野外的，按照国家有关规定执行。

（八）野生动物致人损害制度

因保护本法规定保护的野生动物，造成人员伤亡、农作物或者其他财产损失的，由当地人民政府给予补偿。具体办法由省、自治区、直辖市人民政府制定。有关地方人民政府可以推动保险机构开展野生动物致害赔偿保险业务。有关地方人民政府采取预防、控制国家重点保护野生动物造成危害的措施以及实行补偿所需经费，由中央财政按照国家有关规定予以补助。

任何组织和个人将野生动物放生至野外环境，应当选择适合放生地野外生存的当地物种，不得干扰当地居民的正常生活、生产，避免对生态系统造成危害。随意放生野生动物，造成他人人身、财产损害或者危害生态系统的，依法承担法律责任。

三、野生植物概述

野生植物，是指原生地天然生长的珍贵植物和原生地天然生长并具有重要经济、科学研究、文化价值的濒危、稀有植物。我国立法同样保护药用野生植物和城市园林、自然保护区、风景名胜区内的野生植物。我国植物资源丰富，关于野生植物的立法大体上经历了以下两个阶段：

第一阶段初步发展阶段（1975 年–1995 年）。1975 年，我国农林部下发了《关于保护、发展和合理利用珍贵树种的通知》。1980 年，国务院批准在林业部设立中华人民共和国濒危物种进出口管理办公室。同年，我国发布了第一批《国家重点保护植物名录》。1983 年国务院颁布了《植物检疫条例》，并于 1992 年、2017 年进行了修改。1984 年，我国发布了我国第一批《珍贵濒危保护植物名录》。1987 年，国务院颁布了《野生药材资源保护管理条例》。

第二阶段体系发展阶段（1996 年至今）。1996 年，国务院颁布了《野生植物保护条例》，并于 2017 年进行了修订。1997 年国务院颁布了《植物新品种保护条例》。2002 年农业部颁布了《农业野生植物保护办法》。

我国关于野生植物的立法主要是《野生植物保护条例》《植物新品种保护条例》《野生药材资源保护管理条例》《农业野生植物保护办法》等专门立法，另有《环境保护法》《森林法》《草原法》中的相关规定。

四、保护野生植物的主要法律规定

（一）野生植物监督管理体制

国务院林业行政主管部门主管全国林区内野生植物和林区外珍贵野生树木的监督管理工作。国务院农业行政主管部门主管全国其他野生植物的监督管理工作。国务院建设行政部门负责城市园林、风景名胜区内野生植物的监督管理工作。国务院环境保护部门负责对全国野生植物环境保护工作的协调和监督。国务院其他有关部门依照职责分工负责有关的野生植物保护工作。县级以上地方人民政府负责野生植物管理工作的部门及其职责，由省、自治区、直辖市人民政府根据当地具体情况规定。

（二）野生植物的保护规定

分级保护与名录制度。野生植物分为国家重点保护野生植物和地方重点保护野生植物。国家重点保护野生植物分为国家一级保护野生植物和国家二级保护野生植物。国家重点保护野生植物名录，由国务院林业行政主管部门、农业行政主管部门（以下简称国务院野生植物行政主管部门）商国务院环境保护、建设等有关部门制定，报国务院批准公布。地方重点保护野生植物，是指国家重点保护野生植物以外，由省、自治区、直辖市保护的野生植物。地方重点保护野生植物名录，由省、自治区、直辖市人民政府制定并公布，报国务院备案。

建设项目对国家重点保护野生植物和地方重点保护野生植物的生长环境产生不利影响的，建设单位提交的环境影响报告书中必须对此作出评价；环境保护部门在审批环境影响报告书时，应当征求野生植物行政主管部门的意见。

野生植物行政主管部门和有关单位对生长受到威胁的国家重点保护野生植物和地方重点保护野生植物应当采取拯救措施，保护或者恢复其生长环境，必要时应当建立繁育基地、种质资源库或者采取迁地保护措施。

（三）野生植物的管理规定

野生植物采集证制度。禁止采集国家一级保护野生植物。因科学研究、人工培育、文化交流等特殊需要，采集国家一级保护野生植物的，应当按照管理权限向国务院林业行政主管部门或者其授权的机构申请采集证；或者向采集地的省、自治区、直辖市人民政府农业行政主管部门或者其授权的机构申请采集证。采集国家二级保护野生植物的，必须经采集地的县级人民政府野生植物行政主管部门签署意见后，向省、自治区、直辖市人民政府野生植物行政主管部门或者其授权的机构申请采集证。采集城市园林或者风景名胜区内的国家一级或者二级保护野生植物的，须先征得城市园林或者风景名胜区管理机构同意，分别依照前两款的规定申请采集证。采集珍贵野生树木或者林区内、草原上的野生植物的，依照森林法、草原法的规定办理。野生植物行政主管部门发放采集证后，应当抄送环境保护部门备案。采集证的格式由国务院野生植物行政主管部门制定。

禁止出售、收购国家一级保护野生植物。出售、收购国家二级保护野生植物的，必须经省、自治区、直辖市人民政府野生植物行政主管部门或者其授权的机构批准。

限制野生植物的进出口。出口国家重点保护野生植物或者进出口中国参加的国际公约所限制进出口的野生植物的，应当按照管理权限经国务院林业行政主管部门批准，或者经进出口者所在地的省、自治区、直辖市人民政府农业行政主管部门审核后报国务院农业行政主管部门批准，并取得国家濒危物种进出口管理机构核发的允许进出口证明书或者标签。海关凭允许进出口证明书或者标签查验放行。国务院野生植物行政主管部门应当将有关野生植物进出口的资料抄送国务院环境保护部门。禁止出口未定名的或者新发现并有重要价值的野生植物。

外国人不得在中国境内采集或者收购国家重点保护野生植物。外国人在中国境内对农业行政主管部门管理的国家重点保护野生植物进行野外考察的，应当经农业行政主管部门管理的国家重点保护野生植物所在地的省、自治区、直辖市人民政府农业行政主管部门批准。

第五节　生物多样性保护

一、生物多样性的概念

准确地说，生物多样性不是一个法律专属概念，我国立法中也未对生物多样性做出定义。现代环境法中所说的生物多样性主要来自相关国际公约。1992年《生物多样性公约》中指出"生物多样性是指所有来源的活的生物体的变异性。"1995年联合国环境规划署发布的《全球生物多样性评估》中提出"生物多样性是生物和它的组成的系统的总体多样性和变异性"。目前，我们一般认为，生物多样性有两个层面的含义，在全球范围内，是指各国在调整所有来源的活的生物体的变异性而产生的权利义务关系的总和；在一国范围内，是指调整该国所有来源的活的生物体的变异性而产生的权利义务关系的总和[1]。

不论是全球范围还是一国范围，生物多样性保护的内容是确定的，即基因多样性、物种多样性、生态系统多样性。基因多样性强调的是生物种群之内和种群之间的遗传结构的变异，往往涉及转基因法律规制、生物安全法律制度以及遗传资源获取与利益分享问题。物种多样性指一定时间和一定空间中全部生物或某一生物类群的物种数目与各个物种的个体分布特点，即物种丰富度和物

---

〔1〕 参见周珂等主编：《环境法》，中国人民大学出版社 2021 年版，第 253 页。

种均匀度；主要涉及珍贵濒危物种保护制度、外来物种入侵防范制度。生态系统多样性指的是一个地区的生态多样化程度，即在不同物理大背景中发生的各种不同的生物生态进程；主要与国家公园制度、自然保护区制度等有所关联。

二、我国生物多样性保护立法

（一）我国生物多样性保护立法的基本情况

如前所述，生物多样性的概念发源于国际环境法之中，我们将在第六编中进行详细介绍。相较于国际环境法，各国国内法中的多样性保护立法都是零散的，相关规定散存于各个立法之中，我国亦是如此。

虽然我国生物多样性保护法律规定散见于多部立法之中，但我国已形成一个兼具宪法、法律、行政法规、地方性法规、规章以及规范性文件的国内立法完整体系。包括：《宪法》第9条第2款规定："国家保障自然资源的合理利用，保护珍贵的动物和植物。禁止任何组织或者个人用任何手段侵占或者破坏自然资源。"《环境保护法》《海洋环境保护法》《渔业法》《野生动物保护法》《森林法》《种子法》《水法》《中华人民共和国专属经济区和大陆架法》《进出境动植物检疫法》等法律。《自然保护区条例》《农业转基因生物安全管理条例》《中药品种保护条例》《病原微生物实验室生物安全管理条例》等行政法规。《内蒙古自治区草原管理条例》《四川省世界遗产保护条例》《云南省滇池保护条例》等地方性法规。《海洋自然保护区管理办法》《农业转基因生物安全评价管理办法》《植物检疫条例实施细则》等规章。

我国生物多样性保护立法主要始于传统的自然资源保护法。纵观我国生物多样性的立法，大致可分为以下三个阶段[1]：

初级阶段：传统自然资源保护立法阶段（1949年－1992年）。新中国成立初期主要是从资源持久开发利用出发，偏重对部分重要生物物种的保护，比如野生动物保护，具体方式上主要是采用就地保护的方式。1956年，我国颁布了《狩猎管理办法（草案）》和《天然森林禁伐区（自然保护区）划定草案》，之后陆续颁布了《国务院关于积极保护和合理利用野生动物资源的指示》《森林保护条例》等相关法规和政策。这些法律性文件主要要求在适当地区应建立自然保护区，自然保护区内禁止任何性质的采伐、禁止狩猎，自然保护区应建立科

---

[1] 参见丁祖年：《我国生物多样性保护的立法历程》，载《上海法治报》2021年11月24日，第B06版。

研机构进行科研活动。农林部分别于 1973 年、1975 年、1976 年颁布了《森林采伐更新规程》《关于保护、发展和合理利用珍贵树种的通知》《关于加强大熊猫保护工作的紧急通知》《关于开展冬季狩猎生产的联合通知》等规范性文件。[1]自 1979 年至 1987 年止，全国人大常委会、国务院及有关部委颁发的直接涉及自然保护的法规和规范性文件 30 余件，其中比较重要的有《环境保护法》《大气污染防治法》《海洋环境保护法》《森林法》《野生动物保护法》《渔业法》《水土保持工作条例》《进出境动植物检疫法》以及《国务院关于严格保护珍贵稀有野生动物的通令》《关于在国民经济调整时期加强环境保护工作的决定》《关于加强自然保护区管理、区划和科学考察工作的通知》《森林和野生动物类型自然保护区管理办法》等。特别是这一时期还首次出台了作为"就地保护"的基本形态——自然保护区为调整对象的法律性文件，如国务院批准的《森林和野生动物类型自然保护区管理办法》等。在国家层面加强自然保护立法的同时，地方性自然保护和自然保护区立法也如雨后春笋，迅速发展，地方出台了一大批法规规章，而且内容上比国家层面的立法更加全面、规范，为后来的国家立法提供了有益经验和样板。

转型阶段：生物多样性立法阶段（1992 年-2015 年）。1992 年 6 月 5 日在里约热内卢的联合国环境与发展大会上开放签署《生物多样性公约》，并于 1993 年 12 月 29 日生效。我国 1992 年 6 月 11 日签署该公约，并于同年 11 月 7 日获得全国人大常委会的通过。我国由此正式开始引入生物多样性意识，认真贯彻公约的要求，全面围绕基因多样性、物种多样性和生态系统多样性、从就地保护、迁地保护、生物安全管理、改善生态环境质量、推进绿色发展等角度出发，制定了《自然保护区条例》《野生植物保护条例》《种子法》《农业转基因生物安全管理条例》《风景名胜区条例》《濒危野生动植物进出口管理条例》《畜牧法》等一批与生物多样性保护密切相关的法律、行政法规和地方性法规，并对原有与生物多样性保护要求不相适应的法律、行政法规、地方性法规以及其他配套规范性文件做了大规模的修改。值得一提的是，2014 年修改《环境保护法》时明确规定了"开发利用自然资源，应当合理开发，保护生物多样性，保障生态安全，依法制定有关生态保护和恢复治理方案并予以实施。引进外来物种以及研究、开发和利用生物技术，应当采取措施，防止对生物多样性的破坏。"

---

〔1〕 丁祖年：《我国生物多样性保护的立法历程》，载《上海法治报》2021 年 11 月 24 日，第 B06 版。

发展阶段：生物多样性立法发展阶段（2015年至今）。中央从最高决策层面把生态文明纳入"五位一体"总体布局统筹推进，习近平总书记提出"山水林田湖草是生命共同体"概念，生物多样性保护成为生态文明建设的重要内容和重要举措。立法机关从顶层设计出发，有计划有步骤地展开了一系列相关立法。如2016年、2017年、2023年修改《海洋环境保护法》，2016年、2019年分别再次修改《野生动物保护法》和《森林法》，2020年同年出台《生物安全法》和《长江保护法》，2021年再次修改《草原法》，并通过《全国人民代表大会常务委员会关于全面禁止非法野生动物交易、革除滥食野生动物陋习、切实保障人民群众生命健康安全的决定》，都体现了更加全面和严格的生物多样性保护理念和要求。此外，2018年，云南制定出台了《云南省生物多样性保护条例》。在此基础上，近期有关方面又开始筹划起草我国综合性的"生物多样性法"。

（二）我国生物多样性保护的主要法律制度

纵观环境法体系，我国主要建立了自然保护区制度、风景名胜区制度、许可证制度、检疫制度等生物多样性保护法律制度。相关内容已在本教材其他篇章进行了详细论述，在此不再赘述。

【本章思考题】

1. 生物资源保护法与污染防治法有何区别与联系？

2. 我国应如何发展林权制度？

3. 我国应如何修改《野生动物保护法》？

【参考文献】

1. 金瑞林主编：《环境法学》，北京大学出版社2016年版。

2. 韩德培主编：《环境保护法教程》，法律出版社2018年版。

3. 周生贤：《中国林业的历史性转变》，中国林业出版社2002年版。

4. 张梓太主编：《自然资源法学》，北京大学出版社2007年版。

5. 周珂等主编：《环境法》，中国人民大学出版社2021年版。

【延伸阅读】

1. 《全国人民代表大会常务委员会关于全面禁止非法野生动物交易、革除滥食野生动物陋习、切实保障人民群众生命健康安全的决定》。

2. 崔建远：《准物权研究》，法律出版社2003年版。

第三章 非生物资源保护法

【内容提要】

本章围绕着土地资源、水资源、矿产资源这三大非生物资源，介绍了基本概念、权属规定以及主要法律制度。

【重点了解与掌握】

1. 土地资源、水资源、矿产资源的权属规定；
2. 土地资源的类型；
3. 水土保持的相关规定。

【引导案例】

宁阳县人民检察院诉某国土资源局不履行法定职责纠纷案

2016 年 10 月起，山东省泰安市宁阳县堽城镇东滩村村民高某擅自占用堽城镇东滩村农用地破坏土地挖沙取土，占地面积 14 199 平方米（21.29 亩）。经鉴定，土地原耕作层已经严重毁坏，丧失种植条件。某国土资源局发现后分别于 2017 年 6 月 15 日、9 月 5 日向违法行为人高某下达《责令停止违法行为通知书》，但未能制止其取土挖沙行为。2018 年 1 月 16 日，某国土资源局将高某涉嫌非法占用农用地一案移送公安机关处理，之后即做结案处理，并未责令高某对破坏的土地进行复垦。2018 年 4 月 19 日，宁阳县人民检察院向某国土资源局发出检察建议书，建议其依法履行法定职责，责令高某限期恢复原种植条件，逾期不恢复的，缴纳复垦费专项用于恢复被破坏的土地，及时修复受损的生态资源。2018 年 7 月 5 日，某国土资源局书面回复称已对违法现场进行了恢复治理。经核查勘验，某国土资源局未履行法定职责，宁阳县人民检察院以行政公益起诉人的身份于 2018 年 8 月 28 日向宁阳县人民法院提起行政公益诉讼，请求确认某国土资源局未按规定依法责令高某履行土地复垦义务的行为违法，判令被告继续履行法定监管职责。

宁阳县人民检察院起诉后，某国土资源局依法履行了职责，宁阳县人民检察院以诉讼请求已全部实现为由，向法院申请撤回起诉。法院经审查认为，公益诉讼起诉人的撤诉申请符合法律规定，依法作出准予撤诉的裁定。

"法无规定不可为"是行政机关履行职责必须坚持的基本原则，但这并不意味着行政机关在作出行政行为以后就不可为、不能为，也不意味着行政机关对行政相对人涉及的刑事犯罪直接移送相关部门就案结事了。行政机关履行法定职责不仅包含对违法行为的及时查处，更包含对查处后行为的落实与监督，这是行政机关履行法定职责的应有之义。检察机关在发现相关问题时，及时提起行政公益诉讼，不仅发挥了对违法行为的司法监督功能，也及时有效提升了生态环境保护的法律效果。该案充分发挥了行政公益诉讼的裁判引导作用，通过诉讼促进法治政府建设，起到了很好的监督和警示作用，对类似案件的处理具有一定的示范意义。

【引导问题】

1. 环境行政公益诉讼在土地资源保护中发挥什么作用？
2. 土地资源保护立法与土壤污染防治立法有何关联？

第一节　土地资源保护法

一、土地资源概述

土地资源是指在当前和可预见的未来，可以为人类利用的土地。[1]我国《土地管理法》所称的土地包括农用地、建设用地、未利用地。农用地是指直接用于农业生产的土地，包括耕地、林地、草地、农田水利用地、养殖水面等。建设用地是指建造建筑物、构筑物的土地，包括城乡住宅和公共设施用地、工

---

〔1〕 韩德培主编：《环境保护法教程》，法律出版社 2018 年版，第 135 页。

矿用地、交通水利设施用地、旅游用地、军事设施用地等。未利用地是指农用地和建设用地以外的土地。

土地资源对于国家与人类的生存与发展都是至关重要的，不仅只是一种环境要素，也为人类生存生活提供着基本条件与必要条件，还是生态安全的基石，关乎着整个生态系统的安危与发展。土地资源具有固定性、整体性、生产性、有限性、不可替代性等特征，而我国国土面积大但人均土地少，加之山地多耕地少、资源配置不均的客观情况，我国早在 20 世纪 50 年代就开始了土地资源的立法保护工作，主要经历了以下两个阶段：

初步发展阶段（1950 年–1986 年）。1950 年我国颁布了《土地改革法》，这也是新中国成立后颁布的第一部土地专门法律。1953 年我国颁布了《国家建设征收土地办法》。1982 年《宪法》第 10 条第 5 款规定"一切使用土地的组织和个人必须合理利用土地"。同年，国务院相继颁布了《国家建设征用土地条例》和《水土保持工作条例》。

完善发展阶段（1986 年至今）。1986 年我国通过了《土地管理法》，1987 年开始实施，并于 1988 年、1998 年、2004 年、2019 年进行了修改。《土地管理法》的出台标志着我国土地管理进入了统一、系统、全面的法治阶段。1997 年《刑法》第一次设立了三项土地犯罪条款，也是我国土地立法中的一大突破。

目前，我国关于土地资源的立法包括《土地管理法》《水土保持法》《防沙治沙》等法律、《土地管理法实施条例》《水土保持法实施条例》《基本农田保护条例》《土地复垦条例》等行政法规，还包括《环境保护法》《农业法》《矿产资源法》等立法中的相关条款，形成了系统完整的土地资源立法体系。

国务院自然资源主管部门统一负责全国土地的管理和监督工作。县级以上地方人民政府自然资源主管部门的设置及其职责，由省、自治区、直辖市人民政府根据国务院有关规定确定。

二、土地权属的规定

（一）土地所有权

我国实行土地的社会主义公有制，即全民所有制和劳动群众集体所有制。《宪法》第 10 条第 1、2 款规定："城市的土地属于国家所有。农村和城市郊区的土地，除由法律规定属于国家所有的以外，属于集体所有；宅基地和自留地、自留山，也属于集体所有。"《土地管理法》第 2 条第 1、2 款、第 9 条分别规定了："中华人民共和国实行土地的社会主义公有制，即全民所有制和劳动群众集体所有制。全民所有，即国家所有土地的所有权由国务院代表国家行使。""城市市区的土地属于国家所有。农村和城市郊区的土地，除由法律规定属于国家所有的以外，属于农民集体所有；宅基地和自留地、自留山，属于农民集体所有。"

国家所有的土地的所有权由国务院代表国家行使。农民集体所有的土地依法属于村农民集体所有的，由村集体经济组织或者村民委员会经营、管理；已经分别属于村内两个以上农村集体经济组织的农民集体所有的，由村内各该农村集体经济组织或者村民小组经营、管理；已经属于乡（镇）农民集体所有的，由乡（镇）农村集体经济组织经营、管理。

土地权属登记制度。土地的所有权和使用权的登记，依照有关不动产登记的法律、行政法规执行。依法登记的土地的所有权和使用权受法律保护，任何单位和个人不得侵犯。

土地权属争议解决制度。土地所有权和使用权争议，由当事人协商解决；协商不成的，由人民政府处理。单位之间的争议，由县级以上人民政府处理；个人之间、个人与单位之间的争议，由乡级人民政府或者县级以上人民政府处理。当事人对有关人民政府的处理决定不服的，可以自接到处理决定通知之日起三十日内，向人民法院起诉。在土地所有权和使用权争议解决前，任何一方不得改变土地利用现状。

（二）土地使用权

国家依法实行国有土地有偿使用制度。但是，国家在法律规定的范围内划拨国有土地使用权的除外。当然，如果土地被征收，国家也会给予补偿。国家为了公共利益的需要，可以依法对土地实行征收或者征用并给予补偿。

土地承包经营制度。农民集体所有和国家所有依法由农民集体使用的耕地、林地、草地，以及其他依法用于农业的土地，采取农村集体经济组织内部的家庭承包方式承包，不宜采取家庭承包方式的荒山、荒沟、荒丘、荒滩等，可以采取招标、拍卖、公开协商等方式承包，从事种植业、林业、畜牧业、渔业生产。家庭承包的耕地的承包期为三十年，草地的承包期为三十年至五十年，林地的承包期为三十年至七十年；耕地承包期届满后再延长三十年，草地、林地承包期届满后依法相应延长。国家所有依法用于农业的土地可以由单位或者个人承包经营，从事种植业、林业、畜牧业、渔业生产。发包方和承包方应当依法订立承包合同，约定双方的权利和义务。承包经营土地的单位和个人，有保护和按照承包合同约定的用途合理利用土地的义务。

土地使用权出让制度。土地使用权出让是指国家以土地所有者的身份将土地使用权在一定年限内让与土地使用者，并由土地使用者向国家支付土地使用权出让金的行为。土地使用权出让应当签订出让合同。土地使用权出让的地块、用途、年限和其他条件，由市、县人民政府土地管理部门会同城市规划和建设管理部门、房产管理部门共同拟订方案，按照国务院规定的批准权限报经批准后，由土地管理部门实施。土地使用权出让合同应当按照平等、自愿、有偿的原则，由市、县人民政府土地管理部门与土地使用者签订。

土地使用权转让制度，土地使用权可以依法转让。任何单位和个人不得侵占、买卖或者以其他形式非法转让土地。国有土地和农民集体所有的土地，可以依法确定给单位或者个人使用。使用土地的单位和个人，有保护、管理和合理利用土地的义务。根据《城镇国有土地使用权出让和转让暂行条例》规定，土地使用权转让是指土地使用者将土地使用权再转移的行为，包括出售、交换和赠与。未按土地使用权出让合同规定的期限和条件投资开发、利用土地的，土地使用权不得转让。土地使用权出让、转让、出租、抵押、终止及有关的地上建筑物、其他附着物的登记，由政府土地管理部门、房产管理部门依照法律和国务院的有关规定办理。登记文件可以公开查阅。

三、我国土地资源的主要法律制度

（一）土地规划制度

土地利用总体规划制度。各级人民政府应当依据国民经济和社会发展规划、国土整治和资源环境保护的要求、土地供给能力以及各项建设对土地的需求，组织编制土地利用总体规划。土地利用总体规划的规划期限由国务院规定。下级土地利用总体规划应当依据上一级土地利用总体规划编制。地方各级人民政府编制的土地利用总体规划中的建设用地总量不得超过上一级土地利用总体规划确定的控制指标，耕地保有量不得低于上一级土地利用总体规划确定的控制指标。省、自治区、直辖市人民政府编制的土地利用总体规划，应当确保本行政区域内耕地总量不减少。土地利用总体规划实行分级审批。土地利用总体规划一经批准，必须严格执行。

国家建立国土空间规划体系。编制国土空间规划应当坚持生态优先、绿色、可持续发展，科学有序统筹安排生态、农业、城镇等功能空间，优化国土空间结构和布局，提升国土空间开发、保护的质量和效率。经依法批准的国土空间规划是各类开发、保护、建设活动的基本依据。已经编制国土空间规划的，不再编制土地利用总体规划和城乡规划。土地开发、保护、建设活动应当坚持规划先行。经依法批准的国土空间规划是各类开发、保护、建设活动的基本依据。已经编制国土空间规划的，不再编制土地利用总体规划和城乡规划。在编制国土空间规划前，经依法批准的土地利用总体规划和城乡规划继续执行。国土空间规划应当细化落实国家发展规划提出的国土空间开发保护要求，统筹布局农业、生态、城镇等功能空间，划定落实永久基本农田、生态保护红线和城镇开发边界。国土空间规划应当包括国土空间开发保护格局和规划用地布局、结构、用途管制要求等内容，明确耕地保有量、建设用地规模、禁止开垦的范围等要求，统筹基础设施和公共设施用地布局，综合利用地上地下空间，合理确定并严格控制新增建设用地规模，提高土地节约集约利用水平，保障土地的可持续利用。

（二）土地用途管制制度

国家实行土地用途管制制度。国家编制土地利用总体规划，规定土地用途，将土地分为农用地、建设用地和未利用地。严格限制农用地转为建设用地，控制建设用地总量，对耕地实行特殊保护。使用土地的单位和个人必须严格按照土地利用总体规划确定的用途使用土地。县级土地利用总体规划应当划分土地利用区，明确土地用途。乡（镇）土地利用总体规划应当划分土地利用区，根据土地使用条件，确定每一块土地的用途，并予以公告。

土地使用者需要改变土地使用权出让合同规定的土地用途的，应当征得出让方同意并经土地管理部门和城市规划部门批准，依照本章的有关规定重新签订土地使用权出让合同，调整土地使用权出让金，并办理登记。

（三）耕地保护的相关规定

对于一个国家来说，耕地不仅仅只是一个环境保护问题，还是一个安全问题。我国严格保护耕地，严格控制耕地转为非耕地。

国家实行占用耕地补偿制度。非农业建设经批准占用耕地的，按照"占多少，垦多少"的原则，由占用耕地的单位负责开垦与所占用耕地的数量和质量相当的耕地；没有条件开垦或者开垦的耕地不符合要求的，应当按照省、自治区、直辖市的规定缴纳耕地开垦费，专款用于开垦新的耕地。县级以上地方人民政府可以要求占用耕地的单位将所占用耕地耕作层的土壤用于新开垦耕地、劣质地或者其他耕地的土壤改良。

严守耕地保护红线，对耕地数量实行总量控制。省、自治区、直辖市人民政府应当严格执行土地利用总体规划和土地利用年度计划，采取措施，确保本行政区域内耕地总量不减少、质量不降低。耕地总量减少的，由国务院责令在规定期限内组织开垦与所减少耕地的数量与质量相当的耕地；耕地质量降低的，由国务院责令在规定期限内组织整治。新开垦和整治的耕地由国务院自然资源主管部门会同农业农村主管部门验收。个别省、直辖市确因土地后备资源匮乏，新增建设用地后，新开垦耕地的数量不足以补偿所占用耕地的数量的，必须报经国务院批准减免本行政区域内开垦耕地的数量，易地开垦数量和质量相当的耕地。

国家实行永久基本农田保护制度。下列耕地应当根据土地利用总体规划划为永久基本农田，实行严格保护：（1）经国务院农业农村主管部门或者县级以上地方人民政府批准确定的粮、棉、油、糖等重要农产品生产基地内的耕地；（2）有良好的水利与水土保持设施的耕地，正在实施改造计划以及可以改造的中、低产田和已建成的高标准农田；（3）蔬菜生产基地；（4）农业科研、教学试验田；（5）国务院规定应当划为永久基本农田的其他耕地。各省、自治区、直辖市划定的永久基本农田一般应当占本行政区域内耕地的百分之八十以上，具体比例由国务院根据各省、自治区、直辖市耕地实际情况规定。永久基本农田划定以乡（镇）为单位进行，由县级人民政府自然资源主管部门会同同级农业农村主管部门组织实施。永久基本农田应当落实到地块，纳入国家永久基本农田数据库严格管理。乡（镇）人民政府应当将永久基本农田的位置、范围向社会公告，并设立保护标志。永久基本农田经依法划定后，任何单位和个人不得擅自占用或者改变其用途。国家能源、交通、水利、军事设施等重点建设项目选址确实难以避让永久基本农田，涉及农用地转用或者土地征收的，必须经国务院批准。禁止通过擅自调整县级土地利用总体规划、乡（镇）土地利用总体规划等方式规避永久基本农田农用地转用或者土地征收的审批。禁止占用永久基本农田发展林果业和挖塘养鱼。

土地复垦制度。土地复垦，是指对生产建设活动和自然灾害损毁的土地，采取整治措施，使其达到可供利用状态的活动。因挖损、塌陷、压占等造成土地破坏，用地单位和个人应当按照国家有关规定负责复垦；没有条件复垦或者复垦不符合要求的，应当缴纳土地复垦费，专项用于土地复垦。复垦的土地应当优先用于农业。生产建设活动损毁的土地，按照"谁损毁，谁复垦"的原则，由生产建设单位或者个人（以下称土地复垦义务人）负责复垦。但是，由于历史原因无法确定土地复垦义务人的生产建设活动损毁的土地（以下称历史遗留损毁土地），由县级以上人民政府负责组织复垦。自然灾害损毁的土地，由县级以上人民政府负责组织复垦。

未利用地优先开发为农用地。国家鼓励单位和个人按照土地利用总体规划，在保护和改善生态环境、防止水土流失和土地荒漠化的前提下，开发未利用的土地；适宜开发为农用地的，应当优先开发成农用地。国家依法保护开发者的合法权益。开垦未利用的土地，必须经过科学论证和评估，在土地利用总体规划划定的可开垦的区域内，经依法批准后进行。禁止毁坏森林、草原开垦耕地，禁止围湖造田和侵占江河滩地。

防止土地退化、污染和破坏。各级人民政府应当采取措施，引导因地制宜轮作休耕，改良土壤，提高地力，维护排灌工程设施，防止土地荒漠化、盐渍化、水土流失和土壤污染。

（四）建设用地的相关规定

严格实施农用地转建设用地审批制度。建设占用土地，涉及农用地转为建设用地的，应当办理农用地转用审批手续。永久基本农田转为建设用地的，由国务院批准。在土地利用总体规划确定的城市和村庄、集镇建设用地规模范围内，为实施该规划而将永久基本农田以外的农用地转为建设用地的，按土地利用年度计划分批次按照国务院规定由原批准土地利用总体规划的机关或者其授权的机关批准。在已批准的农用地转用范围内，具体建设项目用地可以由市、县人民政府批准。在土地利用总体规划确定的城市和村庄、集镇建设用地规模范围外，将永久基本农田以外的农用地转为建设用地的，由国务院或者国务院授权的省、自治区、直辖市人民政府批准。

建设用地的取得。建设单位使用国有土地，应当以出让等有偿使用方式取得；但是，下列建设用地，经县级以上人民政府依法批准，可以以划拨方式取得：（1）国家机关用地和军事用地；（2）城市基础设施用地和公益事业用地；（3）国家重点扶持的能源、交通、水利等基础设施用地；（4）法律、行政法规规定的其他用地。

严格规定征地审批权限。土地征收应当符合国民经济和社会发展规划、土地利用总体规划、城乡规划和专项规划，按规定审批。征收永久基本农田、永久基本农田以外的耕地超过三十五公顷的、其他超过七十公顷土地的，由国务院批准；征收其他土地的，由省、自治区、直辖市人民政府批准。国家征收土地的，依照法定程序批准后，由县级以上地方人民政府予以公告并组织实施。县级以上地方人民政府拟申请征收土地的，应当开展拟征收土地现状调查和社会稳定风险评估，并将征收范围、土地现状、征收目的、补偿标准、安置方式和社会保障等在拟征收土地所在的乡（镇）和村、村民小组范围内公告至少三十日，听取被征地的农村集体经济组织及其成员、村民委员会和其他利害关系人的意见。多数被征地的农村集体经济组织成员认为征地补偿安置方案不符合法律、法规规定的，县级以上地方人民政府应当组织召开听证会，并根据法律、法规的规定和听证会情况修改方案。拟征收土地的所有权人、使用权人应当在公告规定期限内，持不动产权属证明材料办理补偿登记。县级以上地方人民政府应当组织有关部门测算并落实有关费用，保证足额到位，与拟征收土地的所有权人、使用权人就补偿、安置等签订协议；个别确实难以达成协议的，应当在申请征收土地时如实说明。相关前期工作完成后，县级以上地方人民政府方可申请征收土地。

征收土地应当给予公平、合理的补偿，保障被征地农民原有生活水平不降低、长远生计有保障。征收土地应当依法及时足额支付土地补偿费、安置补助费以及农村村民住宅、其他地上附着物和青苗等的补偿费用，并安排被征地农民的社会保障费用。征收农用地的土地补偿费、安置补助费标准由省、自治区、直辖市通过制定公布区片综合地价确定。制定区片综合地价应当综合考虑土地原用途、土地资源条件、土地产值、土地区位、土地供求关系、人口以及经济社会发展水平等因素，并至少每三年调整或者重新公布一次。征收农用地以外的其他土地、地上附着物和青苗等的补偿标准，由省、自治区、直辖市制定。对其中的农村村民住宅，应当按照先补偿后搬迁、居住条件有改善的原则，尊重农村村民意愿，采取重新安排宅基地建房、提供安置房或者货币补偿等方式给予公平、合理的补偿，并对因征收造成的搬迁、临时安置等费用予以补偿，保障农村村民居住的权利和合法的住房财产权益。县级以上地方人民政府应当将被征地农民纳入相应的养老等社会保障体系。被征地农民的社会保障费用主要用于符合条件的被征地农民的养老保险等社会保险缴费补贴。被征地农民社会保障费用的筹集、管理和使用办法，由省、自治区、直辖市制定。

建设用地的收回。有下列情形之一的，由有关人民政府自然资源主管部门报经原批准用地的人民政府或者有批准权的人民政府批准，可以收回国有土地使用权：为实施城市规划进行旧城区改建以及其他公共利益需要，确需使用土地的；土地出让等有偿使用合同约定的使用期限届满，土地使用者未申请续期或者申请续期未获批准的；因单位撤销、迁移等原因，停止使用原划拨的国有土地的；公路、铁路、机场、矿场等经核准报废的。

严格控制乡（镇）村建设用地。乡镇企业、乡（镇）村公共设施、公益事业、农村村民住宅等乡（镇）村建设，应当按照村庄和集镇规划，合理布局，综合开发，配套建设；建设用地，应当符合乡（镇）土地利用总体规划和土地利用年度计划，并依法办理审批手续。

（五）防沙治沙的规定

环境科学中，土地沙化是指因气候变化和人类活动导致的天然沙漠扩张和沙质土壤上植被破坏、沙土裸露的过程。环境法中，土地沙化，是指主要因人类不合理活动所导致的天然沙漠扩张和沙质土壤上植被及覆盖物被破坏，形成流沙及沙土裸露的过程。2001年我国出台了《防沙治沙法》，并于2018年进行了修正，系统规定了防沙治沙规划，土地沙化的预防、治理、保障措施，法律责任等内容。

防沙治沙实行统一规划。从事防沙治沙活动，以及在沙化土地范围内从事开发利用活动，必须遵循防沙治沙规划。防沙治沙规划应当对遏制土地沙化扩展趋势，逐步减少沙化土地的时限、步骤、措施等作出明确规定，并将具体实施方案纳入国民经济和社会发展五年计划和年度计划。国务院林业草原行政主管部门会同国务院农业、水利、土地、生态环境等有关部门编制全国防沙治沙规划，报国务院批准后实施。省、自治区、直辖市人民政府依据全国防沙治沙规划，编制本行政区域的防沙治沙规划，报国务院或者国务院指定的有关部门批准后实施。沙化土地所在地区的市、县人民政府，应当依据上一级人民政府的防沙治沙规划，组织编制本行政区域的防沙治沙规划，报上一级人民政府批准后实施。防沙治沙规划的修改，须经原批准机关批准；未经批准，任何单位和个人不得改变防沙治沙规划。

监测统计制度。国务院林业草原行政主管部门组织其他有关行政主管部门对全国土地沙化情况进行监测、统计和分析，并定期公布监测结果。县级以上地方人民政府林业草原或者其他有关行政主管部门，应当按照土地沙化监测技术规程，对沙化土地进行监测，并将监测结果向本级人民政府及上一级林业草原或者其他有关行政主管部门报告。

预报制度。各级气象主管机构应当组织对气象干旱和沙尘暴天气进行监测、预报，发现气象干旱或者沙尘暴天气征兆时，应当及时报告当地人民政府。收到报告的人民政府应当采取预防措施，必要时公布灾情预报，并组织林业草原、农（牧）业等有关部门采取应急措施，避免或者减轻风沙危害。

开发禁限制度。禁止在沙化土地上砍挖灌木、药材及其他固沙植物。在沙化土地范围内，各类土地承包合同应当包括植被保护责任的内容。沙化土地所在地区的县级以上地方人民政府，不得批准在沙漠边缘地带和林地、草原开垦耕地；已经开垦并对生态产生不良影响的，应当有计划地组织退耕还林还草。在沙化土地范围内从事开发建设活动的，必须事先就该项目可能对当地及相关地区生态产生的影响进行环境影响评价，依法提交环境影响报告；环境影响报告应当包括有关防沙治沙的内容。在沙化土地封禁保护区范围内，禁止一切破坏植被的活动。禁止在沙化土地封禁保护区范围内安置移民。对沙化土地封禁保护区范围内的农牧民，县级以上地方人民政府应当有计划地组织迁出，并妥善安置。沙化土地封禁保护区范围内尚未迁出的农牧民的生产生活，由沙化土地封禁保护区主管部门妥善安排。未经国务院或者国务院指定的部门同意，不得在沙化土地封禁保护区范围内进行修建铁路、公路等建设活动。

政府治沙责任。沙化土地所在地区的地方各级人民政府，应当按照防沙治沙规划，组织有关部门、单位和个人，因地制宜地采取人工造林种草、飞机播种造林种草、封沙育林育草和合理调配生态用水等措施，恢复和增加植被，治理已经沙化的土地。

公益性治沙。国家鼓励单位和个人在自愿的前提下，捐资或者以其他形式开展公益性的治沙活动。县级以上地方人民政府林业草原或者其他有关行政主管部门，应当为公益性治沙活动提供治理地点和无偿技术指导。从事公益性治沙的单位和个人，应当按照县级以上地方人民政府林业草原或者其他有关行政主管部门的技术要求进行治理，并可以将所种植的林、草委托他人管护或者交由当地人民政府有关行政主管部门管护。

使用人治沙。使用已经沙化的国有土地的使用权人和农民集体所有土地的承包经营权人，必须采取治理措施，改善土地质量；确实无能力完成治理任务的，可以委托他人治理或者与他人合作治理。委托或者合作治理的，应当签订协议，明确各方的权利和义务。沙化土地所在地区的地方各级人民政府及其有关行政主管部门、技术推广单位，应当为土地使用权人和承包经营权人的治沙活动提供技术指导。采取退耕还林还草、植树种草或者封育措施治沙的土地使用权人和承包经营权人，按照国家有关规定，享受人民政府提供的政策优惠。

治沙财政保障。国务院和沙化土地所在地区的地方各级人民政府应当在本级财政预算中按照防沙治沙规划通过项目预算安排资金，用于本级人民政府确定的防沙治沙工程。在安排扶贫、农业、水利、道路、矿产、能源、农业综合开发等项目时，应当根据具体情况，设立若干防沙治沙子项目。国务院和省、自治区、直辖市人民政府应当制定优惠政策，鼓励和支持单位和个人防沙治沙。县级以上地方人民政府应当按照国家有关规定，根据防沙治沙的面积和难易程度，给予从事防沙治沙活动的单位和个人资金补助、财政贴息以及税费减免等政策优惠。单位和个人投资进行防沙治沙的，在投资阶段免征各种税收；取得一定收益后，可以免征或者减征有关税收。

第二节　水资源保护法

一、水资源概述

水资源，是指在一定经济技术条件下可以被人类利用并能逐年恢复的淡水的总称。[1]《水法》第 2 条也明确了水资源的范围，包括地表水和地下水。其中，地表水包括河流、冰川、湖泊、沼泽等水体中的水；地下水则是地下含水层动态含水量，由地表水的下渗水和降水补给。[2]《水法》第 80 条规定："海水的开发、利用、保护和管理，依照有关法律的规定执行。"因此，我们这里所说的水资源不包括海水。

水是生态环境的重要组成部分，是人类生活和生产的重要物质源泉，是社会经济发展的重要物质基础，具有流动性、可再生性、利害双重性、多功能性、共享性的特征。我国陆地水资源总量丰富，但人均量少、时空分布不均匀，我国历来重视水资源保护立法工作。我国水资源保护立法进程大致如下：

第一阶段初步发展时期（1949 年–1988 年）。这一阶段中我国水资源保护立法主要是规范性文件，如 1957 年国务院制定的《水土保持暂行纲要》，1962 年林业部、水利电力部的《关于加强水利管理工作的十条意见》，1962 年电力部的《关于五省一市平原地区水利问题处理原则的报告》，1962 年国务院《关于继续解决边界水利问题的通知》，1965 年电力部《水利工程水费征收使用和管

---

〔1〕参见金瑞林主编：《环境法学》，北京大学出版社 2016 年版，第 235 页。

〔2〕参见张梓太主编：《自然资源法学》，北京大学出版社 2007 年版，第 113 页。

理试行办法》等。

第二阶段体系发展阶段（1988 年至今）。自 1988 年《水法》出台，我国陆续颁布了一系列水资源保护相关立法。1988 年《水法》在 2002 年得到修订，并于 2009 年、2016 年进行了修正。1991 年我国颁布了《水土保持法》，并于 2009 年、2010 年进行了修改。1991 年还出台了《防汛条例》，并于 2005 年、2011 年进行了修改。1993 年颁布了《取水许可制度实施办法》，后被 2006 年出台的《取水许可和水资源费征收管理条例》（2017 年修订）取代。1997 年颁布了《防洪法》，并于 2009 年、2015 年、2016 年进行了修正。2012 年国务院发布了《关于实行最严格水资源管理制度的意见》。

当前，我国形成了水资源保护的一整套立法体系，包括《水法》《水土保持法》《防洪法》《水土保持法实施条例》《防汛条例》《城市供水条例》《河道管理条例》《水权交易管理暂行办法》《取水许可和水资源费征收管理条例》等。

二、水资源权属规定

水资源属于国家所有，即全民所有。水资源的所有权由国务院代表国家行使。农村集体经济组织的水塘和由农村集体经济组织修建管理的水库中的水，归各该农村集体经济组织使用。国家鼓励单位和个人依法开发、利用水资源，并保护其合法权益。开发、利用水资源的单位和个人有依法保护水资源的义务。

而水权是指水体所有权及其以使用和收益为主要内容的其他权利的总和。其客体应为水体，其权利范围中除了水体所有权以外，还应包括其他权利。这些权利以使用和收益为主要内容，具体为水体开发利用权、水体经营权等。[1] 2016 年，水利部印发了《水权交易管理暂行办法》，鼓励开展多种形式的水权交易，以促进水资源的节约、保护和优化配置。水权交易，是指在合理界定和分配水资源使用权基础上，通过市场机制实现水资源使用权在地区间、流域间、流域上下游、行业间、用水户间流转的行为。水权交易法律制度有待进一步深入研究。

三、水资源保护的主要法律规定

（一）水资源监督管理体制

2002 年修订《水法》时，将统一管理与分级分部门管理相结合的管理体制

---

〔1〕 王树义：《水权概念的多视角考察》，载《郑州大学学报（哲学社会科学版）》2004 年第 3 期。

修改为流域管理与行政区域管理相结合的管理体制。国务院水行政主管部门负责全国水资源的统一管理和监督工作。国务院水行政主管部门在国家确定的重要江河、湖泊设立的流域管理机构（以下简称流域管理机构），在所管辖的范围内行使法律、行政法规规定的和国务院水行政主管部门授予的水资源管理和监督职责。县级以上地方人民政府水行政主管部门按照规定的权限，负责本行政区域内水资源的统一管理和监督工作。国务院有关部门按照职责分工，负责水资源开发、利用、节约和保护的有关工作。县级以上地方人民政府有关部门按照职责分工，负责本行政区域内水资源开发、利用、节约和保护的有关工作。

长江水利委员会、黄河水利委员会、淮河水利委员会、海河水利委员会、珠江水利委员会、松辽水利委员会、太湖流域管理局作为水利部直属事业单位，依法履行相关职责。

（二）水资源规划规定

国家制定全国水资源战略规划。开发、利用、节约、保护水资源和防治水害，应当按照流域、区域统一制定规划。规划分为流域规划和区域规划。流域规划包括流域综合规划和流域专业规划；区域规划包括区域综合规划和区域专业规划。综合规划，是指根据经济社会发展需要和水资源开发利用现状编制的开发、利用、节约、保护水资源和防治水害的总体部署。专业规划，是指防洪、治涝、灌溉、航运、供水、水力发电、竹木流放、渔业、水资源保护、水土保持、防沙治沙、节约用水等规划。流域范围内的区域规划应当服从流域规划，专业规划应当服从综合规划。流域综合规划和区域综合规划以及与土地利用关系密切的专业规划，应当与国民经济和社会发展规划以及土地利用总体规划、城市总体规划和环境保护规划相协调，兼顾各地区、各行业的需要。

建设水工程，必须符合流域综合规划。在国家确定的重要江河、湖泊和跨省、自治区、直辖市的江河、湖泊上建设水工程，未取得有关流域管理机构签署的符合流域综合规划要求的规划同意书的，建设单位不得开工建设；在其他江河、湖泊上建设水工程，未取得县级以上地方人民政府水行政主管部门按照管理权限签署的符合流域综合规划要求的规划同意书的，建设单位不得开工建设。水工程建设涉及防洪的，依照《防洪法》的有关规定执行；涉及其他地区和行业的，建设单位应当事先征求有关地区和部门的意见。

（三）水资源开发利用规定

统一规划，多方兼顾。开发、利用水资源，应当坚持兴利与除害相结合，兼顾上下游、左右岸和有关地区之间的利益，充分发挥水资源的综合效益，并服从防洪的总体安排。开发、利用水资源，应当首先满足城乡居民生活用水，并兼顾农业、工业、生态环境用水以及航运等需要。在干旱和半干旱地区开发、利用水资源，应当充分考虑生态环境用水需要。国家鼓励开发、利用水能资源。在水能丰富的河流，应当有计划地进行多目标梯级开发。建设水力发电站，应当保护生态环境，兼顾防洪、供水、灌溉、航运、竹木流放和渔业等方面的需要。

基本原则。一是地方各级人民政府应当结合本地区水资源的实际情况，按照地表水与地下水统一调度开发、开源与节流相结合、节流优先和污水处理再利用的原则，合理组织开发、综合利用水资源。二是国家对水工程建设移民实行开发性移民的方针，按照前期补偿、补助与后期扶持相结合的原则，妥善安排移民的生产和生活，保护移民的合法权益。三是移民安置应当与工程建设同步进行。建设单位应当根据安置地区的环境容量和可持续发展的原则，因地制宜，编制移民安置规划，经依法批准后，由有关地方人民政府组织实施。所需移民经费列入工程建设投资计划。

水运资源的管理要求。国家鼓励开发、利用水运资源。在水生生物洄游通道、通航或者竹木流放的河流上修建永久性拦河闸坝，建设单位应当同时修建过鱼、过船、过木设施，或者经国务院授权的部门批准采取其他补救措施，并妥善安排施工和蓄水期间的水生生物保护、航运和竹木流放，所需费用由建设单位承担。在不通航的河流或者人工水道上修建闸坝后可以通航的，闸坝建设单位应当同时修建过船设施或者预留过船设施位置。

（三）水资源、水域和水工程的保护规定

水功能区划制度。国务院水行政主管部门会同国务院环境保护行政主管部门、有关部门和有关省、自治区、直辖市人民政府，按照流域综合规划、水资源保护规划和经济社会发展要求，拟定国家确定的重要江河、湖泊的水功能区划，报国务院批准。跨省、自治区、直辖市的其他江河、湖泊的水功能区划，由有关流域管理机构会同江河、湖泊所在地的省、自治区、直辖市人民政府水行政主管部门、环境保护行政主管部门和其他有关部门拟定，分别经有关省、自治区、直辖市人民政府审查提出意见后，由国务院水行政主管部门会同国务院环境保护行政主管部门审核，报国务院或者其授权的部门批准。其他江河、湖泊的水功能区划，由县级以上地方人民政府水行政主管部门会同同级人民政府环境保护行政主管部门和有关部门拟定，报同级人民政府或者其授权的部门批准，并报上一级水行政主管部门和环境保护行政主管部门备案。县级以上人民政府水行政主管部门或者流域管理机构应当按照水功能区对水质的要求和水体的自然净化能力，核定该水域的纳污能力，向环境保护行政主管部门提出该水域的限制排污总量意见。县级以上地方人民政府水行政主管部门和流域管理机构应当对水功能区的水质状况进行监测，发现重点污染物排放总量超过控制指标的，或者水功能区的水质未达到水域使用功能对水质的要求的，应当及时报告有关人民政府采取治理措施，并向环境保护行政主管部门通报。

国家建立饮用水水源保护区制度。省、自治区、直辖市人民政府应当划定饮用水水源保护区，并采取措施，防止水源枯竭和水体污染，保证城乡居民饮用水安全。禁止在饮用水水源保护区内设置排污口。在江河、湖泊新建、改建或者扩大排污口，应当经过有管辖权的水行政主管部门或者流域管理机构同意，由环境保护行政主管部门负责对该建设项目的环境影响报告书进行审批。

地下水的保护。在地下水超采地区，县级以上地方人民政府应当采取措施，严格控制开采地下水。在地下水严重超采地区，经省、自治区、直辖市人民政府批准，可以划定地下水禁止开采或者限制开采区。在沿海地区开采地下水，应当经过科学论证，并采取措施，防止地面沉降和海水入侵。

河道的保护。禁止在江河、湖泊、水库、运河、渠道内弃置、堆放阻碍行洪的物体和种植阻碍行洪的林木及高秆作物。禁止在河道管理范围内建设妨碍行洪的建筑物、构筑物以及从事影响河势稳定、危害河岸堤防安全和其他妨碍河道行洪的活动。在河道管理范围内建设桥梁、码头和其他拦河、跨河、临河建筑物、构筑物，铺设跨河管道、电缆，应当符合国家规定的防洪标准和其他有关的技术要求，工程建设方案应当依照《防洪法》的有关规定报经有关水行政主管部门审查同意。因建设工程设施，需要扩建、改建、拆除或者损坏原有水工程设施的，建设单位应当负担扩建、改建的费用和损失补偿。但是，原有工程设施属于违法工程的除外。

国家实行河道采砂许可制度。河道采砂许可制度实施办法，由国务院规定。在河道管理范围内采砂，影响河势稳定或者危及堤防安全的，有关县级以上人民政府水行政主管部门应当划定禁采区和规定禁采期，并予以公告。

水工程的保护。单位和个人有保护水工程的义务，不得侵占、毁坏堤防、护岸、防汛、水文监测、水文地质监测等工程设施。县级以上地方人民政府应当采取措施，保障本行政区域内水工程，特别是水坝和堤防的安全，限期消除险情。水行政主管部门应当加强对水工程安全的监督管理。国家对水工程实施保护。国家所有的水工程应当按照国务院的规定划定工程管理和保护范围。国务院水行政主管部门或者流域管理机构管理的水工程，由主管部门或者流域管理机构商有关省、自治区、直辖市人民政府划定工程管理和保护范围。其他水工程，应当按照省、自治区、直辖市人民政府的规定，划定工程保护范围和保护职责。在水工程保护范围内，禁止从事影响水工程运行和危害水工程安全的爆破、打井、采石、取土等活动。

禁止围湖造地。已经围垦的，应当按照国家规定的防洪标准有计划地退地还湖。禁止围垦河道。确需围垦的，应当经过科学论证，经省、自治区、直辖市人民政府水行政主管部门或者国务院水行政主管部门同意后，报本级人民政府批准。

（四）用水管理的规定

国家宏观调控水资源的使用。国务院发展计划主管部门和国务院水行政主管部门负责全国水资源的宏观调配。全国的和跨省、自治区、直辖市的水中长期供求规划，由国务院水行政主管部门会同有关部门制订，经国务院发展计划主管部门审查批准后执行。地方的水中长期供求规划，由县级以上地方人民政府水行政主管部门会同同级有关部门依据上一级水中长期供求规划和本地区的实际情况制订，经本级人民政府发展计划主管部门审查批准后执行。水中长期供求规划应当依据水的供求现状、国民经济和社会发展规划、流域规划、区域规划，按照水资源供需协调、综合平衡、保护生态、厉行节约、合理开源的原则制定。县级以上地方人民政府水行政主管部门或者流域管理机构应当根据批准的水量分配方案和年度预测来水量，制定年度水量分配方案和调度计划，实施水量统一调度；有关地方人民政府必须服从。国家确定的重要江河、湖泊的年度水量分配方案，应当纳入国家的国民经济和社会发展年度计划。

国家对用水实行总量控制和定额管理相结合的制度。省、自治区、直辖市人民政府有关行业主管部门应当制订本行政区域内行业用水定额，报同级水行政主管部门和质量监督检验行政主管部门审核同意后，由省、自治区、直辖市人民政府公布，并报国务院水行政主管部门和国务院质量监督检验行政主管部门备案。县级以上地方人民政府发展计划主管部门会同同级水行政主管部门，根据用水定额、经济技术条件以及水量分配方案确定的可供本行政区域使用的水量，制定年度用水计划，对本行政区域内的年度用水实行总量控制。

取水许可制度与有偿使用制度。直接从江河、湖泊或者地下取用水资源的单位和个人，应当按照国家取水许可制度和水资源有偿使用制度的规定，向水行政主管部门或者流域管理机构申请领取取水许可证，并缴纳水资源费，取得取水权。但是，家庭生活和零星散养、圈养畜禽饮用等少量取水的除外。实施取水许可制度和征收管理水资源费的具体办法，由国务院规定。用水应当计量，并按照批准的用水计划用水。用水实行计量收费和超定额累进加价制度。

节约用水。第一，各级人民政府应当推行节水灌溉方式和节水技术，对农业蓄水、输水工程采取必要的防渗漏措施，提高农业用水效率。第二，工业用水应当采用先进技术、工艺和设备，增加循环用水次数，提高水的重复利用率。国家逐步淘汰落后的、耗水量高的工艺、设备和产品，具体名录由国务院经济综合主管部门会同国务院水行政主管部门和有关部门制定并公布。生产者、销售者或者生产经营中的使用者应当在规定的时间内停止生产、销售或者使用列入名录的工艺、设备和产品。第三，城市人民政府应当因地制宜采取有效措施，推广节水型生活用水器具，降低城市供水管网漏失率，提高生活用水效率；加强城市污水集中处理，鼓励使用再生水，提高污水再生利用率。第四，新建、扩建、改建建设项目，应当制订节水措施方案，配套建设节水设施。节水设施应当与主体工程同时设计、同时施工、同时投产。供水企业和自建供水设施的单位应当加强供水设施的维护管理，减少水的漏失。

（五）水事纠纷的处理规定

不同行政区域之间发生水事纠纷的，应当协商处理；协商不成的，由上一级人民政府裁决，有关各方必须遵照执行。在水事纠纷解决前，未经各方达成协议或者共同的上一级人民政府批准，在行政区域交界线两侧一定范围内，任何一方不得修建排水、阻水、取水和截（蓄）水工程，不得单方面改变水的现状。

单位之间、个人之间、单位与个人之间发生的水事纠纷，应当协商解决；当事人不愿协商或者协商不成的，可以申请县级以上地方人民政府或者其授权的部门调解，也可以直接向人民法院提起民事诉讼。县级以上地方人民政府或者其授权的部门调解不成的，当事人可以向人民法院提起民事诉讼。在水事纠纷解决前，当事人不得单方面改变现状。

（六）水土保持的规定

水土保持，是指对自然因素和人为活动造成水土流失所采取的预防和治理措施。而水土流失是指由于自然或人为原因致使土地表层由于缺乏植被保护，被雨水冲蚀后导致的土层逐渐变薄、变瘠的现象。[1]《水土保持法》是我国在水土保持方面的专门立法，通过规划、预防、治理、监测、监督、责任等措施来系统规范水土保持工作，除此之外，《环境保护法》《土地管理法》《水法》《森林法》《草原法》《农业法》等法律中也有相关规定。

水土保持工作实行预防为主、保护优先、全面规划、综合治理、因地制宜、突出重点、科学管理、注重效益的方针。

国务院水行政主管部门主管全国的水土保持工作。国务院水行政主管部门在国家确定的重要江河、湖泊设立的流域管理机构（以下简称流域管理机构），在所管辖范围内依法承担水土保持监督管理职责。县级以上地方人民政府水行政主管部门主管本行政区域的水土保持工作。县级以上人民政府林业、农业、国土资源等有关部门按照各自职责，做好有关的水土流失预防和治理工作。

水土保持规划制度。水土保持规划应当在水土流失调查结果及水土流失重点预防区和重点治理区划定的基础上，遵循统筹协调、分类指导的原则编制。水土保持规划的内容应当包括水土流失状况、水土流失类型区划分、水土流失防治目标、任务和措施等。水土保持规划包括对流域或者区域预防和治理水土流失、保护和合理利用水土资源作出的整体部署，以及根据整体部署对水土保持专项工作或者特定区域预防和治理水土流失作出的专项部署。水土保持规划应当与土地利用总体规划、水资源规划、城乡规划和环境保护规划等相协调。编制水土保持规划，应当征求专家和公众的意见。县级以上人民政府水行政主管部门会同同级人民政府有关部门编制水土保持规划，报本级人民政府或者其授权的部门批准后，由水行政主管部门组织实施。水土保持规划一经批准，应当严格执行；经批准的规划根据实际情况需要修改的，应当按照规划编制程序报原批准机关批准。

水土流失重点防治区制度。县级以上人民政府应当依据水土流失调查结果划定并公告水土流失重点预防区和重点治理区。对水土流失潜在危险较大的区域，应当划定为水土流失重点预防区；对水土流失严重的区域，应当划定为水土流失重点治理区。

水土流失的预防措施。地方各级人民政府应当加强对取土、挖砂、采石等活动的管理，预防和减轻水土流失。禁止在崩塌、滑坡危险区和泥石流易发区

---

[1]　蔡守秋主编：《环境资源法教程》，高等教育出版社 2010 年版，第 347 页。

从事取土、挖砂、采石等可能造成水土流失的活动。崩塌、滑坡危险区和泥石流易发区的范围，由县级以上地方人民政府划定并公告。崩塌、滑坡危险区和泥石流易发区的划定，应当与地质灾害防治规划确定的地质灾害易发区、重点防治区相衔接。水土流失严重、生态脆弱的地区，应当限制或者禁止可能造成水土流失的生产建设活动，严格保护植物、沙壳、结皮、地衣等。在侵蚀沟的沟坡和沟岸、河流的两岸以及湖泊和水库的周边，土地所有权人、使用权人或者有关管理单位应当营造植物保护带。禁止开垦、开发植物保护带。禁止在二十五度以上陡坡地开垦种植农作物。在二十五度以上陡坡地种植经济林的，应当科学选择树种，合理确定规模，采取水土保持措施，防止造成水土流失。省、自治区、直辖市根据本行政区域的实际情况，可以规定小于二十五度的禁止开垦坡度。禁止开垦的陡坡地的范围由当地县级人民政府划定并公告。禁止毁林、毁草开垦和采集发菜。禁止在水土流失重点预防区和重点治理区铲草皮、挖树蔸或者滥挖虫草、甘草、麻黄等。林木采伐应当采用合理方式，严格控制皆伐；对水源涵养林、水土保持林、防风固沙林等防护林只能进行抚育和更新性质的采伐；对采伐区和集材道应当采取防止水土流失的措施，并在采伐后及时更新造林。在林区采伐林木的，采伐方案中应当有水土保持措施。采伐方案经林业主管部门批准后，由林业主管部门和水行政主管部门监督实施。

水土流失治理措施。国家加强水土流失重点预防区和重点治理区的坡耕地改梯田、淤地坝等水土保持重点工程建设，加大生态修复力度。县级以上人民政府水行政主管部门应当加强对水土保持重点工程的建设管理，建立和完善运行管护制度。国家加强江河源头、饮用水水源保护区和水源涵养区水土流失的预防和治理工作，多渠道筹集资金，将水土保持生态效益补偿纳入国家建立的生态效益补偿制度。开办生产建设项目或者从事其他生产建设活动造成水土流失的，应当进行治理。国家鼓励和支持承包治理荒山、荒沟、荒丘、荒滩，防治水土流失，保护和改善生态环境，促进土地资源的合理开发和可持续利用，并依法保护土地承包合同当事人的合法权益。承包治理荒山、荒沟、荒丘、荒滩和承包水土流失严重地区农村土地的，在依法签订的土地承包合同中应当包括预防和治理水土流失责任的内容。在水力侵蚀地区，地方各级人民政府及其有关部门应当组织单位和个人，以天然沟壑及其两侧山坡地形成的小流域为单元，因地制宜地采取工程措施、植物措施和保护性耕作等措施，进行坡耕地和沟道水土流失综合治理。在风力侵蚀地区，地方各级人民政府及其有关部门应当组织单位和个人，因地制宜地采取轮封轮牧、植树种草、设置人工沙障和网格林带等措施，建立防风固沙防护体系。在重力侵蚀地区，地方各级人民政府及其有关部门应当组织单位和个人，采取监测、径流排导、削坡减载、支挡固坡、修建拦挡工程等措施，建立监测、预报、预警体系。在饮用水水源保护区，地方各级人民政府及其有关部门应当组织单位和个人，采取预防保护、自然修复和综合治理措施，配套建设植物过滤带，积极推广沼气，开展清洁小流域建设，严格控制化肥和农药的使用，减少水土流失引起的面源污染，保护饮用水水源。已在禁止开垦的陡坡地上开垦种植农作物的，应当按照国家有关规定退耕，植树种草；耕地短缺、退耕确有困难的，应当修建梯田或者采取其他水土保持措施。在禁止开垦坡度以下的坡耕地上开垦种植农作物的，应当根据不同情况，采取修建梯田、坡面水系整治、蓄水保土耕作或者退耕等措施。

水土保持监测制度。县级以上人民政府水行政主管部门应当加强水土保持监测工作，发挥水土保持监测工作在政府决策、经济社会发展和社会公众服务中的作用。县级以上人民政府应当保障水土保持监测工作经费。国务院水行政主管部门应当完善全国水土保持监测网络，对全国水土流失进行动态监测。国务院水行政主管部门和省、自治区、直辖市人民政府水行政主管部门应当根据水土保持监测情况，定期对下列事项进行公告：水土流失类型、面积、强度、分布状况和变化趋势；水土流失造成的危害；水土流失预防和治理情况。

第三节 矿产资源保护法

一、矿产资源概述

矿产资源是指由地质作用形成的，具有利用价值的，呈固态、液态、气态的自然资源。我国立法将矿产资源分为能源矿产、金属矿产、非金属矿产、水气矿产四大类型。其中，能源矿产是指煤、煤成气、石煤、油页岩、石油、天然气、油砂、天然沥青、铀、钍、地热。金属矿产包括铁、锰、铬、钒、钛；铜、铅、锌、铝土矿、镍、钴、钨、锡、铋、钼、汞、锑、镁等。非金属矿产则包括金刚石、石墨、磷、自然硫、硫铁矿、钾盐、硼、水晶等。水气矿产是指地下水、矿泉水、二氧化碳气、硫化氢气、氦气、氡气。

矿产资源具有样态多样性等特点，是人类生存和发展的重要物质基础。我国矿产资源总量丰富、种类齐全，但人均占有量，地区分布不均。新中国成立初期就开始进行矿产资源保护立法工作，至今大致经历了以下几个阶段：

初步发展阶段（1950 年-1986 年）。1950 年我国颁布了《矿业暂行条例》，1965 年国务院颁布了《矿产资源保护试行条例》。1982 年国务院发布《中华人民共和国对外合作开采海洋石油资源条例》。此外，相关部门还制定了一系列规章。

快速发展阶段（1986 年-1996 年）。1986 年我国制定颁布了第一部矿产资源专门立法，即《中华人民共和国矿产资源法》（以下简称《矿产资源法》）。之后，我国相继出台了一系列行政法规、规章，包括 1987 年的《矿产资源勘查登记管理暂行办法》《全民所有制矿山企业采矿登记管理暂行办法》《矿产资源监督管理暂行办法》《石油及天然气勘查、开采登记管理暂行办法》，1990 年的《中外合作开采陆上石油资源缴纳矿区使用费暂行规定》，1993 年的《中华人民共和国对外合作开采陆上石油资源条例》，1994 年的《矿产资源法实施细则》《矿产资源补偿费征收管理规定》等。

完善发展阶段（1996 年至今）。1996 年我国修正了《矿产资源法》；还出台了《煤炭法》，并于 2009 年、2011 年、2013 年、2016 年进行修正。此后，《煤炭生产许可证管理办法》《乡镇煤矿管理条例》《煤炭经营管理办法》等陆续出台。2009 年我国再次修正了《矿产资源法》。

当前，我国矿产资源保护现行立法主要有《矿产资源法》《煤炭法》《矿产资源勘查区块登记管理办法》《矿产资源开采登记管理办法》《探矿权采矿权转让管理办法》《乡镇煤矿管理条例》等专门立法，《环境保护法》《土地管理法》等中也有相关规定，已形成一整套完整、科学的矿产资源保护立法体系。

二、矿产资源权属的规定

（一）矿产资源所有权

《宪法》第 9 条第 1 款规定："矿藏、水流、森林、山岭、草原、荒地、滩涂等自然资源，都属于国家所有，即全民所有……"《矿产资源法》第 3 条第 1 款规定："矿产资源属于国家所有，由国务院行使国家对矿产资源的所有权。地表或者地下的矿产资源的国家所有权，不因其所依附的土地的所有权或者使用权的不同而改变。"

国务院代表国家行使矿产资源的所有权。国务院授权国务院地质矿产主管部门对全国矿产资源分配实施统一管理。矿产资源所有权的行使不是在事实上直接占有、直接使用矿产资源，而是依照法定方式将矿产资源的占有、使用权能授予他人，间接实现其收益和处分权。[1]

（二）探矿权

探矿权，是指在依法取得的勘查许可证规定的范围内，勘查矿产资源的权利。取得勘查许可证的单位或者个人称为探矿权人。国家保护探矿权不受侵犯，保障矿区和勘查作业区的生产秩序、工作秩序不受影响和破坏。

国家对矿产资源勘查实行统一的区块登记管理制度。矿产资源勘查登记工作，由国务院地质矿产主管部门负责；特定矿种的矿产资源勘查登记工作，可以由国务院授权有关主管部门负责。矿产资源勘查区块登记管理办法由国务院制定。

国家对矿产资源的勘查实行许可证制度。勘查矿产资源，必须依法申请登记，领取勘查许可证，取得探矿权；矿产资源勘查工作区范围以经纬度划分的区块为基本单位。勘查矿产资源，应当按照国务院关于矿产资源勘查登记管理的规定，办理申请、审批和勘查登记。勘查特定矿种，应当按照国务院有关规定办理申请、审批和勘查登记。

国家实行探矿权有偿取得的制度。国家对探矿权有偿取得的费用，可以根据不同情况规定予以减缴、免缴。具体办法和实施步骤由国务院规定。

探矿权的转让制度。探矿权人有权在划定的勘查作业区内进行规定的勘查作业，有权优先取得勘查作业区内矿产资源的采矿权。探矿权人在完成规定的最低勘查投入后，经依法批准，可以将探矿权转让他人。除此之外的探矿权不可转让。转让探矿权，应当具备下列条件：自颁发勘查许可证之日起满2年，或者在勘查作业区内发现可供进一步勘查或者开采的矿产资源；完成规定的最低勘查投入；探矿权属无争议；按照国家有关规定已经缴纳探矿权使用费、探矿权价款；国务院地质矿产主管部门规定的其他条件。

（三）采矿权

采矿权，是指在依法取得的采矿许可证规定的范围内，开采矿产资源和获得所开采的矿产品的权利。取得采矿许可证的单位或者个人称为采矿权人。国家保护采矿权不受侵犯，保障矿区的生产秩序、工作秩序不受影响和破坏。

国家对矿产资源的开采实行许可证制度。开采矿产资源，必须依法申请登记，领取采矿许可证，取得采矿权。矿产资源开采矿区范围，以经纬度划分的区块为基本单位。开采下列矿产资源的，由国务院地质矿产主管部门审批，并

---

[1] 张梓太主编：《自然资源法学》，北京大学出版社2007年版，第130页。

颁发采矿许可证：国家规划矿区和对国民经济具有重要价值的矿区内的矿产资源；前项规定区域以外可供开采的矿产储量规模在大型以上的矿产资源；国家规定实行保护性开采的特定矿种；领海及中国管辖的其他海域的矿产资源；国务院规定的其他矿产资源。开采石油、天然气、放射性矿产等特定矿种的，可以由国务院授权的有关主管部门审批，并颁发采矿许可证。

国家实行采矿权有偿取得的制度。国家对采矿权有偿取得的费用，可以根据不同情况规定予以减缴、免缴。具体办法和实施步骤由国务院规定。开采矿产资源，必须按照国家有关规定缴纳资源税和资源补偿费。

采矿权的转让制度。已经取得采矿权的矿山企业，因企业合并、分立，与他人合资、合作经营，或者因企业资产出售以及有其他变更企业资产产权的情形，需要变更采矿权主体的，经依法批准，可以将采矿权转让他人采矿。除此之外不可转让采矿权。转让采矿权，应当具备下列条件：矿山企业投入采矿生产满1年；采矿权属无争议；按照国家有关规定已经缴纳采矿权使用费、采矿权价款、矿产资源补偿费和资源税；国务院地质矿产主管部门规定的其他条件。国有矿山企业在申请转让采矿权前，应当征得矿山企业主管部门的同意。

三、我国矿产资源保护的主要法律规定

（一）矿产资源监督管理体制

国务院地质矿产主管部门主管全国矿产资源勘查、开采的监督管理工作。国务院有关主管部门协助国务院地质矿产主管部门进行矿产资源勘查、开采的监督管理工作。省、自治区、直辖市人民政府地质矿产主管部门主管本行政区域内矿产资源勘查、开采的监督管理工作。省、自治区、直辖市人民政府有关主管部门协助同级地质矿产主管部门进行矿产资源勘查、开采的监督管理工作。

（二）勘查矿产资源的相关规定

国家对矿产资源勘查实行统一规划。全国矿产资源中、长期勘查规划，在国务院计划行政主管部门指导下，由国务院地质矿产主管部门根据国民经济和社会发展中、长期规划，在国务院有关主管部门勘查规划的基础上组织编制。全国矿产资源年度勘查计划和省、自治区、直辖市矿产资源年度勘查计划，分别由国务院地质矿产主管部门和省、自治区、直辖市人民政府地质矿产主管部门组织有关主管部门，根据全国矿产资源中、长期勘查规划编制，经同级人民政府计划行政主管部门批准后施行。

矿床勘探必须对矿区内具有工业价值的共生和伴生矿产进行综合评价，并计算其储量。未作综合评价的勘探报告不予批准。但是，国务院计划部门另有规定的矿床勘探项目除外。普查、勘探易损坏的特种非金属矿产、流体矿产、易燃易爆易溶矿产和含有放射性元素的矿产，必须采用省级以上人民政府有关主管部门规定的普查、勘探方法，并有必要的技术装备和安全措施。矿产资源勘查的原始地质编录和图件，岩矿心、测试样品和其他实物标本资料，各种勘查标志，应当按照有关规定保护和保存。

探矿权人享有下列权利：按照勘查许可证规定的区域、期限、工作对象进行勘查；在勘查作业区及相邻区域架设供电、供水、通讯管线，但是不得影响或者损害原有的供电、供水设施和通讯管线；在勘查作业区及相邻区域通行；根据工程需要临时使用土地；优先取得勘查作业区内新发现矿种的探矿权；优先取得勘查作业区内矿产资源的采矿权；自行销售勘查中按照批准的工程设计施工回收的矿产品，但是国务院规定由指定单位统一收购的矿产品除外。

探矿权人应当履行下列义务：在规定的期限内开始施工，并在勘查许可证规定的期限内完成勘查工作；向勘查登记管理机关报告开工等情况；按照探矿工程设计施工，不得擅自进行采矿活动；在查明主要矿种的同时，对共生、伴生矿产资源进行综合勘查、综合评价；编写矿产资源勘查报告，提交有关部门审批；按照国务院有关规定汇交矿产资源勘查成果档案资料；遵守有关法律、法规关于劳动安全、土地复垦和环境保护的规定；勘查作业完毕，及时封、填探矿作业遗留的井、硐或者采取其他措施，消除安全隐患。

勘查补偿制度。探矿权人取得临时使用土地权后，在勘查过程中给他人造成财产损害的，按照下列规定给以补偿：对耕地造成损害的，根据受损害的耕地面积前三年平均年产量，以补偿时当地市场平均价格计算，逐年给以补偿，并负责恢复耕地的生产条件，及时归还；对牧区草场造成损害的，按照前项规定逐年给以补偿，并负责恢复草场植被，及时归还；对耕地上的农作物、经济作物造成损害的，根据受损害的耕地面积前三年平均年产量，以补偿时当地市场平均价格计算，给以补偿；对竹木造成损害的，根据实际损害株数，以补偿时当地市场平均价格逐株计算，给以补偿。对土地上的附着物造成损害的，根据实际损害的程度，以补偿时当地市场价格，给以适当补偿。

争议解决制度。探矿权人之间对勘查范围发生争议时，由当事人协商解决；协商不成的，由勘查作业区所在地的省、自治区、直辖市人民政府地质矿产主管部门裁决；跨省、自治区、直辖市的勘查范围争议，当事人协商不成的，由有关省、自治区、直辖市人民政府协商解决；协商不成的，由国务院地质矿产主管部门裁决。特定矿种的勘查范围争议，当事人协商不成的，由国务院授权的有关主管部门裁决。

（三）开采矿产资源的相关规定

统一规划、有效保护、合理开采、综合利用。在开采主要矿产的同时，对具有工业价值的共生和伴生矿产应当统一规划，综合开采，综合利用，防止浪费；对暂时不能综合开采或者必须同时采出而暂时还不能综合利用的矿产以及含有有用组分的尾矿，应当采取有效的保护措施，防止损失破坏。开采矿产资源，必须采取合理的开采顺序、开采方法和选矿工艺。矿山企业的开采回采率、采矿贫化率和选矿回收率应当达到设计要求。

对特定矿区和矿种实行计划开采。国家对国家规划矿区、对国民经济具有重要价值的矿区和国家规定实行保护性开采的特定矿种，实行有计划的开采；未经国务院有关主管部门批准，任何单位和个人不得开采。国家规划矿区的范围、对国民经济具有重要价值的矿区的范围、矿山企业矿区的范围依法划定后，由划定矿区范围的主管机关通知有关县级人民政府予以公告。矿山企业变更矿区范围，必须报请原审批机关批准，并报请原颁发采矿许可证的机关重新核发采矿许可证。

矿产资源开发规划制度。矿产资源开发规划是对矿区的开发建设布局进行统筹安排的规划。矿产资源开发规划分为行业开发规划和地区开发规划。矿产资源行业开发规划由国务院有关主管部门根据全国矿产资源规划中分配给本部门的矿产资源编制实施。矿产资源地区开发规划由省、自治区、直辖市人民政府根据全国矿产资源规划中分配给本省、自治区、直辖市的矿产资源编制实施；并作出统筹安排，合理划定省、市、县级人民政府审批、开发矿产资源的范围。矿产资源行业开发规划和地区开发规划应当报送国务院计划行政主管部门、地质矿产主管部门备案。国务院计划行政主管部门、地质矿产主管部门，对不符合全国矿产资源规划的行业开发规划和地区开发规划，应当予以纠正。

单位或者个人开采矿产资源前，应当委托持有相应矿山设计证书的单位进行可行性研究和设计。开采零星分散矿产资源和用作建筑材料的砂、石、粘土的，可以不进行可行性研究和设计，但是应当有开采方案和环境保护措施。矿山设计必须依据设计任务书，采用合理的开采顺序、开采方法和选矿工艺。矿山设计必须按照国家有关规定审批；未经批准，不得施工。

采矿权人享有下列权利：按照采矿许可证规定的开采范围和期限从事开采活动；自行销售矿产品，但是国务院规定由指定的单位统一收购的矿产品除外；在矿区范围内建设采矿所需的生产和生活设施；根据生产建设的需要依法取得土地使用权；法律、法规规定的其他权利。

采矿权人应当履行下列义务：在批准的期限内进行矿山建设或者开采；有效保护、合理开采、综合利用矿产资源；依法缴纳资源税和矿产资源补偿费；遵守国家有关劳动安全、水土保持、土地复垦和环境保护的法律、法规；接受地质矿产主管部门和有关主管部门的监督管理，按照规定填报矿产储量表和矿产资源开发利用情况统计报告。

开采矿产资源，必须遵守有关环境保护的法律规定，防止污染环境。开采矿产资源，应当节约用地。耕地、草原、林地因采矿受到破坏的，矿山企业应当因地制宜地采取复垦利用、植树种草或者其他利用措施。开采矿产资源给他人生产、生活造成损失的，应当负责赔偿，并采取必要的补救措施。

争议解决制度。采矿权人之间对矿区范围发生争议时，由当事人协商解决；协商不成的，由矿产资源所在地的县级以上地方人民政府根据依法核定的矿区范围处理；跨省、自治区、直辖市的矿区范围争议，当事人协商不成的，由有关省、自治区、直辖市人民政府协商解决；协商不成的，由国务院地质矿产主管部门提出处理意见，报国务院决定。

（四）集体矿山企业和个体采矿的相关规定

指导方针。国家对集体矿山企业和个体采矿实行积极扶持、合理规划、正确引导、加强管理的方针，鼓励集体矿山企业开采国家指定范围内的矿产资源，允许个人采挖零星分散资源和只能用作普通建筑材料的砂、石、粘土以及为生活自用采挖少量矿产。矿产储量规模适宜由矿山企业开采的矿产资源、国家规定实行保护性开采的特定矿种和国家规定禁止个人开采的其他矿产资源，个人不得开采。国家指导、帮助集体矿山企业和个体采矿不断提高技术水平、资源利用率和经济效益。地质矿产主管部门、地质工作单位和国有矿山企业应当按照积极支持、有偿互惠的原则向集体矿山企业和个体采矿提供地质资料和技术服务。

国务院和国务院有关主管部门批准开办的矿山企业矿区范围内已有的集体矿山企业，应当关闭或者到指定的其他地点开采，由矿山建设单位给予合理的补偿，并妥善安置群众生活；也可以按照该矿山企业的统筹安排，实行联合经营。

集体矿山企业和个体采矿应当提高技术水平，提高矿产资源回收率。禁止乱挖滥采，破坏矿产资源。集体矿山企业必须测绘井上、井下工程对照图。

县级以上人民政府应当指导、帮助集体矿山企业和个体采矿进行技术改造，改善经营管理，加强安全生产。

【本章思考题】

1. 如何防沙治沙？
2. 如何通过司法手段保护矿产资源？
3. 我国是否应发展水权交易制度？

【参考文献】

1. 韩德培主编：《环境保护法教程》，法律出版社 2018 年版。
2. 张梓太主编：《自然资源法学》，北京大学出版社 2007 年版。
3. 金瑞林主编：《环境法学》，北京大学出版社 2016 年版。
4. 蔡守秋主编：《环境资源法教程》，高等教育出版社 2010 年版。

【延伸阅读】

《最高人民法院关于审理矿业权纠纷案件适用法律若干问题的解释》

第四章 生态空间保护法

【内容提要】

本章通过对生态红线制度、国家公园制度、自然保护区和生态功能区的概念、历史沿革、具体内容的介绍，展开了对我国生态空间保护法的学习。有效管控生态空间是从源头防控环境风险的重要方式，既要持续发挥环境政策的导向功能，也要发挥环境法律的刚性、稳定和强制作用，实现政策与法律的协同共治。[1]

【重点了解与掌握】

1. 生态红线的概念；
2. 国家公园的沿革与发展；
3. 自然保护区和生态功能区的具体法律要求。

【引导案例】

2021 年 5 月 6 日，中央第八生态环境保护督察组曝光了"云南昆明晋宁长腰山过度开发严重影响滇池生态系统完整性"典型案例。滇池沿岸的长腰山等相关区域，被房地产项目挤占，在环湖开发模式下，滇池成了地产增值的筹码，严重破坏了原有的生态系统。29 个责任单位被问责，58 名责任人被处理。这样大的处理力度也显示出了中央在守护生态红线上的坚定决心。对破坏生态行为严肃问责只是一方面，更重要的还是严格把关，让那些违建一开始就没有出现

---

[1] 张百灵：《生态空间管控的立法模式与制度体系》，载《政法论丛》2022 年第 3 期。

在生态保护红线区的可能。[1]

【引导问题】

1. 生态红线制度是什么？
2. 生态红线制度对我国环境具有哪些意义？

第一节　生态红线制度

一、生态红线保护制度概述

"红线"一词最早来源并应用于城市规划，规划部门批准建筑单位的地块，一般用红笔圈在图纸上，故称为"红线"。随着人们认识水平的提高，"红线"的内涵也在不断地深化和发展，从最初的空间约束向数量约束拓展，由空间规划向管理制度延伸。生态红线保护制度，是指对维护国家和区域生态安全可持续发展，保障人民群众健康具有关键作用，在提升生态功能、改善环境质量、促进资源高效利用等方面必须实行严格保护的空间边界控制与数量限值，具体可包括生态保障基线、环境质量安全底线和自然资源利用上限。[2]

生态保护红线制度具有如下特征：第一，相对稳定性。生态保护的主要对象相对稳定，区位不可随意调整；主体功能不降低，管理要求不放宽。第二，系统性。生态红线保护制度的划定与监管是一项系统性很强的综合工程，涉及生态保护、环境管理、资源开发利用等多个领域，需要在国家层面考虑，有序实施。第三，协调性。生态保护红线划定与监管应立足于我国资源环境和生态保护现状，与国家和区域规划相协调，与经济发展需求和当前环境管理制度相适应，与人口环境资源相均衡、经济社会生态效益相统一。第四，差异性。基于我国资源环境分布的不均衡与经济发展的区域差异性，红线制度的规定与管理应因地制宜切合实际，在生态空间保护、环境质量控制与资源利用管理等方面制定和执行与区域特点相适应的政策制度，提出分类、分区及分级管理要求。第五，强制性。生态保护红线制度一旦制定，就必须实行严格管理。牢固树立生态保护红线观念，制定和执行严格的环境准入制度与管理措施，做到不越雷

---

〔1〕《"滇池别墅群"问责 29 个单位，再次重申生态红线》，载 https://www.thepaper.cn/newsDetail_fornarel_16767504，最后访问日期：2022 年 8 月 15 日。

〔2〕高吉喜：《国家生态保护红线体系建设构想》，载《环境保护》2014 年第 42（Z1）期。

池一步，否则就应受到惩罚。第六，动态性。生态保护红线划定后并非一成不变，为不断优化和完善国土安全生态格局，生态红线保护制度可以适当调整，确保空间面积不减少、保护性质不改变、生态功能不退化。第七，可操作性。生态保护红线划定后应遵循自然规律与经济社会发展规律，确保红线本身科学合理，配套的管理制度和政策应具有可操作性，划定红线时要充分考虑相关因素，具备可实现性。

划定并严守生态保护红线，将生态空间范围内具有特殊重要生态功能的区域加以强制性的严格保护，对于维护国家生态安全，健全生态文明制度体系，推动绿色发展具有十分重要的意义。[1]首先，生态保护红线制度是维护国家生态安全的需要。只有划定生态保护红线，按照生态系统完整性原则和主体功能区定位，优化国土空间格局，理顺保护和发展的关系，提高生态系统服务功能，才能构建结构完整、功能稳定的生态安全格局，从而维护国家生态状态。其次，生态保护红线制度是提高生态服务功能和生态产品供给能力的有效手段。生态保护红线是保护和维护国家生态安全的底线和生命线，具有特殊且重要生态功能。划定并严守生态保护红线，优先保护良好生态系统和重要物种栖息地，分类修复受损生态系统，建立和完善生态廊道，提高生态系统完整性和连通性，对于提高生态系统服务功能和优质生态产品供给能力具有重要的作用。最后，生态保护红线制度是实施国土空间用途管制的重大支撑。国土空间分为城镇空间、农业空间、生态空间。实施差异化的用途管制，严格控制生态空间转为城镇空间和农业空间，生态保护红线是生态空间的最主要、最核心部分，必须按照禁止开发区域的有关要求，实行最为严格的保护和用途管制。划定并严守生态保护红线，是将用途管制扩大到所有自然生态空间的关键环节，有利于健全国土空间用途管制制度，推动形成以空间规划为基础，用途管制为主要手段的国土空间开发保护制度。[2]

二、生态红线制度的历史沿革

2000 年，国务院印发的《全国生态保护纲要》提出了划设重要生态功能区、重点资源开发区、生态良好地区并坚守《全国生态环境保护纲要》的要求；

---

〔1〕陈吉宁：《划定并严守生态保护红线为子孙后代留下天蓝地绿水清的家园》，载《人民日报》2017 年 2 月 8 日，第 14 版。

〔2〕韩德培主编：《环境保护法教程》，法律出版社 2018 年版，第 85 页。

2008 年，环境保护部、中国科学院联合发布的《全国生态功能区划》（2015 年修改）将"三区推进生态保护"的思想进一步细化并落实为国土空间上的三级生态功能区；2010 年，国务院印发的《全国主体功能区规划》，将其纳入我国中长期国土空间开发格局。从此，我国逐渐形成生态保护红线的理念。2011 年的《国务院关于加强环境保护重点工作的意见》《国家环境保护"十二五"规划》明确要求，在重点生态功能区、陆地和海洋生态环境敏感区、脆弱区等区域划定"生态红线"。2013 年 5 月 24 日，习近平在中共中央政治局集体学习时强调："要划定并严守生态红线，构建科学合理的城镇化推进格局、农业发展格局、生态安全格局，保障国家和区域生态安全，提高生态服务功能。要牢固树立生态红线的观念。在生态环境保护问题上，就是要不能越雷池一步，否则就应该受到惩罚。"这些主要论述将生态保护红线的概念和内涵从优化国土空间开发格局扩展到加强生态环境保护、建设生态文明的全局，强调要通过划定生态保护红线建立强有力的生态保护制度，尤其是责任追究机制。十八届三中全会通过的《中共中央关于全面深化改革若干重大问题的决定》提出要"划定生态保护红线"。这些文件都为生态保护红线的划定工作奠定了基础。为了全面贯彻党的十八大和十八届三中、四中、五中、六中全会精神，深入贯彻习近平总书记系列重要讲话精神和治国理政新理念、新思路、新战略，2017 年 2 月，中共中央办公厅、国务院办公厅印发了《关于划定和严守生态保护红线的若干意见》。2014 年修订的《环境保护法》第 29 条第 1 款规定："国家在重点生态功能区、生态环境敏感区和脆弱区等区域划定生态保护红线，实行严格保护。"从此，生态保护红线制度已成为我国的一项重要的法律制度。[1]

虽然自然资源部的《生态保护红线管理办法》尚未正式出台，但是我国在省级地方立法层面已经有了相关的立法尝试：比如江西省 2015 年的《江西红线区划》，海南省在 2016 年出台的《海南省生态保护红线管理规定》，内蒙古 2017年出台的《内蒙古自治区关于划定并严守生态保护红线的工作方案》以及宁夏在 2018 年出台的《宁夏回族自治区生态保护管理条例》等，对生态红线制度的管理、保护工作具有重大指导作用，同时也为更高位阶的国家层面的法律法规制定提供了思路和模式。

---

〔1〕 韩德培主编：《环境保护法教程》，法律出版社 2018 年版，第 85 页。

三、生态保护红线制度的主要内容

生态保护红线制度是我国环境保护的重要制度创新。生态保护红线是指在自然生态服务功能、环境质量安全、自然资源利用等方面，需要实行严格保护的空间边界与管理限值，以维护国家和区域生态安全及经济社会可持续发展，保障人民群众健康。

（一）生态保护红线的划定对象

生态保护红线的划定对象主要包括重点生态功能区、生态环境敏感和脆弱区。

重点生态功能区包括在限制开发区域的重点生态功能区和在禁止开发区域的重点生态功能区。在限制开发区域的重点生态功能区，是指生态系统十分重要，关系全国或较大范围区域的生态安全，目前生态系统有所退化，需要在国土空间开发中限制进行大规模高强度工业化、城镇化开发，以保持并提高生态产品供给能力的区域。国家重点生态功能区共 25 个，总面积 386 万平方公里，分为水源涵养型、水土保持型、防风固沙型、生物多样性维护型四个类型。国家重点生态功能区要以保护和修复生态环境、提供生态产品为首要任务，因地制宜地发展不影响主体功能定位的适宜产业，引导超载人口逐步有序转移。要对各类开发活动进行严格管理，尽可能减少对自然生态系统的干扰，不得损害自然生态系统的稳定性和完整性。在禁止开发区域的重点生态功能区，是指有代表性的自然生态系统、珍稀濒危野生动植物物种的天然集中分布地、有特殊价值的自然遗迹所在地和文化遗址等，需要在国土开发空间中禁止进行工业化、城镇化开发的区域。《全国主体功能区规划》确定的国家重点禁止开发的重点生态功能区共 143 处，总面积 120 万平方公里。国家级自然保护区、世界文化自然遗产、国家级风景名胜区、国家森林公园、国家地质公园均列入禁止开发的区域。上述区域要依法进行强制性保护，严格控制人为因素对自然生态和文化自然遗产原真性、完整性的干扰，严禁不符合主体功能定位的各类开发活动，引导人口逐步有序转移，逐步减少污染物的排放，改善环境质量。

生态环境敏感区和脆弱区，主要是指依法设立的各级各类自然、文化保护地，以及对建设项目的某类污染因子或者生态影响因子特别敏感和脆弱的区域，主要包括：自然保护区、风景名胜区、世界文化和自然遗产地、饮用水水源保护区；基本农田保护区、基本草原、森林公园、地质公园、重要湿地、天然林、珍稀濒危野生动植物天然集中分布区、重要水生生物的自然产卵场及索饵场、越冬场及洄游通道、天然渔场、资源性缺水地区、水土流失重点防治区、沙化土地封禁保护区、封闭及半封闭海域、富营养化水域；文物保护单位，具有特殊历史、文化、科学、民族意义的保护地。这些区域应当划定生态保护红线，进行严格保护。[1]

（二）生态保护红线区分级管理

国家对生态保护红线区的管理未有明确规定，相关规范性文件尚未颁布实施。但相关地方立法经验值得借鉴，分级管理即是地方根据实践经验和国家需求所采取的行之有效的措施。按照保护和管理的严格程度，生态保护红线区划分为Ⅰ类生态保护红线区和Ⅱ类生态保护红线区。具有极重要生物多样性保护、水土保持、水源涵养等生态服务功能的区域以及海岸带、海洋生态环境极敏感、脆弱区域，应当划为Ⅰ类生态保护红线区，至少包括：自然保护区的核心区和缓冲区、饮用水水源一级保护区、野生近缘种分布区、领海基点保护范围等区域。未纳入Ⅰ类部分的生态保护红线区，为Ⅱ类生态保护红线区。

除下列情形外，Ⅰ类生态保护红线区内对各类开发建设活动应严格管控：经依法批准的国家和省重大基础设施、重大民生项目、生态保护与修复类项目建设；农村居民生活点、农（林）场场部（队）及其居民在不扩大现有用地规模前提下进行生产生活设施改造。

Ⅱ类生态保护红线区内禁止工业、矿产资源开发、商品房建设、规模化养殖及其他破坏生态和污染环境的建设项目。确需在Ⅱ类生态保护红线区内进行下列开发建设活动的，应当符合地方的总体规划：经依法批准的国家和省重大基础设施、重大民生项目、生态保护与修复类项目建设；湿地公园、地质公园、森林公园等经依法批准、不破坏生态环境和景观的配套旅游服务设施建设；经依法批准的休闲农业、生态旅游项目及其配套设施建设；经依法批准的河砂、海砂开采活动；军事等特殊用途设施建设；其他经依法批准，与生态环境保护要求不相抵触，资源消耗低、环境影响小的项目建设。[2]

（三）生态保护红线区的禁限措施

政府应当将生态保护红线作为编制空间规划的核心内容，对不符合生态保护红线管控要求的规划及时进行调整。禁止不符合主体功能定位的各类开发建

---

〔1〕 韩德培主编：《环境保护法教程》，法律出版社 2018 年版，第 94 页。

〔2〕 参见《海南省生态保护红线管理规定》第 11、19、20 条，2016 年 7 月 29 日海南省第五届人民代表大会常务委员会第二十二次会议通过。

设活动。生态环境行政主管部门应当会同有关部门人民政府，依照法律、法规和国家有关规定制定生态保护红线准入清单，报上级批准后公布执行。任何单位和个人不得擅自调整生态保护红线准入清单。政府及其有关部门对不符合生态保护红线准入清单的开发活动，不得办理相关审批、核准或者备案手续。法律、法规另有规定的，从其规定。《青藏高原生态保护法》第14条也规定："青藏高原省级人民政府根据本行政区域的生态环境和资源利用状况，按照生态保护红线、环境质量底线、资源利用上限的要求，从严制定生态环境分区管控方案和生态环境准入清单，报国务院生态环境主管部门备案后实施。"

生态保护红线内已有的下列开发活动，按照尊重历史、严格依法、稳步推进、逐步解决的原则处置：符合生态保护红线准入清单的开发活动可以依法进行；不符合生态保护红线准入清单的开发活动应当退出；耕地可以正常耕作，但依法退耕还林（草、湿）的除外；居民生活点、农（林）场场部等生产生活设施可以正常使用；具备条件的地区逐步推进生态移民或者集中安置；交通、通信、能源管道、输电线路、防洪水利等设施应当依法管理、运行和维护。[1]

（四）生态保护红线区的生态补偿

政府应当建立生态保护补偿机制，按照国家规定的明确补偿范围，合理确定补偿标准，完善生态保护财政转移支付政策，促进生态保护红线和其他区域协调发展。鼓励生态保护红线受益地区和生态保护红线所在地人民政府通过协商或者按照市场规则进行生态保护补偿。探索建立政府引导、市场运作、社会参与的生态保护补偿投融资机制。[2]

（五）生态红线的监测调查

生态红线领域的监测包括生态质量监测与生物多样性监测。生态环境行政主管部制定生态保护红线生态环境监测技术规范，完善天地一体的生态质量监测网络，组织开展生态保护红线生态质量监测。生态环境行政主管部组织开展生态保护红线全覆盖人为活动遥感监测，重点监测矿产资源开发、工业开发、能源开发、旅游开发、交通开发，以及其他可能造成生态破坏的人为活动。生态环境行政主管部构建生物多样性监测网络，组织开展生物多样性保护优先区

---

〔1〕参见《宁夏回族自治区生态保护红线管理条例》第14-18条，2018年11月29日宁夏回族自治区第十二届人民代表大会常务委员会第七次会议通过。

〔2〕参见《宁夏回族自治区生态保护红线管理条例》第21-22条，2018年11月29日宁夏回族自治区第十二届人民代表大会常务委员会第七次会议通过。

域和国家重大战略区域的生态系统、生物物种、遗传基因生物多样性调查与观测。生态监测结果纳入全国生态环境状况公报和中国海洋生态环境状况公报，并向社会公布。

除生态红线监测外，生态环境行政主管部建立生态保护红线监督指标体系，制定生态状况调查评估技术规范，组织开展生态保护红线生态状况调查评估，评估生态状况和保护成效。评估结果纳入全国生态环境状况公报和中国海洋生态环境状况公报，并向社会公布。

（六）生态红线保护中的责任机制

一方面，生态环境行政主管部将生态保护红线保护成效纳入深入打好污染防治攻坚战的成效考核，作为党政领导班子和领导干部综合评价及责任追究、离任审计、奖惩任免以及有关地区开展生态补偿的重要参考。将生态保护红线监督结果作为国家生态文明建设示范区、"绿水青山就是金山银山"实践创新基地和国家环境保护模范城市建设、国家有机食品生产基地建设的重要依据。

另一方面，生态保护红线内存在的突出的生态破坏问题和生态保护修复形式主义问题，并且列入中央生态环境保护督察的，按照《中央生态环境保护督察工作规定》等规定处理。造成生态环境损害的，设区的市级及以上（包括直辖市所辖的区县）生态环境行政主管部门依据有关规定，及时组织开展或者移送其他有关部门组织开展生态环境损害赔偿工作。生态保护红线生态环境监督工作中发现有公职人员涉嫌违纪违法的，有关生态环境部门应当按照干部管理权限，将问题线索等有关材料及时移送任免机关和相关部门依法依规依纪处理。涉嫌犯罪的，生态环境行政主管部门应及时移送同级司法机关依法处理。[1]

第二节　国家公园制度

一、国家公园概述

国家公园（National park）是以美国国家公园体系为基础而发展起来的一类自然保护地的类型。《牛津英语词典》将其解释为"由国家为提供普通公众游憩或者为进行野生动植物保育而实施保护的郊外或者有时是海洋或淡水的一片区

---

[1]《生态保护红线监督办法（试行）（征求意见稿）》第15条。

域"。《剑桥英语词典》将其解释为"因自然美景或历史重要性而由政府所有和维护的地区"。世界自然保护联盟（IUCN）出版的《IUCN自然保护地管理分类应用指南》对国家公园的概念给出了释义，主要包括三个要素：一是国家公园指的是大面积的自然区域或接近自然的区域，二是国家公园的设立目标是保护大面积自然生态系统的完整性和相关物种的特殊性，三是国家公园的功能定位是建设兼具环境友好与文化融合双重属性的自然保护地。[1]

2017年9月，中共中央办公厅、国务院办公厅印发的《建立国家公园体制总体方案》将国家公园定义为"由国家批准设立并主导管理，边界清晰，以保护具有国家代表性的大面积自然生态系统为主要目的，实现自然资源科学保护和合理利用的特定陆地或海洋区域"，2020年，《国家公园设立规范》（GB/T 39737-2020）将此设定为国家公园的标准。2019年6月，中共中央办公厅、国务院办公厅印发的《关于建立以国家公园为主体的自然保护地体系的指导意见》也指出，国家公园是指以保护具有国家代表性的自然生态系统为主要目的，实现自然资源科学保护和合理利用的特定陆域或海域，是我国自然生态系统中最重要、自然景观最独特、自然遗产最精华、生物多样性最富集的部分，保护范围大，生态过程完整，具有全球价值、国家象征，国民认同度高。

2021年10月12日，我国正式设立第一批国家公园，分别是三江源国家公园、东北虎豹国家公园、大熊猫国家公园、海南热带雨林国家公园和武夷山国家公园，保护面积达23万平方公里，涵盖近30%的陆域国家重点保护野生动植物种类。第一批国家公园的设立是新的起点，在以往多年的试点建设中，我国在生态修复、体制机制等方面积累了不少经验，但某些地方仍然存在矛盾。未来，我国将有序推进国家公园建设，分阶段设立更多国家公园，构建好以国家公园为主体的自然保护地体系。

二、我国国家公园立法沿革

自从2012年开始部署"大力推进生态文明建设"的战略决策以来，我国正全方位推动生态文明体制改革。建立以国家公园为主体的自然保护地体系，属于生态文明体制改革体系中生态环境监管体制改革的一个重要组成部分。我国的自然保护地体系建设是从建立国家公园体制开始起步的。2013年十八届三中

---

〔1〕　唐芳林：《国家公园定义探讨》，载《林业建设》2015年第5期。

全会报告的《中共中央关于全面深化改革若干重大问题的决定》在我国政策体系中最早正式提出"建立国家公园体制"。2015 年 4 月，中共中央、国务院在《关于加快推进生态文明建设的意见》中首次创造性地提出国家公园实行"分级、统一管理"的管理体制，主要制度安排是在自然资源统一确权登记方面将每个自然保护地作为独立的登记单元，将国家公园范围内的全民所有自然资源资产所有权由中央行使。同年 5 月，国家发改委协同十三个部门联合印发的《建立国家公园体制试点方案》规定了国家公园的首要功能是保护重要自然生态系统的原真性、完整性保护，同时兼具科研、教育、游憩等综合功能，并陆续批准 10 个国家公园进行体制试点。从此国家公园在生态文明体制的号角下真正进入实施阶段。2017 年 9 月，国务院办公厅印发了《建立国家公园体制总体方案》，指出要构建统一规范高效的中国特色国家公园体制，建立分类科学、保护有力的自然保护地体系。同年 10 月，党的十九大报告明确提出"建立以国家公园为主体的自然保护地体系"，这是"自然保护地"首次作为专业术语被正式规定于政策文件中。2018 年，《中华人民共和国国家公园法》（以下简称《国家公园法》）被列入十三届全国人大常委会立法规划第二类立法项目。同年 4 月，中央政府专门成立国家公园管理局全力推进国家公园建设。2019 年 6 月中共中央办公厅、国务院办公厅印发《关于建立以国家公园为主体的自然保护地体系的指导意见》，提出"形成以国家公园为主体、自然保护区为基础、各类自然公园为补充的自然保护地分类系统"。这是我国出台的关于自然保护地体系建设最为系统的专门政策文件，系统规定了我国自然保护地体系建设的指导思想、基本原则、目标任务、管理体制与保障措施。2020 年 12 月，在国家市场监督管理总局、国家标准化管理委员会的大力支持下，《国家公园设立规范》《国家公园总体规划技术规范》《国家公园监测规范》《国家公园考核评价规范》《自然保护地勘界立标规范》五项国家标准正式发布，贯穿了国家公园设立、规划、勘界立标、监测和考核评价的全过程管理环节，为第一批国家公园的正式设立，构建统一规范高效的中国特色国家公园体制提供了重要支撑。至此可以说，我国关于自然保护地体系建设的顶层设计已基本完成，蓝图与路线已基本确定，亟待贯彻落实。[1]

虽然《国家公园法》尚未出台，但是我国在国家公园试点区域内的省级地

---

〔1〕 刘超：《"自然保护地"法律概念之析义与梳正》，载《暨南学报（哲学社会科学版）》2020 年第 10 期。

方立法层面已经有了相关的立法尝试：2015 年云南省人大常委会颁布实施的《云南省国家公园管理条例》是我国第一部省级层面的国家公园管理方面的地方性法规，该部地方性法规的制定也是地方"实验性立法"的典型案例之一。[1]尽管存在与多部处于更高立法层级的"上位法"相抵触的可能，但这种"实验性立法"确实为全国范围内的自然保护地立法提供了前期试点和经验借鉴，也充分体现了自然保护地立法现实可行。2017 年，《三江源国家公园条例》通过并于当年施行；同年，《神农架国家公园保护条例》《武夷山国家公园保护条例（试行）》通过并于 2018 年施行；《山东省国家公园管理办法》《四川省大熊猫国家公园管理办法》也将于 2022 年逐步开始实施。这些地方性法规在《国家公园法》尚未颁布实施时，对特定国家公园的管理、保护工作具有重大指导作用，同时，也为"国家公园法"的制定提供了相对具象的思路和模式。[2]2023 年的《青藏高原生态保护法》中也规定了国家公园的分区分类管理等制度。

三、我国国家公园法律制度

我国科学划定自然保护地类型，按照自然生态系统的原真性、整体性、系统性及其内在规律，依据管理目标与效能并借鉴国际经验，将自然保护地按生态价值和保护强度高低依次分为国家公园、自然保护区和自然公园三种类型。习近平总书记指出，中国实行国家公园体制，是推进自然生态保护、建设美丽中国、促进人与自然和谐共生的一项重要举措，目的是保持自然生态系统的原真性和完整性，保护生物多样性，保护生态安全屏障，给子孙后代留下珍贵的自然资产。从党的十八届三中全会首次提出建立国家公园体制开始，到 2015 年启动国家公园体制试点，再到 2021 年正式设立第一批国家公园，我国国家公园建设始终坚持生态优先、绿色发展，顺应人与自然和谐共生的相处之道。

（一）国家公园的定位

党的十九大报告提出"建立以国家公园为主体的自然保护地体系"体现出国家公园是自然保护地体系的主体类型。在由国家公园、自然保护区、自然公园组成的自然保护地体系中，国家公园在制度设计上具有对自然保护区和自然公

---

〔1〕 沈寿文：《"分工型"立法体制与地方实验性立法的困境——以〈云南省国家公园管理条例〉为例》，载《法学杂志》2017 年第 1 期。

〔2〕 李挺：《整体性思维背景下的我国自然保护地立法——以法律体系的建构与整合为视角》，载《环境保护》2019 年第 9 期。

园的指引作用，对整个制度体系具有辐射作用。[1]其他保护地类型在与国家公园发生利益冲突时，国家公园制度价值的实现应当具有优先性。在国家公园之上不再设置层级更高的自然保护地类型，各种自然保护地类型的价值评估、等级调整应当在以国家公园为主体的自然保护地体系下完成。确立国家公园主体地位就是要确立好国家公园在维护国家生态安全关键区域中的首要地位，确保国家公园在保护最珍贵、最重要生物多样性集中分布区中的主导地位，确定国家公园保护价值和生态功能在全国自然保护地体系中的主体地位。[2]

一方面，建立国家公园的首要目的和功能是要保护自然生态系统的原真性、完整性，始终突出对自然生态系统的严格保护、整体保护、系统保护，把最应该保护的地方保护起来。首先，国家公园坚持世代传承，给子孙后代留下珍贵的自然遗产。国家公园既具有极其重要的自然生态系统，又拥有独特的自然景观和丰富的科学内涵，国民认同度高。其次，国家公园以国家利益为主导，坚持国家所有，具有国家象征，代表国家形象，彰显中华文明，体现了国家代表性。最后，国家公园坚持全民共享，着眼于提升生态系统服务功能，开展自然环境教育，为公众提供亲近自然、体验自然、了解自然以及作为国民福利的游憩机会，鼓励公众参与，调动全民积极性，激发自然保护意识，增强民族自豪感，体现了全民公益性。[3]

另一方面，国家公园是我国自然保护地最重要的类型之一，属于全国主体功能区规划中的禁止开发区域，纳入全国生态保护红线区域的管控范围，实行最严格的保护。除不损害生态系统的原居住民生活生产设施改造和自然观光、科研、教育、旅游外，禁止其他开发建设活动。与一般的自然保护地相比，国家公园的自然生态系统和自然遗产更具有国家代表性和典型性，面积更大，生态系统更完整，保护更严格，管理层级更高。

（二）分级管理制度

国家公园由国家确立并主导管理。按照生态系统的重要程度，我国将国家公园等自然保护地分为中央直接管理、中央地方共同管理和地方管理三类，实行分级设立、分级管理。中央直接管理和中央地方共同管理的自然保护地由国

---

〔1〕 董正爱、胡泽弘：《自然保护地体系中"以国家公园为主体"的规范内涵与立法进路——兼论自然保护地体系构造问题》，载《南京工业大学学报（社会科学版）》2020年第3期。

〔2〕 参见中共中央办公厅、国务院办公厅印发《关于建立以国家公园为主体的自然保护地体系的指导意见》（2019年）。

〔3〕 参见中共中央办公厅、国务院办公厅印发《建立国家公园体制总体方案》（2017年）。

家批准设立；地方管理的自然保护地由省级政府批准设立，管理主体由省级政府确定。[1] 健全国家公园管理体制，还要规范设置国家公园管理机构，构建主体明确、责任清晰、相互配合、央地协同的运行机制。2015 年我国首次创造性提出国家公园实行"分级、统一管理"的管理体制，明确改革了以部门设置、以资源分类、以行政区划分设的旧体制，建立自然保护地统一设置、分级管理的新体制。其中，统一管理就是指一个自然保护地由一个部门、一个管理机构实行全过程统一管理，各地区各部门不得自行设立新的自然保护地类型，由各级林业和草原行政主管部门统一监督管理国家公园、自然保护区、风景名胜区、海洋特别保护区、自然遗产、地质公园等自然保护地。

2018 年，我国国务院机构改革方案提出，为加大生态系统保护力度，统筹森林、草原、湿地监督管理，加快建立以国家公园为主体的自然保护地体系，保障国家生态安全，将国家林业和草原局的职责、农业农村部的草原监督管理职责以及自然资源部、住房和城乡建设部、水利部、农业农村部等部门的自然保护区、风景名胜区、自然遗产、地质公园等管理职责整合，组建国家林业和草原局，由自然资源部管理，加挂国家公园管理局牌子。其主要负责监督管理各类自然保护地；拟订各类自然保护地规划和相关国家标准；负责国家公园设立、规划、建设和特许经营等工作；中央政府直接行使所有权的国家公园等自然保护地的自然资源资产管理和国土空间用途管制等相关工作。国家林业和草原局下设自然保护地管理司，负责监督管理国家公园等各类自然保护地，提出新建、调整各类国家级自然保护地的审核建议；组织实施各类自然保护地生态修复工作等相关工作。[2]

同时，我国地方试点省市在管理体制方面也进行了大胆的探索和创新，大多已对现有各类保护地的管理体制进行整合，明确管理机构，整合管理资源，实行统一有效的保护管理。比如，青海省组建成立三江源国家公园管理局，将原来分散在林业、国土、环保、住建、水利、农牧等部门的生态保护管理职责划归三江源国家公园管理局，实行集中统一高效的生态保护规划、管理和执法。湖北省整合原神农架国家级自然保护区管理局、大九湖国家湿地公园管理局，

---

〔1〕　参见中共中央办公厅、国务院办公厅印发《关于建立以国家公园为主体的自然保护地体系的指导意见》（2019 年）。

〔2〕　参见中共中央办公厅、国务院办公厅关于印发《国家林业和草原局职能配置、内设机构和人员编制规定》（2018 年）。

以及神农架林区林业管理局有关神农架国家森林公园的保护管理职责，成立神农架国家公园管理局，统一承担 1170 平方公里试点范围的自然资源管护等职责。浙江省、福建省也已正式成立由省政府垂直管理的国家公园管理机构。大熊猫国家公园管理机构统一行使大熊猫国家公园管理职责，整合大熊猫国家公园内原有自然保护地、国有林场、国有林区等管理职能，履行大熊猫国家公园范围内的自然资源资产管理、国土空间用途管制、生态保护修复、特许经营管理、社会参与管理、宣传推介等职责，负责协调与当地政府及周边社区关系。[1]

（三）生态环境监测制度

国家公园监测是指对国家公园生态系统和自然文化资源的保护、利用与管理相关数据进行长期、连续、系统地收集、分析、解释和利用的监控测定过程。[2]国家公园监测内容包括自然资源、生态状况、科学利用和保护管理 4 个方面。自然资源监测内容主要包括土地资源、水资源、矿产资源、森林资源、草原资源、湿地资源、海洋资源、自然景观资源、遗产遗迹资源和其他资源 10 类。生态系统监测内容主要包括生态系统、物种多样性、生态服务功能和气候与物候 4 类。科学利用监测内容主要包括产品生产、游憩体验和特许经营 3 类。保护管理监测内容主要包括管理体系、社区参与、灾害管控、行政执法、环境保护和社会管理 6 类。

国家公园监测制度在地方试点中也有实践，比如，我国三江源国家公园与中国空间技术研究院、中国航天集团 503 所等科研院所合作，共同开展科研技术攻关，统筹实施了三江源国家公园卫星通信系统、生态大数据中心等科技支撑项目。历经数年努力，"天空地一体化"生态环境监测体系已在三江源国家公园搭建完成并投入使用，所有地理信息全部纳入监测体系，数据动态尽在掌握，促进了生态环境治理能力的科学化、系统化、现代化。

（四）生态修复制度

生态修复是指通过自然恢复或人工措施，促进退化、受损或被毁的生态系统结构和功能得到恢复和提升。[3]生态系统修复是为了加强对自然生态系统原真性、完整性的保护，做好自然资源本底情况调查和生态系统监测，统筹制定

---

〔1〕《四川省大熊猫国家公园管理办法》第 4 条第 1 款。

〔2〕《国家公园监测规范》，GB/T 39738-2020。

〔3〕《国家公园总体规划技术规范》，GB/T 39736-2020。

各类资源的保护管理目标，着力维持生态服务功能，提高生态产品供给能力。修复制度坚持以自然恢复为主，生物措施和其他措施相结合，辅以必要的人工措施，分区分类开展受损自然生态系统修复。建设生态廊道、开展重要栖息地恢复和废弃地修复。严格规划建设管控，除不损害生态系统的原居住民生产生活设施改造和自然观光、科研、教育、旅游外，禁止其他开发建设活动。国家公园区域内不符合保护和规划要求的各类设施、工矿企业等逐步搬离，建立已设矿业权逐步退出机制。

生态修复包括生态系统修复和栖息地恢复两种类型：国家公园生态系统修复应以调查和监测为基础，制定修复目标，着力提升生态服务功能，维护自然生态系统健康稳定。生态系统修复措施应以自然恢复为主，辅以必要的近自然的工程措施，包括退耕（牧）还林（草、湿）、抚育改造、补植改造、人工促进更新、河湖海岸线保护、湿地植被恢复、人工鱼礁（巢）建设、藻场（草床）建设、产卵场底质修复、生态补水、岸线修复、水系沟通、水污染治理、黑土滩综合治理、草原鼠虫害综合防治等人工干预措施，逐步优化自然生态系统结构和功能。栖息地恢复按照自然规律改善栖息地条件，扩大栖息地范围，主要包括生态廊道建设和重要栖息地恢复。生态廊道建设是指在调查评估旗舰种、伞护种分布区及种群扩散趋势的基础上提出规划内容，通过采取近自然的工程措施，建设栖息地连通廊道和生境廊道，并视需求辅助建设人行通道，减少人为活动对动植物的干扰，恢复物种关键扩散廊道和生境，使野生动植物从现有栖息地（生境）向周边潜在栖息地（生境）扩散，联通现有分布区与潜在分布区，实现隔离种群间的基因交流。重要栖息地恢复是指在科学评估的基础上，确定国家公园内重要栖息地恢复的优先区域。对因种植养殖、居民点、水电工程、航道整治、挖砂采石、旅游和矿产开发等人为活动影响受损的栖息地，实行生态修复，对矿产开发受损栖息地加强边坡稳固和尾矿治理，通过改良土壤基质、种植重金属耐性植物、构筑人工湿地、净化地下水以及微生物修复等措施使其逐步恢复自然状态，促进栖息地斑块间融合，提升栖息地质量。

（五）分区管控制度

国家公园和自然保护区按照自然资源特征和管理目标，合理划定功能分区，根据各类自然保护地功能定位实行差别化保护管理，即分区管控。国家公园分区包括国家公园管控区和国家公园功能区。[1]

国家公园管控区是指国家公园范围内以管理目标为依据，以用途或管控强度为基础，实行差别化用途管制的空间单元，分为核心保护区和一般控制区，分区实行差别化管控。核心保护区包括国家公园范围内自然生态系统保存最完整、核心资源集中分布，或者生态脆弱需要休养生息的地域。核心保护区原则上禁止人为活动，实行最严格的生态保护和管理。除巡护管护、科研监测，以及符合生态保护红线要求、按程序规定批准的人员活动外，原则上禁止其他活动和人员进入。允许规划管护点、临时庇护所、防火瞭望塔、野生动物监测样线、植被监测样地、红外相机等涉及生态保护和管理的设施设备。核心保护区内原住居民应制定有序搬迁规划。国家公园范围内除核心保护区之外的区域按一般控制区进行管控。在确保自然生态系统健康、稳定、良性循环发展的前提下，一般控制区允许适量开展非资源损伤或破坏的科教游憩、传统利用、服务保障等人类活动，对于已遭到不同程度破坏而需要自然恢复和生态修复的区域，应尊重自然规律，采取近自然的、适当的人工措施进行生态修复。一般控制区的管控具体执行生态保护红线的相关要求。

为了实施专业化、精细化管理，在国家公园管控区的基础上根据管理目标进一步细分的，具有不同主导功能、实行差别化保护管理的空间单元被称作国家公园功能区，一般可分为严格保护区、生态保育区、科教游憩区和服务保障区等。严格保护区一般位于核心保护区，其主要功能是保护自然生态系统和自然景观的完整性和原真性，主要包括具有自然生态地理区代表性且保存完好的大面积自然生态系统、旗舰种等国家重点保护野生动植物的集中分布区及其赖以生存的生境等。生态保育区主要是对退化的自然生态系统进行恢复，维持国家重点保护野生动植物的生境，以及隔离或减缓外界对严格保护区的干扰。该区域以自然力恢复为主，必要时辅以人工措施，主要包括需要修复的退化自然生态系统集中分布的区域、国家重点保护野生动植物生境需要人为干预才能维持的区域等。生产生活区主要为原住居民使用的生产空间和生活空间，用于基本生活和按照绿色发展理念开展生产生活的区域，主要包括原住居民农、林、牧、渔业等生产区域、较大的居民集中居住区域等。科教游憩区主要是为公众提供亲近自然、认识自然和了解自然的场所，可开展自然教育、游憩体验、生态旅游等活动，主要包括科教游憩体验场所、设施区、具有理想的科学研究对

---

[1] 《国家公园总体规划技术规范》，GB/T 39736-2020。

象，便于开展长期研究和定期观测的区域等。服务保障区主要是管理局、管理站、后勤基地等管理体系建设，以及提供公共服务的区域，应尽量与当地城镇、科教游憩区等相结合，依托人口社区和国家公园社区布局服务保障设施。

第三节　自然保护区和生态功能区

一、自然保护区概述

自然保护区是指对有代表性的自然生态系统、珍稀濒危野生动植物物种的天然集中分布区、有特殊意义的自然遗迹等保护对象所在的陆地、陆地水体或者海域，依法划出一定面积予以特殊保护和管理的区域。它既是构成整体环境的一种环境要素，又是保护自然的一种比较严格有效的形式，有着重要意义。建立自然保护区是保护自然环境和自然资源，防止生态破坏的一种有效途径，其具有诸多功能：首先，自然保护区能提供生态系统的天然"本底"，为衡量人类活动对自然界产生的影响提供评价的准绳；也为人类探讨某些自然生态系统的合理发展指明了途径，便于人类按需要控制其演化方向。其次，自然保护区也是就地保护生物多样性的有效措施，大多数自然保护区保留了完好的自然生态系统和丰富的生物物种，这些生态系统和生物物种受到法律的严格保护。不仅如此，自然保护区还是研究自然生态系统的重要场所，它为进行连续、系统的长期观测以及珍稀物种的繁殖、驯化的研究提供了天然实验室。最后，自然保护区还有助于保护和改善生态环境，是维护地区生态平衡和国家生态安全，促进人和自然和谐发展的重要手段。[1]

我国高度重视生态建设和自然保护工作，自 1956 年在广东省肇庆市建立第一个自然保护区——鼎湖山自然保护区以来，经过六十多年的努力，已建立起数量众多、类型丰富、功能多样的各级、各类自然保护地。数据显示，目前我国已建各级各类保护地 1.18 万处，占国土陆域面积的 18%、领海面积的 4.6%。我国自然保护区分布有 3500 万公顷的天然林、2000 万公顷的天然湿地，保护着 90.5%的陆生生态系统类型、85%的野生动植物种类、65%的高等植物群落。[2]截至 2021 年，吉林的长白山等 34 个自然保护区加入了世界人与生物圈网络，湖

---

〔1〕　韩德培主编：《环境保护法教程》，法律出版社 2018 年版，第 179 页。
〔2〕　孙鹏：《首届中国自然保护国际论坛召开》，载《中国绿色时报》2019 年 10 月 31 日，第 1 版。

南的洞庭湖等 64 个自然保护区被列入《国际重要湿地名录》。我国具有重要生态功能的区域、绝大多数国家重点保护的珍稀濒危野生动植物和自然遗迹都在自然保护区内得到了保护，自然保护区在我国社会经济发展与生态系统保护中发挥了无可替代的基础保障作用。

目前我国已初步形成了类型比较齐全、分布比较合理的全国自然保护区网络。但在建设自然保护区的发展过程中也存在着不少问题。第一，部分保护区未明确划界，土地纠纷增多。一些保护区在建区时没有明确划定边界，随着土地的升值，开发强度加大，侵占和改变保护区土地现状的情况日趋严重。有些保护区没有解决好同农民集体等的土地权属问题，保护区管理机构无法阻止有土地使用权的部门或集体对土地的开发使用，致使纠纷不断，且解决难度较大，成为保护区屡屡遭到蚕食、破坏的重要客观原因。第二，资金投入不足，严重制约了保护区事业的良性发展。近些年，我国虽然加大了对自然保护区的投入力度，但该投入远跟不上保护区建设的速度，远远满足不了日常管护的需要。自然保护区自始就缺乏稳定有效的多元化资金筹措机制，资金不足成了自然保护区建设和管理普遍存在的问题。第三，资源开发与保护的矛盾加剧。随着社会经济发展，保护区周边人为活动因素不断增加，征占保护区土地的建设项目日益增多。一些地方出现限制自然保护区的建立，甚至撤销已建自然保护区的现象。受短期经济利益驱动，有些地方片面强调资源的开发利用，在未经严格科学论证和履行必要的审批程序的情况下，在保护区外围甚至保护区内部盲目开发建设，超越了保护区的承受能力，对自然资源和生态系统造成严重破坏。[1]

二、我国自然保护区立法现状

新中国成立后，全国百废待兴，经济建设任务繁重。但是党和国家高瞻远瞩，在大力发展经济建设的同时加强了对自然的保护。1956 年第一届全国人大三次会议上，陈焕镛、秉志等生物学家提出提案"请政府在全国各省（区）划定天然林禁伐区，保护自然植被以供科学研究的需要"，这标志着我国自然保护区的立法开始萌芽。受这一提案的影响，同年 10 月的第七次全国林业会议上，产生了两个关于自然保护区的提案，即《狩猎管理办法（草案）》和《天然森林禁伐区（自然保护区）草案》，后者就自然保护区划的建立、保护和管理方面

---

[1] 周珂等主编：《环境法》，中国人民大学出版社 2021 年版，第 279 页。

提出了规范性的要求。这个草案是综合治理的自然保护区法规的雏形。[1]到1979 年我国《环境保护法（试行）》将自然保护区纳入"环境"的范畴。从此，自然保护区建设开始进入制度化轨道。[2]1994 年 10 月 9 日颁布的《中华人民共和国自然保护区条例》（以下简称《条例》）是我国第一个关于自然保护区的正式的综合性法规，是自然保护区立法的重要里程碑。除《条例》外，《中华人民共和国森林和野生动物类型自然保护区管理办法》《中华人民共和国海洋自然保护区管理办法》《中华人民共和国水生动植物自然保护区管理办法》的作用和地位也非常重要。这三个管理办法分别对三种不同类型的自然保护区保护作了详细规定，是对《条例》的进一步补充和细化。1995 年我国还通过了《自然保护区土地管理办法》，对我国自然保护区中土地的使用、转让、管理等作了规定，这是我国关于自然保护区土地管理的唯一立法。[3]

我国还制定并实施了一系列与自然保护管理有关的行政规章等规范性文件。1998 年 8 月，国务院办公厅下发《关于进一步加强自然保护区管理工作的通知》，重申了自然保护区的重要性及加强执行《条例》的必要性。1991 年国家环境保护局发布的《关于国家级自然保护区审批意见报告的通知》，第一次对我国建立自然保护区的申报审批程序作出了规定。1997 年，我国发布了《中国自然保护区发展规划纲要（1996-2010）》，指出自然保护区建设的总目标是：建立一个类型齐全、分布合理、面积适宜、建设和管理科学、效益良好的全国自然保护区网络。还有 2006 年国家林业局颁布的《全国林业自然保护区发展规划（2006-2030 年）》、2009 年环境保护部颁布的《国家级自然保护区规范化建设和管理导则（试行）》、2010 年国务院办公厅颁发的《关于做好自然保护区管理有关工作的通知》等，这些均成为规范指导自然保护区建设发展的重要文件。

此外，《环境保护法》《野生动物保护法》《森林法》及其他环境资源保护法律、法规中也有关于自然保护区管理与保护的规定。各地根据区域自然保护的需要及基于"一区一法"的保护理念，分别出台了一些地方性法规、规章及管理办法，这也是我国自然保护区立法体系中的一个重要组成部分。

不仅如此，我国还加入多个与自然保护区有关的国际条约。其中包括 1992

---

〔1〕　王礼嬙等主编：《中国自然保护立法基本问题》，中国环境科学出版社 1992 年版，第 87 页。

〔2〕　汪劲：《论〈国家公园法〉与〈自然保护地法〉的关系》，载《政法论丛》2020 年第 5 期。

〔3〕　国家林业局野生动植物保护司、国家林业局政策法规司编：《中国自然保护区立法研究》，中国林业出版社 2007 年版，第 10 页。

年 6 月加入的《生物多样性公约》；1981 年 1 月加入的《濒危野生动植物种国际贸易公约》；1994 年 3 月 29 日，我国国家环境保护局与蒙古国自然与环境部和俄罗斯联邦自然保护和自然资源部签订《关于建立中、蒙、俄共同自然保护区的协定》；等等，表明我国在自然保护区建设上承担着重要的国际义务。

三、我国自然保护区立法的基本原则

自然保护区立法的基本原则是指调整因保护、保存、改善自然保护区内自然生态系统、珍稀濒危野生动植物物种、自然遗迹，开发、利用自然保护区内的自然资源等而产生的社会关系的根本或主要的准则。它是整个自然保护区建设和管理活动的指导思想和出发点，构成自然保护区法的灵魂，决定着自然保护区法整体的统一和协调。[1]

（一）协调发展原则

自然保护区立法遵循协调发展原则。协调发展原则是指经济建设和社会发展的规模和速度要充分考虑到资源和生态系统的长期承载能力，使资源和生态系统既能满足经济建设和社会发展目标的需要，又能够使资源和生态系统保持在满足当代人和后代人对资源和生态利用的要求水平上，使自然保护与经济建设和社会发展相互促进、共同发展。建立自然保护区是国家自然保护事业的重要组成部分，它既是环境问题，也是重大的经济、社会问题，自然保护区的建设、发展必须与经济、社会发展相协调。国家需采取有利于发展自然保护区的经济、技术政策和措施，将自然保护区的发展规划纳入国民经济和社会发展计划。建立自然保护区，从长远来看，有利于促进当地经济社会发展，但这在短期内往往无法体现，甚至会与当地人民群众的生产、生活产生矛盾。因此，在我国自然保护区立法中明确规定建设和管理自然保护区应当妥善处理与当地经济建设和居民生产、生活的关系。各地在落实这一规定上，积累了一些有益经验，例如发展生态旅游业，吸收因建立自然保护区而产生的剩余劳动力，以及发展特种经济动植物的驯养和栽培，等等。[2]

（二）公益原则

自然保护区立法遵循公益原则。公益原则是指在自然保护区的管理过程中，

---

〔1〕 国家林业局野生动植物保护司、国家林业局政策法规司编：《中国自然保护区立法研究》，中国林业出版社 2007 年版，第 64 页。

〔2〕 国家林业局野生动植物保护司、国家林业局政策法规司编：《中国自然保护区立法研究》，中国林业出版社 2007 年版，第 67 页。

国家应当采取措施保证全社会的公民能够平等享用自然保护区产生的效用，平等地承担自然保护区建设、发展的成本和费用。自然保护区具有保护生物多样性、贮存物种资源、改善区域生态环境、提供科普教育和生态旅游的场所等功能。从经济学的特征分析，这些功能所产生的效用或者提供的产品具有明显的外部经济性特征，符合公共产品的本质特征。公共产品的非排他性决定了人们在消费这类产品时，往往会有不付费的动机，而倾向于成为免费搭乘者，这是不可避免的。因此，如果仅仅由自然保护区所在的人民政府和居民来承担一切成本，而由全社会来享用产品是极其不公平的。这就需要国家制定一些法律政策，用对所有人公平的原则来均衡各种利益和成本。如：制定自然保护区建设、发展和管理规划，并将自然保护区纳入公益事业进行管理，所需经费列入公共财政支出，通过税收等手段，"取之于民，用之于民"。当前在《自然保护区条例》中对公益原则并没有做出直接、明确的规定，仅在第4条中略有体现。[1]

（三）公众参与原则

自然保护区立法遵循公众参与原则。公众参与原则是目前在各国环境保护管理中普遍采用的一项原则，也是体现在许多国家环境法中的一项基本原则。人类活动对自然生态环境的干扰是造成保护与发展冲突的最根本原因，人口的增加使得对自然资源的需求不断扩大，人类在拓展自身生存空间的同时，生态环境所受到的压力也与日俱增。在自然保护区的保护和管理工作中采取公众参与原则，可以起到以下几个方面的独特作用：一是避免政府决策失误，作出科学的决策。二是增强公众保护环境的责任感，让公众意识到"保护自然资源人人有责"。三是减少公众和自然保护区管理机构之间的冲突。我国自然保护区立法明确规定：一切单位和个人都有保护自然保护区内自然环境和自然资源的义务，并在发现破坏、侵占自然保护区的单位和个人时，有权进行检举、控告。同时，对建设、管理自然保护区以及在有关的科学研究中做出显著成绩的单位和个人，将由人民政府给予奖励。此类的规定皆是对公众参与原则精神价值的具体落实。[2]

〔1〕　国家林业局野生动植物保护司、国家林业局政策法规司编：《中国自然保护区立法研究》，中国林业出版社2007年版，第71页。

〔2〕　国家林业局野生动植物保护司、国家林业局政策法规司编：《中国自然保护区立法研究》，中国林业出版社2007年版，第75页。

四、自然保护区的法律制度

（一）自然保护区监督管理体制

我国自然保护区实行综合管理和分部门管理相结合的管理体制。国务院环境保护行政主管部门负责全国自然保护区的综合管理。国务院林业、农业、地质矿产、水利、海洋等有关行政主管部门在各自的职责范围内，主管有关的自然保护区。县级以上地方人民政府负责自然保护区管理的部门的设置与职责，由省、自治区、直辖市人民政府根据当地具体情况确定。[1]

无论是国家的宏观管理还是地方政府对自然保护区的日常管理，都必须通过专门的管理机构来承担。自然保护区管理机构是贯彻落实国家有关自然保护区方针政策的最基层组织，是实现自然保护区目的和任务的重要条件和依托，也是自然保护区开展资源保护、科学研究以及日常管理的常设机构。

在我国，国家级自然保护区，由其所在地的省、自治区、直辖市人民政府有关自然保护区行政主管部门或者国务院有关自然保护区行政主管部门管理。地方级自然保护区，由其所在地的县级以上地方人民政府有关自然保护区行政主管部门管理。有关自然保护区行政主管部门应当在自然保护区内设立专门的管理机构，配备专业技术人员，负责自然保护区的具体管理工作。[2]其主要职责是：贯彻执行国家有关自然保护的法律、法规和方针、政策；制定自然保护区的各项管理制度，统一管理自然保护区；调查自然资源并建立档案，组织环境监测，保护自然保护区内的自然环境和自然资源；组织或者协助有关部门开展自然保护区的科学研究工作；进行自然保护的宣传教育；在不影响自然保护区的自然环境和自然资源的前提下，组织开展参观、旅游等活动。[3]

（二）自然保护区的建立条件

自然保护区的建立必须满足特定的条件，因此我国建立了自然保护区建立条件制度。我国《自然保护区条例》对自然保护区的条件作出统一规定。符合下列条件的应当建立自然保护区：典型的自然地理区域、有代表性的自然生态系统区域以及已经遭受破坏但经保护能够恢复的同类自然生态系统区域；珍稀、濒危野生动植物物种的天然集中分布区域；具有特殊保护价值的海域、海岸、

---

[1]《自然保护区条例》第 8 条。

[2]《自然保护区条例》第 21 条。

[3]《自然保护区条例》第 22 条。

岛屿、湿地、内陆水域、森林、草原和荒漠；具有重大科学文化价值的地质构造、著名溶洞、化石分布区、冰川、火山、温泉等自然遗迹；经国务院或者省、自治区、直辖市人民政府批准，需要予以特殊保护的其他自然区域。[1]此外，《森林和野生动物类型自然保护区管理办法》，对于建立森林和野生动物类型自然保护区的条件也作出了具体规定。可以建立自然保护区的区域包括：第一，不同自然地带的典型森林生态系统的地区。第二，珍贵稀有或者有特殊保护价值的动植物物种的主要生存繁殖地区，包括：国家重点保护动物的主要栖息、繁殖地区；候鸟的主要繁殖地、越冬地和停歇地；珍贵树种和有特殊价值的植物原生地；野生生物模式标本的集中产地。第三，其他有特殊保护价值的林区。

（三）自然保护区分级保护制度

自然保护区分为国家级自然保护区和地方级自然保护区。在国内外有典型意义、在科学上有重大国际影响或者有特殊科学研究价值的自然保护区，列为国家级自然保护区。除列为国家级自然保护区的外，其他具有典型意义或者重要科学研究价值的自然保护区列为地方级自然保护区。地方级自然保护区可以分级管理，按照国务院有关自然保护区行政主管部门或者省、自治区、直辖市人民政府根据实际情况分为省、市和县自然保护区。[2]

我国对于国家级自然保护区的管理相对严格。国家级保护区原则上应由省级以上自然保护区主管部门直接管理，且国家级自然保护区不得随意调整。调整国家级自然保护区原则上不得缩小核心区、缓冲区面积，应确保主要保护对象得到有效保护，不破坏生态系统和生态过程的完整性，不损害生物多样性，不得改变自然保护区的性质。在经费上，自然保护区建设和管理所需经费由自然保护区行政主管部门或地方政府安排，国家只对国家级自然保护区予以有限的资金补助。[3]

（四）自然保护区分区保护制度

我国对自然区实行分区管理，自然保护区可以分为核心区、缓冲区和实验区。对自然保护区进行功能分区，实行有效保护和科学管理，既是自然保护区目标的体现，也是为了更好地实现保护目标。

---

〔1〕《自然保护区条例》第10条。

〔2〕《自然保护区条例》第11条。

〔3〕国务院下发的《国务院关于印发国家级自然保护区调整管理规定的通知》（国函〔2013〕129号）。

第一类是核心区。自然保护区内保存完好的天然状态的生态系统以及珍稀、濒危动植物的集中分布地，应当划为核心区。核心区内禁止任何单位和个人进入，不得建设任何生产设施。[1]因科学研究的需要，必须进入核心区从事科学研究观测、调查活动的，应当事先向自然保护区管理机构提交申请和活动计划，并经省级以上人民政府（指地方级自然保护区）或者国务院（指国家自然保护区）有关自然保护区主管部门批准。自然保护区核心区内原有居民确有必要迁出的，由自然保护区所在地方人民政府予以妥善安置。[2]

第二类是缓冲区。核心区外围可以划定一定面积的缓冲区，自然保护区的缓冲区禁止开展旅游和生产经营活动，禁止建设任何生产设施。缓冲区内只准进入从事科学研究观测的活动。因教学科研的目的，需要进入自然保护区的缓冲区从事非破坏性的科学研究、教学实习和标本采集活动的，应当事先向自然保护区管理机构提交申请和活动计划，经自然保护区管理机构批准。[3]

第三类是实验区。缓冲区外围划为实验区，可以进入从事科学试验、教学实习、参观考察、旅游以及驯化、繁殖珍稀、濒危野生动植物等活动。[4]在国家级自然保护区和地方级自然保护区的实验区内开展参观、旅游活动的，由自然保护区管理机构提出方案，经批准后方可进行。在自然保护区组织参观、旅游活动的，必须按照批准的方案进行，并服从自然保护区管理机构的管理。严禁开设与自然保护区方向不一致的参观、旅游项目。在自然保护区的实验区内，不得建设污染环境、破坏资源或者景观的生产设施；建设其他项目，其污染物排放不得超过国家和地方规定的污染物排放标准。已经建成的设施，其污染物排放超过国家和地方规定的排放标准的，应当限期治理；造成损害的，必须采取补救措施。[5]

除三类自然保护区外，我国自然保护区立法明确规定了对自然保护区外围的管理。在自然保护区的外围保护地带建设的项目，不得损害自然保护区内的环境质量；已造成损害的，应当限期治理。该限期治理的决定由法律、法规规定的机关作出，被限期治理的企业事业单位必须按期完成治理任务。[6]

---

〔1〕《自然保护区条例》第18条。
〔2〕《自然保护区条例》第27条。
〔3〕《自然保护区条例》第28条。
〔4〕《自然保护区条例》第18条。
〔5〕《自然保护区条例》第32条。
〔6〕《自然保护区条例》第32条。

（五）自然保护区的开发管理制度

自然保护区禁止和限制自然保护区内的人为活动。除上述针对核心区、缓冲区和实验区的特殊保护管理措施外，《自然保护区条例》还规定了一些对自然保护区的一般保护管理规定。在自然保护区内的单位、居民和经批准进入自然保护区的人员，必须遵守自然保护区的各项管理制度，接受自然保护区管理机构的管理。[1]

禁止在自然保护区内进行砍伐、放牧、狩猎、捕捞、采药、开垦、烧荒、开矿、采石、挖沙等活动；但是，法律、行政法规另有规定的除外。[2]

外国人进入自然保护区，应当事先向自然保护区管理机构提交活动计划，并经自然保护区管理机构批准。其中，进入国家级自然保护区的，应当经省、自治区、直辖市环境保护、海洋、渔业等有关自然保护区行政主管部门按照各自职责批准。进入自然保护区的外国人，应当遵守有关自然保护区的法律、法规和规定，未经批准，不得在自然保护区内从事采集标本等活动。[3]

五、生态功能区的概念及发展现状

（一）生态功能区概述

生态功能区是指在保持流域、区域生态平衡，防止和减轻自然灾害，确保国家和地区生态安全方面具有重要作用的江河源头、重要水源涵养区、水土保持的重点预防保护区和重点监督区、江河洪水调蓄区、防风固沙区、重要渔业水域以及其他具有重要生态功能的区域，依照规定程序划定一定面积予以重点保护、建设和管理的区域。建立生态功能区，保护区域重要生态功能，对于防止和减轻自然灾害，协调流域及区域生态保护与经济社会发展，保障国家和地方生态安全具有重要意义。[4]

2000 年国家环保总局会同有关部门制定并由国务院发布的《全国生态环境保护纲要》明确规定了生态功能区的建设要求。该纲要特别指出，江河源头区、重要水源涵养区、水土保持的重点预防保护区和重点监督区、江河洪水调蓄区、防风固沙区和重要渔业水域等重要生态功能区，在保持流域、区域生态平衡，减轻自然灾害，确保国家和地区生态环境安全方面具有重要作用。对这些区域

---

[1] 《自然保护区条例》第 25 条。

[2] 《自然保护区条例》第 26 条。

[3] 《自然保护区条例》第 31 条。

[4] 国家环保总局下发的《国家重点生态功能保护区规划纲要》（环发〔2007〕165 号）。

的现有植被和自然生态系统应严加保护，通过建立生态功能保护区，实施保护措施，防止生态环境的破坏和生态功能的退化。对生态功能保护区应采取以下保护措施：停止一切导致生态功能继续退化的开发活动和其他人为破坏活动；停止一切产生严重环境污染的工程项目建设；严格控制人口增长，区内人口已超出承载能力的应采取必要的移民措施；改变粗放的生产经营方式，走生态经济型发展道路；对于已经破坏的重要生态系统，要结合生态环境建设措施，认真组织重建与恢复，尽快遏制生态环境的恶化趋势。

为了贯彻实施该纲要，有关部门先后制定了《生态功能保护区评审管理办法》《生态功能保护区规划编制大纲（试行）》《全国生态功能区划》《生态功能区划暂行规程》等规范性文件。

（二）生态功能区分级管理与建立

生态功能保护区分为国家级、省级和地（市）级。跨省域和对于维护国家生态安全具有重要作用的重点流域、重点区域的重要生态功能区，建立国家级生态功能保护区。跨地（市）及对于维护省（自治区、直辖市）生态安全具有重要作用的重点区域的重要生态功能区，建立省级生态功能保护区。跨县（市）及对于维护地（市）生态安全具有重要作用的重点区域的重要生态功能区，建立地（市）级生态功能保护区。[1]

国家级生态功能保护区的建立，由省级人民政府提出申请，报国务院批准。省级生态功能保护区的建立，由地（市）级人民政府提出申请，报省级人民政府批准。地（市）级生态功能保护区的建立，由县（市）级人民政府提出申请，报地（市）级人民政府批准。跨两个以上行政区域的生态功能区的建立，由有关行政区域的人民政府协商一致后提出申请，并按照规定程序申报。[2]

生态功能保护区的建立，应当经生态功能保护区评审委员会评审。各级生态功能保护区评审委员会，由同级人民政府环境保护行政主管部门会同有关部门建立。其评审委员会由有关部门推荐的代表和专家组成，专家人数应占评审委员会总人数的 40%~60%。其命名按照"生态功能保护区所在地+级别+生态功能保护区"的方法进行。如果生态功能保护区需撤销或调整改变级别、范围、内部分区以及规划，应当经原批准建立生态功能保护区的人民政府批准。[3]

---

〔1〕 国家环保总局下发的《生态功能保护区评审管理办法》（环发〔2002〕159号）。

〔2〕 国家环保总局下发的《生态功能保护区评审管理办法》（环发〔2002〕159号）。

〔3〕 国家环保总局下发的《生态功能保护区评审管理办法》（环发〔2002〕159号）。

（三）生态功能区的区划

生态功能区划是根据区域生态系统格局、生态环境敏感性与生态系统服务功能空间分异规律，将区域划分成不同生态功能的地区。生态功能区划是围绕生态环境保护与建设这一核心问题展开的，有别于主体功能区划，虽然两者都兼具保护自然生态系统和引导区域合理开发的功能，但生态功能区划的目的是为制定区域生态环境保护与建设规划、维护区域生态安全、以及资源合理利用与工农业生产布局、保育区域生态环境提供科学依据，并为环境管理部门和决策部门提供管理信息与管理手段。[1]而主体功能区划则是为了根据不同区域的资源环境承载能力、现有开发强度和发展潜力，统筹谋划人口分布、经济布局、国土利用和城镇化格局，确定不同区域的主体功能，并据此明确开发方向，完善开发政策，控制开发强度，规范开发秩序，逐步形成人口、经济、资源环境相协调的国土空间开发格局，[2]两者偏重点不同，需要明确区分。

生态功能区划根据生态系统服务功能类型及其空间分布特征，开展全国生态功能区划。首先，按照生态系统的自然属性和所具有的主导服务功能类型分类。然后在此基础上，依据生态系统服务功能重要性划分生态功能类型。最后，根据生态功能类型及其空间分布特征，以及生态系统类型的空间分布特征、地形差异、土地利用的组合，划分生态功能区。全国生态功能区划体系见表4-4-1。[3]

表4-4-1　全国生态功能区划体系表

生态功能大类（3类）	生态功能类型（9类）	生态功能区举例
生态调节	水源涵养	米仓山——大巴山水源涵养功能区
	生物多样性保护	小兴安岭生物多样性保护功能区
	土壤保持	陕北黄土丘陵沟壑土壤保持功能区
	防风固沙	科尔沁沙地防风固沙功能区
	洪水调蓄	皖江湿地洪水调蓄功能区

---

〔1〕　国家环保总局下发的《生态功能区划暂行规程》。

〔2〕　国务院下发的《全国主体功能区规划》（国发〔2010〕46号）。

〔3〕　环境保护部、中国科学院下发的《全国生态功能区划（修编版）》（环境保护部、中国科学院公告2015年第61号）。

生态功能大类（3类）	生态功能类型（9类）	生态功能区举例
产品提供	农产品提供	三江平原农产品提供功能区
	林产品提供	小兴安岭山地林产品提供功能区
人居保障	大都市群	长三角大都市群功能区
	重点城镇群	武汉城镇功能区

生态功能区划的目标是明确全国不同区域的生态系统类型与格局、生态问题、生态敏感性和生态系统服务功能类型及其空间分布特征，提出全国生态功能区划方案，明确各类生态功能区的主导生态系统服务功能以及生态保护目标，划定对国家和区域生态安全起关键作用的重要生态功能区域。同时全面贯彻"统筹兼顾、分类指导"和综合生态系统管理思想，改变按要素管理生态系统的传统模式，增强生态系统的生态调节功能，提高区域生态系统的承载力与经济社会的支撑能力。最后以生态功能区为基础，指导区域生态保护与建设、生态保护红线划定、产业布局、资源开发利用和经济社会发展规划，构建科学合理的生态空间，协调社会经济发展和生态保护的关系。[1]

【本章思考题】

1. 国家公园与传统自然保护区的区别？
2. 是否有必要同时制定《国家公园法》与《自然保护地法》？
3. 国家公园的管理体系是怎样的？

【延伸阅读】

美国黄石国家公园简介 [2]

美国早在1872年就建立了世界上第一个以保护自然为目的的国家公园——黄石国家公园并颁布《黄石国家公园法》予以调控。此后，美国在全国范围内形成了由有关成文法、配套的实施计划和联邦环保局颁布的一系列规章构成的

---

〔1〕 环境保护部、中国科学院下发的《全国生态功能区划（修编版）》（环境保护部、中国科学院公告2015年第61号）。

〔2〕 https：//www.nps.gov/yell/index.htm.

庞大环境法成文法体系，推动了美国自然保护区工作的开展。

美国的《自然保护区法》是自然保护区的基本法，它建立了美国的"自然保护区系统"，对全国联邦土地上的自然保护区的保护和管理作了原则性规定，为其他自然保护区的立法提供了立法依据和指导。此外，美国还十分重视实施该基本法而必需的配套法律、法规、规章的制订，其中特定保护区立法就有69部，这些法律使整个自然保护区立法成体系、层次分明，便于依法进行自然保护区的建设与管理工作。

同时在美国，保护区实行多部门分工负责管理的方式，主要由联邦内政部和商务部负责。内政部具体负责国家野生生物避难所、国家公园和荒野保持体系的管理。在联邦内政部又分别涉及鱼类和野生生物署、土地管理局、国家公园署以及林务局等多个机构。商务部则负责管理海洋保护区。这种管理模式是由美国立法各部门分工细致、职权划分严格的传统所决定的。

此外，美国的《自然保护区法》规定了严格的法律责任。就国家公园来说，国会强调要为"全体美国人的共同利益"管理国家公园，"以无损于后代人的享用的方式和方法为人们对他们的享用提供服务"，并规定了法律责任予以保障。为保证法律得到遵守，以《濒危物种法》为例，对违法者规定了行政罚款和刑事制裁，还对护法者进行了奖励。该法规定对故意违反法律规定的一般性禁则者处以每次违法2.5万美元以下罚款，对故意违反依据该法颁布的其他条例者处以1.2万美元以下的行政罚款。对故意违法者，该法还视情节轻重分别规定了5万美元以下的罚金或一年以下的监禁或二者并罚的刑事制裁。该法规定内政部和财政部从罚款或没收的违法财产中拨出款项，用于奖励举报刑事违法案件的人和支付任何人临时照料濒危物种所花费的合理费用。当罚款、罚金和没收的财产超过50万美元时，财政部将提取一定的款项来建立濒危物种保护基金。该法还规定可由内政部、财政部、海岸警备队所属部门和所有法律授权的主管机关执行。各部门可通过协议利用其他部门的人员、服务和设施进行执法活动。[1]

---

〔1〕　蓝楠：《美国自然保护区立法及其借鉴》，载《生态文明与林业法治——2010全国环境资源法学研讨会（年会）论文集（上册）》。

第四编
绿色低碳发展法

第一章 气候变化应对法律制度

【内容提要】

本章概括介绍了气候变化问题，论述了气候变化的概念、实质和影响，探讨了《联合国气候变化框架公约》《京都议定书》《巴黎协定》等国际气候谈判协定的内容，并在此基础上专门针对我国提出的"双碳"战略进行了介绍，分析了我国应对气候变化的基本理念、法律框架及相关制度。

【重点了解与掌握】

1. 气候变化的概念；
2. 国际气候治理与合作；
3. "双碳"战略目标的实现；
4. 我国应对气候变化的法律框架。

【引导案例（材料）】

当今世界，人类赖以生存的自然环境正面临着前所未有的挑战，这些挑战既包括传统的环境污染如大气污染、水资源污染等，也包括人们近年来才认识到的因二氧化碳过量排放引发的全球气候变暖问题。对于我国的环境治理而言，我们既需要治理当前人们所关注的水污染、大气污染等我国境内与人们生活密切相关的环境问题，也需要与世界各国人民一道应对 21 世纪人类社会共同面临的全球气候变暖难题。

气候变暖主要在于人类活动所排放的温室气体，而温室气体中最主要的是二氧化碳。大量研究表明，二氧化碳是"温室效应"或者全球气候变暖的罪魁祸首之一。二氧化碳的高排放主要是由于人类过多地使用煤、石油等传统化石能源的结果。而化石能源的生产、使用、消费也是导致我国大气污染的主要污染源。因而，无论是应对全球气候变暖还是治理我国当前的大气污染问题，都需要围绕碳排放与能源问题展开，在经济、社会、文化等领域全面注入低碳理念，通过节能减排和低碳发展来应对气候变化。我们应当开启一场低碳革命，控制温室气体排放和减缓全球气候变化，对"高碳"的经济、产业、能源和生活方式实行"低碳化"的改造，实现从"高碳"向"低碳"的转型。[1]

【引导问题】

如何理解气候变化问题对我国发展所造成的影响？

第一节　气候变化问题

一、气候变化的概念

"气候"作为自然科学名词，是指一个地区大气包括气温、降水、光照等因素在内的多年平均状况。而"气候变化"在气候学上的解释则是指气候平均状态出现了统计学意义上的显著变化或者持续较长一段时间（典型的为 10 年或更长）的气候变动。从产生原因的角度来看，气候变化可以区分为因自然本身所导致的变化和因人类活动所导致的变化。因自然本身所导致的变化主要是指自然生态气候系统内部诸要素之间的相互作用，包括火山爆发、地震、海啸、太阳辐射的变化等；因人类活动所导致的变化主要是指人为因素导致地球大气中温室气体排放含量的大幅增加，包括燃烧大量化石矿物燃料、砍伐森林、破坏自然生态环境等社会行为。

环境法上所要专门研究的"气候变化"，特指由于人类活动而引起的气候变化，也就是根据《联合国气候变化框架公约》第 1 条第 2 款所规定的，气候变化是指"除在类似时期内所观测的气候的自然变异之外，由于直接或间接的人类活动改变了地球大气的组成而造成的气候变化"。据政府间气候变化专门委员会（Intergovernmental Panel on Climate Change，IPCC）《第五次评估报告》指出："大气中温室气体浓度的不断增加是目前观测到的 1951-2010 年全球平均表面温

---

〔1〕　参见杨解君等：《面向低碳未来的中国环境法制研究》，复旦大学出版社 2014 年版，第 1-3 页。

度持续升高的主要原因，2010年至2019年全球温室气体年平均排放量已处于人类历史上最高水平。"而《第六次评估报告》则指出，"人类活动是导致近年来气候变暖毋庸置疑的事实"。

二、气候变化的实质

总体而言，温室气体增多产生的气候变化不仅对全球环境、生态问题产生重大影响，而且事关人类社会生产、消费、生活方式以及生存空间等重大问题。目前国际气候治理针对的是造成气候变化的各种人类活动，根本措施是减少温室气体的人为排放。但温室气体来源主要是能源生产、消费排放的二氧化碳以及农牧业生产过程中产生的甲烷气体等，而减少和限制温室气体排放就会影响和限制能源、农牧业这些事关国民经济和社会发展的基础产业。[1]因此，气候变化问题不仅仅是一个环境问题，其实质归根结底就是发展问题，处理得当与否，事关国家的重大经济利益和未来发展空间。

三、气候变化的影响

当前，气候变化正给自然界和人类社会造成广泛而普遍的影响，涉及对自然生态系统以及人类自身生存和发展的改变。为了地球生态系统健康和人类福祉，人类社会需要采取有效的行动，确保全球的可持续性发展。

（一）对自然生态系统的影响

气候变化正在给自然界造成危险而广泛的损害。陆地生态系统面临着冰川融化、冻土变暖、生物多样性丧失和栖息地转移；海洋生态系统面临着海洋变暖和酸化、海平面上升、珊瑚白化、渔业资源减少等问题。并且，随着全球气温的持续升高，极端天气事件如洪水、干旱、野火、风暴等现象将变得更频繁、更严重。毫不夸张地说，这种剧烈的极端天气事件加上长期的气候变化趋势，正在将全球生态系统推向临界点，一旦超过临界点，生态系统将会发生不可逆转的改变。

（二）对人类生存发展的影响

气候变化不仅对生态系统造成损害，还影响着全球数十亿人的生活。一方面，气温升高带来了粮食和水的不安全，减缓了中低纬度地区农业生产力的增长，对作物质量以及收成稳定性产生了负面影响，同时还会导致全球一半以上

---

〔1〕　周珂等主编：《环境法》，中国人民大学出版社2021年版，第353页。

的人数面临物理性缺水的问题。另一方面，气候变化还加剧了疾病的传导，使得人类在病原体面前更加暴露和脆弱，增加腹泻病、登革热、疟疾、过敏性疾病等的患病风险。

（三）对经济社会发展的影响

从人类系统来讲，频发的城市热岛和内涝等现象容易对城市和居住场所造成损失，对城市基础设施和经济带来的负面影响愈发凸显。此外，气候变化的风险还会在不同行业、不同领域、不同区域之间进行传导，从而对人类经济社会的发展造成巨大影响。如热浪与干旱的复合并发同时对农作物生产、农民身体健康和劳动力等造成影响，从而导致粮食产量下降，进而影响农民家庭收入，并导致食品价格上升——风险便从粮食安全领域传导至经济社会领域。并且，对于一些粮食进出口国而言，粮食产量和价格波动也会通过国际贸易跨越国界，进而传导至全球其他区域。

第二节　国际气候谈判

一、应对气候变化的国际合作

气候变化对人类社会的负面影响是多方位、多层次的，单个国家基于自己的内部力量很难根除，因此，世界上大多数国家都将目光转向国际社会，开始寻求双边或者多边的解决方案。[1]20世纪80年代以来，国际社会围绕"减排温室气体，应对气候变化"的主题进行了多轮重要的国际气候谈判，针对全球气候治理形成了以《联合国气候变化框架公约》《京都议定书》《巴黎协定》为代表的谈判成果。

然而，采取行动应对气候变化，其实质是改变过去惯行的高能耗、高排放的经济发展方式，事关世界各国自身的国家利益，各国在如何承担减排义务、承担多少减排义务等问题上争论不休，导致各谈判协定往往落入实施困难的境地。温室气体的排放与经济发展速度密切相关，涉及人的基本发展权，而气候变化问题又涉及人的基本生存权，如何在公平价值上实现生存权与发展权的平衡，是当前应对气候变化国际合作的重要议题。近年来，部分发达国家在应对气候变化谈判中不断给以我国为代表的发展中国家施压，推诿自身减排义务的

---

〔1〕郭美含：《低碳经济背景下中国应对气候变化法律框架研究》，群众出版社2020年版，第3页。

做法是不可取的。气候变化问题关系到人类共同的生存和发展,在气候变化责任如何分担的问题上,不仅要考虑人与人、国与国之间的关系,也要考虑人与自然、人与未来的关系;不仅要实现减排结果的公平,还要做到减排过程的公平。

二、《联合国气候变化框架公约》

(一)《公约》概况

1992 年 5 月 22 日,联合国政府间谈判委员会就气候变化问题达成《联合国气候变化框架公约》(United Nations Framework Convention on Climate Change, UNFCCC,以下简称《公约》)。同年 6 月 4 日,《公约》在巴西里约热内卢举行的联合国"环境与发展大会"上通过,并于 1994 年 3 月 21 日生效。《公约》是世界上第一个为全面控制二氧化碳等温室气体排放、应对全球气候变暖给人类经济和社会带来不利影响的国际公约,也是国际社会在应对全球气候变化问题上进行国际合作的一个基本框架。

《公约》的缔约方作出了许多旨在解决气候变化问题的承诺,其最终目标为:将大气中温室气体的浓度稳定在防止气候系统受到人为干扰危险的水平之上,并且该水平应当在足以使生态系统能够自然地适应气候变化、确保粮食生产免受威胁并使经济发展能够在可持续进行的时间范围内实现。为了确保目标的实现,《公约》要求每个缔约方应当定期提交专项报告,内容须包含该缔约方的温室气体排放信息,并说明为实施《公约》所执行的计划及具体措施。

《公约》的生效,奠定了应对气候变化国际合作的法律基础,是具有权威性、普遍性、全面性的国际框架。我国于 1992 年 11 月 7 日经全国人大批准加入《公约》,并于 1993 年 1 月 5 日将批准书交存联合国秘书长处。自 1994 年 3 月 21 日起,《公约》对我国内地及澳门特别行政区生效,1999 年 12 月澳门回归后继续适用。自 2003 年 5 月 5 日起,《公约》对香港特别行政区生效。

(二)《公约》的原则

为了实现控制温室气体排放的目标,《公约》确立了五个基本原则:

一是"共同但有区别"的责任原则。该原则是《公约》的核心原则。不论发达国家还是发展中国家都有采取减缓和适应气候变化措施的责任,但是由于各国历史责任、发展水平、发展阶段、能力大小和贡献方式不同,发达国家要对其历史累计排放和当前高人均排放承担责任,率先减少排放,同时要向发展中国家提供资金、转让技术;发展中国家要在发展经济、消除贫困的过程中,采取积极的适应和减缓措施，尽可能少排放，为共同应对气候变化作出贡献。

二是考虑发展中国家具体国情的原则。考虑到发展中国家的具体需要和特殊情况，《公约》承认发展中国家有消除贫困、发展经济的优先需要。发展中国家的人均排放相对较低，因此在全球排放中所占的份额将有一定程度的增加，经济和社会发展以及消除贫困是发展中国家的优先任务。

三是风险预防的原则。各国应当采取必要的措施，预测、防止和减少引起气候变化的因素。同时，考虑应对气候变化的政策和措施时应当讲求成本效益，确保以尽可能低的费用实现全球效益。

四是促进可持续发展原则。各国应在可持续发展的框架下应对气候变化。气候变化是在发展中产生的，也必须在发展过程中解决。要在应对气候变化过程中促进可持续发展，努力实现发展经济和应对气候变化的双赢。

五是加强国际合作原则。气候变化是全球共同面临的挑战，必须通过全球的广泛合作和共同努力才能解决。各国应当合作促进有利、开放的国际经济体系，从而更好地应对气候变化问题。

三、《京都议定书》

(一)《议定书》概况

《京都协定书》（以下简称《议定书》），全称《联合国气候变化框架公约的京都议定书》，是《公约》的补充条款，1997年12月在日本京都由《公约》第三次缔约方会议制定并通过，2005年2月16日正式生效。《议定书》的主要目标为"将大气中的温室气体含量稳定在一个适当的水平，进而防止剧烈的气候改变对人类造成伤害"，这是人类历史上首次以法规的形式限制温室气体排放。

《议定书》作为一份具有里程碑意义的国际气候治理法律文件，其最大的成果就是首次为发达国家与经济转轨国家规定了具有法律约束力的温室气体定量减排目标，也为其后的国际气候谈判奠定了基础和框架。[1]在2008至2012年承诺期，发达国家与经济转轨国家作为一个整体，必须将温室气体排放总量削减至1990年水平的95%以下。这一总体目标还被分解到每个国家和地区，各国与1990年相比必须完成的削减目标是：欧盟削减8%、美国削减7%、日本削减6%、加拿大削减6%、东欧各国削减5%至8%。除此之外，新西兰、俄罗斯和

---

〔1〕 周珂等主编：《环境法》，中国人民大学出版社2021年版，第359页。

乌克兰可将排放量稳定在 1990 年的水平；爱尔兰、澳大利亚和挪威可以分别增加 10%、8% 和 1% 的排放量。

我国于 1998 年 5 月 29 日签署《议定书》并于 2002 年 8 月 30 日予以核准，《议定书》于 2005 年 2 月 16 日起对我国内地及香港特别行政区生效。自 2008 年 1 月 14 日起，《议定书》对澳门特区生效。

（二）《议定书》的"京都机制"

为尽量降低各国及地区完成温室气体减排目标的成本，《议定书》设立了三项灵活机制作为各缔约国国内行动的补充。

一是清洁发展机制（Clean Development Mechanism，CDM）。发达国家通过提供资金和技术的方式，与发展中国家开展项目级的合作，通过项目所实现的"经核证的减排量"（CER），用于发达国家缔约方完成在《议定书》第 3 条下的承诺。由于发展中国家的减排成本远低于发达国家，所以清洁发展机制能为发达国家大大节省减排费用。另一方面，该机制也有利于发展中国家获得减少温室气体排放所必需的资金和技术。

二是联合履行机制（Joint Implementation Mechanism，JIM）。发达国家之间通过项目级的合作，其所实现的减排单位（ERU），可以转让给另一发达国家缔约方，但是同时必须在转让方的"分配数量"（AAU）配额上扣减相应的额度。设立该机制主要是考虑到发达国家之间在减排成本上也存在差异。

三是国际排放贸易机制（Emissions Trading Mechanism，ETM）。一个发达国家将其超额完成减排义务的指标，以贸易的方式转让给另外一个未能完成减排义务的发达国家，并同时从转让方的允许排放限额上扣减相应的转让额度。

（三）《议定书》的履行

《议定书》生效以来，发达国家履约表现不佳，温室气体排放量增长趋势并未得到有效控制，整体排放量不减反增。此外，发达国家也没有如条约约定真正落实有关向发展中国家提供技术、资金和能力建设等方面的义务。

美国曾于 1998 年签署《议定书》。但 2001 年 3 月，美国政府以"减少温室气体排放将会影响本国经济发展"和"发展中国家也应该承担减排和限排温室气体的义务"为借口，宣布拒绝批准《议定书》。由于美国拒绝批准《议定书》，长期游离于京都体系之外，成为该国际公约的"硬伤"。大多数的缔约发达国家温室气体排放量增大，履约遭遇困难，同时对《议定书》没有为发展中国家约定强制性减排义务也耿耿于怀，相继产生摆脱《议定书》约束的意愿。

四、《巴黎协定》

（一）后京都时代的僵持与停滞

随着发展中国家快速的工业化发展，碳排放量的增大使以我国和印度为代表的新兴经济体成为被敦促减排的主要对象。由于《议定书》只明确了发达国家承担气体减排的责任，未对发展中国家做出规定，遭到了由美国、加拿大、日本、俄罗斯、新西兰、澳大利亚等非欧盟发达国家组成的伞形集团的抵制，并强调发展中大国也应承担应有的气候减排责任。

《议定书》生效后，各缔约方就第一承诺期内的权利义务争议不断，经过艰苦谈判，2007 年底在巴厘岛举行的缔约国第 13 次会议达成了"巴厘路线图"，确定在《公约》和《议定书》的"双轨"谈判机制下达成减缓全球变暖的新协议。

2009 年，哥本哈根气候大会（缔约国第 15 次会议）在国际社会强烈关注中举行，此次大会希望将"巴厘路线图"明确化，通过了《哥本哈根协议》，规定仍采用"双轨制"的谈判方式与发达国家缔约方和发展中国家缔约方分别就气候减排行动进行对话，并将气候减排目标更加具体化。然而，哥本哈根气候变化大会并未取得预期成果，由于各缔约方对减排义务的不同理解，《哥本哈根协议》未获得多数成员国的签署，因而不具备法律约束力。

为解决哥本哈根气候大会的遗留问题，2010 年国际社会在坎昆启动了新一轮气候谈判并通过了《坎昆协议》，虽一定程度上解决了遗留问题，但仍然无法扭转关于国际气候谈判的僵局。

（二）《巴黎协定》的新治理格局

为了打破国际气候谈判的僵持局面，也为了就《议定书》第二承诺期相关安排达成共识，新的气候谈判从未停止脚步，在经历了德班、利马等多次气候大会后，终于在 2015 年，巴黎气候谈判召开，各缔约方提交了将近 98% 比例的全球碳排放量的自主贡献计划。此次谈判达成了继《公约》和《协定书》之后的第三个关于应对气候变化的国际法律文本——《巴黎协定》（相当于《公约》新的补充条款），并于 2016 年 11 月正式生效，确立了 2020 年后的全球气候治理框架。

《巴黎协定》作为新时期全球气候治理减排文件，主要体现在三方面：一是对长期目标的规划不同，相对于《议定书》笼统地规定将温室气体排放量消减到 1990 年水平的 5%，《巴黎协定》则是将气候升幅定在工业化水平 2℃ 以内，并努力实现 1.5℃的目标；二是要求参与气候减排行动的缔约国范围不同，《议定书》只针对发达国家采取具体的减排行动，对发展中国家并未要求采取实际的行动，而《巴黎协定》要求所有缔约方根据国情和总体减排目标提交自主贡献计划；三是气候减排形式不同，国际气候治理体系模式由《议定书》"自上而下"转向以《巴黎协定》倡导的自主贡献为核心的"自下而上"模式。

《巴黎协定》不仅成为气候治理进程中新的准则，同时也是国际气候谈判向前发展的又一里程碑。此后的气候峰会仍围绕其所涉及的一些问题进行探讨，虽然谈判过程依旧胶着，但总体上仍认可其大部分条款，未来的国际气候谈判也将持续围绕更好地实施和落实《巴黎协定》等相关问题而进行。

第三节 "双碳"战略

一、"双碳"战略的目标

"双碳"，即碳达峰与碳中和的简称。2020 年 9 月，我国明确提出了"2030年前实现碳达峰、2060 年前实现碳中和"的重大战略目标。所谓"碳达峰"（Peak Carbon Dioxide Emissions），是二氧化碳排放量由增转降的历史拐点，在该时点二氧化碳的排放达到新的峰值，之后不再增长，逐步回落，标志着碳排放与经济发展实现脱钩。所谓"碳中和"（Carbon Neutrality），是指国家、企业、产品、活动或个人在一定时间内直接或间接产生的二氧化碳或温室气体排放总量，通过植树造林、节能减排等形式，以抵消自身产生的二氧化碳或温室气体排放量，实现正负之间的抵消，达到相对"零排放"。

"双碳"战略的具体目标是，到 2025 年，绿色低碳循环发展的经济体系初步形成，重点行业能源利用效率大幅提升。单位国内生产总值能耗比 2020 年下降 13.5%；单位国内生产总值二氧化碳排放比 2020 年下降 18%；非化石能源消费比重达到 20%左右；森林覆盖率达到 24.1%，森林蓄积量达到 180 亿立方米，为实现碳达峰、碳中和奠定坚实基础。到 2030 年，经济社会发展全面绿色转型取得显著成效，重点耗能行业能源利用效率达到国际先进水平。单位国内生产总值能耗大幅下降；单位国内生产总值二氧化碳排放比 2005 年下降 65%以上；非化石能源消费比重达到 25%左右，风电、太阳能发电总装机容量达到 12 亿千瓦以上；森林覆盖率达到 25%左右，森林蓄积量达到 190 亿立方米，二氧化碳排放量达到峰值并实现稳中有降。到 2060 年，绿色低碳循环发展的经济体系和清洁低碳安全高效的能源体系全面建立，能源利用效率达到国际先进水平，非化石能源消费比重达到80%以上，碳中和目标顺利实现，生态文明建设取得丰硕成果，开创人与自然和谐共生新境界。

"双碳"战略的提出，事关中华民族永续发展，事关构建人类命运共同体和人与自然生命共同体，是中华民族复兴大业的内在要求，也是人类可持续发展的客观需要，是我国立足新发展理念，是实现生态文明，构建人与自然和谐共生的发展格局而提出的重要战略目标。

欧、美、日等发达国家基本上已于2013年前实现了碳达峰。从发达国家的目标看，由碳达峰到碳中和的过渡期普遍需要50—70年的时间。不可否认，已经实现碳达峰的发达国家在继续实现碳中和的过程中具有很多技术、政策上的优势，然其所需缓冲期的时间基本在50年以上（最短为日本37年，最长为英国79年）。而对于我国来说，根据"2030年实现碳达峰目标，2060年实现碳中和目标"的愿景，我国仅仅为自己安排了30年的过渡期。在追求高质量发展、人民还在追求美好生活、我国在还未碳达峰的时候，提出用大约30年时间实现碳中和，就必然要在应对气候变化行动上付出几倍于发达国家的努力，这也充分展示了我国的责任担当和为全球气候治理所作出的重要贡献。要想实现这一艰巨而伟大的历史性成就，我国需要精准发力，通过研究他国的发展路线来规避自己可能走的弯路，探寻在实现"双碳"目标中如何走出一条安全、高效的中国道路。

二、国外的"双碳"政策

（一）美国

作为碳排放量大国，美国于2021年发布了《迈向2050年净零排放长期战略》，公布了美国实现2050碳中和终极目标的时间节点与技术路径。报告指出，美国计划在未来30年内，通过清洁电力投资、交通和建筑电气化、工业转型、减少甲烷和其他非二氧化碳温室气体的排放，使美国走在温控1.5℃路径的正确道路上，支撑构建更可持续、更具韧性和更公平的发展愿景。

2030年前，美国计划在电力部门、交通运输部门、工业部门、建筑部门、农林部门全面推行该战略方案，主要是利用突破传统行业转型的关键技术，广泛迅速部署低碳技术和投资基础设施支持向清洁能源经济转型。

2050年后，净零排放目标必须实现脱碳。美国实现2050净零排放目标涉及五大关键转型，包括：（1）电力系统脱碳化，加速向清洁电力转型；（2）终端用能电气化，推动航空、海运和工业过程等清洁燃料替代；（3）节能和提升能效；（4）减少甲烷和其他非二氧化碳温室气体排放，优先支持除现有技术外的深度减排技术创新；（5）实施大规模土壤碳汇和工程脱碳策略。

（二）德国

德国是全球最积极实现能源转型的国家，1990年就实现了碳达峰，从2000年至2019年，德国的碳排放强度从8.54亿吨降到6.84亿吨，降幅近20%。德国转型的进步归功于其系统的政策法规、完备的监管制度、清晰的能源转型战略、统一的碳排放权交易系统、持续的科研投入等。

为了提前于2045年实现碳中和目标，德国实施了一系列低碳转型措施：第一，2021年修订了《德国联邦气候保护法》法案，核心内容包括2045年实现碳中和的实现路径、计划2030年温室气体排放较1990年减少65%的约束条件等。第二，发展可再生资源，进一步开发电网以确保绿色电力在全国范围内的使用，发展风力发电以推动能源转型，取消《可再生能源法》中的光伏发电装机补贴上限，提出《国家氢能战略》确保绿色氢能的提供。第三，批准《退煤法案》，并计划于2038年之前逐步淘汰煤电。第四，支持电动汽车替代发动机技术，将其应用于当地公共交通和铁路运输。

（三）法国

法国是能源转型的先驱者，很早就制定了能源转型计划，其能源结构中作为清洁能源的核电的占比很大。2015年8月，法国发布《绿色增长能源转型法》，进一步明确了法国国内绿色增长与能源转型的时间表。2020年4月，法国更新《国家低碳战略》，重新设定"到2030年的碳排放预算"，为各部门向低碳经济转型提供了指导方针。

同时，在应对气候变化中，法国主要从适应措施和缓解措施两大方面建立了较为完备的应对体系。一方面，法国分别于2011年、2016年、2018年设立了具体的国家气候适应策略，颁布了《国家气候变化适应计划》以增强国家应对气候变化的能力；另一方面，法国设定了短期与长期的排放目标，并明确将目标写入法律。2019年9月，法国通过《能源和气候法案》，明确将2050年实现净零排放（碳中和）写入法律。

此外，法国还发布了《多年能源规划》《法国综合能源和气候计划2020年》《2018-2022年国家气候变化适应计划》等政策文件，为实现应对气候变化、促进能源转型提供了有力的保障。

三、我国的"双碳"制度

从政策层面看，我国在应对气候变化和"双碳"推进领域已形成了从中央到地方、从部门到产业的多层级、多领域的政策体系。我国的应对气候变化和"双碳"推进政策主要包括国家政策、部门政策、地方政策、产业和领域政策等。其中，国家政策包括专门性政策和综合性政策中与"双碳"推进有关的规定。专门性政策主要包括中共中央、国务院于2021年9月颁布的《关于完整准确全面贯彻新发展理念做好碳达峰碳中和工作的意见》、国务院于同年10月发布的《2030年前碳达峰行动方案》。在综合性政策中，2021年发布的《国民经济和社会发展第十四个五年规划和2035年远景目标纲要》作出了完善能源消费"双控"制度、碳强度和总量控制制度、提升生态系统碳汇能力、减污降碳协同推进等具体部署。相关部门政策、地方政策、产业和领域政策则更为丰富，呈现出相互交织的样态。我国相关政策关于"双碳"推进的内容较为丰富，提出了一些具体目标与重点举措。具体而言，政策内容主要包括三个方面：一是能源开发利用管理，主要包括能源消费强度与总量"双控"制度、能源消费结构转型制度、能源高效节约安全清洁利用制度、特定种类能源达峰制度、可再生能源推进制度等；二是污染防治，主要包括减污降碳协同治理制度等；三是生态保护，主要包括生态系统碳汇增加制度等。

从法律层面看，目前我国"双碳"推进法律体系主要以《宪法》为核心，以《环境保护法》《大气污染防治法》《节约能源法》《可再生能源法》《循环经济促进法》《森林法》《草原法》等法律为基础，初步形成了直接规制和间接调整两类制度。其中，直接规制是指以生产、生活中的碳排放总量和强度作为直接调整对象、采用行政规制和市场机制进行控制的一整套法律制度。间接调整是指不直接对生产活动产生的温室气体进行控制，而是通过对相关生产活动施以限制或激励的方式，对相关企业、行业的生产活动进行规制，或推动其生产活动作出调整，从而间接控制温室气体排放。传统的碳排放管理制度以法律规定的国家温室气体管理职责为基础，主要包括规划类制度、许可管理类制度、标准类制度等规制性制度和财政支持、税收优惠等激励性制度，并以相应的法律责任为保障。同时，近年来我国还积极探索以市场机制为手段的碳排放管理制度，如碳排放权交易制度和用能权交易制度等。可以看出，间接的碳排放管理制度的规制对象更广，具有基础性和保障性，构成了我国碳排放管理的制度基础；碳排放权交易制度深度运用市场机制，具有明确的制度导向，是我国目前碳排放管理的重要手段。[1]

第四节　我国关于气候变化的应对

一、我国应对气候变化的基本理念

自党的十八大以来，在习近平生态文明思想指引下，我国贯彻新发展理念，以"双碳"为战略目标，将应对气候变化摆在国家治理更加突出的位置，不断提高碳排放强度削减幅度，不断强化自主贡献目标，以最大努力提高应对气候变化力度，推动经济社会发展全面绿色转型，建设人与自然和谐共生的现代化。当前，基于我国实现可持续发展的内在要求和推动构建人类命运共同体的责任担当，形成了应对气候变化的新理念。

一是牢固树立共同体意识。地球是人类唯一赖以生存的家园，面对全球气候挑战，人类是一荣俱荣、一损俱损的命运共同体，没有哪个国家能独善其身。世界各国应该加强团结、推进合作，携手共建人类命运共同体。

二是贯彻新发展理念。在新发展理念中，绿色发展是永续发展的必要条件和人民对美好生活追求的重要体现，也是应对气候变化问题的重要遵循。绿水青山就是金山银山，保护生态环境就是保护生产力，改善生态环境就是发展生产力。

三是以人民为中心。应对气候变化关系最广大人民的根本利益，减缓与适应气候变化不仅是增强人民群众生态环境获得感的迫切需要，而且可以为人民提供更高质量、更有效率、更加公平、更可持续、更为安全的发展空间。

四是大力推进碳达峰碳中和。我国将碳达峰、碳中和纳入经济社会发展全局，以经济社会发展全面绿色转型为引领，以能源绿色低碳发展为关键，加快形成节约资源和保护环境的产业结构、生产方式、生活方式、空间格局，坚定不移走生态优先、绿色低碳的高质量发展道路。

五是减污降碳协同增效。我国应把握污染防治和气候治理的整体性，以结构调整、布局优化为重点，以政策协同、机制创新为手段，推动减污降碳协同增效一体谋划、一体部署、一体推进、一体考核，协同推进环境效益、气候效益、经济效益多赢，走出一条符合国情的温室气体减排道路。

---

〔1〕　于文轩、胡泽弘：《"双碳"目标下的法律政策协同与法制因应——基于法政策学的视角》，载《中国人口·资源与环境》2022年第4期。

二、我国应对气候变化的政策体系

当前，我国对于应对气候变化的相关法治建设尚处于初级阶段，尚未制定专门的应对气候变化法。在基本法缺失的情况下，国家制定的各类应对气候变化政策在实践中实际发挥着"准法律"的作用。

（一）《中国应对气候变化国家方案》

《中国应对气候变化国家方案》（以下简称《方案》）由国务院于 2007 年 6 月 3 日发布。《方案》是我国第一部应对气候变化的全面的政策性文件，也是发展中国家颁布的第一部应对气候变化的国家方案，对今后我国要采取的举措和达到的目标做出了全面的安排和部署，是我国在应对气候变化方面的纲领性文件。

《方案》分为五个部分：第一部分介绍了我国气候变化的现状和应对气候变化的努力；第二部分探讨了气候变化对我国的影响与挑战；第三部分阐述了我国应对气候变化的指导思想、原则与目标；第四部分具体规定了应对气候变化的相关政策和措施；第五部分阐明了对若干问题的基本立场及相关应对气候变化领域内的国际合作需求。

总体而言，《方案》明确了到 2010 年我国应对气候变化的具体目标、基本原则、重点领域及其政策措施，为我国努力建设资源节约型与环境友好型社会、提高减缓与适应气候变化的能力、保护全球气候作出相应贡献指明了方向。

（二）《中国应对气候变化的政策与行动》白皮书

为了让国人和世界各国了解我国在应对气候变化方面采取的政策、行动及成效，国务院新闻办公室于 2008 年 10 月、2011 年 11 月以及 2021 年 10 月三次发布《中国应对气候变化的政策与行动》白皮书，介绍了我国应对气候变化活动的成果，并表明我国亟需在可持续发展理念的指导下提高对气候变化减缓及适应能力建设的决心，阐明了国家应对气候变化进行政策框架构建的基本立场。

2008 年白皮书分为十个部分，在内容上对《方案》进行了细化，指出我国正处于经济快速发展阶段，面临着发展经济、消除贫困和减缓温室气体排放的多重压力，应对气候变化的形势严峻，任务繁重。

2021 年白皮书分为六个部分，内容包括我国应对气候变化的新理念、实施积极应对气候变化的国家战略、我国应对气候变化发生的历史性变化以及共建公平合理与合作共赢的全球气候治理体系四个方面。

（三）《国家应对气候变化规划（2014-2020 年）》

2012 年，《京都议定书》第一承诺期届满后，为增强我国应对气候变化政策对于国际形势的适应力，国家发改委于 2014 年发布了《国家应对气候变化规划（2014-2020 年）》。

该规划共分十一章，以气候变化的减缓和适应为重点，提出了我国应对气候变化工作的指导思想、目标要求、政策导向、重点任务及保障措施，将温室气体限制、适应气候变化影响融入经济社会发展的各方面和全过程，增强区域应对气候变化能力，加快构建我国特色的绿色低碳发展模式。

三、我国应对气候变化的法律框架

政策调控终究只是权宜之计，只有通过立法的方式将政策的内容进一步法律化，才能够为气候条件保护目标的实现提供可量化的权利、义务和责任，提供有安定性的保障。[1]2009 年 8 月 27 日，全国人大常委会公布了《关于积极应对气候变化的决议》，强调要逐步跟进应对气候变化立法工作，对已有的法律法规加以修改，以适应新情况，对法律尚有空白的部分要及时制定新的法律法规、补充和完善原有的规范，以构建较为完善的法律体系。

当前，我国尚未制定《应对气候变化法》《低碳发展法》等应对气候变化的基本法，有关应对气候变化的法律规定主要散见于《宪法》与《环境保护法》，以及以《节约能源法》《大气污染防治法》为代表的单行法中。

（一）法律

1. 《宪法》。《宪法》第 26 条规定："国家保护和改善生活环境和生态环境，防治污染和其他公害。国家组织和鼓励植树造林，保护林木。"此条可以看作是我国环境保护基本国策的体现，能够作为应对气候变化国内法律框架的内容。

2. 《环境保护法》。2014 年修订后的《环境保护法》坚持可持续发展道路，努力推动生态文明建设，进一步强化了政府的环保责任，同时完善了生态保护红线制度、环境健康监测制度、排污许可证管理制度等，为气候变化的应对提供了基本法律框架。

3. 环境保护法律。我国已经制定若干部环境保护类法律，形成了比较完备

---

〔1〕 郭美含：《低碳经济背景下中国应对气候变化法律框架研究》，群众出版社 2020 年版，第 185-186 页。

的环境法律体系，在《大气污染防治法》《固体废物污染环境防治法》等单行法中，均有关于应对气候变化的体现。如《大气污染防治法》把清洁能源的开发利用作为大气污染控制排放的重要方向，第32条规定"国务院有关部门和地方各级人民政府应当采取措施，调整能源结构，推广清洁能源的生产和使用……"。

4. 能源利用法律。与能源相关的单行法律，如《节约能源法》《可再生能源法》《电力法》《煤炭法》等，包含了诸多控制温室气体排放的法律制度和措施。如《节约能源法》规定节约资源是我国的基本国策，并专门针对节能和激励措施方面做了详细的规定，要求县以上政府工作报告要对节能工作做出相应的汇报总结。

（二）行政法规与部门规章

除上述法律外，国务院也发布了《民用建筑节能条例》《公共机构节能条例》等专门领域的行政法规。但在应对气候变化的专门领域，目前的文件大多属于国务院对相关政策的批复或细化，尚未有专门性、全局性应对气候变化的行政法规出台。

为推进环境保护与气候应对工作，国务院各部委制定了大量部门规章，这些规章往往作为环境法的配套规定而存在，如《应对气候变化林业行动计划》《节约用电管理办法》《节能监察办法》《能源计量监督管理办法》《能源效率标识管理办法》等。

（三）地方立法

当前，我国部分省份的地方政府已经展开了大胆而必要的立法实践，如青海和山西两省分别颁行了各自的应对气候变化办法。《青海省应对气候变化办法》作为我国第一部应对气候变化地方立法，内容涵盖了基本原则、政府和社会的责任、适应以及减缓气候变化的措施等。《山西省应对气候变化办法》相对比较详尽和细致，除了基本原则、政府责任、适应减缓气候变化的措施以外，尤其对温室气体排放做出了特别规定。

四、碳排放权交易制度

《京都议定书》创新性地通过引入市场机制来解决全球气候的优化配置问题，建立了旨在减排的三个合作机制，即：清洁发展机制、联合履行机制、国际排放贸易机制。这三个机制的建立，使得"碳排放量"具有了一定的资产价值，并使得其在各个国家之间进行流通。世界各地开始逐渐形成了局部范围内的碳交易市场，为国家和企业的碳排放交易提供平台，这一市场机制的形成赋予了碳排放明显的资产属性和权利属性，碳排放权的概念和交易机制也由此产生和发展。

　　碳排放，是指煤炭、石油、天然气等化石能源燃烧活动和工业生产过程以及土地利用变化与林业等活动产生的温室气体排放，也包括因使用外购的电力和热力等所导致的温室气体排放。碳排放权，是指分配给重点排放单位的规定时期内的碳排放额度。为了在应对气候变化和促进绿色低碳发展中充分发挥市场机制作用，推动温室气体减排，规范全国碳排放权交易及相关活动，我国生态环境部于2020年12月31日颁布了《碳排放权交易管理办法（试行）》（以下简称《管理办法》），并于2021年2月1日起施行。《管理办法》对标"双碳"战略目标，进一步加强了对温室气体排放的控制和管理，为新形势下加快推进全国碳市场建设提供了更加有力的法治保障。

　　生态环境部是碳排放权交易的主管部门，按照规定建设全国碳排放权交易市场，拟定全国碳排放权交易市场覆盖的温室气体种类和行业范围；组织建立全国碳排放权注册登记机构和全国碳排放权交易机构，组织建设全国碳排放权注册登记系统和全国碳排放权交易系统；制定全国碳排放权交易及相关活动的技术规范，加强对地方碳排放配额分配、温室气体排放报告与核查的监督管理；根据国家温室气体排放控制要求，制定碳排放配额总量确定与分配方案。

　　温室气体重点排放单位以及符合国家有关交易规则的机构和个人是全国碳排放权交易市场的交易主体。属于全国碳排放权交易市场覆盖行业或年度温室气体排放量达到2.6万吨二氧化碳当量的，即列入温室气体重点排放单位名录。重点排放单位应当控制温室气体排放，报告碳排放数据，清缴碳排放配额，公开交易及相关活动信息，并接受生态环境主管部门的监督管理。省级生态环境主管部门根据生态环境部制定的碳排放配额总量确定与分配方案，向本行政区域内的重点排放单位分配规定年度的碳排放配额。

　　碳排放配额是全国碳排放权交易市场的交易产品。碳排放权交易应当通过全国碳排放权交易系统进行，可以采取协议转让、单向竞价或者其他符合规定的方式。全国碳排放权交易机构应当按照生态环境部有关规定，采取有效措施，发挥全国碳排放权交易市场引导温室气体减排的作用，防止过度投机的交易行为，维护市场健康发展。全国碳排放权注册登记机构应当根据全国碳排放权交易机构提供的成交结果，通过全国碳排放权注册登记系统为交易主体及时更新相关信息。

【本章思考题】

1. 如何理解气候变化问题？
2. 如何实现"双碳"战略目标？
3. 如何完善我国应对气候变化的法律体系？
4. 如何完善碳排放权交易制度？

【参考文献】

1. 周珂等主编：《环境法》，中国人民大学出版社 2021 年版。
2. 汪劲：《环境法学》，北京大学出版社 2019 年版。
3. 郭美含：《低碳经济背景下中国应对气候变化法律框架研究》，群众出版社 2020 年版。
4. 杨解君等：《面向低碳未来的中国环境法制研究》，复旦大学出版社 2014 年版。
5. 王树义等：《环境法前沿问题研究》，科学出版社 2012 年版。
6. 于文轩、胡泽弘：《"双碳"目标下的法律政策协同与法制因应——基于法政策学的视角》，载《中国人口·资源与环境》2022 年第 4 期。
7. 陈诗一、祁毓：《实现碳达峰、碳中和目标的技术路线、制度创新与体制保障》，载《广东社会科学》2022 年第 2 期。
8. 秦天宝：《整体系统观下实现碳达峰碳中和目标的法治保障》，载《法律科学（西北政法大学学报）》2022 年第 2 期。

【延伸阅读】

1. 谢伏瞻、庄国泰主编：《气候变化绿皮书：应对气候变化报告碳达峰碳中和专辑（2021）》，社会科学文献出版社 2021 年版。
2. 曹明德：《中国碳排放交易法律制度研究》，中国政法大学出版社 2016 年版。
3. 胡鞍钢：《中国实现 2030 年前碳达峰目标及主要途径》，载《北京工业大学学报（社会科学版）》2021 年第 3 期。
4. 庄贵阳：《我国实现"双碳"目标面临的挑战及对策》，载《人民论坛》2021 年第 18 期。

5. 王灿发、刘哲：《论我国应对气候变化立法模式的选择》，载《中国政法大学学报》2015 年第 6 期。

6. 曹明德：《中国气候变化立法的已有经验总结与建议》，载《清华法治论衡》2014 年第 3 期。

第二章 清洁生产与循环经济促进法

【内容提要】

本章概括介绍了清洁生产与循环经济制度，论述了清洁生产与循环经济的概念、内容，探讨了清洁生产和循环经济之间的关系，并对我国现行清洁生产法律制度和循环经济法律制度进行了介绍。

【重点了解与掌握】

1. 我国清洁生产促进法律制度；
2. 我国循环经济促进法律制度。

【引导案例（材料）】

世界上开始环境保护和环境管理以来，基于环境污染的严重局面，建立了一种以废弃物管理和污染控制为核心的管理战略。在这种思想的指导下，各种环境资源立法主要是以"末端控制"为依据，强调污染物达标排放或废弃物无害化处理，这种偏重污染结果产生后的控制模式被称为"末端控制"。在末端控制思想占据主导地位的时代，一些被认为是贯彻预防为主原则的法律制度充分体现了这一特点，如环境影响评价制度所考虑的仍然是对污染物的处理、处置方案和措施。末端控制机制虽然对减轻或减少现有污染、保护和改善环境有重要作用，但在环境保护和经济社会的深入发展过程中暴露出一系列局限性，逐步为现代清洁生产的概念所替代。[1]

---

[1] 参见吕忠梅、霍阳：《清洁生产法的立法构想》，载《环境资源法论丛》2002年第2卷。

自 20 世纪 80 年代后期以来，为了适应可持续发展的要求，实现经济与环境的协调与共，欧美许多发达国家先后进行了环境战略、政策与法律的重大调整，从实行了长达 20 余年的以污染物"末端控制"为主的污染控制转向污染物的"源头削减""全过程控制""污染预防"，即所谓的"清洁生产"。联合国环境规划署不仅肯定"清洁生产已成为《21 世纪议程》——联合国环境与发展大会通过的全球可持续发展战略所确认的实现可持续发展的关键性因素"[1]，还于 1989 年制定了清洁生产计划，致力于向全世界推行，从而使清洁生产、污染预防成了当今世界环境保护的新潮流。

【引导问题】

如何理解清洁生产的意义？

第一节　清洁生产制度

一、清洁生产的概述

（一）清洁生产的概念

清洁生产的概念最早可追溯至 1976 年，其时欧共体在巴黎举行了"无废工艺和无废生产国际研讨会"，会上提出协调社会和自然的相互关系应主要着眼于消除造成污染的根源，而不仅仅是消除污染引起的后果。[2]1979 年 4 月，欧共体理事会宣布推行清洁生产政策，清洁生产的概念由此风行全球。

关于清洁生产的定义，联合国环境规划署（United Nations Environment Programe，UNEP）于 1996 年认为："清洁生产是指将综合性预防的战略持续地应用于生产过程、产品和服务中，以提高效率和降低对人类安全和环境的风险。" 1994 年《中国 21 世纪议程》对清洁生产的定义是："清洁生产，是指既可满足人们的需要又可合理使用自然资源和能源并保护环境的实用生产方法和措施，其实质是一种物料和能耗最少的人类生产活动的规划和管理，将废物减量化、资源化和无害化，或消灭于生产过程之中。同时对人体和环境无害的绿色产品的生产亦将随着可持续发展进程的深入而日益成为今后产品生产的主导方向。"根据我国 2012 年修正的《清洁生产促进法》第 2 条，清洁生产是指

---

〔1〕　王明远：《清洁生产法论》，清华大学出版社 2004 年版，第 4-6 页。

〔2〕　参见段宁：《清洁生产、生态工业和循环经济》，载《环境科学研究》2001 年第 6 期。

"不断采取改进设计、使用清洁的能源和原料、采用先进的工艺技术与设备、改善管理、综合利用等措施，从源头削减污染，提高资源利用效率，减少或者避免生产、服务和产品使用过程中污染物的产生和排放，以减轻或者消除对人类健康和环境的危害。"

总而言之，"清洁"是一个相对的概念，所谓"清洁"的工艺、产品以至能源，都是和"传统"的工艺、产品、能源相比较而言的。因此，推行清洁生产本身就是个不断完善的过程，随着社会经济的发展和科学技术的进步，需要适时地提出更新的目标，减少产品在整个生产周期中对人类和环境的影响。

（二）清洁生产的内容

具体而言，清洁生产的内容包括以下三个方面：

（1）自然资源的合理利用。要求以最小的投入获得最大的产出，包括最大限度地节约能源和原材料，利用可再生能源或者清洁能源，利用无毒害原材料，减少使用稀有原材料，循环利用物料等措施。

（2）经济效益最大化。通过节约资源、降低损耗、提高效能和产品质量，达到降低生产成本，提升企业竞争力的目的。

（3）环境危害最小化。通过最大限度地避免和减少使用有毒害物料，采用无废、少废技术，减少生产过程中的危险因素，注重废物回收和循环利用，采用可循环可降解材料完成产品生产和包装，改善产品功能等一系列环保措施实现对人类健康和环境的危害最小化和"工业绿化"的目的。

二、清洁生产的立法

我国从 20 世纪 90 年代初开始推行清洁生产。1992 年 8 月，经党中央和国务院批准的《中国环境与发展十大对策》明确提出，新建、改建、扩建项目的技术起点要高，尽量采用能耗物耗小、污染物排放量少的清洁工艺；1993 年国家环保总局与经贸委联合召开的第二次全国工业污染防治工作会议，明确提出了工业污染防治必须从单纯的末端控制向对生产全过程控制转变，实行清洁生产的要求；1994 年，我国制定的《中国 21 世纪议程》把"清洁生产"列入可持续发展战略与重大行动计划；1995 年 10 月，第八届全国人民代表大会常务委员会第六十次会议通过的《固体废物污染环境防治法》对清洁生产作了比较明确、全面的规定；1996 年国务院作出的《关于环境保护若干问题的决定》再次强调要推行清洁生产；1997 年国家环保总局发布《关于推行清洁生产的若干意见》，明确提出了"九五"期间推行清洁生产的总体目标以及实现该目标的 9 个方面措施的意见；1999 年国家经济贸易委员会发布《关于实施清洁生产示范试点计划的通知》，确定在全国 10 个城市和 5 个行业开展清洁生产试点、示范工作。

2002 年 6 月 29 日，第九届全国人民代表大会常务委员会第二十八次会议通过了《清洁生产促进法》，于 2003 年 1 月 1 日起正式实施，这是自 1990 年美国国会通过《污染预防法》以来，全球范围内旨在动员各级政府、有关部门、生产和服务行业推行和实施清洁生产的第二部专项法律。《清洁生产促进法》总结了近几十年全球各地开展清洁生产的经验教训，尤其是我国开展清洁生产的经验教训，在若干方面有所突破、有所贡献，有的贡献超出了我国的范围，值得其他国家尤其是发展中国家和经济转轨国家借鉴。[1]

为了落实《清洁生产促进法》，国家环保总局于 2003 年 4 月发布了《〈关于贯彻落实清洁生产促进法〉的若干意见》。2003 年 12 月国务院办公厅转发了由国家发改委、原国家环保总局等 11 个部门发布的《关于加快推行清洁生产的意见》。为了把促进法落实为可操作性的规章制度，国家发改委和国家环保总局于 2004 年 8 月制定并审议通过了《清洁生产审核暂行办法》（第 16 号令），明确清洁生产审核分为自愿性审核和强制性审核。该办法第一次依据《清洁生产促进法》的精神明确提出了强制性审核，是我国强制性清洁生产审核法律体系形成过程中的一大进步。2005 年 12 月，国家环保总局出台《重点企业清洁生产审核程序的规定》，标志着强制性清洁生产审核已经有章可依、有规可循。该规定对如何选择当地的重点企业、如何准备公告材料、咨询机构应当具备的条件、审核过程及评审验收等提出了具体要求，均有利于规范清洁生产的审核工作。[2]

2012 年 2 月 29 日，《清洁生产促进法》进行了修正，这次修正使《清洁生产促进法》更加适应新的经济社会环境，主要有以下几个方面的改变：首先，此次修法通过法律形式首次明确由国家建立"清洁生产推行规划"，未来清洁生产将上升为国家战略，并由法律保证国家规划的刚性约束力；其次，此次修法专门规定国家设立"中央财政清洁生产专项资金"，且地方政府财政也须安排此专项资金，以建立资金引导机制，形成促进清洁生产的合力。再次，此次修法首次把"强制性清洁生产审核"明确写入条文，规定了三类企业实施强制性清

---

〔1〕 参见段宁：《中国清洁生产》，载《产业与环境（中文版）》2003 年第 S1 期。

〔2〕 参见段宁、周长波：《我国强制性清洁生产审核法律政策形成过程的研究与分析》，载《中国人口·资源与环境》2007 年第 4 期。

洁生产审核，增强了法律的强制性。最后，此次修法强化和完善了企业清洁生产审核责任制度，明确了政府及其部门对企业实行强制性清洁生产审核的监督责任。[1]

三、我国清洁生产法律制度

(一) 清洁生产的总则

1. 立法宗旨

《清洁生产促进法》的立法宗旨是为了促进清洁生产，提高资源利用效率，减少和避免污染物的产生，保护和改善环境，保障人体健康，促进经济与社会可持续发展。我国清洁生产立法强调企业在清洁生产实施过程中的自主性，注重政府对清洁生产行为的引导、鼓励和支持，这在立法内容上的体现是以促进实施清洁生产的鼓励性、促进性、倡导性法律规范为主，而不以直接行政控制和制裁性法律规范为主，主要目的是强化政府在清洁生产中的推动作用，淡化其行政强制色彩。[2]

2. 调整范围

《清洁生产促进法》第 3 条规定"在中华人民共和国领域内，从事生产和服务活动的单位以及从事相关管理活动的部门依照本法规定，组织、实施清洁生产。"清洁生产的范围不仅覆盖传统工业生产领域，也在向全部的生产和服务领域扩展。同时，为了突出强调工业生产领域的清洁生产，立法对其作出了具体规定，而对其他领域的清洁生产进行了原则性规定。

3. 基本措施

(1) 国家鼓励和促进清洁生产。国务院和县级以上地方人民政府应当将清洁生产促进工作纳入国民经济和社会发展规划、年度计划以及环境保护、资源利用、产业发展、区域开发等规划。

(2) 国务院清洁生产综合协调部门负责组织、协调全国的清洁生产促进工作。国务院环境保护、工业、科学技术、财政部门和其他有关部门，按照各自的职责，负责有关的清洁生产促进工作。县级以上地方人民政府负责领导本行政区域内的清洁生产促进工作。县级以上地方人民政府确定的清洁生产综合协

---

〔1〕 参见宋丹娜等：《浅谈对新修订〈清洁生产促进法〉的几点认识》，载《环境与可持续发展》2012 年第 6 期。

〔2〕 参见周珂等主编：《环境法》，中国人民大学出版社 2021 年版，第 58 页。

调部门负责组织、协调本行政区域内的清洁生产促进工作。县级以上地方人民政府其他有关部门，按照各自的职责，负责有关的清洁生产促进工作。

（3）国家鼓励开展有关清洁生产的科学研究、技术开发和国际合作，组织宣传、普及清洁生产知识，推广清洁生产技术。国家鼓励社会团体和公众参与清洁生产的宣传、教育、推广、实施及监督。

（二）清洁生产的推行

《清洁生产促进法》第二章规定了各级政府及有关部门推行清洁生产的职责。国务院依法实施有利于清洁生产的财税政策，各级政府应当制定有利于实施清洁生产的产业政策、技术开发和推广政策；还规定了落后技术淘汰制度，定期推出清洁生产技术、工艺、设备和产品导向目录和限期淘汰的生产技术、工艺、设备以及产品的名录，并予以公布；确立了鼓励清洁生产发展的宣传规制，对公众购买选择进行导向；要求各级政府优先采购节能、节水、废物再生利用等有利于环境与资源保护的产品；对未达到能源消耗控制指标、重点污染物排放控制指标的企业的名单予以公布，接受公众的监督。

（三）清洁生产的实施

《清洁生产促进法》第三章规定了生产经营者实施清洁生产的要求。在制度实施方面，引入了对工业项目的环境影响评价制度；结合各产业实际对各产业提出了清洁生产的具体要求（其中涉及了循环经济的相应要求）；对生产和服务过程中的资源消耗以及废物的产生情况进行监测，并根据需要对生产和服务实施清洁生产审核；完善了强制性清洁生产审核制度；鼓励生产经营者自愿实施清洁生产，改善企业及其产品形象，响应可以依照规定得到奖励和享受政策优惠的要求。

（四）清洁生产的激励

《清洁生产促进法》第四章规定了清洁生产的鼓励措施，包括表彰和奖励、资金支持、中小企业发展基金支持、税收优惠、审核培训支持等。具体而言，在鼓励措施方面规定了对相应企业和个人的表彰奖励制度；对于自愿节约资源、削减污染物排放量协议中载明的技术改造项目，由县级以上人民政府给予资金支持；在中小企业发展基金中，应当根据需要安排适当数额用于支持中小企业实施清洁生产；依法利用废物和从废物中回收原料生产产品的，按照国家规定享受税收优惠；企业用于清洁生产审核和培训的费用，可以列入企业经营成本。

（五）清洁生产的责任

《清洁生产促进法》第五章规定了违反清洁生产制度的法律责任，主要内容涉及：（1）清洁生产综合协调部门或者其他有关部门未依法履行职责的；（2）未按照规定公布能源消耗或者重点污染物产生、排放情况的；（3）未标注产品材料的成分或者不如实标注的；（4）生产、销售有毒、有害物质超过国家标准的建筑和装修材料的；（5）不实施强制性清洁生产审核或者在清洁生产审核中弄虚作假的，或者实施强制性清洁生产审核的企业不报告或者不如实报告审核结果的；（6）承担评估验收工作的部门或者单位及其工作人员向被评估验收企业收取费用的，不如实评估验收或者在评估验收中弄虚作假的，或者利用职务上的便利谋取利益的。

第二节　循环经济制度

一、循环经济概述

（一）循环经济的概念

循环经济的思想萌芽可以追溯到环境保护思潮兴起的时代。20 世纪 60 年代美国经济学家鲍尔丁提出的"宇宙飞船理论"可以作为循环经济的早期代表。早在环境运动兴起的初期，鲍尔丁就敏锐地认识到必须进入经济过程思考环境问题产生的根源。他认为，地球就像在太空中飞行的宇宙飞船，这艘飞船靠不断消耗自身有限的资源而生存，如果经济像过去那样不合理地开发资源和破坏环境，超过了地球的载量能力，就会像宇宙飞船那样走向毁灭。因此，宇宙飞船经济要求以新的"循环式经济"代替旧的"单程式经济"。鲍尔丁的宇宙飞船经济理论在今天看来有相当的超前性，它意味着人类社会的经济活动应该从以线性为特征的机械论规律转向以反馈为特征的生态学规律，这被学理界认为是循环经济的思想萌芽。[1]

所谓循环经济，是针对工业化运行以来高消耗、高排放的线性经济而言的，它要求把经济活动组织成为"自然资源——产品和用品——再生资源"的反馈式流程，所有的原料和能源都能在这个不断进行的经济循环中得到最合理的利用，从而使经济活动对自然环境的影响控制在尽可能小的程度。[2]根据我国2018 年修正的《循环经济促进法》第 2 条，循环经济是指"在生产、流通和消

---

〔1〕　参见诸大建、朱远：《生态文明背景下循环经济理论的深化研究》，载《中国科学院院刊》2013 年第 2 期。

〔2〕　参见诸大建：《从可持续发展到循环型经济》，载《世界环境》2000 年第 3 期。

费等过程中进行的减量化、再利用、资源化活动的总称。"

（二）循环经济的原则

减量化（Reduce）、再利用（Reuse）、再循环（Recycle）的"3R"原则是循环经济活动中最重要的实际操作原则。减量化，是指在生产、流通和消费等过程中减少资源消耗和废物产生。再利用，是指将废物直接作为产品或者经修复、翻新、再制造后继续作为产品使用，或者将废物的全部或者部分作为其他产品的部件予以使用。资源化，是指将废物直接作为原料进行利用或者对废物进行再生利用。

循环经济与线性经济不同的是，通过"减量化、再利用、再循环"的"3R"原则，把经济活动组织成"自然资源—产品和服务—再生资源"的反馈式流程。"减量化"要求减少进入生产和消费过程的物质和能量，从源头节约资源使用和减少污染物排放；"再利用"要求提高产品和服务的利用效率，产品和包装容器以初始形式多次使用，减少一次用品的污染；"再循环"要求物品完成使用功能后能够重新变成再生资源。所有的物质和能源能够在这个不断进行的经济循环中得到最合理和最持久的利用，从而把经济增长对资源及环境的影响降到最低程度。

在发展循环经济的过程中，应当在技术可行、经济合理和有利于节约资源、保护环境的前提下，按照减量化优先的原则实施。在废物再利用和资源化过程中，应当保障生产安全，保证产品质量符合国家规定的标准，并防止产生再次污染。

（三）循环经济与清洁生产

循环经济制度与清洁生产制度在本质上而言，都是平衡环境安全与经济安全关系的协调机制。[1]清洁生产是循环经济的形式之一，并且为循环经济的实现提供了技术支撑，要求在产品生产的整个周期中贯彻污染预防原则，从生产源头减少资源的耗费，开发资源的可循环利用，遏制污染产生，从而达到经济效益与环境效益的双赢。循环经济是清洁生产发展的终极目标，崇尚环境友好，主张在产品和消费过程中，以最小的自然资源投入得到最充分的产出，同时排放的环境废物尽可能地最少，以减少和避免对环境的危害。循环经济提供了一种理想的经济发展模式，在环境与发展的矛盾与冲突之间找到了合理的平衡点。《清洁生产促进法》与《循环经济促进法》的性质相同，都是政策型立法，不

---

〔1〕　参见吕忠梅：《论生态文明建设的综合决策法律机制》，载《中国法学》2014年第3期。

是以行政管控与制裁性责任为主，而是以激励手段为主要方式。

两者的主要区别是：范围上，清洁生产主要着眼于生产服务领域，而循环经济则囊括整个经济活动，更有利于解决环境与发展的矛盾；内涵上，清洁生产强调生产技术的生态化，而循环经济的本质是生态经济，要求经济活动同生态系统的平衡相结合，走社会经济发展生态化的路子；实施条件上，循环经济与清洁生产相比要求更高的科技创新水平，更雄厚的经济实力，更成熟的政府宏观调控，更健全的市场运行机制，更优质的资源配置，更多的科技与管理人才，更强的民众环保意识和更为普遍的绿色消费倾向。

二、循环经济的立法

2008 年 8 月 29 日，第十一届全国人民代表大会常务委员会第四次会议通过《循环经济促进法》，自 2009 年 1 月 1 日起施行。该法由七部分组成，并于 2018 年 10 月进行了修正。

第一部分为总则。该部分主要对事关发展循环经济全局的、重大的、原则性的事项进行规定，内容包括：立法目的、循环经济的法律定义、法律适用范围、基本方针和原则、管理体制、政府发展循环经济的职责、企业发展循环经济的权利义务、行业协会和中介机构的作用、循环经济的公众参与等。

第二部分为基本管理制度。该部分主要规定发展循环经济的基本法律制度。发展循环经济的基本法律制度应包括：循环经济规划制度、循环经济总量调控制度、循环经济评价制度、以生产者为主的责任延伸制度、循环经济重点企业监督管理制度等。

第三部分为减量化。该部分主要针对生产、流通、消费等阶段存在的资源浪费和污染严重的突出问题，分两节规定体现减量化要求的各项法律制度。第一节为生产过程中的减量化，主要包括产业政策和名录；对产品和包装物设计的一般要求；工业节水、工业节油、矿产资源开采的减量化和共伴生矿等综合利用；对建材和建筑产业的要求；发展循环农业等方面的制度和措施。第二节为流通、消费过程中的减量化，主要包括对政府机构的资源节约要求、抑制城市水电气等资源浪费；服务业节约；限制一次性消费品等方面的制度和措施。

第四部分为再利用和资源化。该部分分别从如何处理产业废物和流通、消费后的废物这两个方面规定了再利用和资源化的主要措施。第一节为产业废物的再利用和资源化，主要包括发展区域循环经济；工业固体废物综合利用；工业用水循环利用；余热余压等综合利用；建筑废物综合利用；农业综合利用；产业废物交换等。第二节为流通、消费后的废物再利用和资源化，主要包括建立再生资源回收体系；再生资源利用的资质管理；废电器电子产品回收利用；报废机动车船回收拆解；机电产品再制造；生活垃圾和污泥的资源化等。

第五部分为激励措施。循环经济法要建立有利于循环经济发展的政策与经济扶持措施。这些措施主要包括循环经济专项资金；税收优惠；国家投资倾斜；价格收费押金；政府绿色采购；表彰奖励等内容。

第六部分为法律责任。该部分对违反义务性和禁止性要求的行为规定了严格的制裁措施。

第七部分为附则。

三、我国循环经济法律制度

1. 指导思想

《循环经济促进法》的指导思想主要体现在如下几个方面：一是坚持减量化优先的原则。西方发达国家发展循环经济一般侧重于废物再生利用，而我国正处于工业化高速发展阶段，能耗物耗过高，资源浪费较为严重，因此前端减量化的潜力很大，要特别重视资源的高效利用和节约使用。二是突出重点，着力解决能耗高、污染重、影响我国循环经济发展的重大问题，对主要工业行业和重点企业要明确提出节能减排的约束性要求。三是法律规范要有力度，对高消耗、高排放的行为要有硬约束，同时制定一系列的激励政策，为企业或个人按照循环经济的要求进行生产和生活活动提供指导规范，支持和推动企业等有关主体大力发展循环经济。四是在生产、流通和消费的各个环节，注重发挥政府、企业和公众以及行业协会等主体在发展循环经济中的积极性，形成推进循环经济发展的整体合力。

2. 主要制度

一是建立循环经济规划制度。循环经济规划是国家对循环经济发展目标、重点任务和保障措施等进行的安排和部署，是政府进行评价考核和实施鼓励、限制或禁止措施的重要依据。为此《循环经济促进法》规定了编制循环经济发展规划的程序和内容，为政府及部门编制循环经济发展规划提供了依据。

二是建立抑制资源浪费和污染物排放的总量调控制度。我国一些地方的经济发展是建立在过度消耗资源和污染环境的基础上的，对这种不可持续的发展方式必须有实在而有效的总量控制措施。《循环经济促进法》明确要求各级政府必须依据上级政府制定的本区域污染物排放总量控制指标和建设用地、用水总量控制指标，规划和调整本行政区域的经济和产业结构。发展经济决不能突破本地的环境容量和资源承载力，应把本地的资源和环境承载能力作为规划经济和社会发展规模的重要依据。

三是建立循环经济评价制度。国务院循环经济发展综合管理部门会同国务院统计、环境保护等有关主管部门建立和完善循环经济评价指标体系。上级人民政府根据前款规定的循环经济主要评价指标，对下级人民政府发展循环经济的状况定期进行考核，并将主要评价指标完成情况作为对地方人民政府及其负责人考核评价的内容。

四是建立以生产者为主的责任延伸制度。在传统的法律领域，产品的生产者只对产品本身的质量承担责任，而现代社会发展要求生产者还应依法承担产品废弃后的回收、利用、处置等责任。也就是说，生产者的责任已经从单纯的生产阶段、产品使用阶段逐步延伸到产品废弃后的回收、利用和处置阶段。《循环经济促进法》根据产业的特点，对生产者在产品废弃后应当承担的回收、利用、处置等责任作出了明确规定。

五是强化对高耗能、高耗水企业的监督管理。为保证节能减排任务的落实，《循环经济促进法》规定国家对钢铁、有色金属、煤炭、电力、石油加工、化工、建材、建筑、造纸、印染等行业年综合能源消费量、用水量超过国家规定总量的重点企业，实行能耗、水耗的重点监督管理制度。

六是明确关于减量化的具体要求。对于生产过程，《循环经济促进法》规定了产品的生态设计制度，对工业企业的节水节油提出了基本要求，对矿业开采、建筑建材、农业生产等领域发展循环经济提出了具体要求。对于流通和消费过程，《循环经济促进法》对服务业提出了节能、节水、节材的要求；国家在保障产品安全和卫生的前提下，限制一次性消费品的生产和消费等。此外，还对政府机构提出了厉行节约、反对浪费的要求。

七是关于再利用和资源化的具体要求。对于生产过程，《循环经济促进法》规定了发展区域循环经济、工业固体废物综合利用、工业用水循环利用、工业余热余压等综合利用、建筑废物综合利用、农业综合利用以及对产业废物交换的要求。对于流通和消费过程，《循环经济促进法》规定了建立健全再生资源回收体系、对废电器电子产品进行回收利用、报废机动车船回收拆解、机电产品再制造，以及生活垃圾、污泥的资源化等具体要求。

八是建立激励机制。主要包括：建立循环经济发展专项资金；对循环经济重大科技攻关项目实行财政支持；对促进循环经济发展的产业活动给予税收优惠；对有关循环经济项目实行投资倾斜；实行有利于循环经济发展的价格政策、收费制度和有利于循环经济发展的政府采购政策。

【本章思考题】

1. 如何理解清洁生产与循环经济的关系？
2. 如何完善我国清洁生产法律制度？

【参考文献】

1. 周珂等主编：《环境法》，中国人民大学出版社 2021 年版。
2. 邓海峰：《环境法总论》，法律出版社 2020 年版。
3. 汪劲：《环境法学》，北京大学出版社 2018 年版。
4. 王文革主编：《环境资源法》，中国政法大学出版社 2016 年版。
5. 吕忠梅：《论生态文明建设的综合决策法律机制》，载《中国法学》2014 年第 3 期。

【延伸阅读】

1. 孟小燕等：《构建面向"双碳"目标的循环经济体系：机遇、挑战与对策》，载《环境保护》2022 年第 Z1 期。
2. 魏文栋等：《循环经济助推碳中和的路径和对策建议》，载《中国科学院院刊》2021 年第 9 期。
3. 杨奕等：《〈中华人民共和国清洁生产促进法〉实施中存在的问题及完善途径》，载《环境工程技术学报》2021 年第 2 期。
4. 陈娟丽：《我国清洁发展机制实施面临的改革与法律对策》，载《现代经济信息》2017 年第 13 期。
5. 杨解君：《当代中国发展道路及其推进方式的转变：绿色发展理念的法治化》，载《南京社会科学》2016 年第 10 期。

第三章 环境税制度

【内容提要】

本章概括介绍了环境税的概念、功能与原则，具体介绍了我国环境保护税法律制度和资源税法律制度，并探讨了未来碳税的发展。

【重点了解与掌握】

1. 环境税的概念；
2. 我国环境税的法律体系与主要制度。

【引导案例（材料）】

税收是一个古老的财政范畴。在 16-17 世纪资本主义原始积累时期，重商主义在欧洲流行，税收被认为建立在个人财产利益平等的基础上，是为了从政府提供的服务中得到利益而支付的一种代价。政府向个人提供公共服务和公共安全，个人向政府缴纳一定的税款作为交换。在资本主义自由经济时代，税收成为维持国家机器运转的主要经费来源。到了 20 世纪 30 年代，凯恩斯主义兴起，税收不仅要为国家机器的运转提供经费，缩小贫富差距，而且要为调整资源配置、稳定经济发展服务。

一般认为，最早开始系统研究税收与环境理论问题的，是英国现代经济学家、福利经济学的创始人庇古。在庇古之前，西方经济学家侧重于对国民收入分配问题的研究，注重的是如何合理地分配收入，意在增进资源的有效配置和提高整个社会的经济福利。相比较而言，庇古更注重研究如何通过福利缓和阶级矛盾。在其 1920 年出版的著作《福利经济学》中，庇古系统提出了他的税收思想，一方面是利用税收进行国民收入的再分配，促使社会财富分配趋于公平；另一方面是运用税收使生产资源配置达到最优。庇古认为，个别企业主从利己主义出发，只会关心自身利益，而不会关注自己的行为会给别人造成损害。追求利润最大化的企业主关心的是边际私人净产出，由于外部性（或正或负）的存在，边际私人净产出的价值与边际社会净产出的价值存在差异，污染者需要负担与其污染排放量相当的税收。因此，庇古主张利用税收这一手段进行干预，即当边际私人产值超过边际社会产值时，政府应对其课以高税，以达到减少资源在这一部门使用的目的。庇古这种利用税收调节污染行为的思想，是环境税收理论产生的主要来源。

【引导问题】

税收如何在环境保护、污染防治、自然资源有效利用中发挥作用？

第一节　环境税概述

一、环境税的概念

环境税（Environmental Taxes），也被称为生态税、绿色税等，一般指代在特定的环境或生态领域中适用的税收。目前对于与环境相关的税收，在不同的国家和不同的语言中有着不同的称谓，环境税的概念可谓五花八门。经合组织（OECD）将环境税定义为："为了达到特定的环境目标而引入的税收，或者虽然最初的引入并非基于环境原因，但对环境目标有着一定的影响，可以为了环境原因而增加、修改或减少的税收。"[1]也有国外学者认为："环境税收是指一切在反污染的政策框架中征收的税收，其核心是使污染者支付与其污染行为的规模相适应的价格。"[2]

近年来，随着国际上对环境税研究的不断深入以及我国与国际环境合作研究的加强，国内对环境税的研究也初步展开，但国内学界关于环境税收的名称和内涵也尚未形成共识。从名称上来看，主要包括了环境税、环境保护税、生

---

〔1〕　Christina K. Harper, "Climate Change and Tax Policy", *Boston College International and Comparative Law Review*, Vol. 30, 2007, pp. 411–460.

〔2〕　Aggie Paulus, "The Feasibility of Ecological Taxation", *Stuelies in Environ netal Scinece*, Vol. 65, 1995, pp. 1279–1282.

态税、绿色税等。从内涵上来看，学者之间存在不同观点，主要分为三类：其一，"环境税是国家为了限制环境污染的范围、程度而向导致环境污染的经济主体征收的特别税种"；其二，"环境税是一种资源使用税，是人们在生产和消费过程中给环境带来损害而向政府缴纳的恢复环境的费用"；其三，"环境税是指具有调节与环境污染、资源利用行为相关的用于保护环境的各种税收的总称"。[1]

本书认为，环境税的概念相对比较丰富和成熟，需要从狭义、中义、广义三个层面来把握。狭义上的环境税，一般可以称为专门性环境税，主要是指为了筹集环境保护资金以及预防和控制环境污染而征收的税收。中义上的环境税除了包含狭义上的环境税之外，还包括自然资源税和生态保护税。而广义上的环境税则涵盖范围更为广泛，是指一切基于环境保护目的而征收的税收或采取的有关税收措施。[2]从环境税的概念可以看出，环境税并非一个单一的税种，而是由不同的税种和有关税收措施或政策等构成的税收体系。

二、环境税的功能

（一）提供环境保护和治理的资金

这是税收财政职能在环境保护中的具体体现。环境污染需要防治，而私人防治成本过高，且很多情况下综合环境防治是私人力量所无法企及的。另外，防治污染具有正外部性，从个体角度而言，防治成本远大于治理收益，这使得每个个体都希望由他人进行防治而由自己受益（"搭便车"）。此时，政府以提供公共产品、公共服务的方式保护与治理环境将是最优选择。税收是国家获取维持自身运作和实现各种职能的主要收入手段，通过税收的形式，国家筹集大量资金以实现环境的保护与治理。

（二）引导纳税人的环境行为

这是税收经济职能在环境保护中的具体体现。以税收方法解决生态环境问题具有道德教化、政府强制等传统手段所不具备的优点——通过经济手段引导纳税人进行对社会有利的行为选择。环境问题是个体收益的成本由外部承担的问题，是个体行为的负外部性体现。通过向污染者征税的方式使污染者污染环境的私人成本和社会成本相等，即"谁污染，谁付费"原则。因此。一个理性的个体在实施和环境有关的行为之前就会进行权衡取舍——我行为的收益是什

---

〔1〕 陈少英：《生态税法论》，北京大学出版社 2008 年版，第 88-89 页。

〔2〕 参见李传轩：《中国环境税法律制度之构建研究》，法律出版社 2011 年版，第 22 页。

么？我会为此付出怎样的成本？如果成本过高，他就会放弃这种行为。

（三）修正国家的宏观调控行为

这是税收监督职能在环境保护中的具体体现。污染环境的社会成本和个体收益很难精确衡量，因此运用税收手段使其社会成本内部化的"度"很难掌握。对社会成本估计过低，将难以起到污染防治的目的。这是通过衡量某一税种所取得收入的多寡，判断以税收手段防治环境污染的绩效，进而修正国家的宏观调控行为。

三、环境税的原则

（一）环境税收法定原则

1. 环境课税要素的法定性。课税要件法定原则是指税收应当以法律规定为依据，而非以契约或者行政行为为依据。当税收满足法定构成要件时，纳税义务才会发生。由此可见，税法构成要素的确立是税收立法的核心内容，缺少税法构成要素的税收立法一定是存在缺陷的制度设计。如果不满足构成要素，征税机关就不能征税。

2. 环境课税要素的明确性。课税要素法定要求课税要件明确，因为税法构成要件最终要加以具体化，适用到具体的案件中去。在环境税法律法规中，凡是有关课税构成要素和征收程序的规定，必须尽量明确而不出现歧义。如有不明确、混淆不清的规定，则很可能会造成税法执行中的混乱和无所适从。

3. 环境课税要素的合法性。合法性包括内容合法与程序合法。前者指执法机关权力行使的范围和界限，后者指执法机关行使权力的方法和步骤。课税要素的合法性首先应当由立法实现。如不坚持这一准则，不仅不能正当执行生态税收法律制度，而且会对纳税人因人而异地给予差别待遇，导致不公。

4. 环境课税要素的程序保障性。税款的课征和缴纳是环境税的实施过程，必须通过适当的程序行使，而且对其争议也必须通过法律规定的公正程序予以解决，这就是法定主义要求的"程序保障性"。根据这一原则的要求，环境税征纳的每一个环节，都应有严格而明确的法定程序。

（二）环境税收公平原则

1. 国家与纳税人之间的公平。这一原则体现在防范课税的过度，即不能剥夺纳税人最起码的生存条件，不可以侵犯人性尊严，不能出现危害纳税人生存权的情形。税收作为财产权的一种权利成本或社会义务，必须限制在有限的范围内。

2. 纳税人横向公平原则。这一原则要求在公平负税的条件下，同一代人公平地获得大气中的清洁空气、河流中的清洁水流以及其他共有的生态环境资源。对条件相同的纳税人，征收相同的税，实现横向的公平，达到公平分享生态环境利益的目标。

3. 纳税人纵向公平原则。这一原则要求"谁污染，谁纳税"，对污染严重的物和行为课以重税，对污染轻微的物和行为实行较低的税率，对污染防治实施项目的建设实行零税率。环境税的设计目的，就是要将外部性内部化，由污染单位或个人自身承担与自己污染行为所造成的危害程度相适应的成本。

（三）环境税收效率原则

1. 环境税收行政效率原则。环境税收行政效率原则中的"效率"包含两层含义：一是政府征税的成本最低，二是通过税收杠杆改善生态环境的效果最佳。由于环境税的设置，在造成污染的原材料、能源的生产或流转中，相对于排污者而言，原材料、能源企业的数量会大大减少，对这些企业的监督管理成本也会相应下降，政府可以集中有限的监管力量使税收足额及时入库。

2. 环境税收经济效率原则。环境税收经济效率原则是指环境税收给经济带来的效益最大化或给发展带来的负担最小化。合理的税收法律制度一方面应使税收对经济主体活动的扰动和扭曲影响降到最低程度；另一方面要求国家征税除了使纳税人因纳税而损失这笔资金以外，最好不要导致其他额外的负担。

3. 环境税收社会效率原则。税收的社会效率，即政府努力权衡税收成本和所得到的社会效益的对比关系，尽量以最小的税收成本获得最大的社会效益。税收的社会效率原则体现在环境保护领域，就是要求环境税的征收和支出采用合理的手段，使人工能量的投入符合自然生态系统反馈机制的需求。

第二节　环境税法律制度

一、环境保护税法律制度

2016 年 12 月 25 日，第十二届全国人民代表大会常务委员会第二十五次会议通过了《环境保护税法》。我国的《环境保护税法》是由排污费"税费平移"而来，自该法 2018 年 10 月 26 日施行之日起，不再征收排污费，作为征收排污费依据的《排污费征收使用管理条例》同时废止。

　　纳税主体方面，环境保护税的纳税人是在中华人民共和国领域和中华人民共和国管辖的其他海域，直接向环境排放应税污染物的企业事业单位和其他生产经营者。在税收管辖权问题上，纳税人应当向应税污染物排放地的税务机关申报缴纳环境保护税。纳税人跨区域排放应税污染物，税务机关对税收征收管辖有争议的，由争议各方按照有利于征收管理的原则协商解决；不能协商一致的，报请共同的上级税务机关决定。

　　课税对象方面，环境保护税规定的课税对象分为大气污染物、水污染物、固体废物和噪声。对于大气污染物、应税水污染物，其具体范围依照《环境保护税法》所附《应税污染物和当量值表》确定。大气污染物可以进一步细分为气态污染物和颗粒物污染物；应税水污染物分为包括十类重金属的第一类污染物和长远影响小于第一类的第二类污染物。对于应税固体废物，《环境保护税法》作了不同于《固体废物污染环境防治法》的分类，包括煤矸石、尾矿、危险废物和冶炼渣、粉煤灰、炉渣、其他固体废物。对于应税噪声，目前《环境保护税法》中只规定了工业噪声，交通噪声、建筑噪声等暂不具备征管技术。

　　税率方面，《环境保护税法》第6条规定：应税大气污染物和水污染物的具体适用税额的确定和调整，由省、自治区、直辖市人民政府统筹考虑本地区环境承载能力、污染物排放现状和经济社会生态发展目标要求，在本法所附《环境保护税税目税额表》规定的税额幅度内提出，报同级人民代表大会常务委员会决定，并报全国人民代表大会常务委员会和国务院备案。据《环境保护税法》所附《环境保护税税目税额表》规定，大气污染物每污染当量1.2-12元，水污染物每污染当量1.4-14元，固体废物中煤矸石每吨5元、尾矿每吨15元、危险废物每吨1000元、其他废物每吨25元，工业噪声中按超标分贝标准每月350-11200元。

　　减免税方面，《环境保护税法》第12条规定了暂予免征的五种情形：（1）农业生产（不包括规模化养殖）排放应税污染物的；（2）机动车、铁路机车、非道路移动机械、船舶和航空器等流动污染源排放应税污染物的；（3）依法设立的城乡污水集中处理、生活垃圾集中处理场所排放相应应税污染物，不超过国家和地方规定的排放标准的；（4）纳税人综合利用的固体废物，符合国家和地方环境保护标准的；（5）国务院批准免税的其他情形。第13条规定了减征情形：一是纳税人排放应税大气污染物或者水污染物的浓度值低于国家和地方规定的污染物排放标准30%的，减按75%征收环境保护税；二是纳税人排放应税大气污染物或者水污染物的浓度值低于国家和地方规定的污染物排放标准 50% 的，减按 50% 征收环境保护税。

二、资源税法律制度

(一) 资源税法

2019 年 8 月 26 日，第十三届全国人民代表大会常务委员会第十二次会议通过了《中华人民共和国资源税法》(以下简称《资源税法》)，自 2020 年 9 月 1 日起正式施行，《中华人民共和国资源税暂行条例》(以下简称《资源税暂行条例》) 同时废止。

纳税主体方面，《资源税法》第 1 条规定：在中华人民共和国领域和中华人民共和国管辖的其他海域开发应税资源的单位和个人，为资源税的纳税人，应当依照本法规定缴纳资源税。

课税对象方面，《资源税法》提出了"应税资源"的概念，并通过附表指定了"应税资源"的具体范围。在《资源税暂行条例》的基础上，资源税具体课税类目通过科学的归纳整合，重新划分为能源矿产、金属矿产、非金属矿产、水气矿产和盐，细化税目由 30 项扩展补充为 164 项，基本涵盖现阶段已发现的所有矿种和盐。

税率方面，《资源税法》在第 2 条将具体适用税率的决定权下放给省、自治区、直辖市的人民代表大会常务委员会，从第 3 条到第 7 条对税目税率作出了进一步的规定，为简化纳税申报提供了制度基础。

减免税方面，《资源税法》的减免税对象可以分为三类：第一类是伴随安全生产、合理开采而正常消耗的部分自然资源；第二类是较为劣质、不易开采的自然资源；第三类是存在污染等安全隐患的闲置自然资源。通过减免这三类自然资源税收，能激励市场主体加快从低丰度油气田、高含硫天然气、深水油气田、衰竭期的矿山等开采自然资源，刺激相关企业提高技术，减少出现市场主体扎堆开采优质资源、无人问津劣质资源的现象，避免出现资源闲置，也从侧面体现出经济效益与生态效益并重的原则。与此同时，《资源税法》第 6 条最后一款还预留了其他因经济社会发展需要而减征免征资源税的空间，授权国务院对有利于"促进资源节约集约利用、保护环境"的情形进行减免。第 7 条第 2 款增加了地方权力机关对"开采共伴生矿、低品位矿、尾矿"税收优惠的决定权，以减少资源闲置以及尾矿遗留对地表的污染和其他安全隐患。

（二）水资源税

在水资源税改革方面，《资源税法》第 14 条第 1 款规定"国务院根据国民经济和社会发展需要，依照本法的原则，对取用地表水或者地下水的单位和个人试点征收水资源税。征收水资源税的，停止征收水资源费。"《资源税法》规定由国务院统领试点水资源税的征收工作，制定水资源税试点实施办法。在授予国务院权力的同时，也对国务院提出了责任要求：在实施《资源税法》五年内，就征收水资源税试点情况向全国人民代表大会常务委员会报告，并及时提出修改法律的建议。该规定体现出水资源税改革工作将由政策、法规提升到法律的层面，未来将用法律保障确保水资源税工作的顺利进行。

2016 年，财政部、国家税务总局、水利部印发《水资源税改革试点暂行办法》，将河北省作为我国水资源税的第一个改革试点。2017 年，财政部、税务总局、水利部印发《扩大水资源税改革试点实施办法》，规定自 2017 年 12 月 1 日起，在北京、天津、山西、内蒙古、山东、河南、四川、陕西、宁夏等 9 个省、自治区、直辖市扩大水资源税改革试点。在具体的规定中，此两项办法也为水资源税的改革实践做出了细化的指导，规定了征收范围（地表水和地下水），减征免征情形，对各类农村农业用水从低征税，对超额农业用水和水力发电用水的征收办法，以及规定了水资源税改革试点期间水资源税的全部收入均归属于试点省份。

三、碳税制度

（一）碳税的概念

二氧化碳税，简称碳税，是指针对二氧化碳排放所征收的税。它是一种生态保护税，以环境保护为目的，其制度设计旨在希望通过削减二氧化碳排放来减缓全球变暖。征收碳税是保护生态环境的有效经济行政手段之一。碳税通过对高含碳量的化石原料征税，促使人们节约能源，使用低碳环保的方式生产和生活，从而实现保护环境的可持续发展。[1]

（二）碳税的域外经验

1. 瑞典

瑞典是世界上第一个引入碳税的国家。在 1991 年首次引入二氧化碳税的同

---

[1]　参见杨解君等：《面向低碳未来的中国环境法制研究》，复旦大学出版社 2014 年版，第 84 页。

时，瑞典政府将现有的能源税同时减半，希望使能源产品的总体税收负担大致保持不变的情况下，同时提供经济激励，防止产业结构转向碳密集型燃料。碳税涵盖了大多数化石燃料，但不包括泥炭，也不包括生物质和生物燃料等非化石燃料，但是碳税依然占了瑞典对能源产品征收的关税的最大部分。2008年欧盟排放交易体系（EU-ETS）正式运行之后，瑞典碳税调整为适用于体系以外的行业，而该系统所涵盖的行业完全免征碳税。2009年，瑞典通过立法，在2010年至2015年期间对能源和二氧化碳税进行部分改革，并逐步减少税收豁免。减少二氧化碳税的免税（其中包括对泥炭的免税）预计将提高其成本效益，并有助于在2030年之前减少排放，而且不会导致一般税收的大幅增加或长期的负面经济影响。然而，某些工业部门会接受税费豁免来帮助瑞典工业保持国际竞争力，如对采矿业的税收减免，但近几年这些豁免权也已逐渐受到限制。

2. 日本

《京都议定书》制定后，日本积极参与气候变化治理，于1998年公布《全球气候变暖对策推进法》以应对气候变化。2007年日本开始征收碳税，当时名为环境税，是针对二氧化碳排放征收的独立税种，税率为2400日元/吨二氧化碳排放量。2010年日本内阁通过《全球气候变暖对策基本法案》，明确2020年之前日本温室气体排放量比1990年减少25%的目标。2011年日本对碳税征收方式和税率进行改革，将碳税作为石油煤炭税的附加税征收，征收基础由按照化石燃料的二氧化碳含碳量征收，改为按照化石燃料的二氧化碳排放量征收，税率为289日元/吨二氧化碳排放量。2012年10月1日，日本正式开始对石油、煤炭和液化气等能源征税，碳税改名为全球气候变暖对策税。近年来，日本碳税改革的力度不断加大，此外，日本还是对碳排放交易制度的推广态度最积极的国家之一。

（三）我国的制度选择

开征碳税，不但有利于保护生态环境和应对气候变化，转变经济增长方式，而且也是建立健全我国环境税收体系的重要举措之一。一方面，如今二氧化碳减排已经成为一种国际趋势，面对国际上一致要求我国承担更大减排责任的舆论压力，我国自身也认识到环境污染将带来直接的灾难，应当采取必要的节能减排措施以树立我国高度负责的国际形象。另一方面，开征碳税，将有利于促进我国能源消费结构的转变，带动低碳产品的生产和消费，慢慢逐步淘汰落后的高能耗产业和技术，优化我国的生产生活方式，转变经济发展模式。[1]

但是也应看到，征收碳税会带来较大的经济负效应：一是引起能源价格提高，可能给社会经济带来不良后果；二是会影响我国工业产品的国际竞争力，因为碳税增加了其产品的成本。可以说，碳税的征收是经济目标和环境目标相冲突的一个典型。[2]因此，对于我国而言，开征碳税必须综合考虑、谨慎行事，必须对国内相关产业尤其是能源密集型产业对碳税的承受力进行评估，以确定是否开征以及征收的税率。从总体发展趋势而言，碳税的开征仍是大势所趋，不论现在是否具备开征的条件，我国都应做好相应的准备，以应对瞬息万变的国际局势。

【本章思考题】

1. 我国的环境税法律制度有哪些特殊性？
2. 如何看待碳税制度在我国的发展？

【参考文献】

1. 张守文：《财税法学》，中国人民大学出版社 2022 年版。
2. 刘剑文主编：《财税法学》，高等教育出版社 2021 年版。
3. 邓海峰：《环境法总论》，法律出版社 2020 年版。
4. 李传轩：《中国环境税法律制度之构建研究》，法律出版社 2011 年版。
5. 陈少英：《生态税法论》，北京大学出版社 2008 年版。

【延伸阅读】

1. 毛恩荣、周志波：《环境税改革与"双重红利"假说：一个理论述评》，载《中国人口·资源与环境》2021 年第 12 期。
2. 叶金育：《环境税量益课税原则的诠释、证立与运行》，载《法学》2019 年第 3 期。
3. 叶金育、褚睿刚：《环境税立法目的：从形式诉求到实质要义》，载《法律科学（西北政法大学学报）》2017 年第 1 期。

---

〔1〕 参见杨解君等：《面向低碳未来的中国环境法制研究》，复旦大学出版社 2014 年版，第 110-115 页。

〔2〕 参见李传轩：《中国环境税法律制度之构建研究》，法律出版社 2011 年版，第 184 页。

4. 黄玉林等：《OECD 国家环境税改革比较分析》，载《税务研究》2014 年第 10 期。

5. 苏明、许文：《中国环境税改革问题研究》，载《财政研究》2011 年第 2 期。

第五编

生态安全法治与环境警察

第一章 生态安全法治保障概述

【内容提要】

随着我国新型工业化、城镇化、农业现代化的快速推进，复合型、累积型、压缩型、结构型环境污染和生态系统退化带来的生态安全问题日益突出，维护国家生态安全已成为当前迫切需要解决的重大问题。生态安全是总体国家安全观的重要组成部分，是整个国家安全体系的重要基石。维护国家生态安全，能够为国家经济的持续健康发展提供保障，有助于推动人民群众美好幸福生活的实现，更是国家和社会长治久安的重要保障。要实现这一目标，必须运用法治思维和法治方式解决生态环境安全困境和难题，有效推动国家生态安全法治建设，建立健全中国特色的生态安全法治体系。

【重点了解与掌握】

1. 生态安全的内涵与特征、生态安全在总体国家安全观中的定位；
2. 我国当前生态安全的现状与面临的问题；
3. 加强生态安全法治建设的重要性与具体路径。

【引导案例】

祁连山生态破坏案

2022年3月，甘肃省定西市漳县祁连山水泥有限公司（以下简称彰县水泥公司）收到甘肃矿区人民法院民事裁定书，其需向定西市政府支付3651.64万元的生态损害赔偿金。这是2020年涉及青海、甘肃多地的祁连山生态破坏案件的后续之一，再次唤起了人们对生态安全问题的关注。

一系列的祁连山生态破坏案件最令人触目惊心的不仅仅是屡教屡犯，相关企业对生态安全的漠视也令人寒心。自 2011 年起，彰县水泥公司就多次在采矿权范围以外开采矿石、粘土，开采区域生态损毁严重。2013 年至 2019 年间，因越界开采问题，彰县水泥公司先后 3 次被漳县国土资源局处罚。但每次都是罚款一交了之，对立即停止违法行为的要求置若罔闻，违法开采屡禁不止。2020 年 11 月 4 日，彰县水泥公司被自然资源部列为挂牌督办案例。2021 年 2 月，该公司被甘肃省人民检察院提起公益诉讼。2014 年 8 月 19 日，青海省委、省政府领导带队到木里矿区现场办公，指导督办生态修复和环境整治工作。2016 年 2 月，中央有关部门发布《关于青海祁连山自然保护区和木里矿区生态环境综合整治调研报告》，青海省政府出台木里煤矿生态环境综合整治工作实施方案。2017 年 8 月 8 日至 9 月 8 日，中央第七环保督察组对青海省开展环保督察。2019 年 7 月 14 日至 8 月 14 日，中央第六环保督察组对青海省开展环保督察。2020 年 8 月 9 日，青海省召开新闻发布会，发布关于媒体报道木里矿区非法开采问题专项调查工作进展情况和下一步工作部署。调查组初步认定涉事企业涉嫌违法违规，相关干部被免职并接受组织调查，涉事企业负责人被公安机关依法采取强制措施。

祁连山是我国西部重要生态安全屏障，是黄河流域重要水源产流地，是我国生物多样性保护优先区域，国家早在 1988 年就批准设立了甘肃祁连山国家级自然保护区。长期以来，祁连山局部生态破坏问题十分突出，对此习近平总书记多次作出批示，要求抓紧整改。在中央有关部门督促下，祁连山生态安全问题终于逐渐改善，如何始终做好维护生态安全才是真正的考验。

【引导问题】

1. 重点了解我国当前生态安全的现状及存在的问题。
2. 重点掌握维护生态安全的任务和内容包括哪些？

第一节　生态安全的概念、特征与定位

一、生态安全的概念

生态与环境的概念有所交叉，是指一切生物的生存状态，以及它们之间环

环相扣的关系。生态主要包括土壤、水、空气、植被等自然生态系统。根据《生物多样性公约》的定义，生态系统是指植物、动物和微生物群落和它们的无生命环境交互作用形成的、作为一个功能单位的动态复合体。

生态安全概念有狭义和广义之分。狭义的生态安全，是指自然与半自然的生态系统的完整性和整体健康水平不受威胁的状态，以及保障持续安全状态的能力。广义的生态安全，是指人们在生活、健康、基本权利、必要生存资源、生活保障来源、社会秩序以及人类适应环境变化能力等方面相对处于没有危险和不受内外威胁的状态，以及保障持续安全状态的能力。国家生态安全，是指一个国家生存和发展所需要的生态环境不受或少受破坏和威胁的状态，实现永续利用。

总体而言，生态安全包括以下三个方面的内涵：第一，具备较为完整、健康的生态系统是维护国家安全的基本前提。生态系统只有保持自身的完整和健康，才具备维持国家生态安全的能力。第二，支撑国家生存发展是生态安全的核心目标。生态安全是人类生存和经济社会发展的必要条件和物质基础。第三，妥善应对重大生态安全问题是生态安全的基本保障。维护国家生态安全，不仅需要有完整、健康的生态系统，还需要具备有效防范各类潜在生态环境风险的能力。

二、生态安全的特征

国家生态安全是一种区别于传统意义的现代国家安全观。生态安全作为国家安全的重要组成部分，在国家安全体系中发挥着举足轻重的作用，关系到人与自然的和谐发展，也关系到人类繁荣、社会稳定及国家的长治久安。国家生态安全的特征主要体现在以下几个方面：

第一，整体性。生态安全的整体性，是指生态环境问题不是简单的环境污染问题，而是涉及生态系统中每一个细微构成的整体性问题，生态系统的各个要素之间是相互紧密连接在一起的，任何一个局部环境的破坏都可能引发整个生态系统的重大灾难，甚至危及整个国家和民族的生存条件。生态安全问题可能从个别事例、部分地区的问题发展成为国家性、区域性甚至全球性的整体性问题。

第二，相对性。生态安全的相对性，是指生态安全是一个相对性概念，不同的国家和地区、不同的发展时代，对生态安全的评价有不同的标准和认知。没有绝对的生态安全，只有相对的生态安全。评判一个国家和地区的生态安全，需要结合一个国家、地区的具体情况进行综合评定和衡量。

第三，生态破坏的不可逆性。生态环境的承载力及恢复力是有限的，一旦超过生态环境自身的修复上限，极易出现不可逆的后果。例如，阿拉斯加威廉王子湾的埃克森"瓦尔迪兹"号漏油事件使当时当地美丽的海湾环境和旅游、渔业等支柱产业彻底崩溃，时至今日，当地生态环境仍然失去生态功能和利用的价值。

第四，生态修复的长期性。生态环境被污染和破坏后果的消除需要几年、十几年甚至几代人的努力才能恢复。例如，我国沙漠化地区的治理，众多污染湖泊的恢复，都充分体现了生态安全的这一特点。

第五，国际性。生态安全的国际性，是指生态是一个国际系统，某方面生态出现问题，会影响全球的生态安全。一国的生态灾难必然对周边地区甚至全球生态环境造成危害。区域性、全球性的生态危机、灾难必然对一国的生态安全产生直接影响。近年来，全球环境问题日益凸显，气候变暖、国际河流水资源利用、土地沙漠化、海洋污染等问题屡见不鲜，生态安全国际性问题也成为当前各国合作的重要内容。

三、生态安全在总体国家安全观中的定位

（一）总体国家安全观的核心要义

2013 年 11 月 12 日，党的十八届三中全会决定成立国家安全委员会。2014 年 4 月 15 日，习近平在中央国家安全委员会第一次全体会议上，提出了"总体国家安全观"的重大战略思想。2015 年 7 月 1 日，第十二届全国人民代表大会常务委员会第十五次会议通过《中华人民共和国国家安全法》（以下简称《国家安全法》），并在第十四条规定每年的 4 月 15 日为全民国家安全教育日。国家安全体系由传统安全和非传统安全构成，具体包括政治安全、国土安全、军事安全、经济安全、文化安全、社会安全、科技安全、信息安全、生态安全、资源安全、核安全、太空安全、极地安全、深海安全、生物安全和海外利益安全等。

总体国家安全观的核心要义包括"五个要素"、"五对关系"、"五个统筹"和"十个坚持"。"五个要素"是指以人民安全为宗旨，以政治安全为根本，以经济安全为基础，以军事、文化、社会安全为保障，以促进国际安全为依托。"五对关系"是指既重视外部安全，又重视内部安全；既重视国土安全，又重视国民安全；既重视传统安全，又重视非传统安全；既重视发展问题，又重视安

全问题；既重视自身安全，又重视共同安全。"五个统筹"是指统筹发展和安全、统筹开放和安全、统筹传统安全和非传统安全、统筹自身安全和共同安全、统筹维护国家安全和塑造国家安全。"十个坚持"是指坚持党对国家安全工作的绝对领导、坚持中国特色国家安全道路、坚持以人民安全为宗旨、坚持统筹发展和安全、坚持把政治安全放在首要位置、坚持统筹推进各领域安全、坚持把防范化解国家安全风险摆在突出位置、坚持推进国际共同安全、坚持推进国家安全体系和能力现代化以及坚持加强国家安全队伍建设。

（二）生态安全的定位

生态环境问题并非一出现就是安全问题。中国生态环境问题的安全化伴随着对生态环境问题社会敏感度的提升以及政府关注度的加深，经历了一个由非公共问题到公共问题，从公共问题到政治问题，再到安全问题的发展过程。而促成这一发展的正是国际安全形势的变化、国家对生态安全的日渐重视以及社会公众和专家学者的日益关注，特别是与生态安全在国家政治领域的地位不断提升有较大关系。2000年，国务院发布《全国生态环境保护纲要》，从国家层面首次将维护国家生态环境安全作为工作目标。要求充分运用法律、经济、行政和技术手段保护生态环境，加强立法和执法，把生态环境保护纳入法治轨道。2002年，时任全国人民代表大会环境与资源保护委员会主任委员曲格平曾指出中国生态环境问题逐步上升发展成为生态安全问题。2006年，中国倡导成立国际生态安全合作组织，旨在通过弘扬生态安全理念全面推进和平发展，从而化解生态危机。

生态安全是国家安全体系必不可少的内容，是由水、土、大气、森林、草地、海洋、生物等组成的自然生态系统，是人类赖以生存和发展的物质基础。生态安全问题，不仅是一个与国家利益、主权及其安全密切关联的国家安全问题，也是一个全球性问题。生态安全是国际社会所有成员的一项权利和义务，任何国家和地区都享有生态安全权，并且负有保护国内和国际生态安全的义务。事实上，生态安全权同时也是一项基本人权，人人都享有在安全的生态环境下生活的权利，也是公民环境权的有机组成部分，是实现人类自由安全发展的基础。

生态安全是国家安全的重要组成部分，在总体国家安全观中占据重要地位，具体体现在以下几个方面：首先，生态安全是经济社会持续健康发展的基本保障。要实现经济可持续发展，必须守护好生态环境底线，转变以过度消耗资源、破坏生态环境为代价的发展方式。其次，生态安全是社会安全的基石。保障社会安定的重要工作之一就是要高度重视并妥善处理侵害人民群众利益的生态环境问题。第三，生态系统是国土安全的屏障。生态系统越健康、生态安全状况越好，就更能发挥生态功能，稳固国土。第四，生态安全是资源安全的重要保障。健康稳定的生态系统能够源源不断地为人类发展提供良好空气、水、生物等自然资源。第五，生态安全是国际安全的重要内容。我国积极参与区域和全球生态治理，是共同安全、人类命运共同体理念的具体要求。

第二节　我国生态安全的现状

一、我国生态安全存在的问题

荒漠生态安全、水土资源安全、湿地生态安全、生物多样性安全、生物入侵风险防范、森林生态系统安全、耕地生态安全、草原生态系统安全等内容构成了生态安全体系。总体而言，生态安全保护面临严峻形势，亟须提升生态环境治理能力和实现生态环境治理体系的现代化。

（一）荒漠化治理形势依然严峻

在生态优先的理念指导下，我国政府积极开展荒漠化和沙化治理，实施了京津冀风沙源治理、石漠化治理、三北防护林和退耕还林等工程，推动沙化土地封禁保护区和沙漠公园建设，荒漠化和沙化治理取得了显著成效，为全球荒漠化治理贡献了"中国库布齐方案"。国家林草局于 2022 年 12 月 30 日发布的第六次全国荒漠化和沙化调查结果显示，截至 2019 年，全国荒漠化土地面积 257.37 万平方公里，占国土总面积的 26.81%；沙化土地面积 168.78 万平方公里，占国土总面积的 17.58%。此外，全国还有 27.92 万平方公里具有明显沙化趋势的土地。可见，荒漠化面积超过国土面积的四分之一，中国仍是世界上荒漠化最严重的国家之一，荒漠化和沙化土地面积大、分布广、程度重、治理难的基本面尚未根本改变。因此，这就需要从维护森林生态系统安全等高度加强荒漠化和沙化土地治理。

（二）水土流失问题仍然面临挑战

我国是世界上水土流失最为严重的国家之一。我国政府积极开展水土流失治理，全国水土流失面积持续减少。2018 年全国水土流失面积 273.69 万平方公里，占全国国土面积（不含港澳台）的 28.6%。与 2011 年相比，水土流失面积减少了 21.23 万平方公里，相当于一个湖南省的面积，减幅为 7.2%。根据 2019 年至 2022 年《中国水土保持公报》发布的数据，2019 年、2020 年、2021 年、2021 年全国水土流失面积分别为 271.08 万平方公里、269.27 万平方公里、267.42 万平方公里、265.34 万平方公里。

（三）全国湿地保护形势不容乐观

湿地保护是生态安全的重要组成部分，是生态文明建设的重要内容。湿地保护与功能退化、生物多样性锐减成为我国生态环境治理的三大突出问题。湿地面积减少也对生物多样性构成威胁，不利于维护国家生态安全。我国第二次全国湿地资源调查数据显示，2003 年至 2013 年间，我国湿地面积减少了 339.63公顷，减少率达到了 8.82%。从湿地率来看，我国的湿地率为 5.58%，低于全球 8.6% 的平均水平，人均湿地面积仅为世界全球人均水平的五分之一。[1] 可见，全国湿地保护形势不容乐观，亟须加强湿地保护的法治保障体系建设。

（四）外来生物入侵严重，生物多样性恶化趋势严重

生态环境部原部长李干杰在 2019 年 "5·22 国际生物多样性日" 宣传活动上曾指出：我国是世界上生物多样性最丰富的国家之一，也是生物多样性受威胁最严重的国家之一。在 2014 年在青岛召开的 "第二届国际生物入侵大会"上，中国已确认多达 529 种外来生物入侵，成为全球遭受外来物种入侵最严重的国家之一，对我国生物多样性和农牧业生产构成了巨大威胁。此外，长江流域、黄河流域、鄱阳湖、洞庭湖、太湖等生物多样性恶化趋势比较突出。因此，这就需要加强对生物多样性的法治保护和对生物入侵的法律规制。

二、维护生态安全的主要内容

《国家安全法》第 30 条规定，国家完善生态环境保护制度体系，加大生态建设和环境保护力度，划定生态保护红线，强化生态风险的预警和防控，妥善处置突发环境事件，保障人民赖以生存发展的大气、水、土壤等自然环境和条件不受威胁和破坏，促进人与自然和谐发展。从该条规定来看，我国维护生态安全的主要内容包括以下几个方面。

（一）完善生态环境保护制度体系

2015 年 4 月 25 日颁布的《中共中央、国务院关于加快推进生态文明建设的

---

〔1〕 参见《第二次全国湿地资源调查主要结果（2009-2013 年）》，载国家林业和草原局、国家公园管理局官方网站：http://www.forestry.gov.cn/mail/65/20140128/758154.html，最后访问日期：2023 年 11 月 13 日。

意见》对加快建立系统完整的生态文明制度体系、建立完善的生态安全保障体系进行了全面规定。生态环境保护制度体系主要包括：一是要运用经济政策引导生态文明建设，健全价格、财税、金融等政策，激励、引导各类主体积极投身生态文明建设。二是要健全生态安全保护的法律体系。要求全面清理现行法律法规中与加快推进生态文明建设不相适应的内容，制定保护生态安全亟须的法律法规，加强法律法规之间的衔接。三是健全自然资源资产产权制度和用途管制制度。完善自然生态空间的统一确权登记制度，明确国土空间的自然资源资产所有者、监管者及其责任。完善自然资源资产用途管制制度，明确各类国土空间开发、利用、保护边界，实现能源、水资源、矿产资源按质量分级、梯级利用。

（二）建立市场化机制推进生态安全管理

建立市场化机制推进生态安全管理的内容主要包括：一是推行市场化机制。加快推行合同能源管理、节能低碳产品和有机产品认证、能效标识、管理等机制。推动建立全国碳排放权交易市场，全面推进矿业权市场建设。积极推进环境污染第三方治理，引入社会力量投入环境污染治理。二是完善标准体系。加快制定修订能耗、水耗、污染物排放、环境质量等方面的标准。提高建筑物、道路、桥梁等建设标准。鼓励各地区依法制定更加严格的地方标准。建立与国际接轨、适应我国国情的能效和环保标识认证制度。三是健全生态保护补偿机制。加快形成生态损害者赔偿、受益者付费、保护者得到合理补偿的运行机制。加大对重点生态功能区的转移支付力度，建立地区间横向生态保护补偿机制，建立独立公正的生态环境损害评估制度。

（三）切实改善生态环境质量

切实改善生态环境质量，需要从以下几个方面进行：一是要保护和修复自然生态系统。要加强生态安全屏障建设，实施重大生态修复工程。加强森林保护，加快重点防护林建设，完善国有林场和国有林区经营管理体制。加大退牧还草力度，稳定和完善草原承包经营制度。启动湿地生态效益补偿和退耕还湿。加强水生生物保护，推进风沙治理，加强水土保持，强化农田生态保护，实施生物多样性保护重大工程，加强自然保护区建设与管理，建立国家公园体制，研究建立江河湖泊生态质量保障机制。二是全面推进污染防治。建立以保障人体健康核心、以改善环境质量为目标、以防控环境风险为基线的环境管理体系，健全跨区域污染防治协调机制。继续落实大气污染防治行动计划，实施水污染防治行动计划，制定实施污染防治行动计划，加强农业面污染防治，加大城乡环境综合整治力度，推进重金属污染治理，开展矿山地质环境恢复和综合治理，建立环境风险防范与应急管理工作机制，切实加强核设施运营监管。三是积极应对气候变化。积极采取有效措施控制温室气体排放，提高适应气候变化以及应对极端天气和气候事件能力。积极建设性地参与应对气候变化国际谈判，推动建立公平合理的全球应对气候变化格局。

（四）健全生态安全保护法律制度

健全生态安全保护法律制度，需要从以下几个方面进行：一是完善生态环境监管制度。具体而言，建立严格监管所有污染物排放的环境保护管理制度，完善污染物排放许可制度，实行企事业单位污染物排放总量控制制度，建立生态保护修复和污染防治区域联动制度。二是坚守生态红线。理论界与实务界通常认为生态红线就是中国生态安全的底线。需要设定并严守资源消耗上限、环境质量底线、生态保护红线。三是完善以预防为主的环境风险管理制度。要实行环境应急分级、动态和全过程管理，依法科学妥善处置突发环境事件。建设更加高效的环境风险管理和应急救济体系，提高环境应急监测处置能力。四是强化生态风险预警机制。要对生态环境的质量退化、恶化等情况进行预警和及时报警，需要具备先觉性及预见性功能，对生态风险的演化趋势、方向、后果、影响需要有警觉性预判。事实上，我国《环境保护法》也对生态环境风险预警机制进行了相应规定。

（五）建立健全维护生态安全政绩和问责制度

建立健全维护生态安全政绩和问责制度，是维护生态安全的重要内容。首先，要健全政绩考核制度。建立体现生态文明要求的目标体系、考核办法、奖惩机制。完善政绩考核办法，根据区域主体功能定位，实行差别化、科学化的考核制度其次，完善责任追究制度。建立领导干部任期生态文明建设责任制，完善节能减排目标责任考核及问责制度。严格责任追究，对违背科学发展要求、造成资源环境生态严重破坏的要记录在案，实行终身追责，不得转任重要职务或提拔使用，已经调离的也要进行问责。

（六）加强生态安全维护的国际合作

加强生态安全维护的国际合作，需要从以下几方面进行：一是积极谨慎签署和履行国际条约和协定。这就要求我国在维护国家主权、坚持共同但有区别的责任原则的前提下，积极参与生态安全维护的国际合作，积极签署和切实履行各类有关环境保护和维护生态安全的国际条约和协定。二是充分重视国家"软法"的重要性。20世纪70年代，环境保护领域产生了建立新的国际合作体系的需要，采用了国际会议决议这种形式的"软法"规范。要重视此种"软法"在全球生态环境保护中的重要作用。三是积极参与制定国际生态标准。制定生态标准是国际政府间组织单方面的职权行为，是为行使规范创制和调整职能所采取的措施。要维护国家生态安全，就要求积极参与制定国际生态标准。

第三节　我国生态安全法治建设

一、我国生态安全法治建设的理念

当前生态环境保护总体形势的复杂与严峻掣肘生态安全工作的顺利进行，这就要求我们全力做好生态安全法治建设工作，积极应对新形势下生态安全治理面临的挑战和难题。加强生态安全法治建设，运用法治思维和法治方式保障生态安全，是推进生态环境治理体系和治理能力现代化的具体要求。

（一）绿色发展的生态安全理念

党的十九大报告强调要加快推进生态文明体制建设，建设美丽中国。绿色发展与"美丽中国"二者关联密切，"美丽中国"为中国当前及未来社会的发展提供了战略指向，而绿色发展理念则为"美丽中国"建设提供方法论指引。绿色发展理念要求坚持可持续发展，强调人与自然和谐共生的理念，主张以构建"资源节约型"和"环境友好型"社会为目标深入推进生态安全法治建设。因此，绿色发展理念与"资源节约型和环境友好型社会"法治理念存在密切关联，为国家生态安全法治建设提供了方法论指引。

（二）生态优先的生态安全理念

生态优先的生态安全理念是对经济优先理念的扬弃和超越，要求人们从整体性视角认识生态环境安全系统以及人与自然的关系，意识到自身的经济行为具有生态环境安全边界并加以自我约束，按照生态伦理的基本要求选择行为模式，从而避免生态环境崩溃危及人类生存和发展。生态优先的生态安全理念体现为辩证思维的整体观、人与自然和谐共荣的绿色发展理念以及以保护公共利益、履行社会责任为主要任务的生态法治原则。在坚持生态优先的理念指导下，建立健全生态安全治理的相关制度，进一步完善生态环境安全法治体系。可以说，生态优先的生态安全理念为我国构建国家生态安全法治体系、深化国家生态安全法治理论研究以及指导国家生态安全法治实践提供了积极的理念和方向指引。

（三）全球生态安全治理共同体理念

生态安全治理是全球治理过程中共同面对的问题。全球生态安全治理共同体理念是人类命运共同体理念在生态安全领域的发展和体现，是一种全新的国际关系理念、秩序和战略取向。它要求构建一个和平发展、包容开放、合作共赢、尊崇自然的新世界，是一种全新的和平观、安全观、义利观、文明观和环境资源观。中国推崇和主张的"五位一体"意义上的"生态文明建设"或者"人与自然和谐共生的现代化"，本质上是要构建一种基于更加和平、公正、合理的全球生态安全治理共同体及其文化。中国政府积极参与全球生态环境安全治理，始终坚持与其他国家和地区在维护生态安全方面的合作，同世界各国携手共建生态良好的地球美好家园。生态环境安全治理需要全球共同努力，坚持人类命运共同体的理念，坚持走绿色、低碳循环、可持续发展之路。防范生态安全危险是人类面临的共同挑战，需要国际社会携手应对，而全球生态安全治理共同体理念为实现全球生态安全治理体系和治理能力现代化奠定了坚实的基础。

二、我国生态安全法治建设的理论基础

（一）生态安全法治建设的理论渊源

生态安全法治建设是新时代生态文明、法治文明、安全文明相互交融的产物。因此，加强生态安全法治建设，需要从生态文明建设理论、总体国家安全观理论、全面依法治国理论以及社会主要矛盾变化理论等方面，论证国家生态安全法治建设的理论渊源和基础。

1. 生态文明建设理论

习近平生态文明思想是马克思主义人与自然观、生态观在新时代中国的最新发展成果，是马克思主义崭新的生态文明观、新的理论境界、新的话语体系，为新时代中国特色社会主义生态文明建设提供了科学指南和根本遵循。加强国家生态安全法治建设实现中国特色社会主义事业"五位一体"总体布局和"四个全面"战略布局的具体体现。总体而言，生态文明建设理论为国家生态安全法治建设提供了重要的理论支撑。

2. 总体国家安全观理论

2014年4月15日，习近平总书记在中央国家安全委员会第一次会议上首次提出"总体国家安全观"的概念,强调要积极分析和把握国家安全形势变化呈现的新特点和新趋势,立足维护国家安全的实际,坚持总体国家安全观,不断探索中国特色国家安全道路。总体国家安全观作为一个系统完善的安全观念体系,具有内涵丰富、兼容并包的特征。在逻辑上,生态安全是总体国家安全观的重要内容,为保障经济安全、资源能源安全等国家安全奠定了重要基础,在巩固和维护国家政治安全的同时,也能够推动社会的稳定有序发展。总之,总体国家安全观理论为国家生态安全法治建设提供了重要的理论支撑。

3. 全面依法治国理论

依法治国是党领导人民治国理政的基本方略。党的十八大以来,党中央审时度势,站在开创治国理政新局面的战略高度,立足"四个全面"战略布局,着眼于"两个一百年"奋斗目标,围绕全面依法治国、生态文明建设提出了一系列的新理念新思想新战略。党的十八届四中全会还以全面依法治国为主题专门制定通过了《中共中央关于全面推进依法治国若干重大问题的决定》(以下简称《全面依法治国决定》)。党的十九大报告也多次指出,要构建完善的中国特色社会主义法治体系,推动法治国家不断向前发展,是我国推进依法治国建设的整体目标。以此为基础,中央全面依法治国委员会第一次全体会议正式提出了"全面依法治国新理念新思想新战略"的命题。其中,"新理念"可以概括为党领导法治、人民主体、良法善治、奉法强国等内容;"新思想"可以概括为加快推动中国特色社会主义法治建设道路发展,加快推动依法治国建设,全面提升国家治理现代化水平;"新战略"可以概括为把全面依法治国作为"四个全面"战略布局的重要内容、加快依法治国建设、深化法治改革和加快法治建设以及统筹推进国内法治与国际法治等内容。最严格的制度和最严密的法治是生态安全法治建设的基本保障。这就要求高度重视制度、法治在生态文明发展中体现出的硬约束效果。可以说,加快推进生态安全治理法治化建设,是全面依法治国在生态安全领域的具体表现。全面依法治国理论为国家生态安全法治建设提供了坚实的理论基础。

4. 社会主要矛盾变化理论

党的十九大报告指出:"我国社会主要矛盾已经转化为人民日益增长的美好生活需要和不平衡不充分的发展之间的矛盾。"党和国家根据社会发展实际,对目前社会发展中的主要矛盾作出了科学的论断和理论总结。社会主要矛盾的深刻变化将中国社会推向新时代,同时也提出了一系列新的课题。比如,对于社会主要矛盾是如何理解的、对于不平衡不充分发展状态是如何理解的、新时代社会主要矛盾在法学领域和法治领域中的具体表现以及如何破解新时代社会主要矛盾等一系列崭新课题。对此，有学者分析认为，社会主要矛盾的变化体现为人们对民主、安全、法治、公平、环境的需求日益迫切。而在人民日益增长的美好生活需要方面，生态环境安全是其重要的组成部分。生态环境问题越来越受到人们的关注，生态环境在人民群众的幸福指数中的占比越来越大，生态环境问题处理得不好也很容易引发影响社会和谐稳定的群体性事件。可见，新时代社会主要矛盾的变化要求建立健全国家生态安全法治体系，最大程度地实现人民群众在安全、生态、法治等各个方面日益增长的需求。

（二）生态安全法治建设的权利基石

公民的环境权是国家生态安全法治建设的权利基石。自20世纪60年代以来，环境权问题一直是理论界争议的焦点和难点。环境权理论争议主要围绕环境权的性质、主体、内容等问题展开。蔡守秋于1982年发表的《环境权初探》一文是我国学者开始关注环境权理论的重要标志。该文认为环境权包括国家、法人、公民使用和享受自然环境条件的权利以及保护自然环境免遭污染所应尽的义务。吕忠梅认为环境权中最基本的权利内容即为在不被污染和破坏的环境中生存及利用环境资源。公民的环境权是一项独立的、基本的人权。它包括公民对于环境的使用权、知情权、参与权和受到侵害时向有关部门请求保护的权利。

虽然也有学者对公民环境权质疑，认为所谓"公民环境权"实际上是现有的多项权利的集合，但是，近年来理论界与实务界对公民环境权法律化的呼声越来越高。归纳起来，主张公民环境权法律化的论据主要包括：第一，国家环境管理权与公民环境权并非完全对立，实际上是能够处于一种平衡状态的。尽管现阶段国家环境管理权处于主导地位，但重视公民个体的环境权是不可逆转的趋势。第二，生态文明观的核心是"人与自然协调发展"，公民环境权的正当性源于环境保护是民众生活的一种最为基本的需求。在生态文明建设过程中，将确认和保护环境权作为其中的主要发展目标，运用发展以环境权为本位的法治事业来做好生态文明发展。第三，从环境权的最新实践发展来看，八十多个国家宪法环境权的规范内容及实施表明，宪法环境权，也就是公众环境权，作为一种基本人权表现为环境公共利益，是表现环境保护价值以及生态文明理念、不同于传统或既有权利的一组新型权利。第四，从法律上确认公民环境权，是环境执法和环境司法的法律基础，是维护生态环境安全公法与私法协同并进的理论基础，也是生态环境安全法治建设的权利基础。

三、我国生态安全法治建设的现状

（一）不断完善生态安全国内法律规范体系

改革开放以来，经济发展取得了重大成就的同时，我国有关生态安全的法律制度建设日趋完善。目前，我国已制定了一系列维护国家生态环境安全的法律法规。《宪法》第 54 条规定了公民有维护国家安全、荣誉和利益的义务，这为维护生态安全提供了宪法依据。事实上，《国家安全法》第 30 条规定了维护生态安全的义务。在具体制度方面，为了保护生态环境安全，我国在生态环境不同领域制定了专门法律，如《环境保护法》《防沙治沙法》《森林法》《草原法》《水土保持法》《节约能源法》《核安全法》《循环经济促进法》《清洁生产促进法》《环境影响评价法》等。

为了完善生态安全法律保护体系，立法机关将国家生态安全战略和理念作为生态文明法律法规修改的指导思想，将国家生态安全法治理念贯彻到立法之中，积极谋划制定、修订生态环境安全法律。比如，在生态保护方面，修改了《资源税法》《草原法》《中华人民共和国耕地占用税法》以及拟制定海洋基本法、空间规划法、原子能法、资源综合利用法、南极活动与环境保护法、国家公园法、湿地保护法等。此外，在生态文明建设的综合性立法领域，有关方面提出要编纂《环境法典》，制定《生态文明促进法》以及修改《环境保护法》等建议。目前，《森林法（修订草案）》《生物安全法（草案）》《固体废物污染环境防治法（修订草案）》《土地管理法（修订草案）》等正在热烈讨论和审议之中。

（二）构建了较为完善的生态安全国际法规范体系

生态安全的国际法规范是国家生态安全法律体系的重要组成部分。一直以来，我国积极参与国际生态环境保护，缔结或参加了一系列的公约、议定书和双边协定，构建了较为完善的生态安全国际法规范体系。

第一，我国缔结或参加了一系列生态环境保护公约和议定书。如 1989 年加入的《保护臭氧层维也纳公约》及其议定书、1990 年批准生效的《控制危险废物越境转移及其处置的巴塞尔公约》及相关议定书、1992 年加入的《国际重要湿地公约》、1992 年批准的《生物多样性公约》、1992 年签署的《里约宣言》、1996 年批准的《核安全公约》、1996 年通过的《联合国海洋法公约》、1997 年签署的《联合国气候变化框架公约的京都议定书》、2000 年签署的《生物安全议定书》、2004 年通过的《关于持久性有机污染物的斯德哥尔摩公约》、2005 年在中国生效的《关于在国际贸易中对某些危险化学品和农药采用事先知情同意程序的公约》、2006 年通过的《乏燃料管理安全和放射性废物管理安全联合公约》、2009 年参加的《哥本哈根协定》等。此外，还参加了《防治倾倒废物及其他物质污染海洋公约》《国际捕鲸管制公约》《及早通报核事故公约》《联合国防治荒漠化公约》《濒危野生动植物物种国际贸易公约》《南极海洋生物资源保护公约》《实施卫生和动植物检疫措施的协议》《服务贸易总协定》《湄公河流域可持续发展合作协定》等公约文件。从这些公约内容来看，主要涉及危险废物的治理、化学品的安全使用和管理、气候治理、生物多样性保护、湿地保护和荒漠化防治、核安全、淡水生态安全等领域。

第二，签订了一系列的生态环境保护双边协定。例如，签订了《中日保护候鸟及其栖息环境的协定》《中美自然保护议定书》《中蒙关于保护自然环境的协定》《中朝环境保护合作协定》《中澳保护候鸟及其栖息环境的协定》《中日保护候鸟及其栖息环境的协定》《中加环境保护合作谅解备忘录》《中印环境合作协定》《中韩环境合作协定》《中日环境保护合作协定》《中俄环境保护合作协定以及关于建立中、俄、蒙共同自然保护区的协定》。

（三）构建了较为完善的国家生态安全保护的制度体系

1. 大力推进国家生态安全屏障体系建设

生态安全是现代国家安全体系的重要内容。在生态环境危机已然影响中国可持续发展的背景下，构建国家生态环境安全战略格局就显得非常迫切。2006 年全国人大发布的《"十一五"规划纲要》中指出，推进西部大开发要加强青藏高原生态安全屏障保护和建设。《"十二五"规划纲要》指出在推进新一轮西部大开发中，要始终坚持生态环境环保的基本国策，构筑国家生态安全屏障。《"十三五"规划纲要》指出在深入推进西部大开发中，要强化生态环境保护，提升生态安全屏障功能。目前，我国正积极推进国家生态安全屏障体系建设，国家生态安全战略格局基本形成。

2. 建立健全国家生态安全保障制度

第一，推进国家生态环境安全保护监管制度建设。组建了生态环境部，立足我国国情和实际，进一步完善了生态环境保护监管体系。2015 年 4 月 25 日，中共中央、国务院印发《关于加快推进生态文明建设的意见》对加快建立系统完整的生态文明制度体系作了总体部署和安排。具体而言，该意见主要规定了健全法律法规、完善标准体系、健全自然资源资产产权制度和用途管制制度、完善生态环境监管制度、严守资源环境生态红线、完善经济政策、推行市场化机制、构建生态保护补偿体系、完善政绩考核体系、落实责任追究体系等不同方面的内容。

第二，加强生态风险监测评估与预警体系建设。近年来生态环境安全事件突发频发，加强生态环境风险监测、评估、预警和应急处理制度十分必要。国务院于 2011 年颁布实施的《关于加强环境保护重点工作的意见》提出，要完善以预防为主的环境风险监测、评估和管理制度、建设更加高效的环境风险管理和应急救援体系、制定切实有效的生态环境安全应急预警方案。《"十三五"规划纲要》第 47 章第 2 节规定，构建完善的国家生态安全动态监测预警体系，对于可能存在着的生态风险问题进行评估，完善突发生态环境安全事件信息报告和公开制度。《环境保护法》从法律上明确规定了国家建立健全生态环境安全监测制度、生态环境资源承载能力监测预警机制、生态环境红线制度、生态保护和环境污染联合防治协调制度等内容。

第三，完善国家生态环境保护补偿机制和损害赔偿制度。国务院于 2016 年专门出台《关于健全生态保护补偿机制的意见》，对进一步健全生态保护补偿制度进行了规定。2017 年中共中央办公厅和国务院办公厅联合印发了《生态环境损害赔偿制度改革方案》，标志着生态环境损害赔偿制度在全国范围内开始试行。生态环境保护补偿制度是通过制定合理、科学、可行的规划，对人们参与生态环境保护工作的积极性予以激励，对相关主体间的利益关系予以协调，以实现保护生态环境、促进社会公平目的的制度。不过，良好的生态环境保护补偿制度，应当以生态保护补偿实践作为前提，并且综合运用合同、法律以及政策等不同的工具，全力加强生态保护补偿规则体系建设。这样才能保障生态保护补偿机制的有效运行。

3. 生态环境公益诉讼救济制度建设

生态损害是指人为活动已经造成或者可能造成人类生存和发展所必须依赖的生态环境发生物理、化学、生物性能的重大退化。针对生态环境损害的现实，立法和司法应当及时回应和救济。我国现行环境民事诉讼基于侵害对象的差异性以及公私益诉讼分野原理，在立法上分为环境私益诉讼与环境民事公益诉讼。《民事诉讼法》（2021 年修订）第 58 条明确法律规定的机关和有关组织可以针对污染环境等损害社会公共利益的行为向人民法院提起诉讼。目前，我国形成了包括行政公益诉讼和民事公益诉讼以及生态环境损害赔偿诉讼的生态环境损害司法救济体系。不过，生态环境损害的复杂性和严重性决定了仅依靠侵权模式或某种单一的社会化救济工具实现救济目标存在较大困难，因此，有必要加强环境公私协作，采行生态环境损害复合救济模式。

4. 建立党政领导干部生态损害责任追究制度

党政领导干部是生态环境保护的政治责任主体，保证党政领导干部能够切实履行生态保护的职责，为生态文明建设提供积极有效的保障。为此，中共中央办公厅和国务院办公厅于 2015 年联合印发了《党政领导干部生态环境损害责任追究办法试行》。通过建立健全党内法规的方式，增强生态追责的针对性、精确性、强化责任意识，形成刚性约束机制，督促党政领导干部坚决担负起生态安全法治建设的政治责任。

5. 建立中央生态环境保护督察制度

2017 年 8 月 23 日，原环境保护部党组制定印发了《中央环境保护督察纪律规定（试行）》，对中央环境保护督查的政治纪律和政治规矩、工作纪律、组织纪律、廉洁纪律、群众纪律、生活纪律等不同方面提出了具体要求，为全面加强督查纪律建设提供了原则方向和工作指引。2019 年 6 月，中共中央办公厅和国务院办公厅印发了《中央生态环境保护督察工作规定》，详细规定了生态环境保护督查的组织机构和人员、督查对象和内容、督查程序和权限、督查纪律和责任等内容。可以说，我国构建起了相对完备的中央生态环境保护督察制度体系。

四、我国生态安全法治建设面临的困境

改革开放四十五年，是生态环境保护法律长出牙齿的四十五年、是生态环境执法铁拳出击的四十五年、是依法维护公众环境权益的四十五年、是生态文明理念融入法治的四十五年。然而，我国生态安全法治建设仍然面临诸多困境和挑战。

（一）生态安全法治理论研究有待进一步深入

推进生态安全法治建设，需要坚实的理论支撑。因此，这就需要进一步加强生态安全法治理论研究。具体而言，推进国家生态安全法治建设，需要对以下几个方面的理论问题进行分析：其一，要加强对生态安全的本体论进行研究，如生态安全的法律内涵是什么，生态安全的法律价值、法律地位和法律功能是什么，生态安全的主体和客体是什么，生态安全的目标是什么，生态安全行为的类型包括哪些，等等。其二，要加强生态安全与相关范畴的比较研究，如生态安全与可持续发展、生态文明建设、环境权的关系等。其三，要加强对生态安全立法的论证，主要包括分析生态安全立法与现行立法的关系以及生态安全立法与国家政策的关系，生态安全国内立法与国际立法、国外立法的关系等。其四，要加强对维护国家生态安全的基本制度、保障生态安全的基本机制等问题进行研究，如对保障国家生态安全的主要法律制度以及具体的法律措施进行研究。

（二）中国特色生态安全法治体系有待完善

党的十九届四中全会通过的《中共中央关于坚持和完善中国特色社会主义制度、推进国家治理体系和治理能力现代化若干重大问题的决定》（以下简称《治理现代化决定》），将坚持和完善中国特色社会主义法治体系摆在十分重要的位置。"法治体系"概念的提出，不仅为法学研究、法治发展提供了新的范式，同时也为国家制度创新、推进国家治理体系和治理能力现代化提供了新的发展路径。当前，我国生态安全法治建设取得显著成绩的同时，也不得不承认生态安全法治体系还有待进一步完善。

第一，在生态安全立法方面，存在碎片化、有效性不足、专业性与民主性冲突等问题。科学立法是完善中国特色社会主义法治体系的前提。就我国生态安全立法的现状来看，碎片化的生态安全立法与生态环境保护的综合性、整体性和复杂性存在错位；生态安全立法的及时性、针对性、有效性要求与法律规范性的矛盾未能妥善处理；生态安全立法的专业化与生态环境保护的民主性之间的冲突未能有效化解等。因此，在完善生态安全立法体系时，需要加强生态安全相关部门法之间的协调、衔接与互动，实现生态安全立法的内部与外部的体系化。

第二，在生态安全执法方面，存在执法方式不科学、执法呈现地方和部门保护主义等问题。当前我国生态安全行政执法方式始终保持着自上而下的高权管理方式和分部门的专业化管理方式，这种执法方式虽是权力本质和现代化的体现，但具体到生态安全执法领域则可能产生地方保护主义和部门保护主义。现有的生态安全行政执法体制机制与良性、高效的生态安全执法体系还存在一定差距，有待进一步完善。

第三，在生态安全司法方面，存在法律供给不足、专业性支撑薄弱和公益诉讼机制有待完善等问题。我国生态安全法治建设一直是以立法为中心、行政执法为主导为基本特征，生态安全司法始终未能成为主流话语。加强生态安全司法体系建设是完善中国特色社会主义生态安全法治体系的重点。由于生态环境安全问题的复杂性、综合性和专业性等特征，需要专业、高效的司法制度予以保障。然而，在生态安全立法蓬勃发展同时，生态安全司法仍然面临实体层面的"无法可依"和"判决困难"的现实困境。此外，环境民事公益和行政公益诉讼制度、生态环境刑事附带民事公益诉讼和行政附带民事公益诉讼制度、生态环境损害赔偿诉讼等制度也需进一步完善。

第四，在生态安全守法方面，存在生态安全守法意识比较淡薄、生态安全法治教育不完善等问题。由于生态安全法治教育观念的缺位、生态安全法治教育专门人才的短缺、生态安全法治教育方式的不科学和生态安全法治教育的体系的不健全等问题，使得社会公众的生态安全守法意识不强。因此，需要加强生态安全守法体系建设，提升公众的生态安全守法意识。

第五，在生态安全党内法规方面，生态安全国家立法与党内法规衔接不畅、党内法规体系不健全等问题。党的十八大以来，我国更加重视中国共产党在生态环境保护事务的领导作用，通过"党政联合发文"的方式实现党对生态环境治理工作的领导。党内法规与国家立法之家的关系是完善国家法治体系建设的重要课题。在构建中国特色社会主义生态安全法治体系时，同样应当加强生态安全国家立法与党内法规的衔接机制研究。

此外，在生态安全法治监督和法治保障方面，还存在保障力度不够、监督乏力、保障和监督体系不健全等问题。加强生态安全法治监督体系和法治保障体系建设是完善中国特色生态安全法治体系的重要组成部分，是实现生态安全治理体系和治理能力现代化的基本要求。

（三）生态安全保护制度体系有待进一步健全

2016 年 11 月 28 日，习近平总书记作出的《关于做好生态文明建设工作的批示》，对生态环境安全保护制度体系的内容进行了科学部署。国家生态安全保护制度体系的内容主要包括生态安全法律法规制度、标准体系、经济政策、考核监督制度、责任追究制度、生态环境安全补偿制度等。正如前述，经过几十年的努力，我国构建了较为完善的国家生态安全保护的制度体系，但也存在进一步完善的空间。例如，生态环境群体性事件预警处置机制不健全，生态环境风险评估制度有待完善，生态环境损害赔偿制度有待进一步健全，生态环境安全监督管理制度不完善，等等。此外，由于生态安全保护涉及的主体非常多、牵涉的面非常广、治理的难度比较大，这就需要加强生态安全保护的多元治理、综合治理和协同治理制度建设。

（四）生态安全法治教育体系有待进一步完善

在推进生态安全法治建设的过程中，生态安全法治教育体系应当有足够的重视。生态安全法治建设需要高素质的法治人才，需要培养具备生态安全法治素养的公民。然而，当前我国生态安全法治教育存在如下两方面的问题：第一，由于缺乏对生态安全的细化研究，导致人们对生态安全的认识不足，以至于对生态安全法治教育的重要性未给予足够的重视。第二，由于缺乏生态安全法治教育的专业教材，课程体系设置的不合理，专任教师的缺乏，经费投入的不足等，在很大程度上制约了生态安全法治教育的有序发展。

五、我国生态安全法治建设的完善路径

针对我国生态安全法治建设面临的困境和挑战，本文主要从生态安全法治建设的指导思想、理论研究、法治体系、保障制度、法治教育等不同方面，探讨我国生态安全法治建设的完善路径。

（一）坚定新时代生态安全法治建设的指导思想

第一，坚持"人与自然和谐共生"的生态自然观。"人与自然和谐共生"是新时代生态文明建设的集中体现，也是我们在全力推进生态环境法治文明建设的基本遵循和方向指引。坚持"人与自然和谐共生"的生态自然观，应当树立尊重自然、遵循自然规律的理念，应当从改变自然、征服自然转向调整人的行为、纠正人的错误行为。加快推进生态环境安全法治建设，应当在生态环境保护的立法完善、制度健全、执法司法实践等方面始终坚持"人与自然和谐共生"的生态自然观。

第二，坚持"绿水青山就是金山银山"的绿色发展观。习近平总书记在不同场合多次强调"绿水青山就是金山银山"科学论断，该论断也被称为"两山论"。"两山论"是目前我国加强生态文明建设的重要理念及内容，也是推动社会可持续健康发展的必然要求。"两山论"既是实现治国理政创新的基本思想，也是全球生态文明建设和全球生态环境治理的重要理论资源。贯彻落实这一绿色发展观，就是要求我们正确处理好保护生态环境与推动生产力持续健康发展之间的关系，将"绿色发展"和"生态优先"的理念融入经济发展、政治建设、文化发展、社会建设的全过程，在维护生态环境安全同时促进生产力的健康可持续发展。

第三，坚持用最严格的制度、最严密的法治保护生态环境的生态治理观。如何对生态破坏和环境污染行为进行有效治理是我国生态环境保护面临的重要课题。事实证明，加强对生态环境的保护应当坚持多元治理、协同治理和综合治理，综合运用法治思维、法治方式，有效维护国家生态环境安全。此外，坚持通过制度的方式保护环境，能够切实保障生态环境治理的可持续性。因此，坚持用最严格的制度和最严密的法治去保护生态环境安全的生态治理观，能够为深入推进生态文明建设和构建美丽中国提供可靠的法治保障和制度根基。

第四，坚持共谋全球生态法治文明建设的全球生态治理观。中国始终遵循人类命运共同体理念，积极参与解决全球生态环境问题，并在全球气候治理、全球荒漠化治理、打造绿色丝绸之路等方面贡献了一系列中国方案。坚持共谋全球生态法治文明建设的全球生态治理观，构建合作共赢、公平合理、共享发展成果的全球生态环境治理体系，积极推进全球生态环境危机的解决，是全球生态治理的重要课题。

（二）进一步加强生态安全法治理论研究

第一，加强生态安全法律内涵的理论研究。目前，国际上对国家生态安全的概念界定尚未达成共识，各国理论界与实务界对其法律内涵的理解也各不相同。法律、法规、政策以及工作性文件也常常混用"生态安全""环境安全""生态环境安全""国家生态安全""国家资源环境安全""国土资源环境安全""生物安全"等概念。这些概念的内涵是否一致，外延是否相同，都需要从理论上作出回答。对此，本文认为"生态安全"与"环境安全"、"生态环境安全"内涵基本相同，只是从不同学科视角进行侧重表述而已。此外，界定生态安全的内涵与外延，还需要对生态安全与环境污染、生态破坏、生态危险、环境保护、可持续发展的关系进行分析论证。

第二，加强公民生态安全权利的细化研究。正如前述，理论界从逻辑上论证了环境权理论是生态安全法治建设的权利基石，但并未对环境权、安全权等人权进行细化研究。理论界通常认为，生态安全是一种状态，是公民环境权利得到良好保障的状态，是自然环境和人的身体健康及生命活动处于无生态危险或者不受生态威胁的状态。对此，今后应当对作为人权的环境权、安全权等权利进行细化研究，论证生态安全权的内涵与外延、主体范围、性质与定位以及权利的具体内容等问题。在条件成熟时，应当通过环境权"入宪"实现公民享有美好生态环境的基本权利，为深入推进国家生态安全法治建设提供坚实的宪法基础和权利基石。

第三,厘清生态安全法治的学科定位。国家生态安全法学作为一门新兴学科方向,有必要对生态安全法治与国家安全学、国家安全法学、生态法学、环境法学等学科的关系进行研究,明确国家安全法治的学科属性和功能定位。国家生态安全法学有着自身较为独立的研究对象和研究内容,可以说是一门相对独立的学科分支。国家生态安全法学作为环境保护法学与国家安全法学的融合物,既要遵循环境保护法学、国家安全法学的发展规律,同时也应根据国家生态安全法学自身的学科特点进一步发展和创新。

第四,构建中国特色生态安全法治理论体系与话语体系。加强国家生态安全法治建设,其核心任务就是要构建具有中国特色的国家生态安全法治理论体系和话语体系。在推进国家生态安全法治建设的进程中,应当立足中国生态安全法治实际,积极回应我国生态安全法治建设面临的突出问题,不断探索具有中国特色的生态安全法治建设的方案。

(三)进一步完善中国特色生态安全法治体系

党的十九届四中全会通过的《治理现代化决定》,深刻阐释了建设中国特色社会主义法治体系和建设社会主义法治国家的科学内涵等一系列内容,并要求将全面依法治国落实到国家治理的各领域各方面各环节。加强中国特色社会主义法治体系建设,是实现国家治理体系和治理能力现代化的必然要求,也是全面深化改革的必然要求,有利于在法治轨道上推进国家治理体系和治理能力现代化。法治体系是法学研究的一种新范式,是国家法治理论发展的成果。中国特色生态安全法治体系的逻辑要素具体包括法律规范体系、法治实施体系、法治保障体系、法治监督体系以及生态安全党内法规体系等五个方面的内容。

第一,完善生态安全法律规范体系。完善国家生态安全的法律规范体系,需要加强对生态安全立法涉及的基本问题的论证,例如需要对生态安全的法律概念、法律特征、法律地位、法律功能以及生态安全立法与现行立法、国际立法、国家政策之间的关系进行充分论证分析。目前,我国缺乏一部专门的、纲领性的维护生态安全的法律,更未形成系统完备的生态安全法律规范体系。对此,有学者主张设立一部专门性的生态安全的法律,命名为《中华人民共和国生态安全保障法》或《中华人民共和国保障生态安全法》,并就制定生态安全保障法的必要性、立法体例和模式、立法内容等问题进行了详细论证,也有学者主张制定《国家生态安全法》,论证了该法设立的必要性和主要框架,提出《国家生态安全法》在立法体例上分为总则、国内和涉外三部分内容。此外，有观点指出也应加强对《生态保险法》《生态鉴定法》《生态文化法》等法律的立法论证。本文认为，在制定国家层面的生态安全法时，应当对现有生态安全相关的法律法规等规范性文件加以系统整理，加强对生态安全立法与现有法律衔接的研究，充分论证生态安全法立法的必要性和可行性，从而构建以《生态安全法》为核心的生态安全法律规范体系。

第二，健全生态安全法治实施体系。党的十八届四中全会《全面依法治国决定》指出："法律的生命力在于实施，法律的权威也在于实施。"建设高效的生态安全法治实施体系是构建中国特色国家生态安全法治体系的关键所在。构建完善的国家安全生态法治实施体系，需要我们从保证党对生态安全法治实施的领导、全面贯彻实施生态安全法律法规、加强生态环境安全的严格规范执法、强化生态环境安全的公正司法、推动生态环境安全的全民守法、增强生态环境安全法治实施监督效能等多个方面进行。

第三，健全生态安全法治监督体系。中国特色的法治监督体系主要包括宪法监督、执法监督、司法监督和社会监督等内容。中国特色的法治监督体系是有机的、整体的、动态的监督体系，具体到生态安全法治领域，同样也需要加强生态安全法治的宪法、执法、司法和社会监督，例如需要加强对生态环境领域公权力的规制和监督，加强对损害生态安全利益人员的执法和司法监督，强化对公众守法的监督。此外，进一步完善中央环保督察制度和专项督查制度，增强督查实效。

第四，强化生态安全法治保障体系建设。有力的法治保障体系是推进全面依法治国的重要依托，为法治的高效运行提供了重要支撑。其一，党的领导是深入推进生态安全法治建设的政治保障，是确保国家生态安全法治建设沿着正确道路推进的重要保障。其二，强化生态法治建设的机构保障。设立专门的生态安全保障机构，如设立国家和地方各级生态安全委员会，专门负责咨询、实施国家生态安全政策和法律法规等。其三，创新生态安全人才队伍保障，如进一步加强环境警察队伍执法能力建设、加强生态安全司法人才队伍培养等。其四，强化维护生态安全的科技保障，调动市场力量，创新生态科技，维护生态安全。

第五，健全生态安全党内法规体系。建立健全生态安全党内法规体系是体现生态法治建设中国特色、中国风格的重要点。加强生态安全领域党内法规制度建设是完善党的领导制度体系的前提，完善党的领导制度体系是完善中国特色社会主义法治体系的关键。今后应当加强对现有的生态安全相关党内法规的系统整理和阐释，充分贯彻落实新时代党中央关于维护生态安全的重要思想，实现党对生态环境安全领域的依法治理和依规治理。

（四）建立健全生态环境安全保障制度

第一，完善生态环境安全监测预警制度。加强对生态环境安全风险的监测评估，预研预判苗头性、倾向性和潜在性的生态环境安全问题，及时制定生态环境安全事件应急处置预案，有效解决生态环境安全事件引发的社会问题和公共危机。强化对生态环境安全事件涉稳风险防控机制的建设，是维护国家政治安全和社会安全的重要抓手。

第二，建立健全生态环境安全补偿制度。建立健全生态环境安全补偿机制是保证国家生态安全的有效途径。构建全方位的生态环境安全补偿机制，需要建立设立生态环境安全补偿基金制度、开发者补偿与受益者补偿的双向调节机制、生态破坏者赔偿与生态保护者获偿的对称机制、对生态破坏受损者与减少生态破坏者进行双向补偿机制等。

第三，进一步完善生态环境安全监督管理和考核制度。当前，我国生态环境安全管理制度采行的是以行政区域管理为核心、中央与地方双重领导的体制。此种管理体制不大符合生态环境安全维护的要求，需要加强改革。建议通过立法建立全国统一的生态环境安全管理体制、设立跨行政区域的生态环境管理机构、建立健全政府生态环境安全考核制度和问责机制。

第四，建立健全生态安全公众参与和监督制度。生态环境安全与老百姓的生活直接相关，涉及老百姓生活的各个方面。这就需要从法律上保障公民的生态安全权利，加强对公民的生态环境知情权、参与权、表达权和监督权。政府应加强生态环境安全信息公开制度，为公民行使生态安全权提供制度平台和保障。

第五，进一步完善生态环境综合治理制度。在生态环境治理问题上，过去往往采取的是行政主导、各部门负责的工作模式，但这种模式具有外部缺乏有效衔接、内部缺乏有效协同的不足，不利于提升生态环境的治理实效。事实上，生态环境治理需要多部门多主体协同参与、综合治理，充分发挥党委、政府、社会、企业、公众等多元主体在维护国家生态安全中的重要作用。对此，要进一步完善生态环境综合治理制度，实现对生态环境的协同治理、综合治理和系统治理，进而强化对国家生态安全的保护。

（五）进一步完善生态安全法治教育体系

当前，全社会国家生态安全法治意识在一定程度上还比较淡薄，部分领导干部对国家生态安全风险挑战认识不足，社会公众自觉维护国家生态安全的意识不容乐观。推进国家生态安全法治建设，必然要求进一步完善生态安全法治教育体系。具体而言，需要按照"将国家安全教育纳入国民教育体系"的法定要求，认真落实《教育部关于加强大中小学国家安全教育的实施意见》，并从生态安全法治教育观念、课程体系、人才培养等方面进行努力。通过加强国家生态安全法治教育和宣传，不断提升全社会公众的生态安全知识素养、生态安全伦理教养、生态安全行为素养，进而提升整个国家的生态安全文化素养。

第一，确立新时代国家生态安全法治教育观。生态安全法治教育是国家安全法治教育体系的重要组成部分。确立新时代国家生态安全法治教育观，应当坚持总体国家安全观的指导，全面准确理解和落实总体国家安全观，进一步加大国家生态安全法治教育体系的建设力度。

第二，进一步充实国家生态安全法治教育内容体系。生态安全是国家安全的重要组成部分，同时也是生态文明建设的重要内容。一直以来，人们对国家生态安全的具体内容缺乏认识。这就需要从总体国家安全观的内涵体系、生态文明制度体系、全面依法治国新理念新思想新战略等多维度、多层面去深入阐释生态安全法治内涵，充实国家生态安全法治教育的内容，提高国家生态安全法治教育的战略定位。

第三，加大国家生态安全法治人才队伍培养力度。国家生态安全的法治保障离不开一批高素质的生态安全法治人才。首先，培养具有国家生态安全法治意识的社会主义事业建设者和接班人离不开高素质的专业师资队伍，包括聘请和培养具有生态安全法学专业背景的法治副校长、法治辅导员、道德与法治课教师等。其次，打破国家生态安全法治教育人才培养的体制壁垒，建立健全国家生态安全法治人才培养模式，培养能够堪当维护国家生态安全大任的实务人才。最后，增强国家生态安全法治教育的针对性和实效性，完善国家生态安全法治教育课程体系、教材体系和教育方式。

【本章思考题】

1. 生态安全在总体国家安全观中的定位如何？

2. 请谈谈生态安全法治保障还需要从哪些方面努力?

3. 请谈谈对制定单独的"生态安全法"的认识和见解?

【参考文献】

1. 贾宇、舒洪水主编:《中国国家安全法教程》,中国政法大学出版社 2021 年版。

2. 李竹、肖君拥主编:《国家安全法学》,法律出版社 2019 年版。

3. 王树义主编:《可持续发展与中国环境法治——生态安全及其立法问题专题研究》,科学出版社 2007 年版。

4. 张润:《中国生态安全法治建设的成就、经验与路径展望》,载《公安学研究》2019 年第 6 期。

【延伸阅读】

1. 马波:《生态安全法治保障论》,载《河北法学》2013 年第 5 期;

2. 李艳芳:《我国生态安全的现状与法律保障》,载《法商研究》2004 年第 2 期;

3. 吕忠梅:《司法中的生态安全考量——兼论生态安全立法存在的问题》,载《环境保护》2006 年第 2 期;

4. 吕忠梅:《生态安全立法的远观与近视》,载《科技与法律》2006 年第 1 期;

5. 周珂、王权典:《论国家生态环境安全法律问题》,载《江海学刊》2003 年第 1 期。

6. 陈海嵩:《环境法生态安全原则研究》,载《西部法学评论》2009 年第 2 期;

7. 刘洪岩:《俄罗斯生态安全立法及对我国的启示》,载《环球法律评论》2009 年第 6 期;

8. 罗丽:《日本生态安全保护法律制度研究》,载《河北法学》2006 年第 6 期。

第二章 环境警察制度概述

【内容提要】

公安机关作为政府的重要职能部门，在环境保护中扮演着不可或缺的角色，是国家环境保护义务的重要承担者。现代社会，保障国家的生态环境安全与秩序需要警察权的作用。警察执法的生态化趋势是顺应建设生态文明社会的生态法治的重要体现。警察执法生态化是我国警务发展的一种趋势，它是伴随国家生态文明建设，为保护生态环境所做出的时代变革。警察执法生态化是指以生态文明为导向，以生态科学为依托，将警察权介入生态保护，作为环境保护的重要手段之一。即明确警察权在生态文明建设中的基本价值取向，并运用专门力量，以环境生态安全和环境生态秩序为保障目标，强化警察机关环境安全保卫职能的趋势与过程。它是生态化理念向警察执法领域渗透与延伸的结果。所谓环境警察制度，是指警察机关及其警察人员在法定职责范围内，运用警察权对在环境与资源保护领域内的违法行为实施制裁、对犯罪行为进行侦查的一系列法律规范的总称。它是政府实施生态环境安全监管的重要举措之一。建立环境警察制度在生态文明建设中具有重要意义。

【重点理解与掌握】

1. 环境警察制度的内涵与本质；
2. 环境警察在我国环境监管中的地位与作用；
3. 警察执法生态化的表现。

【引导案例（材料）】

河北省公安厅环境安全保卫总队正式成立 [1]

河北新闻网9月18日讯（河北日报记者薛惠娟 见习记者高珊）今天，河北省公安厅环境安全保卫总队正式成立，标志着我省从此有了打击环境污染犯罪的专业队伍。在今天的成立大会上，省公安厅要求，10月中旬前，我省各设区市、大气污染重点县也要组建环境安全保卫队伍。

当前我省环境问题十分突出。上半年全国空气质量较差的10个城市中，我省就占7个，成为空气污染的重灾区。在全省建立环境保卫警察队伍，公安与环保部门实行联合执法，严厉打击环境违法行为，是省委开展党的群众路线教育实践活动推出的"双十条"重大举措之一。

据介绍，省公安厅环境安全保卫总队的主要职责包括：掌握全省环境犯罪动态，分析、研究犯罪信息和规律，拟定预防、打击对策；研究拟定全省环境安全保卫工作规范并负责监督检查落实；组织、指导、协调侦办涉及环境犯罪的刑事案件，直接查处和侦办社会反响强烈、下级公安机关查办困难的环境犯罪案件；建立与环保部门刑事执法、行政执法的相互衔接及协调联动机制；参与环境保护集中专项整治行动；侦办省委、省政府和公安部交办的影响环境安全的重大案（事）件。

记者了解到，以往涉及环境犯罪的案件，由公安机关治安管理部门受理侦办，由于专业性不强、警力不足等原因，对环境违法犯罪打击力度不够、震慑力不强。"抽调专门力量单独设立省级公安机关环境安全保卫总队，为国内首家，将成为公安机关打击环境污染犯罪的拳头和尖刀。"省公安厅环境安全保卫总队总队长闫泽利介绍，当前，总队将紧紧抓住有关案件线索，集中警力快侦快破一批重大案件，惩处一批违法犯罪分子，整治一批问题突出的重点地区、重点部位和重点行业，迅速在全省形成依法严厉打击环境污染犯罪的强大声势。

省环保厅有关负责人表示，在涉及环境污染犯罪和有关案件的侦办中，各级环保部门、环保监测机构、环境污染损害鉴定评估技术机构，将全力配合公安部门做好案件相关调查和有关技术支持工作，积极协助司法调查和证据的固

---

[1] 《河北省公安厅环境安全保卫总队正式成立》，载 http://zhuanti. hebnews. cn/2013/2013-09/22/content_ 3495186. htm，最后访问日期：2022年1月15日。

定，推进刑事问责的顺利实施。

【引导问题】

1. 什么是环境警察？
2. 我国公安机关环境安全保卫的职责有哪些？

第一节 环境警察制度的理论基础

在当今社会发展中，环境污染与资源破坏对生态环境安全已构成了现实威胁，进而影响到我国生态文明建设与国家长远发展。习近平同志在关于保护生态环境的重要论述中曾经强调，保护生态环境必须依靠制度、依靠法治。这深刻揭示了只有实行法治，实施最严格的环境保护制度才能为生态文明建设提供可靠保障。制度建设是推进生态文明建设的重要一环。实行最严格的环境保护制度，其内涵包括了建设完善的环境法律制度，制定严格的环境标准，培养专业的执法队伍，采取行之有效的执法手段等。现代环境警察制度是最严格环境保护制度的体现和重要组成部分。它的建立对于维护国家环境秩序，保卫国家生态环境安全，震慑、遏制破坏环境与资源保护的违法犯罪行为具有不可替代的作用。

一、警察权与政府环境保护职能

警察权与环境保护的关系主要体现于政府管理职能之中。在我国，公安机关具体行使警察权，是政府的组成部分和重要职能部门。政府实施的环境管制行为中，公安机关的作用是不容忽视的。要弄清公安机关及警察权在环境保护中的地位和作用，必须对政府环境管制的发展过程有一个基本的认识。

管制（Regulation）又称为规制，是一个隶属于经济学、法学和政治学的交叉领域的概念。对于管制的含义，国内外学者的认识也不尽相同。日本学者植草益认为，管制仅指狭义上的限制或禁止，即依据一定的规则对构成特定社会的个人和构成特定经济的活动进行限制的行为。[1]而金泽良雄则是从广义上界定规则规制的含义，认为其相当于广义的"国家干预"，这种干预涉及消极的

---

〔1〕 参见［日］植草益：《微观规制经济学》，朱绍文等译，中国发展出版社1992年版，第1—2页。

（限制权利）和积极的（促进保护）两个方面。[1]政府管制就是指为了实现特定的政策目标，政府及其授权组织对企业和国民的活动进行的干预和介入。政府规制发轫于20世纪30年代的美国，几乎覆盖了美国社会与经济生活的绝大多数领域。在政府管制浪潮下，在以"命令—强制"为特征的许可、处罚、强制等传统行政执法方式之外，涌现出了很多新型的管制手段，如协商式管制、激励型管制、信息管制、标准管制和价格管制等。与此同时，在环境领域中政府的管制，即环境管制至今也经历了三个阶段。也即第一阶段为20世纪70年代后80年代中期的政府全面介入、强制性手段绝对主导的时期；第二阶段为20世纪80年代中期以后的引入市场机制，注重管制成果和效益阶段；第三阶段为20世纪90年代的倡导广泛参与、共同合作和手段多元化阶段。环境问题的性质与特征决定了政府在环境保护方面可以发挥特殊的作用。例如，政府对经济活动的适度干预，可以纠正人们行为的"外部不经济性"；通过政府的环境行政行为有利于对环境污染和破坏进行预先控制；政府借助警察力量对破坏环境资源保护的违法与犯罪进行有效的震慑与打击；政府在培育环保市场、建立市场机制方面起到基础性作用；政府是环境公共物品的主要提供者。[2]

国内环保专家普遍看来，自20世纪80年代中期开始，以市场为导向的经济刺激手段被大量采用，随后20世纪90年代以来，以自愿合作为基础的手段也大量出现，即采用自愿和多元合作基础上的环保手段，同时吸纳公众的参与，进一步发挥了社会的支撑和制衡作用，呈现出环境管制与民主的有机结合。由此克服了政府传统的以"命令—控制"为主的管制手段的局限性，从而有利于实现复杂的环境管理任务和可持续发展的目标。然而在笔者看来，当下环境管制主体多元化、手段方式多样化的样态中，警察机关及其警察权功能的发挥是不容忽视的。如果说政府的环境管制应当刚柔并举，那么警察机关及警察权在环保领域的出现则是刚性介入的典型代表。它的强力介入促使社会环境纠纷及冲突得以迅速有效解决。环境被破坏造成的后果也会对社会秩序形成破坏，因此警察机关的任务就是要尽快化解冲突，恢复被破坏的社会环境秩序。事实上，"环境行政管理的国家强制力一是体现在环境行政法律的执行机关上，二是体现

---

〔1〕 参见 ［日］金泽良雄：《经济法概论》，满达人译，甘肃人民出版社1985年版，第45页。

〔2〕 参见李挚萍：《环境法的新发展——管制与民主之互动》，人民法院出版社2006年版，第1—16页。

在强制措施上"。〔1〕环境管制基于上述两个方面的支持，通过执法活动，从而起到维护环境秩序的作用。作为环境法律的执行机关之一，又能够切实体现执法刚性，非警察机关及警察权莫属。

二、公安机关是国家环境保护义务的重要承担者

保护生态环境是经济长期稳定增长和实现可持续发展的基础与保证。环境问题解决得好坏关系到中国的生态环境安全，进而影响到国家安全与形象，同时也是社会公众根本利益所在。为经济社会发展提供良好的环境与资源基础，为广大社会公众提供基本的环境公共产品，是国家的义务。"依宪法的精神，所有的国家权力必须有义务去尊重并保护人性尊严以及人民的基本权利，对于人民生命权的保障，实质及形式的人身自由，健康权的不可侵犯性，都可以导出国家对基本权的保护义务"。〔2〕政府承担着保护环境的法定职责。作为政府重要的职能部门之一，警察机关结合自身职能在环境保护中具有重要作用。

当今社会，环境问题已成为世界各国共同面临的严峻挑战。许多国家在其宪法和环境保护基本法中都明确了国家的环境保护义务。我国现行《宪法》第26条第1款规定"国家保护和改善生活环境和生态环境，防治污染和其他公害"。《环境保护法》第6条第1款规定："一切单位和个人都有保护环境的义务。"由此对环境保护的义务作出了原则性规定。从义务主体上看，包括了国家以及一切单位和个人，而其中国家首当其冲承担着重要的环境保护义务。

环境保护义务在实践中体现为依法承担的环境保护责任。而这一责任具体是由代表国家实施社会管理的政府承担的。环境与资源是典型的公共物品，它难以单纯依靠市场的力量实现有序和有效配置。导致资源破坏和环境污染的重要原因不仅是市场失灵，更是政府失灵。环境与资源的保护在很大程度上依赖于政府。前些年发生的一系列重大环境违法事件，使我们不得不思索个别地方政府是否真正履行了环境保护的义务？作为公共事务管理部门的政府，能否切实履行环境保护的责任，直接关系到社会公众的环境公共需求及环境权益能否得到满足和实现。国家环境保护义务可以大致分解为三类：一类是宣传教育、

---

〔1〕　鄢斌：《社会变迁中的环境法》，华中科技大学出版社2008年版，第156页。
〔2〕　陈慈阳：《环境法总论》，中国政法大学出版社2003年版，第203页。

引导义务〔1〕，即在实施社会管理与服务中鼓励企业、社会公众保护环境的行为、支持保护环境的科学技术的发展、加强环境保护知识的普及宣传等。第二类是规划、预防的义务〔2〕，即政府应就生态保护进行全面规划与合理布局，切实将环境保护纳入国民经济和社会发展计划。积极采取经济的、技术的及法律的措施，预防环境的污染与破坏。三是监管、制裁的义务，即各级政府以及政府的各部门根据各自层级及职能的不同，承担着各自的监管职责〔3〕。同时对于违反监管法律法规的相对方施以强制措施、行政处罚，直至追究刑事责任。在如今环境危机加剧、环境利益冲突凸显、公众环境权利诉求强烈等多重压力下，解决环境问题必须从源头进行预防，政府必须主动承担前瞻性责任。将事前预防与事后追究并重，构建事前预防、事中监管与事后问责的政府环境责任追究模式。〔4〕

如上所述，依据我国环境保护法的规定，公安机关作为政府的重要职能部门，在环境保护中扮演着不可或缺的角色。其所承担的国家环境保护义务主要体现在上述第三类义务中，即借助警察权的强制性功能，达到对环境违法与犯罪的抑制，维护生态环境安全与秩序。

三、警察权在生态环境保护中的正当性

现代社会，保障国家的生态环境安全与秩序需要警察权的作用。这是因为现代警察机关的任务都是与安全、秩序及权利保障密切相关的。

---

〔1〕《环境保护法》第9条规定："各级人民政府应当加强环境保护宣传和普及工作，鼓励基层群众性自治组织、社会组织、环境保护志愿者开展环境保护法律法规和环境保护知识的宣传，营造保护环境的良好风气。教育行政部门、学校应当将环境保护知识纳入学校教育内容，培养学生的环境保护意识。新闻媒体应当开展环境保护法律法规和环境保护知识的宣传，对环境违法行为进行舆论监督。"

〔2〕《环境保护法》第4条规定："保护环境是国家的基本国策。国家采取有利于节约和循环利用资源、保护和改善环境、促进人与自然和谐的经济、技术政策和措施，使经济社会发展与环境保护相协调"；第5条规定："环境保护坚持保护优先、预防为主、综合治理、公众参与、损害担责的原则。"

〔3〕《环境保护法》第10条规定："国务院环境保护主管部门，对全国环境保护工作实施统一监督管理；县级以上地方人民政府环境保护主管部门，对本行政区域环境保护工作实施统一监督管理。县级以上人民政府有关部门和军队环境保护部门，依照有关法律的规定对资源保护和污染防治等环境保护工作实施监督管理。"

〔4〕参见刘晓星：《政府环境责任如何化虚为实?》，载《中国环境报》2013年8月22日，第3版。

（一）国家安全观的演进与公安机关的任务

综观历史发展，对国家安全的认识经历了从传统国家安全到非传统国家安全的过程。体现为国家安全的内涵与外延有了更大扩展，即不仅仅局限于传统意义上的军事安全、政治安全，亦还包括了经济、文化、社会、科技、信息、生态环境安全等方面。其中生态环境安全是国家安全的重要扩展。它主要是指人类社会赖以生存的环境免于环境问题的威胁和可能遭受的危险，并且使环境要素的功能和自我调节能力处于可承受、可恢复的范围。就其性质来看，国家生态环境安全实际上是一种国家生存安全。[1]对于一个国家和民族来说，它是其得以持续生存和健康发展的最基本的前提条件。它是国家安全的重要基础，对传统国家安全，包括主权安全、军事安全、领土安全、生命安全等均具有重大影响。事实上资源的短缺及环境污染已成为国家及地区间冲突的潜在根源。环境污染对人的生命健康的威胁越来越大。可以说由环境引起的问题对国家安全构成多种威胁。正是由于环境事关国家安全，"冷战"结束后非传统安全观的兴起，人们开始更多地从非传统威胁的角度考察环境与国家安全的关系。其中美国环境专家莱斯特·布朗（Lester Brown）即是最早将环境问题明确引入安全研究的学者。1981年8月，美国公布了新的国家安全战略，首次将环境安全纳入国家安全利益要素。1987年，联合国世界环境与发展委员会发表的研究报告《我们共同的未来》，也从联合国范围内首次提出"环境安全"的概念。1996年的《美国国家安全战略》中再次重申了环境安全问题必须纳入国家安全战略的观点。俄罗斯政府也提出了将"和平、生态、裁军、经济问题通盘考虑"的新的国家安全战略。[2]此外，北欧的挪威等国也提出了类似的国家安全战略。我国政府于2000年12月公布了《全国生态环境保护纲要》，提出"维护国家生态环境安全，确保国民经济和社会的可持续发展"。[3]首次明确提出了全国生态环境保护目标。这也表明了我国政府及学界已开始注意并认识到环境安全的重要性，并认为国家安全的重要基础即是生态环境安全。进入21世纪以来，出现了更加复杂的国际安全形势，涉及安全的威胁也趋向多元化，其中环境问题的现实和潜在威胁凸显，它将成为21世纪安全领域面临的一项长期而复杂的战略性课题。在非传统安全研究的总体框架下，对"环境安全"问题的理论研究也

---

〔1〕　参见裴晓菲、杨小明：《论我国的经济安全和环境安全的关系》，载《新视野》2008年第4期。

〔2〕　参见裴晓菲、杨小明：《论我国的经济安全和环境安全的关系》，载《新视野》2008年第4期。

〔3〕　《全国生态环境保护纲要》，载《人民日报》2000年12月22日，第5版。

将向纵深发展。而在实践中，各国都面临着从环境生态的视野下积极采取有力措施切实维护国家安全的课题。

2014年4月15日，中共中央总书记、国家主席、中央军委主席、中央国家安全委员会主席习近平主持召开中央国家安全委员会第一次会议并发表重要讲话。习近平强调，要准确把握国家安全形势变化新特点新趋势，坚持总体国家安全观，走出一条中国特色国家安全道路。习近平指出，贯彻落实总体国家安全观，必须既重视外部安全，又重视内部安全，对内求发展、求变革、求稳定、建设平安中国，对外求和平、求合作、求共赢、建设和谐世界；既重视国土安全，又重视国民安全，坚持以民为本、以人为本，坚持国家安全一切为了人民、一切依靠人民，真正夯实国家安全的群众基础；既重视传统安全，又重视非传统安全，构建集政治安全、国土安全、军事安全、经济安全、文化安全、社会安全、科技安全、信息安全、生态安全、资源安全、核安全等于一体的国家安全体系。

在我国，公安机关依法担负着维护国家安全的任务。[1]伴随社会的发展及国家发展战略的调整，人民警察维护国家安全的任务，必须兼顾传统安全与非传统安全两大方面。公安机关对于维护国家安全的任务必须有新的认识及拓展，即应将维护生态安全纳入维护国家安全的范畴。在此方面，公安机关需注重两方面的重新认识：一是生态安全是国家安全的重要组成部分；二是维护国家生态环境安全对于社会治安秩序也具有重要意义。就前者而言，保障生态环境安全对于传统上的国家安全（主权、领土、军事等）及其他非传统安全均具有基础性的意义。公安机关不是唯一的维护生态安全的主体，但其通过自身特有的功能所体现的对生态环境的保护却是不可或缺的。在预防和打击破坏环境与资源保护方面的违法犯罪上发挥着无可替代的作用。就后者而言，必须看到生态环境是否安全有序是影响社会稳定的重要因素。实践证明生态环境的恶化会直接影响社会公众的生活质量甚至威胁到基本生存，导致社会不稳定因素的增加，并易引致社会秩序失常。近年来在社会秩序方面出现的群体性事件[2]，有的则是由环境问题所诱发的。因此，公安机关借助特有功能推进生态环境保护执法，

---

〔1〕《中华人民共和国人民警察法》（以下简称《人民警察法》）第2条第1款规定："人民警察的任务是维护国家安全，维护社会治安秩序，保护公民的人身安全、人身自由和合法财产，保护公共财产，预防、制止和惩治违法犯罪活动。"

〔2〕如，江苏启东、四川什坊等地曾发生群众为阻止认为会对环境造成污染的建设工程，酿成群体性事件，产生恶劣影响。

也是维护社会治安秩序的需要。

维护国家生态安全，完全靠市场和市场主体的自发力量是难以做到的，需要政府的一系列制度设计和法律保障。其中发挥公安机关维护秩序的功能，是保障国家生态环境安全的重要举措。

（二）维护生态环境秩序—现代警察机关任务的拓展

秩序，是事物运动的次序性和变化的规则性的一种状态。"秩序意味着不同事物之间状态的相对稳定性、关系的相对连续性、秩序的相对有序性、发展变化的一定规律性。秩序是人类生存发展的基础和条件，每个人都生活在社会秩序和自然秩序中"。〔1〕秩序是指"自然界与社会进程运转中存在着某种程度的一致性、连续性和确定性。另一方面，无序概念则表明，普遍存在着无规律性的现象，亦即缺乏可理解的模式—这表明为从一个事态到另一个事态的不可预测的突变情景"。〔2〕以社会学之维观之，"社会是按照既定的一套行为规范维持社会秩序，调整人们之间的关系，规定和指导人们的思想和行为方向"。〔3〕在规范明确的前提下，可以使人们有效地避免利益上的冲突及社会的紊乱，积极参加社会协作，以维护社会的稳定有序。我国人民警察法将维护社会治安秩序作为人民警察的任务之一作出了明确规定。目的在于积极防范和制止危害社会治安秩序的行为。警察机关的这一任务直接体现了社会控制的功能。

秩序与安全的关系是形式与内容的关系，是现象与本质的关系，是手段与目的的关系，破坏安全往往是以扰乱秩序这种形式出现的。秩序是连接安全与外界环境的纽带，外界环境通过对秩序发挥作用来影响安全。治安学意义的安全范畴通常不是纯粹的自然界安全问题，它首先是社会安全问题，只有当自然环境的变化导致相应受体发生危险状态的情形，自然的安全状态也会转化为治安学的安全问题。〔4〕

生态环境秩序就是规范人们在生态环境利用和保护中的社会关系，调适其

---

〔1〕　蔡守秋：《环境秩序与环境效率——四论环境资源法学的基本理念》，载《河海大学学报（哲学社会科学版）》2005 年第 4 期。

〔2〕　〔美〕博登·海默：《法理学、法律哲学与法律方法》，邓正来译，中国政法大学出版社2004 年版，第 5-6 页。

〔3〕　〔美〕布坎南：《自由、市场与国家》，平新乔等译，上海三联书店 1989 版，第 115-116页。

〔4〕　参见王均平：《安全，还是秩序——治安理论与实践让位概念分析选择》，载《中国人民公安大学学报（社会科学版）》2009 年第 6 期。

行为的规则和机制，是人类社会秩序的基本内容。它是人们摆脱在环境利用中偶然性、任意性的形式，而建立起有条不紊的状态。"环境秩序贯穿始终的要求是人与自然的和谐。良好的环境秩序的最低标准是保障人和动植物等环境要素的安全，而实现人与人和谐、人与自然和谐则是法律追求的理想秩序；也可以认为，对人与自然和谐的起码要求是环境安全，包括人和环境资源的安全。"〔1〕生态环境秩序是客观存在着的社会关系的规则形式，是一个具有描述社会关系、规范社会互动、调适社会主体行为功能、保障生态环境安全的社会关系规范体系。

治安秩序与生态环境秩序两者同属社会公共秩序的重要组成部分，它们都涉及社会多数人的利益，有着相近的属性。治安秩序是社会安全之秩序，是社会关系中的安全关系的秩序。〔2〕而生态环境秩序则是国家生态安全的秩序，是社会关系中的生态环境利用与保护关系的秩序。它们都是一种社会关系的调适机制，都是一定社会关系的固定形式，都源于安全关系，并随着各自领域所调整的社会关系的演化与稳定而形成。值得注意的是，治安秩序与生态环境秩序两者又是相互影响的。也即生态环境秩序被人为破坏，使他人生态环境法益受到侵害，也会导致社会的不稳定，治安秩序的混乱。而治安秩序的混乱，也会反过来影响生态环境秩序，使人们的生态环境法益受到损害。从以上的分析中可以看出，社会治安秩序与生态环境秩序两者关系十分密切。公安机关通过实现任务的拓展，在维护社会治安秩序的同时，将保护生态环境秩序纳入视线，对于保护公民环境权益具有积极意义。

（三）维护公民生态环境权益是保护公民合法权利的应有之义

现代警察机关的重要任务之一就是保护公民的人身安全、自由及合法财产。这就要求公安机关必须依法同一切危害公民合法权益的行为作为做斗争。通过预防、制止和惩治违法犯罪活动切实维护公民的权利。依法保护公民的生态环境权益也是公安机关不容忽视的任务。

1. 警察机关维护公民权利的新地带——公民的环境权。人类文明的发展经过了农业文明时代、工业文明时代之后正在进入生态文明或称可持续发展的时代，回顾以往人类为了获取更多的农作物采取不科学的种植方法，以及为了得

---

〔1〕 蔡守秋：《环境秩序与环境效率——四论环境资源法学的基本理念》，载《河海大学学报（哲学社会科学版）》2005年第4期。

〔2〕 王均平：《安全，还是秩序——治安理论与实践让位概念分析及选择》，载《中国人民公安大学学报（社会科学版）》2009年第6期。

到大量的木材而无节制地砍伐森林，造成土壤沙化、水土流失、气候恶化、洪水泛滥，使得农业生产赖以存在的环境基础遭到破坏。疯狂捕杀野生动物，以求获得非法利益，导致生态平衡破坏，令有害生物肆虐，使人类生活陷于困境。大气、水源、土壤的化学污染不断加剧，导致人类许多疾病发生率直线上升，这都严重威胁到人类自身的生存。明晰公民的环境权，对环境侵权行为予以惩处，在生态文明时代应成为警察机关的重要使命之一。

根据《人民警察法》第 3 条规定，人民警察必须全心全意为人民服务。这一规定明确了我国公安机关的宗旨，同时也表明了我国公安机关是维护人民群众利益的执法机关，公安执法活动必须以保障人权为己任。公民的环境权是人权的重要组成部分，警察执法涉及公民环境权的保护，必须予以应有的重视。[1]

自 20 世纪以来，特别是"二战"以后，世界范围内环境问题日趋严重。西方发达国家在工业化过程中出现了严重的环境污染，公害事件不断发生。而在发展中国家则明显表现为贫困与人口压力增大，生态资源遭到严重破坏。一时间"环境危机"成为威胁整个人类生存、影响制约经济发展及社会稳定的重要因素。世界各国一方面积极致力于运用包括科学技术在内的多种手段治理污染及对生态资源的破坏，同时也在努力探寻解决环境问题的理论及法律依据。环境权的提出始于 20 世纪 60 年代，当时德意志联邦共和国的一位医生向欧洲人权委员会提出控告，声称向北海倾倒放射物的做法违反了《欧洲人权条约》中有关保障清洁卫生环境的条款。由此成为最早的环境权主张。作为一种基本而迟到的法律权利，环境权概念的确立是 20 世纪 60、70 年代以来世界性环境危机和环境保护运动的产物。[2]1972 年 6 月于斯德哥尔摩召开的联合国人类环境会议上通过的《人类环境宣言》中第 1 条就庄严宣告："人类有权在一种能够过着尊严和福利的生活的环境中，享有自由、平等和充足的生活条件的基本权利，并且负有保证和改善这一代和世世代代的环境的庄严责任。"在《人类环境宣言》的影响下，一些国家开始了环境权的立法实践：如南斯拉夫、波兰、葡萄牙、智利、巴西、匈牙利等国在其宪法或环境保护基本法中确认了环境权；再

---

〔1〕　参见邢捷：《论公安执法对公民环境权的保护》，载《中国人民公安大学学报（社会科学版）》2009 年第 2 期

〔2〕　参见侯怀霞：《私法上的环境权及其救济问题研究》，复旦大学出版社 2011 年版，第 125 页。

如希腊、巴拿马、菲律宾、捷克斯洛伐克、泰国、瑞典等国则在宪法中体现了保护公民环境权的内容。日本和美国还广泛地受理了以保护环境权为案由的案件，开始了环境权的司法实践。环境权是现代法治国家公民的基本权利，这一点已渐渐成为国际社会的共识。

我国在环境权理论上的研究至今已有三十多年。环境权作为一种新型的权利，至今尚无达成最终共识，可谓众说纷纭。仅就公民的环境权而言，蔡守秋教授在1982年《中国社会科学》上发表的《环境权初探》一文中认为狭义的环境权一般指公民的环境权，即公民有享受良好适宜的自然环境的权利。吕忠梅教授认为公民的环境权是指公民享有的在不被污染和破坏的环境中生存及利用环境资源的权利。〔1〕通常认为，公民环境权是一项概括性权利，它可以通过列举而具体化。如在美国的一些州宪法中将环境权作了具体的规定，包括清洁空气权、清洁水权、免受过度噪声干扰权、风景权、环境美学权等；在日本的一些判例中列举的环境权包括清洁空气权、清洁水权、风景权、宁静权、眺望权、通风权、日照权、达滨权等。〔2〕

在我国随着法治与社会文明程度的提高，公民的权利意识也在逐步增强，其中对良好环境的要求，从而提高生活质量的期待也日渐突出。我国保护生活环境和生态环境方面的法律，大都强调了国家的职责，同时也赋予公民有同一切破坏、污染环境的单位和个人作斗争、举报控告的权利，近年来也不断有学者及人大代表提出我国应将保护公民环境权写入宪法。〔3〕根据我国目前环境立法的现状，公民环境权作为一项应有权利是可以肯定的，但它仅仅作为应有权利还不够，我国市场经济体制的建立和环境保护的严峻形势迫切需要使环境权法律化，使其能充分发挥健全环境法律体系、提高公民的环境意识、调动公民环境保护积极性的作用。从未来趋势上看，维护公民环境权必将成为警察执法中的重要内容。

2. 公安机关是履行生态环境保护职责维护公民环境权的重要主体之一。人们现实生活环境中，清洁的水、空气、安宁、阳光等环境要素在当今生产力发展、人口膨胀情况下作为稀缺性资源的特性逐渐显露出来。人们的生存利益和

---

〔1〕 参见吕忠梅：《环境法学》，法律出版社2004年版，第93页。

〔2〕 参见吕忠梅：《论公民环境权》，载《法学研究》1995年第6期。

〔3〕 参见吕忠梅：《环境权条款应写入宪法》，载 http://zqb.cylo.com/content/2014-08/13/content_928473.html，最后访问日期：2023年6月16日。

生产利益在对环境的需求上构成矛盾。随着环境问题日益严重和人们环保意识的提高，环境污染问题已成为引发群体性事件的一个新的诱因。因环境问题引发的群体性事件以年均29%的速度递增。环境问题已成为影响社会稳定的重要因素，成为危害群众健康、制约经济发展、损害国家形象的问题。针对愈演愈烈的环境侵权事件，借助于警察权这个独具特色的公权力，由公安机关担当一部分维护公民环境权的责任，是一个值得探索的崭新地带。环境侵权的存在及公安执法宗旨的指向是人民警察进行生态维权的重要原因：

第一，环境侵权的存在。环境权不是一种支配权，而是一种良好环境不受侵犯的权利。[1]从世界范围内来看，环境侵权最早可追溯至罗马法时期。当时的"流出投掷物诉讼"，[2]实质上就是涉及环境侵权问题。但那时的环境问题并不突出，亦未引起重视。作为一种普遍现象，环境问题是在工业革命之后，特别是20世纪以来，伴随工业化和城市化的进程，环境侵权所带来的生态破坏与环境污染已成为各国普遍存在的一大社会问题。所谓环境侵权，是指因行为人的行为造成环境污染或破坏，侵犯了环境法益，从而使他人人身权（如生命权、健康权及身体权）或财产权受到损害的行为。环境侵权行为致害通常存在着二元结构，包括侵权行为直接致害的情形，即有着明确具体的被侵害对象，如公民、法人或其他组织。还有一种情况即是体现为造成一定范围内环境污染或生态破坏，从而间接致害的情形。针对环境侵权，需构建多元的预防与救济机制。其中，公安机关基于自身的两大职能对公民环境权的维护主要体现在对职责范围内的"环境公共财产"[3]实施监管，预防、制止和侦查违法犯罪活动[4]，对违法者依法进行处罚，对触犯刑律者依法进行侦查并移交起诉，体现了对公民享有环境权利的保护。

第二，执法宗旨的指向。在我国，公安机关执法的宗旨就是强调以人民为

---

〔1〕　参见侯怀霞：《私法上的环境权及其救济问题研究》，复旦大学出版社2011年版，第126页。

〔2〕　参见谢邦宇：《罗马法》，北京大学出版社1990年版，第310页。

〔3〕　"环境公共财产论"是20世纪60年代，由美国密执安大学教授萨克斯提出的。他认为：空气、水、阳光等人类生活所必需的环境要素，在当时受到严重污染和破坏以致威胁到人类正常生活的情况下，不应再视为"自由财产"，而成为所有权的客体，环境资源就其自然属性和对人类社会的极端重要性来说，应该是全体国民的"公共财产"，任何人都不能对其任意占有、支配和损害。

〔4〕　这是我国《人民警察法》第6条中规定的公安机关的首要职责。在涉及环境保护领域，公安机关主要是通过打击这一领域中的违法犯罪活动，保护环境，从而保护公民在良好的生态环境中生产生活，达到保护公民环境权的目的。

中心，执法为民。这体现为警察执法的基本理念。这一理念的确立对于警察执法有着明确的指引作用。"以人民为中心"是党的十八大以来，习近平总书记反复强调的核心价值理念，并逐步发展成为"以人民为中心"的发展思想。在党的十九大报告中上升为治党治国治军的基本方略，这是党的宗旨观、群众观、人民观、发展思想和执政理念、执政方式的重大发展，形成了完整的以人民为中心思想及实践体系，是新时代执法思想上的重要发展。"坚持以人民为中心"的基本方略，就是要深刻认识到人民的历史地位、主体地位和根本力量，就是要把人民对美好生活的向往作为党的奋斗目标，就是要在公安民警执法中努力践行全心全意为人民服务的根本宗旨。从维护公民环境权上看同样具有深刻寓意。

以人民为中心，就是要把维护人民利益作为警察执法的根本宗旨，牢记人民公安为人民的初心和使命，切实把以人民为中心的发展思想贯彻落实到保稳定、护安全、促和谐的各项工作中，不断增强人民群众获得感、幸福感、安全感。切实解决人民群众反映强烈的社会问题，而生态环境问题便是其中之一。及时高效地打击环境违法犯罪，保护公民的人身权利、财产权利，维护稳定，是警察执法的重要内容。随着社会的发展，公众环境权利意识的增强，切实关注到人民群众最现实、最直接的利益，并妥善处理好可能产生的纠纷，促进社会和谐，维护公民的环境权利，应成为执法为民的应有之义。

四、生态文明建设与警察执法生态化

加强生态文明制度建设，努力实现绿色发展，着力建设美丽中国，是推动当代中国全面发展进步，使中国特色社会主义更加生机勃勃的重要保证。警察执法的生态化趋势是顺应建设生态文明社会的生态法治的重要体现。

（一）生态文明建设有着对刚性执法的需求

随着生活水平逐渐提高，人民群众对良好生态环境这一公共产品的需求日益增长，从过去的"盼温饱"到如今的"盼环保"，从曾经的"求生存"到当今的"求生态"，广大人民群众对改善生活环境质量的期盼越来越强烈。建设生态文明不仅有利于人民安居乐业，更有利于国家长治久安，维护我国良好的大国形象。

生态文明制度，是指以保护和建设生态环境为中心，调整人与自然，以及人与人之间保护和利用环境资源关系的制度规范的总和。它是生态文明理念和"生态优先"原则贯穿和渗透于经济社会发展的各项政策、法律法规和制度等所构成的制度结构和体系。生态文明制度建设的内容十分广泛，涉及生态社会各个领域，诸如政治、经济、生产与消费、文化道德、教育等。就生态文明制度的特点来看，有以下几个方面：

1. 生态文明制度具有特定性。从其调整的范围来看，它主要调整人与自然的关系。针对公民、法人或其他组织的行为作出规定，通常明示人们应当做什么，不应当做什么，限制做什么，禁止做什么，做了禁止的事情要承担的法律责任。其目的是合理限制开发与建设活动，以保护自然生态环境，保证自然资源的永续利用。

2. 生态文明具有导引性。建设生态文明就是鼓励、支持和限制、禁止人们的一些行为，进而促进人与自然和谐相处，共同健康发展。生态文明制度主要是通过设定多种行为模式，来引导人们以符合生态文明建设要求的方式利用生态环境，从事经济建设和其他开发活动，并告诫人们不得从事什么样的活动，否则，对违反规定者将给予相应的处罚，直至追究刑事责任。

3. 生态文明制度的强制性。生态文明制度的内容大多以法律法规、规章的形式表现。作为法律制度，其体现了国家意志。对于行为人违反有关制度，或消极不作为时，负有生态环境保护监督管理职责的机关，有权依法对行为人强制实施，包括予以制裁。

基于上述特点，生态文明制度依据内容及在实施方式手段上的不同，可以分为刚性生态文明制度和柔性生态文明制度。刚性生态文明制度是指具有强制性，必须严格执行的生态文明制度。如果违反了这种制度，行为人必须承担相应的法律责任。例如，行为人如果不申请办理危险废物经营许可证，就不能从事危险废物的收集、储存和处置等活动。持有危险废物经营许可证的也必须按照许可证的规定进行危险废物的收集、储存和处置。柔性生态文明制度则不同，它不具有强制力，仅属于伦理道德层面上的行为规范。即使违反了这些规范，通常也不运用法律法规来加以解决，而是依靠社会舆论、公众的谴责，以及对生态文明建设的信念等手段，促使人们共同遵守生态文明制度。

无论是刚性生态文明制度，抑或柔性生态文明制度，在制度的实施上政府的作用都是巨大的。作为国家政权的代表，同时也是国家政策法律的具体执行部门，政府在生态文明建设中起着极其重要的主导性作用。政府权力是一种公共权力，它可以支配公共财政，可以为环境保护投入大量资金支持，这是社会团体和民间组织做不到的。更为重要的是，政府还可以运用政策及法律手段引导人们保护生态环境。

对于环境问题的认识，进而采取保护环境的有效措施，世界许多国家都经历了一个由蒙昧到觉醒、由漠然到重视、直至注重可持续发展的过程。同时，在行动上也呈现了由点到面、由简单到复杂、由政府"单打独斗"到全民参与、进而到世界各国相互间合作的历程。从 20 世纪 60 年代开始，发达国家在防治环境污染方面，经历了从注重末端治理到源头与过程控制，即强调预防的转变。在这一变化中我们可以看到，自上而下解决环境问题是关键。也即国家意志和政治意愿是真正解决环境问题的首要因素。而这种意志的体现和意愿的大小则取决于国家经济社会的发展阶段与公众环境保护意识的程度。我国，随着经济的快速发展，环境问题日趋严峻，作为执政党，中国共产党在十八大报告中明确将生态文明建设纳入国家发展战略"五位一体"的布局，作为国家治理体系中的重要内容，从政治意愿和国家意志的层面表达了注重环境保护的强烈愿望。转变经济增长方式、调整经济结构、环保科技的创新，引导与刺激性的环境经济政策的制定（诸如环境税、环境补贴、排污交易等市场经济手段），对于促进环境与资源的保护固然重要，然而，严格的法律与不打折扣的执法则是解决环境问题的保障。严厉和公正的环境执法则有助于改变"守法成本高，违法成本低"的不公平状态，促使企业和社会公众守法。我国公安机关是依法享有和实施警察权的现代警察机关，警察权更多体现的是一种强制权，这种公权力的天赋就在于可以有效地维护秩序。从一定意义上说，环境问题的出现恰是环境与资源利用中秩序的混乱与破坏。作为警察机关依法打击环境与资源领域中的违法与犯罪行为，必将有利于维护环境秩序，发挥难以替代的作用。

20 世纪 80 年代中期以来，在环境治理上许多国家大量采用以市场为导向的经济刺激手段。90 年代之后，欧美国家环境保护政策的重点已开始向鼓励公众参与的方向发展。出现了以自愿合作为基础的环境保护手段。这是因为人们开始认识到为实现复杂的环境管理的任务，单凭政府传统的以"命令—控制"为主的环境管制手段已显然不足，且具有局限性，不利于可持续发展目标的实现。德国当代社会学系统科学的代表人物尼克拉斯·卢曼尖锐地提出了针对环境管治模式的怀疑言论：环境问题本身"明确地显示出政治力量需要去完成很多任务，但实际上政府能力何其有限"。[1]当今环境问题的社会性和复杂性需要广泛的公众参与和社会合作。在环境保护中鼓励公众的参与，有利于发挥社会支撑和制衡的作用。环境公共产品可以由私人企业、社区和非营利组织提供。政

---

〔1〕 李挚萍：《环境法的新发展——管制与民主之互动》，人民法院出版社 2006 年版，第 10 页。

府在解决环境问题时，"从一个高高在上、包揽一切的权威，到主动寻求专家、公众和工业界的支持，与社会各界建立合作型的伙伴关系，建立容纳多主体的政策制定和执行框架，形成共同分担环境责任的机制"。[1]由此一段时间来看，在环境保护政策领域立法手段和行为体的多样化达到了相当高的程度。当命令和控制方式遇到限制时，合作性政策工具日益成为一种新的选择。然而，相关的实证研究证明，合作以及自我规制政策往往只是呈现普通的结果，与传统的命令控制路径相比，并没有明显的优势。即使是经合组织国家，近来也改变了之前的观点而对自愿承诺作出批判性的评价："自愿路径的环境效力还是值得怀疑的……经济效率……通常较低。"[2]因此，他们建议如果目标无法实现的话，就应该安排和采取直接性的可靠的制裁措施。软性的政策工具只有在国家硬性等级规制支持的情况下才能有效，为了防止前者的失败，国家硬性规制已经作为"门后的大棒"预备在那里。经过一些国家的实践证明，合作性政策工具绝对不能实现对传统的命令控制模式的全面替代，即使对于里约环境峰会之后所出现的新的管治模式而言，大约80%的欧盟环境政策措施依然属于命令控制类型。[3]

　　基于上述，在一个国家可持续发展战略中，仅仅有雄心勃勃的目标或者基于环境政策整合的管治新路径，不足以取得成功，同时还不能缺少国家职能及其相应的行政管理部门能力的发挥。在我国，公安机关是政府的职能部门，在运用多种手段体现环境保护中，通过行使警察权，以政府的名义实施环境保护是必不可少的。公安机关相对于政府其他部门的特殊性决定了其在国家生态文明建设这一宏大工程中具有重要性。

　　（二）生态文明建设背景下警察执法的生态化趋势

　　警察执法生态化是我国警务发展的一种趋势，它是伴随国家生态文明建设，为保护生态环境而所做出的时代变革。是警察权介入环境安全保卫的表现，目的是维护国家环境安全与环境秩序，最终形成国家与社会可持续发展的态势，保障经济社会的可持续健康发展。

　　首先需要明确的是这里所谓之"生态化"不是生态学意义上纯自然的生态

---

〔1〕李挚萍：《环境法的新发展——管制与民主之互动》，人民法院出版社2006年版，第15页。

〔2〕OECD, *Voluntary Approaches for Environmental Policy*, Paris: OECD, 2003, p.14.

〔3〕参见［德］马丁·耶内克、克劳斯·雅各布：《全球视野下的环境管治：生态与政治现代化的新方法》，李慧明、李昕蕾译，山东大学出版社2012年版，第185页。

化，而是一个具有哲学蕴意的概念，它是指自然、经济、社会和人类之间的平衡相依、协调发展的状态和过程。[1]生态化是一种科学发展理念，它是在反思传统的以经济增长为唯一价值目标的基础上，提出的价值取向，即在经济可持续高质量增长的前提下，谋求自然生态平衡、社会生态和谐有序，最终促进人的自由全面发展。也就是追求经济生态化、自然生态化、社会生态化和人的生态化的有机统一。所谓警察执法生态化是指以生态文明为导向，以生态科学为依托，将警察权介入生态保护，作为环境保护重要手段之一，即明确警察权在生态文明建设中的基本价值取向，并运用专门力量，以环境生态安全和环境生态秩序为保障目标，强化警察机关环境安全保卫职能的趋势与过程。它是生态化理念向警察执法领域渗透与延伸的结果。体现为以生态学原理来指导警务活动。以立法角度观之，警察执法生态化主要是在日益严重的环境危机境况下所采取的制度上的因应策略。通过警察执法生态化，充分发挥警察执法在国家环境监管中的作用。警察执法生态化的内涵具体包括两个方面：一是借助警察权强化环境安全保卫，打击环境违法与犯罪；二是警察权自身的生态化过程。诸如警察环境保护意识的树立，执法中运用生态思维等。

警察执法生态化的意义在于：

1. 警察执法生态化有利于提高我国环境治理能力。中国的绿色发展需要最严格的环境保护制度。一方面，近年来我国经济社会发展会对生态环境质量产生一系列破坏；另一方面，人类迈向生态文明社会对生态环境质量有着更高的要求。这对我国在发展过程中的环境治理能力提出了挑战。最严格的环境保护制度也正是在解决这种矛盾的过程中被提出的。我国的生态环境治理正由政府一元单向的管理，向政府、市场、社会和民众多元交互共治转变。近年来，我国在环境治理方面采取了一系列措施，取得了明显成效，但由于我国现阶段仍处于工业化、城镇化进程中，环境污染总体形势仍不容乐观。因此，建立和完善最严格的环境保护制度，是我国生态文明制度建设的必然要求，是我国建设生态文明社会的最新政策命题之一。警察执法生态化就是在自身职责范围内以更加专业化和技术化的手段实现对环境违法与犯罪的严厉打击，是最严格环境保护制度的重要体现，解决政府在环境治理中的欠缺，增强环境执法力度，从而有利于提高整个国家环境治理能力。

---

〔1〕 参见彭福扬、刘红玉：《论生态化技术创新的人本伦理思想》，载《哲学研究》2006年第8期。

2. 警察执法生态化有利于增强公安民警生态环境保护意识。生态环境保护意识是人的大脑对生态环境及其保护的反映，也是对其感觉、思维等各种心理过程的总和。表现为对生态环境及生态环境保护的认识水平和认识程度。具有生态环境保护意识，人们就会主动协调人与环境、人与自然相互关系，树立保护环境的自觉性。为保护环境而不断调整自身行为（包括经济活动）。它具体包括两个方面的含义：其一是人们对生态环境及保护的认识水平，即生态环境价值观念，包含有心理、感受、感知、思维和情感等因素；其二是指人们保护生态环境行为的自觉程度。[1]警察执法生态化首先是在警察权行使观念价值取向的生态化。警察权的行使中要把人与自然和谐共存的价值理念融入其中，树立人与自然和谐共生的新观念，追求生态公正，维护环境秩序与安全，形成有利于促进人、自然、社会和谐发展的生产方式、生活方式。在这一过程中，公安民警的环境保护的认识水平和认识程度将不断得到提高。

3. 警察执法生态化为构建环境警察制度打下基础。环境警察制度是警察执法生态化的集中体现。警察执法生态化体现在价值取向、警察权行使主体、警察权配置及警察权的运行等诸方面。而环境警察制度构建与实施是建立在警察执法生态化的基础之上，是在警察执法生态化这一趋势下应运而生的，是现代警察机关环境保护功能的具体落实。在国家治理体系与国家治理能力现代化的大背景下，体现了环境治理方式方法的创新。

（三）警察执法生态化的表现

警察执法生态化既然是一种趋势，那么在这趋势之中警察权将会发生怎样的变化？我们认为从警察执法的价值取向、权力的行使主体、权力的配置以至运行都将发生重要变化。具体来说：

1. 警察执法的价值取向的生态化。价值取向（value orientation）是价值哲学的重要范畴，是指一定主体建立在自身价值观的基础上，在面对或处理各种关系、矛盾及冲突时所秉持的基本立场、态度以及基本价值追求。价值取向具有实践指向性，决定、支配主体的价值选择及行为方式，因而价值取向对主体自身及其他主体均会产生重要的影响。

警察权作为国家公权力，其功能就在于社会控制，自由与秩序是其基本的价值选择。然而，随着生态文明建设的推进，警察执法的价值取向也必将随着

---

〔1〕 参见边柳、高更和：《论公众环境意识与政府环境行为优化》，载《重庆文理学院学报（社会科学版）》2010 年第 2 期。

全社会生态文明理念的形成发生变化，表现为警察权价值取向的生态化。也即警察执法要把人与自然和谐共存的价值理念融入其中，树立人与自然和谐共生的新观念，维护环境秩序与安全，形成有利于促进人、自然、社会和谐发展的生产方式、生活方式。追求生态公正，促使整个社会经济建立在节约资源的基础上，使人类的生产和消费活动与自然生态系统协调可持续发展；保证每个市民能够在蔚蓝的天空下呼吸新鲜的空气，喝着洁净的水，吃着无污染的美食佳肴，健康水平和生活质量日益得到提高。而生态化理念强调通过政策法律制度体系的创新和公共产品供给力度的加大，实现生态公正，使每个社会成员能平等地利用自然资源、享受优美环境，根据实际享受的环境权益平等地履行相应的环境义务；并保证子孙后代能永续利用自然资源和享受优美环境。在此前提下，警察执法牢固树立生态意识。此外，警察权的价值取向的生态化还要求在环境保护领域坚持以人为本。以人为本是一种对人在生态文明建设中的主体作用与目的地位的肯定，是一种立足于解放人与为了人并实现人的自由全面发展的价值取向。作为一种思维方式，以人为本把对人的主体地位、目的地位与主体作用的肯定，把人民群众的根本利益（包括物质利益、政治利益、经济利益和生态利益）作为经济社会发展的最终目的和归宿，强调人在经济社会发展中的主导地位和作用，不但关注满足人们的物质文化需求，而且注重满足人们对优美自然环境与和谐有序社会环境的需要，重视现实活动中人与自然、人与社会、人与自身和谐中的集成效应，实现人类社会的可持续发展。

2. 警察执法主体的生态化。警察执法主体是指依法享有警察权的组织。在我国，警察权行使的主体主要是指各级各类警察机关。警察执法主体的生态化就是指警察机关因应生态文明社会建设需要，在组织机构、执法体制上做出的调整与变革。警察权如何在环境生态保护中发挥作用呢？它必须借助一定的形式和载体。也就是说，在警察机关内部需要有相应的组织机构来具体承担环境保护的任务。我国《环境保护法》第 10 条规定："国务院环境保护主管部门，对全国环境保护工作实施统一监督管理；县级以上地方人民政府环境保护主管部门，对本行政区域环境保护工作实施统一监督管理；……县级以上人民政府有关部门和军队环境保护部门，依照有关法律的规定对资源保护和污染防治等环境保护工作实施监督管理。"依此规定，我国的环境生态监管体制是以政府环境行政主管部门实行统一监督管理，有关部门分别在各自领域对环境污染防治实施监督管理的模式。其中，公安机关即是监管部门之一。然而却没有法律进一步规定在公安机关内部这一职责的具体承担者，以致在实践中让人感觉徒有其名，久而久之在人们心里也不复存在。近年来，随着环境问题的日益严重，政府在采取措施加强环境保护及强化环境执法上给予了高度重视。公安机关在解决环境问题上的特殊作用得到关注。随着生态文明建设逐渐走向深入，在警察机关内部建立专门环境执法队伍会成为一种普遍现象。警察执法主体的生态化将成为现实。此外，警察执法主体的生态化也应包括警务人员环保意识的树立与提高。例如，在我国香港警察机关就十分重视通过教育及宣传提高警队人员的环保意识，并鼓励他们参与保护环境的工作，在警队推广环保管理措施。警队致力通过各项方法保护环境，提倡警队人员抱持对环境负责的态度，在执行工作时，有效地使用资源、减少消耗和防止污染[1]。作为一名警务执法人员自身若无良好的环境意识和素养，缺乏环境保护的责任感，便很难在打击环境违法与犯罪上倾注全力。

3. 警察权配置的生态化。警察权配置是指警察权在不同机关和部门中转化为各种具体警察职权的过程。这个过程首先涉及这个部门是否拥这类警察职权，其拥有这类警察职权的范围和强度有多大。当然也涉及这类职权行使的条件、程序和监督救济问题。[2]从我国警察权的配置的特点来看，一是职权配置所依据的法律规范效力等级有不同，有宪法、法律、法规、规章，也有政府规范性文件。二是所配置的警察职权具有两种性质，即行政职权和刑事侦查职权。三是从警察职权配置的内容要求看，强调了警察职责与权限的统一。结合现实情况来看，警察权配置的生态化应包括在警察机关内的配置和在非警察机关的配置：（1）在警察机关内的配置。根据配置警察职权的法律来源不同，可以分为依组织法配置的固有职权和依单行法配置的授予职权。前者是依政府组织法和警察法等有关法律规定，自警察机关成立之日起就依法拥有的职权。后者则是有权机关通过单行法律法规的规定，将特定警察职权配置给某一具体机关或者部门的警察职权。在警察机关内部警察权配置的生态化主要体现在通过单行法的授予职权上。例如，通过环境保护法明确公安机关具有对环境污染防治实施监督管理的职权；通过治安管理处罚法授予公安机关对制造生活噪声干扰他人

---

〔1〕　参见《香港警务处 2010 年环保报告》，载 https://www.police.gov.hk/info/doc/erreport/os.pdf，最后访问日期：2023 年 6 月 5 日。

〔2〕　参见高文英：《我国社会转型期的警察权配置问题研究》，群众出版社 2012 年版，第 154 页。

正常生活的行为人施以处罚的权力；等等。相信在日益重视生态环境保护的大背景下，通过单行法授权公安机关更多地涉及保护生态环境的职权会呈上升趋势，体现了警察权配置的生态化。（2）在非警察机关的配置。通过立法授予非警察机关，譬如政府环境保护主管部门，以一定警察权，这在国外有之。[1]在我国，政府环境行政主管机关在环境监管中是否可以被授予一定警察权也曾为人们所设想，但结合我国国情及司法改革的精神，"部门办公安"的做法不再符合未来发展方向。

4. 警察权运行的生态化。警察权运行的生态化，是指在运用警察权实施环境执法时，其实施过程应符合生态科学的基本规律和要求。例如，环境违法犯罪案件的调查取证，以及办案程序，时限等都与公安机关办理其他案件有明显不同。警察权的运行规则在涉及环境生态保护，办理环境违法与犯罪案件方面应本着尊重环境科学，符合生态规律要求的精神。例如，涉及环保案件中的证据鉴定相对于普通案件的办理，有时需要较长时间才能获取，此时即如按照公安机关办理行政案件或刑事案件的程序要求就可能超时限，从而导致违法办案。故此，警察权运行的生态化旨在通过程序上的变革，以体现警察权运行的生态化。除此之外，警察权运行的生态化还可以从另一重意义上进行探讨，即警察权自身的运作如何本着可持续发展的环境观、资源观和经济观的精神。

五、环境警察制度的核心——环境警察权

（一）环境警察权的概念及构成要素

环境警察权，是指环境警察执行有关环境保护法律规范，制止、惩罚环境违法行为，侦查、打击破坏环境资源保护的犯罪行为的权力。环境警察权的来源方式包括权力设定、内部分配、行政授权、委托等。它是警察权的组成部分，具有行政和刑事双重属性。就其构成要素来看，包括：

1. 环境警察权的主体。是指权力的享有者、行使者，即能够以自己的名义执行法律、命令，从事打击环境违法犯罪的警务活动，并承担相应法律责任的组织。在我国环境警察权的主体是公安机关。在国外，有的国家环境警察权的行使不限于警察机关。

2. 环境警察权的客体。即环境警察权作用的对象。是指环境保卫关系中的

---

〔1〕 例如，在美国联邦环境保护署（Environmental Protection Agency，以下简称美国环保署或EPA）部分执法人员通过国家授权法案获得执法中的警察权。

相对一方，包括企事业单位、自然人等。

3. 环境警察权的实施方式。基于环境安全保卫关系的需要，环境警察权既包含有行政执法权，也包含刑事侦查权。在实施方式上包括通过制定立法、规则，实施强制措施、处罚，侦查环境犯罪行为等。

（二）环境警察权的渊源与配置

环境警察权来源于《人民警察法》《环境保护法》《刑法》《治安管理处罚法》等中的相关规定。例如，《人民警察法》第 6 条赋予公安机关及其人民警察依法预防、制止和侦查违法犯罪活动的职权；《环境保护法》第 69 条规定违反该法构成犯罪的，依法（由公安机关）追究刑事责任。两部法律并行构成了公安机关打击环境刑事犯罪的合法性依据，即刑事司法领域的环境警察权的运作前提。当前，我国环境警察权主要集中设定于刑事司法领域。

在行政法领域，由于世界范围内经历了"脱警察化"的历史进程，环境行政管理与行政处罚事项已逐步从警察权中剥离出来，在我国亦如是。当前，绝大部分环境行政事项归属生态环境行政主管部门，涉及城市管理的环保事项则由城管部门负责，已不再被归入警察权管辖事项。但《环境保护法》第 63 条创设了环境行政拘留，并将这一权限划归公安，构成环境警察行政拘留处罚权的合法性来源。噪声污染和危险化学品管理属于环境行政中的特殊领域，它们不仅是生态环境保护事项，还辐射社会治安领域，因而警察权并未从这两类环保行政事项中完全退出，其行政管理和行政处罚的权限仍部分地归于公安机关。环境噪声污染防治法和人民警察法分别将社会生活噪声、交通运输噪声的污染防治和易燃易爆、剧毒、放射性等危险物品公共安全管理的职权授予公安机关；《治安管理处罚法》第 58 条还明确规定了公安机关针对制造噪声干扰他人正常生活违法行为人的行政处罚权。因而从现有法律依据看，环境警察权仍部分存在于环境行政执法之中。

环境警察权的内部分配使其行使更加细化，其本质是对已经创设的环境警察权通过行政法规和部门规章进行二次配置。根据《环境保护行政执法与刑事司法衔接工作办法》，环保部门在查办环境违法案件过程中，发现涉嫌环境犯罪案件应向同级公安机关移送，因此环境犯罪侦查在实践中成为各地环境警察的主要职责。同时，根据《行政主管部门移送适用行政拘留环境违法案件暂行办法》，公安机关有权适用环境行政拘留，在设立环境警察队伍的地方多交由环境警察负责适用。需要注意的是，我国在林区设立了隶属于林业主管部门的森林公安机关，涉及森林的环境行政拘留和环境犯罪侦查权由森林警察行使。因而环境行政拘留权和侦查权依据是否属于林区而由地方公安机关和森林公安分掌。噪声污染防治方面，虽然社会生活噪声和交通运输噪声的污染防治都被纳入警察权，但在具体分配上，考虑到职权行使的便利性，后者依据《中华人民共和国道路交通安全法实施条例》第 62 条和《公安部交通管理局关于做好城市禁止机动车鸣喇叭工作的通知》被划归交通警察负责，纳入交通警察权，故只有前者可纳入环境警察职权。[1]在危化品管理方面，《危险化学品安全管理条例》明确了公安机关对剧毒化学品购买和道路运输通行行使许可权，并履行对危化品日常公共安全及其运输车辆的道路交通安全进行管理和处罚的职权。虽然危化品管理原则上可以划归环境警察，但基于行政事务的自身属性以及职权行使的便利性，剧毒化学品道路运输通行许可及危化品运输车辆的道路交通安全管理职权被从中析出，归于交通警察。

从以上对环境警察权的来源要素分析可以看出，我国环境警察权主要定位于环境行政处罚中的行政拘留权和环境犯罪侦查权，目前除噪声防治和危化品管理这样的特殊领域外，警察权几乎完全从环境行政领域撤出。这与近代以来国家法治主义主张限缩警察权，促使其从很多无须警察强制的行政场域退出的潮流相关，也与新中国成立以来警察概念的政治化有关——对于并不危及国家统治秩序和公共安全的事项，警察不再有介入的必要性。

经过行政法规和规章二次配置的环境警察权在管辖上需要通过行政授权做进一步分工。地方环境警察总队、支队和大队各级的管辖权分工属于行政授权性的来源方式。笼统地说，根据公安机关组织授权原则，大队在其所属的县一级对环境案件行使管辖权，中队在地级市范围内对跨县域环境案件进行组织、指导、协调或直接行使管辖权，总队则在省一级范围内对跨市环境案件进行组织、指导、协调或直接行使管辖权。同时，各级环境警察对于同级环保部门移送案件以及同级党委政府和上级公安机关交办的环境案件行使管辖权。

环境警察权的主体是环境警察权的行使者，这意味着其履行打击环境违法

---

[1] 但是，根据 2017 年《城市管理执法办法》和《中共中央 国务院关于深入推进城市执法体制改革改进城市管理工作的指导意见》，社会生活、建筑施工噪声的管理和处罚均划归城管，由此给人的印象是生活噪声的治安属性弱化，而被视为纯粹的城市环境管理事项，似乎很可能从警察权中完全剥离。然而依据《噪声污染防治法》第 79、87 条和《治安管理处罚法》第 58 条规定，我们认为，应以现行法律依据为准。

犯罪行为的职权，也承担由此而产生的法律责任。一般而言，环境警察权主体属于行政权力主体的一个子类，后者既包括在行政管理过程中的行政组织，也包括组织内部实际运用行政权力的工作人员。因此环境警察权的主体要素也应当包含两个维度，即环境警察主管机构和作为个体的环境警察。一般而言，抽象环境警察权只能由环境警察主管机构行使，如掌握环境犯罪动态，分析犯罪信息和规律，拟定预防、打击对策，落实环境安全保卫工作规范，组织、指导、协调侦办涉及环境犯罪的刑事案件等，而具体的环境警察权如环境犯罪案件侦查、搜查、先期处置、强制措施执行等则由环境警察个体具体负责。[1]

第二节　环境警察制度的内涵与本质

警察权介入生态环境保护需要借助组织结构与行为规范并通过制度设计加以体现。而这一制度便是环境警察制度。

一、环境警察制度的内涵

所谓环境警察制度，是指警察机关及其警察人员在法定职责范围内，运用警察权对在环境与资源保护领域违法行为实施制裁、对犯罪行为进行侦查的一系列法律规范的总称。对于这一制度的理解包含以下方面：

1. 环境警察制度是警察权在生态环境保护领域中行使的制度。它是围绕着警察权有关生态环境保护的行使所确立的一系列法律规范的总和。警察机关依法制止、惩罚环境违法行为，侦查、打击破坏环境资源保护的犯罪行为的权力可称之环境警察权。环境警察制度既包括环境警察权行使主体制度，也包括环境警察权运行的制度。

2. 环境警察制度是一种综合的法律制度。环境警察制度中既包含了环境警察行政执法的法律制度，行政执法与刑事司法衔接制度，也包含了环境警察打击破坏环境资源保护犯罪的刑事法律制度。而在其中，打击破坏环境资源保护犯罪的刑事执法占据了主要部分。

3. 环境警察制度还包含了较强的环境科学技术的内容。环境警察执法过程中不仅涉及法律问题，同时由于执法标的是有关生态环境，必然还要包含有关

[1] 参见化国宇：《我国环境警察权的基本构成要素》，载《中国人民公安大学学报（社会科学版）》2018 年 4 期。

环境的标准、污染的指标等科学技术规范与内容。它是针对生态环境安全保卫执法而探讨建立的一种制度，旨在保卫生态环境安全与维护环境秩序。通过建立环境警察组织，明确执法规则及规范要求，对环境违法犯罪行为实施有效遏制。

二、环境警察制度的本质

在制度经济学家看来，制度也即约束和规范个人行为的各种规则 。它是以执行力为保障的，同时是一种协调利益关系的机制。制度是能动的，同时也体现着历史的变迁。构建现代环境警察制度首先应对其本质有明确认识。环境警察制度的本质应从以下三个方面进行认知：

（一）环境警察制度属于一个历史范畴

通常一个制度形成于不同的历史发展过程之中，本质上属于一个历史范畴。它根源于社会的经济基础。当下我国在发展的阶段上，仍处于工业化、城镇化进程之中，资源的约束趋紧、环境严重污染、生态系统退化的严峻形势依然困扰着我们。而今世界范围内的生态现代化发展已成为大势所趋，为建设生态文明社会，实现可持续发展，必须建立和完善最严格的环境保护制度，而环境警察制度则应成为最严格环境保护制度体系中的具体制度安排之一。任何制度的产生都与社会发展进程中人的利益选择密切相关，与人的行为动机存在内在联系。因此，环境警察制度恰是适应我国当前以至将来相当长时期生态环境保护及生态文明建设这一历史时期要求的必然结果。历史的发展为环境警察制度体现其存在价值提供了场所。

（二）环境警察制度属于一个关系范畴

一般来说，制度是对社会主体要素和客体要素的存在的整合，在本质上又体现为一个关系范畴。制度促使相关对象之间互相发生作用，并使其相互之间产生联系。环境警察制度中体现了环境安全保卫关系。警察机关从维护国家安全和秩序出发，运用警察权对危害环境安全、有碍环境秩序的社会成员实施制裁，保卫国家、公民环境利益。在环境安全保卫关系中，环境警察代表国家对违反环境保护法律，触犯治安管理法，特别是触犯刑律者依法进行制裁。在这一过程中体现了政府、企业、个人基于环境安全保卫所形成的相互关系。以法律视角观之，环境安全保卫法律关系其性质主要体现为涉及环境安全的刑事法律关系及治安行政法律关系。而这种法律关系一方主体必为警察机关。体现于这种法律关系中的执法手段包含了带有明显的限制人身自由的强制性。

（三）环境警察制度属于一种规范范畴

对制度的判断中最无可争议的就是制度告诉人们能够、应该、必须做什么，或者是相反。这就道出了制度作为一个规范范畴的本质。道德、法律都可以借助规范的形式体现制度的内容。而法律则是制度的最高和最主要的形态。制度体现了规则、条文等规定性约束条件。它是制度的基础性层次，为制度功能作用的发挥构筑框架，是制度稳定性的来源和保障。环境警察制度即是调整人与人之间环境保护社会关系的，并通过具有一定目标，体现客观强制性保障实施的行为规范的总和。体现于规范范畴的环境警察制度具有明确的成文性、规定性和高度的强制性。其目的是通过规定和执行规则来维护特定的环境秩序。罗尔斯认为："社会的制度形式影响着社会成员，并在很大程度上决定着他们想要成为的那种个人，以及他们所是的那种个人"。在环境警察制度面前，人们的行为被规范、修正或因否定评价而受到制裁。我们认为，一定的环境秩序状态决定于制度的规则设定与执行。

三、现代环境警察制度建立的必然性

一个国家环境警察制度的建立是该国全社会环境保护意识发展到一定水平的必然结果。环境保护理念是一定的环境保护制度得以产生的观念先导，坚持可持续发展的思想，切实维护公民的环境权益是环境警察制度赖以产生和存在的价值观念。在我国建立环境警察制度对于有效控制环境风险，保障民生，解决环境执法软弱等均有重要意义，同时它也是警察执法规范化与警务创新的体现。具体来说：

1. 建立环境警察制度是应对我国严峻的环境现实，有效控制和化解环境风险的需要。在现实中，由于一些企业和个人的环境违法与犯罪行为，极可能造成一定范围内的环境严重污染、生态资源受到严重破坏，环境风险加剧。如近年来我国已多次出现企业违法排污或重大责任事故所导致的一些水域水体严重污染的事实，一再告诫我们必须加强对环境风险的防控。而防控环境风险的重要措施之一就是建立我国的环境警察制度。环境警察是为保护环境公共利益而行使权力，这对于养成企业、社会公众环境道德心与自警心也具有重要意义。通过环境警察强有力的执法，可以在较大程度上可以做到预防、控制和化解环境风险。

2. 建立环境警察制度是保障民生，切实维护公民环境权益的重要体现。公民的环境权益是关系到民生的基本问题。"环保惠民，促进和谐"是《国家环境

保护"十二五"规划》中确定的基本原则之一。坚持以人为本,将喝上干净水、呼吸清洁空气、吃上放心食物等摆上更加突出的战略位置,切实解决关系民生的突出环境问题。2016年3月发布的国家《"十三五"规划纲要》明确提出了加快改善生态环境,加大环境综合治理力度。强调创新环境治理理念和方式,实行最严格的环境保护制度,强化排污者主体责任,形成政府、企业、公众共治的环境治理体系,实现环境质量总体改善。通过建立环境警察制度,对环境违法与犯罪行为实施有效打击,是政府提供公共产品与服务的体现,有利于维护人民群众环境权益,促进社会和谐稳定。

3. 建立环境警察制度是警察执法规范化和警务专门化的具体表现。建立环境警察制度也是顺应警察执法规范化的要求,一方面将现有法律中有关警察涉及环境保护执法的内容归拢起来由专门的执法主体来实施,保证执法质量;另一方面体现警务资源的优化组合,涉及环境与资源保护的执法由专门的警务人员来负责,并配合综合性的执法,这是警务专业化的表现。环境警察专门化,并通过建立警察执法与生态环境执法沟通协作机制,有利于提高环保领域的执法效能。事实上,20世纪90年代欧洲国家就已开始探究警察、检察官或者是刑事法院是否应该专门化,并认为这可能会是解决环境犯罪法律实施的可行之路。在我国,环境司法专门化理论已为学界所关注,其理论成果业已在实践中得到运用。环境警察制度体现了警务专门化和执法规范化的要求。

四、我国环境警察制度的定位

环境问题在当今中国发展的影响,已远远超过污染治理本身,越来越呈现为敏感的民生问题和发展问题。单纯的环境问题本身并不一定构成政治问题和政治活动,但当它同时成为社会民生和发展问题时就会演变为一种现实的政治。我国环境治理是国家治理的重要组成部分,体现为国家发展的绿色政治,关乎国家的长远大计。环境警察制度的确立作为政府实施生态环境安全监管的重要举措之一,需要明确其在国家环境治理中的基本定位。具体包括了其在我国环境监管体系中的基本定位,以及在我国环境司法中的定位。此外,环境警察的执法功能的定位也决定了其自身的职责。

(一)环境警察制度在我国环境监管中的基本定位

若使环境质量得以改善,生态环境安全得到有效保障,建设资源节约型、环境友好型社会,合理利用环境与资源,防治环境污染和生态破坏,提高生态文明建设水平,在我国现有环境监管体制内,必须组织各方面力量,运用各种有效手段去实现环境监管的任务。其中以强制性为突出特征的环境警察制度同样至关重要，为我国环境监管所不可或缺。

根据《环境保护法》[1]第 10 条之规定，生态环境主管部门对环境保护工作实施统一监督管理，政府有关部门和军队环境保护部门依法对资源保护和污染防治等环境保护工作实施监督管理。这一提法意味着我国将延续"统管与分管相结合"的环境监管体制。政府各级环境行政主管部门作为环境保护监督管理中的"主角"任重道远，责无旁贷。而作为政府有关部门和军队环境保护部门则应在各自的职责、权限范围内发挥应有作用。在政府有关部门中，公安机关则是依照相关法律的规定对资源保护和污染防治等环境保护工作实施监督管理的部门之一。它借助于警察权来实现公安机关在环境保护上的责任履行。

之所以警察执法不可或缺，原因有二：一是指在监管体系中不可或缺。学者们普遍认为当下应对我国严峻的环境形势，必须综合运用经济的、政策的、行政的、法律的等诸多手段，同时要发扬环境民主，鼓励公众积极参与到保护环境中来。环境警察制度即是法律手段的重要体现之一。同时也是实行最严格环境保护制度的具体表现之一。尽管当今有不少学者认为政府对环境监管应大量采用建立在自愿和多元合作基础上的环保措施，鼓励公众参与，并发挥社会支撑和制衡的作用。[2]但我们认为，如果没有政府的强制力量作为后盾和保障，即将强制力量作为环境保护的最后一道防线，对环境违法与犯罪行为实施有效制裁，仅仅靠鼓励自愿与多元合作，以及经济刺激手段，环境监管的目标是难以达到的。对于一国环境监管体系而言，也是不完整的；二是警察强制手段在具体执法中的不可或缺。通过创设环境警察制度，必要时运用警察权中的行政与刑事强制措施手段，例如当遇有环境执法中紧急情况时，为排除障碍或者防范环境危害的发生和扩大，依法行使的特殊权力。包括：紧急征调使用权、紧急排险权、紧急管制权等。再如对不履行环境保护法律规定义务的环境违法当事人，以及对某些涉嫌环境犯罪的嫌疑人采取强制手段，迫使其履行义务或实现法定强制目的的权力。包括行政拘留、强制扣留、约束、强制隔离、强制传唤、强制履行、查封、扣押、冻结、强制拆除、强制鉴定等。后者如刑事拘传、

---

〔1〕　第十二届全国人民代表大会常务委员会第八次会议于 2014 年 4 月 24 日修订通过。2015 年 1 月 1 日施行。

〔2〕　参见李挚萍：《环境法的新发展——管制与民主之互动》，人民法院出版社 2006 年版，第 13-16 页。

拘留、取保候审、监视居住、逮捕等。这些强制权力体现为具体执法手段，可以起到其他任何部门都难以替代的作用[1]。

不可或缺的基本意义是：假如缺少是不行的。从实践中来看，我国环境监管中环境警察制度的缺位也的确给我国环境执法带来不小的麻烦。社会上许多有识之士在若干年前也都积极主张呼吁在我国建立环境警察队伍以解决环境执法中长期存在的"软骨症"。[2]故此，我们认为，不应盲目夸大环境警察制度的作用，把它当作解决环境问题的灵丹妙药。同时也要认识到，在我国环境监管中应有环境警察制度的一席之地。公安机关借助这一制度，在整个国家环境监管体系中当好"配角"。

（二）环境警察制度在环境司法中的定位

环境司法，是司法的一种特殊形态，具有司法的一般属性和规律，但也具有明显的特殊性。风险社会之中严峻的环境污染与破坏，要求环境司法活动应对生态环境领域中诸多带有特殊性与复杂性的情况，甚至包括大量涉及环境科学的问题，有针对地打击环境犯罪或解决环境民事、行政纠纷。环境司法愈来愈为人们所关注，无论理论界还是实务部门近年来都给予了充分重视，并提出了"环境司法专门化"的观点。我国环境法学专家王树义教授对环境司法专门化给出的定义"是指国家或地方设置专门的审判机关，或者现有的人民法院在其内部设置专门的审判机构或组织对环境案件进行专项审理"。[3]从这一定义中可以看出，环境司法专门化主要是指环境案件审理的专门化。在这一概念基础上，我们认为，环境犯罪的立案侦查亦应纳入环境司法专门化的范畴。这是因为，作为环境刑事案件的审判一般要经过从立案侦查、提起公诉，再到法庭审理与判决。对涉嫌环境犯罪的立案侦查是公诉与审判的基础，也是整个司法程序的开端与源头。环境犯罪的侦查是环境刑事司法程序启动的第一步，处于最"上游"。建立我国环境警察制度，既有利于实现环境行政执法与刑事司法的无缝对接，也确保了环境与资源刑事案件审判的效果。自2014年最高人民法院成立环境资源审判庭后至2019年的五年间，各级人民法院受理各类环境资源刑

---

〔1〕 尽管2015年1月1日起实施的"史上最严"环保法，规定了生态环境主管部门可以采取按日计罚、查封扣押、限制生产、停产整治等强制性措施，公安机关所特有的强制手段仍然不可缺少。

〔2〕 陈丽平：《全国人大代表赵林中提出建议——中国应当设立环保警察》，载《广东建设报》2009年3月10日，第A07版。

〔3〕 王树义：《我国环境司法专门化之必要性及可行性分析》，载《首届环境司法论坛会议论文集》，昆明，2009年9月，第16页。

事一审案件 113 379 件，审结 108 446 件。[1]这一成果无不包含公安机关环境刑事执法的成效。

由于环境案件的特殊复杂性，对案件的侦查也提出了特殊要求。也即要求侦查人员必须具备必要的专业或专门性知识。甚至案件的调查、取证都区别于一般刑事案件，如在证据鉴定上往往具有较大难度等。而这些又是我国公安机关内部的现有制度、机构设置、装备以及普通刑事警察的知识储备所难以满足的。如此，伴随环境司法审判的专门化，环境犯罪侦查的专门化，也将纳入人们视线，成为环境司法改革与创新的组成部分。而我国环境警察制度的创设，其中的重要内容之一就是环境犯罪侦查的专门化。环境警察制度的作用发挥则重点在于打击环境犯罪行为。由此可见，环境警察制度与环境司法有着密切的关联。环境警察制度中的主要内容，即环境犯罪侦查，构成了环境司法中独特的不可缺少的部分。

（三）环境警察制度在执法功能上的定位

环境警察制度的功能如何定位？决定着环境警察在职责权限上、执法体制上、执法方式和程序上如何进行设计并切实发挥作用。因此，环境警察制度在功能上的定位就显得十分重要。结合环境治理的现实需求，以及警察权的特质，环境警察制度应体现如下功能：

1. 协调和指引功能。作为国家环境治理的一种重要而有力的手段，环境警察制度对于环境秩序的维护是至关重要的。它以制度的形式给人们特定的信息空间，有利于人们形成对自己行为的稳定的预期，通过运用环境警察制度打击环境违法犯罪，向对社会公众进行环保宣传教育，从而引导个人和组织行为。

2. 界定警察权在环境治理中的边界和行为空间。由于警察权具有突出的强制性，必须通过制度的指向提供权力行使的约束，从而降低执法中的不确定性和不可预见性。在环境警察制度下，警察权的行使必须囿于规定的环境警察职责及权限范围，止于维护国家生态环境安全与环境秩序。

3. 协助功能。借助于警察权特有的执行力及应急手段，实现对生态环境主管部门执法协助。这一功能恰为生态环境主管部门所急需，以保障执法刚性。

4. 制裁环境违法，打击环境犯罪功能。运用警察权依法直接或通过移送实施行政处罚，对破坏环境资源保护的犯罪行为实施侦查，实现环境刑事司法专

---

〔1〕　参见曾珂：《最高法：五年来各级法院受理环境资源案件逾百万》，载 http://www.rmzxb.com.cn/c/2019-07-30/2398375.shtml，最后访问日期：2023 年 3 月 2 日。

门化的源头启动。[1]这一功能是环境警察制度建立的主要价值所在。

5. 伦理教化功能。环境警察制度中所预设和体现的环境伦理与价值观念，直接影响着社会的整体伦理状况或精神文明发展的方向及其可能性空间，对人们树立环境保护意识，形成良好的行为习惯具有重要意义。

若使环境警察成为我国生态环境治理中的一支生力军，应通过立法明确其合法地位，在铁腕治污中发挥其应有作用。

【本章思考题】

1. 警察权在生态环境保护中的作用与正当性是什么？

2. 生态文明建设中警察执法生态化的表现有哪些？

3. 环境警察制度的内涵与本质是什么？什么是环境警察权？

4. 试述我国环境警察在生态环境监督管理体制中的地位和作用。

【参考文献】

1. 王树义：《我国环境司法专门化之必要性及可行性分析》，载《首届环境司法论坛会议论文》，昆明，2009 年 9 月，第 16 页。

2. 李挚萍：《环境法的新发展——管制与民主之互动》，人民法院出版社 2006 年版。

3. 鄢斌：《社会变迁中的环境法》，华中科技大学出版社 2008 年版。

4. 陈慈阳：《环境法总论》，中国政法大学出版社 2003 年版。

5. ［德］马丁·耶内克、克劳斯·雅各布：《全球视野下的环境管治：生态与政治现代化的新方法》，李慧明、李昕蕾译，山东大学出版社 2012 年版。

6. 吕忠梅：《论公民环境权》，载《法学研究》1995 年第 6 期。

7. 裴晓菲、杨小明：《论我国的经济安全和环境安全的关系》，载《新视野》2008 年第 4 期。

8. 邢捷：《论公安执法对公民环境权的保护》，载《中国人民公安大学学报（社会科学版）》2009 年第 2 期。

9. 邢捷：《生态安全视阈下环境警察的定位与实践问题思考》，载《环境保护》2018

---

[1] 2013 年，公安部部署各地公安机关依法严厉打击环境污染犯罪活动。截至同年 7 月，已侦破环境污染刑事案件 112 起。其中包括了云南昆明"牛奶河"污染案、河北廊坊部分电镀厂非法排放电镀废液污染环境案、湖南株洲佳旺化工公司非法倾倒化工废液污染环境案、山东邹平乾利公司非法处置工业渣土污染环境案等四起环境污染重大案件。参见《公安部公布"牛奶河"案等四起环境污染重大案件》，载 http://www.gov.cn/gzdt/2013-07108/content-2442765.htm，最后访问日期：2022 年 10 月 11 日。

年第 Z1 期。

【延伸阅读】

昆明首设环保警察 完善环保执法新机制[1]

中国日报网环球在线消息：昆明市公安局环保分局 2008 年 11 月 25 日正式揭牌成立，作为全国首创的环保警察队伍，这是昆明环境保护执法新机制的重要举措之一。

近年来，社会反映强烈、教训惨痛的环境污染事件在昆明时有发生。特别是近期昆明阳宗海发生的砷污染事件，直接影响了二万六千五百九十六人饮水安全。而在环境保护执法工作中，一方面存在着阻碍执法、抗拒执法的情况，另一方面存在着对违法行为执法不严、以罚代刑的情况，这在一定程度上影响了对环境违法犯罪活动的打击力度。为此，昆明市决定在中国首次建立环保警察队伍，进一步完善昆明环境保护执法新机制。

据了解，昆明市公安局环保分局主要负责在昆明行政管辖范围内环境保护方面的刑事执法工作，支持配合环境保护部门的行政执法活动，并预防、制止和侦查违反《中华人民共和国环境保护法》规定、造成重大环境污染事故，导致公私财产重大损失或人员伤亡严重后果的案件。

昆明市有关领导表示，此次环保分局的成立，将有望解决环保执法过程中的"老大难"问题，进一步加强环境违法犯罪活动的打击力度，有效的制止破坏、影响环境的违法行为。"希望通过环保分局的有效执法，护卫好昆明优美的环境，造福子孙。"

有关专家认为，环保执法中存在的问题在中国普遍存在，此次昆明首设环保警察队伍，是完善环保执法机制的一次有效尝试。

---

〔1〕《昆明首设环保警察　完善环保执法新机制》，载 http://news.cjn.cn/dsrd/200811/t814170.htm，最后访问日期：2022 年 8 月 15 日。

第三章 ┃ 我国环境警察的实践探索

【内容提要】

作为我国公安机关的环境安全保卫实践，寻着生态环境法治建设的前行轨迹，其涉及的监管职责范围也渐趋扩大。公安机关在广泛的环境与资源管理领域中行使警察权。我国公安机关在涉及生态环境安全保卫执法的依据包括行政执法依据和刑事执法依据两大方面。我国环境警察的执法体制如何设计是一个值得深入探究的问题。对采取哪一种模式的探究应本着从国情出发，勇于创新，注重实效的原则。我国环境警察体制建立的探索肇始于地方公安机关。即公安机关主导模式。这种模式是指在公安系统内建立环境警察专门队伍，使之成为一个独立警种。其优势在于其本身具有足够的能力去承担作为执法机构的全部功能，在进行刑事调查、证据收集甚至协助法庭诉讼的方面具备完全的技能。环境警察执法机制包括了环境警察权运行机制、环境警察执法外部协调机制和对环境警察权的监督机制。在明确环境警察的职责、权限的前提下，环境警察执法在实际操作中形成了具有行政性和刑事司法性的执法手段。它们主要分别体现为：环境行政执法手段与环境刑事侦查。环境犯罪侦查权是公安机关专业侦查主体为收集证据、审查证据、揭露犯罪、查缉犯罪嫌疑人而依法进行专门调查取证的权力。它是公安机关打击遏制环境犯罪，生态环境安全涉稳风险防控的重要手段之一。环境犯罪侦查规范化就是公安机关实现环境犯罪侦查标准化的过程。它是公安机关运用现行法律、法规、规章制度来规范环境犯罪侦查的各个环节，建立与现代法治精神和要求相适应的、充分体现生态环境涉稳防控特点的执法体制和运行机制的具体体现。

尽快建立起我国生态环境安全风险防范体系，这对于我国和谐社会的构建有着至关重要的作用。只有从国家发展战略层面切入解决生态环境问题，只有将维护生态环境安全上升到国家意志的战略高度，只有从公共安全的高度认识生态环境问题，只有把解决生态环境问题与维护社会稳定结合起来，才能正确而妥善地处理好生态环境与经济发展问题，从源头上解决对生态环境的危害问题。生态环境涉稳风险则着重其社会属性，即生态环境风险带来社会秩序的不确定性，给社会公共安全带来的影响。随着风险的发生，人们在日常经济和生活中将遭受经济上的损失或身体上的伤害。导致社会秩序混乱，社会稳定受到威胁。现实中，从公共安全视角来看，相关生态环境问题可能引发涉稳风险的风险源及问题包括多方面。针对风险源及可能出现的问题，公安机关必须站在国家生态文明建设的高度，从维护国家安全和公共安全利益出发，运用警察权切实化解可能存在的风险。

通过近年来的实践，公安机关参与环保执法成绩斐然。然而，公安机关在探索建立环境警察执法体制与机制的过程中，也遇到了一些问题和障碍。公安机关生态安全执法与制度创新，需要抓好理念创新、手段创新、基层工作创新，打破传统思维方式和方法，正确运用环境警察权，积极探索有利于破解生态安全执法工作中难题的新举措、新办法。

【重点理解与掌握】

1. 环境警察的执法依据与主要职责；
2. 我国环境警察体制；
3. 环境警察权运行机制；
4. 环境犯罪侦查规范化要求；
5. 我国生态环境涉稳风险的风险源及问题；
6. 环境警察制度未来发展与完善。

【引导案例】

胡某清倾倒危险废物污染环境案

2015 年 12 月 13 日，某县毛李镇毛李村群众发现在该村 5 组的一处未进行防渗处理的沟渠里被人倾倒酸性物质，造成公路下面的涵管及沟渠石头护坡腐蚀，下游鱼池的河蚌、鱼类等死亡。消息传开后在当地造成很大影响，社会上也流传着各种推测议论，当地晚报及相关网站以整版篇幅进行持续报道。县人民政府接到情况报告后，紧急抽调环保、公安、气象地质等部门及化工专业人员组成应急事故调查组，进行现场调查处理。经对水体进行抽样，初步分析是被倾倒了强酸物质，使水体具有强烈的腐蚀性（经检测并由省环保厅认定，其PH值为0.76，小于1），对人身安全和环境有很大的危害。

2016年2月24日，某县环保局以涉嫌污染环境罪，将该案移交县公安局。县公安局当日立案，组建专班对该案开展侦查。县公安局治安大队在某市局治安大队的大力支持下，对涉案车辆和企业进行调查，经在其公司查询其出车记录、在GPS平台公司查询该危化车行驶记录、调阅通话清单等证据，发现胡振清与当天的押运员吕某有重大作案嫌疑，并于3月2日将犯罪嫌疑人胡某清、吕某二人抓获。胡某清供认其为了骗取从县秦江化工有限公司副产品盐酸的运费补贴，以帮忙为秦江化工有限公司销售盐酸的名义，于2015年12月12日联系该公司供应科长张某，私自驾驶其公司的危险化学品运输车从公司拖运一车19.24吨的盐酸，于次日凌晨1时许倾倒在县毛李镇毛李村该处沟渠里。2016年4月2日经县人民检察院批准，县公安局对胡某清等执行逮捕，2016年4月19日移送起诉。2016年7月13该案宣判。县人民法院以污染环境罪判处胡振清有期徒刑一年零六个月，缓期执行三年，并处罚金五千元。

【引导问题】

1. 公安机关在打击污染环境犯罪中发挥怎样的作用？
2. 公安机关维护生态安全的法律依据与手段有哪些？

第一节　环境警察的执法依据与职责

一、我国的生态环境法治发展与公安执法

以1979年我国颁布实施的《环境保护法（试行）》为标志，我国生态法治建设历程至今已走过40多年。我国将环境治理、环境宏观调控、环境保护市场、环境执法以及环境司法、环境守法等都纳入了法治体系建设，遵循生态环境保护客观规律，依靠法治手段，按照生态文明建设的要求，朝着可持续发展的方向一步步迈进。早在1978年3月，当时修改的我国《宪法》第11条第3款对环境保护做出专门规定："国家保护环境和自然资源，防治污染和其他公害"。同年11月，邓小平同志指出"应该集中力量制定刑法、民法、诉讼法和

其他各种必要的法律，例如，工厂法、人民公社法、森林法、草原法、环境保护法。"12月底，中共中央转发了国务院《环境保护工作汇报要点》，就立法保护生态环境做出明确指示。其后由全国人大常委会于1979年9月13日原则通过了首部《环境保护法（试行）》。这标志着我国环境立法的正式起步。1982年宪法规定，"国家保障自然资源的合理利用，保护珍贵的动物和植物。禁止任何组织或者个人用任何手段侵占或者破坏自然资源"（《宪法》第9条第2款），"国家保护和改善生活环境和生态环境，防治污染和其他公害"（《宪法》第26条第1款），等等。这为我国环境立法提供了宪法依据；1989年的《环境保护法》是我国环境保护的基本法，全面、原则地规定了环境保护的重大问题，明确了环境保护的任务、自然资源保护和污染防治的基本要求和法律责任，在整个环境法律体系中居于核心地位。至今中国制定的环境、资源、能源与清洁生产、循环经济促进方面的法律有30多部，占国家全部法律的1/10。2014年4月24日《环境保护法》经第十二届全国人民代表大会常务委员会第八次会议修订通过，并于2015年1月1日起施行，标志着我国环境法治建设又迈上了一个新的台阶。

我国公安机关的环境安全保卫实践跟随生态环境法治建设的前行轨迹，其涉及的监管职责范围也渐趋扩大。公安机关在广泛的环境与资源管理领域中行使警察权。依据现行相关法律、法规及规章，公安机关刑事警察负责打击破坏环境资源的犯罪活动；治安警察负责放射性污染管理、剧毒物品管理、废品回收业管理、烟花爆竹管理、危险化学品管理、风景名胜保护；派出所负责城市养犬管理、生活环境噪声管理；交通警察负责机动车大气污染管理；海警负责海洋资源开发利用、海洋生态环境保护、海洋渔业管理等；铁路警察负责铁路及周边相关涉及铁路运营安全的环境管理；海关缉私警察负责废弃物进出口管理，主要是固体废弃物进出口管理。可见警察权在环境与资源保护领域主要是由警察多部门多警种依法分别行使，由此形成警察环境监管相对分散的状态。

二、环境警察执法依据

我国公安机关在涉及生态环境安全保卫执法的依据包括行政执法依据和刑事执法依据两大方面。

（一）环境行政执法的依据

这一类体现了公安机关依法运用行政执法权履行的环境安全保卫职责。主要有：《环境保护法》（1989年通过，2014年修订）、《森林法》（1984年通过，

2019 年修订)、《噪声污染防治法》(2021 年公布，2022 年施行)、《大气污染防治法》(1987 年通过，2015 修正)、《放射性污染防治法》(2003 年通过)、《固体废物污染环境防治法》(1995 年通过，2020 年修订)、《水污染防治法》(1984 年通过，2017 年修正)、《野生动物保护法》(1988 年通过，2018 年修正)、《治安管理处罚法》(2005 年通过，2012 年修正)、《中华人民共和国道路交通安全法》(2003 年通过，2021 年修正)、《放射性同位素与射线装置安全和防护条例》(2005 年公布) 等法律、行政法规、地方性法规及规范性文件。

其中涉及的具体职责包括对环境噪声、汽车尾气、森林资源、放射性物质、违法排放、倾倒危险物质，以及盗窃、损毁环境监测设施、野生动物保护等环境和自然资源保护实施监督管理。我国公安机关在行政执法方面履行的涉及环境保护的职责，一方面有利于保护生态环境，另一方面也是对公民权利的有力维护。

(二) 环境刑事执法依据

违反环境保护法规定构成犯罪的，依法追究刑事责任。我国公安机关作为打击犯罪的主要力量，环境犯罪侦查是其重要职责之一。现行刑法第六章在有关妨碍社会管理秩序罪中专设第六节规定了"破坏环境资源保护罪"。主要包括：污染环境罪；非法处置进口的固体废物罪；擅自进口固体废物罪；走私废物罪；非法捕捞水产品罪；危害珍贵、濒危野生动物罪；非法狩猎罪；非法猎捕收购、运输、出售陆生野生动物罪；非法占用农用地罪；破坏自然保护地罪；非法采矿罪；破坏性采矿罪；危害国家重点保护植物罪；非法引进、释放、丢弃外来入侵物种罪；盗伐林木罪；滥伐林木罪；非法收购、运输盗伐、滥伐的林木罪等。此外，《最高人民法院、最高人民检察院关于办理环境污染刑事案件适用法律若干问题的解释》(2016 年 11 月 7 日，最高人民法院审判委员会第 1698 次会议、2016 年 12 月 8 日最高人民检察院第十二届检察委员会第 58 次会议通过，自 2017 年 1 月 1 日起施行) 等司法解释也对刑法中涉及环境刑事犯罪相关罪名作出具体操作性解释。

公安机关依据上述有关刑法规定、相关司法解释及刑事诉讼法规定，开展环境与资源保护的刑事执法，立案侦查破坏环境与资源保护的犯罪行为。

三、环境警察在环境安全保卫中的职责权限

针对我国环境与资源保护的现状，借鉴国外环境警察制度规定，结合未来的发展，我们认为，我国环境警察的职责应包括以下方面：

1. 侦办、查处破坏环境与资源保护的违法与犯罪行为。这是环境警察发挥作用的主要方面，具体体现为：侦办各种（水、气、土壤、噪声等）非法排放污染物的治安行政案件；侦办违法处置排放毒害性、放射性、腐蚀性等危险物质，造成环境污染、生态破坏、人员伤亡及重大财产损失的犯罪案件；查处由生态环境行政主管部门移送的环境违法及涉嫌犯罪的案件。

2. 为环境保护主管机关及其工作人员的正常行使职权提供协助、保障；侦办因环境保护执法引发的阻碍执行职务的犯罪案件。

3. 针对各类涉及破坏环境资源违法犯罪的情报信息进行收集、研判、上报。

4. 组织和协调做好保护环境的公安基层基础工作。结合社区警务，对社会公众进行环保宣传教育，鼓励举报涉嫌环境违法与犯罪行为。

根据上述职责，环境警察应依据人民警察法享有侦查权、行政强制权、行政处罚权等权限。在执法工具上，环境警察除配备警车、枪支、手铐等警用基本装备，还要配备随时对水、气、土壤等进行取样化验的便携式环保检测仪器，赋予其特殊的刑事强制措施和行政强制措施权力，对涉嫌环境犯罪的嫌疑人进行刑事拘留、逮捕、移送审查起诉，对偷排、直排导致环境严重污染或者暴力抗法的人员进行行政拘留。

第二节　我国环境警察体制与运行机制

一、我国环境警察的体制

在我国目前的生态环境保护监管体制中，虽然依照法律规定政府生态环境部门居于主导地位，但由于生态系统管理职能分布于其他不同的政府部门，例如国土资源、林业、农业、渔业、海洋等部门都在各自资源管理权限范围内实施环境保护监管。[1]且它们仅能对属于自己管辖范围内的破坏生态环境保护的行政案件进行查处，而对于可能构成刑事犯罪的行为并不拥有刑事侦查权，只能移送公安机关。事实上是各自为战，难以形成合力。针对上述情况，我国环境警察的执法体制如何设计是一个值得深入探究的问题。对采取哪一种模

---

〔1〕　2018年12月，中共中央办公厅、国务院办公厅印发《关于深化生态环境保护综合行政执法改革的指导意见》，对综合行政执法改革做出全面规划和系统部署。生态环境保护综合执法队伍依法统一行使相关污染防治和生态保护执法职责，相关行业管理部门依法履行生态环境保护"一岗双责"。力求通过改革部署落地见效，推动职责和能力配置更为合理，执法和监督体系更为规范，体制和机制保障更为健全，提高生态环境执法队伍的规范化、制度化、现代化水平。

式的探究应本着从国情出发，勇于创新，注重实效的原则。结合国外实践，我国环境警察的设置理论上可以有四种模式，即公安机关主导模式、生态环境部门主导模式、联动协作模式，以及由森林公安整建置转为生态环境警察的模式。[1]

我国环境警察体制建立的探索肇始于地方公安机关。即公安机关主导模式。这种模式是指在公安系统内建立环境警察专门队伍，使之成为一个独立警种。其优势在于其本身具有足够的能力去承担作为执法机构的全部功能，在进行刑事调查、证据收集甚至协助法庭诉讼的方面具备完全的技能。同时由一个政府强力部门来整合各方面的资源和力量，成立一个专司打击、侦办环境犯罪的专门机构，以保护国家生态系统，避免在环境执法上人为割裂，各自为战。在现有具体情况下，由公安机关来进行这一整合无疑是最佳选择。这是主要是因为公安机关属于一个社会公共安全的管理部门，与涉及生态环境要素管理职能的其他部门，如农业、林业、国土资源等部门没有直接关联，在很大程度上可以保证执法的超脱和公正性，避免部门间利益关系对于执法公正性的不利影响。此种模式在地方实践中已有不少探索。比较具有代表性的如 2008 年云南昆明市公安局成立的环境保护分局、2013 年成立的河北省公安厅环境安全保卫总队等。这种模式在遏制、打击环境违法犯罪方面取得了显著的成绩。但同时也存在一定需要解决的问题，如办案中的科学取证与鉴定则成为这种模式的短板。

二、环境警察权运行机制

环境警察执法机制包括环境警察权运行机制、环境警察执法外部协调机制和对环境警察权的监督机制。

（一）环境警察权运行机制

环境警察权应当严格按照法定的程序行使。这一机制的运行则是通过一系列程序制度的内在联系与具体实施而实现的。程序性要素是环境警察权有效彰显的前提，环境违法、犯罪行为人将通过程序全面地感知环境警察权于己的实效，这是环境警察行为效力的外化，是在实体法外补强其正当性；其次，为保证环境警察权顺畅运行，实体法为其预留了一定的裁量空间，程序原则能有效

---

〔1〕 截至 2021 年底，随着森林公安管理体制改革的推进，全国省级森林公安机关完成管理体制调整和机构人员转隶地方公安机关的工作。

抑制裁量失当等权力恣意行为。《人民警察法》、《中华人民共和国刑事诉讼法》（以下简称《刑事诉讼法》）、《行政处罚法》、《治安管理处罚法》等法律中相关程序性规定为环境警察权行使提供了依据。但是环境警察权的运行具有一定的特殊性，尤其是具备一定的生态化特征，即环境警察的执法活动应符合生态科学的基本规律。环境违法犯罪案件在调查取证、办案程序、办案时限等方面都与一般的治安、刑事案件存在明显差异。因此，《行政主管部门移送适用行政拘留环境违法案件暂行办法》就环境违法案件的移送批准、案卷移送、移送期限、证据补充、行政拘留决定、案卷退回等行使环境警察行政拘留权的程序做出了专门规定。《环境保护行政执法与刑事司法衔接工作办法》则对案件移送、法律监督、证据的收集与使用、环境行政执法与刑事司法协作、信息共享等行使环境警察刑事侦查权程序做出了专门规定。尤其是在环境行政执法与刑事司法协作方面，有些地方考虑到环境警察权运行的特殊性，建立了环保部门、公安机关的联席会议和联勤联动机制。这是基于：环境行政违法与环境犯罪的界限并非泾渭分明，时常是一种量的渐变、转化的关系，因而环境行政执法阶段就需要通过会商或联动确保环境警察权适时提前介入，以防止犯罪嫌疑人员逃匿或者证据因人为或自然原因灭失；经公民举报或公安机关主动发现的涉嫌环境犯罪的行为，环境警察无疑会先于环保部门介入案件，但在环境专业方面仍需要环保部门提供监测或者技术支持；环境行政执法中有时会遇到恶意阻挠、恐吓或者暴力抗法的情况，需要借助警察权采取一定强制措施。当前环境警察权运行过程中的生态化因素与现行程序性规定仍然不能完全匹配。如办案期限方面，由于证据的采集和检测认定都需要相当的时间，相对于普通刑事案件取证时间更长，若不做出特殊例外规定，依然按照刑事案件的程序要求就可能超时限，从而导致违法办案。

需要指出的是，由于警察权尤其是刑事侦查权具有明显的人身和财产强制性，涉及公民重大利益，故其提前介入时间、限度与程序，以及与环境行政执法程序的衔接规定不能作为简单的部门间办事程序由规章乃至内部规范性文件来规定，一般而言要遵循法律保留原则。

环境警察权运行机制是环境警察执法机制的核心，构成了环境警察执法机制的主要部分。从一定意义上讲，环境警察权运行机制的设置是否科学合理，决定着环境警察执法的效能。

（二）环境警察执法外部协调机制

也称联合执法、协同执法机制，它是基于环境违法犯罪的特殊性及复杂性，为及时、有效打击环境违法与犯罪，环境警察与环境保护主管机关及其他相关部门协作执法的工作机制。它是指在以生态环境保护为目标在公安机关与环境保护行政执法部门之间建立起目标价值明确、权责清晰、信息沟通顺畅、执法手段齐备的执法机制。其中还应该包括与公安、司法机关之间实施配套的联合机制，同时还要发动公众广泛参与到生态环境保护联合机制中来。

这个执法联动机制应该包括以下特点：有明确的生态环境保护的目标；有畅通的沟通机制和信息共享机制；有完善的执法配套措施；有明确的执法主体及清晰的权力和责任划分。这一机制的形成也是通过一系列制度的设计与实施加以保障的。

（三）对环境警察权的监督机制

对环境警察权的监督，即对环境警察执法的监督。一般指监督主体对公安机关及其环境警察的执法行为是否合法、适当进行监督、审查，以及采取必要的措施予以纠正的总称。而通过设计所形成的一整套制度及其运行，则构成了对环境警察权的监督机制。其中包括了内部的督察制度，也包括了外部社会监督、司法审判监督，以及党纪监察等。而这一机制的有效发挥作用也有赖于执法公开制度的切实实行，以及信息化建设的发展。

环境警察执法机制体现了系统化的结构。其中环境警察权运行机制是根本，环境警察执法外部协调机制及对环境警察权的监督机制对于环境警察执法机制的有效运转起着补强与保障的作用。只有各机制要素切实发挥应有作用，环境警察权在我国生态法治建设中的作用才能得到充分体现。

第三节　环境警察执法手段与装备

在明确环境警察的职责、权限的前提下，环境警察执法在实际操作中形成了具有行政性和刑事司法性的执法手段。它们分别主要体现为：环境行政执法手段与环境刑事侦查。

一、公安机关的环境行政执法手段

（一）环境警察应急处置

是指环境警察在遇有环境执法中紧急情况时，为排除障碍或者防范环境危害的发生和扩大，依法行使的特殊权力。具体包括：1. 紧急征调使用权；2. 紧急排险权；3. 紧急管制权。如在突发环境灾害或责任事故中，环境警察可以指挥调动人员、车辆、器材等，实施紧急救援指挥。对有关场所、道路限制通行、停留以及对过往人员、车辆实施检查、盘查等行为。这一权力的行使要求相对人必须遵守和服从，不得拒绝或拖延，否则将承担法律责任。它通常表现为说服、要求、责令、劝阻等形式。

（二）环境警察的行政强制措施

是指环境警察对不履行法律规定义务的当事人，以及在侦办案件中对某些违法犯罪嫌疑人采取强制手段，迫使其履行义务或实现法定强制目的的权力。体现为依法采取强制手段迫使拒不履行法定义务的相对方履行义务或者达到与履行义务相同的状态；或者出于维护环境秩序或保护公民人身权及合法财产的需要，以及为保证案件调查顺利进行，对相对方的人身或财产采取紧急性、即时性强制措施的权力。这一权力充分体现了作为警察权的强制性特点。是环境警察在警务活动中的重要权力。作为警察机关的一项特有权力，强制的内容必须有法律的明确规定。依据行政法律实施的行政强制权如强制拘留、强制扣留、约束、强制隔离、强制传唤、强制履行、查封、扣押、冻结、强制拆除、强制鉴定等。[1]强制权的实施必须严格依照法定程序。环境警察在履行协助政府生态环境部门人员执法，为其正常行使职权提供保障的职责中，以及侦办环境犯罪案件过程中通常会运用到强制手段。

（三）环境警察的行政处罚

是指环境警察对违反环境法律规范的当事人实施制裁的权力。它是环境警察行政执法中适用的一项重要权力。它的实施是以相对人环境行政违法为前提的。直接影响相对人的权利义务。包括行政拘留、没收违法所得、罚款、警告等涉及人身、财产及名誉的处罚。例如对违反法律规定制造噪声干扰他人正常生活可以处警告或罚款等。再如对制造、销售或者进口超过污染物排放标准的机动车船的责令停止违法行为、没收违法所得、处以罚款、对无法达到规定的污染物排放标准的机动车的没收销毁等。

于2014年修订的《环境保护法》中第63条规定，企业事业单位和其他生产经营者有下列行为之一，即建设项目未依法进行环境影响评价，被责令停止建设，拒不执行的；违反法律规定，未取得排污许可证排放污染物，被责令停止排污，拒不执行的；通过暗管、渗井、渗坑、灌注或者篡改、伪造监测数据，

---

〔1〕 环境警察依据刑事诉讼法实施的刑事强制权，如刑事拘传、拘留、取保候审、监视居住、逮捕等在环境犯罪侦查中也被经常运用。

或者不正常运行防治污染设施等逃避监管的方式违法排放污染物的；生产、使用国家明令禁止生产、使用的农药，被责令改正，拒不改正的等行为，尚不构成犯罪的，除依照有关法律法规规定予以处罚外，由县级以上人民政府生态环境主管部门或者其他有关部门将案件移送公安机关，对其直接负责的主管人员和其他直接责任人员，处十日以上十五日以下拘留；情节较轻的，处五日以上十日以下拘留。由于行政拘留的实施涉及相对人的人身权，故公安机关在具体实施上必须严格依法。严格在法定的权限范围内进行处罚。不可随意扩大处罚适用范围。同时必须符合法定的形式，严格程序规范，包括受案、办理及向移送单位的反馈等。

环境警察适用的行政处罚具有一定特殊性。依据不同标准具体可以分为：

1. 以是否直接依据法律实施处罚为标准，分为直接实施的处罚和接受移送的处罚；

2. 以是否针对环境违法实施处罚为标准，分为针对实施环境违法的行政处罚和针对妨碍环境执法的行政处罚。在环境警察制度中环境行政处罚的类别、适用情形、裁量基准等有关问题还要加以明确规定。

二、环境犯罪侦查

环境犯罪作为近年来开始为人关注的一种新型犯罪，区别于自古存在的自然犯，是社会经济发展到一定程度，生态环境遭受威胁和破坏时刑法所进行干预的一种犯罪。这类犯罪具有着行政从属性、当事人的多元性与复杂性、犯罪的潜伏性与隐蔽性、犯罪造成损害的严重性与不可逆性等特征。环境犯罪侦查权是环境警察为收集证据、审查证据、揭露犯罪、查缉犯罪嫌疑人而进行专门调查取证的权力。它具体包括了传唤权、讯问犯罪嫌疑人权、询问证人权、勘验检查权、搜查权、扣押书证权、鉴定权、通缉权、技术侦查权。《刑事诉讼法》第 19 条第 1 款规定："刑事案件的侦查由公安机关进行，法律另有规定的除外。"然而，环境犯罪侦查也表现出不同于一般犯罪侦查的特点：

1. 环境犯罪侦查涉及环境科学专门性知识。环境犯罪是以违反相关环境保护法律为前提，并且环境犯罪所触犯的环境保护法律复杂多样、种类繁多，侦查人员必须对这些复杂繁多的环境法律规范熟练掌握，而且还要了解诸如污染物排放标准、排放物所含有毒物体如汞、氰化物、砷等的含量标准或者猎杀的动物是否属于国家或地方珍稀保护动物等，这些涉及环保方面专门性知识；

2. 侦查取证鉴定复杂。由于环境犯罪涉及环境科学专门性问题，必须运用专业技术来鉴定犯罪嫌疑人其犯罪行为是否违反环保标准，根据案情需要做许多的类别的技术鉴定。此外，基于环境犯罪的特点，取证的复杂性与难度也比一般刑事案件为大；

3. 需要多部门密切配合。在环境犯罪案件的侦查过程中，大部分案件需要与政府生态环境部门及相关部门配合，实践中，多数情况下，环境犯罪行为往往都是由环保等有关部门首先发现及调查，然后移交公安机关处理的，由于环境警察对环境犯罪案件缺乏权威的专业知识和收集环境犯罪证据的能力，则需要与有关部门配合进行侦查。

三、公安机关环境安全保卫执法装备

环境警察执法必然借助于必要的执法装备才能达到执法的目的。环境警察执法装备是环境警察在执法过程中使用的，以一定实物形式表现的，并能够对相对方的权利义务产生影响的物质性手段。它对于能否顺利实现执法目的具有十分重要的意义。

（一）环境警察执法装备配备原则

如何配备执法装备是切实履行环境警察职责使命的重要物质保障。环境警察执法装备的配备需要遵循一定的原则：

1. 满足基本需要，适应实战。既要根据环境警察执法办案的需要，结合具体环境案件所涉的环境要素，体现在执法防护、监测、侦查取证等专业性要求的执法装备的配备。以保证案件办理的顺利进行。环境警察执法装备的配备根据执法的实际需求，可以分为必配与选配两种。

2. 规范装备配备。即要按照统一规定的装备配备标准，包括配备的项目、单位数量、装备参数指标、更新年限等进行配备。以保证公安机关在环境案件执法中对案件的准确科学定性，从而有利于执法能力的提升，保证执法办案质量。对环境执法装备进行统一的标准化配备。

3. 量力而行，保障有力。在满足执法办案基本需要，即满足对主要环境案件侦查需要必配装备的前提下，在具有财力和技术支持保障的条件下选配有助于提高执法办案效能的装备。例如现场勘查车、环境监测车以及一些较为精密的仪器设备，同时也包括快检室和侦查实验室的建设。

（二）环境警察执法装备配备项目

环境警察执法装备配备项目包括：交通装备、指挥信通装备、防护装备、武器警械装备、环境监测装备、侦查技术装备及其他装备等七类。在这七类中

防护装备、环境监测装备以及侦查技术装备相较于其他警种具有明显的特殊性要求。

1. 执法执勤装备

具体包括了一般执法执勤用车、侦查取证车、现场勘查车、环境监测车及运警车。其中侦查取证车、现场勘查车及环境监测车则需要按照生态环境科学技术要求加以配备。

2. 指挥信通装备

包括手持电台、车载电台、卫星电话及卫星导航定位仪等。

3. 防护装备

包括防护口罩、防腐手套、轻便防化服、防毒面具、空气呼吸器、全封闭重型防化服、现场工作服、防刺背心、防暴头盔、防弹盾牌、防弹背心等。

4. 武器警械装备

手枪、单警装备、防暴叉、电警棍、战术照明灯、长警棍、约束带、警戒带、抓捕网等。

5. 环境监测装备

包括水样采集器、多参数水质分析仪、便携式毒害气体检测仪、土壤重金属检测仪、便携式分贝仪、暗管探测仪等。

6. 侦查技术装备

现场勘查箱、遥控飞行器、卫星定位追踪器、红外热成像仪、望远镜、照相机、GPS 定位仪、强光搜索灯、激光测距仪等。

7. 其他装备

车载小型个人洗消设备、应急救援包、样品保存柜、人像采集设备等。

第四节　环境犯罪侦查规范化建设

环境犯罪侦查权是公安机关专业侦查主体为收集证据、审查证据、揭露犯罪、查缉犯罪嫌疑人而依法进行专门调查取证的权力。它是公安机关打击、遏制环境犯罪,生态环境安全涉稳风险防控的重要手段之一。

一、环境犯罪侦查规范化的含义

环境犯罪侦查规范化就是指公安机关环境犯罪侦查的标准化过程。它是公安机关运用现行法律、法规、规章制度来规范环境犯罪侦查的各个环节,建立与现代法治精神和要求相适应的、充分体现生态环境涉稳防控特点的执法体制和运行机制的具体体现。以全面提高公安机关的执法能力和执法公信力为目标，在环境安全保卫执法领域实现执法思想端正、执法主体合格、执法制度健全、执法行为规范、执法监督有效，确保严格规范公正文明执法。

当今世界已进入风险社会，影响社会稳定的因素复杂多样。生态环境风险源同样是影响社会稳定的重要因素。维护社会大局稳定，要切实落实保安全、护稳定各项措施，下大气力解决好人民群众切身利益问题。社会治理的最好办法，就是将矛盾消解于未然，将风险化解于无形。环境犯罪侦查作为公安机关的执法手段，其运用一方面有利于遏制环境违法与犯罪，另一方面也有利于维护社会稳定。

环境犯罪作为近年来开始为人关注的一种新型犯罪，区别于自古存在的自然犯，是社会经济发展到一定程度，生态环境遭受威胁和破坏时刑法所进行干预的一种犯罪。环境犯罪侦查是公安机关为收集证据、审查证据、揭露犯罪、查缉犯罪嫌疑人而进行专门调查取证的行为。

环境犯罪行为通常表现为对环境与资源的破坏，甚至形成公害，侵害他人财产权、人身权，扰乱生态环境秩序，成为影响社会稳定的重要因素。通过环境犯罪侦查依法对犯罪嫌疑人采取查纠行为并采取强制措施，可以有力制止和震慑环境犯罪行为。

二、环境犯罪侦查规范化中相关部门职责

生态环境部门在环境执法和日常监管中，发现涉嫌违反治安管理规定的，应当移交公安机关依法处理；发现涉嫌环境污染犯罪的，及时移交同级公安机关立案侦查；发现涉嫌环境保护职务犯罪的，应当将案件线索向同级人民检察院移送。

公安机关依据《治安管理处罚法》《环境保护法》等有关规定，对违法排放、倾倒、处置危险物质，盗窃、损毁环境监测设施，阻碍环境保护行政执法人员执行职务等违法行为，依法予以行政处罚。对于生态环境部门移送的案件和公安机关自行受理的涉嫌环境犯罪案件，应当及时审查。经审查，确有犯罪事实需要追究刑事责任，且具有管辖权的，应当立案侦查，发现职务犯罪线索的，应当向人民检察院移送。

人民检察院负责涉嫌环境污染犯罪案件的审查逮捕、审查起诉和法律监督工作，依法侦办涉嫌环境保护职务犯罪。对疑难复杂的重大案件，人民检察院可提前介入，引导侦查取证。对作出不起诉决定的案件、对人民法院作出无罪判决或者免予刑事处罚的案件等，人民检察院认为需要给予行政处罚的，应当提出建议并移送有关部门。

三、环境犯罪案件的主要类型

根据我国刑法规定，结合《中共中央　国务院关于深入打好污染防治攻坚战的意见》和《"十四五"生态保护监督规划》的实施，公安机关重点打击的环境犯罪案件类型主要包括以下类型：

（一）环境领域弄虚作假的犯罪

主要包括：环评造假等环境弄虚作假行为，如承担环境影响评价、环境监测等职责的中介组织人员，故意提供虚假证明文件情节严重的行为，重点排污单位篡改、伪造自动监测数据或者干扰自动监测设施非法排放污染物的行为，修改环境质量监测系统参数或者监测数据，干扰采样致使监测数据严重失真，以及其他破坏环境质量监测系统的行为等。

（二）涉危险废物污染环境犯罪

主要包括：跨省、市等行政区域非法转移、排放、倾倒、处置危险废物的犯罪行为；将危险废物作为中间产物（产品）、副产物（品），非法转移、利用和处置的犯罪行为；名为运输、贮存、利用，实为排放、倾倒、处置危险废物，严重污染环境的犯罪行为；无危险废物经营许可证或者以合法资质为掩护的单位，非法收集、贮存、利用、处置危险废物的犯罪行为；以及明知他人无危险废物经营许可证，向其提供或者委托其收集、贮存、利用、处置危险废物的犯罪行为。

（三）污染大气环境犯罪

重点包括：偷排偷放、超标排放恶臭、有毒、有害大气污染物以及不落实应急减排措施犯罪行为，违法生产、销售、使用 ODS 破坏大气臭氧物质犯罪，以及超标排放挥发性有机物、氮氧化物污染环境犯罪等。

（四）污染水体环境的犯罪

具体包括：向饮用水水源保护区、国家确定的重要江河湖泊水域、南水北调干渠排放、倾倒、处置有放射性的废物、含传染病病原体的废物、有毒物质污染环境犯罪，向江河、湖泊、运河、渠道、水库的滩地和岸坡违法倾倒固体废物，向江河湖海直接排放、超标排放、超总量排放污染物，航运船舶直接向水体排放、倾倒含油污水、生活污水、船舶垃圾或油类、有毒物质泄漏污染环境的行为，向雨水管网、城区河道、污水处理厂非法排放、倾倒危险废液污染环境的犯罪行为，通过油田基础设施等向地下直接、间接排放、倾倒、处置有放射性废物、含病原体废物、有毒物质污染环境的犯罪行为。

（五）污染土壤环境犯罪

包括：向农用地非法排放、倾倒危险废物、重金属超标污染物，非法提炼废机油、冶炼铅锌铜等污染环境行为，非法倾倒、处置未经处理的养殖场废水、粪便沼液、农药包装物等农业固体废物污染环境犯罪行为，发生在工业废弃地、工业园区、采油区、采矿区等工业用地的污染环境犯罪行为，以及工矿企业生产经营活动中非法排放废气、废水、废渣污染周边土壤环境犯罪行为。

（六）医疗废物污染环境犯罪及涉"洋垃圾"犯罪

主要有：无危险废物经营许可证或以合法资质为掩护，非法排放、倾倒、处置医疗废物污染环境犯罪行为；非法倒卖、非法回收利用医疗废物污犯罪行为；利用医疗废物违法违规生产加工塑料颗粒，并用于原用途、制造餐饮容器以及儿童用品等犯罪；走私危险废物、医疗废物、电子废物、生活垃圾、废旧服装等犯罪行为；货运渠道藏匿、伪报、瞒报"洋垃圾"等走私行为。

（七）破坏环境资源保护犯罪

具体有：非法杀害和猎捕野生动物、非法野生动物交易、非法捕捞水产品等犯罪行为，破坏土地资源、矿产资源、野生植物和森林草原资源犯罪行为，非法引进、释放、丢弃外来入侵物种等犯罪行为。

四、环境犯罪调查取证基本要求

环境犯罪调查取证是环境犯罪侦查中的关键环节。在调查取证中应当按照《刑事诉讼法》第50条关于证据形式的规定，重点围绕环境犯罪事实、涉案犯罪主体资格以及环境污染影响等各项内容，全面开展调查取证工作，确保案件事实清楚，证据确实充分。

1. 查明犯罪主体资格。属于自然人犯罪的，要详细核实犯罪嫌疑人的主体身份，收集其身份证件、护照、人事档案、任职文件、干部履历表、执法工作证等方面的证据；属于单位犯罪的，要调查公司、企业等单位的基本情况，收集工商注册资料、营业执照，是否取得相关资质证明等有关证据材料。

2. 讯问犯罪嫌疑人。属于多人共同作案的，应查清分别在环境污染犯罪中的地位、作用、分工，有针对性开展讯问，证实各个犯罪嫌疑人的主观故意、作案过程等，要核对犯罪嫌疑人之间的供述是否吻合，确保能形成完整的证据链；必要时，犯罪嫌疑人之间要进行辨认，做好辨认笔录。

3. 收集证人证言。通过询问知情人或案发现场群众，获取案件的有关证据。结合证人对犯罪嫌疑人的指认、辨认以及对作案情节的具体描述等，证实有关污染环境犯罪事实系犯罪嫌疑人所为。

4. 询问被害人。案件涉及被害人的，应当查找被害人进行取证，询问被害人相关时间、地点、经过等情况以及违法事实涉及的公私财产损失数额、人身伤亡和危害人体健康后果等情形；如被害人入医院就诊或住院治疗，还应调取有关医学诊疗证明或病历等。

5. 开展勘验、检查或搜查。对环境污染犯罪的现场应进行勘验、检查，同时进行录像或拍摄现场照片，制作《现场勘查笔录》和绘制现场图。对与案件有关的场所（如公司、企业驻地、犯罪嫌疑人住处等），必要时可以依法进行搜查，制作搜查笔录；依法扣押涉案财物、生产设备及其他作案工具，提取有关涉案物品、书证等。

6. 进行认定、鉴定、检验和评估。全面、及时、客观收集并固定环境污染影响的相关证据。涉及可以确定的含有放射性的废物、含传染病病原体的废物、有毒物质、重金属、持久性有机污染物及其他有害物质等环境保护专门性问题，由有资质的单位依据法律或司法解释规定，出具相关属性、数量等检验报告；对于因果关系简单，有证据证明污染物质属性，依据《国家危险废物名录》《医疗废物分类目录》等有关规定，可以由办案单位依据相关证据直接认定，涉及专业性较强的，同时由生态环境部门出具文字说明；涉及难以确定的环境污染专门性问题，由司法鉴定机构出具鉴定意见，或者由环境保护部指定的机构出具检验报告。环保部门及其所属监测机构出具的监测数据，要经省级以上生态环境部门一案一认可，才能作为刑事证据使用。

7. 制作视听资料。依法客观收集反映实施环境污染犯罪行为有关情况的录音、录像等视听资料。视听资料应当是原始载体。取得原始载体确有困难的，可以收集、调取复制件，复制件应当与原始记录核对无误，注明制作时间、制作地点、制作方法、制作过程、证明对象等，由调取人、制作人和持有人签名或盖章。

8. 制作案件情况调查报告。生态环境部门向公安机关、人民检察院移送涉嫌环境犯罪案件的，应当提供案件情况调查报告。案件情况调查报告应当全面说明行为人的自然情况、违法事实、调查经过、法律依据、调查结论以及工作意见等。生态环境部门移送案件前已经作出行政处罚决定的，应当将行政处罚决定书一并移送公安机关。

第五节　环境警察与涉稳生态安全风险防控

生态环境问题是我国当前面临的突出现实问题之一，也是影响未来我国经济社会发展和社会稳定的重要因素。这都要求我们对生态环境形势进行客观科学的评价，辨识未来生态环境风险并采取积极有效措施加以防控。未来针对生态环境风险所采取的对策，应当越出生态环保的范围，到与之相关的经济、政治、社会、文化领域中去寻找。这种思路就是党的十八大提出的生态文明建设要深刻融入经济建设、政治建设、社会建设和文化建设之中的"五位一体"要求，这种新的生态环保对策称为"整体优化的环保战略"。而公安执法在生态环境风险防控中的作用发挥成为这一战略中的重要组成部分。

一、涉稳生态环境安全风险防控背景

习近平总书记在全国生态环境保护大会[1]的讲话中指出，新时代推进生态文明建设，必须坚持好六项原则。其中提到"用最严格制度最严密法治保护生态环境，加快制度创新，强化制度执行，让制度成为刚性的约束和不可触碰的高压线。"公安部领导在传达学习习近平总书记在全国生态环境保护大会上的重要讲话精神的会议上也提出要切实增强做好生态环境保护工作的使命感、责任感、紧迫感，充分发挥公安机关职能作用，依法严厉打击污染环境违法犯罪活动，有效防范生态环境涉稳风险，为推进生态文明建设、建成美丽中国保驾护航。

实践中，生态环境恶化往往引发对社会公共安全的破坏，其直接表现在对社会安宁的影响。而社会的安宁又直接关系到公民的生存权与发展权。一个民族得以长久生存并不断发展壮大，其主要推动力和重要标志应当是人口、资源与环境的协调发展，是人与自然的和谐。倘若以土地和水资源为核心的国土资源极度短缺，生态系统不能持续提供资源能源、清洁的空气和水等环境要素时，人类的生存与发展就失去了载体和基础。将生态环境与公共安全联系在一起并

---

〔1〕　2018 年 5 月 18 日至 19 日，第八次全国生态环境保护大会在北京召开。会议提出了要加大力度推进生态文明建设、解决生态环境问题，坚决打好污染防治攻坚战，推动中国生态文明建设迈上新台阶。习近平总书记在讲话中强调，生态文明建设是关系中华民族永续发展的根本大计。同时指出，生态环境是关系党的使命宗旨的重大政治问题，也是关系民生的重大社会问题。

不是当代人才有的觉醒，历代统治者都把保护自然资源、防治自然灾害作为公共安全问题提到国家战略层面予以高度重视。例如，中国最早提出国策概念的管仲在其《地员》中强调的"地者政之本"。可见，生态环境安全事关国家社会公共安全。

尽快建立起我国生态环境安全风险防范体系，这对于我国和谐社会的构建有着至关重要的作用。只有从国家发展战略层面切入解决生态环境问题，只有将维护生态环境安全上升到国家意志的战略高度，只有从国家公共安全的高度认识生态环境问题，只有把解决生态环境问题与维护社会稳定结合起来，才能正确而妥善地处理好生态环境与经济发展问题，从源头上解决对生态环境的危害问题。由此，未来针对生态环境风险的对策，必须跳出生态环保自身的范围，实行"整体优化的环保战略"，从政治、经济、社会、文化等方面全面纳入环境保护的要求，使这些对生态环境具有重要影响的领域向着环境友好的方向优化和转变，最终实现改善生态环境、增进人民福祉的目标。

二、我国生态环境涉稳风险的风险源种类及问题

生态环境风险是指在一定时间和空间范围内，基于一定情况下，生态环境与自然资源产生损失的可能性。生态环境风险的基本属性包括了自然属性、社会属性和经济属性。生态环境涉稳风险则着重其社会属性，即生态环境风险带来的不确定性，给社会公共安全带来的影响。随着风险的发生，人们在日常经济和生活中将遭受经济上的损失或身体上的伤害。从而导致社会秩序混乱，社会稳定受到威胁。

现实中，从公共安全视角来看，相关生态环境问题可能引发涉稳风险的风险源及问题主要包括：

1. 企事业单位及个人违法违规行为。主要是企事业单位及个人违法违规偷排漏排污染物，污染大气、水、土壤、声环境以及破坏自然保护区环境，损害公众利益；企业与居民卫生防护距离过近及防护距离内居民搬迁推进慢，导致企业和公众不满；规模养殖企业选址不符合要求，未落实环评登记备案手续，未按国家有关规定收集、贮存、利用或者处置养殖过程中产生的畜禽粪便，导致污染水源，引发群众纠纷，影响正常农耕生产的问题。

2. 新建项目问题。主要是指因垃圾焚烧处理、重点化工、印染、造纸、石油、石化等新建项目存在选址不合理、程序不规范、公众不支持，未落实"三同时"要求，导致矛盾激化，引发群体"维权"活动，特别是因环保引发的

"邻避"问题。

3. 工业园区问题。主要是指工业园区企业随意倾倒、堆放、丢弃、遗撒固体废物，排污设施运行不正常，超标准排放污染物和污染物排放总量超标，干扰污染物排放自动检测设备运行，私自修改自动检测设备数据等行为。

4. 危险废物违规处置问题。包括随意遗弃、堆放、倾倒医疗废物、化学药品废弃物及重金属废弃物。未办理"危险废物经营许可证"从事危险废物收集、贮存、处置经营活动，导致环境污染及重金属污染物超标等可能影响社会稳定的问题和隐患。

5. 核与辐射安全问题。包括核与辐射安全知识的宣传引导、安全教育是否到位，安全防护设施、放射性警告标志是否完好，生产、销售、使用放射性同位素和射线装置单位是否履行环保审批手续，放射性废物贮存、处置、排放是否合规等问题。

6. 自然资源及生物多样性问题。包括非法采砂、采矿。

针对上述风险源及可能出现的问题，公安机关必须站在国家生态文明建设的高度，从维护国家安全和公共安全出发，运用警察权切实化解可能存在的风险。

第六节　环境警察实践发展与完善

公安机关在现有生态环境监管体制下进一步有效打击污染环境的违法犯罪行为，既要立足现实，又要具有改革创新的精神。同时要将生态安全执法与维护国家安全、社会稳定紧密相联。生态环境安全风险亦有可能导致社会公共安全风险。从现实中看，因环境问题引发的群体性事件已不在少数。公安执法应全力以赴防风险、除隐患。通过执法切实解决公众反映强烈的突出环境问题。充分运用信息化手段，开展风险评估和动态管控，切实做到底数清、情况明、管得住，坚决防止因环境违法犯罪影响国家安全和社会稳定。公安机关生态安全执法与制度创新，需要抓好理念创新、手段创新、基层工作创新，打破传统思维方式和方法，正确运用环境警察权，积极探索有利于破解生态安全执法工作中难题的新举措、新办法。结合实践中存在的问题，我们认为，应从多层面多角度探索警察在环境保护中作用的发挥。

一、树立公安机关及人民警察生态环境保护意识

随着全社会环境保护意识的逐步树立，公安机关必须认清自身在环境保护

中的角色与地位，基于其自身的行政管理与刑事司法两大职能在我国环境保护监管体制中真正发挥应有作用。思想是行动的先导，理念是行动的指南。实践中，需要对公安民警进行广泛深入的环境法治与生态文明理念教育。在执法中树立尊重自然、顺应自然、保护自然的生态文明理念，切实维护公民的环境权，保护环境，保护资源，担负起打击破坏环境与资源的违法犯罪的重要职责。我国公安系统长期存在着忽视环境保护执法的思想，必须通过不断的学习与培训，使公安民警真正认识到环境安全是国家安全的重要组成部分，维护环境秩序也是在维护社会的公共秩序。

二、提升执法主体依法履职能力

由于环境安全保卫执法对于专业技术知识要求比较高，这些专业知识对许多公安民警来说都是新生事物，基层派出所民警这方面的知识基础更为薄弱，降低了打击环境犯罪的实效。比如对于精细化工、制药等高科技、高附加值行业，民警很难对这些工艺流程进行全面系统的了解掌握，没有专业技术人员的辅助，无法通过现场检查发现环境污染问题。环境污染问题往往是不法企业已经对周边土壤、空气或水域造成长期污染，产生一定后果才能被发现。例如，实践中某省侦办的一起某地炭黑厂污染环境案件，公安机关虽然联合环保部门多次对其进行了现场检查，但由于缺少专业知识，无法及时发现问题，直到该企业生产排放的污染物煤焦油通过渗井渗坑影响当地农地耕种后，才被发现查处。由此，应结合办案需要，加强作为专门从事环境安全保卫执法的公安民警环境科学必要知识的培训，以提升业务能力和执法水平。

环境警察专业队伍是保障环境警察制度长远发展的前提条件和坚实基础，是实现环境警察制度工作目标的根本保证。加强环境警察的素质能力建设，走"精兵之路"。一是明确环境警察基本素质能力标准，除了要具备一般警察的业务技能外，还要具备生态学、环境科学等环境专业知识。二是加大专业培训，提升环境警察专业化水平。以基层一线环境警察为主体，按照"案怎么办、侦查员怎么练"的原则，按实战要求进行环保专业技能培训，突出环境警务培训，提升环境警察执法依法办案技能和做群众工作的能力。建立健全贴近实战的教育训练体系，严格实行环境警察执法人员资格管理和逐步实行持证上岗制度，不断提高侦查办案水平。三是加强与环保行业协会、公益组织和相关环境保护职能部门的沟通，从中确定专门人才，建立人才库，为侦查工作服务，并将购买司法鉴定、审计等社会服务纳入年度财政预算，提升打击环境犯罪的专业能力。四是把引进专门人才作为提升环境警察专业化能力的重要抓手，制定专门人才引进计划，搭建人才引进绿色通道，做好环境警察人才储备工作。五是全面落实执法责任制，完善激励约束制度。狠抓反腐倡廉和监督问责，清醒认识环境警察队伍严峻的执法风险和廉政风险，坚持业务、队伍"两手抓、两手硬"，正风肃纪、杜绝隐患。

此外，要提高对环境污染犯罪线索的发现能力。从实践中看，污染环境案件多发生在工厂排污区、垃圾填埋区、废物燃烧区等处所，这些处所大多设置在人稀地广的偏远郊区，污水排放企业则选择靠近河流、湖泊的位置，通过隐藏在水下的管道排放有毒有害污水，这些都使污染环境行为具有极强的隐蔽性，传统的公安工作手段很难排查发现。目前，公安机关通过建成启用的大情报系统、合成研判中心等，应将环境类的情报线索整合进来，而目前一些环境犯罪线索还不能做到及时掌控。在具体侦查执法中，往往是由环保部门最先介入，发现涉嫌犯罪后再移送公安机关，某省2014年以来破获的255起环境污染犯罪案件中，有136起为环保部门移交，占到53.3%，公安机关通过自行发现的线索目前只占三到四成。这使得许多环境犯罪持续的时间被拉长，对环境的污染损害更为严重，也延误了刑事侦查、取证抓捕的最佳时机。这种模式，虽然有部门间职责分工的原因，但不可否认也有获取线索渠道单一、对环境犯罪的人力情报手段不强等原因。要想及时发现、打击环境污染犯罪必须打破情报壁垒，增强主动发现的能力。

三、完善环境警察执法制度机制，实现执法队伍专业化

在大部门大警种改革背景下实现生态安全执法专业化、职业化，以应对环境犯罪团伙化、职业化的问题。大部门大警种改革是针对原有机构臃肿、警力紧缺、运行不畅的问题，通过重组职能、机构和警力，压缩指挥层级，推动警力下沉，理顺所队关系，提升公安工作整体效能而推出的改革措施。大警种制改革不是把警力简单地重组，也不是把各警种职能单纯的相加，而是在"按警种设置部门、按职能设置专业"思路下，从各警种部门职能的逻辑关系中，发掘出更为合理的"谋篇布局"，需要强化大警种内各种资源的高度整合和深度应用，进一步彰显集群作战优势。"建立警力随着警情走的编制动态调整机制"的改革目标，科学配置专门的环境警力，摒弃"机制改革就是撤并机构"的错误思想，以地域大小、经济发展方式、实有人口、案件、交通状况等因素综合规划，合理布局，确定环境警察队伍建制和人数。一是可以使原来分散在公安机关

相关治安、刑侦、交警等警种的环境案件侦查办理职能，统一到一个部门，并进一步提升侦办环境安全案件的专业能力。二是针对环境犯罪形式团伙化、职业化、产业化，实现打击环境违法犯罪队伍的实战化、专业化、职业化、扁平化，环境刑事案件的侦破要走专业研判、多警种同步上案、警力统一调配之路。实行上下级职能贯通、多警种协调联动、多手段同步、指挥高效、警令畅通。三是采取线索搜集、打击、整治一体化，以专业灵活高效的组织形式，将当地与环境安全保卫工作相关的监察管理职能单位和部门的专业技术人员纳入协作队伍，并根据环境安全保卫工作实际进行培训和演练，从而在必要的时候能够迅速得到外界专业支持和援助。即把发挥整体优势和发挥专业优势结合起来，变"支援警力"为"专业警察"，发挥侦查队伍快速处置和侦办各类多发性危害环境安全案件的职能。快准狠打击危害环境安全的犯罪团伙，提高攻坚克难能力。

四、深化环境警察执法信息化建设，实现执法流程信息化

运用现代科技手段，构建"智慧生态警务"，解决发现不了、发现得晚、打击处理不当的问题。"苟利于民，不必法古；苟周于事，不必循旧"。针对打击环境违法犯罪处于被动、事后惩罚与及时性不强的问题，"我们要主动适应科技革命大趋势，既善于运用现代科技最新成果破解难题，又善于防范其给国家安全和社会稳定带来的风险挑战，把社会治理提高到新水平"，把加强信息化、智能化建设作为提升环境犯罪侦查能力的重要途径。树立"数据就是战斗力、得数据者得天下、用数据者胜天下"的意识，以"联动融合"理念为引领，统筹有关部门和企业资源。要树立主动预防环境犯罪的意识，探索使用云计算、大数据等现代信息技术，推动信息网络技术与环境安全保卫工作的深度融合，为环境案件防控和侦办工作提供智力支持。深度提炼环境犯罪的行为特征、类罪特征并进行数据化描述，研发可升级、可拓展和智能化的类罪数据模型，建立分析管理机制，通过大数据的集聚、融通和应用，发现犯罪线索；同时，建立具有分析、研究环境犯罪信息和规律，及时制定预防、打击对策，实现在发现案件线索后，即能认定污染性质，如推广使用三维荧光指纹技术解决水污染的溯源追踪问题。追踪犯罪轨迹，拓展犯罪网络，将已有的环境在线监测与社会治安防控的"天网"工程的监控探头以及卫星遥感、无人机等现代侦查信息技术相融合，探索建设"环境安全保护远程监控系统"，作为远程执法"哨兵"，使之成为发现环境违法犯罪问题的重要途径。做到对危害环境安全的行为早发现、早研判、早预警、早处置，提高监管和打击危害环境安全违法犯罪工作的针对性

和有效性。实现对环境犯罪的主动、精确、集约打击，推动环境警察执法工作理念的改革创新和运行机制的转型升级。加强技战法总结，健全完善优秀技战法生成机制，推动形成数据化实战新格局，提高打击防范环境犯罪的质量和效率。

五、探索创新生态安全执法的新模式

进一步强化部门间的协作配合。把现有的联席会议、联合执法、异地调警执法、定期会商研判等机制充分运用好，不断探索新途径，建立新机制，力争在信息整合、资源聚合、手段融合等方面，取得新的更大的突破。在此基础上，健全完善长效治理机制，形成上下联动、齐抓共管的格局。构建多方参与的共治格局。一是强化非政府的环保志愿者组织的自治功能。建立健全环保志愿者组织参与政府打击环境违法犯罪的政策研究、预防环境违法犯罪、维护企业和公众合法环境权益的工作机制。二是落实企业的主体责任。指导生产经营企业自觉守法诚信经营，加强环境管理。坚持疏堵结合、打扶并举，对企业履行承诺情况开展"双随机"执法检查，通过网络平台向社会公开承诺企业、产品及检查信息，培育"重质量、守承诺"企业，促进"中国制造"技术进步和转型升级。三是加强舆论监督和宣传教育。发挥新闻媒体的正面引导和舆论监督作用，积极运用传统媒体和新兴媒体解读政策措施、宣传先进典型、曝光反面案例。组织开展宣传教育活动，普及知识产权和识假辨假知识，鼓励企业和公众举报投诉环境违法犯罪行为，营造抵制环境违法犯罪的良好社会氛围。创新环境保护人才培养机制，将保护环境等内容纳入中小学有关课程以及高等院校必修课程，培养保护环境、人人有责的意识。四是在环境安全保卫工作中重视环境公众参与，提高公众参与环境保护意识，使环境安全工作走进千家万户。发挥农民、居民的环境监管主体地位。充分借助综治网格员加强环境安全基层基础工作，推行"一村一辅警"、"社区民警+网格员"、"互联网+社区警务"工作机制以及"红袖章"参与环境安全保卫工作力度，明确社区民警、辅警和网格员环境安全保卫工作职责，当好环境安全保卫工作的政策传播员、信息采集员、安全监督员、法规宣传员、民情调查员、平安建设员。构建立体化的社会治安防控体系，让危害环境安全的违法犯罪无处藏身。

六、加强综合保障，实现执法行为标准化

俗话说"工欲善其事，必先利其器"。加强执法保障，地方各级政府要结合当地实际，加强环境警察执法工作业务经费和涉案物品环境无害化处理经费的

财务保障，加大环境警察的装备建设，改善并配齐配全执法装备，加大环境检验检测技术建设和监测设备投入，为环境警察配备先进的现代化仪器，充分发挥利用高科技手段威慑、阻止环境污染行为，提高执法监管能力；根据执法任务需要，合理确定环境警察执法办案人员比例，健全环境警察合法权益维护机制，保障环境警察依法履行职务。

【本章思考题】

1. 我国公安机关环境安全保卫执法的主要依据有哪些？
2. 环境警察的职责及权限是什么？
3. 环境警察体制与运行机制如何？
4. 如何加强环境犯罪侦查规范化建设？
5. 我国生态环境涉稳风险的风险源种类及问题是什么？
6. 试述我国环境警察制度的构建与完善。

【参考文献】

1. 高春兴、李双其：《侦查学总论》，中国人民公安大学出版社 2015 年版。
2. 张玉镶：《刑事侦查学》，北京大学出版社 2014 年版。
3. 瞿丰、刘瑞榕：《侦查学总论》，中国人民公安大学出版社 2008 年版。
4. 蒋兰香：《新南威尔士州〈环境犯罪与惩治法〉的立法特色及启示》，载《中国地质大学学报（社会科学版）》2013 年第 I 期。
5. 卞建林：《论公安刑事执法规范化》，载《东方法学》2019 年第 4 期。
6. 赵星：《论在环境犯罪防控中引入特殊侦查》，载《法学论坛》2012 年第 5 期。
7. 郑锦春：《做好侦查监督工作，规范化是基础》，载《检察日报》2013 年 8 月 6 日，第 3 版。
8. 张涛等：《建立环境污染犯罪刑侦技术体系的思考》，载《环境保护》2014 年第 7 期。
9. 张小兵、邢捷：《中国环境法治视野下环境警察制度构建研究——执法运行机制构建》，载《中国人民公安大学学报（社会科学版）》2017 年第 5 期。
10. 侯艳芳：《中国环境资源犯罪的治理模式：当下选择与理性调适》，载《法制与社会发展》2016 年第 5 期。
11. 于鹏、张扬：《环境污染群体性事件演化机理及处置机制研究》，载《中国行政管理》2015 年第 12 期。
12. 李梁：《环境污染犯罪的追诉现状及反思》，载《中国地质大学学报（社会科学版）》2018 年第 5 期。

【延伸阅读】

公安机关打击危害生态和生物安全犯罪取得积极成效[1]

生态安全和生物安全是国家安全的重要组成部分。公安机关认真贯彻习近平法治思想和习近平生态文明思想，牢固树立总体国家安全观，按照公安部统一部署，深入开展"昆仑行动"、打击长江流域非法捕捞犯罪等专项行动，依法严厉打击非法采矿、盗伐滥伐林木、非法占用农用地、危害珍贵、濒危野生动物和国家重点保护植物等犯罪并取得积极成效，切实维护了国家生态和生物安全。2021 年，公安机关共立案侦办相关犯罪案件 5.4 万余起，抓获犯罪嫌疑人5.7 万余名。

公安机关始终坚持人民至上和生态优先理念，严守自然资源利用上线、环境质量安全底线、生物多样性防线，紧紧围绕污染防治攻坚战、生物多样性保护、长江大保护、黄河流域生态保护和高质量发展等重大战略部署，强化破案攻坚，主动服务保障生态文明建设和生物安全体系建设大局。公安机关注重深化部门合作，打合成战整体战，公安部会同中央政法委、国家林业和草原局等部门组织开展打击野生动物非法贸易"清风行动"；会同农业农村部积极开展打击盗采黑土泥炭专项行动，积极参与农村乱占耕地建房专项整治和违建别墅问题清查整治工作；会同最高人民检察院、生态环境部积极开展危废和自动监测数据作假等违法犯罪打击整治工作；公安机关积极参与"长三角"区域生态环境保护协作机制有关工作，以及国际刑警组织"雷霆 2021""黄金狙击""湄龙行动"等国际联合执法行动，不断提升工作效果。

公安部有关负责人表示，公安机关将进一步增强工作责任感、紧迫感，以专项打击为抓手，强化组织部署，狠抓任务落实，依法严厉打击破坏国家生态环境资源犯罪，为维护国家生态安全和生物安全提供有力支撑。

---

[1]《公安机关打击危害生态和生物安全犯罪取得积极成效 公安部公布 10 起典型案件》，载https://www.mps.gov.cn/n2254314/n6409334/c8455821/content. html，最后访问日期：2023 年 3 月 2日。

第六编

国际环境法

国际环境法概述

【内容提要】

2020 年 11 月 16 日至 17 日，中国共产党的历史上首次召开的中央全面依法治国工作会议，将习近平法治思想明确为全面依法治国的指导思想。习近平法治思想精辟概括了"十一个坚持"，其中包括"坚持统筹推进国内法治和涉外法治"。环境与资源法中本就涉及了大量的涉外环境法治的相关内容，因此，本章的主要内容就是了解、理解国际环境法的产生、发展以及概念、特点和渊源。

【重点了解与掌握】

1. 国际环境法的历史沿革和演变；
2. 历届重要的联合国环境大会及其重要成果；
3. 可持续发展等重要的国际环境法概念；
4. 国际环境法的渊源及其法律效力。

【引导案例（材料）】

白令海海豹仲裁案

美国在 1867 年从俄国买得阿拉斯加领土之后，1868 年制定一项在阿拉斯加及其领水范围的保护海豹的法令，防止外国船舶捕猎海豹，后来美国还把管辖范围延伸到 3 海里之外。在 1886~1887 年间美国曾拿捕了几艘英国船舶，由此引起美英两国长时期的争执。1892 年 2 月 29 日，两国签订仲裁协定，把争端提交给一个由 7 名仲裁人组成的仲裁法庭，请法庭裁断。仲裁法庭还根据仲裁协议的授权制定一项保护和保全海豹的规章，规定环绕白令海上普里比洛夫群岛 60 海里的区域内禁止远洋捕猎海豹，同时还规定禁止捕猎的季节和捕猎方法。该规章对英美两国有拘束力。[1]

【引导问题】

1. 国际环境法为什么会产生？
2. 国际环境法是如何产生的？

第一节　国际环境法的产生

环境问题的国际法规制从很早之前就开始了。早在 19 世纪和 20 世纪初就有了一些我们如今称之为国际环境法的东西。对环境问题进行国际管理的最初方法围绕着三个核心事项进行，即特定资源的开发、跨界污染和共享水道的利用。

20 世纪 60 年代，一系列的环境公害让国际社会开始意识到环境问题的重要性。与此同时，科学家们也发出呼吁，警告全球环境危机的存在。要求加强环境保护的社会运动在全球引发舆论关注。一开始，它只是民间的环境保护活动，只有少数的政府支持该运动。然而，环境主义的思想很快就席卷了全球。因为环境保护与新的世界观相当一致，并引发了国际共识应对日益严重的环境问题采取行动。环境保护越来越受到国际的重视，其原因是多样性的，既包括资源保护和自然保护，也涉及污染、人口过剩或环境安全。

欧洲理事会于 1968 年通过了两个重要的文件，它们是国际组织最早制定的环境法律文件，即《控制大气污染原则宣言》（1968 年 5 月 8 日部长委员会（68）4 号决议）和《欧洲水宪章》（1968 年 5 月 6 日）。这两个文件申明的原则今天已经被普遍接受。但在当时人们甚至还没有普遍认识到水和空气是没有国界的。1968 年 9 月，欧洲理事会还通过了《欧洲限制在洗涤和清洁产品中使用某些去污剂的协定》。

而能够标志国际环境法产生的第二个重要的事件发生在非洲。1968 年 9 月 15 日非洲国家元首和政府签署的《非洲保护自然和自然资源公约》取代 1933 年主要由殖民地国家订立的伦敦公约。直到 20 世纪 70 年代，新独立国家运用自

---

〔1〕　Bering Sea Fur Arbitration, Award (15 August 1893), RIAA, vol. 28, pp. 263-276.

然资源永久主权原则的目的仅仅是以经济开发的视角来保护资源。但是，后续的数十年中，这一原则与无害原则建立了联系。

第二节　国际环境法的发展

一、1972 年瑞典斯德哥尔摩联合国人类环境大会

（一）大会的经过

在这样的社会背景下，许多的国际行动被启动。在这些国际行动中，1968 年联合国大会于 1968 年 12 月 3 日通过了第 2398（XXIII）号决议，其中决定召开一次联合国人类环境会议，并请秘书长提交一份报告，其中说明在人类环境领域正在开展的工作的性质、范围和进展情况、这一领域的主要问题以及可能的筹备会议的方法。

于 1972 年 6 月 5 日至 16 日在瑞典斯德哥尔摩召开的联合国人类环境大会被视为现代国际环境法的肇端。在大会召开前夕的一个小插曲是联合国通过了一份基于关注发展与环境保护之间紧张关系的巴西行动的决议。这份决议关注的是在不发达国家中实施环境政策对经济发展的潜在不利影响，并强调独立经济和社会发展作为维护人类和平与世界安全的重要性，并应成为国际合作的首要目标。

（二）大会的成果

这次联合国人类环境大会讨论通过了许多重要的国际法文件，特别是人类环境宣言、行动计划和关于机构和资金的决议。在这些文件当中，《人类环境宣言》又称《斯德哥尔摩宣言》）最为重要。《人类环境宣言》主要是支持广泛的环境政策目标和具体目标，而非详述规范性的立场。所以说，该文件是全世界就如何应对保持和改善人类环境的挑战达成的一个基本共识。《人类环境宣言》包含一项载有 7 条宣言声明的序言和 26 项原则，但它并不具有法律约束力，属于"软法"文件。即便如此，它的文本中包括了通过时或被理解为已反映国际习惯法的条款或希望形成未来规范性期待的条款。

斯德哥尔摩的联合国人类环境大会的另一项重要成果是由 109 个建议组成的《人类环境行动计划》。其内容可以归纳为三个方面：环境评价、环境管理、支持措施。环境评价计划被称为"地球瞭望计划"，包括环境分析、研究、监督

和信息交换。[1]

这次大会还成立了一个新的联合国机构，即由一个理事会、一个秘书处和一个环境基金组成的联合国环境规划署（UNEP）。联合国大会于1972年12月15日通过的第2997（XXVII）号决议赋予该理事会以下职能和责任：（1）促进在环境领域里的国际合作并为此推荐适当的政策；（2）为指导和协调联合国系统内的环境计划提供一般政策指导；（3）接受并审查联合国环境规划署执行主任提交的关于联合国系统内环境计划实施情况的定期报告；（4）不断地审查世界环境形势以便确保新的具有广泛国际重要性的环境问题得到各国政府的适当而充分的考虑；（5）促进有关的科学和其他的专业团体对于环境知识和信息的获取、评估和交流的贡献；并且在适当的情况下，促进它们对于联合国系统内的环境计划的制订和实施的技术侧面的贡献；（6）保持不断地审查国家的和国际的环境政策和措施对于发展中国家的影响，以及发展中国家因实施了环境计划和项目而导致的额外代价；并确保这些计划和项目与这些国家的发展计划和优先目标保持一致。

（三）大会的意义

斯德哥尔摩大会的影响是深远的，可以从三个层面对其进行评价。在国内层面，会议为数个国家建立部长级机构来应对环境问题提供了推动力。在区域层面，欧共体正式在这个时候开始制定环境立法。在国际层面，斯德哥尔摩大会不仅成功地引起了联合国对环境问题的关注，而且还为大量协议的达成提供了动力，这些协议的领域涉及栖息地和场所的保护、濒危物种贸易、海洋污染或迁徙物种的保护。

二、1992年巴西里约热内卢联合国环境与发展大会

（一）大会的经过

1989年联合国大会以第44/228号决议定于1992年在巴西里约热内卢举行联合国环境与发展大会。这次会议通常被称为"地球峰会"或"里约会议"，于1992年6月3日至14日在巴西里约热内卢召开。出席会议的有116位国家的政府首脑，172个国家的8000名代表，9000名记者和3000个非政府组织。

1992年联合国环境与发展大会的历史可上溯到1987年的联合国大会第42/

---

[1] 参见［法］亚历山大·基斯：《国际环境法》，张若思编译，法律出版社2000年版，第34页。

187 号决议。该决议接受了世界环境与发展委员会提出的名为《我们共同的未来》的研究报告。该报告建议联合国制定一项关于环境与可持续发展的普遍宣言并召开一次国际会议研究环境与发展问题。

（二）大会的成果

大会通过了 3 个文件：《里约宣言》、《21 世纪议程》、《关于森林问题的原则声明》和 2 个公约：《联合国气候变化框架公约》和《生物多样性公约》。

《里约宣言》发表了 27 项原则，在许多方面对《人类环境宣言》作出了重要的发展。其核心概念是可持续发展，意味着将发展与环境保护统一起来。所以，在《里约宣言》当中指明，为了实现可持续发展，环境保护应成为发展进程中不可分割的一部分而不能从中脱离来考虑。[1]

里约热内卢环境与发展大会中通过两个国际公约，即《联合国气候变化框架公约》和《生物多样性公约》是直至今日涉及环境议题最重要的公约。1990 年联合国大会第 45 届会议以 45/212 号决议决定成立关于气候变化框架公约的政府间谈判委员会，并要求各国尽快开始关于缔结《联合国气候变化框架公约》的谈判。于 1992 年在里约大会上开放签署。有 154 个国家和欧洲经济共同体在会上签署了该公约。《联合国气候变化框架公约》最大的特点就是其"框架"性。该公约是第一个由国际社会的全体成员参与谈判的国际环境条约，具有广泛的国际社会基础。公约的最终目标是"将大气中温室气体的浓度稳定在防止气候系统受到危险的人为干扰的水平上"。[2]

1992 年在里约大会上同时开放签署的还有《生物多样性公约》。该公约的目标是"按照本公约有关条款从事保护生物多样性、持久使用其组成部分以及公平合理分享由利用遗传资源而产生的惠益；实现手段包括遗传资源的适当取得及有关技术的适当转让，但需顾及对这些资源和技术的一切权利，以及提供适当资金"。[3]《生物多样性公约》也是国际环境保护领域里的一项重要条约，它为生物资源和生物多样性的全面保护和持续利用建立了一个法律框架。

（三）大会的意义

里约大会提出的原则影响了所有国际环境条约，不论是全球还是区域条约，也不论是部门还是跨部门条约。而且，这些原则还促进了习惯法规则的形成。

---

〔1〕　参见 1992 年《里约宣言》原则 4。
〔2〕　1992 年《气候变化框架公约》第 2 条。
〔3〕　1992 年《生物多样性公约》第 1 条。

它还促成联合国经济和社会理事会建立了一个新的机构，即可持续发展委员会，它的职权主要是监督《21世纪议程》《里约宣言》《约翰内斯堡计划》的履行。这次大会在国内环境法的发展方面也起到了促进作用，很多国家注意把可持续发展的战略和思想融入本国的环境政策之中。

三、2002年南非约翰内斯堡峰会

（一）大会的经过

2002年约翰内斯堡首脑会议，即可持续发展问题世界首脑会议，它使成千上万与会者，包括国家元首和政府首脑、各国代表及来自非政府组织、商业界和其他主要群体的领导人，齐聚一堂。该首脑会议的重点是提请全世界注意实现可持续发展的行动。2000年12月，联合国大会决定在南非约翰内斯堡组织第三次重要会议。在会议筹备过程中，挑选了数个优先问题作为重点，相比环境保护而言，更加关注发展的问题。来自174个国家包括国家元首和政府首脑，以及二十个联合国系统的机构，非政府组织在内的大约六万五千名代表于2002年8月26日至9月4日云集在南非约翰内斯堡，举行全球最大规模的高峰会议，集中讨论人类在21世纪正在和将要面对的最大挑战：环境与发展。

（二）大会的成果

约翰内斯堡峰会上通过了一份37个段落的政治宣言，即《约翰内斯堡可持续发展宣言》。该份文件的核心内容被称为"十点行动计划"：（1）通过更好地协调宏观经济政策管理、取消扭曲贸易的补贴、为发展中国家改善市场准入等措施，使全球化为可持续发展服务；（2）在农村地区通过可持续农业和农村自主发展方案，在城镇地区通过经济机会、社会方案和对付城市空气质量、废物管理和交通等城镇环境挑战，消除贫穷并改善生计；（3）通过在今后20-30年时间内使发达国家的资源效率增加四倍等其他措施，改变无法持续的消费和生产模式；（4）通过提供清洁廉价的用水、改善室内空气质量、推进粮食和畜牧业方面的努力，促进健康；（5）通过更多的可再生和节能技术，获得能源，增加能效。改变无法持续的能源消耗模式；（6）通过实施方案、发展更为有效的法律保护和更好地管理土地、渔业和林区，改善生态系统和生物多样性的管理制度；（7）通过河流盆地和流域管理以及共有水资源的更好管理，改善淡水资源的管理和使用；（8）特别通过提高官方发展援助和外国投资的数额和效益，为可持续发展调动金融资源和转让无害环境的技术；（9）非洲的可持续发展。非洲国家的可持续发展遇到严重障碍，包括健康危机、发展援助的款额减少、

外国私人投资数量极低。同时还确定了能开展促进非洲可持续发展主动行动的关键领域，包括向该区域推广全球化利益的措施。（10）加强有利于可持续发展的国际施政。[1]

（三）大会的意义

与十年前的里约大会不同的是，这次高峰会议并未签署任何重大的新的公约。不过，各国首脑将试图达成一项政治宣言，重新确认里约热内卢峰会的各项原则。此外，会议的主题将有所变化，大的商业公司，特别是大型跨国公司被鼓动向发展中国家注入更多资金，与各级政府和当地人民一道结成一种环境与发展的新型伙伴关系。它的精髓就是把改善社会、环境和经济发展融为一体，切实可行地做到既能促进发展，又能保护生态环境。这是约翰内斯堡高峰会议所期望达到的可持续发展的目的。1992 年的首次地球峰会不仅制定了《21 世纪议程》，而且各国政府还达成和签署了两个重要的公约。一个是应对全球变暖的《气候变化框架公约》；另外一个是保护濒临绝种生物和大自然的《生物多样化公约》。此外，各方还试图达成一项战胜沙漠化的协议，进而达致一部森林公约。但是，由于存在实际的困难，最终没有实现这一愿望。2002 年可持续发展委员会被一个高级别政治论坛所替代，它的职权范围也发生了改变，这也是旨在加强履行措施的一部分。

四、2012 年巴西里约热内卢峰会（Rio+20）

（一）大会的经过

2000 年千禧年发展目标的通过又一次引起了公众对可持续发展问题的关注。自 2000 年以来，联合国大会召集了数次会议来评估千年发展目标的履行进展。鉴于在环境保护领域所取得的进展乏善可陈，同时巴西也提议主办另一次全球大会，联合国大会最终决定 2012 年在里约热内卢召集一次新的峰会，该次峰会又被称为"里约后 20 年峰会（Rio+20）"。

（二）大会的成果

此次峰会的重要成果之一是名为《我们需要的未来（The Future We Want）》的报告。该报告的重点之一在于"共同但有区别的责任"。这个概念在 1992 年里约大会中就被提出，而这个原则进一步在这次成果文件中重申。此外，也有

---

　[1] 联合国：《可持续发展问题世界首脑会议的报告》，载 http://document-dds-ny. un. org/doc/UNDOC/GEDN/No21636192/PDF/No263692. pdf？ open Element.

人认为本次在设定新的可持续发展目标已于 2015 年取代原来的联合国千禧年发展目标，以及各国首次同意不再全然以国内生产总值（GDP）作为衡量国家成长的指标。

会议的其他一些成果还包括：通过了关于可持续消费和生产方式的十年方案；作出了可持续发展的体制安排，包括加强联合国环境规划署的作用，以及建立一个具有普遍性的政府间高级别政治论坛，负责促进对话、制定议程、提供指导和跟踪进展；明确提出了海洋、能源、消除贫困、小岛屿发展中国家、可持续农业等 25 个应重点关注的主题领域或跨部门问题；并且强调了促进民间社会、私营部门等各方的参与对于可持续发展的重要作用。

（三）大会的意义

二十年前在里约举行的联合国环境与发展大会通过了《里约宣言》，提出了一系列涉及可持续发展的核心原则，其中包括对发展中国家来说至关重要的"共同但有区别的责任"原则。在本次会议召开之前的谈判阶段，这些原则是否仍然适用于当今世界的现实是发达国家与发展中国家争论的一个焦点。各国在最终的成果文件中就这一问题达成了共识，这也是一个重要进展。

第三节　国际环境法的概念、特点和渊源

一、国际环境法的概念

国际环境法是国际法的一个分支，主要是关于在可持续发展理念下污染防治与自然资源保护的国家间协议。所谓国际环境法是指国际法主体，主要是国家，在因利用、保护和改善环境而发生的国际交往中形成的，体现它们之间由其社会经济结构决定的在利用、保护和改善环境方面的协调意志的，调整国际环境法律关系的法律规范的总和。[1]

国际环境法文件主要包括公约、议定书和"软法"文件如指南或行为守则。此外为方便条约和公约实施而制定的协议、决议、准则和宣言亦为有关文件。越来越多证据证明国际环境法正朝着可持续发展的方向发展。事实上国际环境法可能是国际法的最具活力、演进最快的分支之一。同时，国际环境法也是国际法的一部分，它们在发展过程中通常还必须依赖一般的国际法。所以，除了

---

〔1〕　参见王曦：《国际环境法》，法律出版社 1998 年版，第 54 页。

国际环境法的特殊性，他的主要行为体和正式渊源实际上和国际法一致。

二、国际环境法的特点

作为国际法的一个分支，国际环境法也有着区别于其他国际法的特点：

（一）科学技术性

国际环境法所面临的客体就是"环境"，而"环境"一词与科学技术密不可分。首先，国际环境法的很多目标和规定的制度以对它们所针对的环境问题的科学了解为前提；其次，国际环境法的规范中也有很多是技术规范转化而来。对环境的科学定性，强调了环境保护有必要采取一种平衡的方法，不仅仅是保护人类的环境，也是保护生态环境自身。这是人类中心主义和生态中心主义的不同视角所带来的结果。

（二）全球性

与一般的国际法不同，环境问题很大层面上本身就是一个全球性的问题。面对海洋污染、气候变化、生物多样性损失等环境问题，任何一个国家和地区都无法置身事外。因此，国际环境法是一个解决全球性问题的法，而不仅仅局限于"国际"之间。正因如此，1972 年《人类环境宣言》宣布"保护和改善人类环境，是关系到全世界各国人民的福利和全世界经济发展的一个重要问题，是全世界各国人民的迫切愿望，是各国政府应尽的责任。"[1]

（三）合作性与非对抗性

环境保护的问题与各国经济发展的水平密切相关，与传统国际法所采取的履约机制不同，国际环境法往往采取更多的合作的、非对抗性的履约机制来保障那些因为经济发展水平程度不够的国家能够履约。同时，为了促进各国履约的能力，私部门的跨国活动也对国际环境法的形成和发展起到了重要的作用。这些民间团体和企业通过其全球网络的活动，带动各国参与并实现国际环境法所设定的目标。

三、国际环境法的渊源

国际环境法作为国际法的一个分支，其渊源是相似的，主要是由条约、国际习惯、一般法律原则、司法判例、国际法学说和"公允及善良"原则组成。除此之外，国际环境法的渊源中还包括国际组织的决议、宣言等"软法"性质

---

〔1〕　1972 年《人类环境宣言》序言。

的文件。

(一) 条约

条约是国际环境法的主要渊源之一，包括有关环境问题的双边的或多边的、区域性的或全球性的国际条约，即条约、公约、协定、协议、议定书等。条约为缔约方创立针对条约规定事项的权利和义务。由国际环境法的性质和特点决定，环境条约具有一些自身的特点。例如，环境条约较多地应用"框架公约+议定书+附件"的形式。由于环境问题涉及不仅仅是环境保护，还涉及各国经济发展的问题，因此想要一次性在公约中将各国的权利义务规定得全面又具体是非常困难的。"框架"公约的好处就在于各方可以就主要问题达成一致，而在一些具体问题上的分歧可以留待之后的议定书中去解决。同时，这种做法也有利于修订条约，不至于因对议定书和附件所规定的非重大原则条款进行修订而影响整个条约的效力。

(二) 国际习惯、一般法律原则和司法判例

国际习惯是国际环境法的另一个主要渊源，但国际环境法中的国际习惯法律规范并不多。在过去的几十年间，环境条约或司法判例中出现了一些有关环境保护的国际习惯和国际习惯的萌芽。

一般法律原则是不同于条约和国际习惯的国际法渊源。法院很少会适用到"一般法律原则"来裁决争议。通常认为，国际协议或习惯法足以解决大部分的争端。所以，《奥本海国际法》中认为一般法律原则主要是指国家承认的国内法的一般法律原则。[1]

司法判例并非一项独立的、可由法院适用的国际法渊源。它只是确定"法律原则之补助资料"。但在国际法实践中，司法判决已经成为国际法发展中的一个重要因素，而且这些司法判例的权威和说服力有时使它们在实践中具有更大的意义。

(三) 国际法学说和"公允及善良"原则

国际法学说在国际环境法中目前起的作用并不大，属于潜在的渊源。虽然目前国际环境法的学术著述已经很多，但不论是从历史发展还是从司法实践的角度上看，这些国际环境法的学说所起的作用有限。

"公允及善良"原则也是一个潜在的国际环境法渊源。《国际法院规约》第

---

[1] [英] 詹宁斯、瓦茨修订：《奥本海国际法》，王铁崖等译，中国大百科全书出版社 1995 年版，第 26-30 页。

38 条第 2 款授权法院在案件的当事各方同意下本着"公允及善良"原则判决案例。在判决时，法院将不以法律规则为依据，而是以法院认为正确和正当的其他考虑为依据。迄今为止，尚未有以此类方式裁决的案例。

（四）国际软法

自现代起源以来，国际环境法中的"软法"文件就一直出于很突出的位置。1972 年的《人类环境宣言》和 1992 年的《里约宣言》都属于软法文件，但它们也同属于对现代国际环境法起着至关重要作用的文本。

所谓的国际软法就是指各国签署的不具有法律约束力，但各国又一致同意其所表述的原则、目标等的文件。[1]虽然国际软法不具有法律约束力，但其仍然可以具有很高的影响力。许多跨国企业、金融机构或其他的私人部门都会采取环境和可持续性的标准，作为国际贸易、企业运营或者资金支出的依据，从而使得国际软法具有很重要的权威性。

【本章思考题】

1. 全球为什么会团结起来共同应对环境问题？
2. 世界各国和世界组织为保护环境作出了什么努力？
3. 国际环境法的特点是什么？
4. 国际环境法中有哪些法律渊源？

【参考文献】

1. 王曦：《国际环境法》，法律出版社 1998 年版。
2. ［英］詹宁斯、瓦茨修订：《奥本海国际法》，王铁崖等译，中国大百科全书出版社 1995 年版。
3. ［法］皮埃尔·玛丽·杜普、［英］豪尔赫·E·维努阿莱斯：《国际环境法》，胡斌、马亮译，中国社会科学出版社 2021 年版。
4. 林灿玲、吴汶燕主编：《国际环境法》，科学出版社 2018 年版。
5. 刘惠荣主编：《国际环境法》，中国法制出版社 2006 年版。
6. ［法］亚历山大·基斯：《国际环境法》，张若思译，法律出版社 2000 年版。

【延伸阅读】

1. 那力：《从国际环境法看国际法即国际法学的新发展》，载《法学评论》，

---

〔1〕　参见王曦：《国际环境法》，法律出版社 1998 年版，第 72 页。

2009 年第 6 期。

2. 林灿铃:《论国际环境法的性质》,载《比较法研究》2005 年第 2 期。

3. 李一丁:《里约 20 年来国际环境法发展述评》,载《河北法学》2013 年第 2 期。

4. 王灿发:《联合国环境规划署对国际环境法发展的影响和贡献》,载《中外法学》1994 年第 4 期。

第二章 国际环境法的基本原则

【内容提要】

国际环境法的基本原则是指各国公认和接受的、在国际环境法领域里具有普遍指导意义的、体现国际环境法特点的、构成国际环境法的基础的原则。国际环境法包括不同类别的原则。一般法律原则是在所有法律体系都适用的原则，如善意履行法律义务原则。一般国际法原则适用于所有国家之间的关系，如国家主权原则、与其他国家合作的义务原则等。最后是只与国际环境问题有关的原则，如防止环境损害原则不仅是一般国际法的一部分，也是国际环境法所特有的原则。国际社会一般公认的国际环境法基本原则包括：无害原则、可持续发展原则、损害预防原则、风险预防原则、事先知情同意原则、共同但有区别的责任原则、国际合作原则。

【重点了解与掌握】

1. 国际环境法基本原则的内容；
2. 国际环境法基本原则的适用。

【引导案例】

特雷尔冶炼厂案

特雷尔是加拿大边境上的一个小镇，小镇上的冶炼厂是加拿大最大的冶炼厂。该厂主要冶炼锌和锡，由于提炼矿物时的烟雾含有硫磺，烟雾喷入大气中成为二氧化硫。这些含有大量二氧化硫的大气随着气流南下越过加美边境，对美国华盛顿州的土壤、森林、农作物等造成严重污染，产生了巨大的损害。多年来，美国的私人多次向加拿大索赔，一直没有解决。1931 年，美、加经过多次谈判，双方终于同意将问题提交给处理两国边界问题的"国际联合委员会"解决，但该委员会对问题也未能全部解决。在该委员会的建议下，美加于 1935 年 4 月 15 日签订"特别协议"，组织仲裁庭解决此项争端。仲裁庭在 1938 年作出裁决，认定 1932 年到 1937 年之间发生的损害应由加方赔偿 78 000 美元。由于美国对此提出异议，仲裁庭在 1941 年作出第二次裁决，裁定加拿大政府应对特雷尔冶炼厂的行为负责。在本案中，冶炼厂在本国境内的冶炼行为是获得本国政府的批准的，其行为并不违反任何国际法的规定，但由于造成了损害性后果，所以不管加拿大的行为是否具有过错，都要为其损害承担国际责任。仲裁庭明确指出："根据国际法和美国法律的原则，任何国家都没有权利这样地利用或允许利用其领土，以致让其烟雾在他国领土或对他国领土上的财产或生命造成损害，如果已产生严重后果并已为确凿证据证实的话"。[1] 该裁决为国际法不加禁止行为造成损害性后果的国际责任提供了重要的法律基础和判例依据。

【引导问题】

1. 什么是无害原则？
2. 无害原则如何适用？

第一节　无害原则

无害原则（No Harm Principle）又叫国家资源开发主权权利和不损害国外环境责任原则。该原则被写入了《斯德哥尔摩宣言》原则 21 和《里约宣言》原则 2。无害原则的基本内涵包括两个方面：一方面是各国拥有按照本国的环境与发展政策开发本国自然资源的主权权利，即国家资源开发主权权利；另一方面是国家负有确保在其管辖范围内或在其控制下的活动不致损害其他国家或在各国管辖范围以外地区的环境的责任，即国家不损害国外环境的责任。无害原则早期出现在国际司法裁判中是在"特雷尔冶炼厂案"中。

此后，1949 年"科孚海峡案"、1957 年"拉努湖仲裁案"和 1974 年"核试验案"等都体现了无害原则。在 1957 年的"拉努湖仲裁案"中，虽然仲裁裁决

---

〔1〕　Trail Smelter Arbitration, RIAA, vol. 3, pp. 1905-1982.

中水污染问题并没有被提出来，仅从侧面讨论了跨界污染问题，但是仲裁庭认为"法国有权行使其权利，但它不得无视西班牙的利益；西班牙有权要求它的权利得到尊重和它的利益得到考虑"〔1〕。

无害原则不仅仅是不对他国环境造成损害，也包括"别国的或者国家管辖范围以外区域的环境"。"核试验案"的争议就在于法国在南太平洋进行大气核试验所造成的放射性尘埃不仅侵害了国际社会全体成员的权利，还侵害了新西兰的具体权利。〔2〕

第二节　可持续发展原则

1987年世界环境与发展委员会（布伦特兰委员会）发布了《我们共同的未来》的报告，该报告中正式提出了可持续发展的概念。该委员会将可持续发展定义为"既满足当代人的需要，又不对后代人满足其需要的能力构成危害的发展"〔3〕。可持续发展的环境管理可被定义为对人类活动的管理，因为它们为了确保满足当代人的需要，又不对后代人满足其需要的能力构成危害的发展而涉及和影响全部的影响地球上的有生命的和无生命的因素以及它们之间的相互作用。后来，它又出现在各种形式的文本中，特别是在1992年的里约大会之后更是如此。

《里约宣言》原则4明确地表述了这一概念的核心要素，它规定"为了实现可持续发展，环境保护应成为发展进程中的一个组成部门，不能同发展进程孤立开看待"。而2002年的《关于可持续发展国际法原则的新德里宣言》中将可持续发展这一概念表述为"一种经济、社会和政治发展的综合性、整体性方法，其是为了地球自然资源的可持续利用，保护自然和人类生命以及社会和经济发展所依赖的环境，也是为了实现所有人类享有一个适当生活标准的权利，这是基于他们能够积极、自由、有意义地参与到发展进程及其成果的合理分配之中，同时也要照顾到后代的需要和利益"〔4〕。

---

〔1〕　Lake Lanoux Arbitration, RIAA, vol. 12, pp. 281-317.

〔2〕　Nuclear Tests（New Zealand v. France）, Judgment C. I. J. Reports 1974, p. 457-458. 参见 www. icj-cij. org/sites/defauli/files/case-related/59/059-19741220-JUD-01-00-EN. pdf.

〔3〕　世界环境与发展委员会编著：《我们共同的未来》，国家环保局外事办公室译，世界知识出版社1989年版，第19页。

〔4〕　2002年《关于可持续发展国际法原则的新德里宣言》序言。

可持续发展究竟是一个概念还是一个国际环境法原则一直备受争议。它还未像不损害原则那样肯定地获得国际习惯法的法律效力和地位。然而由于其在国际环境法领域里具有普遍指导意义、体现了国际环境法的特点并构成国际环境法的基础的一部分，有越来越多的案件也提及并重申它。在"盖巴斯科夫——纳基玛洛大坝案（Gabčíkovo-Nagymaros Project）"中，国际法院提到了可持续发展这一概念的适用问题，但是并没有将其定性为一个主要的规范和原则。法院指出"这种协调经济发展和环境保护的需要已经在可持续发展这一概念中得以适当表述"。[1]但在后来的"印度河基申甘加（Kishanganga）水电工程案"中，法院认为通过借鉴莱因铁路仲裁案，国际环境法的原则应适用于各方之间的关系，也可用于解释《印度河水条约》，这也意味着可持续发展可以作为一项国际环境法的原则在实际案例中加以适用。[2]多数国际环境法学者也将它视为正在形成中的一项国际环境法基本原则。

第三节　损害预防原则

损害预防原则（Principle of Prevention）是指国家应尽早地在环境损害发生之前采取措施以制止、限制或控制下的可能引起环境损害的活动或行为。之所以要在损害发生之前制止其发生是因为生态环境的损害往往具有不可挽回的情形，如一个物种的灭绝、水土流失或向海洋倾倒持久不变的污染物。或者，即使损害可以补救，但补救成本远远大于预防的成本。损害预防原则适用于科学上有确实的证据证明某个行为对环境确定或可能造成不利影响。因此，基于科学上确实的证据，各国就可以通过对损害根源采取行动来阻止或减少对环境的破坏。

损害预防原则的实施表现在两个方面：对计划采取行动进行环境影响评价以及对环境进行持续的监测。

在环境影响评价的要求方面，《联合国海洋法公约》第 206 条的规范反映了该原则，它规定："各国如有合理根据认为在其管辖或控制下的计划中的活动可能对海洋环境造成重大污染或重大和有害的变化，应在实际可行范围内就这种

---

〔1〕 Gabčíkovo- Nagymaros Project（Hungary v. Slovakia），Judgment，ICJ Reports 1997，pp. 7 - 84. www. icj-cij. ory/public/files/case. related/92/092-19970925-JUD-01-00-EN. pdf.

〔2〕 参见白明华：《印度河基申甘加工程案临时措施的反思》，载《法治研究》2014 年第 4 期。

活动对海洋环境的可能影响作出评价，并应依照第二○五条规定的方式提交这些评价结果的报告。"

在持续的监测方面，《世界自然宪章》第 19 条规定："应密切监测自然过程、生态系统和物种的状况，以便尽早察觉退化或受威胁情况，保证及时干预，以便于对养护政策和方法的评价。"

国际法院后续在三个案例中确认了损害预防原则的习惯法基础，即"盖巴斯科夫——纳基玛洛大坝案（Gabčíkovo‐Nagymaros Project）""纸浆厂案（Pulp Mills）"和"哥斯达黎加诉尼加拉瓜案（Costa Rica v. Nicaragua）"。在"盖巴斯科夫——纳基玛洛大坝案"中，国际法院指出："在环境保护领域，警惕和预防是必需的，因为环境损害往往具有不可逆的特性，而且这种损害的修复机制天生具有局限性。"[1]

第四节　风险预防原则

风险预防作为一个法律术语起源于德国立法，其含义是当有可能造成严重的或不可逆的后果时，对某一行为的实际或可能后果缺乏科学确定性并不能阻止国家采取适当的措施。风险预防作为一个法律原则还存在一定的争议，针对风险预防原则在一般国际法中的定位认为其内容还有待明确。风险预防原则意味着当特定活动有可能损害环境时，它充当了一个程序规则，将举证责任进行了转移。

风险预防原则（Precautionary Principle）与损害预防原则组成了预防原则的两个层面。风险预防原则与损害预防原则既有相同之处，又有区别。它们的相同之处主要是它们都以预防环境损害的发生为目的。它们的区别在于风险预防原则重在采取措施在行为发生前避免损害发生之可能；而损害预防原则重在采取措施以制止或阻碍必然发生的环境损害，所以二者最大的区别在于是否有科学上切实的证据证明损害的发生。

目前，越来越多的条约已经通过各种形式吸收了风险预防的内容。明确引用风险预防的第一个条约体制是 1985 年《保护臭氧层维也纳公约》以及后续的1987 年《关于消耗臭氧层物质的蒙特利尔议定书》。1992 年的《里约宣言》指

---

〔1〕 Gabčíkovo‐Nagymaros Project（Hungary v. Slovakia），Judgment，ICJ Reports 1997，pp. 7‐84. www. icj‐cij. ory/public/files/case. related/92/092‐19970925‐JUD‐01‐00‐EN. pdf.

出："为了保护环境，各国应规定本国的能力，广泛采用防备措施。遇有严重的不可逆转损害的威胁时，不得以缺乏科学充分可靠性为理由，延迟采取获得成本效益的措施防止环境退化"。[1]之后，不仅《生物多样性公约》的序言进行了引用，《联合国气候变化框架公约》（本章简称《气候变化框架公约》）的正文也有引用，特别是第3条第3款，"各缔约方应当采取预防措施，预测、防止或尽量减少引起气候变化的原因并缓解其不利影响。当存在造成严重或不可逆转的损害的威胁时，不应当以科学上没有完全的确定性为理由推迟采取这类措施"。1982年联合国大会制定的《世界大自然宪章》已经提及了风险预防的一个变量："如果不能完全了解可能造成的不利影响，活动即不得进行"。[2]

第五节　事先知情同意原则

在国际法上，事先知情同意这一要求包含两层含义：其一，是指如果原居住民有可能受到某一措施的影响，就应当咨询原居住民的意见；其二，是指国家有义务不出口特定的废物、物质或产品到其他国家，除非后者已经给出事先知情同意。国际环境法文件中对此原则也有所反映，如《里约宣言》指出，各国应该就可能具有重大不利的跨界环境影响的活动向可能受影响的国家预先和及时地发出通知和提供有关资料，并应在早期阶段试点地同这些国家进行磋商。[3]同样的原则还被规定在几个关于空气污染、河流和湖泊污染以及海洋污染的国际条约中。有两种方法可以用于实施事先知情同意这一要求。第一种是一般事先知情同意程序，第二种是特定事先知情同意程序。1998年《关于在国际贸易中对某些危险化学品和农药采用事先知情同意程序的鹿特丹公约》在2006年生效以来通过建立一套产品鉴定和信息交换制度，让缔约国可以收到一份"决定的指导文件"，以针对每个受到事先知情同意程序规制的产品，各缔约国可以自主决定是否接受这一产品进入其领土。而《控制危险废物越境转移及其处置巴塞尔公约》第6条规定，出口国的职能机关必须将其计划运输危险废物或其他废物的方案通知到进口国的对应机关，或者要求其私人经营者这样做。如果出

---

〔1〕　1992年《里约宣言》原则15。
〔2〕　1982年《世界自然宪章》11（b）。
〔3〕　参见1992年《里约宣言》原则19。

口国获取了进口国的书面同意，它就可以许可进行废物的越境转移。

在谈及事先知情同意要求在一般国际法中的地位时，无论是一般事先知情同意还是特定事先知情同意，要想把它当作一个国际习惯法规范似乎还是言之过早。但是，我们可以这样认为，这一要求的程序性特质并不会妨碍一般国际法将其认定为某种风险预防的表述，正如国际法院对待其他程序性原则的法律地位的态度那样。

第六节 共同但有区别的责任原则

所谓的共同但有区别的责任原则是指由于地球生态系统的整体性和导致全球环境退化的各种不同因素，各国对保护全球环境负有共同的但是又有区别的责任。[1]共同的责任意味着各国，不论其大小、贫富等方面的差别，都对保护全球环境负有一份责任，都应当参加全球环境保护事业。而有区别的责任是对前述共同责任的一个限定。它指的是各国虽然负有保护全球环境的共同责任，但在各国之间，主要是在发展中国家和发达国家之间，这个责任的分担不是平均的，而是与它们的社会在历史上和当前对环境造成的破坏和压力成正比的。

1992年以来的国际环境法公约反映了对共同但有区别的概念的广泛接受。《联合国气候变化框架公约》明确指出"各缔约方应当在公平的基础上，并根据它们共同但有区别的责任和各自的能力……保护气候系统"。[2]《生物多样性公约》则指出每一缔约国承诺"依其能力"为国内活动提供财政资助。[3]《里约宣言》指出："各国应本着全球伙伴精神，为保存、保护和恢复地球生态系统的健康和完整进行合作。鉴于导致全球环境退化的各种不同因素，各国负有共同的但是有差别的责任。发达国家承认，它们在追求可持续发展的国际努力中负有责任"。[4]

事实上，共同但有区别的责任被纳入到20世纪80年代以后通过的所有全球环境公约中。1989年《控制危险废物越境转移及其处置巴塞尔公约》（第10条第2款）和1987年《蒙特利尔议定书》都规定了转让技术和资金援助。2016

---

〔1〕 参见王曦：《国际环境法》，法律出版社1998年版，第112页。
〔2〕 参见1992年《气候变化框架公约》第3条。
〔3〕 参见1992年《生物多样性公约》第20条。
〔4〕 1992年《里约宣言》原则7。

年《巴黎协定》第9条规定"发达国家缔约方应为协助发展中国家缔约方减缓和适应两方面提供资金，以便继续履行在《公约》下的现有义务"。[1]

第七节　国际合作原则

国际法已经明确确立了合作的一般原则。《联合国宪章》的序言宣布各成员国为促成社会进步和改善民生，要"力行容恕，彼此以善邻之道，和睦相处"。1970年联合国大会第2625（XXV）号决议通过的《关于各国依联合国宪章建立友好关系及合作之国际法原则之宣言》的原则4，重申了《联合国宪章》关于善邻和国际合作的原则，并提出各国负有"依照宪章彼此合作之义务"。

国际合作原则由一般国际法的本质所决定。成千上万的国际条约的缔结基于各国承认在不同层次上的需要与其他国家进行的合作。众多的国际组织也是应国家合作的需要而设立。这些国际组织又加强和促进了成员国之间的合作。

《里约宣言》提出："各国应本着全球伙伴精神，为保存、保护和恢复地球生态系统的健康和完整进行合作。鉴于导致全球环境退化的各种不同因素，各国负有共同的但是有差别的责任。发达国家承认，它们在追求可持续发展的国际努力中负有责任"。[2]《里约宣言》很大程度是以合作原则为基础的，尤其是通过确定工业化国家与发展中国家各自的作用促进这两类国家之间的合作。

促进机制的例子包括关于信息交流和报告的要求和多边磋商机制。如《生物多样性公约》要求缔约国承诺促进信息交流并提交关于履约措施及其在达到公约目标方面的有效性报告。缔约国大会同意与国家和国际组织合作开发教育和公众觉悟项目。《联合国气候变化框架公约》则规定缔约方大会有权考虑建立一个多边磋商机制以解决有关履约的问题。为保证履约和有效合作而对政府组织和为促进公众觉悟提供进一步机制。

涉及环境领域的国际合作原则不仅是基本的"原则"和"概念"，似乎也是一个实体性义务而非程序性义务。联合国可持续发展委员会于1995年召集了一个专家组来确定国际环境法的基本原则，专家组对合作提出了区分：一种是基于全球合作伙伴关系精神来开展合作；另一种是在跨界背景下来开展合作。前一种是通过全球公域将各国之间关联起来，如人类共同关切之事项、人类共

---

〔1〕　2016年《巴黎协定》第9条。
〔2〕　1992年《里约宣言》原则7。

同遗产等；后者表现为一些在跨界背景下开展合作的最低要求，它所依据的规范标准包括共享资源的合理及公平利用、通知协商义务、开展环境影响评价的义务、事先知情同意义务等。[1]

【本章思考题】

1. 国际环境法的基本原则是怎么形成的？

2. 国际环境法的基本原则在全球环境保护中的作用？

3. 国际环境法的基本原则的法律效力？

【参考文献】

1. 王曦：《国际环境法》，法律出版社 1998 年版。

2. ［英］詹宁斯、瓦茨修订：《奥本海国际法》，王铁崖等译，中国大百科全书出版社 1995 年版。

3. ［法］皮埃尔·玛丽·杜普、［英］豪尔赫·E·维努阿莱斯：《国际环境法》，胡斌、马亮译，中国社会科学出版社 2021 年版。

4. 林灿铃、吴汶燕主编：《国际环境法》，科学出版社 2018 年版。

5. 刘惠荣主编：《国际环境法》，中国法制出版社 2006 年版。

6. ［法］亚历山大·基斯：《国际环境法》，张若思译，法律出版社 2000 年版。

7. 徐祥民等：《国际环境法基本原则研究》，中国环境科学出版社 2008 年版。

8. 李爱年等：《人类社会的可持续发展与国际环境法》，法律出版社 2005 年版。

【延伸阅读】

1. 王曦：《论国际环境法的可持续发展原则》，载《法学评论》1998 年第 3 期。

2. 金慧华：《论世界银行对国际环境法的支持》，载《法学评论》2009 年第 1 期。

3. 马骧聪：《论国际环境法的基本原则》，载《法学研究》1993 年第 5 期。

---

〔1〕 参见［法］皮埃尔·玛丽·杜普、［英］豪尔赫·E·维努阿莱斯：《国际环境法》，胡斌、马亮译，中国社会科学出版社 2021 年版，第 86 页。

第三章 主要的国际环境法条约

【内容提要】

1. 国际大气及气候保护条约
2. 国际生物资源保护条约
3. 海洋和淡水环境保护条约
4. 控制危险物质活动的条约
5. 文化和自然遗产保护条约

【重点了解与掌握】

1. 气候变化、远程越境大气污染；
2. 生物多样性保护；
3. 海洋和淡水资源利用与保护；
4. 危险物质及其控制；
5. 文化和自然遗产的保护。

【引导案例】

比利时、英国、西班牙、法国、德国、奥地利和荷兰多国执法部门联手摧毁了一条复杂的国际珍稀鸟类走私链。该犯罪网络将在西班牙和法国南部偷猎得来的珍稀猛禽的蛋和雏鸟进行人工圈养，并伪造《华盛顿公约》证书，将野捕来的猛禽洗白为圈养，并以数千欧元的高价在全球市场上出售。

比利时法院认为被告参与有组织犯罪活动、伪造《华盛顿公约》出口许可证、未保留 CITES 记录以及非法使用陷阱和渔网捕鸟类等罪名均成立。法院判决被告对生物多样性造成了直接和不可逆转的影响，并严重破坏了国家和国际层面上为保护这些珍稀鸟类物种所做的努力。走私野生动物获得的利润甚至可与毒品和武器走私相比肩。但因为发现和起诉背后的犯罪网络链条难度很大，所以此类走私往往不是执法部门的重点打击对象。本案的胜利表明，只要拿出足够的政治意愿并积极开展国际合作，这些有组织的国际犯罪是可以被瓦解并绳之以法的。[1]

【引导问题】

1. 什么是生物多样性？
2. 国际社会为保护生物多样性做出了怎样的努力？

第一节　国际大气及气候保护条约

一、《联合国气候变化框架公约》及其议定书

（一）1992 年《联合国气候变化框架公约》

国际社会对气候变化问题的关注始于 1985～1987 年间。1992 年 6 月在巴西里约热内卢开放签署的《联合国气候变化框架公约》无疑是该领域最重要的国际文件。公约的目的是针对由于人类改变全球大气构成的活动直接或间接造成的气候变化采取全球合作的措施。[2]《联合国气候变化框架公约》精心设计成立了缔约方大会，一个秘书处，以及两个辅助机构。另外，公约还建立了一个财政机制，这个条款为 2010 年建立的"绿色气候基金"提供了基础。

《联合国气候变化框架公约》实行共同但有区别的责任原则以及预防原则，以确保在全世界的可持续经济增长，因此，公约将缔约国分成三类：第一类国家包括 36 个工业化国家和欧盟及 12 个"正在向市场经济过渡"的国家（附件一国家）；第二类国家是经济合作与发展组织成员国和欧盟；第三类是剩下的国家，实际上是第三世界国家。《联合国气候变化框架公约》按照三类国家来分配缔约方所承担的不同义务：（1）所有缔约方的义务，即减排及信息收集和交流；（2）针对发达国家和市场经济转型中国家的义务，即减排、转型国家的灵活机制及补充信息的交流；（3）发达国家的义务，即财政和技术援助。

---

〔1〕　www. wej. court. gov. cn/news/riew-202. html.

〔2〕　参见 1992 年《联合国气候变化框架公约》第 1 条。

（二）1997 年《联合国气候变化框架公约的京都议定书》

1997 年 12 月在京都召开的第三次缔约方大会会议上，才在气候变化问题上有真正的进步。《京都议定书》是一个极其复杂的文件，同时包含着趋势相反的内容。实质上，这个文件是一个"权宜之计"。

至于具体内容，议定书在主公约附件一中所列 36 个国家与发展中国家之间是区别对待的。议定书第 2~8 条是针对工业化国家的规定，在 2008~2012 年间，这类国家全部应将其人为排放减少 5.2%（1990 年的水平）；而在 2005 年，这一类国家中的每一个都应能够证明它在实施议定书方面已经作出进步。

（三）2015 年《巴黎协定》

2012 年《京都议定书》到期，但气候变化问题仍是人类面临的紧迫问题。所以，为了延续和加强《京都议定书》，就产生了 2012 年《多哈修正案》。在此之后，在巴厘岛启动了新的进程，它的目的是缩小附件一国家与其他国家之间的差距，具体方法是由公约下长期合作行动特设工作组领导。缔约方大会于 2011 年 12 月启动了所谓的"德班平台"进程，它推动了 2015 年 12 月第 21 次缔约方大会上《巴黎协定》的通过。

2016 年，中国批准了《巴黎协定》，美国也在实际行动上同意了该文件，这些都极大地推动了《巴黎协定》，并使其在 2016 年 11 月 4 日开始生效。

《巴黎协定》共 29 条，当中包括目标、减缓、适应、损失损害、资金、技术、能力建设、透明度、全球盘点等内容。作为一项法律文书，《巴黎协定》有三个主要组成部分，即它的目标、行动领域和履行手段。每个组成部分不仅包含了协定文本中的一系列条款，还应包括那些技术上应当被当作协定内容的外部相关材料。《巴黎协定》所设定的目标是将"全球平均气温上升幅度控制在工业化前水平、以上低于 2 摄氏度之内，并努力将气温升幅限制在工业化前水平以上 1.5 摄氏度之内"。另外，为了稳定 21 世纪末全球平均气温的上升，协定第 4 条第 1 款采用"温室气体排放的全球峰值"的方式进一步规定了一个中期减缓目标并最终实现排放与清除之间的长期平衡。同时，提高适应气候变化不利影响的能力并以不威胁粮食生产的方式增强气候抗御力和温室气体低排放发展。使资金流动符合温室气体低排放和气候适应型发展的路径。

二、《远程越界空气污染公约》及其议定书

（一）1979 年《远程越界空气污染公约》

《远程越界空气污染公约》是国际大气环境保护方面的一项重要的区域性多边公约。它由联合国欧洲经济委员会主持签订于 1979 年 11 月 13 日，并于 1983 年 3 月 16 日生效。该公约目前对超过 50 个国家具有约束力，这些国家不仅包括位于欧洲的国家，还包括北美和中亚国家。

公约首次对"大气污染"和"远程越界空气污染"的概念做了界定。所谓的"大气污染"是指"由人类直接地或间接地对空气中引入具有威胁人类健康，损害生物资源、生态系统和物质财产，并危害或干扰环境的舒适和其他合法用途的具有有害影响的物质或能量"。而所谓的"远程越界空气污染"则是指"物质起源完全地或部分地位于异国关系之下的区域，在位于一般不可区分个别排放源或排放源群的促成作用的距离之外另一个国家管辖之下的区域发生有害作用的空气污染"。"远程越界空气污染"的特点是因距离遥远，通常不易或根本无法鉴别个别污染源或污染源群，而且损害范围一般大于近距离污染，损害的潜伏期和持续时间长，损害因果关系的确定、损害的估算也都比近距离跨国界大气污染困难。

《远程越界空气污染公约》是一个框架公约，主旨是促进合作。公约要求缔约国进行系统的合作，特别是通过研究和开发的共同行动来合作，这种合作不仅是在自然科学领域，而且是在对计划采取的措施进行经济、社会和生态评价方面以及在制定有关污染的教育和培训规划方面。公约还要求采取的行动成为"在欧洲监测和评价大气污染物远程越界的共同规划（The co-operatire programme for monitoring and evaluation of the long-range transmission of air pollution in Europe）"的框架。这个规划后来又成为经济合作与发展组织的一项规划。

（二）《远程越界空气污染公约》的议定书

由于《远程越界空气污染公约》的框架公约性质，公约在随后的几十年里还通过了若干的议定书以补充公约的目标、技术标准、污染限制和禁止限制等方面的具体内容。

迄今为止，公约一共通过了 8 个议定书，分别是：（1）1984 年《长期资助长程越界大气污染监测和评价的议定书》；（2）1985 年《关于削减三成硫排放的赫尔辛基议定书》；（3）1988 年《关于氮氧化物的议定书》；（4）1991 年《关于挥发性有机物的议定书》；（5）1994 年《进一步削减硫排放的奥斯陆议定

书》；（6）1998 年《关于重金属的议定书》；（7）1998 年《关于永久性有机污染物的奥尔胡斯议定书》；（8）1999 年《关于减少酸化、富营养化和地表臭氧的哥德堡议定书》。

三、《保护臭氧层维也纳公约》及其议定书

（一）1985 年《保护臭氧层维也纳公约》

事实上，臭氧层保护是国际法面对的第一个真正的全球性环境问题。1974年，首次明确了氟氯化碳对臭氧层的潜在威胁，而这种物质又被广泛运用在工业活动与产品中。与《远程越界空气污染公约》相似，《保护臭氧层维也纳公约》也是一个框架公约。同样的，二者之间所面临的困难也高度相似，即科学和政策的相互作用，以及经济利益与环境保护之间的冲突。

（二）1987 年《蒙特利尔议定书》

《蒙特利尔议定书》是联合国为了避免工业产品中的氟氯碳化物对地球臭氧层继续造成恶化及损害，承续 1985 年保护臭氧层维也纳公约的大原则，于 1987年 9 月 16 日邀请所属 36 个会员国在加拿大蒙特利尔所签署的环境保护公约。该公约自 1989 年 1 月 1 日起生效。1987 年签署的《蒙特利尔议定书》规定限制使用氟氯化碳和其他耗竭臭氧的化学物质。此前有研究表明，对于减缓和控制全球变暖，《蒙特利尔议定书》所带来的效果比《京都议定书》要高出 5～6 倍，因此，《蒙特利尔议定书》也被联合国前秘书长安南称赞为"迄今唯一最成功的国际协议。" 截至 2023 年 6 月，共有 198 [1] 个发达国家和发展中国家签订了该协议，并且逐步淘汰了 95% 的消耗臭氧化学物质。

（三）2016 年《〈关于消耗臭氧层物质的蒙特利尔协定书〉基加利修正案》

《〈关于消耗臭氧层物质的蒙特利尔议定书〉基加利修正案》（以下简称《基加利修正案》）旨在加强对氢氟碳化物等非二氧化碳强效温室气体的管控，将未来 30 年氢氟碳化物的预计生产和消费量削减至少 80%。据悉，氢氟碳化物是一类人工合成的强效温室气体，是消耗臭氧层物质的主要替代品之一，其全球变暖潜能值是二氧化碳的几十至上万倍。氢氟碳化物应用广泛，涉及汽车空调、家用制冷、工商制冷、消防、泡沫、气雾剂等行业。

---

〔1〕 See Brain J. Gareau, A Critical Review of the Sucessful CFC Phase-out Versus the Delayed Methyl Bromide Phase-out in the Montreal Protocol, in *International Eurinonmental Agreements: Politicis, Law and Economics*, Vol. 10, 2010.

根据《基加利修正案》规定：发达国家应在其 2011 年至 2013 年氢氟碳化物使用量平均值基础上，自 2019 年起削减氢氟碳化物的消费和生产，到 2036 年后将氢氟碳化物使用量削减至其基准值 15%以内。发展中国家应在其 2020 年至 2022 年氢氟碳化物使用量平均值的基础上，2024 年冻结氢氟碳化物的消费和生产于基准值，自 2029 年开始削减，到 2045 年后将氢氟碳化物使用量削减至其基准值 20%以内。

第二节　国际生物资源保护条约

一、1992 年《生物多样性公约》及其议定书

（一）1992 年《生物多样性公约》

1987 年联合国大会授权联合国环境规划署主持制定一项保护地球生物多样性的法律文件。世界自然保护同盟（IUCN）受委托于 1988 年完成题为"国际生物多样性就地保护及其基金机制的法律文书（草案）"的文件。1990 年《生物多样性公约》开始谈判。1992 年 5 月 22 日，各国代表在内罗毕就该公约最后文案达成一致。1992 年 6 月 5 日，《生物多样性公约》在里约热内卢联合国环境与发展大会上开放签署。《生物多样性公约》有三个主要目标：保护生物多样性、可持续利用其组成部分以及公平分享资源所带来的好处（惠益分享）。

《生物多样性公约》将生物多样性定义为"所有来源的形形色色生物体，这些来源除其他外包括陆地、海洋和其他水生生态系统及其所构成的生态综合体；这包括物种内部、物种之间和生态系统的多样性。"[1]《生物多样性公约》将保护与经济考量联合在一起：一方面，"生物多样性"是"人类共同关注事项"；另一方面，资源所在国主权下的"生物资源"的"可持续利用"应当符合一套获取和惠益分享制度。

（二）2020 年《〈生物多样性公约〉卡塔赫纳生物安全议定书》

《〈生物多样性公约〉卡塔赫纳生物安全议定书》（以下简称《卡塔赫纳生物安全议定书》）是在《生物多样性公约》下，为保护生物多样性和人体健康而控制和管理"生物技术改性活生物体"越境转移的国际法律文件。《卡塔赫纳生物安全议定书》于 2000 年 1 月 29 日达成谈判文本。根据其第 36 条，《卡塔

---

〔1〕《生物多样性公约》第 2 条。

赫纳生物安全议定书》于 2000 年 5 月 15 日至 26 日在联合国内罗毕办公室对国家和经济一体化组织开放签署，之后于 2000 年 6 月 5 日至 2001 年 6 月 4 日在纽约联合国总部继续供各国和各区域经济一体化组织签署。

《生物多样性公约》第 8（g）条要求各缔约国制定或采取办法以管制、管理或控制由生物技术改变的、可能对保护和持续利用生物多样性产生不利影响的活生物体在使用和释放时可能产生的风险；第 19（3）条要求各缔约国考虑是否需要一项议定书，用于安全转让、处理和使用由生物技术改性的活生物体及其产品。第 19（4）条要求各缔约国提供与这些改性活生物体有关的资料。因此，《卡塔赫纳生物安全议定书》是隶属于《生物多样性公约》的一项法律文书。

（三）2010 年《名古屋议定书》

《名古屋议定书》，全称为《〈生物多样性公约〉关于获取遗传资源和公平公正分享其利用所产生惠益的名古屋议定书》，是《生物多样性公约》的补充法律文件之一。其为实现《生物多样性公约》的三个目标提供透明清晰的法律框架。该议定书 2010 年 10 月 29 日在日本名古屋通过，2014 年 10 月 12 日生效。其目标是确保遗传资源利益的收益能够得到公平和公正分享，以便促进生物多样性的保护和可持续发展。

（四）2010 年《卡塔赫纳生物安全议定书关于赔偿责任和补救的名古屋-吉隆坡补充议定书》

2010 年在日本名古屋召开的《卡塔赫纳生物安全议定书》第五次缔约方大会上通过了《卡塔赫纳生物安全议定书关于赔偿责任和补救的名古屋-吉隆坡补充议定书》。该文件主要规定了改性活生物体破坏进口方生态系统时的补救和赔偿方法，一方面发挥着防止损害的作用，另一方面为现代生物技术的发展和应用建立了一项信任措施。该议定书于 2018 年 3 月 5 日生效，目前我国未加入该议定书。

二、1971 年《关于特别是作为水禽栖息地的国际重要湿地公约（拉姆萨公约）》

1971 年 2 月 2 日在伊朗的拉姆萨签署，1975 年 12 月 21 日生效。到 2023 年已有 172 个缔约国，条约中规范了有关湿地保护和资源永续利用的国家作为与国际合作，包含 2400 余座湿地，总面积达 250 万平方公里。

公约最初的目标是保护水禽生境。但随着湿地的生态重要性，尤其是它们在支持海洋生物方面的作用，得到承认，该公约转而以湿地自身为重要保护目标。公约的前言指出，湿地构成了具有重要经济、文化、科学和娱乐价值的资源，其损失是不可弥补的。所谓的湿地，是指不问其为天然或人工、长久或暂时之沼泽地、湿原、泥炭地或水域地带，带有或静止或流动、或为淡水、半咸水或咸水水体者，包括低潮时水深不超过 6 米的水域。

三、1973 年《濒危野生动植物种国际贸易公约（华盛顿公约）》

《濒危野生动植物种国际贸易公约》是根据 1963 年世界自然保护联盟会员国会议通过的一项决议而起草的国际公约，旨在避免国际贸易对濒危野生动植物的生存造成威胁。1973 年 3 月 3 日，公约文本在美国华盛顿特区的举行的会议上正式订立并开放签署，1975 年 7 月 1 日起生效。为避免与《关税与贸易总协定》产生冲突，公约在起草过程中特别咨询了关贸总协定秘书处。

《华盛顿公约》在瑞士日内瓦设置了秘书处，由联合国环境规划署管理。依据公约第十二条的规定，秘书处的主要职能包括：提供协调和咨询服务、监督公约的履行情况、定期组织缔约方大会和常务委员会会议、更新修订公约附录等。截至 2022 年初，《华盛顿公约》对超过 38 700 种野生动植物提供了不同程度的保护，以确保这些动植物标本的买卖不会危害其种群的存续。

第三节　海洋和淡水环境保护条约

一、1982 年《联合国海洋法公约》

地球表面最大的面积是海洋。海洋在人类发展过程中起到至关重要的作用。它不仅仅是自然资源的来源，也容纳了大量人类社会产生的废物和有害物质。所以，为了规制世界各国在海洋中的活动，1982 年联合国海洋法会议通过了《联合国海洋法公约》。《联合国海洋法公约》的环境维度不仅仅限于分配各国的管辖权，在其第十二部分的内容全部聚焦于"海洋环境的保护和保全"。

《联合国海洋法公约》对海洋环境的污染做了定义，即"人类直接或间接把物质或能量引入海洋环境，其中包括河口湾，以致造成或可能造成损害生物资源和海洋生物、危害人类健康、妨碍包括捕鱼和海洋的其他正当用途在内的各种海洋活动、损坏海水使用质量和减损环境优美等有害影响"。[1]

---

〔1〕 1982 年《联合国海洋法公约》第一部分第一条。

二、1997 年《国际水道非航行使用法公约》

1966 年国际法协会通过的"赫尔辛基规则"是最早的、最经常被援引的关于淡水的国际文件之一。1979 年联合国环境规划署理事会批准《指导国家保护和和谐利用两个或多个国家共享自然资源的环境行为原则》。《21 世纪议程》第18 章呼吁通过"适用统一的开发、管理和利用水资源的方法""保护水资源的质量和供应"。

在以上的背景下，1997 年 5 月 21 日，根据国际法委员会的条款，联合国大会通过《国际水道非航行使用法公约》。这个框架公约包括四类条款：适用于所有国际水道的一般规则；实施这些规则的程序规则；关于淡水保护、保持和管理的实质条款；关于水道国缔结协定的条款。

第四节 控制危险物质活动的条约

一、1989 年《控制危险废物越境转移及其处置巴塞尔公约（巴塞尔公约）》

1985 年 3 月在巴塞尔，经济合作与发展组织召开了关于在危险废物的跨界转移方面成员国进行合作的国际会议。1985 年 6 月通过理事会 C（85）100 号决议责成该组织的环境委员会实施会议的成果和建议，同时起草一个国际协定，该协定将保护制度建立在巴塞尔会议提出的原则基础之上。在这些基础上，1989 年联合国环境规划署主持制定了《巴塞尔公约》。公约要求其缔约国监督和控制危险废物出口到缔约国之外的区域，禁止在没有得到非缔约国的同意和事先通知过经国的情况下将危险废物转移到该非缔约国。公约于 1995 年 9 月 22日在日内瓦缔约方大会修改，进一步禁止向发展中国家转移废物，增加了禁止出口的废物清单，后来，公约又于 1998 年和 2019 年作出了修改。

二、2001 年《关于持久性有机污染物的斯德哥尔摩公约（斯德哥尔摩公约）》

1995 年，联合国环境规划署呼吁全球应针对持久性有机污染物采取一些必要的行动，而持久性有机物的定义为"存在于或堆积于动植物体内的、在自然环境中长期循环的对人类有害的化学品物质"。2001 年 5 月 23 日，最初的公约协商在斯德哥尔摩结束，各国已经完成公约的谈判与协商。2004 年 5 月 17 日，最初的 128 个团体和 151 个签署国已经批准公约，公约正式生效。共同签署同意禁用 9 项持久性有机污染物。公约并同意如果有新的化学品符合某些持续性和跨界威胁的标准，可以审查和补充该公约。2009 年 5 月 8 日，在日内瓦的公约会议上，公约加入了新一批化学品的管制。

《斯德哥尔摩公约》采取了名录方法。公约包含了三个名录：即附录 A，消除 22 种农药和工业化学品；附录 B，限制滴滴涕杀虫剂等 2 种物质；附录 C，人类行为非故意生产或释放的 6 种持久性有机污染物。《斯德哥尔摩公约》不仅涵盖了附录所认定的持续性有机污染物的生产和使用，还负责规制他们的出口和进口。公约还号召缔约方大会建立一个"永久性有机污染物审查委员会"，主要作用是更新公约第 8 条规定的名录。

第五节 文化和自然遗产保护条约

1972 年 7 月联合国教育、科学和文化组织通过了《保护世界文化和自然遗产公约》。该公约的宗旨在于为集体保护具有突出的普遍价值的文化遗产和自然遗产建立一个依据现代科学方法组织的永久性的有效制度。[1]1976 年第一次缔约方大会上选举出了第一节世界遗产委员会。公约主要通过《世界遗产名录》的方式来保护文化和自然遗产。截至 2021 年，名录上总共有 1154 项世界遗产，包括 897 项文化遗产、218 项自然遗产、39 项复合遗产。

《保护世界文化和自然遗产公约》承认国家领土内的文化遗产和自然遗产的确定、保护、保存、展出和传与后代，主要是有关国家的责任。公约对文化遗产和自然遗产的概念分别予以界定。文化遗产包括古迹、建筑群和遗址三类。古迹是指从历史、艺术或科学角度看具有突出的普遍价值的建筑物、碑雕和碑画、具有考古性质的成分或构造物、铭文、窟洞以及景观的联合体。建筑群是指从历史、艺术或科学角度看正在建筑式样、分布均匀或与环境景色结合方面具有突出的普遍价值的单位或连接的建筑群。遗址是指从历史、审美、人种学或人类学角度看具有突出的普遍价值的人类工程或自然与人的联合工程以及包括考古地址的区域。[2]

《保护世界文化和自然遗产公约》要求缔约国采取积极有效措施保护本国的文化遗产和自然遗产。缔约国应尽力做到以下几点：第一，制定一项把遗产保护工作纳入全面规划纲要的总政策；第二，建立负责文化遗产和自然遗产的保

---

〔1〕 参见《保护世界文化遗产和自然遗产公约》序言。
〔2〕 参见《保护世界文化遗产和自然遗产公约》第 1 条。

护、保存和展出的机构，并为其配备适当的人员和履行其职能的手段；第三，发展科学和技术研究，并制定能够抵抗威胁本国文化遗产或自然遗产的危险的实际方法；第四，采取为去报、保护、保存、展出和恢复文化遗产和自然遗产所学的适当法律、科学、技术、行政和财政措施；第五，建立和发展有关保护、保存、展出和恢复文化遗产和自然遗产的国家和地区培训中心，并鼓励这方面的研究；[1]第六，通过宣传和教育计划，使公民增强对文化遗产和自然遗产的赞赏和尊重。[2]

【本章思考题】

1. 国际环境公约的主要作用和目的？
2. 国际环境公约在全球环境保护中的地位？

【参考文献】

1. 王曦：《国际环境法》，法律出版社 1998 年版。
2. 许健：《全球治理语境下国际环境法的拓展》，知识产权出版社 2013 年版。
3. ［法］皮埃尔·玛丽·杜普、［英］豪尔赫·E·维努阿莱斯：《国际环境法》，胡斌、马亮译，中国社会科学出版社 2021 年版。
4. 林灿铃、吴汶燕主编：《国际环境法》，科学出版社 2018 年版。
5. 刘惠荣主编：《国际环境法》，中国法制出版社 2006 年版。
6. ［法］亚历山大·基斯：《国际环境法》，张若思译，法律出版社 2000 年版。

【延伸阅读】

1. 郭冬梅：《〈气候变化框架公约〉履行的环境法解释与方案选择》，载《现代法学》2012 年第 3 期。
2. 蒋小翼：《〈联合国海洋法公约〉中环境影响评价义务的解释与适用》，《北方法学》2018 年第 4 期。
3. 张晏瑲：《论海洋酸化对国际法的挑战》，载《当代法学》2016 年第 4 期。
4. 乔雄兵、连俊雅：《论转基因食品标识的国际法规制——以〈卡塔赫纳生物安全议定书〉为视角》，载《河北法学》2014 年第 1 期。

---

[1] 参见《保护世界文化遗产和自然遗产公约》第 5 条。
[2] 参见《保护世界文化遗产和自然遗产公约》第 27 条。

第四章　国际环境法的实施、争端解决与法律责任

【内容提要】

1. 国际环境法的实施机制
2. 国际环境纠纷争端解决机制
3. 国际环境法律责任

【重点了解与掌握】

1. 国际环境法在国内和国际层面的实施机制；
2. 国际环境纠纷争端解决的方式；
3. 国家环境赔偿责任和国际环境民事赔偿责任。

【引导案例】[1]

作为世界上生物多样性最丰富的地区之一，大湄公河次区域拥有许多特有物种，其中包括 430 种哺乳动物，800 种爬行动物和两栖动物，1200 种鸟类，1100 种鱼类和 20 000 种植物。此外，该地区仍在不断发现新物种。在 1997 年至 2014 年期间，发现了 2216 个新物种。由于世界上绝大部分受威胁物种都生活在该地区，这意味着其中许多物种都处于极度濒危、濒临灭绝或脆弱的境地。

经济快速而持续的发展，特别是大湄公河次区域公路经济走廊沿线的进一步发展，将进一步威胁到压力重重的生态系统和自然栖息地。在这种情况下，《生物多样性保护走廊倡议》于 2005 年启动。在《生物多样性保护走廊倡议战

---

[1] 参见"一带一路"生物多样性保护案例报告。

略框架（2005-2014）》中，生物多样性保护廊道被定义为"为保护区之间的提供链接的合适栖息地区域"。生物多样性走廊大多与大湄公河次区域的经济走廊并列。这些经济走廊由大湄公河次区域各国于 1998 年批准，以帮助加快 GMS 的发展，促进生产、贸易和基础设施的有效连接）。因此，相关廊道的有效管理既有机遇，也有挑战；既要保护自然资本，又要促进为农村社区提供生态系统服务带来的可持续利益。这需要确保在经济廊道增强"物理连通性"的同时，生物多样性保护廊道支持"生态系统连通性"以确保核心地区之间物种流动。这些生态廊道被植入于更大的保护行动计划中，从而使其能基于生态系统功能提供有效的生态系统服务。

【引导问题】

1. 什么是国际环境法的实施机制？
2. 国际环境法如何实施？

第一节　国际环境法的实施机制

由于国际法律文件越来越多，特别是在环境保护领域，国家履行它们所承担义务的问题就变得尤为重要了。但可以用来保障实施的方式和手段却不同于国内法律制度所适用的方法和手段。劝说、公共舆论的压力、技术援助和资金激励以及起草好的文本、消除国内法律障碍等，是保障履行国际义务相关政策的主要内容，而不是借助强制力予以真正的惩罚。

一、国际层面的实施机制

一般国际环境法的国际层面的实施机制可以分为以下几种类型：

第一，提交报告。各国有义务向条约机构，如缔约方大会、秘书处或其他机构提交报告，说明它们为履行条约义务所采取的措施；

第二，信息交流。各国根据条约规定的信息交流期限和格式向条约机构提交信息，条约机构可以就信息进行核查、或要求提交国提供更多的信息，也可以自行收集信息或将其他方式获取的信息也纳入考量，如《拉姆萨公约》或《濒危野生动植物种国际贸易公约》所规定的机制；

第三，设定环境标准。国际环境法中的环境标准指的是环境条约规定的人类活动对环境的影响和干扰不得突破的限度。它包括环境质量标准、产品环境标准、排放标准和工序标准等，如《联合国气候变化框架公约》中规定的"将大气中温室气体的浓度稳定在防止气候系统受到危险的人为干扰的水平上"[1]；

第四，资金和技术协助。为了保证发展中国家和落后国家可以顺利履行公约的义务，发达国家应当履行一些义务，如提供资金、转让技术等，以促使缔约国在可能和适当的条件下实施公约的义务，如《生物多样性公约》规定，"发展中国家缔约国有效地履行其根据公约作出的承诺的程度将取决于发达国家缔约国有效地履行其根据公约就财政资源和技术转让的承诺。"[2]在资金方面，公约缔约国中的发达国家应提供资金使发展中国家能够支付它们因履行公约而承担的全部增加费用。当然，对于不履行公约义务的缔约国，也可以通过世界银行、地区开发银行暂停或取消对该国的国际援助对其予以制裁。

二、国内层面的实施机制

环境条约一般都要求缔约国在其国内采取措施履行条约。但环境条约实施中的一个主要困难可能也正是由于国内法律制度没有能力正确实施国际上制定的、对国内法具有深刻影响的规则。1989年《巴塞尔公约》要求"各缔约国应采取适当的法律、行政和其他措施，以期实施本公约的各项规定，包括采取措施以防止和惩办违反本公约的行为"[3]。环境条约在国内层面上的实施主要包括以下几个方面：

第一，制定有关履行条约的法律、法规和其他法律文件。如《野生动物保护法》第37条第1款规定，"中华人民共和国缔结或者参加的国际公约禁止或者限制贸易的野生动物或者其制品名录，由国家濒危物种进出口管理机构制定、调整并公布"。

第二，执行有关履行条约的法律、法规和其他有关法律文件。一般来说，有关履行条约的法律、法规和其他有关法律文件的执行主要通过三种途径：行政执法、司法和守法。

第二节 国际环境纠纷争端解决机制

根据《联合国宪章》，任何争端的当事国，在争端继续存在足以危及国际和

---

〔1〕 1992年《联合国气候变化框架公约》第2条。

〔2〕 1992年《生物多样性公约》第20条。

〔3〕 1989年《巴塞尔公约》第4条。

平与安全的维持时，应尽先以谈判、调查、调停、和解、公断、司法解决、区域机关或区域办法的利用，或该国自行选择的其他和平方法，求得解决。[1]国际环境纠纷争端解决也多遵循此规定。

谈判与协商是两个或两个以上国际法主体为了解决彼此间的争议而进行交涉的一种方式。1985 年《保护臭氧层维也纳公约》第 11 条要求缔约国以谈判方式解决关于公约的解释或适用的争端。1992 年《联合国气候变化框架公约》和《生物多样性公约》也都规定缔约国应以谈判方式解决争端。如果协商不成，则应通过仲裁解决。除谈判和协商等外交方式外，调停和调解也是非法律解决方式。调停是指第三国为了和平解决争端而直接参与当事国之间的谈判，并提出参考性条件或解决方案供争议双方参考，促使双方互相妥协，达成一致意见。1985 年《保护臭氧层维也纳公约》规定了调停机制。调解则是指争端当事国将争端提交给一个调解委员会，由调解委员会查明事实并提出报告和关于解决争端的建议，供争端当事国参考采纳。1992 年《生物多样性公约》和《联合国气候变化框架公约》中规定了调解程序。

在法律解决方式上，主要是仲裁和司法解决。仲裁是环境条约常常规定的一种争端解决方式。仲裁是指争端当事国根据协议，约定把争端交给它们所选择的仲裁员处理并接受和遵守仲裁员作出的关于争端解决方式的裁决。1985 年《保护臭氧层维也纳公约》、1992 年《生物多样性公约》和《联合国气候变化框架公约》都规定了仲裁程序。

司法解决是指通过国际法院或法庭适用法律规则，以判决来解决国际争端。在国际环境保护领域里，可受理国际环境诉讼的法院或法庭主要有联合国国际法院和《联合国海洋法公约》规定设立的国际海洋法庭。相对于其他领域的司法化，环境争端纠纷解决的司法化显得进展不大。建立环境法程序和专门法庭的努力遵循了三种主要的方法：第一，在环境条约文本中制定一个争端解决程序；第二，在既有机构内制定特别程序；第三，建立一个国际环境法庭。第三种方法出现在 20 世纪 80 年代后期。建立专门的环境法庭将有利于解决环境争端纠纷中的技术问题和职能范围问题。当然，目前大多数的案件依旧在传统的国际法庭中裁判，这些法庭被称为"借壳法庭"，即国际法院，或欧洲人权法院、世贸组织争端解决机构、国际海洋法法庭等机构。但是不同的法院或法庭对环境案件的接受程度是不同的。国际法院或人权法院对环境案件的开放程度

---

[1] 参见《联合国宪章》第 33 条。

较高；而国际经济法的专门法庭则显得不太接受国际环境法的意愿。[1]

在 20 世纪下半叶，在国际法的履行上，一个日益普遍的方式是通过裁决或者准裁决对违约进行定性以及决定违约所导致的法律后果。但这种方法在国际环境纠纷争端解决过程中也存在许多困难。因为环境损害的修复是非常困难的，有时候环境损害是不可逆的，所以依赖争端解决方法来保护环境存在逻辑上的困难。另一个问题在于即使可以补救，制定具体的补救方案也具有相当的挑战性。有些违反国际环境法的行为，并不是这些国家缺乏遵守国际环境法的意愿，而是因为缺乏遵守国际环境法的技术或财政能力。

第三节　国际环境法律责任

根据国际法院原则，违反国际法会引起对不当行为可被归咎的国际法主体的责任，又称国际责任。国家的不当行为指的是违背该国的国际义务的国家行为，包括作为和不作为。按行为的性质区分，又可分为国际罪行和国际不法行为。国际不当行为的发生均会引起国家赔偿责任，在环境污染和生态破坏造成损害的情形下，则可能构成国家环境赔偿责任和国际民事赔偿责任。

一、国家环境赔偿责任

对于发生在一国领土上或在其控制下的污染活动对另一国造成环境损害，受害国可以视其为对本国领土管辖权的侵犯，直接要求该国承担责任。所谓的环境损害是指"对该环境或生态系统的生命或非生命的组成部分的任何影响，包括除那些可以忽略不计的或按照本公约的规定被评价和判定为可以接受的损害之外的，对大气、海洋或陆地生命的损害"[2]。

在国际环境法中，有关国家的主体义务和相应的国家环境赔偿责任的法律规范很不发达。这是因为各国一般不愿意为环境损害而承担国家责任。所以，在国际环境法中，对国家的环境赔偿责任作出规定的条约和有关国家环境赔偿责任的案例也较为少见。

在环境条约方面，1972 年《外空物体所造成损害之国际责任公约》第 2 条

---

〔1〕　参见［法］皮埃尔·玛丽·杜普、［英］豪尔赫·E·维努阿莱斯：《国际环境法》，胡斌、马亮译，中国社会科学出版社 2021 年版，第 358 页。

〔2〕　1988 年《南极矿产资源活动管制公约》第一章第 1 条"定义"之 15。

规定，"发射国对其空间物体在地球表面，或给飞行中的飞机造成损害，应负有赔偿的绝对责任"。该公约规定绝对责任的理由是因为受害者一般缺乏专业知识和技术条件来证明致害方的过失或疏忽，因此要求受害者提供这种证明是不公平的。这一条款在苏联"宇宙 954 号"卫星案中得到实际适用。

第二类相关的条约是 1982 年的《联合国海洋法公约》，公约第 139 条第 2 款规定，缔约国有责任确保区域内的活动符合该公约的规定，并规定缔约国或国际组织对其由于没有履行公约规定的关于区域的义务而造成的损害负有国家赔偿责任。

在国际环境法的实践当中，对国家环境赔偿责任的认定是十分困难的。环境损害达到什么程度才能引起国家环境赔偿责任？对于这个问题，国际环境法也没有一个标准和具体的答案。在 1974 年"核试验案"、1992 年"瑙鲁含磷土地案"和 1993 年"盖巴斯科夫——拉基玛洛大坝案"中都将环境损害作为独立权利要求的依据提出，但都没有得到国际法院的判决支持。

二、国际环境民事赔偿责任

尽管国际责任尚不明确，但加害者仍有必要对由于境外污染造成损害的受害者予以赔偿，这是所谓国际民事赔偿责任。它不同于国家环境赔偿责任，是一种国际民事侵权法律关系。解决的办法是将国际的问题转到个人之间，即从国际公法转到国际私法。在可能对环境和人类造成最严重损害的两个领域：核能利用和海洋石油运输，国际社会已经制定了相关的赔偿规则。

1973 年，联合国国际法委员会决定，可以在完成对国家的国际不当行为产生的责任研究之后，进行对所谓危险责任的研究和编纂工作，也可以同时但分开进行对这两个专题的研究。鉴于这类行为不同于一般的国际不当行为，联合国大会决定将这类问题作为单独议题列入国际法委员会议程。1976 年 12 月 15 日，联合国大会通过第 31/97 号决议，敦促国际法委员会尽快研究审议"国际法未加禁止行为所造成的损害性后果之国际责任问题"。根据联合国大会的要求，国际法委员会从 1978 年第 30 届会议开始，将"国际法未加禁止行为所产生的损害性后果之国际责任问题"列入工作计划，并任命了该专题特别报告员。通过不懈努力，1994 年国际法委员会第 46 届会议和 1995 年第 47 届会议终于通过了《关于国际法未加禁止行为所产生的损害性后果之国际责任》的部分条款草案及其评注。并于 1996 年 7 月 19 日和 25 日的国际法委员会第 2465 次会议和第 2472 次会议上，由专题工作组提交了附载有 22 条条款草案及其评注的显示有关这个专题工作实质性进展的展示本专题全貌的《国际法不加禁止的行为所产生的损害性后果的国际责任》，以提请各国政府就此发表意见。国际法委员会认为，工作组的这份报告显示了有关这个专题的工作有了实质性进展。2006 年国际法委员会审议了这份报告，并于 2006 年 8 月 8 日的会议上通过了上述草案。

目前，国际法未加禁止行为引起有害后果之国际责任制度主要是由第二次世界大战后签订的少数责任公约和一些条约或公约中的责任条款构成的，其中最重要的有《维也纳核损害民事赔偿责任公约》《核动力船舶营运人责任公约》《核能方面第三者责任公约》《关于油污损害的民事责任公约》《防止船舶造成污染的国际公约》《远程越界空气污染公约》《及早通报核事故公约》《外空物体所造成损害之国际责任的公约》《联合国海洋法公约》等。1960 年以经济合作与发展组织成员国为目标的《原子能领域民事责任公约》和向联合国全体成员国开放的 1963 年《核损害民事责任维也纳公约》，为消除赔偿中的部分不确定性制定了有关制度。[1]

国际环境民事赔偿责任与国家环境赔偿责任的区别主要有：（1）在国家环境赔偿责任中，产生严重后果的损害事件的发生是对国际义务的违反；而在国际环境民事赔偿责任中，即使损害事件的发生是可以预见的，也不构成对国际义务的违反。（2）国家若能证明它已采取一切可以采取的合理手段来阻止违反义务之事件的发生，即使其努力失败也可免除国家环境赔偿责任；一般而言，一国对另一国造成了损害，该国就负有国际环境民事赔偿责任。（3）在国家环境赔偿责任中，违背义务即使未造成损害也足以成为对其采取行动的理由或原因；而在国际赔偿责任中，只有当造成实际损害时，受害国才有求偿权。（4）在国家环境赔偿责任中，即使一国对违背义务的行为采取了补救措施，包括给予赔偿后，该国也无继续该行为的自由，因为该行为为国际法所禁止；而在国际环境民事赔偿责任中，只要一国对其所造成的损害给予合理适当的赔偿，该国的行动自由就不受限制。（5）在国家环境赔偿责任中，赔偿的目的是恢复不法行为发生前的原状；在国际环境民事赔偿责任中，赔偿原则要根据具体情况决定，可能与实际损害并不相当。这个原则在"切尔诺贝利"事件之后有所动摇。国家的环境赔偿责任主要是在外层空间活动方面被接受。我们必须认识到国际赔偿的目的并不是实际分担损失，而是分担对国际法不加禁止的行为所

---

［1］　蓝楠：《论国际法未加禁止行为引起有害后果之国际责任对国际环境法的影响》，《2003 年武汉大学环境法研究所基地会议论文集》，2003。

致损害的补偿责任。"损失分担"似乎背离了"谁污染谁付费"原则以及不使无辜受害者承担损失的原则。虽然，在国际上应采取切实有效的赔偿责任制度，但是目前并不急于建立一个普遍性的国际赔偿责任法律制度。虽然各国应该继续规定，私人经营者应在适用情况下承担赔偿责任，但没有任何具体的国际法定义要求他们这样做。要建立一个成功的国际环境民事赔偿责任制度，使受害者能够直接从经营者那里得到损失和损害赔偿，将需要在实体法以及程序法方面进行很多协调，以便外国公民能够向国家法庭或其他机关提出索赔要求。国际法上应明确区分任何针对以下两种行为建立的赔偿责任制度：国际法不加禁止的行为和国家责任法下的非法行为。这项法律制度还不应妨碍国家法律或国际私法规则下的民事赔偿责任。

【本章思考题】

1. 国际环境法的实施机制如何促进世界各国的合作？
2. 国际法院在国际环境纠纷争端解决中的作用？
3. 阻碍实现国际环境法律责任的因素有哪些？

【参考文献】

1. 王曦：《国际环境法》，法律出版社 1998 年版。
2. 许健：《全球治理语境下国际环境法的拓展》，知识产权出版社 2013 年版。
3. ［法］皮埃尔·玛丽·杜普、［英］豪尔赫·E·维努阿莱斯：《国际环境法》，胡斌、马亮译，中国社会科学出版社 2021 年版。
4. 林灿铃、吴汶燕主编：《国际环境法》，科学出版社 2018 年版。
5. 刘惠荣主编：《国际环境法》，中国法制出版社 2006 年版。
6. ［法］亚历山大·基斯：《国际环境法》，张若思译，法律出版社 2000 年版。

【延伸阅读】

1. 林灿铃：《国际环境法实施机制探析》，载《比较法研究》2011 年第 2 期。
2. 那力：《国际环境损害责任的两个重大变化》，载《法商研究》2006 年第 6 期。
3. 李伟芳：《国际环境责任法律问题初探》，载《法学》1997 年第 9 期。
4. 金慧华：《论世界银行对国际环境法的支持》，载《法学评论》2009 年第 1 期。

第五章 环境保护与经济全球化

【内容提要】

1. 世界贸易组织与环境保护的关系
2. 外国投资与环境保护的关系

【重点了解与掌握】

1. 经济全球化下环境保护与国际贸易间的冲突；
2. 外国投资中处理与环境保护的关系。

【引导案例】

海洋生物捕捞者用拖网渔船捕捞海虾时，也顺带地捕杀了习性上与海虾群居的海龟。海龟是一种珍奇动物，已濒临灭种。为防止捕虾时顺带捕杀海龟，美国科学家发明了一种救活装置，即海龟隔离器：在渔网装置栅栏，海虾入网，而把海龟挡在外面，十分有效，价格也不贵。为推广这种装置，1989 年美国又在《濒危物种法》里增设了一个第 609 条款，规定凡未能在捕虾同时放活海龟者，禁止该国的海虾向美进口。1997 年 1 月，印度、马来西亚、巴基斯坦和泰国向世贸组织状告美国依据其国内《濒危物种法》中的第 609 条禁止从上述四国进口虾。美国的这一国内法为了保护濒危动物海龟，禁止从那些在捕捞海虾时不使用海龟隔离器的国家进口虾。印巴等四国宣称他们在捕捞海虾时已经使用了本国技术保护海龟，无法接受强制性购买和使用海龟隔离器的做法，认为美国基于环境保护的国内政策目的所制定并实施的 609 条款实际是一种非关税性质的贸易数量限制措施，违反了《关税与贸易总协定》第 1 条最惠国待遇原则，第11条有关数量限制一般取消的规定及第13条关于禁止任何缔约方采取歧视性贸易限制措施的规定。针对上述指控，美国则援引《关税与贸易总协定》第20条"一般例外"中的（b）（g）两款作为其施行609条款的重要依据。

由于印度、巴基斯坦、马来西亚与泰国对美出口的海虾受到禁止，1996年10月8日他们先后与美国按世贸组织解决争端程序进行协商，未获结果，先后请求WTO设立专家组审理此案。专家组审理后作出的裁决认为，美国第609条款规定，违背了世贸组织自由贸易的规则，对多边贸易体制构成威胁，也不符合《关税与贸易总协定》第20条"一般例外"规定。并重申了前述第二个金枪鱼案关于"不能允许美国为保护海角等海洋生物而强迫别国采取某种政策。"专家组在结论中说："根据以上裁定，我们认为美国根据其《濒危物种法》的第609条款实行的禁止海虾及其制品进口，是不符合《关税与贸易总协定》第11条第1款，按第20条也是不合法的。"1998年7月13日，美国提出上诉。上诉机关组成了以费里沙诺为首的三名"成员"组成的复审组，进行了复审。于1998年10月12日提出了"报告"。"报告"第187段作出裁决与结论："根据本报告所列理由，上诉机关（a）推翻专家组关于接受从非政府来源的未经请求就提供的资料，不符合《管理争端解决的规则与程序的谅解》规定的裁决。（b）推翻专家组关于该美国措施不属《关税与贸易总协定》第20条引言所允许措施的裁决。（c）作出如下结论：美国措施虽有资格引用第20条（g）项，但未满足第20条引言的要求，因此不符合第20条的规定。"[1]

迄今为止，海龟案是环境保护与国际贸易发展史上一个最著名的案例。上诉机关对海龟案的裁决具有两个方面的意义：一个方面是协调贸易规则与保护环境需要这两者间冲突的问题，为用司法方式解决立法难题开辟了一条独特的道路。

【引导问题】

1. 世界贸易组织在环境保护中的作用？

2. 贸易条约与环境条约之间的冲突如何解决？

经济全球化是社会生产力和科技发展的客观要求，是影响人类社会发展的重大趋势。经济全球化总体上有利于世界经济的发展，促进了商品、资金、技

---

〔1〕 United States-Import Prohibition of Certain Shrimp and Shrimp Products，AB Report（12 October 1998），WT-DS58/AB/R.

术、信息在全球范围的流动和配置，推动了经济技术交流和合作、产业转移和结构调整，提高了世界生产力的水平，给各国发展带来了新的机遇和有利条件。环境问题的产生与人类的经济活动密切相关，国际环境法发展的一个重要趋势就是在国际经济领域里引入环境理念，"绿化"国际经济体制，以实现经济和环境保护的协调发展，这种趋势以国际贸易领域最为典型。国际贸易与环境保护的关系在 20 世纪 90 年代成为国际社会的热点话题之一。标志性的两个事件促成其成为热点：其一是 1992 年巴西里约热内卢召开的联合国环境与发展大会；其二是 1993 年《关税与贸易总协定》"乌拉圭回合"谈判的完成和世界贸易组织的成立。

第一节　世界贸易组织与环境保护的关系

从二次世界大战结束以来，西方国家一直试图使贸易自由化，首先是减少国际贸易的障碍，其次是消除国际贸易的障碍，如数量限制和质量限制等。1947 年签署的《关税与贸易总协定》中就对国际环境保护规则的实施提出了问题，即可以为保护人类和动植物的健康和生命的需要，或为保护自然资源的需要而采取限制措施。

从 1991 年 11 月起，《关税与贸易总协定》设立环境与国际贸易工作组，但这个机构到 1992 年 1 月才真正开始工作，而直到 1993 年以后，环境才真正被考虑。1993 年完成的乌拉圭回合谈判的结果是设立永久性的世界贸易组织。按照《建立世界贸易组织的协定》前言所述，各国应确保"按照可持续发展的目标最佳地利用全球资源，同时保护环境"。世界贸易组织的成立带来了许多环境方面的重大进展，包括在《马拉喀什建立世界贸易组织协定》序言中提及可持续发展，以及通过了一项《关于贸易与环境的决定》，即设立贸易与环境委员会以取代休眠的环境措施与国际贸易工作组。

贸易与环境委员会通过讨论和研究，为明确贸易和环境的接口做出了贡献，并促进了国家和国际层面上贸易与环境官员之间的互动。随着时间的推移，环境考量在世界贸易组织背景下的重要性日益增加，《多哈 2001 部长宣言》所设想的"贸易与环境"工作计划也承认了这一点。这方面的谈判委托给贸易委员会或其特别会议，重点讨论贸易法与环境条约之间的联系以及环境商品和服务的贸易便利化。《多哈 2001 部长宣言》第 31 段将关于环境商品和服务的谈判委托给贸易与环境委员会。对环境商品和服务贸易的促进可以服务于若干目的，包括激励世界各地的绿色工业，创造"绿色就业机会"和增加绿色产品的传播。然而，正如 2014 年联合国环境规划署《贸易和绿色经济手册》所指出的，这一贸易体制可能涵盖的每一类商品或服务的界定都面临着艰巨的挑战。

贸易条约与环境条约之间潜在的规范性冲突大多与所谓的"与贸易有关的环境措施"有关。事实上，数个重要的环境条约对某些物质实行贸易限制，甚至禁止贸易。从广义上讲，有些条约的主要目的是实行贸易限制，而另一些条约则将贸易限制当作一种实施工具。前者如《濒危野生动植物种国际贸易公约》就是通过控制发达国家的需求来保护大多数位于发展中国家的濒危物种；后者则如《关于消耗臭氧层物质的蒙特利尔议定书》通过对贸易措施的禁止，避免将受规制物质的生产或消费转移到非条约缔约国。

第二节　外国投资与环境保护的关系

外国投资是"可持续发展"概念中"发展"要件急需的，但它与这一概念的其他要件，如"环境保护"，存在着模糊的关系。一方面，外国投资可以利用财政和技术上的资源，通过各种途径来促进环境保护；另一方面，外国投资可能对东道国的环境产生不利影响。调整外国投资计划的国际法与调整环境保护的国际法之间的关系也变得模糊不清。国际投资法可以通过对外国投资计划的保护来促进环境目标的实现。除了外国投资者与东道国建立的合同关系外，两种主要类型的条约——双边投资条约和双边或多边自由贸易协定——当中有关投资的章节也被用于促进和保护外国投资。在这两种条约中，基本的要件从根本上来看是相似的：第一，界定受保护的投资和投资者的条款；第二，必须给予投资者何种待遇的条款；第三，允许投资者向特设仲裁庭对东道国提出索赔的仲裁条款规定。虽然环境保护不是此类法律文件的明确目标，但是减少海外投资的风险有利于促进可持续发展，因为投资往往伴随着资本和技术的转移。然而，东道国根据国际投资协定所承担的义务，至少在某种程度上，有时候可能会与其担负的国际环境义务发生冲突。一般来讲，投资保护可能与纯国内的环境措施相冲突，越来越多的投资争端证明了这一点。

自 20 世纪 90 年代以来，经济合作与发展组织一直在研究外国投资与环境保护在经济方面的联系。2011 年，它将注意力转向这一联系的法律方面，尤其关注国际投资协定和投资仲裁。除了在这方面发表几项有益的研究成果外，该组织各方缔约国的代表们还通过了《经合组织关于利用投资自由促进绿色增长的声明》（以下简称《声明》），提出了七个"发现"，并强调了一些重要的问题：（1）国际环境法与国际投资法的相互支持；（2）监控投资条约有关环境的时间；（3）确保诚信和能力，并提高投资者与国家之间争端解决的透明度；（4）通过实现评估拟议的环境措施并通过有效的环境法和管理实践，增强对国际投资法的遵守；（5）警惕绿色保护主义；（6）鼓励贸易为绿色经济的发展做出贡献；（7）通过外国直接投资刺激绿色增长。联合国贸易和发展委员会也做出了类似的努力，由于其职责范围，该委员会更能反映发展中国家的利益。联合国贸易和发展委员会在其《2012年世界投资报告》中提出了一份《可持续发展投资政策框架》，呼吁新一代投资政策：（1）一套投资决策的核心原则；（2）一套国家投资政策准则；（3）投资条约制定中的政策选项。与经合组织的《声明》不同，以上的政策侧重于准入后的待遇问题。

【本章思考题】

1. 国际贸易过程中如何保护环境？

2. 环境保护标准是否会造成对国际贸易自由的阻碍？

3. 跨国投资中如何保护环境？

【参考文献】

1. ［法］皮埃尔·玛丽·杜普、［英］豪尔赫·E·维努阿莱斯：《国际环境法》，胡斌、马亮译，中国社会科学出版社2021年版。

2. 王曦：《国际环境法》，法律出版社1998年版。

3. 林灿铃、吴汶燕主编：《国际环境法》，科学出版社2018年版。

4. 刘惠荣主编：《国际环境法》，中国法制出版社2006年版。

5. ［法］亚历山大·基斯：《国际环境法》，张若思译，法律出版社2000年版。

6. 边永民：《国际贸易规则与环境措施的法律研究》，机械工业出版社2005年版。

【延伸阅读】

刘惠荣、潘晓明：《GATT/WTO下的环境——贸易争端评析》，载《现代法学》2003年第6期。